20 世纪儒学研究大系

主编：傅永聚　韩钟文

日本韩国的儒学研究

本卷主编　刘厚琴

中　华　书　局

中国文化的基本精神（代序）

在现今时代，做一个中国人，最重要的是具有爱国意识。爱国意识有一定的思想基础。必须感到祖国的可爱，才能具有爱国意识。而要感到祖国的可爱，又必须对于中国文化的优秀传统有正确的理解。中国文化，从传说中的羲、农、黄帝以来，延续发展了四五千年，在15世纪以前一直居于世界文化的前列。15世纪，中国的四大发明传入欧洲，促进了西方近代文明的发展，于是西方文化突飞猛进，中国落后了。19世纪40年代之后，中国受到资本主义列强的侵略凌辱，中国各阶层的志士仁人，奋起抗争，努力寻求救国的道路，经过一百多年的艰苦斗争，终于取得了胜利，于1949年建立了新中国，"中国人民站起来了！"中国文化虽然一度落后，但又能奋发图强，大步前进。这不是偶然的，必有其内在的思想基础。中国文化长期延续发展，虽曾经走过曲折的道路，但仍能自我更新，继续前进。这种发展更新的思想基础，就是中国文化的基本精神。

何谓精神？精神即是思维运动发展的精微的内在动力。中国文化中的基本精神，在中国历史上确实起到了推动社会发展的作用，成为历史发展的内在思想源泉。当然，社会发展的基本原因在于生产力的发展，但是思想意识在一定条件下也有一定的积极作用。文化的基本精神必须具有两个特点：一是具有广泛的影响，为大多数人民所接受领会,对于广大人民起了熏陶作用;二是具有激励进步、促进发展的积极作用。必须具有这两方面的表现,才可以称为文化的基本精神。

我认为,中国几千年来文化传统的基本精神的主要内涵有四项基本观念,即(1)天人合一;(2)以人为本;(3)刚健有为;(4)以和为贵。

一　天人合一

天人合一即肯定人与自然的统一,亦即认为人与自然界不是敌对的,而具有不可割裂的关系。所谓合一指对立的统一,即两方面相互依存的关系。天人合一思想在春秋时即已有之。《左传·昭公二十五年》记载郑大夫子大叔述子产之言说:"夫礼,天之经也,地之义也,民之行也。天地之经,而民实则之。"又记子大叔之言说:"礼,上下之纪,天地之经纬也,民之所以生也,是以先王尚之。"这是认为礼是天经地义,即自然界的必然准则,"天经"与"民行"是统一的。应注意,这里天是对地而言,天地相连并称,显然是指自然之天。子产将天经地义与民则统一起来,但也重视天与人的区别,他曾断言:"天道远,人道迩,非所及也,何以知之?"(《左传·昭公十八年》)当时占星术利用所谓天道传播迷信,讲天象与人事祸福的联系,子产是予以否定的。孟子将天道与人性联系起来,他说:"尽其心者,知其性也。知其性,则知天矣。"(《孟子·尽心上》)孟子认为人性是天赋的,所以知性便能知天。但孟子没有做出明确的论证。《周易大传》提出"裁成辅相"之说,《象传》云:"天地交,泰。后以裁成天地之道,辅相天地之宜,以左右民。"《系辞》云:"范围天地之化而不过,曲成万物而不遗。"《文言》提出"与天地合德"的思想:"夫'大人'者,与天地合其德,与日月合其明,与四时合其序,与鬼神合其吉凶。先天而天弗违,后天而奉天时。"这里所谓先天指为天之前导,后天即从天而动。与天地合德即与自然界相互适应,相互调谐。

汉代董仲舒讲天人合一,宣扬"天副人数",陷于牵强附会。宋代张载明确提出"天人合一"的四字成语,在所著《西铭》中以形象语言宣示天人合一的原则。《西铭》云:"乾称父,坤称母,予兹藐焉,乃混然中处。故天地之塞,吾其体;天地之帅,吾其性。民吾同胞,物吾与也。"所谓天地之塞指气,所谓天地之帅指气之本性,就是说:"天地犹如父母,人与万物都是天地所生,人与万物都是气构成的,气的本性也就是人与万物的本性,人民都是我的兄弟,万物都是我的朋友。这充分肯定了人与自然界的统一。但张载也承认天与人的区别,他在《易说》中讲:"鼓万物而不与圣人同忧者,此直谓天也,天则无心……圣人所以有忧者,圣人之仁也。不可以忧言者天也。"天是没有思虑的,圣人则不能无忧,这是天人之别。所谓天人合一是指人与自然界既有区别,而又有统一的关系,人是自然界所产生的,是自然界的一部分,人可以认识自然并加以改变调整,但不应破坏自然。这"天人合一"的观念与西方所谓"克服自然"、"战胜自然"有很大区别。在历史上,中西不同的观点各有短长,西方近代的科学技术取得了改造自然的辉煌成绩,但也破坏了自然界的生态平衡。时至今日,重新认识人与自然的统一,确实是必要的了。

二 以人为本

以人为本是相对于宗教家以神为本而言的,可以称为人本思想。孔子虽然承认天命,却又怀疑鬼神。他说:"务民之义,敬鬼神而远之,可谓知矣。"(《论语·雍也》)认为人生最重要的是提高道德觉悟,而不必求助于鬼神。孔子更认为应重视生的问题,而不必考虑死后的问题。《论语》记载:"季路问事鬼神,子曰:'未能事人,焉能事鬼?'曰:'敢问死!'曰:'未知生,焉知死?'"(《先进》)孔子更不赞成祈祷,《论语》载:"子疾病,子路请祷。子曰:'有诸?'子路对曰:有之,诔曰:'祷尔于上下神祇。'子曰:'丘之祷久矣。'"(《述而》)孔子对于鬼神采取存疑的态度,既不否定,亦不肯定,但认为应该努力解决现实生活中的问题,而不必向鬼神祈祷。孔子这种思想观点可以说是非常深刻的。

这种以人为本的思想,后汉思想家仲长统讲得最为鲜明。仲长统说:"所贵乎用天之道者,则指星辰以授民事,顺四时而兴功业,其大略也,吉凶之祥,又何取焉?……所取于天道者,谓四时之宜也;所壹于人事者,谓治乱之实也。……从此言之,人事为本,天道为末,不其然与?"(《全后汉文》卷八十九)这里提出"人事为本",可以说是儒家"人本"思想最明确的表述。所谓以人为本,不是说人是宇宙之本,而是说人是社会生活之本。

佛教东来,宣传灵魂不灭、三世轮回的观念,一般群众颇受其影响,但是儒家学者起而予以反驳。南北朝时何承天著《达性论》,宣扬人本观念。何承天说:"人非天地不生,天地非人不灵……安得与夫飞沈蠕蠕,并为众生哉?……至于生必有死,形毙神散,犹春荣秋落,四时代换,奚有于更受形哉!"这完全否定了灵魂不灭、三世轮回的迷信。范缜著《神灭论》,提出形为质而神为用的学说,更彻底批驳了神不灭论。

宋明理学中,不论是气本论,或理本论,或心本论,都不承认灵魂不灭,不承认鬼神存在,而都高度肯定精神生活的价值。气本论以天地之间"气"的统一性来论证道德的根据,理本论断言道德原于宇宙本原之"理",心本论则认为道德伦理出于"本心"的要求。这些道德起源论未必正确,但是都摆脱了宗教信仰。受儒家影响的中国知识分子,宗教意识都比较淡薄,在中国文化中,有一个以道德教育代替宗教的传统。虽然道德也是有时代性的,但是这一道德传统仍有其积极的意义。

三　刚健自强

先秦儒家曾提出"刚健"、"自强"的人生准则。孔子重视"刚"的品德,他说:"刚毅木讷近仁。"(《论语·子路》)刚毅即是具有坚定性。孔子弟子曾子说:"可以托六尺之孤,可以寄百里之命,临大节而不可夺也。君子人与?君子人也。"(《论语·泰伯》)临大节而不可夺,即是刚毅的表现。《周易大传》提出"刚健"、"自强不息"的生活准则。《大有·象传》云:"大有,柔得尊位大中,而上下应之,曰大有。其德刚健而文明,应乎天而时行,是以元亨。"《乾·文言传》云:"大哉乾乎! 刚健中正,纯粹精也。"《乾·象传》云:"天行健,君子以自强不息。"乾指天而言,天行即日月星辰的运行。日月星辰运行不已,从不间断,称之曰健,亦曰刚健。人应效法天之运行不已,而自强不息。自强即是努力向上、积极进取。《系辞下传》又论健云:"夫乾,天下之至健也,德行恒易以知险。"这是说,天下之至健在于能知险而克服之以达到恒易(险指艰险,易指平易)。所谓自强,含有克服艰险而不断前进之意。儒家重视"不息",《中庸》云:"故至诚无息。不息则久,久则征;征则悠远,悠远则博厚,博厚则高明。……《诗》云:'维天之命,於穆不已。'盖曰天之所以为天也。'於乎不显,文王之德之纯!'盖曰文王之所以为文也,纯亦不已。"儒家强调不懈的努力,这是有积极意义的。

在古代哲学中,与刚健自强有密切联系的是关于独立意志、独立人格和为坚持原则可以牺牲个人生命的思想。孔子肯定人人都有独立的意志,他说:"三军可夺帅也,匹夫不可夺志也。"(《论语·子罕》)又赞扬伯夷叔齐"不降其志,不辱其身"(《论语·微子》),即赞扬坚持独立的人格。孔子更认为,为了实行仁德可以牺牲个人的生命,他说:"志士仁人,无求生以害仁,有杀身以成仁。"(《论语·卫灵公》)孟子进而提出:"生亦我所欲也,义亦我所欲也,二者不可得兼,舍生而取义者也。生亦我所欲,所欲有甚于生者,故不为苟得也;死亦我所恶,所恶有甚于死者,故患有所不辟也。"(《孟子·告子上》)这里所谓"所欲有甚于生者"即义,其中包括人格的尊严。他举例说:"一箪食、一豆羹,得之则生,弗得则死。呼尔而与之,行道之人弗受;蹴尔而与之,乞人不屑也。"不受嗟来之食,即为了保持人格的尊严。坚持自己的人格尊严,这是则健自强的最基本的要求。

先秦时代,儒道两家曾有关于刚柔的论争。与儒家重刚相反,老子"贵柔"。老子提出"柔弱胜刚强"(《老子》三十六章),认为"天下之至柔,驰骋天下之至坚"(《老子》四十三章)。他以水为喻来证明柔能胜强:"天下柔弱莫过于水,而攻坚强,莫之能先,其无以易之。故弱胜强,柔胜刚,天下莫能知,莫能行。"(《老子》七十八章)老子贵柔,意在以柔克刚,柔只是一种手段,胜刚才是目的,贵柔乃是求胜之道。孔子重刚,老子贵柔,其实是相反相成的。

在中国古代哲学中,儒家宣扬"刚健自强",道家则崇尚"以柔克刚",这构成中国文化思想的两个方面。儒家学说的影响还是大于道家的,在文化思想中长期占有主导的地位。刚健自强的思想可以说是中国文化思想的主旋律。《周易大传》"天行健,君子以自强不息"的名言,在历史上,对于知识分子和广大人民,确实起了激励鼓舞的积极作用。

四　以和为贵

中国古代以"和"为最高的价值。孔子弟子有若说:"礼之用,

和为贵。先王之道斯为美,小大由之。"(《论语·学而》)孔子亦说:
"君子和而不同,小人同而不和。"(《论语·子路》)区别了"和"与
"同"。按:和同之辨始见于西周末年周太史史伯的言论中。《国
语》记述史伯之言说:"夫和实生物,同则不继。以他平他谓之和,
故能丰长而物归之。若以同裨同,尽乃弃矣。"(《郑语》)这里解释
和的意义最为明确。不同的事物相互为"他","以他平他"即聚集
不同的事物而达到平衡,这叫做"和",这样才能产生新事物。如果
以相同的事物相加,这是"同",是不能产生新事物的。春秋时齐晏
子也强调"和"与"同"的区别,他以君臣关系为例说:"君所谓可而
有否焉,臣献其否,以成其可。君所谓否而有可焉,臣献其可,以去
其否。"这称为"和"。如果"君所谓可",臣亦曰可;"君所谓否",臣
亦曰否,那就是"同",而不是"和"了。晏子说:"若以水济水,谁能
食之? 若琴瑟之专一,谁能听之? 同之不可也如是。"(《左传·昭公
二十年》)这是说,必须能容纳不同的意见,兼容不同的观点,才能
使原来的思想"成其可"、"去其否",达到正确的结论。孔子所谓
"和而不同"也就是能保留自己的意见而不人云亦云。"和"的观
念,肯定多样性的统一,主张容纳不同的意见,对于文化的发展确
有积极的促进作用。

老子亦讲"和",《老子》四十二章:"万物负阴而抱阳,冲气以为
和。"又五十五章:"知和曰常,知常曰明。"这都肯定了"和"的重要。
但是老子冲淡了"和"与"同"的区别,既重视"和",也肯定"同"。五
十六章:"塞其兑,闭其门,挫其锐,解其忿,和其光,同其尘,是谓玄
同。"这"和光同尘"之教把西周以来的和同之辨消除了。

墨子反对儒家,不承认和同之辨,而提出"尚同"之说。墨家有
许多进步思想,但是尚同之说却是比和同之辨后退一步了。

儒家仍然宣扬和的观念,《周易大传》提出"大和"观念,《乾·象
传》说:"乾道变化,各正性命,保合大和,乃利贞。"这里所谓大和指

自然界万物并存共育的景况。儒家认为,包含人类在内的自然界基本上是和谐的。《中庸》云:"万物并育而不相害,道并行而不相悖。"这正是儒家所构想的"大和"景象。

孟子提出"人和",他说:"天时不如地利,地利不如人和。三里之城,七里之郭,环而攻之而不胜。夫环而攻之,必有得天时者矣;然而不胜者,是天时不如地利也。城非不高也,池非不深也,兵革非不坚利也,米粟非不多也,委而去之,是地利不如人和也。故曰:域民不以封疆之界,固国不以山溪之险,威天下不以兵革之利。得道者多助,失道者寡助。寡助之至,亲戚畔之;多助之至,天下顺之。"(《孟子·公孙丑下》)这里所谓人和是指人民的团结,人民的团结是胜利的决定性条件。"得道多助,失道寡助",这是今天仍然必须承认的真理。

儒家以和为贵的思想在历史上曾经起了促进民族团结、加强民族凝聚力,促进民族融合、加强民族文化同化力的积极作用。在历史上,得民心者得天下,失民心者失天下,已成为长期起作用的客观规律。在历史上,汉族本是由许多民族融合而成的;在近代,汉族又和五十几个少数民族融合而成中华民族。中华民族内部密切团结而成为一个统一的整体。中华民族是多元的统一体,中国文化也是多元的统一体。多元的统一,正是中国古代哲学家所谓"和"的体现。所谓"和",不是不承认矛盾对立,而是认为应该解决矛盾而达到更高的统一。

以上所谓"天人合一"、"以人为本"、"刚健自强"、"以和为贵",都是用的旧有名词。如果采用新的术语,"天人合一"应云"人与自然的统一",或者如恩格斯所说"人与自然的一致"(《自然辩证法》,人民出版社1971年版第159页)、"自然界与精神的统一"(同上第200页)。"以人为本",应云人本主义无神论。"刚健自强",应云发扬主体能动性。"以和为贵",即肯定多样性的统一。这些都是中国古代哲学中的精湛思想,亦即中国文化基本精神之所在。

　　以上,我们肯定"天人合一"、"以人为本"、"刚健自强"、"以和为贵"等思想观念在历史上曾经起了促进文化发展的积极作用。但是,历史的实际情况是非常复杂的,许多思想观念的含义也不是单纯的。正确的观念与荒谬的观念、进步的现象与反动的落后的现象,往往纠缠在一起。所谓天人合一,在历史上不同的思想家用来表示不同的含义。例如董仲舒所谓天人合一主要是指"人副天数"、"天人感应",那完全是穿凿附会之谈。程颐强调"天道人道只是一道",认为仁义礼智即是天道的基本内容,也是主观的偏见。在董仲舒以前,有一种天象人事相应的神学思想。认为天上星辰与人间官职是相互应合的,所以《史记》的天文卷称为"天官书",但这不是后来哲学家所谓的"天人合一"。如果将上古时代天象与人事相应的神学思想称为天人合一,那就把问题搞乱了。这是应该分别清楚的。儒家肯定"人事为本",表现了无神论的倾向,但是这并不意味着宗教迷信在中国社会并无较大的影响。事实上,中国旧社会中,多数人民是信仰佛教、道教以及原始的多神教的。但是这种情况也不降低儒家人本思想的价值。"以和为贵"是儒家所宣扬的,但是阶级斗争、集团之间的斗争、个人与个人的斗争也往往是很激烈的。我们肯定"和"和观念的价值,并不是宣扬调和论。

　　中国文化具有优秀传统。同时也具有陈陋传统。简单说来,中国文化的缺陷主要表现于四点:(1)等级观念;(2)浑沦思维;(3)近效取向;(4)家族本位。从殷周以来,区分上下贵贱的等级,是传统文化的一个最严重的痼疾,辛亥革命推翻了君主专制,但等级观念至今仍有待于彻底消除。中国哲学长于辩证思维,却不善于分析思维。事实上,科学的发展是离不开分析思维的。如何在发扬辩证思维的同时学会西方实验科学的分析方法,是一个严肃的课题。中国学术向来注重人伦日用,注重切近的效益,没有"为真理而求真理"的态度,表现为一种实用主义倾向,这也是中国没有产生自己近代实验科学的原因之一。中国近代以前的社会可以说是以家族为本位。西方近代社会可以说是"自我中心、个人本位",而中国近代以前则不重视个人的权益,这是一个严重的缺陷。五四运动以来,传统的家族本位已经打破了。在社会主义时代,应该是社会本位、兼顾个人权益。

我们现在的历史任务是创建社会主义的新文化,正确认识中国传统文化的长短得失,是完全必要的。

傅永聚、韩钟文同志主编的《20世纪儒学研究大系》,循百年思想学术发展的脉络,以现代学术分类的原则,择选有学术价值、文献价值的代表文章,以"大系"的形式编纂而成,共有21卷,每卷附有专题研究的"导言"一篇。这部《20世纪儒学研究大系》是由曲阜师范大学、孔子研究院、山东大学、复旦大学等单位的中青年学者合力编纂而成,说明了儒学研究事业后继有人。《大系》被列入国家社会科学基金规划项目,又由中华书局出版,这是在弘扬和培育中华民族精神方面做出了一件非常有意义的事情,我感到十分欣慰。编者征求我的意见,于是略陈关于中国文化的基本精神和儒家文化传统的一些感想,以之为序。

张岱年

前　言

傅永聚　韩钟文

儒学犹如一条源远流长的大河,导源于洙泗,经过二千五百多年生生不息的奔腾,从曲阜、邹城一带流向中原,形成波澜壮阔的江河,涉及整个中国,辐射东亚,流向全球,泽惠万方。儒学曾经是中华文化的主流,东亚文明的精神内核。但是进入 20 世纪后的儒学,遭遇到空前严峻的挑战,也面临着再生与复兴的历史机遇。一百多年来,儒学几经曲折,备受挫折,又有贞下起元、一阳来复之象,至 20、21 世纪之交成为参与"文明对话"的重要角色。

牟宗三先生说:"察业识莫若佛,观事变莫若道,而知性尽性,开价值之源,树价值之主体,莫若儒。"(《生命的学问》)儒、道、释及西方的哲学、耶教等都指示人的生命意义的方向,但就中国人特别是中国古代知识分子而言,儒学是安身立命之道。孔子、儒家追求的"内圣外王之道",一直是中国人的人格修养与经世事业的价值理想。"士不可以不弘毅,任重而道远。仁以为己任,不亦重乎?死而后已,不亦远乎?"(《论语·泰伯》)从孔子、曾子、子思、孟子至康有为、梁启超、梁漱溟、熊十力、牟宗三,中国的儒学代表人物就是怀抱志仁弘道的精神去实践自己的生命价值,开拓教化天下的事业与创建文化中国的理想的。中华文化历尽艰难,几经跌宕,却如黄河、长江一样流淌不息,且代有高潮,蔚成奇观,与孔子及其所创建的儒家学派所做的贡献是分不开的。

儒学一直对中华文化各个层面产生着巨大而又深远的影响。儒学统摄宗教、哲学、伦理、政治、教育、艺术等人文社会科学的学术品格及关怀现世人生的精神,使它成为一套全面安排人间秩序的思想体系,从一个人的生存方式,到家、国、天下的构成,都在儒学关怀与实践的范围之内。经过二千多年的传播、积淀,儒学一直影响着中华民族的民族性格、心理结构的形成。然而,进入20世纪,又出现类似唐宋之际"儒门淡泊,收拾不住"的危机,陷入困境之中。唐君毅以"花果飘零"、余英时以"游魂"形容儒学危机之严峻,张灏则称这是现代中国之"意义危机"、"思想危机"。

从19世纪中后期开始,中国社会、文化进入从传统农业社会向现代工业社会、从传统文化向现代文化转型的时代。1905年废除科举制度,1911年辛亥革命推翻了帝制,"五四"新文化运动的兴起,西方各种思潮、主义潮水般地涌入,风起云涌的政治革命、文化革命、社会转型、文化转型,导致了传统士阶层的解体与分化,新型知识分子的诞生与在文化思想领域倡导"新思潮"、"新学说",激进的反传统思潮的勃兴,现代化进程的启动和在动荡不安中急遽推进,使20世纪中国处于"三千年未有之大变局"的境遇之中,儒学的危机也由此而生。

一个世纪以来,儒学的命运与中国现代化的历史进程相消长,也与学术界、思想界及政治界对儒学与现代化的关系、儒学与西方文化的关系、儒学与全球的"文明对话"的关系所形成的认识有关。从19世纪末至21世纪初,一百多年来,中国的学术界、思想界与政治界围绕着孔子、儒家及儒学的命运、前景问题展开了广泛的、持久的争鸣,而这类争鸣又直接或间接地同传统文化与现代化、中学与西学、新学与旧学、科学主义与人文主义、全球化与中国化、文明冲突与文明对话、西方智慧与东方智慧等等论题交织在一起,使有关儒学的思想争鸣远远超出中国儒学史的范围,而成为20世纪中国思想史、学术史的有机组成部分。

百年儒学的历史大致沿着两个方向演进:一、儒学精神的新开展,使儒学于危机中、困境中得以延续、再生或创造性转化;二、儒家学术思想的研究,包括批判性研究、诠释性研究、创造性研究在内。由于20世纪中国是以"革命"为主潮的世纪,学术研究与政治革命的关系特别密切,故批判性研究常常烙上激进的政治革命的烙印,超出学术研究的范围,并形成批判儒学、否定儒学的思潮,酿成批判论者、诠释论者与复兴论者的百年大论争,并一直延续到21世纪。

回顾百年儒学精神新开展与儒学研究的历程,有一奇特现象值得重视。活跃于20世纪中国思想界、学术界、政治界、教育界的精英或代表人物,都不同程度地介入或参与了有关孔子、儒家思想的争鸣。如:早期马克思主义者陈独秀、李大钊、瞿秋白、李达、郭沫若、范文澜、侯外庐等,三民主义者蔡元培、陶希圣、戴季陶等,自由主义的代表人物严复、胡适、殷海光、林毓生等,无政府主义者吴稚晖、朱谦之等,现代新儒学的代表人物梁漱溟、熊十力、唐君毅、牟宗三、徐复观等,学衡派的代表人物梅光迪、吴宓、陈寅恪、汤用彤等,东方文化派的杜亚泉、钱智修等,新士林学派的罗光等,以及张申府、张岱年等,都参与了有关儒学的争鸣,并在争鸣中形成思想的分野,蔚成中国近代思想文化史上最壮观的一幕。

20世纪中国思想史的复杂性、丰富性远远超出了唐宋之际和明清之际,其思想争鸣具有现代性或现代精神的特色。美国学者列文森在《儒教中国及其现代命运》中以"博物馆化"象征儒学生命的终结,有些中国学者也说儒学已到"寿终正寝的时节"。但从百年儒学的精神开展与儒学研究的种种迹象看,儒学的生命仍然如古老的大树一样延续着。儒学曾经创造性地回应了印度佛教文化的挑战，儒学也正在忧患之中奋然挺立，回应西方文化的挑战。这是儒学传统现代创造性转换的契机。人们在展望"儒学第三期"或"儒学第四期"的来临。百年儒学的经历虽曲折艰难，时兴时衰，但仍是薪火相传，慧命接续，间有高潮，巨星璀璨，跨出本土，落根东亚，走向世界，成为一种国际性的思潮，在全球性的"文明对话"中扮演着重要角色，为人类重建文明秩序提供了可资汲取的智慧。儒学并没有"博物馆化"，儒学的新生命正在开始。因此，对百年儒学作系统的全面的反思与总结，是一项具有历史意义与现实意义的学术课题。

纵观百年儒学的历程，大致经历了五个阶段，在这五个阶段中，儒学的命运、所遭遇的景况不尽相同，分述如下：

19世纪末至1911年辛亥革命为第一阶段　洋务运动、戊戌变法导致儒家经世思想的重新崛起，晚清今文经学的复兴，特别是康有为《新学伪经考》、《孔子改制考》的出版，托古改制，以复古为解放，既开导儒学的新方向，又开启"西潮"的闸门，如思想"飓风"，如"火山火喷"。章太炎标举古文经学的旗帜，与以康有为为代表的今文经学派展开经学论争，而这场思想学术争鸣又与政治上的革命与改良、反清与保皇、君主立宪与民主共和等论争交错在一起，显得格外严峻与深沉。诸子学的复兴，西学输入高潮的到来，政治革命的风暴席卷神州，社会解体与重建进程加速发展，传统士阶层的分化与新型知识分子的诞生，预示后经学时代的降临。思想界、学术界先觉之士以"诸子学"、"西学"为参照系，批判儒学或重新诠释儒学，传统儒学向现代儒学转型已初见端倪。

以辛亥革命至1928年南京政府成立为第二阶段　康有为、陈焕章等仿效董仲舒的"崇儒更化"运动创建孔教会，"五四"新文化运动兴起，吴虞、胡适等提倡"打孔家店"，《新青年》派陈独秀、胡适与文化保守主义者梁启超、梁漱溟、杜亚泉等,学衡派梅光迪、吴宓等展开思想文化争鸣,以张君劢、梁启超等为代表的人文主义与以丁文江、胡适、王星拱等为代表的科学主义的论辩,马克思主义者李大钊、瞿秋白等也积极参与思想争鸣,各大思潮的冲突与互动,不论是批判儒学,还是重释儒学及复兴儒学,都有一个共同的特点,就是将儒学的研究纳入现代思想学术的领域之中,使思想争鸣具有了现代性,从而导致儒学向现代思想学术转型。20世纪中国人文社会科学的学科建制、研究方法深受"西学"的影响,有关孔子、儒学的论争已不同于经学时代,且与国际上各种思潮的论争息息相通。以现代西方哲学、科学、政治等学科的范畴、概念、方法去解读、分析、批判或重新诠释儒学,成为一时的学术风气,并出现了"援西学入儒学"的现象。有些思想家、哲学家试图摄纳西学、诸子学及佛学中有价值的东西重建儒学,如梁启超的《儒家哲学》及《欧游心影录》,梁漱溟的《东西文化及其哲学》,冯友兰的《人生哲学》,已透露出现代新儒学即将崛起的消息。

　　1928年至1949年中华人民共和国建立为第三阶段　30年代后,中国思想界、学术界出现"后五四建设性心态"。吸取西学的思想、方法,以反哺儒学传统,创造性地重建传统儒学,如张君劢、冯友兰、贺麟等;或者回归儒学传统,谋求儒学的重建,如熊十力、钱穆、马一浮等;即使是"五四"时期反传统的学者,在胡适提倡"研究问题,输入学理,整理国故,再造文明"之后,也将儒学作为"国故"的重要组成部分,作为学术史、思想史、文化史的思想资料加以系统的研究。胡适的《说儒》就是一篇以科学方法研究孔子、儒学的示范之作。"后五四建设性心态"的形成,对中国现代学术的建构起了积极的作用。一大批专家、学者参照西方人文社会科学学科建制的原则与方法,分哲学、宗教学、政治学、经济学、伦理学、社会学、法学、史学、美学、文学艺术、教育学、心理学等等,对儒学进行系统的研究,还对不同学科的发展史作深入的探讨。如中国哲学史、中国教育思想史、中国政治思想史、中国学术史、中国伦理学史、中国文化史、中国通史等等,儒学研究也纳入分门别类的学科及学科发展史的研究之中。钱穆在《现代中国学术论衡》中说:"民国以来,中国学术界分门别类,务为专家,与中国传统通人通儒之学大相违异。"将数千年经学、儒学作为学术思想的资源或资料,分门别类地纳入学科专题研究之中,虽然使儒家"内圣外王之道"的"道"变为"学术",由"专门之学"代替"通儒之学",但恰恰是这种转变,才促使了儒学由传统形态向现代形态转型。这一阶段是中国社会动荡不安的年代,令人惊异的是,在动荡的岁月中出现了一个学术繁荣期,学术研究的深度与广度并不亚于乾嘉时代,儒学研究也是如此。"专门之学"代替"通儒之学"乃大势所趋,是现代学术的进步。

抗日战争的爆发、救亡运动的高涨,把民族文化复兴运动推向高潮,为儒学精神的新开展或创造性重建提供了历史机缘。儒学在民族文化复兴的大潮中获得再生并走向现代。1937年沈有鼎在《中国哲学今后的开展》,1941年贺麟在《儒家思想之开展》,1948年牟宗三在《鹅湖书院缘起》中,都强调中国进入一个"民族复兴的时代"。民族复兴应该由民族文化复兴为先导,儒家文化是中华文化的主流,儒家文化的命运与民族文化的命运血脉相连、息息相关。他们认为,如果中华民族不能以儒家思想或民族精神为主体去儒化或汉化西洋文化,则中国将失掉文化上的自主权,而陷于文化上的殖民地。他们期望"儒学第三期"的出现,上接宋明儒学的血脉,对儒学作创造性的诠释,或者会通儒学与西学,使古典儒学向现代思想学术形态转换。以熊十力、贺麟、牟宗三等为代表的新心学,以冯友兰、金岳霖等为代表的新理学,是儒学获得现代性并走向成熟的重要标志。此外,王新命、何炳松等十教授发表

《中国本位的文化建设宣言》(1935年1月10日),新启蒙运动倡导者张申府、张岱年等提出"打倒孔家店,救出孔夫子"的口号及综合创造论,都体现了"后五四建设性心态",都有利于儒学的学术研究之开展。

1949年至1976年"文革"结束为第四阶段　余英时在《现代儒学论》序言中指出:20世纪中国以1949年为分水岭,在前半个世纪与后半个世纪,中国的文化传统特别是儒家命运截然不同。1949年以前,无论是反对或同情儒家的知识分子大部分曾是儒家文化的参与者,他们的生活经验中渗透了儒家价值。即使是激进的反传统者,他们并没有权力可以禁止不同的或相反的观点,故批判儒学或复兴儒学之争可以并存甚至互相影响。1949年以后,儒家的中心价值在中国人的生活方式中已退居边缘,知识分子无论对儒学抱着肯定或否定的态度,已失去作为参与者的机会了,儒学和制度之间的联系中断,成为陷于困境的"游魂"。

就实际状况而言,这一阶段的儒学研究或者儒家思想之开展,比余英时分析的还要复杂。其中值得注意的是分化现象:大陆出现批判儒学的新趋向,50年代至60年代中期,以批判性研究为主,除梁漱溟、熊十力、陈寅恪等少数学人外,像冯友兰、贺麟、金岳霖等新理学与新心学的代表人物,都在思想改造、脱胎换骨之后批判自己的学说,即使写研究孔子、儒学的文章,也离不开批判的框框。当时思想界、学术界的儒学研究,多以"苏联哲学"为范式,进行"唯心"或"唯物"二分式排列,批判与解构儒学成为当时的风潮。70年代中期出现群众性的批孔批儒运动,真正的学术研究根本无法进行。儒学已经边缘化了。在港台地区和海外华人社群中,儒学却得到不同程度的认同,移居港台、海外的学者,如张君劢、钱穆、陈荣捷、唐君毅、牟宗三、徐复观、方东美等,继续以弘扬儒家人文精神为己任,立足于学术界、教育界,开拓儒学精神的新方向,成就了不少持之有据、言之成理的"一家之言"。

70 年代后期至 21 世纪初为第五阶段 中国大陆的改革开放,思想解放运动,传统文化与现代化的论争,"文化热"的出现,以及日本、韩国、新加坡等国与香港、台湾地区经济腾飞所产生的影响,东亚现代化模式的兴起,全球化进程中形成的文化多元格局,文明对话,全球伦理,生态平衡,以及"文化中国"等等课题的讨论,使人们对孔子、儒学的研究逐渐复苏,重评孔子、儒学的论文、论著陆续出版,有关孔子、儒学、中国文化的学术会议频繁举行,中国孔子基金会、国际儒学联合会、中华孔子学会、中国文化书院、孔子研究院等学术团体和研究机构的建立,历代儒家著作及其注解、白话文翻译、解读本的大量出版,有关儒家的人物评传、思想研究、专题研究以及儒学与道、释、西方哲学及宗教的比较研究,成为学术界关注的课题。还有分门别类的人文社会科学及自然科学,也将儒学纳入其中作专门研究,如儒家哲学思想、儒家伦理思想、儒家美学思想、儒家史学思想、儒家政治思想、儒家教育思想、儒家宗教思想、儒家科学思想、儒家管理思想等等。专门史的研究也涉及儒学,如中国哲学史、中国经济思想史、中国教育思想史、中国伦理思想史等等,一旦抽掉孔子、儒家与儒学,就会显得十分单薄。此外,原来处于边缘化的港台、海外新儒家,乘改革开放的机遇,或者进入大陆进行学术交流,或者将其思想、学说传入大陆。至 90 年代,出现当代新儒家、自由主义与马克思主义重新论辩、对话与互动的格局,有关"儒学第三期"、"儒学第四期"的展望,儒学在国际思想界再度引起重视,说明儒学的确在展示着其"一阳来复"的态势。

纵观百年儒学的历程,不论在哪一个阶段,不论是儒家思想之新开展,或者是有关儒学的学术研究,都积有丰富的思想资源或文献资料,已经到了对百年儒学进行系统研究、全面总结的时候了。站在世纪之交的高度,我们组织编纂《20 世纪儒学研究大系》,就是为了完成这一学术使命。

　　《20世纪儒学研究大系》是孔子研究院成立后确定的一项浩大的学术工程,现已列入2002年国家社会科学基金项目。《大系》的编纂与出版,实为孔子、儒学研究的一大盛事,必将对21世纪的儒学研究产生积极而又深远的影响。

编选原则及体例

　　《20世纪儒学研究大系》是一部大型的相对成套的专题分卷的儒学研究丛书,力求通过选编20世纪学术界研究儒学的代表性论文、论著,全面反映一百年来专家、学者研究儒学的学术成果及水平,为进一步研究儒学提供一部比较系统的学术文献。

　　一、将20世纪海内外专家、学者研究儒学的代表性论文、论著按研究专题汇集成册,共分21卷。所选以名家、名篇及具有代表性的观点为原则,不在多而在精,力求反映20世纪儒学研究的全貌。

　　二、所选以学术性讨论材料、思想流派性材料为主,兼收一些具有代表性并产生过重大影响的批判性文章。

　　三、每一卷包括导言、正文、论著目录索引三个主干部分。

　　四、每卷之始,撰写导言,综论20世纪该专题研究的大势及得失,阐发本专题研究的学术价值和意义,为阅读利用本卷提示门径。

　　五、一般作者原则上只入选一篇具有代表性的成果,重要代表人物可选2—3篇。

　　六、所收文章均加简要按语,介绍作者学术生平及本文内容。合作创作的论著,只介绍第一作者。

　　七、每卷所收文章,原则上按公开发表或正式出版的时间先后为序。

　　八、所收文章,尽量使用最初发表的版本,并详细注释文章出处、发表或写作时间。

　　九、入选文章、论著篇幅过长者,适当予以删节,并予以注明。

　　十、为统一体例,入选文章一律改用标准简化字,一律使用新式标点。

　　十一、所选文章的注释一律改为文中注和页末注,以保持丛书的整体风格。材料出处为文中注(楷体),解释性文字为页末注。

　　十二、每卷后均列论著目录索引,将未能入选但又有学术价值与参考价值的论著列出。论文和著作分门别类,并按公开发表和正式出版的时间先后为序。

目　录

日 本 部 分

20世纪儒学研究大系

韩 国 部 分

20世纪儒学研究大系

日 本 部 分

导　言

刘厚琴

　　儒学思想不仅对中华民族的文化发展,而且对世界的文化发展留下了深刻印记。中日两国有着极深的文化渊源,儒学自传入日本之后,不仅广泛地影响了日本社会生活的各个层次,影响了日本社会历史的发展,而且渗透于日本古老的文化传统之中,成为其文化传统的重要内容。从某种意义上说,唐代以后,日本社会意识是作为中国儒学的响应,随着中国儒学的变迁而变迁的。当然,儒学在日本的发展绝不是中国儒学的简单重复,经过日本学者的理解消化,中国儒学已完全融进日本的传统文化之中,与日本固有的民族精神糅合在一起,从而形成了自己的特点。古往今来,大批日本学者以诠释儒家经典,研究、发展儒家思想为己任,不断地促进日本儒学的发展。

　　20 世纪的日本儒学研究是一个全新的大发展时期。其间出版了大量著作,发表了大量论文。据笔者不完全统计,其研究内容十分广泛,主要涉及中国儒学史、儒家思想、孔孟荀、宋明理学、明清思想流变、儒家典籍、日本儒学史、儒学与现代化等诸多方面。其中不乏考证翔实、论证严密、见解深刻的优秀论著。但就编者所见,国内对这方面的了解似尚处于较支离的状态。故想把 20 世纪日本儒学研究的概况,作一个鸟瞰式的介绍,以求为国内外的研究者,提供一点参考的信息。

一、中国儒学史、儒家思想综合研究

20 世纪 20 年代开始,日本的儒学之士已开始对中国儒学史进行研究。日本学者开始对儒学 2500 余年的历史作多层次、多角度的审视与总结,认真探索儒学的产生、发展、演变的内在规律及其独特的发展历程,以揭示儒学的基本特征和基本精神,阐明儒学的思想理论贡献及其深远影响。

(一)中国儒学史研究

最早对儒学进行历史研究的日本学者当属安井小太郎。1922年至 1925 年间,昌平阪学问所儒臣、安井世家第三代明治名儒安井小太郎,在东京高等师范学校执教,抱着热心复兴东洋文化的信念讲授经学,有《经学门径讲义》印行。1933 年大东文化学院志道会研究部部长诸桥辙次将安井氏讲义《先秦至南北朝经学史》与诸桥辙次的《唐宋经学史》、小柳司气太的《元明经学史》、中村久四郎的《清经学史》合编为《经学史》一书出版。这些学者都是正统的儒家而又具有一些现代学术观点,因而对经学及儒学能进行历史的研究。

1924 年宇野哲人(1875—1974)的《儒学史》第一卷出版。该书认为在日本建立新道德,应基于日本的国民性与神道、儒学、佛教三者的结合。强调“孔子之儒教”与一般儒学之差异,认为“日本之儒教最得孔子真意,此即孔子重大义名分之思想”,此思想在中国“未能充分地发达,而于本邦(日本)才始为如是充分地显现”。“惟孔子之道,实与我日本国体相一致”,认为清代的灭亡就“在于把考证学作为目的,放弃了对于孔教的追求”。宇野哲人揭示了“孔子之儒教”的发展、变迁,及其对中国、日本社会影响的差别。宇野哲人的论述对孔子"儒教"与一般儒学的区分具有启示意义。

　　同一时期,诸桥辙次(1883—1979)在东京文理科大学讲授经学、儒学,完成巨著《儒学之目的与宋儒庆历至庆元百六十年间的活动》(南京国民印书局 1932 年版)。其书第一编讲孔子儒学,第二、三两编讲宋代儒学。第一编分三章:儒与经、经与孔子之述删、儒学目的之三考察。诸桥辙次认为,修养、正名、经纶三纲为宋代儒学之主干。该书不惟阐扬宋儒对于儒学之贡献及宋代儒学之倡明,更足以扫"宋儒尚理论"之迂说,而证儒学为修齐治平之要道也。其后 1948 年清水书院还出版了诸桥辙次的另一部著作《儒教诸问题》,对儒学的一些问题展开全面探研。

　　日本学者对儒家经学的一些具体问题,如六经皆史、经书与糟粕等进行了探研。岛田虔次(1917—　　)的《六经皆史说》(刘俊文主编《日本学者研究中国史论著选译》第七卷,中华书局 1993 年版),论述了清代学者章学诚的"六经皆史"之观点。岛田虔次认为,章学诚的"六经皆史"可与孔子的"仁"、孟子的"性善"、老子的"自然"、庄子的"齐物"、墨子的"兼爱"、董仲舒的"天人之际"、朱子的"性即理"、王阳明的"心即理"和清朝考据学的"实事求是"相提并论。他强调,章学诚所指的真正的史学就是合一的事物,即做到事与道(或义)、道与器的合一,其史学目的在于经世,不可缺少"现实"的观点,史学不仅包括"正史",而且还包括独断之学、一家之言。山井涌(1920—1990)的《经书和糟粕》(辛冠杰主编《日本学者论中国哲学史》,中华书局 1986 年版),针对《明儒学案》卷 44 曹端传中所录的其"六经四书,圣人之糟粕也"之语展开论述,从曹端的心学之学风入手,认为他的心学思想导致了他说"经学是糟粕"一语。曹氏心学的基本立场,导致其依赖自己的心、高度评价心的权威、尊重心的主体性的精神态度。对于儒家来说,具有最高权威的东西,是古圣人记载圣人之教的经书,而心学思想高度重视心的权威的结构,理应存在相对低估经书权威的倾向。作者从高度尊重自己的主体性上探讨了心学的进步意义,理清了经学糟粕论的谱系,比较了程颐的"糟粕"论与曹端的"糟粕"论之差异。作者强调,同样说经书糟粕论一语,而内容却不尽相同。经书在什么意义上作为糟粕,在各种情况下是不一样的,因而不能一概而论。

关于经学、儒学史的研究论著还有多家,如 1934 年出版的滝熊之助的《中国经学史概论》,1942 年出版的内野熊一郎(1904——)的《汉初经书学的研究》,1947 年出版的宇野精一的《儒学概论》,1949 年出版的重泽俊郎的《原始儒家思想与经学》,1957 年出版的宇野精一的《儒家思想》,1951 年出版的平冈武夫的《经书的传统》,霞山会 1977 年出版的阿部吉雄的《儒教的变迁与现状——日本、中国、朝鲜比较》,大修馆书店 1977 年出版的诸桥辙次的《经史论考》,山川出版社 1987 年出版的沟口雄三等人的《儒教史》等。以日本学者的钻研深入,这些论著都对儒学史作了有益的探讨,必有可读之处。

(二)儒家思想综合研究

日本学者在研究中国儒学发展史的同时,对儒家思想也进行了深入的综合研究。

首先,分析了中国儒学的统一性、开放性、包容性等思想特点。宇野精一(1910——)主编的《中国思想》(台北:幼狮文化事业公司1987 年版)(一)的第一章《儒家思想的本质》指出,儒教是人本主义,其所主张的思想是人本的。人的存在既有矛盾也有统一。儒教自孔子以来,就重视"中"。儒家以孔子思想为根本,虽有时代变化的情形,但历代儒者都有复归孔子精神的主观意愿。然而从历史事实来看,却是相当广泛地输入其他思想。宇野精一认为,儒家不是排他的,所以能保持长久的生命,即儒家经书不是一个人的主观学说,其中有多种多类的思想萌芽,它在某种程度上包容其他思想。宇野精一强调,经书是传统的,但儒教是人本主义、人伦之学,是互相融通的,不固定的,它包含统一的性质。冈田武彦(1908——　)的《儒教的万物一体论》(《儒学国际学术讨论会论文集》,齐鲁书社1989版)指出,儒者开始提倡万物一体是宋代以后的事,其中应该有老庄佛教的万物一体论的影响。宋明儒学当中对万物一体论阐述得最详尽的是程明道、张横渠和王阳明,三人的万物一体论各有其特色,不过他们所采取的观点都是一元论的,是要在现实当中去追求理性。宋明儒者排斥佛老的虚学,提倡实学,他们的实学是在追求理想主义的人伦道德的前提之下,将超越主义内在的纯粹性和功利主义外在的现实性加以调和折中而产生的,万物一体论也就是折中实学的产物。宋明的儒学为现代的我们提供了许多有意义的课题,万物一体论就是其中之一,在拯救人类的对立斗争上,万物一体论基于人我共存的人道主义立场,对不同的思想、文化和宗教采取兼容的态度,是一种宽容的、具有普遍性的思想。

　　其次,探讨了儒教精神及儒教的历史发展过程。武内义雄(1886—1966)的《儒教之精神》(上海太平书局1942年版)指出,自汉代《易》占五经中心以后,儒家思想之发达,常有系于《易》之解释观。而《易》在自三国到六朝之间,被以老庄的哲学加以解释,于是儒教就老庄化了。后至宋代,《易》又被以佛教特别是华严的哲学加以解释,于是儒家思想之中,又加入了佛教的调子。随着这种调子愈加高涨,就展开了新的儒教——朱子学和阳明学。武内义雄认为:“儒教虽然发生于中国,可是极早就传到日本,对日本国民精神之昂扬,贡献极大。”他指出:“日本和中国,国情和历史都有不同之处,所以日本的儒教和中国的儒教,也不能说是完全相同,共通点固然极多,可是特异点也不少。”(《儒教之精神·原序》)赤塚忠的《儒家思想的历史概观》(《中国思想》〈一〉的第二章)将儒家思想以时代划分为:古代儒家思想、中世儒家思想、近世儒家思想三个阶段。其中古代儒家思想包括思想形成以前、殷文化的本质、周的礼乐、孔子的出现、儒教的建立、孟子的弘道、荀子的组织化、古代末期;中世儒家思想包括中世思想的主要倾向、中世前期的儒家、今文经学的成立、经学的确立、中世纪的儒学、经学的停滞、新儒学的先驱、中世后期的新儒学、建立新儒学之途、新儒学的大成、朱子学的反动;近世儒家思想包括王学在思想史上的意义、明末儒学的各种倾向、清初的儒学、考证学在思想史上的意义、清代今文学与传统思想的考验。赤塚忠对儒家思想发展历史的划分简明扼要,自成一体。

　　第三,论述了儒学的道术思想。北村泽吉的《儒学概论》(上海商务印书馆1928年发行),从儒道源流,儒学源流,儒道之发生、儒道基础论,儒道之展开,儒道本统论等四个方面论述了儒道之特性,说明人道与天道、王道、诚道的区别,以及道术体行实践之方法,如格致之道、至善之道、中庸之道、权衡之道、正直之道等。该书在论述儒学主要是儒家道术方面有独到见解。

　　第四,研究了儒教政治哲学,强调儒教的政治特色。五来欣造认为儒教既有重道德之倾向,亦有重政治之倾向。中国一般人士,对于修身治国平天下,大率等量齐观。儒教作为中国民族之传统信仰,其传统,乃由历代圣贤之言行组成。儒教之传统,与其视为道德教,勿宁认为政治哲学。五来欣造的《儒教政治哲学》(上海商务印书馆1934年版)从"天之信仰"之政治的性质、"天之信仰"之非宗教的性质、儒教之自然法说、儒教之国家观念、儒教之君臣观、儒教之二大政务、儒教之社会组织等方面分析了儒教与政治的关系。此书颇能得儒家之真义,如第七章儒教之二大政务,为全书最重要之一章。所谓二大政务者,一社会政策,一教化是也。儒教政治之精神,并非反古之道,实合于今之世也。

　　第五，注重儒、道、佛的比较研究。日本学者探讨了儒、道两家的思想交涉及其密切关系。津田左右吉（1875—1974）的《儒道两家关系论》（上海商务印书馆1930年版），从孔子问礼于老子引出儒道之间的密切关系。他分析了先秦道家的代表著作《老子》、《庄子》及儒家的代表著作《荀子》、《孟子》之间的思想交涉。津田左右吉认为，老庄影响了先秦儒家及汉初儒家，其间儒道两家的交涉，在两家学说发展路径上有重要意义。儒家思想中采取了道家的思想，具有道家的色彩。尤其是《周易》、《易传》更为突出。津田左右吉强调，儒道两家之说相与结合，儒家之所以采取道家之说，其中也有中国民族性的特殊原因。

　　关于儒、佛的比较研究，主要集中在宋明理学与佛教的关系上。荒木见悟（1917—　　）认为宋代的佛教抛弃了教义学的粉饰，标榜超教义学的禅觉悟。佛教的哲学与体验具有深远性和现实性，促使与佛教对立并欲凌驾其上的宋代儒学，必须对其主体性、心性论进行特别的修整，发现并赋予它超越个体的权威，对于提出儒教伦理独自的哲学根据并指出佛教解脱论的弱点，发挥了突出的作用。在朱子学那里，宏大的理论规模和包容万物的热忱，使之自我意识到佛教心学与儒教心学，在其紧张的关系中，构成自己的哲学。如果断绝朱子学与佛教的关系，则朱子学本身的格调也就降低。为使表面上共存，而实质上水火不相容的儒佛两教，乃至性理学与心学，在更高的层次上立体地结合起来，就不能不等到十五世纪王阳明的出现了（《宋代的儒教与佛教》，刘俊文主编《日本学者研究中国史论著选译》第七卷，中华书局1993年版）。荒木见悟的《佛教和儒教》（平乐寺书店1963年版）、《佛教与阳明学》（狮子星座文库1979年版）、道端良秀的《佛教与儒教》（第三文明社1976年版）等著作也对佛教与儒教的思想渊源及伦理特色进行了比较研究。

第六,强调儒教的宗教性。加地伸行(1936—　)的《论儒教》(齐鲁书社1993年版)通过对儒教与死、儒教的宗教性、儒教文化圈、儒教的创立、经学时代、儒教与现代等方面的分析探讨,得出了一个重大结论:儒教的结构,在基础中包含着宗教性,在其基础的上面有道德性(礼教性)。

由上可见,中国儒学发展史及儒家思想是20世纪日本儒学研究者的研究热点,其研究范围十分广泛,涉及儒学发展分期、儒家思想综合研究、某些儒家思想观念专题研究等诸多方面。这些研究获得了丰硕的成果,在此难以一一赘述。

二、孔孟荀研究

孔子、孟子、荀子作为先秦儒家的代表人物,在儒学的形成和发展过程中起了至关重要的作用,他们一直受到学者们的高度重视。20世纪的日本学界,关于孔、孟、荀及其著作的研究论著极其丰富,涉及内容也十分广泛,包括他们的个人生平事迹、门人弟子、著作形成、政治、经济、伦理、哲学思想等诸多方面。其中尤其以孔子与《论语》的研究论著最为突出。

(一)孔子与《论语》研究

孔子作为儒家学派的创始人,世界十大文化名人之一,向来倍受后世学者的关注。孔子并没有留下皇皇巨著,其思想贡献是通过那些具体而微的只言片语的对话,通过那种"述而不作"的著述态度进行古代文献的整理,正因为此,孔子不仅建立起一个包容万象的思想体系,而且为后世儒者对思想元典的诠释留下了巨大的空间和思维余地。20世纪的日本学者在具体研究孔子思想的同时,感慨于孔子形象与学说在中国的变迁,十分注重孔子及其学说的评价问题,试图重新定位孔子及其学说。

首先,客观评价儒学在中国历史上的功过。日本著名儒家学者金谷治(1920—　)认为孔子是中国古代伟大的教育家、思想家、儒教的开山祖师。但又认为从孔子以后开始的儒教,对漫长悠久的历史而言,却是功罪相半。儒教的道德学说,因其不能和新的自由、平等、民主的思想融合在一起,故宜把它视为是古老的封建伦理,对它敬而远之。在孔子研究方法上,主张应区别作为历史人物的孔子以及塑造为儒教开山祖师的圣人孔子,区别历史上的孔子言语之真假。他主张孔子研究不要重实用而轻视科学的实证。他的《儒家的合理主义——以孔子思想为中心》(《1987年曲阜儒学国际学术讨论会论文集》,齐鲁书社1989年版)指出,孔子有着强烈的合理主义倾向,其合理主义不是完全的,而是带有一种特别性质的。他认为,儒家的合理主义是现实的,不是单纯的理性主义,是立足于全人间的人间主义观点上的。因此,这个合理主义越彻底,则越能使人间的现实,以及超越了现实的世界之间的区别,变得极其严峻。现实人间的问题,特别是道德的问题,将会受到集中的追求。另一方面,超越了现实,或非人间的问题,则会被视作无须追求的境域而被遗留下去。换言之,把不该追求的不可知的世界,自觉地遗留下去,正是这个合理主义的特色。孔子对人间理性的自觉的表示,是值得给予评价的。而且,对于其后的中国历史的发展,也的确成为调和的推进动因。金谷治认为,现代科学不是万能的,如果我们要理性地、贤明地生存下去,儒家的合理主义是极有用处的。

其次,从现代伦理学的角度分析《论语》的道德论构造。高桥进的《从现代伦理学看〈论语〉道德论的构造》(同上)认为,孔子学说的展开过程所体现的"修身、齐家、治国、平天下"的思想,在《论语》中作为其伦理的核心,"道德(伦理)与政治之统一",已明确揭示出来了。即使从现代伦理学的观点来看,亦可谓是必须而不可

或缺的。高桥进强调:掌握"孔子学说的真谛,才真正是对人类 21
世纪有着重要意义的事";东方思想将会领导 21 世纪的世界文化。

再次,注重对先秦儒家孔孟荀的比较研究。佐藤贡悦的《试论
孔、孟、荀天道观的比较——兼论东方伦理学的滥觞》(同上)比较
研究了孔、孟、荀的天道思想观念。他指出,在孔子之前,天带着极
为浓厚的宗教性。到了孔子,他着重于人主体的实践,将成立人类
社会以前的道德规范的根据归结于"天"。孔子所谓的"天"已失去
最高神的风貌,而与道德规范的根据即理法融于一体。孔子是看
重人的思想家,他虽然还未完全摆脱传统的"天"或"天命"的影响,
但上帝、鬼神等在天的思想中早已不占任何重要地位。孔子思想
之所以被看做东方哲学的滥觞,主要的原因正因为其思想中已有
着这种合理精神的萌芽。孟子所谓的"天"即使以人格神来表现,
其实也是具有理法性的。而且,这个"天"是从孔子而萌芽的"自然
的天",在人主体内面的方向上扩充且繁衍而形成的。荀子将人主
体从宗教的、咒术的"天"的一切束缚中解放出来。其合理精神最
突出。其合理性,仍然还是置最高价值于"修己治人"之儒家思想
的领域。以儒家祖师孔子为止之"自然之天"的自觉,同时成为了
朝向人治主义为主的契机。孟、荀在人性论上虽然持相反观点,但
是其伦理、道德论上只是强调面不同,在理性上都是与孔子相同
的。

《论语》作为孔子门人所记孔子言行的主要史料,也是 20 世纪
日本学界的研究重点,出版了一些重要论著。其中有五种最具代
表性:(1)《论语会笺》二十卷,竹添光鸿著,1914 年初刊,广文书局
于 1961 年加以翻印。本书以朱子为本,复网罗汉唐宋明清各家学
说及日人解释,博搜约取,点校矜慎。(2)《论语年谱》,林泰辅著,
1916 年龙门社刊。上卷序说的内容为孔子传,《论语》成书经过,
周代《论语》影响,汉以后东西各国《论语》流行情况。本书用年谱

体,分日本、中国、朝鲜、西洋,记载《论语》之注释刊印翻印情况,研究教养实况以及对于政治社会影响等情况。(3)《论语讲座》(全六卷),诸桥辙次、高田真治、山口察常合著,1936至1937年由东京春阳堂出版。全书分解释和研究二部。首二卷解释主要依据朱注,亦左右采获;第三卷研究篇为高田真治主编《论语》之文献与注释书,第四卷为诸桥辙次所作《论语人物考》,第五卷论孔子思想、传记、年谱,第六卷为儒教史概观。(4)《论语之研究》,武内义雄著,1939年由岩波书店出版。本书前为序说,总论《论语》注释书,以下各章论及《论语》的异本和校勘、《论语》原典批判、河间七篇本的思想、《论语》十篇、齐鲁二篇本。书中论述了《论语》各篇的来历及《论语》全书成立的顺序。其深思博辩,可以成一家之言。(5)《论语新译》,鱼返善雄译,1957年由东京学生社出版。此书为当今日本最通俗流行之论语译本,生动如话,至为难得。其他有关《论语》的研究著作还有:宫崎市定的《论语的新研究》(岩波书店1974年版),松川健二《论语的思想史》(汲古书院1994年版)等。可见,在20世纪里,日本学者对于《论语》作了大量的传播和研究工作。它们所保存的古典文献资料和所作各种学术探讨,可供我们作为重要参考。

(二)孟子与荀子研究

儒学作为一种思想,它本身并非一成不变,而是随着时代的发展而不断发展变化的。孟子和荀子是战国时期儒家的主要代表人物。孟子发展了孔子的学说,荀子更将各家学派的思想吸收进儒家学说,完成了思想上的大融合。日本有众多学者致力于孟子、荀子的研究,论著颇为丰富。

对孟子的研究,主要探讨了孟子的人性论、世界观、历史观、王道观等。有关孟子人性论研究的专著,有宇野精一的《孟子的性善人性观》(黎明书房1966年版),浅井茂纪的《孟子的性善说与仁义》(高文堂出版社 1980 年版)等。有关孟子的世界观、历史观、王道观的研究论文,有山室三良的《孟子的理想的世界观》(《福冈大学研究所报》14,1971 年 3 月),宇野精一的《孟子的历史观》(《宇野哲人先生百寿祝贺纪念东洋学论丛》,1974 年 10 月),新井哲夫的《关于孟子的王道论》(《精神科学》15,1976 年 3 月)等。

　　对荀子的研究,主要探讨了荀子的论理学、性恶论、政治思想等问题。关于荀子论理学的研究,加地伸行(1936—　)的《荀子论理学之本质》(辛冠杰主编《日本学者论中国哲学史》,中华书局 1986 年版)认为,荀子的论理学,并不像形式论理学仅限于论理学的范围,而是对秦汉帝国之政治性问题这个课题的解决加以展望。荀子的时代,是构想即将来到的幻想中的大国即统一帝国,并为其冠以哲学意义的摸索时代。在此时代中,荀子是以与此新时代相适应的出类拔群的体制思想家的形象登场的。他为这个时代建立了哲学与论理学即思考"实体"的思想,他把全体存在物收敛在一起加以阶层化,并确立最高类概念的存在。荀子的论理学是概念论的重建。此外,相关文章还有:大室翰雄的《关于荀子的论理学的思考》(《日本中国学会报》18,1966 年 10 月)和《荀子思想的构造的研究》(《思想的研究》1,1967 年 10 月),加地伸行的《关于荀子的中国古代论理学史》(《东方学》41,1971 年 3 月)等。有关荀子性恶论的研究,如三上诚治郎的《关于荀子的性恶论》(《斯文》44,1966 年 3 月),池田知久的《荀子性恶说的本质与机能》(《高知大国文》2,1971 年 8 月),吉田照子的《荀子性恶篇所见的性善说的解释》(《福冈女子短期大学纪要》17,1979 年 6 月),常盘井贤十的《关于荀子性恶的人生观》(黎明书房 1968 年版)等。有关荀子政治思想的研究,如中村俊也的《关于荀子的后王思想》(《汉文教室》104,1972 年 10 月),市川本太郎的《荀子的政治思想》(《宇野哲人先生百寿祝贺纪念东洋学论丛》,1974 年 10 月),武田秀夫的

《荀子的政治观——儒者的政治进出的前提》(《中国哲学史的展望与探索》,1976 年 10 月)等。其他论著还有金谷治的《关于荀子的"天人之分"自然观的特质》(《东洋学》24,1970 年 10 月),粟原圭介的《关于荀子的礼观》(《大东文化大学纪要》14,1976 年 3 月),藤川正数的《从荀子注释史看儒邦的活动》(风间书房 1980 年版)等。

从总体上看,儒家著名人物研究是日本学界的热点之一。日本学者对先秦儒家孔子、孟子、荀子不仅进行了十分全面而具体的个体研究,还进行了比较研究。这对于探研早期儒家的形成、发展及其思想特点皆有积极意义。在注重研究先秦儒家人物的同时,日本学者也注重了对后世儒家著名人物的研究,如对汉代名儒董仲舒、宋代名儒朱熹、明代名儒王阳明(在宋明理学部分介绍)、清代名儒康有为等个体的研究。宇野精一主编的《中国思想》〈一〉(台北:幼狮文化事业公司 1987 年版)对儒家著名人物思想学说的形成及特色进行了细致而全面的研究 ,颇有可资借鉴之处。

三、宋明理学研究

宋明理学是 20 世纪日本学界从事儒学研究的一个热点,其成果之丰富,相当引人注目。日本学者对宋明理学的研究主要集中在朱子学和阳明学两个方面。

(一)朱子学研究

作为南宋时期理学集大成者的朱熹,其思想学说从元代开始,即成为中国的官方哲学,它不仅深刻地影响了中国的传统思想文化,而且还传播到国外。朱子学一直深受日本学界的厚爱。20 世纪的日本学者主要探研了朱子的生平事迹、人性论、天理等思想观念以及朱子与其他儒家学者的思想差别等问题。

关于朱子的人性论。上山春平(1921—　)的《朱子的人性论与礼论》(辛冠杰主编《日本学者论中国哲学史》,中华书局1986年版)指出,日本的儒学家们,对儒学最根本的礼的理论,一直没有给予应有的重视与关心。认为朱子的人性分为"本然之性"和"气质之性",朱子的人性论是根据体用的逻辑,把心从"性"和"情"的两个侧面来掌握,又根据理气说的观点,把性分为两重性,即"本然之性"和"气质之性"来掌握的。在这个情况下因"本然之性"和"气质之性"都是性,所以作为与"用"的情相对而言,它们是"体"。对朱子而论,礼就是性,而"性"又是"理"。"性"有"本然之性"和"气质之性"之分,礼作为五常"仁、义、礼、智、信"的一环,被看作是"本然之性"。"本然之性"也叫"天命之性"。朱子认为礼是作为性之本体,先天地存在于心里,即礼也就是先天之理,还认为历史上的礼有不变的礼和变的礼两种:天赋的先天之礼(三纲五常)是不变的,人为的后天的礼是变化的。他对不变的先天之礼的信仰十分深刻。他还提出了礼的"尊德性"和"道问学"两方面,前者包含努力"存心",复广大天理的礼的方向;后者包含努力"致知",崇敬精微的礼的方向,朱子极力将二者统一起来。

关于朱子之思想特性。友枝龙太郎(1916—　)的《朱子学之基本特性》(《日本学者论中国哲学史》,中华书局1986年版)从思想体系与社会经济政策两方面分析了朱子学之基本特性。(1)无极与太极、太极与阴阳、理与气、性与情、存养与省察、所当然之则与所以然之故、反省知与悟觉智,皆二者相对相依而不可废一,即不一不二、不离不杂之辩证论。其中,理气论,非理生气之生成论。理与气,若论其生,则俱生。但论其价值,则理优先于气。后儒以太极为先行于气之一物,则系误解。虽理与气犹二元,然理依赖气,气依赖理,实非二元。故不是中国哲学之原罪可也。(2)朱子之社会经济政策,以救济贫民为宗旨。社仓、栽培水稻之技术、经界案等,皆有利于贫民下户,不利于豪家大姓。此朱子学之所以非御用之学。

此外,还有一些朱子学研究的重要著作令人关注,如阿部吉雄主编的《朱子学大系》(明德出版社)、友枝龙太郎的《朱子思想的形成》(春秋社1969年版)、市川安司的《朱子——学问上的展开》(评论社1974年版)、山田庆儿的《朱子的自然学》(岩波书店1978年版)、山口久和泽的《朱子学与自由的传统》(平凡社选书1987年版)等。

日本学者还十分重视朱子学与阳明学的比较研究问题。武内义雄(1886—1966)的《新儒学其一——朱子学》(《儒教之精神》八,上海太平书局1942年版)比较了朱子学和阳明学,认为二者虽然同属以四书,尤其是《大学》为中心而构成的新儒学,但朱子立说理气二元,承认主客之对立,认为穷客观事物之理以扩充主观之知,乃为实践之第一步,而阳明则根据心即理的哲学,不承认主客之对立,专讲致良知的功夫,这乃是朱子学和阳明学相异之点。若再将朱王二子之说作一比较,在理论上,阳明似较朱子为彻底,唯其谓心之本体无善无恶,仍不免在说意之动和格物时露出矛盾。武内义雄的《朱子学与阳明学之长短》(同上)认为朱子学与阳明学作为中国近世儒教之二大学派,表面看来似不相容,其实其间有着相同之点和相异之点,并非完全相反。两者俱据《大学》以言修身齐家治国平天下之道,是其一致点,所以都可以说是以《大学》为根据的道德说。两者相异之点是在对于《大学》的解释各不相同,之所以解释不同,则又由于两者之哲学世界观不同。比较两者之长短,朱子之学说,对于一理发动,理气的对立出现的过程,说明似欠充分。阳明的心即理说,在最后言致良知时,一方面说心之本体无善无恶,一方面又说意之动者有善有恶,似不无唐突之感。有关朱子学与阳明学比较研究的论著还有:荒木见悟的《心学与理学》(《禅学研究》58,1970年3月)、高桥进的《朱熹与王阳明——物与心理上

的比较思想论》(国书刊行会 1977 年版)、间野潜的《朱子与王阳明
——新儒学与大学的理念》(清水书院 1974 年版)等。

(二)阳明学研究

王阳明是宋明时期与朱熹齐名的儒学大家,心学集大成者,他
在程朱理学占统治地位的时代,批判程朱理学,继承并发展了陆九
渊的心学,又受到江门之学及佛学的影响,建构起以"致良知""知
行合一"为特色的心学思想体系,把明代儒学发展到一个新阶段。
阳明之学在明代中、后期的思想界曾风靡天下,一度取代了程朱理
学的地位,给儒学的发展以深刻的影响。阳明学与朱子学一样受
到日本学界的重视,20 世纪的日本阳明学研究成果比较突出。

19 世纪末 20 世纪初,日本已有学者对王阳明进行研究,并出
版了研究专著。1893 年三宅雪岭(1860—1945)出版了《王阳明》
(政教社版。后收入筑摩书房版《明治文学全集》中的《三宅雪岭
集》,1965 年版),该书的研究方法,论述角度,已经和以前传统学
术不同,其中注意采用西方哲学的思考方法,对传统的中国思想概
念进行探讨和论述。联系到三宅在当时日本学术界的影响,因此,
此书在日本的中国哲学研究方面的开创作用是很显然的。此后,
高濑武郎(1868—1950)出版的《王阳明传》(广文堂书店 1915 年
版)是当时最为详尽的王氏传记,至今仍有参考价值。

20 世纪初期,日本的阳明学被作为一种政治哲学,成为一些
日本国粹派团体的纲领性理论。比如东正堂编的《阳明学》(阳明
学会版,1908 年始)、石崎东国编的《阳明》(大阪阳明学会版,1917
年始)等,就是如此。这些杂志对王阳明学说的研究,实际是有限
的,只在一定程度上收集保存了一些资料。山本正一的《王阳明》
(中文馆书店 1943 年版)被认为是第二次世界大战前较平实的著
作。

二战以后,日本的王阳明研究继续深入。以岛田虔次(1917—　　)

1949 年出版的《中国近代思维的挫折》为发端,由于山下龙二的
《明代思想研究史》(《名古屋大学文学部研究论集》99,1987 年)等
文章与岛田虔次的《明代思想研究的现阶段》(《历史教育》10—10,
1962 年)引发了二人对阳明学的争论,有关阳明学思想的研究继
续引人注目。此后,冈田武彦(1908—　)、荒木见悟(1917—　)、
山井涌(1920—1990)等也都对阳明学问题进行了独特的探索。
1971 年开始出版的荒木见悟主编的《阳明学大系》(明德出版社
版),是当时日本阳明学研究的代表性丛书。

　　冈田武彦是日本战后研究阳明学的著名学者,他重点研究王
阳明以及阳明学派问题,他的一个重要见解,是把阳明学派分为三
派,而不同意简单的分为"左""右"两派。其论文有《王门现成派的
系统》(《观想》5 号,1961 年)和《王门归寂派的系统》(《观想》7 号,
1963 年)等。冈田武彦于 1970 年出版的《王阳明和明末的儒学》
(明德出版社版),以明末儒学为中心,对王阳明及其门人以及与阳
明同时代的儒家湛甘泉的思想作了论述。本书以宋元明清整个思
想文化发展史特别是儒学发展史为背景,在简明生动地概述宋明
思想文化发展脉络和特点的基础上,不仅系统而深刻地论述了阳
明学产生的历史原因及其内容、特点、社会影响、历史作用,而且系
统而细致地论述了王学的分化、演变和明代中后期王门各派各家
的离合同异、学术宗旨,并以阳明学、阳明后学与明代尤其是明末
其他儒学派别作了具体而微的比较。

　　荒木见悟的研究注重把佛教和阳明学结合起来,他采取对一
个个学者具体考证的办法,累积式地构划整个明代思想史的全
貌。荒木见悟对明代的一些思想家,如管东溟、智旭等人进行了
深入研究。论文有《管东溟——明末一儒佛调和论者的思维构
造》(《日本中国学会报》12,1959 年)和《智旭的思想和阳明
学——一位佛教心学者之路》(《佛教史学》13－3,1967 年)等。

1979 年荒木见悟出版了《明末宗教思想研究》(创文社版),1984年又出版了《阳明学的展开和佛教》(同上)等,他的不少论文都是在这一时期发表的。这些研究有颇为精到的地方。他以广阔的思想史为背景,对明代的思想、佛教和阳明学进行探讨,同时,由于以坚实的考证为基础,无论是资料还是研究的角度,都有新的突破,值得我们重视。荒木见悟还对怎样评价阳明学问题作了深刻探研,提出了独到见解。其《阳明学评价的问题》(《日本学者论中国哲学史》,中华书局 1986 年版)从王阳明心学产生的时代背景出发,论述王阳明"心学"与朱子学之对抗。王阳明提出"心即理"对抗朱子学"性即理"。阳明学的"良知"论高扬了人的主体意识。作者指出中国现在对阳明学的评价过分严厉,甚至存在误解。如因阳明学是"心学"而将它规定为"主观唯心论",断定为忽视客观世界条理的唯我论。相反,把注重"气"的学者全部规定为"唯物论者",而给予比唯心论者善意的评价。荒木见悟强调,不能停留于表面,必须窥知其"心学"之真意,才能正确评价阳明学。王阳明之"心"是指责任的主体,统括了身、心、意、知、物。评价阳明学最重要的不在于是"唯物的"还是"唯心的",而在于是"定理的"还是"非定理的"。他认为,中国学者敌视所谓"心"字,偏爱所谓"气"字的思想史观,应当重新考虑。

山下龙二(1924—　)注重对王阳明及其他明末儒家学者等个体人物的具体考证。他在《王阳明》(《中国思想》〈一〉第三章,台北幼狮文化事业公司 1987 年版)中指出,王阳明的思想与他多灾多难、死里逃生、变化多端的生平是有密切关系的。山下龙二将王阳明的思想特性归结为知行合一论的宣布、致良知说的提倡。而阳明学的发展,主要包括阳明的理气论、经世之学。山下龙二强调"经世致用之学"为明末清初学者们所追踪乐道,究其来源,则发自阳明。山下龙二还概述了日本阳明学的发展情况。他还撰有《王龙溪论》(《日本中国学会报》8 期,1956 年)、《黄绾的明道论》(《中国古典研究》12,1964 年)、《陈白沙论》(《东京支那学报》12 ,1966 年)等论文。他的论文后汇成《阳明学研究》(现代情报社 1961 年版)、《阳明学的终结》(研文社 1965 年版)。

　　岛田虔次(1917—　)探讨了王阳明的主观唯心论哲学。他的《王阳明与王龙溪——主观唯心论的高潮》(辛冠杰主编《日本学者论中国哲学史》,中华书局 1986 年版)认为,渊源于程明道的中国近世主观唯心论被王阳明所继承,王阳明的哲学是典型的主观唯心论。在其哲学中,心即理,其晚年提倡的良知也不过是心即理的别称。阳明的良知说不单是一种个人修养之说、一种冷静的哲学,而且是以一种几乎可以说贯穿着煽动性的热情的淑世精神。阳明学主张"万物一体"、"生生"之道,使其学说具有"动"的性质。王阳明的良知说被认为是动的、活泼的,已成学术界的定论。王龙溪主张"变动周流",这个"动"不是突破儒教传统理念框子的动。岛田虔次还出版专著《朱子学和阳明学》(岩波书店 1967 年版)专门探讨二者思想之差异。

　　从总体来看,日本学者对朱子学和阳明学的研究比较系统全面,不仅对朱熹和王阳明的生平、思想特色作了具体而微的研究,而且对朱子学、阳明学进行了比较研究,对二者的思想及影响做出了公允的评价。

四、明清之际思想流变研究

　　明清之际,宋明理学日趋僵化、没落,出现了追求个性解放的异端儒学。异端儒学既继承阳明学,又背离阳明学,以追求个性解放为特征。李贽就是明清之际批判思潮的先导,不仅在当时,而且对后世都产生了巨大影响。明清之际思想流变也是 20 世纪日本学界的研究热点,日本学者通过探讨中国学术思想史、明清思想的区别,揭示了明清之际思想流变及其特点。

从五六十年代开始,日本学者从阳明学扩展开去,对明清间思想流变进行研究的动向已比较明显。其主要研究者就是山井涌,代表论文有:《关于明末清初思想的一考察》(《东京支那学报》11,1965年)、《关于〈明儒学案〉"四库提要"的二三问题》(《东京支那学报》12,1966年)等。他主要是对明清思想的流变和传承关系进行研究。他的文章后来收入其《明清思想史研究》(东京大学出版会出版)中。

70年代以后,作为日本整个思想史研究的倾向,是在对具体的人物、学派研究的同时,转向对"哲学范畴"或者说对抽象概念的研究。这一倾向,集中表现在日本最有代表性的著作,也就是由当时日本从事思想史研究的主要代表人物共同撰写的《气的思想》(东京大学出版会1978年版)一书中。作者之一沟口雄三,其研究表现了一种新的方法和风格。他比较侧重于对哲学概念和范畴的研究,70年代以来,发表了一系列这方面的论文,如《明末清初思想的挫折和展开——童心说的历程》(《思想》636,1977年)、《关于中国前近代"理"的机能》(《一桥论丛》83—4,1980年)、《中国公、私概念的展开》(《思想》669,1980年)、《明清时代的人性论》(《佐久间重男论集》1983年版)等。同时的重要研究者还有佐野公治(1936—),他从明代盛行的"四书"着手,很有特色地剖析了明代思想文化史的一个侧面。其代表论文有:《明代前半期的思想动向》(《日本中国学会报》26期,1974年)、《晚明的四书学》(1981年《明代思想文艺论集》)等。他的有关论文汇成《四书史的研究》(创文社版《东洋学丛书》)。

90年代,日本学界也发表了不少有关明末清初思想学术史的论著,以沟口雄三(1932—)的研究成果最突出。沟口雄三是当代日本著名的明清思想史研究专家,他一反视西方价值观为放之四海而皆准的旧的研治东方文化的方式,又以其对明清思想史的深刻关怀与高深造诣,突破了已往的理气论、人性论等狭隘的纯哲学式的中国哲学思想的研治框架,以更广阔的视野,开拓出含有史学、政治学、经济学、社会学的哲学思想研治新途。沟口雄三的《明清时期的人性论》(刘俊文主编《日本学者研究中国史论著选译》第七卷,中华书局1993年版)探讨了明清之际的人性论问题。他认为明代的人性论在明末清初完成了一次转折,这一转折还关系到天理人欲论。性在宋代被分为气质之性和本然之性两大范畴,相对于宋代的这种性二元论的主张,明代则以一元论的认识为主流,明中叶的一元论以气质之性的一元化为主轴。沟口雄三主要论述了王廷相的性一元论。人性论的转变是缓慢而稳固地进行的。明末的黄宗羲与陈确等视气质为善,归恶于后天之“习”,主张气质之性的一元化。接着是王船山、颜元等进一步认为恶是外在物之习染,即与历史的、社会的环境、后天的经历相关联。这样经过一步步的不断发展,人性论终于形成了体系。尤其是王船山的后天之性的气之生动即人后天之领域这一新概念,在人性论上得到了确立。王的观点被戴震发展,并上升为理论。戴将王所谓的气之生动划分为欲、情和心知,将王所谓质划分为作为气禀气质等的形体、性能、才的素质、性质,尤其是在承认欲望是自然之物的基础上,提倡由心知而明辨的理是“自然分理”。这在戴震的人性论思想史上有重要意义。他还认为此欲不仅仅是本能等生理欲望,而且是物质欲、生存欲等人所固有的社会欲望。戴震的人性论达到了一个高度,其后似乎没有能超越他的。由于人性论完成了自身的课题,至此可以给宋以来漫长的人性议论的历史打上一个终止符。

　　沟口雄三还探讨了中国前近代思想的曲折变化问题。他的《中国前近代思想之曲折与展开》(上海人民出版社1997年版),着眼于中国独特的自生性以及内发性的近代历程,根据极为周密的方法论上的考察,就明清时期的政治观、君主观、公私观、人性观等的演变,厘清了明清思想史的一贯真髓,从而深刻地揭示了中国近代历史与文化的前近代渊源。沟口雄三的《中国前近代思想的演变》(中华书局1997年版),主要探讨了两个问题,一是明代后期的思想转换,二是中国前近代思想的展开。沟口雄三认为对16世纪的思想家李卓吾的评价关系着明末清初的历史评价,不仅如此,还关系着怎样历史地看待中国的前近代,以至怎样实质地掌握中国的"近代"。该书揭示了存在于李卓吾和戴震之间的曲折与继承的状态,还对黄宗羲作了一个历史的评价。沟口雄三通过对明末清初一些代表性思想家的思想分析,论述了中国前近代思想的演变过程。

明代的"生生"思想基调也受到学者们的关注。岛田虔次的《明代思想的一个基调》(《日本学者研究中国史论著选译》第七卷,中华书局1993年版)指出,"生生"、"生生不容已"、"不容已"等,是表现王阳明以后明代思想界的根本情调的最富特征的语调。岛田虔次认为,明代的"生生"之语过度泛滥,是特异的现象。以前的"生生"不过是"仁"的术语或形容词,而当时的"生生"自身开始成为独立的理念。尤其是嘉靖万历时代的阳明学派最为突出。岛田虔次强调,与其认为朱子学到阳明学是客观唯心论到主观唯心论,不如认为是"理之自然主义"到"理之主观主义"更为适当。

除了明清之际思想流变外,日本学者还探讨了中国学术思想史的其它一些问题。金谷治的《中国古代人类观的觉醒》(《日本学者论中国哲学史》,中华书局1986年版)指出,中国的人类观的自觉展开,在孔子以后才有明确的表现,这是众所周知的。金谷治通过对自周初到孔子以来关于中国古代的人类自觉进行了探讨,并指出了它的若干特征。最初是把人类作为现存的东西,从他的社会性、政治性方面考察其本性;后来认为人类的独自存在性是与天、神和自然界连系着的,并且是在确立社会道德中逐渐树立起来的。这是从周初到孔子的思想变迁。孔子的人类观后来成为强有力的传统。但另一方面,孔子所没有顾及到的自然科学的人类观的萌芽,不久也单独地发展,形成为老庄道家的人类观的基石,更进一步形成中国医学独立的传统。冈田武彦的《中国哲学的课题及其意义》(同上)指出,中国哲学给人们提供了三个方面的课题:一是现实主义。现实主义是以人本来就是功利的这一功利人生观为基础的,如法、纵横、兵家等。二是超越主义。超越主义是以人本来具有宗教性的所谓宗教人生观为基础的,如老庄等道家。三是理想主义。理想主义是以人本来具有道义性这一道德人生观为基础的,如儒家。这三者早在先秦时代就已形成,相互影响,并在后世共同发展起来,但其主流可以说是理想主义,而称理想主义是传统的思想的原因也就在于此。它与其它两个方面,尤其同超越主义相接触并超过它而得以发展。冈田武彦认为,如果说现实主义立足于对立的人生观,超越主义立足于超越的人生观,那么,以道义的人生观为基础的理想主义就可以说是立足于共存的人生观。立足于共存的人生观的理想主义,必然以养成道义的人性、人格的完成为目标。理想主义以揭示存心和致知、尊德性和道问学作为学问之要。前者即实践工夫,后者即主智工夫。在中国,即使主智工夫也必然同实践工夫作为一体来考虑,中国哲学的特色即在于此。冈田武彦强调,中国哲学的精髓,实际上是人生哲学,应当提出来作为今后世界哲学的严峻课题。

五、儒家经学典籍研究

经学是关于儒家经典的学问,是儒家学派的经典诠释学。最初被儒家奉为经书的有六种,即六经,包括《易》、《诗》、《书》、《礼》、

《乐》、《春秋》。《乐》今不存,因而有五经之称。对儒家经典的研究,构成了经学的主要内容。20世纪日本学界对儒家典籍的研究主要集中于五经。

(一)《尚书》学研究

日本学者向来十分重视《尚书》研究。20世纪,日本的《尚书》学研究更是取得了令人瞩目的丰硕成果。

20世纪日本的《尚书》学研究与19世纪以前的《尚书》学研究有明显的不同。其一,19世纪以前的《尚书》学研究者大多是儒家学者,他们对《尚书》持膜拜尊信的态度,以阐发"圣人"原义为职志。20世纪时,尽管日本研究《尚书》的学者仍然是儒家,但在其著作中引进了一些现代的或西方的观点及资料,来作比附阐述,逐渐把《尚书》变成了有益于治国济世的优秀学术文献。最后逐渐走上人文科学的研究,把它作为重要的历史文献资料,进行历史学的、哲学思想的、语言文化的、文史考辨之学的、文献书志学的研究,等等。这就把《尚书》研究推进到正规的学术研究轨道上了。其二,现代学者辈出,著作和论文大量出版、发表。由于篇幅所限,此处以介绍《尚书》研究著作为主。

20世纪始,日本学者开始对《尚书》作人文科学的研究,百年之间关于《尚书》的著作共有50余部,仅对《尚书》全书作考察的就达十余部,其中佳者七部,而最精博者为加藤常贤(1894—　)、赤塚忠(1913—　)、池田末利(1910—2000)的三部。加藤先生完全用现代科学方法治《尚书》全书;赤塚先生善用甲骨金文及现代学者的成就;池田先生之作晚出,广泛吸收前人之长,钻研至精,遂成为现代《尚书》学的集大成之作,因而是最可贵的。

20世纪最初出版的三部《尚书》研究著作,都是传统的儒学著作,即山井干六的《尚书讲义》(哲学馆1905年版)、星野恒著的《毛诗·尚书》(《汉文大系十二》,富山房1912年版)、元田彝著的《尚书集解》(弘道馆1913年版)。三位作者皆为传统的儒学思想者,却不再斤斤于儒学内部的区分汉宋,如星野恒之书并采汉唐古注和宋明新注,以便于学者同时获得两者对《尚书》文义的理解。元田彝之书只释今文二十七篇,每篇按段作简明解释,释字义多采《孔传》古文家说,释文意则兼采宋儒,尤善发挥己意,有些解释甚见扼要明晰。书中还引进西方现代历法天文等资料,以充实其训义,实为东方传统学术与西方新的文化因素的综合。

林泰辅的《周公及其时代》(大仓书店1915年版)是对《尚书》进行历史学研究之始。此书就周初历史特点、时代背景分析周公制作之大要与其兴革之特色,以及对历史的影响与作用。因周公所有诰命之辞都收在《尚书》里面,故该书是本世纪初期可称道的一部著作。作者善于区别文献资料之价值,体现了正确的治学方法。

20世纪20年代以后,日本出现了几部用历史研究精神专门研究《尚书》的名作。平冈武夫(1909—　　)于1946年出版了《经学的形成——中国精神史序说》(全国书房版),他在序文中称经书居中国正统的精神生活枢轴地位,而经书中的经书、古典中的古典,厥惟《尚书》,是"王者之记录",以甲骨文、铜器铭、竹册为证。其《序说》以为中国人世界观的历史分三期:殷王朝、周初迄清、民国。由甲骨文知殷代主要祀先祖,周代金文及《尚书》见到天的理念,天的超氏族性。并以为经书成立的基础,考之天下的世界观的构造。其要义在:天的成立在殷周革命之初,天下的世界观,则以经书中的天以获成立。全书以深刻的论证对《尚书》之作为中国精神文化传统的中心地位即文中所说的枢轴地位,作了充分的阐述。至1951年平冈先生又出版了《经书的传统》,依次考述自隋唐以迄明清所撰的自汉魏以下历代的一些《续尚书》、《补尚书》、仿《尚书》等等,阐明《尚书》的文化史观,以揭示《尚书》对后世的影响,认为中国历代都承受其传统作用。

小林信明(1906—　)于1959年出版了《古文尚书研究》(大修馆书店版)。此书以推理的形式,采"倒上溯源"的方法,处理错综多样的问题。先寻隶古定写本的情况,以考唐时卫包所改字。再上考梅本、王肃本、郑玄本、马融本、杜林本、刘歆本、孔安国今文及孔壁古文等等,最后论定《古文尚书》之地位。该书的最大特点是搜集了当时所见的隶古定字唐写本三种、日本古写本四种以及敦煌本与《西域考古图谱》所载隶古定文字,按篇按字详加考校,勘定唐时卫包所改错之字。又类列出同一字在不同字书中隶古字形之变迁。该书实为自有《尚书》研究以来对隶古定字体作比较研究的第一部著作。

赤塚忠(1913—　)的《儒家思想研究》中的第九节详谈"尚书学之变迁",历述《尚书》之出现、《尚书》之来历,孔安国传《尚书》之定夺、《尚书》之研究,叙自宋至今的《尚书》学者之著述情况,包括现代中国学者与日本学者之研究。然后述《尚书》之价值,从而探索中国古代之思想,所谓"二帝三王"治道之理,古代天命观念等。他认为中国的道德思想的根源在《尚书》,故引述了疑古学者所持《尚书》为"最高的经典"之说。该书系统而简明地对《尚书》作了历史的评述。

松本雅明(1912—　)于1966年出版了《春秋战国时期〈尚书〉之展现》(风间书房版)。此书分四篇,分别考述春秋后期、战国前期、中期、后期的文献引用《尚书》的情况,以考察这四个时期《尚书》篇章的先后形成。赤塚忠先生谓此书究明了《尚书》原形之展开。池田末利先生称此书是从历史意识的展开,是就先秦比较文献学角度进行研究的。

对《尚书》研究贡献最大者,莫过于日本《尚书》学大师池田末利(1910—2000)先生。他积从事《尚书》研究数十年的功力,于

1971年完成《尚书通解稿》,以《广岛大学文学部纪要·特辑2》出版(广岛大学印行)。书中对现代《尚书》研究作了史的叙述,对清代学者及日本最近的研究成果作了综览,举出有代表性的平冈武夫、小林信明、松本雅明诸家之说的要义和优点,但以为小林、松本二者仍不能免于经学的立场,指出应脱去这种经学的拘束,而作历史文献的考察,从传统的文献史料领域,走向更广阔的超文献史料领域,尽量利用甲骨金文发现的成果,同时要避免恣意的文字通假倾向。他认为《尚书》之特性是"古代之公文书",为"纯然的公文史料";认为在孔子以前早有原型《书》篇,对孔子删编之说表示质疑;认为孔子时作为儒学传授之本,需要编定《周书》,其他各篇经过战国至秦初,以儒家为中心的学者把它整理成书。池田末利对《尚书》的研究,重视文献批判精神,而不纠缠于枝节问题,他把研究的重点放在对《尚书》的学说史的成立方面,作史的考察,以更全面的学术史的研究来把握对《尚书》篇章的直接解读。在此基础上,池田先生继续对多篇进行深入的探研,曾发表一些单篇论文。如1971年论《甘誓》文、1974年论《洛诰》文、1975年论《泰誓》文并最终完成《全释汉文大系11:尚书》这一巨著,于1976年由集英社出版。该书摆脱了经学桎梏,以中国历史发展的广阔视野,来研究这部重要古籍。书前面有"解说",基本承上述《通解稿》成说,全书前大半部分为今文各篇译注,后少半部分为伪古文各篇译注。依次为各篇"解题"、"通释"、"注解",并对各篇一些长期聚讼的问题作了"补说"以论析之。其中长者可视为专题论文。"注解"中也多精义,发前人所未发。其论析之佳令人赞叹。

　　日本的《尚书》研究中,还出现了从《尚书》内容来考察其政治历史思想的著作。如加藤虎之亮1938年出版的《皇道所见之书经》(精神文研刊行),就《书经》中的儒学思想对日本天皇制的影响进行探研;中江丑吉1950年出版的《中国古代的政治思想》(岩波书店版),多据《尚书》篇章加以精切研究,以寻绎古代思想,其中考论《盘庚》篇及综析二十九篇诸文曾单独发表。

日本学者对《尚书》的研究,其主要功力和重点,仍在对《尚书》本书的注解和译读。继20世纪初山井干六、星野垣、原田彝三部著作之后,不断有新著出现。不过此三位纯为儒家尊经之作,而其余大多以学术观点从《尚书》在政治历史上、思想史上或学艺史上的重要性进行研究,这是其主要差别。日本关于这方面的著作主要有:1962年东条弘一堂的《尚书标识》(书籍文物流通会版),1964年加藤常贤的《真古文尚书集释》(明治书院版),1968年中岛碧的《书经译注》,1969年尾崎雄二郎、小南一郎等四人的《书经》(与《诗经·国风》合为《世界古典全集2》,筑摩书房版),1972年赤塚忠的《书经·易经(钞)》(《中国古典文学大系》1,平凡社版),1974年野村茂夫的《书经》(《中国古典新书》,明德出版社),1975年清水茂的《书经·春秋》(《中国诗文选》3,筑摩书房版),1976年池田末利的《尚书》(《全释汉文大系》,集英社版)。

日本完整地译注《尚书》全书的译著主要有四部:一是加藤常贤的《真古文尚书集释》(明治书院1964年版),以二十八篇为"真古文",于书的前面列一篇全书的"题解",扼要讲了《今文尚书》、《古文尚书》、《真古文尚书》、《现本古文尚书》(即伪古文尚书)诸情况,并略述了《虞夏书》、《商书》、《周书》诸篇内容,而以简表列明。"题解"之后即为本书的主体,分前后两部分,前部分是"真古文尚书本文及训读篇",后部分为"真古文尚书集释"。这是一部学有专精、又有选择地集清儒研究成果及近代名家见解之大成的佳著。赤塚忠在《儒家思想研究》中给加藤氏此书以高度评价,称其考订古代之习俗,明晰古语之意味,正其文脉,粹集各家学者之说,使古来许多的疑难问题涣然冰释。

二是1969年尾崎雄二郎、小南一郎、中岛长文、中岛夫人合译的《书经》(与《诗经·国风》合为《世界古典全集2》,筑摩书房版),将伪孔本《尚书》五十八篇按篇译注。每篇分段先列本篇原文,继为训读文,接着是现代日译。每段后附注释,则系依据伪《孔传》、《孔疏》、《蔡传》等说以为释。书末为尾崎雄二郎与小南一郎的《解说》,以大盂鼎、颂鼎等铭文作比较研究,随之简述了《今文尚书》、《古文尚书》、伪孔《古文尚书》情况,最后简述了宋以来迄于现代如王国维等的《尚书》学。而以吉川幸次郎主持校定的《尚书正义定本》与所译《尚书正义》之大要作结。末尾说明《尚书》为应予重视的中国最古的古典,对汉以后中国文化及君主强权政治,《尚书》起了支配的作用。作者强调,《尚书》是中国文化的基础。

三是1972年赤塚忠的《书经》与《易经(钞)》合为《中国古典文学大系1》,平凡社版),亦将伪孔本《尚书》五十八篇全部作了译注。各篇皆不录《尚书》原文,而皆改写为训读文,实际等于简明的和译。每篇分成几个小段,每段并分成几个小节,加上小标题以明其内容。全篇按段作注,其第一段的第一注为本篇解题,然后是本篇各段各个问题的详注。凡《孔传》、《孔疏》、《蔡传》之可用者都引用,而更多引用中国和日本现代学者之说,还常引证金文材料。每一注解往往是一篇学术论析。全书之末为《解说》,标以《尚书学的变迁》副题。其学术研究功力甚深。

四是池田末利1976年出版的《尚书》(《全释汉文大系》11,集英社版),为最后出的《尚书》研究巨著。此书概要在前面已经述及。全书篇幅最大,可谓日本学者研究整部《尚书》著述中集大成之作。

就日本研究《尚书》全书的四部重要著作看,内容都可谓广博精审。加藤先生开始用现代科学方法治《尚书》全书,为后来学者之开先河者。而池田先生之作最晚出,成为现代《尚书》学的集大成之作。因此,这一先一后二书,尤为特别值得珍视。

(二)《诗经》研究

20世纪儒学研究大系

　　《诗经》是中国古代文化的重要典籍之一,在两千多年的封建社会中,它一直被列为六经之首。就其影响而言,也早已波及到了海外,而海外诸国研究《诗经》成果卓著者,尤以日本为甚。作为《诗经》研究专门杂志有《诗经研究》(年刊),已发行了 20 多期,对日本的诗经研究起了不小的推动作用。

　　日本的《诗经》全译本有:目加田诚(1904—　)译的《诗经、楚辞》(平凡社 1960 年版),高田真治(1893—1975)译的《诗经》(上下)(集英社 1968 年版)。《诗经》选译本有:目加田诚译的《新释诗经》(岩波书店版)、吉川幸次郎译的《诗经国风》(上、下)(岩波书店版)、白川静译的《诗经国风》(平凡社版)等。

　　关于现代日本的诗经研究著作论文目录有村山吉广、江口尚纯主编的《诗经研究文献目录》(汲古书院刊)。这本文献目录中,数量上最多的研究题目是关于解释学史的研究。还有不少日本学者注重研究《诗经》的伦理、传承、思想源流、具体篇章等。

　　对汉唐诗经学的研究。日本著名《诗经》学专家田中和夫的《汉唐诗经学研究》(天马图书公司 1999 年版)指出,要理解古典文学作品《诗经》中的诗篇,就必须要对《诗经》的历史及其解释的变迁有所了解,各个时代对《诗经》的解释各不相同,掌握这一点是很有必要的。田中和夫尤其重视郑玄和颜师古对《诗经》的注释中的一些问题。此书对学者们研究汉唐《诗经》十分有益。加藤实的《关于西汉诗经学说的发展——匡衡的诗说和刘向的诗说》(《第三届诗经国际学术讨论会论文集》,天马图书有限公司 1998 年版)指出,西汉元、成时代,儒学极盛,三家诗之名很显眼。元帝时代,齐诗学派的匡衡的学说是为了陈述政治方针而提倡的,他并不把灾异说看作其主要目的。匡衡使用的主要是大雅,小雅几乎没用。因为他将小雅视为恶政时代的作品了。鲁诗学派中的刘向主张灾异说,但他上书言灾异却不像其他大臣一样获罪,是因为他上疏时使用了宣王中兴时代的诗的缘故。加藤实强调,在西汉时代,诗经完全成为政教工具。

总结日本现代诗经的研究状况。田中和夫的《现代日本诗经研究概况》指出,用诗经解释史的观点来写作的论文里,为数颇多的是关于《韩诗外传》与《诗经》的关系,郑玄的诗谱或者六艺论的问题,《毛诗正义》的诗经解释等。特别引人注目的是关于《毛诗正义》的诗经解释。《毛诗注疏》的研究也存在着文化史、语言学史或者经学史上的很多未解决的问题。在解释学史的研究上,有特色的,还是关于古代日本的汉学家的诗经注释。除了从解释学的角度研究之外,值得注意的还有从民俗学的观点来研究诗经。

对诗经的某些思想及具体问题进行研究。细谷惠志的《从〈礼记·表记〉篇引用的〈诗〉来分析郑玄的注释》(中国诗经学会编《第二届诗经国际学术讨论会论文集》,语文出版社1996年版),通过对《礼记·表记》篇中引用的诗进行分析,指出《表记》的作用在重视儒家经典重要性的基础上,把诗作为一种能繁衍出伦理关系的东西来看待。从《表记》篇中所引的诗再进一步探讨,可以发现其中还存在着很多问题,最大的问题就是毛传、郑笺、郑注的相异点。细谷惠志认为,《表记》篇不是子思的述作,而是子思门人弟子所编纂而成。《表记》的作者作为一个礼学家,之所以引用《诗》,是为了使自己的君子论更能站住脚。此外,《表记》篇有关诗的来源相异这个问题,主要表现在毛传、郑笺、郑注上的一些不同之处。有关《诗经》研究的论著还有很多,在此不再一一叙述。

除了《尚书》、《诗经》研究之外,日本学者也重视其他经学著作的研究,如《周易》、三礼、《春秋》三传、《大学》、《中庸》等等。这些论著在索引中已列出。

(三)出土文献研究

日本一向关注简帛文献的出土,专门成立了"中国出土资料研究中心",其简帛研究有着雄厚的实力。郭店楚简的出土,不仅在中国学术界引起极大震动,在海外也产生了很大反响,日本学界就很重视郭店楚墓竹简的研究。郭店楚简公布后不久,即1999年3月,日本的"中国出土资料研究中心"便翻译了郭店楚简《老子》,立刻引起了日本学术界的浓厚兴趣,许多学者发表文章,阐述竹简的价值。在武汉召开的学术会议上,日本派出了庞大的代表团出席,说明他们对郭店楚简的重视。日本东京大学人文社会系教授、中国教研室主任池田知久先生专攻马王堆帛书,著有《马王堆汉墓帛书〈周易要篇〉的成书年代》(《简帛研究译丛》第一辑)一文,认为《周易》的抄写年代,当在西汉文帝时期的后半段,即公元前179—168年,而《周易要篇》的成书年代,是在《荀子》思想广为流布后不久,《老子》成书后不太长的时间内,具体地说是在西汉初期高祖到吕后,即公元前206—180年。作者在受到儒家特别是荀子思想影响的同时,对于道家的思想也有兴趣,尤其有《管子》四篇的痕迹,因此是在齐地成书的。在美国达慕思会议上,池田知久先生提交了《荆门博物馆〈郭店楚墓竹简〉笔记》,包括三篇论文,分别对楚简《老子》甲、乙、丙三组作了详细的探讨。在武汉会议上,他又将郭店简《五行》与马王堆帛书《五行》作了比较,从楚简的提名、说文、学派及其所反映的思想和帛书的关系及异同等方面,提出楚简《五行》不仅已题有"五行"篇名,而且解释经文的说文也已存在,它不属于思孟学派,而是吸收了包括孟子学说和道家、墨家、法家等多种学派的思想,其成书晚于《孟子》,包含了孟子"仁义礼智圣"之说,强调人有意识的努力以及人道和天道的思想,但其内容不如帛书《五行》。针对中国学术界普遍将郭店楚墓下葬年代定为公元前300年之说,他也提出异议,认为简中收录有来源于《荀子》"天人之分"段落的《穷达以时》篇,因而下葬年代应为公元前275年。然后,他从郭店简《老子》甲乙丙三组中分别抽取性质各异、存在版本问题的一个段落,将其与马王堆帛书及诸通行本的相应段落作比较分析,说明简本《老子》并非已成形的《老子》的一部分,而是尚处于形成阶段《老子》最古的文本(见《郭店楚简〈五行研究〉》,收入《中国哲学》第21辑,辽宁教育出版社2000年版)。

在国际东方学会议上,日本占有东道主之便,所提交的文章,如谷口满的《战国楚简和楚国历史地理》、平势隆郎的《从太岁议论的出现看郭店楚简〈太一生水〉》等都是研究郭店楚简的论文。而早稻田大学的工藤元男则是《日书》研究专家,曾写有关于睡虎地秦简《日书》的文章多篇。在武汉研讨会上,他提交论文《楚简中祷祭的构成》,从现已发现的楚简中关于卜筮祷祭的内容(包括包山楚简等)论述《日书》的形成。此外,茨城大学的岩本笃正、早稻田大学的森和提交论文《电脑利用的包山楚简楚系文字研究》和《楚简文字与数据库》,介绍了将楚系文字(目前以包山楚简为主)输入电脑,通过直接模写现代字体转写程序显示其模化过程的工作,还介绍了制作楚简数据库,通过因特网向研究者开放并进行网上讨论的情况。此前,日本已将《日书》全部词汇输入电脑作信息化处理,这是结合现代科学技术研究简牍的新尝试。另几位与会学者提交的论文,如谷中信一的《从郭店〈老子〉看今本〈老子〉的完成》,认为《老子》有一个形成发展过程,并非最早就有一个“五千言”完整形态的《老子》,简本《老子》没有“一”的概念,没有以“水”为范例的议论等。近藤浩之的《包山楚简卜筮祭祷记录与郭店楚简中的〈易〉》等,也都受到各国学者的广泛注意,获得了较高评价(以上所引论文皆收入《郭店楚简国际学术研讨会论文集》)。日本学者对新出土简帛的重视和研究,必然促进整个日本儒学研究的发展。

由上可见,伴随着社会政治的发展,文化思潮的演变,20世纪的日本儒学经典研究也步入了一个全新的发展时期。应该说明的是,日本学者对儒家经典的诠释、研究,内容是相当广泛的,其思想内容、价值意义也是深远的，限于篇幅，无法一一叙述。

六、日本儒学研究

日本儒学虽然受中国儒学影响至深，但其发展与日本固有的民族精神糅合在一起，形成了自己的特点。20世纪，日本学者十分重视研究本国儒学，开始对日本儒学发展作多层次、多角度的审视与总结，认真探索日本儒学的产生、发展、变迁的基本规律和发展历程，以揭示日本儒学的基本特征和基本精神。

日本儒学发展史是20世纪日本学者十分关注的一个问题，出版的学术专著较多。有关日本儒学史的专著，最具代表性的有几部：永田广志的《日本哲学思想史》(1938年，出版社不详)、安井小太郎的《日本儒学史》(东京富山房1939年版)、高田真治的《日本儒学史》(地人书馆1943年版)、许政雄译注的《日本儒学史概论》(台北文津出版社1993年版)、三宅正彦的《日本儒学思想史》(山东大学出版社1997年版)等。这些专著皆探讨了日本儒学各个阶段发展的历史及其思想特色。

日本现代著名哲学家永田广志(1904—1947)，比较系统地介绍了孔子思想在日本的传播与影响及其儒学在日本各个历史阶段的特点。其《日本哲学思想史》，是关于日本思想史研究方面的一部力作，初版于1938年，后来多次重版，商务印书馆中译本1978年出版。此书叙述了从古代到近代的日本哲学思想发展史，该书"主要是以德川时代为中心的哲学思想的历史"，对德川时期以前的日本思想史作了简短、概括的阐述；最后在"明治时代各种思潮的形成"之中，对明治三十年代以前的思想作了概括的阐述。永田广志力图运用马克思主义的观点、方法分析研究日本的哲学思想，对日本各个时期的重要思想的内容和发展作出了独到的评介和论述,为日本哲学史的研究开拓了道路。

三宅正彦将日本政治发展与儒家思想发展统一起来论述日本儒学思想史。他的《日本儒学思想史》(山东大学出版社 1997 年版)分上下两篇,上篇从日本政治发展和儒学发展的统一方面介绍了整个日本儒学发展史。下篇也是将政治形势和思想形态统一起来介绍江户时代的儒家思想发展状况。

关于日本儒学发展的分期问题,学者们存在不同意见。一种观点是按日本社会历史发展时代分期,如永田广志在《日本哲学思想史》中将日本思想史划分为六个时期:(1)大化革新以前;(2)大化革新到平安朝时代;(3)镰仓时代;(4)南北朝至室町时代;(5)织田——丰臣时代到德川时代;(6)明治时代。另一种观点是按日本儒学本身的发展特点分期,如武内义雄在《儒教之精神》中将日本儒学分为几个发展时期:(1)明经博士之学业;(2)名分论之展开;(3)朱子学之展开;(4)古学之勃兴;(5)大阪之朱子学;(6)阳明学之起伏。

德川儒学(江户文化)历来是日本学者探研的重点之一。这也是 20 世纪的日本儒学研究者的研究重点。永田广志的《日本哲学思想史》就详细地论述了德川时代儒学发展的状况及思想特质。他将德川儒学分为四个发展时期:幕藩封建制的确立和思想界随之发生的变迁、幕藩制稳定时期儒学的繁荣、封建制衰落过程的开始和思想界的分化、形成中央集权国家诸条件的成长时期。三宅正彦的《日本儒学思想史》下篇"江户时代的思想",专门论述江户时代的儒家思想发展状况,三宅正彦将江户儒学分为四个发展时期:幕藩国家的形成与思想的基本形态、幕藩国家的确立与公私概念的对立、幕藩国家的发展与思想上的变革、幕藩国家的危机与思想统治。相良亨的《江户时代的儒教》(许政雄译注《日本儒学史概论》,台北文津出版社 1993 年版),从历史的概观、从"敬"为中心的

儒学到以"诚"为中心的儒学、儒教和封建社会等三个方面论述了
江户时代儒学的发展概况。相良亨认为,将江户时代的儒学简单
地分为朱子学派、阳明学派、古学派、折衷学派等,不足以看到他们
活生生的个性,强调江户时代的儒教史的展开可以从各种视点来
加以考察。就江户时代儒教的伦理思想的历史展开而论,大体上
是从以敬为中心的思想而向以诚为中心的思想移动的。相良亨强
调,江户时代儒教的兴隆,既与幕府的奖励有关,更是武士社会自
己选择的东西。

　　日本儒学的特质也是学者们探研的重点之一。阿部吉雄的
《日本儒学的特质》(同上)认为,日本儒学的思想特质是在江户时
代才开始显示出明白的形态。关于近世儒学的特质,主要有几点:
一是各门各派竞相争起,互相论争并大放异彩。二是江户时的儒
者们采取融合的态度,将儒学与日本的传统文化加以融合,并将之
当作实学来看待而能普及到社会上的各层面,因而以儒学为核心
的武士道及庶民教育被大力的推行。随着新儒学的兴盛,江户时
代的儒者们进一步地加以活用,而培养出自己的日本文化。这正
是江户时代儒者们所拥有的态度和特质。儒学在日本被同化并因
而普及渗透到上下两层之间的现象,应该说是江户儒学非常重要
的特质之一。三是日本对儒教进行努力的研究,作本质的发挥。
在日本朱子学被用作国家统一的原理,成为明治维新在思想上的
原动力。随着江户儒学的发展,这一时期的日本儒学研究也走向
最高最深的境界。阿部吉雄还探讨了江户时期儒学具有特质的原
因,强调儒学到了江户时代有了急速的发展,和当时中国的儒学相
比较,已自有特色了,而且对于社会而言有深刻的影响,这一点就
是日本比其他亚洲国家更早近代化的原因。

　　日本的朱子学、阳明学也受到学者们的重视。尤其是阳明学
研究的成就突出。其间既有专著如井上哲次郎的《日本阳明学派

之哲学》(富山房1935年版),共收了38个阳明学者,论述比较系统、全面、深刻;荒木见悟主编的《日本的阳明学》(明德出版社1972年版)。还有一些论著如永田广志的《日本哲学思想史》等的部分篇章述及阳明学。

日本学者十分重视日本朱子学与日本阳明学的比较研究问题。井上哲次郎对朱子学和阳明学作了比较研究,其论述简明扼要,有助于了解日本阳明学派的哲学。井上哲次郎的论述分几个方面:"第一,朱子博求学问,期由此得德行之法。阳明与其先驱者陆子一样,先德行后学问。朱子为学的工夫可比作归纳法,阳明为学的工夫可比作演绎法。第二,朱子以理气为世界的根本原理,试由此解释世界,故他的世界观是二元的,可称为理气二元论。反之,阳明认为理气不可二分,主张其同体不离,故他的世界观是一元的,可称为理气合一论和理一元论。第三,朱子以心有理气两方面,阳明说此心即是理,唯明此心,理自分明。是故阳明不用博究外界之事而明理,要之唯在明此心。第四,朱子学以为欲明此理需经几多的经验,故其倾向为经验论。反之,阳明以为真正的知识唯存于此心,故其倾向为唯理论。第五,朱子主张先知而后行,阳明不言知行的先后,主张知行合一,故有朱子重学理阳明尚实行的异向。"(《日本阳明学派之哲学》之叙述)井上哲次郎的《日本阳明学派之哲学》共收了38个日本阳明学者的论文,其中代表学者有中江藤树、熊泽蕃山、佐藤一斋、大盐中斋、吉田松阴等人。该著是研究日本阳明学较早、较全面而系统的专著,对后学多有启发。

七、儒学与现代化关系研究

儒学本身是不断发展变化的,而且具有社会适应性。它的一些价值观念具有恒常的社会价值,对现代社会的各个方面仍然具有积极的借鉴意义。20世纪的日本学者充分注意到儒学的现代价值,对儒学与现代思潮、未来文化、环境伦理、世界和平、公共道德等一系列问题进行了研究,提出了一些有价值的见解。

(一)儒学与现代思潮的关系

儒家传统思想与现代思潮关系问题是日本学者研究的热点之一。日本学者服部宇之吉的《儒教与现代思潮》(台北文星书店民国54年出版)分别论述了中国儒教与"民主主义"、"功利主义"、"主观主义"、"个人主义"、"和平主义"的关系,大体上平允中肯,可以代表一个外国学者对中国儒教的一种看法。例如服部宇之吉举出:儒家思想中虽有民本主义,却无民主主义,把民本主义直接算做民主主义,不是曲解,便是误解。此著颇有助于人们对儒家思想的了解和评议。

(二)儒学与日本现代化的关系

传统儒学要不要现代化以及如何现代化,这是世界各国儒学研究者普遍关注的问题。日本学者在探讨儒学现代化问题时,认为儒学应从政治统治术转为经济生成术,这对促进当今社会基本矛盾的解决具有实用的价值。

当今日本不少企业家把《论语》作为日本工商企业的"圣经",把《论语》中"其身正,不令而行;其身不正,虽令不从","放于利而行,多怨","和为贵"等儒家古训作为企业经营管理的根本方针。如日本企业集团创始人小平浪平以"和"、"诚"、"言行一致"作为自己的根本指导方针。日本森岛通夫的名著《日本为什么成功》把日本的成就归功于西方科技和日本精神,而日本精神主要就是日本的儒家思想。

儒学在世界文化现代化进程中具有重要作用。随着世界现代化进程的加速,必然要求世界文化的现代化。当今世界文化正朝着全球意识下的多元化方向发展。多元的世界文化就应该包括儒学,而且儒学还可以弥补西方思想上的缺陷。日本学者沟口雄三在应邀参加孔子诞辰 2545 周年纪念与国际学术研讨会上发言时,对欧洲市场原理的弊端提出了见解。他认为自从霍布斯提出人类的本质在于具有永无止境的欲望以后,约翰·罗克、亚当·史密斯基本上继承了他的观点,以至确立了立足于个人利己主义的市场原理,即资本主义市场原理,其特点在于利润第一。其弊端至少有三:一是在市场原理下,社会有益性未能成为价值标准;二是在利润第一指导下,友爱、对弱者的关怀等,都不能成为评价的对象;三是以生产优质产品为美德的价值观,易于破坏自然环境和生态资源。他还指出:"类似的还有如自由、人权、环境、公有、私有等等,许多在过去以欧洲原理进行思考的问题,都有必要从亚洲的儒学原理重新进行思考。"(人大复印资料《中国哲学史》第 15 页,1994年 4 月)

(三)儒学与未来世界的关系

探讨传统儒学与未来世界关系问题时,日本学者着重于儒学与未来世界共同面临的发展经济、保护生态环境、优化人际关系、净化社会道德等问题。他们探讨了儒学的价值观、伦理观、大同观对未来世界的促进效应。

首先,探讨了儒家伦理与全球社群的关系。日本著名社会活动家和实业家冈崎嘉平(1897—1989)的《寄语二十一世纪》(人民出版社 1992 年版)阐述了对 21 世纪的期待和不安。他强调儒家的"和为贵"思想是未来世界和谐、共存之道。

其次,探讨了儒学与未来世界文化的关系。沟口雄三的《儒学在未来世界文化中的位置》(中国孔子基金会编《儒学与 21 世纪——纪念孔子诞辰 2545 周年暨国际儒学讨论会会议论文集》,华夏出版社 1996 年版)指出,中国的未来发展前途无量。他认为,日本的中国学所应承担的课题是,如何将中国思想中作为深厚的传统而积蓄下来的仁爱、调和、大同等道德原理作为人类的文化遗产向全世界展示出来等一类问题。他强调,21世纪将是一个不得不对延续至今的欧洲原理一元化的观点进行修正的世纪。其时,想必会是以儒教原理为首,会同伊斯兰原理、佛教及道教原理等一同作为主角而登上世界舞台。其中儒教原理作为原理的宝库将会对人类文化做出重大贡献。

第三,探讨了儒学与未来世界和平的关系。昌平黉、田久孝翁的《儒学与21世纪人类社会的和平及展望》(国际儒学联合会编《纪念孔子诞辰2550周年国际学术讨论会论文集》,国际文化出版公司2000年版),回顾了中国儒学和亚洲地区的儒学思想发展历程,对儒学与未来的教育及儒学与世界和平等问题进行了深入探讨,论述了儒学对于21世纪的世界和平的积极意义。

第四,探讨了儒学与未来世界公共道德的关系。今枝二郎的《儒学与21世纪公共道德》(中国孔子基金会编《儒学与21世纪——纪念孔子诞辰2545周年暨国际儒学讨论会会议论文集》,华夏出版社1996年版)指出,在21世纪,为达到形成一个和平安定、秩序井然的社会之目的,人们必须自觉地维护公共道德。儒教精神作为万世通用的社会规范准则,至今仍有其实用的价值,有必要赋予其新的生命。他主张加强儒家道德教育,提高民众的公共道德水准。

第五,探讨了儒学与未来环境伦理关系。针生清人的《儒教与环境伦理》(同上)是对"近代化社会的批判",它指出现代文明破坏了人类以及文明本身赖以生存的自然环境以及生态系,陷入了自我矛盾、自我否定之中。而把个人主义和功利主义作为主旋律的近代西方哲学立足于"无生命的自然",在发展了科学技术的同时,在另一方面由于无节制地利用自然,生态系出现了失调,环境遭到了破坏。我们的伦理是立足在"活着的大自然"之上的。儒教能够满足环境伦理的要求。人类应当以儒学促进生态环境保护。

　　总之,日本作为海外儒学研究最发达的国度,20 世纪是其儒学研究大发展时期,取得了丰硕的研究成果。在新的 21 世纪里,日本儒学研究将会在 20 世纪研究成果的基础上,取得更加引人注目的成果。

中国哲学的课题及其意义

冈田武彦

一

中国哲学的研究,自近年汲取了科学的、唯理的西学以来,变得愈来愈精密,结果连续地创造了划时代的业绩,因而这一学科的名著汗牛充栋,这已是众所周知的了。但是,这一学科的研究在某些方面同西方哲学正好相反。如果说,中国哲学被认为具有东方特点的话,那么其研究方法是否真是最有价值的呢? 我觉得现在有必要进行一次探讨。因为有人认为它未必是十全十美的,而是功过各半的。日本江户幕府末期探求精切的实学的朱子学者和阳明学者,在论述心性之学时就痛感到训诂闻见、考索知解、议论辨斥、博学洽闻以及门户之见等等诸种弊端。如果考虑到下述三段文字,也就思过半矣。

> 学人徒然是非朱子之训诂,而不知朱子之道义;徒然是非陆子之言语,而不知陆子之心术。(佐藤一斋:《言志晚录》)

> 当今天下之儒,研究朱子学者,概而言之,已成训诂闻见之学,毫无心得体会可言,落到悠悠泛泛、浮飘地单纯记诵的地步。只学到书本上表面的东西,对存养一段工夫一点也没起作用。(《阳明学大系》第十一卷《德川幕府末期维新朱子学者书简集。池田草庵致楠本端山书简》)

守传注,争训诂,至死也不能出头。(吉村秋阳:《读我书楼遗稿附存·附语录》)

随着西欧式的科学研究方法的盛行,中国哲学,同传统的东方研究方法即以体认为宗旨的实践性的研究方法一样,也衰落了。结果,虽然优秀的学者辈出,可是优秀的思想家却寥寥无几。这的确是一个严重的问题。因此,现在对中国哲学首先给我们提供了什么课题,以及对它们在世界思想界占什么地位、具有什么意义等问题加以审慎的考察,就至为必要了。西学东渐以来,西方哲学虽曾风靡东亚思想界,但时至今日已渐趋终点,甚至连西学本身也已被认为处于衰退期了。在这种状况下,西方哲学家们却开始瞩目于东方哲学,甚至出现积极地汲取东方哲学的潮流。东方不是也有依据传统哲学,赶超西方哲学,建立独创性哲学的学者吗?这大概是未来发展的前兆。我们希望今后这样的哲学家辈出。中国哲学对世界思想界所作的贡献,其中也就包含着创造新哲学这一层意义在内,这是有目共睹的。因此,在这里对中国哲学给我们提供的课题中有任何与上述相一致的东西,我们都必须加以精审考虑。为满足这一要求,探求其相应的基本资料,对于它的意义和价值加以再认识,就十分必要了。

二

在我个人看来,中国哲学给我们提供了下述三方面的课题。这三方面的课题,我想是没有古今东西之别的。对于个人不用说了,即使对于民族和国家来说,它们也有着必须予以注意的原理;它们被认为是向世界人类提供创造新哲学和思想必要而不可或缺的资料。这三方面的课题就是:现实主义,超越主义和理想主义。它们具有的人生观、社会观和世界观各不相同,现在我们想对它们的一些特点作一概述。

(一)现实主义

现实主义是以人本来就是功利的这一功利人生观为基础的。虽说它是功利的,但若在这里迳直下一个是非、善恶的道德判断,其中就会包含喜生厌死的切实的生存本能那样一种超越其判断的东西,因此下这个判断可以说是极为困难的事情。在以这一功利人生观为基础的现实主义看来,由人形成的社会、民族和国家,同个人的情形一样,必然同另外一方有着对立、相克、斗争的关系。为消除和克服这些矛盾,必须绝对地支配和控制另一方,也就是不得不讲求以权力和术数不能推测的手段。其结果,甚至必然要求诡秘的心术。这样的现实主义虽说也具有世界观的意义,可是也不难推测它具有斗争性。以现实主义为基础的思想家有法家、外交家(纵横家)、兵家等。对于人类的功利心及由此产生的行为的锐利的观察,为了压制和利用它而使用的、使人不易觉察的巧妙的超伦理的诡诈的权谋术数,为了设计和运用它的深不可测的智慧、冷酷和残忍,这些都是具有现实主义精神的思想家们为绝对地支配和统御他人而使用的武器。然而,他们认为只有通过使用这一武器,才能实现理想主义所追求的富裕、和平的理想世界,所以理想主义反而被认为是与这一主旨相反的东西。对于现实主义思想方法虽然在程度上有差别,但无论在什么世代都起着有力的作用一事,如果正视现实,了解人的功利性是如何根深蒂固,大概就会易于理解。总之,我认为,现实主义在动乱不安之世一开始是能发挥巨大力量,取得惊人效果的。这是中国历史所如实地表明了的东西。

(二)超越主义

超越主义是以人本来具有宗教性的所谓宗教人生观为基础的。根据超越主义,由于人是相对的存在,所以人必然地均伴有矛盾、纠葛和苦恼,任何人也不能摆脱这一命运。但是,只有通过顺从那超越于人的东西,才能摆脱这一命运的束缚,自由地永远居住于安乐的绝对界。因而,别说世间的俗见欲望,甚至连理想主义作为人类共同生活不可缺少的人伦道德,也是不可避免的相对矛盾的东西,追求否定和克服人为的一切,因循天之无为自然,以彻底的批判精神去克服自体和认识主观,看穿伴随着超越性实在命题的相对性和矛盾,可以说都是以绝对的克服为宗旨的。绝对的克服虽然只有通过实践性工夫才成为可能,但其结局本身除了成为实在外,别无他途。以这一思想为基础的是老子、庄子和列子等道家,但中国化了的佛教也可以说属于这一类。超越主义虽然是为了使人们了解宗教的重要性和彻底批判精神的必要性,但是由于它否定人的自主性、主体的行为,所以也不是没有同文明和文化的发展,从而同人类历史前进方向背道而驰的倾向,以及不能正视复杂、深刻的现实社会生活而加以逃避的倾向。

（三）理想主义

理想主义是以人本来具有道义性这一道德人生观为基础的。理想主义把自他作为本来是血脉相通、一心同体的存在,因此,也把自我实现、人格形成作为同理想社会的建设不可分的整体,并以前者为根本。这是因为它是重视人的主体性的。不过,理想主义的自他一体观,并不仅仅停留在人和人、人和社会的关系上,它还扩展到人和宇宙万物的关系上,结果宇宙中的事物把这一切都会归于人,把人说成宇宙的存在,甚至还把究明万物之理当作是人的形成、理想社会建设所不可或缺的。因此,在坚持道德的世界观的同时,还要追求人类文明文化的向上发展,以至尊重学问。以理想主义作为基础的是孔子、孟子、朱子、王阳明等儒家。理想主义重视人的现实生活。在这一点上,虽然与现实主义同出一辙,但因排除了功利性,所以并没有在现实主义中所见到的那种心地不纯。

它还以超俗性的态度追求纯粹的道德。这一点虽然同超越主义同出一辙，但由于重视人的现实生活，所以并没有在超越主义中所见到的那种非现实性。简言之，一面坚持纯粹性，一面在现实社会中寻求活生生地起作用的道，就可称之为理想主义。总之，从理想主义立场来看，现实主义是专门从事于支配和控制他人之事，超越主义因为忧死贪生，恶苦求乐，所以同时又是以自私自利为宗旨的。又因为现实主义蔑视人，超越主义憧憬位于人之上的天，所以可以说它们把人类尊严置诸脑后了。因此，理想主义也可以说是人道主义。

以上虽然就三个方面的思想特征作了概略说明，但在每一方面也考虑到其他流派的观点，这是不难想像的。实际上，这三者早在先秦时代就已形成，相互影响，并在后世共同发展起来，但其主流可以说是理想主义，而称理想主义是传统的思想的原因也就在于此。它与其它两个方面（即现实主义和超越主义），尤其同超越主义相接触并超过它而得以发展。可以说中国哲学的特色即在于此罢。

<h2 style="text-align:center">三</h2>

在现实主义中首先应当注意的是对人的功利性的透彻的观察这一点。现实主义以犀利的眼光正视现实的人的本来面目，看穿人的功利性如何根深蒂固而又十分精巧，讲求赤裸裸的暴露它和对付它的方策，自身也讲求采取上述策略，寻求绝对制服他人的办法。根据现实主义，人好逸恶劳，趋利避害，求生厌死等等，是彻头彻尾功利性的，不论在什么场合都按利害打算而行动，为了私利不仅随心所欲地施狡计，便佞、诡诈和搞权术，而且达到了不畏死的程度。所以，《鬼谷子》中说，猬飞蠕动尚为利害所驱策，况人乎？

法家韩非子认为,不但君臣上下之间,就连父子兄弟骨肉之间,也无不为利害打算所维系,纵有亲爱之情也极为淡薄(《韩非子》之《伤邪》、《备内》、《难一》、《六反》、《难二》等篇)。因此,理想主义打出仁爱的旗号,也大多是作为达到私利私欲的手段,即使它是纯粹从道义出发,由于人们之间本来是功利性的,所以慈母之爱得到的是娇子宠儿,君主的仁政产生了人民贪婪的恶果。在韩非子看来,君主寻求民之利,即寻求公利;而民寻求己之利,即私利。所以,考虑到公与私的利害不一致和相互对立,就应排除一切私利而寻求公利。他寻求的公利是公义,不根据它,我们的主张、主义就是私义。所以,提出公义而排除一切私义,就应对私义加以压制。例如,对营利的工商业者、趋炎附势的阿谀奉承者,从事游说的辩者等,自不必说了,就是学者、思想家、隐士、侠客、仁人志士等,也都被当做从事私利私义的人而要求对他们处以重刑(《韩非子》之《五蠹》、《孤愤》、《伤邪》、《八说》、《显学》等篇)。现实主义就是这样地把理想主义主张的人伦道德、超越主义憧憬的隐遁,都归结为是由于功利观念所使然的。这是看透了在理想主义和超越主义中往往隐藏着极其精微的功利性的结果,这确实应该说是令人惊叹的眼力。像这样透彻的功利人生观,不论是对于一味弃绝一切世间欲念、想永远处于光明灿烂的世界的超越主义也好,还是对于以道义自任并献身于建设理想社会的理想主义也好,都是当头一棒。如果对此没有深刻反省,即使有志于超越主义,也会不知不觉地坠入欲界而不但贻误自己,说不定还要贻误他人。此外,即使有志于理想主义,而理想社会的建设终归落空,不能变成现实,也未可知。

　　如果像现实主义认为的人是功利的那样,那么作为人的集团的阶级社会、民族和国家,当然也可以说是功利的了;像理想主义所认为的那样,即使人本来具有道义性,无论是个人或集团,几乎也都不能不说是功利的了。这只要看一下现实阶级社会和国际形势,就一目了然了。现实主义不仅仅立足于功利的人生观、社会观之上,还立足于功利的自然观之上。《易》把具有阳之道的"生"作为天地之道,与此相反,《阴符经》把具有阴之道的"杀"作为天地之道。《阴符经》里所讲的下面一段话中,很好地把这一点表现出来。

天生天杀道之理。天地为万物之盗,万物为人之盗,人为万物之盗。三盗既宜,三才既安。

简言之,立足于功利世界观的现实主义,同一切事态有着对立和矛盾的关系,即广义的斗争关系,根据我们对他物的绝对支配,可以说是能够消除它的。但对它采取什么方针呢?在韩非子看来,它不是根据"适然的善",而是根据"必然的善",果真如此,则其用至神,其功至易(《韩非子·显学》)。他"任数而不任人"(《韩非子·制分》)的理由也就在于此。这里所谓"因循",在《孙子》和《鬼谷子》等书中也曾对之进行过论述(《孙子·虚实》、《鬼谷子·岷嵊·谋》)。因为这是绝对支配他者之道,由此而使彼此之间的二元关系变成一元的,所以它就能够被称之为斗争原理了。其内容大致可以归结为"力"和"术"二者。前者主要是作为明显的东西而明白地表现,后者则主要作为隐蔽的东西而深藏于内,其关键处不易为我们所看透。在法家看来,"力"相当于"法"和"势";在兵家看来,"力"相当于与"虚"相反的"实",与"奇"相反的"正"。"力"要表现其作用,就必须强大,这已经勿需多说了。为此,法家主张惨酷的重刑主义、严惩主义和权势主义。然而这种作为制民之力的东西,当然是以功利人生观为前提的,遵循这一功利性,不用说就会使制民之力成为必然的了。因比,在力的实施中可以说也还隐藏着巧妙的利用人的功利性之术呢。如上所述,术是千变万化的,虽然是为我们所不易看透的方策,可是,《韩非子》中的"刑名参验",《七术》中的"诡使"、"挟智"、"倒言",《孙子》中的"诡道"、"诈",《六韬》中的"八术",《鬼谷子》中的"杵合","捭阖"等思想,都是与它相当的。从《易》的阴阳来看，阴阳交错变化是必然控制他者之道。这种术虽然也属于控制他者的必然之道，但由于它遵循人的功利性，所以，跟力的场合一样，应考虑到力是隐藏于其中的。如果这样，术中有力，力中有术，这两者的关系就很复杂微妙。现实主义的述是千变万化的，几乎无法预测，巧妙至极。例如，或者玩弄权术，我方为了知晓他方的功利性趋向如何，把握住千变万化的实体，然后投下诱饵，就必然能获得控制他方之力；或者助长、诱发他方的功利心，使之必然受制于我；或者利用人情的几微、道义之方便，以及利用他方道义之心，必然控制他方。

像前面所说的那样，术作为隐藏着的、不易被对方看破的事物是必要的，所以如果将它固定化，就很容易被看破，那样它就要丧失作为术的资格，因此，无穷的变化是必要的，而使它跟力巧妙地结合起来是最善之道。韩非子主张法术兼用，孙子讲述奇正相生、变化无穷的兵法，理由即在于此。简言之，即使说现实主义控制他方的秘诀就是术，也不为过分。《握奇经》所谓大将军必须千变万化、掌握制敌于死地的奇兵，即很好地透露了这个消息。不过这样的术被认为是深藏于超越功利心的静寂之心，并激发智慧的东西。因此，现实主义最贵智，从而也重视合理性，就不言而喻了。

如前所述，现实主义必然讲求控制他方之道。因此不言而喻，归根结底它被认为是超越人为的自然无为之道。不用说，虽然法家、外交家、兵家的目的各异，但不论是哪一家，都以"无"作为终极的道则是相同的。由此，它们就可以达到各自的理想。"无"虽然是超越主义和理想主义终极的理念，但三者各自的本质不同是不言而喻的。这恰好同三者虽然都是以圣人作为理想的人格，然而各自的内容不同相类似。不过，虽说是"无"，可是被考虑的乃是"有"，而这个没完没了的观念又并非饶舌，大概这可以说是东方的"无"的一个特征吧。

如前所述,现实主义虽然是非人情的,但欲重实用,站在反传统的立场上采取弱民强国的立场,从而又是集体主义、专制主义的,一般说来,在动乱时期才能充分发挥其作用。然而,现实主义难以摆脱人的功利性的根深蒂固的束缚,而且富于变化,以至于在超越主义和理想主义中也浸透了它的精微妙用,在人的现实生活中,它十分活跃地起着作用,因而也充满了权谋术数,尤其是在国际社会里,它对我们教益良多。从超越主义和理想主义来看,它也许是应该予以排斥的。但若是正视功利的人性,也就一定会痛感不能对现实主义立场一概加以排斥。至于个人姑且不论,即以国际社会而言,也可以特别深刻地感受到这一点。若不充分理解现实主义的实体,那么个人在处世当中有时会惹出是非,更何况还会产生危及国家、民族安全的事,这也是很自然的。因此,像理想主义那样,即使期待如何切实地去实现远大理想,而又不充分把握不分个人和集体的现实生活的实体,那终究是愚不可及的。

四

超越主义虽说具有宗教性人生观的倾向,但超越主义的所谓绝对者,并不属于人格性的权威或权力这一类东西,也不是像印度宗教认为的那样靠深思瞑想所达到的神秘存在,更不同于西方宗教所认为的那种完全与世隔绝的神一般的存在,而是作为几乎拒绝把绝对者作为对象处置的完全统一的东西来考虑的。即使把追求这样的绝对者叫做宗教,它同印度、西方,特别同西方,还是有显著的区别,勿宁说,如果同它们加以比较的话,也许不值得冠以宗教之名。这从道家常常把绝对者称作"道",就可以推测出来。如果把追求绝对者叫做宗教,那可以把它叫做无宗教的宗教之类的东西。中国化了的佛教恰好与此相符。这种见解堪称宗教之极至。恐怕任何人都愿意承认，这里有着东方的特色。超越主义为什么能变得这样呢？大概可以说这主要是以令人惊叹的彻底批判精神为基础，不太喜欢玩弄理论和概念，宁肯使它们退居于第二、第三位，而专门重视事实实践，这种中国民族性所造成的。超越主义虽完全以相对性把现实作为不可避免的矛盾加以批判，认为克服它才能达到绝对界，可是这一批判不仅是针对现实的，而且还是一种进一步企图克服矛盾的态度，企图对绝对者加以处置的态度，这些都不外是人为的。所谓的"为者败之"（《庄子·应帝王》郭注），它也还不能从相对和矛盾的藩篱之中解脱出来，终究不能达到真正的绝对者，而再次要求克服它，不如此，则被认为是犯了给"浑沌"凿窍而使其致死的愚蠢错误（《庄子·应帝王》）。其结果，从克服现实出发，终于不得不复归于现实。这就是被认为真正的克服，否定现实成为肯定现实的克服而变为绝对的了。超越主义这样从彻底批判的立场出发，知道最初克服所达到的绝对者的权威只是虚空的存在，对它的再一次克服才能得其真体。可以说，这种所谓绝对的克服便是超越主义的秘诀。

　　超越主义所批判的现实，虽然是以世俗欲望为对象的富贵、权势、名声、幸福、长寿、才能等等，但超越主义论述这些东西如何虚空无常而得不到实在性支撑，如何束缚人的自由、阻碍人的安宁幸福、损害社会和国家的安全和平，并对它们加以批判，仅仅由于顺从超越人为的自然（天），才能开始获得永远的光明、绝对自由，而进入理想之乡，求得超越人为的自然无为，舍人而任天。故此，《庄子》中说："唯无以天下为者，可以托天下。"（《让王》）；"不以人助天"（《大宗师》）。这种场合，虽说以天为道，以自然无为为主，然而如果坚持它，执着于它，不言而喻，就会违背其本意了。若理解其所谓回归、所谓绝对克服的主旨，自会明白罢。真的天、真的自然无为，按《庄子》的话说，就应当是"一龙一蛇，与时同化"（《山木》）

罢。即对一切都无我无心,任其自然,对差别就任其差别,如有对立就任其对立,对变化就顺从它,以包含和超越它。或者若说任物之本性,则其真意会更明了了罢。

超越主义的批判,不仅以上指出的内容是人为的,也涉及到一切存在和认识主体及其作用。按照超越主义,全部存在即"有"是相对的,并不具有绝对性,换言之,不具有实在性,因而极力论证只有超越性的非存在即"无"是实在。这样,从超越时间、空间,超越主观的立场出发,对一般被认为是实在的诸事物、价值以及被看作是实在的知觉、感觉、判断和认识,都不免带有相对性,这是很清楚的。至此为止所作的批判,排除人为而主张自然无为,排斥人道而以天道为宗旨的根据,才可以说是变得清楚了。关于这一点,这里没有详细说明的必要。勿宁说,与此相比,弄清楚无为自然和其中精微深奥的绝对克服的意义是更重要的。因为在这里我们不仅感受到世界有识之士的魅力,而且明显地看到东方思想的特色。但是在这以前,对于为什么无为自然在超越主义中被再三论述却必须简单地提及一下。所谓无为自然虽是排除人为而听任自然之用,但总的说来,它对自然是具有绝大的信赖的。即人为虽然按相对性说不能避免矛盾,可是自然之用按绝对性说却没有些许矛盾,所以"无为而无不为"(《老子》三、七章)是具有大用的,只有一味听任它才能达到绝对自由的世界,和平安乐、光明灿烂的世界,即理想之乡。按超越主义所谓的无为自然,包括下自社会生活方面的具体行为,上到精妙的心术(心法),但在《老子》中主要是指前者,在《庄子》中主要是指后者。另外,《老子》中虽然有以此为主的明哲保身之术,也有经世之术,但在《庄子》中则主要是到达悟境之术。还有《老子》所讲的一般传说就不用说了,还讲了许多以对现实主义和理想主义的批判为基础的超越主义的处世术、经世之术;而《庄子》里讲的则多是以批判存在和认识为基础的超越主义的神秘心术。《老子》主要把理想主义揭示的人伦道德看作是相对的，在现实生活里正视包含着矛盾的实体，一味用力去说明无为自然要领。《老子》中说的无为自然，用一句话来表示，就是消极的态度，例如，柔弱、谦下、后退、不争、寡欲、知足、无私、去知、虚静等等。不过，像这样消极的态度，不单是以消极为宗旨，实际上让人们不要忘记无为自然的大用是为了将来。像《老子》这样的思想，对人的现实生活和国际社会的安宁、和平所带来的贡献，是任何人都不能不承认的。一般的说来，超越主义虽然拒绝对立的思考，可是这也应该叫做东方思想的特点，因为不单是哲学存在于社会生活各个领域里，所以对它的现代意义也就不能不加以考虑。

　　超越主义追求的绝对者即实在，虽然从宇宙万物的主宰出发叫做天，从万物生成的本源及万物的准则出发叫做道，从超感觉的形而上思想出发叫做无，从其妙用超越人为出发叫做无为自然等，但无论是理想主义还是现实主义都采用这一相同的名称。但这些名称的本质不同，是不言而喻的。只有在超越主义场合还使用相应的单独称呼。超越主义追求的实在，如前所述，是全部的存在，即必须与一切事实现象相即的东西，因为说来应称之为绝对无的东西，却常常使用象征性的语言和寓言才能加以说明。这一点是十分重要的。为什么这样说呢？这是因为，超越主义是根据绝对的克服而追求实在的，所以这是完全超越言筌的真切体认，换句话说，即实践工夫，不然，会被认为只有依靠几乎连这种语言都不能使用的纯粹经验才能得到。所以，《老子》巧妙的说："知者不言，言者不知。"（第五六章）庄子灵活地运用名家逻辑，在下文中以巧妙的笔法说明了绝对超越的世界和实践工夫的奥秘：

　　　　天地与我并生，而万物与我为一。既已为一矣，且得有言乎？既已谓之一矣，且得无言乎？一与言为二，二与一为三。自此以往，巧历不能得，而况其凡乎？故自无适有，以至于三，

而况自有适有乎,无适为,因是已。(《齐物论》)

从这里,我们对庄子的理论有了进一步的认识,它从存在论或生成论以及认识论的角度出发追求实在,而又论述了它的不可能,最终反复论述所谓绝对克服的纯粹经验的要领。例如,《庄子》一书中,大鹏的图南(《逍遥游》)、天籁(《齐物论》)、蝴蝶之梦(《齐物论》)啮缺和王倪的问答(《齐物论》)、浑沌之死(《应帝王》)、濠梁之上庄子和惠子的问答(《秋水》)、知北和无为谓的问答(《知北游》)等等,都是其精华部分。翻开《庄子》,这类东西不胜枚举,是众所周知的。因此,《庄子》里主要的是忘我、坐忘、心斋、无心等所谓精妙的心术,这也可以说是近于佛教的悟道。这种心术后来便成为禅的心法的来源。看一看上述的啮缺和王倪的问答,知北和无为谓的问答,以及《碧岩录》一开始提到梁武帝和达摩的问答,就一目了然了。《庄子》的心术也是至禅而变得更精妙、缜密,这从禅的教和观、定和慧、顿悟和渐修、看话和默照之论中,可看得很清楚。绝对克服之精微,实践工夫之彻底化,使人感到禅已达到顶点。临济禅师说:

逢佛杀佛,逢祖杀祖。(《临济录》)

这一句话,就是对这一精髓简明而直接的表达。但是,认为所谓万法一心涉及一切佛的禅,最终回答"此佛何如"的问题,并未在所谓"不识"和"无"的面前止步,说什么"干屎橛"、"麻三斤",做把对方推倒、抓住胸口、向对手行礼、摇一摇佛尘、大喝一声、挥动木棒、竖起一指等等动作,恰恰像是讲什么惊天动地的手法的样子。这些主要是为了使人们知晓悟就是即自。禅至少认为克服就是即自。这是禅的绝对的克服,也就是说,克服在即自上并未完全停止,根据两者同时进行也就可以认为将达到它的顶点。克服如果是向上,即自就能够是向下;克服如果是往相,即自就能是还相;克服如果是把住,即自就能是放下;克服如果是集中,即自就能是放开;克服如果是收敛,即自就能是发散。禅就是追求这两者的同地同时的大机用。因而,其中哪怕是些许的思量、一瞬的拟议都是不允许的。至于知见作为邪道之最而一概被严峻地拒绝,就更不用说了。《庄子》的心术至此可以说达到顶点了。在这里,绝对克服的神髓虽然充分地表现出来了,但简言之,它不是实践工夫以外的任何东西。这是东方独特的东西。西方哲学虽然对纯粹经验的要领常常进行说明,可是谈论纯粹经验和践履纯粹经验是有区别的。西方哲学是以前者为主,东方哲学以后者为主。总不能说前者是科学而不是哲学罢。

超越主义,已如上述,实在常常作为应与存在相即的东西,所以被反复论证为体用之相即,本体工夫之相即,可是这一相即愈紧密,强调存在的主体性的倾向就愈成为当然的。这如同晋代郭象把《庄子》的"天籁"作为"地籁"的自主性(《弃物论·天籁章》郭注)一样,从华严、天台中的理事无碍法界观最后说到事事无碍法界观中也能够窥知。这果真是遵从超越主义的宗旨,还是背离它的宗旨,就不能不说"存于其人"了。另外,实在如果说是应与存在相即的东西的话,那么超越主义就有了接近现实主义和理想主义的倾向。这一点如果读一读《庄子》的外杂篇,就会看得很清楚。宋代的大慧把入世间当作出世间(《大慧书》下《答汪内翰第三书》)把仁义之性作为佛性(《大慧书》下《答汪元第二书》),同样,慧开在现实生活中肯定必要的分别智(《无门关》后序),虽然是表明超越主义和理想主义接近的一个例证,但这也可以说是超越主义在中国的必然发展。

在超越主义的心术中,必须注意的是,它是被作为技艺的根源来考虑的,即所谓不应把神技归结为技艺的娴熟,而是归结为心术这一点。在《庄子》、《列子》的诸篇中,虽然对这一点作了论述,但它们主要是为了说明超越的世界观的精髓,而构成寓言的资料,这在日本的武术和艺能中已可以看到它的实现。技艺家们把技艺的根本归结为超越主义的心术是否妥当，有没有怀疑的余地，我们在这里不涉及这一问题。只是不要忘记，这一事实，即这样的思考方法现在在技艺者中间被看得很重要。

超越主义由于以超越的绝对者即绝对无作为实在，所以富于纯真性、周行性、偏满性、包容性、调和性这些东西；而所谓绝对的克服实践的功夫则是表现纯粹经验之极致的东西，所以，就成为宗教家、理想主义者的当头一棒。荀子虽曾评论庄子为"蔽于天而不知人"（《非十二子》）如果不注意这一点，那么超越主义也会与人类所希望的文明文化发展方向相反，将视线离开现实的严峻的社会生活，而不一定不会产生自我满足、自我陶醉的弊害。

五

如果说，现实主义立足于对立的人生观，超越主义立足于超越的人生观，那么，以道义的人生观为基础的理想主义就可以说是立足于共存的人生观。故此，孔子说："吾非斯人之徒与而谁与？"（《论语·微子》）而作为这一共存之道的理想主义，主要是父子之亲、君臣之义、夫妇之别、长幼之序、朋友之信，即所谓五伦，揭示了仁义礼智信五常，还论述了作为其基础的孝。但是，孟子虽然仅仅把仁义礼智四德作为性之德了揭示，可是宋代的朱子，仿效孟子，以此四德皆是真实无妄之德为出发点，特别论及了信（《朱子文集》卷七四《玉山讲义》），同时阐明了它的深刻意义，想必是因为理想主义所谓道德，原来就是共存之道，所以这四德既作为自己生存又作为使人生存之德，即生德，而且被认为天地之德了（《易·系辞传》）。程子虽然把四德中的仁特地作为生之德、生之理，称之为偏言的仁，但这一仁同时还作为统贯四德的东西而称之为专言的仁

(《二程遗书》卷二、《伊川易传·易象传》)。根据朱子的观点,仁义礼智与四季的春生、夏长、秋收、冬藏相应,也有生长收藏之别,四德像贯穿生意那样是贯穿在仁之中的。即把仁作为生意之生,把礼作为生意之长,把义作为生意之成,把智作为生意之藏(《玉山讲义》、《朱子语类》卷六、《朱子文集》卷三八《答袁机仲书》)。所以仁义礼智虽然各自生意不同,但归根结底都是天地生生之理,与天德的元亨利贞相应(《朱子语类》卷三)。这就是朱子把仁作为众德之长,最高之德的理由。朱子从来不把仁直接训作情之爱,而是把宇宙生成的形而上的实在作为人心内在的东西,当作爱之理、心之德,还当作未发之爱,将它作为浑然一体形而上之性加以说明,同时作为粲然之用所发的已发之爱、恻隐之情,对它们的性情体用的关系进行了详细的论述。朱子这种论述,没有阐明佛教、老庄的性情体用之别,仅仅专门论述了作为浑然一体的思想,因而使人感觉有陷入虚空之弊。朱子的立场使程伊川的思想方法得到进一步发展,所以可以说它把以理气二元论、唯理论的世界观作为背景的宋代性学的特色表现出来了。然而,明代王阳明认为朱子那种性情体用的特殊观点反而使性德陷入虚空之中,使其丧失了生意,而把它归之于灵活的心,并认为仁礼义智不过是心的表德(即心之别称)、孟子所谓"四端"(《传习录》上)罢了。所以,同朱子把四德归之于性相反,而将其归之于心。从而追求性的心之感应、已发之心(《王文成公全书》卷七《稽山书院尊经阁记》)。王阳明就这样以良知作为心体,建立了阳明心学。

朱子认为,晚年的孟子的仁义礼智四德同《易》中的元亨利贞具有相同的循环之理。其结果是认为,没有作为生之始发的仁,就没有生之终成的智,在重视以仁统贯三德的同时,终成之智也不仅包含三德在内,而且如同元不从元中产生,而从贞中产生,仁不从仁中产生,而从智中产生一样,仁智交际之间才是所谓万物生化的机轴,智、仁是并重的(《朱子文集》卷六《答陈器之》、《玉山讲义》)。朱子认为智具有始终、包藏、伏藏之义,但说智有"伏藏深测的道理"(《玉山讲义》),是因为智同表现生意的其他三德不同,如同在万物凋落、生气收藏中藏有生气的冬天潜伏着生意,在至静至寂中甚至不留其痕迹时,生意仍活泼地在起着作用。可以看到,朱子的智藏说曾引起日本崎门朱子学者的引人注目的发展。他们以静坐进行智藏的存养为宗旨(《楠木端山遗书》)卷六(《学习录》),视之为培养仁体的根底所不可或缺的东西。

关于仁的意义,虽然后世的儒家作了各种各样的阐释,但简而言之,都是以上述"吾非斯人之徒与而谁与"这一孔子的思想为根本,因此,即使说这些解释是由此发展而来,大概也不为过言。这句话也许道出了孔子思想的精髓罢。理想主义将此仁作为最高的德,达到构成万物一体之仁而成为最圆熟的东西。其最高峰是王阳明的以良知为体的万物一体思想。本来,万物一体之仁作为庄子的"齐物"思想(《齐物论》)等的否定媒介,扬弃的是理想主义共存之道,而这就是以下述思想加以集大成的东西,即"圣人耐以天下为一家,以中国为一人者,非意之也"的所谓《礼记·礼运篇》的大同思想;"致中和,位天地,育万物"的所谓《中庸》的和的思想;将与物同体的痛切感知作为生之礼的仁加以论述的宋之程明道所谓"仁者与物同体云云",论述识仁之要的《识仁篇》的思想;讲述对天充满敬畏和归依的虔敬之念和以家族的情爱扩充为四海同胞的张横渠的《西铭》思想;由懂得安于德分而达到天下心志归一的程伊川的《易传·履卦》的思想;或以诚作为万物一体的道(《象山全集》卷一一《致吴子嗣第八书》),或论述宇宙天下一家(《象山全集》卷一三《致罗春伯书》),或从是非为公的立场出发,论述以弃人绝物之心为不仁,主张万物一体的陆象山(《象山全集》卷一四《致佐孙濬第四书》)以及"仁者以礼为体而不以形骸为体"(《春秋指归序》)

的所谓以礼为本的罗予章的万物一体思想;等等。这一万物一体的仁,真可以说是冠绝世界,也是理想主义之至宝。

以道义的人生观为出发点的理想主义阐述性善说是理所当然的。因为不如此,道义的绝对性不能获得保证。与此相反,也可以说现实主义采取的是性恶的立场,超越主义采取的是性无善无恶的立场。然而,如果性善的立场对其它的性说不予考虑,或则终究是空想,或则有难以避免不纯之虞。所以,接近现实主义、超越主义,并且超越它们的理想主义者,例如像程、朱、张子那样,认为性具有气质和本然,二者相即而有义理的本然,只有顾及气质,才能弄清义理,并解释气质的变化。另外,例如像王门那样,即使说性善,并想执持善,以至达到去除不善的话,就会陷入表面,而不能作为与此善相对的无善无恶加以揭露,也会产生像明朝末年刘念台那样的所谓"无善为至善"(《人谱》)的东西。在这里,一言以蔽之,宋明诸儒的性善,归根结底并不是依据知识和理智的东西,如无切实的体会,我认为是不能得到它的实体的。

理想主义的所谓性,到了宋代也被认为是天地万物之理的会归处的形而上的东西。理在作为物的标准、规范的同时,也是物的根源、形而上的实在,它是物的内在的性。而物的元素是形而下的气,理无气则将失去它的所在,并且因为理是气的根源,所以,二者有一而二,二而一的关系。具备了这一世界观,就是接近现实主义和超越主义,而又超过它们的地方,即被认为具备了既纯粹又现实的理想主义立场了。如同理即气那样,性在人那里也是即心即情的东西,如果不是这样,性就会被认为是丧失了它的功能了。朱子虽把性之用作为情,但又遵循张横渠,认为心统性情,如果没有灵活的功能的心,性也就不能灵活运用了。因此,性和心的关系也是体用的关系,二者是同源的,同时又有体用之别。对此,王阳明非之为特殊观念,已如上述,他是主张唯"心"立场的。可是朱、王之间产生这样差异,是由对人心的看法,进而对人的看法不同产生的。不管怎样,按照朱子的观点,由于性为心之体,所以心本来就具有毫无阴形的明德、灵妙的功能。在朱子看来,由于心之体为虚,故其用能因神明具有的灵活的功能而掌管天下之理、宰制天下事物。故其体本全,其用本大。只是往往拘于气禀,蔽于私欲,才得不到心之全体大用。得到心之全体大用,乃是知道心之灵而加以存养,以此为本,穷万物之理之妙而致其知,换言之,必须以存心和格物穷理为要。但是朱子对后者特别用力,认为不穷尽万物之理的精粗表里,心将陷于偏狭固滞之中,为此,反而不能尽心之全体大用(《大学章句·明德解》、《大学补传》、《大学或问》)。朱子的全体大用论,主张明体适用,是作为胡安定以下,周程等北宋诸儒的大用论的集大成者,因而禅学也成为很好地表现与陆王学相反的朱子学特点的东西。朱子的全体大用论,实际上涉及到政治、经济以及当时的技术,在日本还涉及到科学技术。朱子的全体大用论虽然不用说是人学的根本,而且几乎没有像它这样将道德和学问技术、人生哲学和科学技术紧密地联系在一起的,对于现代这两者持续地分离来说,这一思想具有的重要意义是不言而喻的。

立足于共存的人生观的理想主义,必然以养成道义的人性、人格的完成为目标这一点是不言而喻的,但在这种情况下,如果忘记了经世济民,恐怕就会违背它的宗旨,恐怕有陷入超越主义的弊端之虞。另外,如果忘记专门有志于从事经世济民的人的道义性修养,恐怕又有陷入现实主义的弊端之虞。理想主义主张的是修身齐家治国平天下,而且以前者作为后者之本的理由就在于此(《大学》)。主宰身的是心,可是如前所述,心是虚灵不昧,具众理而应万事的,所以如不由存心修养德性,就不能尽万物之理的妙用。因此,修身不必说,完成齐家、治国、平天下,即经世济民便成为不可能了。可是,如果不像尽未知、穷万物之理那样,经世济民当然不必说,由于心之体也不可能保全,所以修身也就变得没有约束了。因此,理想主义揭示存心和致知、尊德性和道问学作为学问之要,把二者当作如同车之双轮,鸟之双翼一样不可缺少的东西。前者即实践工夫,后者不外乎是主智工夫。这两者虽然被当作一体的工夫,并且自己分为重点在前者和重点在后者两种。到了近代,理想主义的学说,如前所述,因为没有超越主义,扬弃了现实主义,所以成为更精确的学说了。以后者为主的是朱子提倡的先知后行说,以前者为主的是王阳明提倡的知行合一说,这是众所周知的。这不过是像前面讲的,形成东方特色的,与其说是主智工夫,不如说是实践工夫。然而,在中国,即使主智工夫也必然同实践工夫作为一体来考虑,或者不应忘记,作为其背景的实践工夫所要求的,就是这一特色。

与主智工夫相反的实践工夫,包含从心术到具体行为,但因其行为的根源在于心术,故在心术方面也更需用力。这一心术分为动处和静处,但二者又是一个整体。如果认为这也是从工夫到达本体的话,那就是以本体作为根本,而要求工夫。虽然要考虑本体和工夫是与体用相同、本来一体的,可是,前者是站在渐修、本体即工夫的立场,后者是站在顿悟、工夫即本体的立场。大体说来,宋学以静为宗旨,明学以动为宗旨。大概还可以说,宋学以渐修为宗旨,明学以顿悟为宗旨罢。另外,即使说心术之心属气,不仅以性为体,实事实践之本源与它有一体的关系,同时,因为它以知、情、意为内容,所以其重点放在什么地方就多种多样了。中华民族本来尊重实事实践而不好玩弄空洞理论,所以,实践工夫和心术就能成为学问的根干,这是打开先秦古籍一看便知的。因此,理想主义的实践工夫和心术在古代从许多方面作过论述。到了近代,特别是作为否定超越主义的实践工夫和心术,因为扬弃了古代思想的东西而变得非常精确、缜密、深刻了。这些是必须从现代哲学思想加以再认识的罢。现在,我们虽无暇对这一问题加以详细论述,但作为静处工夫,有宋代杨龟山、罗豫章、李延平所传的看未发之气象的工夫、默坐澄心的工夫,明代陈白沙之说静中培养端儿的工夫,阳明门下以归寂致良知的归寂派工夫,明末东林学派之说静坐体认,刘念台的静坐(讼过法)、慎独等;作为动处的工夫,有宋代胡玉峰、张南轩之已发的省察,王阳明之事上磨练、诚意、致良知等;作为动静相通的,有程伊川、朱子之整齐严肃的敬;程门尹和靖之收敛心而心中不容一物的敬,同样还有谢上蔡之常惺惺之法,等等。这样的实践工夫、心术,是真切体认的工夫,自不必说。它不是主知性分析性的工夫,而是浑然一体性的工夫。主知性的工夫虽然因为旨在把分析性的东西作为对象把握而变得繁琐复杂,但实践工夫则以体认而浑然一体,因而是直觉的,所以是简易直截的。可以说,这是由博杂归杂于简约的方法。在中国哲学中,一般是从博杂向简约发展的。这一点,可以从佛教华严宗、天台宗归于禅学,朱子的理学归于阳明的心学加以推察。愈来愈简约的哲学,克服理论上的麻烦,而愈益返回本源,将会充溢所谓哲学精神。因此,说中国哲学具有简古的精神作为其特色并不过分。像这样工夫愈简切,其精神就愈充实,但是如果无视知的工夫,就会失去其本意,变成浅薄的思想。故而其中成为人的一切活动根源的东西,必然活泼地发生作用。因此,古人说靠静坐而凝集身心。可以设想,这在越来越发达的将来,明了预想的科学知识的根本意义,则赋予其存在的意义,就将变得更为重要了。

　　在理想主义中,令人不能忘记的是它所主张的是实学。这一自觉的出现开始于宋代。本来所谓实是意味着相对于虚的实,相对于空的真,可是宋明所说的实学之实就有许多歧义,如它意味着相对于虚伪、虚妄的诚实、真实,相对于观念、空想的现实、事实,相对于无益、无用的有益、有用,相对于空言、虚说的实事、实得,还有相对于思辨理论的体认、实践，等等。理想主义反复地论述了实，"实学"一语就表明了它的特点，把超越主义的学说作为虚学而尽量加以排除的就是宋儒。实学的本意是实用之学，具体的说，即指在家、国、社会中人的共同生活中起实际作用的学说。在朱子看来，人伦日用之事当然不必说，还有所谓时局大事、国家的治乱兴亡等，涉及社会、自然、历史等广泛领域中的事情。然而，根本上仍是人伦日用这些当然之事，换言之，是以道德学、人学为中心的。这种实学的提倡，对沉溺于科学文明的现代人来说是一记警钟罢。

以上，我以《中国哲学的课题及其意义》为题所写的论文，没有怎么涉及中国哲学中的自然哲学的领域。中国哲学的精髓，实际上是人生哲学，我认为必须提出来作为今后世界哲学研究的课题，是非常重要的。

（选自辛冠杰主编《日本学者论中
国哲学史》，中华书局 1986 年版）

冈田武彦（1908—　　），兵库县人，早年就学于九州大学，受楠本正继教授指导，专攻宋明理学，获文学博士。自 1949 年至 1972 年供职于九州大学，并以客座教授身份应邀赴美国哥伦比亚大学讲学。退休后经常受邀参加海外国际性会议。著述丰富，其代表著作有《江户期之儒学》、《坐禅及静坐》、《王阳明及明末儒学》、《中国及中国人》、《中国思想的理想及现实》，并编纂《阳明学大系》十二册、《朱子学大系》十五册、《近代汉籍丛刊》五十二册，等等。

本文认为，中国哲学给人们提供了三个方面的课题：一是现实主义。现实主义是以人本来就是功利的这一功利人生观为基础的,如法、纵横、兵家等。二是超越主义。超越主义是以人本来具有宗教性的所谓宗教人生观为基础的,如老庄等道家。三是理想主义。理想主义是以人本来具有道义性这一道德人生观为基础的,如儒家。这三者早在先秦时代就已形成,相互影响,并在后世共同发展起来,但其主流可以说是理想主义,而称理想主义是传统的思想的原因也就在此。作者认为,如果说现实主义立足于对立的人生观,超越主义立足于超越的人生观,那么,以道义的人生观为基础的理想主义就可以说是立足于共存的人生观。立足于共存的人生观的理想主义,必然以养成道义的人性、人格的完成为目标。理想主义以揭示存心和致知、尊德性和道问学作为学问之要。前者即实践工夫,后者即主智工夫。在中国,即使主智工夫也必然同实践工夫作为一体来考虑,中国哲学的特色即在于此。作者强调,中国哲学的精髓,实际上是人生哲学,应当提出来作为今后世界哲学的严峻课题。

中国古代人类观的觉醒

金谷治

　　一般都说中国的思想是现实的。所谓"现实的",是指按照人类社会的日常情形去思考事物,也就是说,对人类社会的思考是其主流。当然,这并不是说没有哲学性、宗教性的问题和自然科学的思索,而是说完全脱离人类生活问题,形成抽象的独立发展思索甚少。

　　这种情形,一方面使人有一种印象,好像中国思想是多么具有人文主义;另一方面又使人认为,中国思想里的人尚未与神和自然截然分离,而仅是一种没有主体性的暧昧的存在而已。的确,将人类独自的存在性加以抽象化,与人类以外的自然相对立的思索,或是达到个人尊严的自觉,这种近代以来的西方的人类观,在中国历史上是很难找出来的。虽说如此,思考人类存在的独自领域,并且自觉地去探求这种存在的意义,却是不容否认的。

　　只是这种抽象化的思考,或因不喜好,或因不擅长,使得这个独自领域的界线不太明确。或者也可以这样解释:这种暧昧性不是由于发展比较迟缓,而是具有深远的意义。

　　比方孔子,终究也是从人类是在神天的覆盖下这个前提出发,而明确地建立人的立场。这一人类自觉的建立,在孔子思想中是有划时代意义的①。在论及中国古代的人类观觉醒这个问题时，自然不能单纯地以欧洲的人类观作为尺度，而首先应考察它在历史上的特殊意义。

中国的人类观的自觉展开，在孔子以后才有明确的表现，这是众所周知的。以往已有人指出，这种人文主义的倾向，早在孔子前一代，郑的子产和齐的晏婴的思想里已经出现了②。要考察人类观的觉醒这个问题，对孔子以前的历史需要做进一步的探讨。当然，因资料有限，不明之处甚多。我们在了解这一困难的基础上，与迄今为止以孔子以后为中心的想法不同，我们将从更广的立场出发，作进一步考察，并尽可能对当时情况作一些探索。

一

《礼记·表记》说："殷人尊神，率民以事鬼，……周人尊礼尚施，事鬼敬神而远之。"这句话虽是后世的资料，却常有人引用来概括殷周的不同。这里所谓"礼"是相对于"神"而言的，因此有一定的界限，它已意味着人类自身的思想在抬头。王国维在《殷周制度论》(《观堂集林》卷一〇)里，从制度典礼，亦即"礼"的有无这个方面，对殷周两个王朝的不同所做的详细解说，这里无须多提。其

---

　　① 板野长人的《中国古代人类观的展开》一文指出："孔子所思考的天与人……是指天的内部所分化出来的天与人的关系。"(一九七二年版，第三二页)这一观点是正确的。然而即使是天的内部的分化，孔子首先成功地确立人类独自的领域的思想，还是有意义的。我认为板野的研究对此似并未做出正确的评价。参见拙著《论语的世界》(一九八〇年)第六章，特别是其中的《君子》、《仁》、《知》。

　　② 冈崎文夫：《古代支那史要》(一九四四年版)第二〇六——二〇九页；贝塚茂树：《孔子》(一九五一年版)；等等。

后,甲骨文研究的进展使得殷王朝的真实状况明朗了,也就是说殷王朝是个神权国家。此后,学者们遂以"神"的时代与"人"的时代概括这两个王朝的特点。

这一趋势,不仅促成了一切文化现象皆以殷周革命为契机而为之一变的想法,而且也形成了认周初状况为孔子儒家道德的起源的学说,并以此解释事物。当然,今天看来,这些想法都有些过头。对于殷周更替时期的文化继承,有许多问题尚待研究,如宗教与人类生活的分野,以及与之有关的问题也须考虑到。虽说如此,用上述的《礼记·表记》的话来概括,也没有错误。说"事鬼、敬神"存在于周朝也是正确的。而关于人类思想的兴起,从与甲骨文不同的周初资料也可看出其意义是深远的。

在以《书经》"五诰"为中心的周初资料里,像王国维指出的那样,"民"与"德"这两个概念的出现,早已有了同以政治思想为中心的天命概念相对应的意义。而王国维认为,后世儒家思想仅仅把它理解为伦理观念是错误的,但是对于当时自觉地认识到政治不仅是神意,也是人类的事业,这一点倒是令人同意的。

比方,单从《召诰》这一篇就可以看出这一点。"鸣呼,天亦哀于四方民,其眷命用懋,王其疾敬德。""鸣呼有王……其丕能诚于小民,今休。""予小臣,敢以王之仇民……保受王威命明德。"在这里已考虑到作为被统治者的人民。与其说这是发自儒家的仁,毋宁说这是《康诰》里所谓的"天畏棐忱(不信),民情大可见,小人难保。"即政治家发自对人民动向的畏惧。《酒诰》里提及政治应避免招致"民怨",这仍是发自人类思想的想法。

这里还提到为政者"德"的重要。这个"德"字具有重要意义,是从周初的《书经》和金文开始的。总之,是以有德方能承受天命,也才能有安定的政治这一说法考察出来的。有德与否不仅是说为政者,同时也被用来说被统治者的人民(《酒诰》)。只是《书经》和金文里虽然出现"敬德"、"明德"或是"大乱丧德"等字眼,却没有对"德"的内容做明确的说明。因此,对德的内容,只好收集与其有关的词汇,另外加以考察。

首先,"德"的内容是"康保于民"(《康诰》)这一为政者对人民产生的顾虑。"惟乃丕显考文王,克明德慎罚。"(《康诰》)这里所说的"明德",即为政者对于被统治者的顾虑,可以从它与"慎罚"的关系看出来。而它本来的意思也不仅限于伦理上的,同时还含有恩德的意思在内。德的内容的另一侧面,可以从《康诰》里的"呜呼封,敬哉。无作怨,勿用非谋非彝,蔽(定)时(是)忱,丕(大)则(法)敏德"看出,是与自戒有关的。为政者戒己勿放纵、须敬慎。这种情形,也与前面提到的虑及民众的动向有关。而它成为民德,可能正是指的这一点。这也可以认为是属于德的内容的基本方面。

"德"的古字形,《说文解字》里作"从直心"。孙诒让、郭沫若等则依金文字形,认为应从"省心"。但是金文里的省字作别的字形,视德为"省心"的说法尚未确定①。但从二者之中都可以看出这个字与人的心有关。因此,结合上述与自戒有关的敬慎的态度,可以想像它与德的原义是大致相近的。

《书经·康诰》里写道:"朕心朕德,惟乃(汝)知。""用康乃心,顾乃德。"出现了说明心与德相近的词句。金文里也有不少这种例句。现举师望鼎上的一例。它上面写着:"穆穆明其心、愬(敬)其德。"这里出现了认为心的净化是敬德的条件这一看法。关于明字,马伯乐(H. Maspero)指出,它具有明亮及神圣两种意思;林己奈夫还说,本来或许有两个字。综合以上看法,则师望鼎里的明(盟)正可解释为使心圣洁。自然,同时也令人联想到可能是与祭

① 参见孙诒让《名原》、郭沫苦《周彝铭中之传统思想考》(《金文丛考》一九三二年版)、小野泽精《德论》(《中国文化丛书》一九六八年版)。

祀的神事有关①。我们再循着"心"与"德"的相近处去想,则《书经》里的"明德"也可以作这种解释,因此"明德"并不是单纯的发扬伦理的道德性,而应该说它包含着更多的宗教含义。所以,"敬慎"乃是指在神前的谨慎。将"德"与"天命"(天神之命)② 作相对应的解说,以及在强调祭祀祖先的文章里面提到的事,也都证实了这个看法。"德"的原义,可以认为是以上述神前审慎之心的态度为核心、受天命保护的人类的资质和作为。

周初出现的"德"既然含有这种意思,则其出现本身就已充分显示出神的世界中人类的自觉。只要将这种想法与以神意为主的前代政治思想加以比较,便可发现"德"的提倡乃是属于人类的作为,而这种进展也就一目了然③。

对于"民"与"德"这一传统问题的研讨,这里先告一段落。现在以更广泛的范围来继续探讨人类自觉这个问题。

首先,从《书经》的中心内容是帝王的诏勅记录这个问题考察起。这乃是由帝王或是代表帝王的人对臣属发布的政治文告。这种文告被记录而传下来这一事实,证明这里已有一个"典型"存在。而这种政治性的发言,如果都是周初的话,则一定是针对周初的政治情势而发。但其有效性并不限于周初,当时的人认为这是产生于周王朝基础上的"典型"。甲骨文虽然也是一种记录,却终究没有成为"典型"。五诰篇里再三强调天命的归趋。天命现在已离殷

<hr>

①　林己奈夫:《关于殷周时代的几个几何学图形》(《东方学报》第二六辑,一九六三年)。

②　拙稿《做为神观念的天》(《神观念的比较文化论的研究》一九八一年版)里,曾论及《尚书》和金文里的"天"是有意志的主宰神。

③　笔者认为,这个进展并不是因殷周革命而突然产生的转变。人类观的兴起使得神权国家的体制趋于崩溃,这才是与殷王朝的灭亡有关的。这里不具论。

归周，但是"天命不易"（《大诰》），周王朝亦可能因丧德而为天所弃。从这里可以看出人类对于由殷更替为周这一历史的反省，并且进一步将其观念化为一个"典型"的情形。例如周公代成王封其弟康叔时说："惟乃丕显考文王，克明德慎罚，不敢侮鳏寡，……天乃大命文王，殪戎殷，诞受厥命。"（《康诰》）首先强调文王是受天命的，这也清楚地说明了上面的看法。

"典型"的树立，换句话说，就是明确地表示人类自觉地在实行文化的继承。文王"受命"说的确立，正是意味着要决心去继承。例如成王欲平定三监与淮夷时曾宣言："予惟往求朕攸济。贲敷（颁布）前人受命，兹不忘（亡）大功。""予不敢不极（亟）卒（终）宁（文）王国事。"（《大诰》）这是说明，要进一步继续去完成这项事业。另外，"若考作室既底法，厥子乃弗肯堂，矧肯构。厥父菑，厥子乃弗肯播，矧肯获。"唯有父子之间相继（"予有后，弗弃基"）才能获得成功，因此我也要"敉（终）宁（文）王大命"（《大诰》）。这句话也是指将事业继承下来的重要性，并将其推广到一般人事，这正表明这件事的普遍化。

论及文化的继承、历史的传统，用金文的内容来说明是最适当的。其基本情况是，有功业则有荣誉，将这件事向神报告，正是意味着要将这件事传达给子孙，因此多以"子子孙孙，永宝用"这句话来作结尾。由此可以看出下述意思：人类藉着"宝用"铜器这件事，将祖先的荣誉世世代代地传下去。这正说明人类对于历史虽未充分自觉到，却已开始有意识了。

以过去发生的事件为鉴，可以从"五诰"看出来。"我不可不监于有夏（殷）。……有夏（殷）服天命惟有历年……惟不敬厥德，乃早坠厥命……今王嗣受厥命。我亦惟兹二国命，嗣若功。"（《召诰》）"今惟殷坠厥命。我其可不大监抚（顺）于时（是）。"（《酒诰》）同样意思，在《诗经》里也可看到："殷鉴不远，在夏后之世。"（《大雅·荡》）"宜鉴于殷,骏命不易。"（《大雅·文王》）为什么自觉到殷、夏之事可以为鉴？因为周人认为,虽说时过境迁,其实人类世界有其一贯的法则性。当然他们还认为这个法则性与其说是属于人类独有的,倒不如说是天所给予的。虽然如此,我们已明确地看出,这种法则性正意味由人类自身来确定人类行动的规范。

　　虽说这乃是在天之下相对的自立,人类却已清楚地意识到自身的独立领域。这点可以在下面《酒诰》里清楚地看到。在这里,首先提到殷末群臣沉湎于酒,不再是德的芳香上闻于天,而是酒的恶臭上达于天,因此招致殷的灭亡。接着它又说："天非虐,惟民自速（召）辜。"这不是天不仁,而是人类自食其果。也就是说,这不是天的责任而是人的责任。《酒诰》里又提到对于沉湎于酒的殷的遗民,不应该立刻杀之,"姑惟教之"。如果尚"不用我教辞",方才杀之。认为可由人类自己的意思来匡正人的行动,并将这种想法加以客观化,认为可以藉助于教导来帮助人的行为的匡正。《酒诰》里的禁酒之说稍嫌夸张,可能是后世的人加以润色的亦未可知。这种教导不久发展成《舜典》及《皋陶谟》里的"五刑、五教"。又《诗经·小雅》里有"下民之孽,匪降自天,噂沓背憎,职竞（谅）由人。"（《十月之交》）一诗,其中的思想也认为有与天相对的人类独自的领域。这首诗的序,作于幽王之时,郑笺则上朔到厉王之时,而实际上可能是东周以后的诗。

二

　　对于以《书经》为中心的周初状况的考察至此先告一段落。现在看看《书经》以后的资料。首先考察一下西周至东周初年的《诗经》。《诗经》与《书经》的性质不同,因此不能说它首次出现于周初是绝对不可能的事,但是却可以从这里想像出它出现的大致时代和变迁情况。

《诗经》的内容,特别是国风诸篇,与人类的个人生活有密切关系,叙述爱情的微妙的诗篇为数也不少。当然这些诗并不完全是客观的对象化的叙述,而不过是将体验活生生地表现出来的一种朴实的叙述,但其中却包含着自我省察,并可以看出人类对于自身的观察在逐渐加深的情况。如:"未见君子,忧心忡忡。亦既见止,亦既观止,我心则降。"(《召南·草虫》)又如:"我心匪石,不可转也。我心匪席,不可卷也。"(《邶风·柏舟》)从这些诗句亦可看出,这里蕴藏着丰富的人性的奔流。

以此状况为背景,产生了视人类为一种特殊存在的话语:"相鼠有皮,人而无仪。人而无仪,不死何为。"(《鄘风·相鼠》)何以在此扯出老鼠呢? 传统的解释是:因为老鼠最贱。这一点姑且不论。连鼠尚有皮,人若无仪,还不如死了好。这是以仪作为说明人的存在的特点的。从诗的第二句将"仪"说成"止""礼"这一点也可看出,"仪"是指具体的生活上的规范。"为鬼为蜮,则不可得。有靦面目,视人罔极。"(《小雅·何人斯》)这是哀叹与鬼及蜮等妖怪有别的人类,徒具人形而无"极"(即无法则)。虽然这两首诗都不是对人下一般性的定义,而是对于特定的坏人加以攻击、但是其背景都是认为,与动物、妖怪不同的人所应具有的态度,是要遵守"仪"、"极"等社会规范。从这里可以清楚地看出它所持有的一般性的人类观。

这里我们再考察一下叙述人类存在、尤其是人类诞生的词语。《诗经·大雅》里说:"履帝武敏(拇指之迹)歆。"(《生民》)又说:"维岳降神,生甫及申。"(《崧高》)这是一种特殊的写法。一般皆认为这正是"天生烝民"(《荡·烝民》)。它是说,人是由天所生的。无论是帝武敏还是岳,以及商颂的《玄鸟》诗都这么说。由此可以看出,他们皆认为这是天意。所以,一般都断定,人由天所生,这个想法或许是自古以来就有的信仰。①

由天所生出来的人类,同时亦肩负着天所给予的命运。"天生烝民,其命匪谌(信)。靡不有初,鲜克有终。"(《大雅·荡》)这是说生来的命并不一定吉善安定。"天之生我,我辰安在。"(《小雅·小弁》)这是哀叹生在不吉的星辰之下的自身的不幸。这正说明存在着天意是由闪耀在天空的星辰表现出来的信仰。同哀叹个人可悲的命运相对照的诗句有:"天生烝民,有物有则。民之秉彝,好是懿德。"(《大雅·烝民》)这是认为,人既为天所生,则同时也由天赋予正确的生活法则。这句诗成为后来孔子说的"天生德于予"的根据,并受到孟子的重视(《告子上》)。以后,它成为被儒家传统一再利用的思想。而从这里提及的人民的生活法则也可以清楚的看出,它同前述诗句提到的"仪"和"极"是相通的。

众所周知,荀子的思想中强调人"最为天下贵"的优越性,论其原因则是"能群",即有组织社会生活的能力(《荀子·王制》)。因此荀子认为,有必要区分阶级,重视各阶级应遵守的礼。他的理论便是从这里展开的。然而,认为人生下来便能组织社会,因此有必要遵守一定的法则,这种自觉在《诗经》里已经出现了。这与周初《书经》里出现的对政治的重视也有关。时代稍晚的《左传》中记载。周的列子说:"民受天地之中以生,所谓命也。是以有动作礼义威仪之则,以定命也。"(成公十三年)又晋的师旷说:"天生民而立之君,使司牧之,勿使失性。"这正是"天之爱民,甚矣。"(襄公十四年)的表现。《书经·泰誓上》又说:"惟天地万物之父母,惟人万物之灵。亶聪明作元后,元后作民父母。"《泰誓》里的话,可能是战国以

---

① 这一点在《书经》里并不很清楚。《召诰》里说:"今天其命(赐)哲(智)、命吉凶、命历年。"好像是在述说初生的个人,其实是在述说一个王朝的命运。另外,吞下卵而怀孕这个神话也还有待分析。

后的。但是,虽说是在天的统治下,而以社会性、政治性去认定人类生来的独自存在意义这种想法,却可以说是自古以来就有的强有力的传统。

人类由天所生,然而是如何生下来、如何生存、如何死的呢?对这些问题的自然科学、生物学的考察怎么样呢?除"武敏"和"玄鸟"这些神话以外,我们无法从《书经》、《诗经》里找出来,然而却可以从《左传》、《老子》、《庄子》中看到。当然,因资料的性质不同,不能单凭这些资料来断定它们实际上的有无,但是首先认定人类是一定存在,把它看做是一种社会、政治的存在的资料是自古即有的。这一事实,从以后的历史考察,更会发现它的重要性。

《左传》说:"人生始(形)化曰魄、既生魄阳曰魂。用物精多,则魂魄强。"郑的子产认为,这种魂魄死后会凭依他人为厉(昭公七年)。宋的乐祁还认为,魂魄去离人的形骸就被称为死(昭公二十五年)。这种想法是认为魂魄为人的精髓,生命的核心①。又秦的医和说,人生病的原因是由阴阳、风雨、晦明这种种天的六气混乱而引起的(昭公元年)。这正是表现人的生存与气有关的想法的一种自然科学的发展水平。而这与《老子》的生成论,即认为以阴阳之气为媒介而产生万物,以及"人之生,气之聚也。聚则为生,散则为死"(《庄子·知北游》)这句话也有关系②。

---

①　本来并不是要把魂魄同气放在一起。请参看栗田直躬的《中国上代思想之研究》(一九四九年版)第一二八页以后的论述。

②　《庄子》的这句话说明,以"通天下一气"这个哲学概念来阐明"生死存亡之一体"这一句话的意思,较《左传》里所说的魂魄更进一步。《淮南子·精神训》里说"烦气为虫,精气为人,是故精神者天之有也,骨骸者地之有也。"又更进一步。又《庄子·天运篇》说:"民孕妇,十月生子,子生五月而能言"云云。《管子·水地篇》里说,人是由水产生的,且经过三、五个月的变化,《淮南子·精神训》里则有更详细的考察。《左传》里还无这种记载。

气的思想起于何时虽不清楚，但如果医和的事迹是事实，那么，早在纪元前五四一年孔子幼年时就有了。而医和之语的重要性在于他将人类的生存同天地自然的大气视为同一序列的东西。更值得注意的是，他认为阴、阳、风、雨四气的失调会引起寒疾、热疾、末（四肢）疾、腹疾等身体疾病，晦、明失调会引起惑疾、心疾等精神上的疾病，将心和体全当做自然科学的对象。如果这些想法在孔子以前即有，那么它们就同孔子的伦理性的人类观对立。但是孔子自觉地排斥这种思想达到何种程度尚是疑问。于是，这种自然科学的传统，以后在中国的医学界发展起来，或许它也是形成老庄道家的人类观的基础。在以《庄子》为中心的道家资料中，曾一再强调，人类是万物中的一物，与宇宙相比，它仅仅是一微小之物，而且是短暂有限的生命。这正是将人类和自然的万物视为同一层次的自然科学观点。与认为人类是一种理想的最高存在的儒家思想不同，它是从自然科学这一层次来考察问题的。

此外，虽然也有若干条与死有关的记录，但是在今天所能看到的文献里，无论是那一条记录，对于人类自然科学的考察都是十分薄弱。甚至记录了不少自然科学观察的《庄子》一书，也缺乏探求自然科学的愿望①。当然，由于资料的佚失，也可能还有考察的必要，然而这同古希腊的自然科学情况相比是相差悬殊的②。

再回到方才的论点，这种与天相对的人类相对独立的自立，似乎从东周到春秋时代才切实地发展起来。在前节终了处，我曾举

①　参考拙稿《〈老子〉、〈庄子〉的自然观》（载《吉冈博士还历纪念道教研究集》一九七七年版）。

②　古希腊先有爱奥尼亚的自然学，并影响及雅典的人类学。印度则早有吠陀歌颂人类诞生的赞美歌，含有对人类所做的自然科学的考察。这个问题在中国古代自然观的问题上另有考察的必要。

出《书经·酒诰》、《诗经》的论断。实际上《诗经》里的一些篇章可能是东周以后的作品。这些篇章里的诗和《左传》里的记录已更加复杂多样化了。

首先，人们注意到《诗经·小雅》的刺诗有不少怨天尤人的内容。如："昊天不惠，降此大戾。……不吊昊天，乱靡有定。"(《节南山》)"浩浩昊天，不骏(大)其德。降丧饥馑，斩伐四国。旻天疾威，弗虑弗图。"(《雨无正》)"哀哀父母，生我劬劳。……欲报之德，昊天罔极(无法)。"(《蓼莪》)这些诗只是其中的一部份。天本来对无德的王降下惩罚，绝其天命，所以，一般都认为这就是所谓的"天命无常"。然而现在下民却反因暴君的灾难而陷入痛苦的深渊，不知何时方能得救。这就是所谓的"昊天罔极"。因思念天的心意很强，所以怨天，但是可以说这是人类脱离天的第一步。

《左传》里有更清楚的说明。现将一些常常引用的名句列举如下。楚的斗廉被劝去占卜时说："卜以决疑，不疑何卜。"(桓公十一年)而拒绝占卜。申繻回答鲁庄公的问题时说："妖由人兴也。人无衅焉，妖不自作。人弃常，则妖兴，故有妖。"(庄公十四年)史嚚预言虢将灭之："国之将兴，听于民。将亡，听于神。"(庄公三十二年)周的叔兴指着天的变异说："是阴阳之事也，非吉凶所生，吉凶由人。"(僖公十六年)否认天体与人事的关系。宋的司马子鱼说："祭祀为人也。民，神之主也。"(僖公十九年)否定以人作牺牲。郑的子产说："天道远，人道迩，非所及也。"(昭公十八年)而拒绝妖火的被禳。同样，齐的晏婴也说："天之有彗也，以除秽也。君无秽德，又何禳焉。"(昭公二十六年)制止因彗星出现在齐境而进行祓禳。宋与薛在一项土木工程中，因经济负担问题而产生争执，监督这项工程的晋士伯对宋提出鬼神为己方辩护很不满，说："薛徵于人，宋徵于鬼。宋罪大矣。且己无辞，抑我以神，诬我也。"(定公元年)。这一趋势随着时代的演变而愈来愈明显了。

　　我们在这里再增加《国语》上的一条,这是楚的观射父说的话。从前民神不杂,官司各异,因此民忠信、神明德,民神异业,敬而不渎,因而祸灾不至,求用不匮。后来民神杂糅,民神同位,自此祸灾繁多。因此颛顼命重司天掌管神事,命黎司地掌管民事,又回复到从前的民神不杂的世界,这就是所谓的"绝地天之通"(《楚语下》)。当然,这是认为民神应当不杂,而打破"民神同位"的观念,认为对神应"敬而不渎"以树立神的尊严。但同时从"民神异业"这个说法也可看出,其中包含着应守住人类世界这种合理的思想。不用说这不是重黎时代的事实,而不过是观射父的解释。这是楚昭王时代,按《左传》来说是鲁昭公末年或是定公时代,也就是春秋末期。

　　从《左传》、《国语》资料的性质看来,它们记载的事是否与它所提的时代相符,尚须存疑。但是,认为下民的灾害不是由天所造成的,而是人类自身引起的,这种想法既已出现在《诗经》里,那么,春秋时代有这种以人类为中心的见解,并非不可思议。至少春秋中期以后至郑的子产、齐的晏婴的时代,已有人文主义的花朵开放了,而将它视为孔子出现的基础也是极其自然的。当然这是由特别的知识分子那里开放出来的,而且背景上还存在着披着神秘外衣的迷信的潮流[1]。因此还不能将这时期的人类的自觉作过高的评价。虽然如此,仍可以说这种人类的自觉确实在成长。可以将《左传》里的种种事件仔细地加以观察。"人心之不同也,如其面焉。"(襄公三十一年)。这些是否都是事实,尚有疑问,其中也带有造作的痕迹。而关于成立的年代,也令人存疑。然而春秋末期关于人生的微妙这种自觉,应当说在知识分子中间已发展到一定程度了。而且,凡此种种也是同孔子有关的重要方面。

---

　　[1]　《左传》里记有很多认为国家的兴废是天意和畏惧鬼神作祟的记录。子产、晏婴的人类主义亦不是很强的。以后子产还是做过被禳的祭祀。

三

现在着重就孔子的人类观的自觉这一方面加以论述①。孔子的思想最重要的是以人类问题为重心,这只要翻开《论语》便十分明白了。《论语》里很少提及自然和神秘的东西,相反,对人的生活方式,特别是关于道德、政治方面的言论,占绝大多数。孔子眼中的人类,究竟是怎样的呢?

孔子的道德论,中心在于仁。以仁为中心去探讨这些德目的性质,固然重要,然而我们必须注意到这些德目的背景里含有对人类的深刻的省察。"巧言令色,鲜矣仁。""三年无改于父之道,可谓孝矣。""君子食无求饱,居无求安。""不患人之不己知。"我们仅从《学而篇》中便可以立刻找出这些言论。而无论从哪一句话看,都是对人类作过敏锐的观察才能发现的。"视其所以,观其所由,察其所安,人焉廋哉,人焉廋哉。"(《为政》)这是识别人物的方法,但也惟有对人类做过充分的观察才能定出这个准则。"富与贵人之所欲也。"(《里仁》)这是承认自然欲望的存在。"人之过也,各于其党。观过,斯知仁矣。"(《里仁》)这是分辨人性的弱点。像这类言论,到处可见。唯有对现实的人类做正确的观察,方能得到人类应如何生活的正确答案。对孔子而言,这是极其当然的事。"鄙事多能",孔子曾这样叙述过自己的状况。除了学习历史外,还要到现实的社会里去观察、学习人类。

当孔子被人问到"仁"与"知"时,他答道:"爱人"、"知人"(《颜渊》)。虽然"仁"与"知"的含义并不止于此,然而正如这句话所说

---

① 关于这一点,已有许多研究。笔者亦曾以儒家的合理主义这一观点论述过这个问题(参见注(1)的拙著)。因此,在这里仅做了若干补充。

的,这是说明人与人之间的关系的"德",也就是指作为社会的人类所应具备的"德"。构成"仁"的内核的忠恕、忠信是这样,礼更是这样。从这些"德",特别是从忠这个德,可以清楚地看出,都是从与个人的心理有关的角度去考虑的。另外,它的背后是与天有联系的。这一点姑且不论。孔子的道德思想还是属于从事现实生活的人类的,这一点特别值得注意。孔子对政治的重视也与此有关。既然生而为人,那么我们便有必要将这一现实视为一件大事而追求人类应有的理想态度。孔子进一步将这件事与政治联系起来,仍然是出于作为一个社会的人的强烈自觉。由上面可以看出,这也是自古以来的传统。"老者安之,朋友信之,少者怀之。"(《公冶长》)孔子私下这一愿望,正道出了他的人类观的最朴实、最根本的基础。

　　为什么说在孔子以后人类观才开始自觉地展开呢?因为孔子将自己的问题集中于人类,致力于确立人类的独自领域。很明显,这与神秘性的探讨是有区别的。这种思想倾向在孔子以前已经出现,而孔子则使这一思想开花结果。当孔子被问及如何事鬼神时,他答道:"未能事人,焉能事鬼。"当他被问及死亡时,答道:"未知生,焉知死。"(《先进》)当他被问及何为知时,答道:"务民之义,敬鬼神而远之。"(《雍也》)这些都是有名的话。因此其门人皆称:"子不语怪力乱神。"(《述而》)又说:"夫子之文章,可得而闻也。夫子之言性与天道,不可得而闻也。"(《公冶长》)孔子对于不可解的神秘事项,抱着消极的态度。自然,这是出自以人事为第一的立场。当然,孔子对于天还怀着虔诚的宗教心情。孔子患病,子路欲祷,孔子制止说:"丘之祷也,久矣。"(《雍也》)由这句话可以看出,孔子一方面抱着否定世俗迷信的合理的态度,而另一方面对于天终究还是带着宗教的崇敬。孔子所思考的人,其背后还是与天有关的。虽然如此,门人又说孔子"不语天道"。孔子并不强调天的存在,他所强调的始终是现实的人类问题。

"知之为知之，不知为不知，是知也。"(《为政》)。于此，再结合这一合理主义的话想一想，更可印证孔子的想法。为确保人类的问题，将它同神秘的东西划一界限，这种态度，自然也是一种合理主义。人文主义是与合理主义结合在一起的。但是，孔子这种合理主义正如"不知为不知"这句话所说的，其理性并未伸延到对神秘问题做合理的解释。他对未知的自然界也持这种态度。仅仅以人类的现实问题作为积极的对象，或者可以说，这正是以现实主义为基准的现实的合理主义。

由此可以看出，孔子所思考的人类是与自然有区别的。从《论语》的内容可以清楚地看出，孔子对自然不太感兴趣。虽然《左传》亦带有这种倾向，然而《左传》尚有几分探求自然的兴趣。孔子似乎因为要以人类问题为中心，而特意排除对自然界的探求。"鸟兽不可与同群也，吾非斯人之徒与而谁与。"《论语·微子》的这句话，或许是后人加上去的，然而这句话却巧妙地将孔子的观点表示出来了①。与鸟兽为伍，而生活于自然之中，这正是后世的道家隐士所喜好的生活方式，但是它并不是孔子所期望的生活。可以说"斯人之徒与"(与人们生活在一块)这句话才是孔子的心声。虽然没有提及人类在万物中的优越性，然而孔子考虑到与自然物不同的人类独自的存在性，并试图使此存在性成为有意义有价值的事。孔子认为，人类不是为某种神秘性及自然所掩没的东西，而应把它视为独自的存在。

虽然如此，孔子思想的价值归根到底在于天，其所思考的人则在天的支撑之下，因此，不可能具有与天相对抗的独立性。又因为

---

① 在拙稿《〈论语〉中的隐者》(《文化》二六卷四号，一九六三年)里，曾对此章做了详细的探讨，以证实这句话的含意。

是现实的合理主义,所以终究没有将人类的存在做抽象性的思考,因此孔子所思考的人也不是完全脱离自然的。诚然,对人类独自的存在性虽已确认,然而这一存在领域对天和自然界说来并不是十分清楚的。这就是孔子的人类观。

以上,对自周初到孔子以来关于中国古代的人类自觉进行了探讨,并指出了它的若干特征。

总之,最初是把人类作为现存的东西,从他的社会性、政治性方面考察其本性;后来认为人类独自存在性是与天、神和自然界连系着的,并且是在确立社会道德当中逐渐树立起来的。这是从周初到孔子的思想变迁。孔子的人类观后来成为强有力的传统。但另一方面,孔子所没有顾及到的自然科学的人类观的萌芽,不久也单独地发展,形成为老庄道家的人类观的基石,更进一步形成中国医学独立的传统。

(选自辛冠杰主编《日本学者论中国哲学史》,中华书局 1986 年版)

金谷治(1920—　),生于上野町(现上野市)。早年就学于东北帝国大学法文学部。1961 年获文学博士学位。自1962 年起,历任东北大学教授、中国哲学科主任、文学部长、评议员,东北中国学会长,日本中国学会理事长,《武内义雄全集》编刊等职。1983 年退休,获东北大学名誉教授称号。新任追手门学院教授。著述甚富,代表作有:《秦汉思想史研究》(1981 年增订)、《老庄的世界——〈淮南子〉的思想》(1959年)、《唐抄本郑氏注论语集成》(1978 年)、《论语》(译著,1982年第七版)、《庄子》(译著,1971—1983 年)等,计三十余部著作,七十余篇论文。

本文探讨了中国哲学之人类观,指出:中国的人类观的自觉展开,在孔子以后才有明确的表现,这是众所周知的。作者通过对自周初到孔子以来关于中国古代的人类自觉进行了探讨,并指出了它的若干特征。最初是把人类作为现存的东西,从人的社会性、政治性方面考察其本性;后来认为人类的独自存在性是与天、神和自然界连系着的,并且是在确立社会道德中逐渐树立起来的。这是从周初到孔子的思想变迁。孔子的人类观后来成为强有力的传统。但另一方面,孔子所没有顾及到的自然科学的人类观的萌芽,不久也单独地发展,形成为老庄道家的人类观的基石,更进一步形成中国医学独立的传统。

儒家思想的本质

宇野精一

要叙述儒教的本质,不能不先说明儒教,但说明儒教并非三言两语可交待得了的。因为,儒教是以孔子为先祖的一个学派,一个思想体系,历史久,变化大,要想由它各方面求出共同点,并不容易。下面诸人所叙述的儒教历史、或主要人物的思想,可能各有创见,所以我也想在这里略抒己意。

简言之,儒教是人本主义的思想。尤其拿它和中国古代诸子百家比较时,更能显出这特点来。例如老庄思想是先假定一个超越人类存在的"道",以为世界万物皆由"道"支配(这样说虽然稍有语病),万物平等地被放在与"道"对蹠的地位。再说,法家以法为唯一的基准,无视、甚至否定人个体的能力,诡辩的名家主要的是语言的分析。只有墨家,本出自儒家,较近儒家思想,但主张兼爱,鼓吹博爱平等的思想,倡导功利主义,无视于人类自然的感情,不是人类思想本有的自然产物。

当然,我并不是说儒家以外的思想家,不关心人类,对人类缺乏兴趣。不过为了寻求儒家的特征,不得不指出它和其他各家的异点,这问题相当重要,我在后面将会再提到。

一、儒的意义

依《周礼》，古代教人子弟者称儒。又对"儒"字的解释，众说纷纭。有谓：儒即濡，取德化的浸润，如水润物之意（郑玄《三礼目录》、《论语·雍也篇》皇侃疏）；有谓：儒即柔或优，安人而令心服之意（郑玄《三礼目录》、许慎《说文解字》）；还有谓儒即是需，也就是须（狩野直喜博士《儒の意义》《支那学文薮》）。对于上面诸说的解释，亦分歧不一。例如，胡适取"儒即柔"之说，以为儒穿殷服，行殷礼，是带有柔弱人生观的亡国之民（《说儒》）；狩野博士以为需即待，以需为偏旁的字，都含有悠然自得、优柔、懦弱之意，故儒本不是美号，所以取名"儒者"，是由于服装舒宽，主张迂远（同上）。加藤常贤博士则取"儒即需"之说，以为需是须的假借字，并推论出须是须，认为儒即有须老人之意（《礼の起原と其の发达》）。依加藤博士的说法，儒教是老人之教，它的名称由古代在乡村指导教育或礼仪的老人而来，有尊敬的意思。对胡适之说，近年有钱穆（《驳胡适之说儒》）及饶宗颐（《释儒》）加以反驳（《东方文化》创刊号）。至于我则赞成加藤博士的说法，这里我想就"儒"字的用例再加申述。

首先我要提出的是《论语雍也篇》（《周礼》由于成立年代有问题，故暂不提）"子谓子夏曰：'女为君子儒，无为小人儒'。"这里"儒"不是儒教或儒者的专称，而是指一般仪礼的指导者。又《左传》哀公二一年，即孔子没后五年有"儒书"一语。当然，这也不是指孔子学派，而是古传文献，多少含有轻蔑意思。开始用儒称呼孔子学派的是孟子。例如：

　　夷子曰："儒者之道，古之人若保赤子。"（《滕文公上》）

　　孟子曰："逃墨必归于杨，逃杨必归于儒。"（《尽心下》）
即是。夷子是墨子学派的人，墨子学派的人称呼孔子学派为儒，若将夷子的话和《墨子·非儒篇》合看是饶有趣味的。不过《墨子·非儒篇》年代似乎稍后。

就一般来说，学派的名称，与其说是由自己称呼，毋宁说是由其他学派为它取名而来的。就由历史事实来看，孔子时代由于没对立学派存在，自无标名立派的必要，直至孔子没后，墨家势力日增，所以墨家者流才为孔子学派取名为儒。在这种情况下产生的"儒"，并不含有尊敬的意味，而是多少带有侮蔑、嘲弄的含意。只是嘲弄的含意，并不是优柔、柔弱，而是说他陈腐，古板，是老人的意思。一个学派，他人虽认为陈腐，而自己往往以为这才是传统正教，不然像孟子那样刚烈的人怎能忍下这口气，而泰然自称为儒。

要言之，儒的存在相当古，孔子学派的人们继承他们传统的教训，那是众所公认的，直至孟子，这学派才成立。《荀子·儒效篇》将儒分为俗儒、雅儒、大儒三等。称周公或孔子为大儒。《韩非子·显学篇》更明白地用儒为学派之名，到了汉代，这儒家学派名称就固定了。

二、儒教思想的本质

儒教始祖是孔子，那是毫无疑议的。这位儒教始祖自称"述而不作，信而好古。"（《论语述而篇》）他的主观立场可肯定是极端传统的，而且客观上也具有十分尊重传统的态度。从而所谓儒教，那"儒"字的意义是"老人"，是传统主义。这么说，传统主义便是儒教的重要本质之一，那是无可否认的。

下面我想分传统主义、文化主义、教养主义、人本主义四点来叙述儒教的特色，并指出这四点间的密切关系，以明儒教思想本质所在。

(一)传统主义

传统的中心是礼。礼本来是由宗教仪礼产生的人类行为规范,后来,随着时代的变化,渐渐地成为政治上的、社会上的、以及日常生活上的规范,孔子的时代当然就是这样的了。

孔子从年轻时就精通礼。根据《史记》的记载(译注:《孔子世家》中,孟厘子称他"年少好礼")那时孔子是十七岁。不过,《左传》(昭公七年)的记载却是三十四岁(译注:《左传》中孟僖子即《史记》孟厘子,嘱咐其子师事孔子学礼),何者正确,不得而知,但《论语·八佾篇》亦谓:"子入大庙,每事问,或曰:'孰谓鄹人之子知礼乎?入大庙,每事问。'子闻之曰:'是礼也。'"上面的话,也许有人会嘲弄孔子不认输,不过,礼就是那样的,因此我倒认为孔子的回答是正确的。这里所谓"鄹人之子",即鄹(《史记》作陬)人的孩子,语带轻蔑。而且既称"某地人的孩子",当不是四、五十岁的人,而是二、三十岁左右才是。

孔子这样的学礼,在古代社会当是世袭,不然就是在特定集团中才有可能。可见孔子礼的素养及对礼的关心绝非等闲之类。《史记》(译注:《孔子世家》中)记载孔子幼时游戏,"常陈俎豆,设礼容。"这也许是历史家对于伟人天生异禀的粉饰,不过从上述的情形来看,孔子的生长环境当与职司仪礼的人有很深关系。由于孔子的家系是殷的子孙(《礼记·檀弓上篇》、《左传》昭公七年),所以胡适才有上述儒的起源说,即使胡适之说未必可从,一般来说,像礼那样,在宗教上、社会上,具有强大的传承性的东西,到了周代大体当还继承着殷的形式,而这种礼的形式的继承,大概是由殷遗民来担当吧!

但是,孔子的父亲却是一位非常勇武的人(《左传》襄公十年、十七年),这岂不与上面环境之说不合吗? 不过古代的武将是贵族,贵族当然具有礼的素养。古代武将的修养是和后世的武夫或军人迥然不同的。

只是,礼既是形式,随着时代的变化难免发生种种矛盾。也就是说,形式会有不适新社会之处、或遗失了本来应具有的内容。这时,进步派会毫无顾虑地主张改革,而保守派却无论如何想维持那形式。因此,便设法给与那形式以新的思想内容,加进新的意义。孔子就是采取后者的态度。很明显的,这是保守的立场,是尊重传统的立场。

实际上,在后世要将古代礼的形式原封不动地加以实行是近乎不可能的。因此,学者便尝试去作种种解决办法。例如,孟子以为支持礼的形式的是人的恭敬之心,所以与其注重形式自体,他勿宁是较重精神的。荀子则是主张礼应适应各时代的新形式而加以修正。不过,两者都不是积极地否定传统性的。

(二)文化主义

尊重文化的态度,固然与上述尊重传统有关,即与后面所要叙述的主张也是血脉相通的,它也是儒家思想的特色。至于这一点,如果拿它和道家、墨家、法家相比较,就更明显了。

例如,孔子在《论语·八佾篇》说:"周监于二代,郁郁乎文哉!吾从周。"也就是说,孔子生存时代的王朝周,是继承夏、殷二代文化而加以选择取舍,形成了隆盛的文化,所以他自己尊重这周王朝的文化。前面说过,孔子的时代是没对立学派的,直到稍后墨子出现,就对儒教的文化主义加以批判,而主张朴素俭约,崇敬以朴素为主的夏文化。这是针对战国时代,诸侯富人生活奢侈,结果,产生了榨取租税、为掠夺领土而战争、从事生产的人逐日减少的现象而加以批判的,当然它是随着时代通弊而发的。所以就如孟子所说的:"杨朱、墨翟之言盈天下,天下之言,不归杨,则归墨"(《滕文公下》),大大地撼动了世俗人心。

但这种主张,只要人勤劳工作。即使说是劳动神圣,也仅限定于为生存而吃喝的生活。它全面否定了由人类产生的美术、工艺或"礼"、音乐等的文化。

再说,道家的思想也是那样,例如《老子》谓:"五色令人目盲,五音令人耳聋,五味令人口爽。"老子自有他的思想体系,仅由上段望文生义并不一定妥当,不过,由后面所要叙述的道家自然主义的根本态度,也可看出他有否定文化的倾向。

法家的根本就是道家思想,所以可由一事察知其倾向的大概。例如,集法家之大成的韩非子,在《五蠹篇》中,指出危害国家的五种人,称之为"五蠹",其中和王的近习、游侠、言谈者(纵横家)相提并论的是学者和商工。学者指的是儒家。是不务实际而以言论思想为主的。商工是商业和工业,不过那时的工业指的是美术工艺。也就是说,法家是以从事人类文化活动的人为国蠹。又说:"明主之国,……以法为教,无先王之语,以吏为师。"(《五蠹篇》)其中"无先王之语",当然是针对尊重先王圣贤之教的儒家而发的,也就是否定传统,"以法为教"、"以吏为师"乃是否定个人的思想自由,带有极浓厚的思想控制色彩,可以说是反文化的。

不过,所谓文化就是装饰,它和上述的礼一样,也难免有内容疏忽的弊病。因此,我们不能否认墨家的质朴主义或道家的尊重实质之论,自有其意义在。但我要说的是,儒家并没有把内容忘了。孔子说过:"质胜文则野,文胜质则史,文质彬彬,然后君子。"(《雍也篇》)也就是说,文和质得到适当的调和,然后才能成为君子。又,《论语》还记载着下面一段话:当卫大夫棘子成说:"君子质而已矣,何以文为?"时,子贡马上予以辩驳说:"惜乎! 夫子之说君子也,驷不及舌。文犹质也,质犹文也,虎豹之鞹,犹犬羊之鞹。"(《颜渊篇》)

(三)教养主义

孔门的教育目的,就是教人成为君子,也就是教人为君子的修养。原来,当时的社会情势,君主与他同血统的贵族所形成的支配阶层已成过时之物,只要有能力,民间才俊也会被拔擢重用,所以凡是有志之士,无不心向宦途。但是,为了让贵族阶级所构成的支配阶层承认自己的能力,必须具备和贵族相同的教养,且藉此显示自身的卓越。自《论语》、《墨子》,以至《孟子》、《荀子》,都屡屡主张拔擢才俊,当时称之为尚贤。如果说句玩笑的话,这些思想家们所以异口同声地主张尚贤,可以说是一种自我推销,不过,支配阶层如不感需要自不会加以理睬,所以这种主张的实现,不能不说是当时社会的要求。

提供方法和场所、而使民间没有姓氏的庶民(译注:当时庶民没姓氏)身具如此教养的是孔子这位优秀的指导者。所以孔子之处聚集了不同地方、不同身份的弟子。说是门人三千,也许言过其实,不过人数之多是不难想象的。

如果说,做孔子的门人是为求职而读书,那真会失望的。《论语》一书中,到处可看到这种迹象。例如:子张要学干求禄位时,孔子回答说:“多闻阙疑,慎言其余,则寡尤;多见阙殆,慎行其余,则寡悔。言寡尤,行寡悔,禄在其中矣。”(《为政篇》),意思是只要智德兼备,职业就会自动找上你的。还有一天,孔子对着子路、曾皙、冉有、公西华等弟子说道:“居则曰不吾知也,如或知尔,则何以哉?”于是四位弟子各言自己的理想抱负。(《先进篇》)事实上,孔子门人做官的,只有:子游为武城宰(《雍也篇》),子夏为莒父宰(《子路篇》),冉求、子羔(《先进篇》)或仲弓(《子路篇》)均为鲁大夫季氏宰。依《史记仲尼弟子列传》的记载,子路、宰我、子贡、子夏、宓子贱等人都出仕过。就因为多数弟子求职不能如愿,所以孔子才说:“不患无位,患所以立;不患莫己知,求为可知也。”(《里仁篇》),在《论语》中可找许多与其卷首第一章所说:“人不知而不愠,不亦君子乎?”同旨趣的话。

当然,他们想求职并不单是为生活,主要的还是为了实行自己的理想抱负。

　　这样的教育是由孔子的传统立场而来的。而教育的内容就是"诗"、"书"、"礼"、"乐"。"诗"是《诗经》,"书"是《书经》,它们当然不与现存的文献一模一样,但也不至于完全不同。"礼"、"乐"应是实际技能的学习。孔子以这些教育弟子,在《论语》中有确凿的证据,它是作为当时绅士的教养中不可或缺的。所以孔子的学派,既不是为学问而学问,也不是为探究真理,它的目的是在培养德智兼备的君子,所以我说他是教养主义。由于宗旨是这样,所以门人中,即使最初怀抱求职希望而来的,但在学习中,慢慢地对社会、政治的关心淡泊了,而出现了由衷乐于为学的人。那孔子所心爱、望以为后继的颜回便是。

　　教养主义的另一特点是,它是极端主知的。

　　这一点在上述的"诗"、"书"、"礼"、"乐",特别是对学习"诗""书"的重视,已相当清楚。而《论语》等书,对知的重视更是令人注目。《学而篇》即开宗明义地揭举"学而时习之,不亦说乎?"的话。《雍也篇》说颜回"好学",《公冶长篇》评孔文子"敏而好学"。"学",它的内容与现在所谓的学问稍异,依门人子夏的说法,那是"博学而笃志,切问而近思,仁在其中矣。"(《子张篇》)那么学是求仁。此外,直接说到知的,如:孔子对子路所说的名言:"知之为知之,不知为不知,是知也。"(《为政篇》)多至不胜枚举。其中最值得注意的一点是,伴同孔子的中心思想——"仁"一并出现的知的次数的频繁。如:"知者乐水,仁者乐山;知者动,仁者静;知者乐,仁者寿。"(《雍也篇》)是最具代表性的;他如:"仁者安仁,知者利仁。"(《里仁篇》);樊迟问仁,孔子答说:"爱人",继而问知,则答"知人。"(《颜渊篇》);又说:"里仁为美,择不处仁,焉得知?"(《里仁篇》);又说:"知及之,仁不能守之,虽得之,必失之。……"接着又将知仁合论(《卫灵公篇》)等等,皆为其思想之显示。

　　知的重视与上述尚贤思想有关,像性恶论者荀子那样重视人的修养,不用说,即性善论者孟子也一样。所以孟子将"知言"与他得意的"养浩然之气"并列。

　　下面再把它和道家思想作个比较。《老子》云:"古之善为道者,非以明民,将以愚之。民之难治,以其智多。故以智治国,国之贼;不以智治国,国之福。"这是愚民思想,又,"不尚贤,使民不争。……常使民无知无欲,使夫智者不敢为也。"、"绝圣弃智,民利百倍。"这些固是老子之流的逆说的表现,虽不是要否定人类的真智,但无疑地他是想把人类一切的知性活动放逐。关于这一点,庄子也是一样。法家继承上述的愚民思想,主张法治。并倡导统治者不要依赖个人才智、能力,而要凭法律施行,那样,政治才有效率,才能无灾无难。当然,尚贤思想也在否定之列。

　　不过,虽说是主知的,由于儒家的主旨是教养主义,所以不单是知识的习得,且要求实践。这乍看似乎是矛盾,但就如明代王阳明主张知行合一那样,这是儒家始终不变的立场。《论语》中也有不少这类的例子,颜回被称"好学",那学的内容是"不迁怒,不贰过。"(《雍也篇》)。子夏也说:"贤贤易色,事父母能竭其力,事君能致其身,与朋友交,言而有信,虽曰未学,吾必谓之学矣。"(《学而篇》)

　　再者,在儒教思想史上,宋代理学是最主知的哲学。这时期的代表学者程伊川,当他业师胡安定问他孔子或颜回所悦乐的学问是什么时,回答说学为圣人。胡安定听了大为感动欣悦(据说,周濂溪也这样问过程明道)。这段话,假如光从字面领会,即使孔子或颜回所悦乐的学问是那样,但并不能据以谓程伊川和胡安定或宋代学者的学问即是如此。实际上,因为他们的意识中是以明白孔子精神且学习它为目标,所以说这是宋代理学家的目的也不为过。事实上,宋代的学者致力于自身的修炼,那是众所周知的。宋代的儒学可分经国治世之学和理气心性之学两大潮流。经国治世之学当然具有实践倾向,而理气心性之学乃是以理、气为宇宙的原理,进一步去研究它与人心、本性的关系。所以是具有形而上学倾向的。即使如此,那形而上学并不单是形而上学;如果那是以成为圣人为目的的话,它的实践倾向是很明显的。

儒家的目的是成为圣人。这圣人是所谓的理想的人间像。假如说儒家始终以成为那时代的理想的人间像为目的,是过言的话,至少可以说是以成为人人期待的人间像为目的。所以我们可以说它是教养主义。下面就总括上述的传统主义、文化主义、教养主义,来说明人本主义。

(四)人本主义

人本主义是以人为中心的主义。和这相对的是自然主义或超越主义。例如老子说:"人法地,地法天,天法道,道法自然。"关于这段话的解释虽有不同的见解,不过无论如何都是以"法自然"为最高境地。"自然"这个词,在老子一书出现过四次,意思是本来的样子,就这样,它和今天所谓的自然科学的意义相异。总而言之,是否定人为的看法。因此他强调无为,听谓"为无为,事无事,味无味"、"道常无为而无不为。"

一方面,儒家却是强调人为,这在前面叙述文化主义时已讲到,而儒家中主张人为的典型人物是荀子。荀子主张性恶说,他以为:人之为善人,为善,乃是"伪"。"伪"的意义就是人为,意即人要努力,方能得"善",所以无疑地荀子是尊重人为的。

再者,"超越主义"这词儿也许不太妥当,例如老子所说的"道"很明显的是否定了儒家所主张的"道",所以,所谓的"大道废,有仁义"、"失道而后德,失德而后仁,失仁而后义,失义而后礼。夫礼者,忠信之薄,而乱之首",说的就是它。老子说的道是"无",是"绝对"。"绝对"是超越人的。关于这一点,庄子也一样。至于儒家的主张只止于相对的世界,从不触及绝对。

　　说到这里,我想带开一笔,谈谈儒教是否是宗教的问题。要谈这问题,首先得了解宗教定义。依我个人的意见(外行人的论说,非常地僭越),宗教是以人类为污秽和弱小,而设定一超越者、绝对者,作为专一的归依,每每谈及死后的世界。如果从这观点来看,道家思想在某种意义上是宗教的;而儒教却不承认这点,抑或十分的稀薄。儒教虽不说死后世界,但在绝对者方面,儒教也有对天帝的信仰。从《论语》中可以看到孔子偶尔也提到天帝的意志,但子贡曾说:“夫子之言性与天道,不可得而闻也。”(《公冶长篇》),可见平常从未把天道作为自己的思想学说去教弟子。儒教是否宗教,那是无关紧要的,依我个人的意见,它当是伦理思想,在政治当以伦理为基本的观点下,它又与政治思想有密切的关系。当然这并不意味宗教无伦理,或伦理绝无宗教性。

　　儒教是以人类为社会的存在为前提的。不过,所谓社会性,在儒家中,诸如孟子、荀子,他们的看法也多少有所不同。孟子由人伦亦即人间关系去肯定人的存在,而荀子则主张人由于经营群众生活而得以战胜其它动物(《王制篇》),所以人是离不开群众的。换句话说,孟子着重在共同社会,而荀子着重在利益社会。孟子性善说和荀子性恶说的差别,虽可以从种种方面加以说明,但最根本的,是在乎上述的两者人间观的不同。也就是说,孟子注重存在于诸种人间关系中的个体,所以主张性善,而荀子则注重集团中的人类,因而认为与个人人格无关的统制集团的外在制约是必要的,所以才主张性恶说。换句话说,孟子的主张是伦理的,荀子的主张是政治的抑或社会的。

　　关于这一点,道家有将人类与存在于自然界的万物齐视的倾向,他们认为人类只是万物的一种。这是由和绝对者对立的观点所产生的结果,它无视于人类的社会性存在。

在把人类看作是社会存在的儒教，自然就不得不把人间关系当作问题。荀子重视君臣、父子、师弟等人伦关系不用说了，我这里要举出的是最具代表性的孟子五伦说。

五伦是人间关系的五种主要德目，即"父子有亲，君臣有义，夫妇有别，长幼有序，朋友有信。"这里面，亲、义、信不用说明了。所谓"别"是说对于生活上的任务、责任，有所区别；"序"是顺序、次序，即教幼者对长者谦让的意思。而且，这亲、义、别、序、信五者间不但不互相排斥，更是相辅相成，它是儒家所揭示的中心德目。

又，这五伦说在《中庸》中也几乎以完全相同的姿态出现。这是《孟子》与《中庸》成立先后的问题，我现在想依从通说，把《孟子》放在前头。

五伦是以人间关系为中心的德目，而大抵人类尚有永恒不变的德目，那就是"五常"。这是汉代董仲舒所提倡的，即仁、义、礼、智、信五德。和五常并列地他又提出君臣、父子、夫妇的三纲，这虽不是忽视人伦关系，但可能由时代的影响，五常三纲的思想已趋概念化了。所谓时代的影响，即这三纲五常的三与五，无疑地是由汉代最普遍的思想基础三统说和五行说而来的意思。三统说是流行于汉代的一种历史哲学思想，五行说乃是以木火土金水五行说明一切现象的学说。这三纲五常说与孟子的思想有密切的关系。三纲是取五伦中前三种而成，五常中，义与信虽与五伦中的义、信重复，不过它乃是依孟子论性善时所说四端之心所形成的仁、义、礼、智四德加上信而成的。

以上所说五伦与五常，乃是儒家伦理的代表学说，对后世影响很大，站在人本主义的立场，它是人类生存不可或缺的基本道德。

这种人间主义思想的根源，即孔子仁的主张。

对于孔子所说"仁"的意义，古来，众说纷纭，战前山口察常博士集合了前人之说而著了《仁的研究》，近年，有竹内照夫博士研究仁的古义而著成《仁的古义之研究》，还有加藤常贤博士将仁解释作忍，其说别具特色。不过，依《论语》来看，仁当是人的综合美德。所以，正如《孟子》或《中庸》所说的"仁者，人也"，仁是"像人"之义。这里像人的"人"，当然是以应有的人为前提的，即使那样，既以"像人"为最高目标，当然是本诸性善的人类观的了，所以孟子那样说是当然的。再者，由伍、什原来的意义是五人，十人推之，仁乃是二人的意思，所以"像人"并不是完全指个体，而是以与他人的关系为前提的。

我曾检查过仁的古的用例，它在《甲骨文编》中仅一见，《易经》本文无仁字，《书经》一见《金縢篇》，《诗经》二篇共三见（《郑风叔于田篇》、《齐风卢令篇》），如是而已。依竹内博士的意见，仁是美丰仪，也就是有男子气概、好风采的意思，我颇赞成他的说法。到了记载春秋时代的《左传》，用例就稍微增加了。总计有二十条之多。其中，除去孔子及其后的用例，剩下十四条。那用例，大体与其他美德并称，并没有特殊的意思。不过《左传》的用例，已不止意味着外貌的美，它持有人的美德的意义，那是值得注目的。

孔子曾说自己有一贯之道（《里仁篇》、《卫灵公篇》），那一贯之道就是仁。但，这一贯的思想好像是春秋时代开始的，也就是说，人的美德虽早已在古来文献出现过，但所谓人的一般美德或人所当行之道的综合概念是到了春秋时代才成立的，而人们就称它为道。其他，尚有所谓礼，但那是固定的形式的意义；代表精神的，或规律的一面的还是道。由于这种综合概念的成立，孔子才提出仁为贯道的最高德目。

但，当时，还有许多德目，像孔子非常重视的忠信、孝、恭敬，以及种种值得采用的美德等，而孔子为什么在这许多美德中选择了仁呢？

那是因为，殷代虽还是念咒的、宗教的世界观，但到了周代已变为规律的、政治的世界观（参阅《礼记表记篇》、平冈武夫《经书的成立》206—213 页），进而，春秋时代孔子已构成了伦理的世界观，两种变化互为表里，乃由人从属天的敬天思想，变而为不忽视天的人本思想。

春秋时代出现了人本思想，那是可由《左传》的记载得到证明的，而像《春秋》等人本思想的史书初次的出现，以及时代稍后的《论语》等个人的言行录的编纂，更值得注目。也就是说，《春秋》以前的文献，《书经》是帝王的记录，《书经》虽说是民谣，民谣所表现的是众人共同的感情，不是个人的意志情感的表现。《春秋》当然有许多有关王侯的记录，但却有完全是个人事迹的记载意义存在，重要的是还可看到有关个人的记录。那表示对人类行动关心的强化。这种趋势是如何形成的呢？简而言之，那是由于封建制度的崩溃，以前的礼制，社会习惯渐渐不适合于现实，人们不得不注意自己而来的。

现在又得说到孔子的见解了，孔子说："天生德于予。"（《述而篇》），这话既承认天的赋与（即不忽视天），同时提示了人具有固有德性的自觉和自信，那是值得注意的。又古代文献所看不到的忠，也就是人的诚心，这概念的发生，也可说是个人自觉的强化。孔子又说："人能弘道，非道弘人"（《卫灵公篇》），这话又强有力的透露了其间的消息。

关于这点，由于有异论，所以想在这里再作一次蛇足性的说明。那是，上述孔子由敬天思想而展开人本思想的见解，是以《诗经》、《书经》为中心的看法。而《诗经》和《书经》说不定是春秋时代的作品，汉代编纂的《礼记》中的思想被认为孔子以前的思想，因此，才有孔子并未脱离古传统思想之说（和辻哲郎博士《孔子》）。我既主张仁是孔子的创见，所以虽承认孔子的传统立场，却不能同意和辻博士的看法。理由是，第一，《诗经》和《书经》，至少是《书经》中的《周书》是周初的记录文献已成定论,而现在问题关键所在的敬天思想是其中最可信的部分。第二,《礼记》之所载未必都是汉代思想,再说,即使那是汉代的思想,可是,思想的变化并非直线的,而是摆式的、螺旋状的,所以不能说,孔子以前并没有像汉代那样的思想。

话说回来,孔子仁的思想就是像人。以这为前提,在孔子门人间产生了探究人本来面目的人性论,其后,儒家始终在这人性论上下功夫,而其他学派却对人性问题漠不关心,不就是最好的说明吗?

也就是说,由于孔子开始以像人为中心的仁为主题,所以弟子们才屡向孔子问仁,而所问的不只是仁的定义,弟子们的意识中,往往以如何才能成为仁者,仁者之心境是如何等为问题的中心。也许那是由于孔子嫌恶抽象的观念论也说不定。不过,在弟子们的眼中,孔子已是仁者的典型,所以对于何谓“像人”、或“人”的问题不怀什么深的疑问吧!但自孔子没后,眼前那模范已消失,看着世间的人,于是对人性的怀疑增加了,因此,仁的探究便变成人性的探求。

虽说,思想发展的结果或由与他学派争论的刺激而成,这事实是不可忽视的,但如果原因只在那儿,他学派也应该有人性论出现,然他学派既然没有人性论(当然,光就性字而言,《庄子》等虽也出现过,但意义不同),那就是儒家特别以人的探究为主题的证据,这不得不说孔子仁的主张是有他内在原因的。

三、馀　　论

要言之,儒教既是人本主义,那么所主张的思想当然是人本的。本来,人的存在既有矛盾也有统一。儒教自孔子以来就重视

"中"。这"中"虽难说明，但可能是良知的判断。那当然不能不成为主观判断，但当主观的判断常和客观的妥当性相吻合时，那才真的得中。所以中，或中庸，除非圣人是不太能做到的。但，常人只要努力有时也可得中。

又，儒家本以孔子思想为根本，即使有因时代而变化的情形，但历代儒者都有复归孔子精神的主观意识。虽是如此，从历史事实来看，却是相当广泛地输入其他思想。例如汉代在阴阳五行思想之外，道家、墨家思想也被收入《礼记》中，到了六朝竟以道家思想解释儒家经典。像上述那样，儒家不是排他的（唯宋代由于社会的国粹主义潮流，与佛、道形成尖锐的对立，而实际却受了两家很大的影响），所以能保持长久的生命，有人以为它的原因是儒家经书不是一个人的主观学说，其中有多种多类的思想萌芽，容易引申附会，从而，在某程度上可包容其他的思想。这种说法确有启示性，经书是传统的固是一个有力的理由，依私见，由于儒教是人本主义，人伦之学，本自是融通无碍，不是固定的，而且其中含有统一的性质。这就是儒家思想，地不分东西，时不论古今，容易得人共鸣，包容别种思想的理由。

（选自宇野精一主编，洪顺隆翻译《东方思想丛书·中国思想（一）儒家》，台北幼狮文化事业公司1987年版）

宇野精一（1910—　　），日本著名学者，文学博士，中国古代哲学研究家，大东文化大学东洋文化研究所研究员，兼任多种学术职务。著有《儒学概论》、《儒家思想》等多部著作。

本文探讨了儒学的人本主义及包容性，指出，儒家思想的本质是人本主义。人的存在既有矛盾也有统一。儒教自孔子以来,就重视"中"。儒家以孔子思想为根本,虽有时代变化的情形,但历代儒者都有复归孔子精神的主观意愿。然而从历史事实来看,却是相当广泛地输入其他思想。作者认为,儒家不是排他的,所以能保持长久的生命,即儒家经书不是一个人的主观学说,其中有多种多类的思想萌芽,它在某种程度上包容其他思想。作者强调,经书是传统的,但儒教是人本主义、人伦之学,是互相融通,不固定的,它包含统一的性质。

儒教的万物一体论

冈田武彦

一、序说

儒教的万物一体论虽然源起于孔孟的伦理思想，但是，儒学家开始以万物一体论来对抗异端则是在宋代儒教的形而上学成立以后的事。他们的万物一体论原来是超克了佛老的一体论而形成的东西，后来反而成为他们批判佛老的利器。宋代以后儒教的宇宙论、道德论、政治论、本体论、修养论等思想深远宏大，高明至切，缜密深潜，但归根结底都是以儒教的传统人伦为本，都是将人伦道德思想加以深化扩大而形成的。这件事告诉我们，孔子的学说最终要回归于切至的人间爱，就如同"非斯人之徒与而谁与"（《论语·微子》）这句孔子的话中所表现的一样，在儒教思想展开中达于最高峰的王阳明的良知说也在最后归纳出万物一体的仁，这个事实也充分显示了这一点（《答人论学书》（《答顾东桥书》），《传习录》卷中）。儒教思想虽然涉及形而上和形而下的东西，但都是以人间爱为基本，为依归。诸儒在解释上虽有所差异，但都是以仁为最高之德或全德，其理由也就在此。因为，仁的字形表现了二人相亲相爱的样子，把人间爱恰如其分地显示了出来。

儒者开始提倡万物一体的仁是宋代以后的事，其中应该也有老庄佛教的万物一体论的影响。老子和庄子主张物体的存在和价值都是相对的而否定了它们的实在性,庄子更用认识论、辩证论的方法提出了他的万物齐同、物论齐同的看法,我们只要一读《庄子》的《齐物论》篇就会很清楚的。老、庄二人提出人为有为的相对性和矛盾,而以超越人为有为的自然无为为道的归宿,不过,所谓人为有为,老子所指的主要是人的主体的行为,庄子实则涉及到人的主观的认识。对主观认识的批判和否定,庄子实在是做得非常彻底的,我们只要看了他对绝对者的指定和认识的批判论就会很清楚的。庄子站在无限定的绝对者的立场来看万物的差别而提出他的齐同的主张。《齐物论》中天倪的两行话不折不扣地显示了这个意思。不过,庄子这种精微的齐同说很可能是受了诡辩派惠施的齐同论的影响。二人是亲交,庄子的基于认识论的齐物论大概是超克了惠施的诡辩的齐同论以后的产物。二人虽然同样主张齐物齐同,但基盘各异,惠施以诡辩为宗,庄子则立脚于超越的世界观。基于超越的世界观而提出万物一体的还有佛教,尤其是禅宗。佛老都立足于超越的世界观,而且,与基督教比较起来,对超越的绝对性的追求更为彻底。因为,他们藉着对超越的否定来避免超越性的相对化。所以,我们也可以说他们是一种绝对的超越主义。这从禅宗既讲求往相又提出还相一事也可以推察出来。佛教所讲的存在的矛盾观较道家更深刻,更深入内面,所以,佛教的认识论也更为精密,传来中国以后又接触了中国的传统思想,所以,对超越的绝对性的追求就更为彻底了,结果产生了以佛教的世界观为根本的万物一体论,诸法实相论就是其代表思想,这是说一切诸法的差别就是真实平等之相,要在差别的色界以外去追求平等的实在界是不可能的,差别本身就是平等,换句话说维持诸法的本来面目就是诸法实相。佛教提出空空的理由也就在此,这与庄子的有即无、差别即齐同的思想是一致的。不过,佛教比庄子更为彻底。比方说,佛教从理事无碍法界观更进一步说到事事无碍法界观就是一个很好的例子。所以佛家当中有人认为儒教和老庄都昧于诸法实相。不过,我们必须弄清楚的是,尽管佛老所论的万物一体是如何地深远,在本质上是不同于儒教的,因为前者否定了物的实在性而后者则是从肯定出发的。佛教提出空空、无无,看起来好像又回归到对物的肯定上,不过,这是极端消极的,这与儒教的积极的肯定可以说是差之毫厘而失之千里的。

二、万物一体论的本源

与"一体"相反的是"对立",造成对立的是主观,所以,庄子排斥主观,佛教讲求放下主观。从人生论的观点来看,就是要排斥人的功利性,也就是所谓自私自利、人欲私欲之类的东西。不过这种功利性有善恶之别,一般人很容易下判断,比方说,像法家、纵横家、兵家等现实主义者就已经指出了生的意欲是与生俱来之物,不过,在另一方面,他们又翻弄权谋术策,企图绝对地支配他人。像这种人欲,违反了物我同体的精神,与人性背道而驰,所以佛老和儒教都同样要排除这种人欲。可是,对立思考是使科学进步、文明文化发达不可缺少的东西,只是我们需要注意的是不可使这种思考盲目独行,必须随时以一体思想为根本。反过来看,一体思想如果排除了这种对立思考,也会像树木失去了枝叶一样失去活力,以至于枯死。站在儒教的一体论的观点来看,佛老确实是包藏着这种流弊的。这也是佛老受到儒者批判的原因之一。后面还会提到,儒教所宗奉的是人与人的共存之道,这是彼我同体的公道,从这个观点来看,道家的明哲保身,佛家的解脱生死,理论虽然深远高明,但终究是自私自利的,所以,不能算是把握了同体之道。到了明代,儒教鉴于佛老空空无无之论的流弊,为了不使道德性陷入有的相对界而努力使其升华。所以,王阳明在四句宗旨的开头说:

"无善无恶是心之体"。使至善的心体超越善的相对性而达于无善之境。刘念台在《人谱》的人极图说的开头也明白地指出了这个意思说："无善而至善心之体"。

在春秋时代道义颓废、公理不张的时候，长沮、桀溺二人隐遁以自保，孔子严厉地批判他们说："鸟兽不可与同群，吾非斯人之徒与而谁与，天下有道，丘不与易也。"(《论语·微子》)这句话最早透露了儒教万物一体的思想。孔子周游列国可以说就是受到这种万物一体之念所驱。孟子说："万物皆备于我"。如有一物不得则如同有物刺身，痛痒难忍。前面这句孔子的话中跃动着物我同体的精神，其中还流露骨肉之情，这种同体之心我们说就是儒教道德的真髓也不算言过其实。孔子以含有尔我亲密、情意恳到之义的仁为最高之德的理由也就在此。对仁的论述虽在孔子以前就存在，孔子继承了此一思想而传给后世，这是谁也不能否认的。王阳明在收于《传习录》答聂文蔚的书翰中记述说：孔子为救天下人疾苦，汲汲遑遑，周游天下，席不暇暖，见隐者遁世则加以非难说："吾非斯人之徒与而谁与"，"欲洁其身而乱大伦"，"果哉末之难"。如非以天地万物为一体则孔子之心难解也。

孔子之前虽有人提到仁，到孔子才特别加以强调，在《论语》二十篇中，记载到有关仁的多达五十八章，故陆象山说："仁自夫子发之"(《语录》，《陆象山全集》卷三五)，又说："夫子以仁发明斯道，其言浑无罅缝"(同上，卷三四)。诚为至当之论。孔子仁的发用广涉各方面，如仅把握一处说仁则难免有所偏重，所以，孔子在说到仁的时候，不直指仁的本体源头，大抵只说仁的工夫和效验，因为，仁为诸德中最高的，为诸德的总合，含藏了许多内容。所以，明末湛学派大儒冯少墟提到《论语》不论本体源头，只论工夫和现在说：

　　《论语》一书，论工夫不论本体，论现在不论源头。盖欲学者由工夫以悟本体,由现在以觅源头耳,中庸则直指本体源头以泄孔子之秘(《疑思录》,《甘泉学案》五,《明儒学案》八)。

孔子的仁是一种浑一之德,仁发而为用,其发用的中心应该就是爱了。孔子答门人樊迟问仁说"爱人"(《论语·颜渊》),孟子也说:"仁者爱人"(《孟子·离娄下》、《告子下》)。故韩退之说"博爱之谓仁"(《原道》)。朱子也说"仁者心之德爱之理"(《孟子集注》卷一)。仁的本体究竟是什么? 过去一直没有人说清楚,直到程朱出来才以仁为形而上之理,主张仁与爱是一种体用的关系,而且说仁是性,性是天理,于是仁的本体源头得以显见。

这里我们需要注意的是,孔子所说的爱不仅要爱个人还要泛爱众人,不过,我们从孔子的"君子笃于亲,则民与于仁,故旧不遗,则民不偷"(《论语·泰伯》)的话中也可以知道,孔子所说的爱不同于墨子的无差别平等的兼爱,是一种有亲疏远近、厚薄轻重的爱。孟子特别强调这点以痛斥墨子的兼爱,孔子的爱所以有等差是因为他以人伦为基本立场的缘故,也就是孟子所说的"心所同然"。借着这种有亲疏远近、厚薄轻重之别的爱,才能实现万物一体的情。

人类的功利心会遮蔽儒教所说的同体的仁心,所以,必须以克己的工夫除去这种功利心才能达于仁,由此而能产生亲爱之情,但同时还必须循守共同生活的规范,否则仍然不能完遂同体之心,故孔子提出克己和复礼作为达于仁之道,孔子说:"克己复礼为仁,一日克己复礼,天下归仁焉。"(《论语·颜渊》)仁之心是爱,礼之心是敬,故孔子在说仁的时候同时强调爱和敬。孟子继承了此一精神说:"爱而不敬,兽畜之。"(《孟子·尽心上》)孔子兼重仁爱和敬礼,他还说:"君子敬而无失,与人恭而有礼,四海之内皆兄弟也。"(《论语·颜渊》)可见孔子还以敬礼为达成四海同胞爱,也就是万物一体的仁之道。从这里我们也可以推察到孔子所说的仁是充满了骨肉之情的。

仁也是一种人我亲和之德，其中如果掺杂了私见、私意、私欲的话，就无法获得真正的亲和。所以孔子讲求"周"而排斥"比"（《论语·为政》），说"和"而排"同"（《论语·子路》）。孔子又说："以直报怨，以德报德"（《论语·宪问》）。"唯仁者能好人能恶人。"（《论语·里仁》）以公是非、同好恶为获得同体之仁之道。

上面说过，仁是一种浑然之德，其要诀在于不自我主张而排斥他人，要随时和他人相与，孟子完全继承了此一主旨，所以他说："乐以天下，忧以天下"（《论语·尽心上》），不过，孟子还说："万物皆备于我矣，反身而诚，乐莫大焉"（《论语·尽心上》），所以，孟子可以说是站在唯心的立场来说明同体之仁的，这是孟子同体论的特色。此外，《中庸》里面的中和之位育，诚之成己成物的思想也可以说是后世万物一体思想的本源之一。

上面大略地介绍了儒教万物一体论的本源，古代的人对万物一体的自觉并不成熟，在这方面可以说道家的自觉性比较高。秦汉时代，儒家者流反过来摄取道家的万物一体思想而建立了自己的万物一体论。《礼记·礼运篇》的大同思想就是万物一体的思想，《礼运篇》说明大同之世如下：

> 大道之行也，天下为公。选贤与能，讲信修睦，故人不独亲其亲，不独子其子。使老有所终，壮有所用，幼有所长。鳏寡孤独废疾者皆有所养。男有分，女有归，货恶其弃于地也，不必藏于己。力恶其不出于身也，不必为己。……是谓大同。

梁启超认为在这段话里面，用现代的眼光来看的话，包含了民治主义，国际联合主义，儿童公育主义，老病保险主义，共产主义，劳作神圣主义。康有为认为这段话所说的就是《春秋》的所谓太平之世，是孔子的理想的社会制度（梁启超：《清代学术概论》第32、

133 页)。这段话虽然难说是纯粹属于儒教的万物一体思想,不过,这篇后面所说的圣人以礼治"耐以天下为一家,以中国为一人",可以说就是儒教的万物一体思想的表现。

三、宋明的万物一体论

(一)周濂溪

前面也提到过,儒教的万物一体思想的根源虽然可以求诸于古代,但是,作为一种学说来讲论的是宋代以后的事。宋学开山周濂溪通过对佛教的否定,使传统的儒教的天人合一思想得以升华,他继唐韩退之的"原人"、圭峰宗密的"原人论"之后,站在生成论、本体论的观点对宇宙间人类存在的问题加以深究。周濂溪认为宇宙万物都是形而上的、无限定的,生成宇宙万物的有三样东西,一是绝对的"无极而太极"的本体,一是阴阳二气,这是形而上的物质的素因,最后的是由阴阳二气所生成的五行之质。本体与气和质以及万物混融而形成性,本来就是这个性的主宰。其中,人类禀赋了秀气而成为万物之灵长。人性的内容包括仁义礼智信五常,诚为五常之本,同时也是百行之源(《太极图·太极图说》,《通书·诚几德章》)。濂溪的思想阐明了人伦道德的本体源头。他又主张仁义当中包含着天地生成之意,他说:"天以阳生万物,以阴成万物,生仁也,成义也。"(《通书·顺化章》)此外我们从下面的"明道先生曰,'周茂叔窗前草不除去,问之,云与自家意思一般'"(和刻《二程全书》卷四,2 页 B)这段话中也可以知道,濂溪视物我同体、自得于天地的生意。我们可以说濂溪是宋明儒者的万物一体论的先驱者。

(二)程明道

高举万物一体的仁而加以阐述的是濂溪的门人程明道,他与弟程伊川一同建立了宋代理学的基础。明道清楚地指出仁的精髓在以物我为一体的心。明道认为"手足痿痹为不仁"(同上书,卷二,3页B),这句医生的话充分表现了万物的生意在于仁的意思。他说:

> 仁者以天地万物为一体,莫非己也。认得为己,何所不至,若不有诸己,自与己相干,如手足不仁,气已不贯,皆不属己。(同上书,卷一二,4页B,5页A)

明道的门人谢上蔡所主张的"仁即觉"也就是说仁体存在于这种不断的生气的知觉当中。明道对天地的生意作过很深的思考,他说:"天地之大德曰生"。他附和《易·系辞传》中的话说"万物之生意最可观"(同上,卷七,5页B),"观天地生物气象"(《秋日偶成》诗参照)。他充分领会到万物禀天地之生意而生存、自得,明道是一个尊重生命、尊重生存的思想家,因此,他以仁为天地生意内在于人的性,在万物生气脉脉生存不息的地方就有仁。他见到雏鸡也能感觉到万物的生意(《二程全书》卷四,11页A),他说的"切脉最可体仁"(同上书,卷四,1页A),"观生理可以知道"(同上书,卷四O,1页B),也就是这个意思。尤其是"切脉最可体仁"这句话生意跃然,脉脉不断,把生生不息的仁体的本色发露无遗。明道认为人离开了生就无所谓性,也就没有了仁,所以他借气来说性,借生来说性,他说:"性即气,气即性,生之谓也"(同上书,卷四,13页B)。接受了为孟子所排斥的告子的"生之谓性"的说法。

　　程子兄弟虽同时提倡理学,但二者的学风有异。大胆的说来,明道的学风有唯心的倾向而伊川的有唯理的倾向,我们可以说前者为陆王所继承而后者为朱子所继承。在观察现实人间的情爱温和以及矛盾葛藤各方面的时候,明道把重点放在亲爱温和这一面,站在高层次的立场加以包摄,并追求使其充分发挥之道。因此,他的学风浑一,重体验,待物宽宏。伊川则与明道相反,对矛盾葛藤的一面十分敏锐,坚持至纯至高的理想严厉以对。所以,他的学风偏重分析,重理智,处世严谨。因此,伊川的学说是二元论的,而明道的学说是一元论的。比方说明道以气来说明理,以气、生来说明性,以心来说明理,所以,他认为气、生、心都是与天地的生意(天理)相通的。在明道看来,如能自得于天地的生意,则"满腔子是恻隐之心"(同上书,卷四,4页 B),这也正是孔子所追求的"斯人之徒与"的切至的物我同体之心,在明道眼中,这就是仁,天之生意,天理。明道主张我们必须首先对这种同体之仁有所自觉,他在有名的《识仁篇》中说:

> 学者须先识仁,仁者浑然与物同体。(同上书,卷二,5页 B)

在对仁有了自觉以后,还必须以诚敬加以存养,但不需要作防检或穷索等人为的工夫。明道认为,在心的活动有所懈怠的时候才需要防检,在求理而不得的时候才需要穷索,工夫应完全依存于本体,明道举出孟子的"必有事焉而勿正,心勿忘,勿助长"的话加以说明,他说:"未尝致纤毫之力,此其存之道。"总之,物我本来是同体的,不需仰靠外力,工夫必须顺其自然,这种对本体的自觉,使工夫顺本体之自然的学风为陆王所继承,尤其是在王阳明手中,这种思想变得更为明确。

朱子认为明道之论浑沦高妙,但难以为有志于学者所理解(和刻《朱子语类》卷九三,9页 B),《识仁篇》的论说深远宏大,也不容易为一般人所理解(同上书,卷九七,6页 B)。吕伯恭因此而不欲收录于《近思录》以免引起误解(同上书,卷九七,5页 B)。朱子主张在识得仁之体以后,必须以义理加以栽培使其成为吾身实有之物(同上书,卷九五,34页 B),所以,对《识仁篇》中论述仁之同体之后的"义礼智信皆仁也"一句,非常重视。明末东林儒者顾泾阳也特别注意到这一句,他认为,如不能体得"义礼智信皆仁也"之意就无法体得"浑然与物同体"之仁,他说,世之所谓识仁者,往往务圆融活泼,媚流俗,济内私,甚者蔑廉弃耻诳己诳人,不知义礼智信为何物,以仁自任(《小心斋札记》卷一)。这是因为见到有阳明学末流大言现成良知,有陷于猖狂之弊而发的议论吧!与明道同时代的张横渠也说:"仁不得义则不行,不得礼则不立,不得智则不知,不得信则不能守,此致一之道也。"(《经学理窟》三,14页B,和刻《张子全书》卷六)强调义礼智信为求仁所不可或缺之物。在阳明学派里面,像周海门、刘念台等人对明道的本体工夫论予以赞同,朱子则采取了批判的态度,他强调工夫的重要,说:

> 若泥不须检穷索,则诚敬存之,当何处。未免高明之惑。
> (参照《宋元学案・明道学案・识仁篇》)

明道在《识仁篇》提出以诚敬为存养的工夫,他又举出孟子的"万物皆备于我矣,反身而诚,乐莫大焉"(《孟子・尽心上》)的话说:

> 须反身而诚,乃为大乐。若反身未诚,则犹是二物有对。
> 以己合彼,终未有之,又安得乐。(《识仁篇》)

朱子以诚来阐述万物一体也是当然的事吧!根据明道之言,张横渠的《西铭》也表示了这个意思(《识仁篇》)。自此以来,学者开始以诚为达于万物一体之道。比方说,程门的高弟杨龟山说:

> 反身而诚,则举天下之物在我矣⋯⋯知其体物而不可遗,则天下之理得矣。天下之理得,则物与吾一也。(《杨龟山文集・题萧欲仁大学篇后》)

刘念台也同样主张通过诚才能达于万物一体。根据念台的看法,天地间无所谓万物,万物之名皆因我而有,比方说,所谓父是我之父,所谓君是我之君,能对父尽孝心,对君尽忠心才能算是真正的我之父,我之君。这就是所谓的"反身而诚"。能做到"反身而诚"则万物与我浑然一体(见《明儒学案・蕺山学案》会语),非各别之存在。念台又对明道的仁者之万物一体的主旨及"识仁"与"诚敬"的关系作了非常精辟的分析。念台认为我们必须彻底把握"仁者以天地万物为一体"的意义,人与天地万物合一才能成为人,也就是说,人本来就是与天地万物为一体的,并非依靠仁者的力量,念台提出"证人"这个名称以证明人就是万物一体的人,只要相信而识得其中的道理,天地万物就与我相合无间。这样一来,亲爱之情自然流露,义礼智信也就一齐达成了。可是,看透这个道理不是容易的事,必须下诚敬的存养的工夫,这是彻头彻尾的工夫,否则无法识得此理,只是,在识得理以后,如果还坚持诚敬的工夫就会产生矛盾,所以诚敬也是本体工夫,实行的重点在慎独(见《明儒学案·蕺山学案·来学问答》)。

顾泾阳也说过,如果只重视明道的识仁而忽略了他所说的"义礼智信皆仁也"的话,就会产生偏颇而丧失了《识仁篇》的本旨(《小心斋札记》)。所以,我们在前面也提到过朱子主张"学者识得仁体,实有诸己。只要义理栽培"(《朱子语类》卷九五,34页B)也是理所当然的事吧!而且,在礼分的基础上来建立万物一体也可以说符合明道的主旨。比方说,明道之弟伊川对《易·履卦大象》的"君子以辩上下定民志"的话作了如下的解说:政治之要道在使天下一心,要达到天下一心必须使仁德相称,使职分各适其才,这样天下可不期而治,这是三代之治,后世则下自庶士上至公卿,日以尊荣为志,农工商贾,日以福侈为志,亿兆之心交相奔驰于私利,天下纷纷然,上下失其定志(《伊川易传》)。

陆象山也认为,本来心与德无圣愚之别,只是才智有分限,所以,大家必须各守本职,各尽其力以利国利民(《答王顺伯》,《陆象山全集》卷一一)。要言之,伊川、象山的万物一体论主要是说,必须安德知分才能实现万物一体之情。所以,正名分也就自然成了达于万物一体之道。杨龟山的门人罗豫章主张,如能以孔子的"君君,臣臣,父父,子子"之道来治理天下的话,就能如同古圣先贤一样以天下为一家,中国为一人,他说:"尧舜之治天下,不越乎君臣父子之间,而礼以文之者也。"(《春秋指归序》,《罗豫章先生文集》卷一〇)这样一来,借着礼可使万物为一体,礼就自然成为仁之体了。因此,阳明学派的杨复所说:"体之为言礼也,天地万物一体者,天地一于礼也,仁者以礼为体,不以形骸为体。"(《杨复所证学编》,《明儒学案·泰州学案》三)

(三)陆象山

与朱子同时的陆象山从唯心论的观点来说明万物一体论。象山虽属明道之流派,但他的心学继承孟子之说而自成一家之言,他主张心即理,宇宙内之事皆自己分内之事,自己分内之事即宇宙内之事,他又说,六经为吾心之注脚,开宋代唯心论之先河,这是众所周知的事。根据象山的看法,心本是灵活的,只要不被蒙蔽,则国政的治不治,民的安否,人伦道德的成败,学问的是非,心术的邪正等天下诸事都能立刻感知,如同自身的痛痒一般。如不能感知则是因为灵活的心受到了蒙蔽之敌,所以必须随时反躬自省。明白这个道理,则无彼己之私而能获得物我同体之仁(《与郑溥之》,《陆象山全集》卷一三)。象山主张,这种同体之仁的根本是骨肉之情爱,有了这种情爱才能分别是非善恶,好善恶恶,欲人皆仁,对不仁则施以教化,所以他说:"凡弃人绝物之心,皆不仁也。"(《与侄孙睿四》,同上书,卷一五)这也就是孔子所说的"斯人之徒与"之心。因此,象山认为在是非、好恶上不可有彼我之心、自私之意。因为,人人都是同样禀天地之气而生的,扶善阻恶乃当然之义(《与罗春伯》,同上书,卷一三)。能够公是非、同好恶才能获得万物一体的仁。如果没有义和智的话,万物一体的仁也就会变成《论语》中所谓的"同"、"比"了。在公是非、同善恶的地方就有万物一体的仁,因为公是非、同善恶的心是产生于人类先天的普遍的情爱,这一前提是不可忽视的。这也就是孟子所说的人人"心所同然"。象山的理是天下的公理,德是天下之一德,心是天下之心。

　　与陆象山同时的朱子是集北宋儒学之大成的硕儒,所以,他当然也论到了万物一体,在《大学或问》中,朱子从心的全体大用说明万物一体:

> 天之明命,有生之所同得,非有我之得私也。是以君子之心,豁然大公,其视天下无一物而非吾心之所当爱,无一事而非吾职之所当为,虽或势在匹夫之贱,夫所以尧舜其君,尧舜其民者,亦未尝不在其分内。

(四)张横渠

　　与程子同时的张横渠也就同胞爱详论万物一体论。根据朱子所述,横渠也是观驴马鸣而知天地生意,所以,横渠大概也和濂溪、明道一样注意到了天地的生德,不过,明道以生德为基础来说明万物一体的仁,而横渠则从人与天地万物同气开始说起,这是他的特色。濂溪主张个人就是一个小宇宙,因为宇宙的构造与人的构造是一致的,横渠也持有相同的看法,横渠主张气之太虚就是道之体,气之太虚具有清虚的特性,能发挥无碍而神妙的作用,这也就是人的本性。不过,这里所说的气之太虚并非老庄之流的超绝之物,而是由阴阳二气的变化所生成,气之所在即道之所在,这是儒道不同于佛老的地方。这与明道的以道与器之一体为儒道的特色的看法是如出一辙的。因此,横渠主张,太虚为气之太虚,在气之生成处有太虚之神化以及化育万物之道,横渠认为,所有的自然与人事的现象都是气的必然的变化,因此都依循自然的法则,这是一种合理的、客观的、理智的世界观。横渠还主张,这种必然的法则是有目的的,其中包含有伟大的天的生意和主宰。这种伟大的天意使人产生如同宗教热情的虔敬之念,横渠从这种天地与人物一气同体的观点来说明同胞爱,并且把家族之间的亲爱之情扩充于天地。根据横渠所著《西铭》中的看法,乾坤乃吾父母,吾之肉体与天地同气,性即天地之主宰,民众为父母之子,是我同胞,物与我同气,故亦是我同类,君主为父母之宗子,大臣为宗子之家相,故尊老是尊父母之长子,慈孤弱是慈父母之幼,世之疲癃残疾,茕独鳏寡,困惫无告皆吾兄弟,怜之扶之是纯孝之至,行之有恒而不违背即是仁。人于生存中行之仁孝,死可得安宁矣。

　　从上面的观点来看,国家社会的道德也如同家族道德一样充满了骨肉的情爱,而且,所有的道德都带有一种宗教性的虔敬之心,这是一方面将家族道德中的骨肉之情扩充至社会国家以至于天地,一方面把对天的宗教性的畏敬之念移入家族道德中所产生的结果。所以这里所说的万物一体的仁可以说充满了基于传统的敬天思想所产生的宗教色彩,是一种以仁孝为本的同胞爱所贯通的天人合一。《论语》的四海同胞的思想借此得以升华而结实。日本的贝原益轩追随横渠、明道而讲求万物一体,并且将对天地的报恩与仁孝作了更深一层的论述,他说:

　　　　报恩之一事,人道之所宜勤也。……其以天覆地载,父生母育,君养圣教师导,是皆于吾罔极之恩,岂可一日忘之哉。豺獭皆知报本,若忘恩背恩者,不如豺獭也。学者须省念所以报君报亲与天地圣神。盖忠孝顺事报恩之志,不可一日怠废也。如君父师之恩,间有粗知之者,至天地圣人之恩,盖知之者极少矣。学者之所当不忘也。(《慎思录》卷三,《益轩全集》卷二,第四四页)

　　益轩的万物一体思想比横渠、明道的更重视孝道,更富有宗教色彩。

　　《论语·学而篇》有"孝弟其为仁之本欤"的话,所以,后世在说到万物一体的仁的时候以孝弟为本也是当然的事吧!程门的高弟谢上蔡强调要竭尽自家爱亲之心,他说:"所以从兄者,为爱亲也。故从此推去,至于兼爱万物",(和刻《上蔡语录上》6页 B,7页 A)

把孝推广而达于万物一体。王门良知现成派的罗近溪也说,不对父母报恩则感觉疼痛,这就是恻隐之心,以此心待人,则慈爱用恤,施博爱,可达于万物一体之仁(《明儒学案·泰州学案三·近溪语录》)。近溪特别重视孝,他认为《大学》《中庸》之道尽在孝弟一句中,孝弟乃万经之本原(同上)。所以,近溪以孝弟为根本来说明万物一体的仁也是当然的事吧!

前面也说过,横渠是从气的思想来论说万物一体的,可是,我们却不能因此而论断他的思想是唯物论的。因为,横渠以气之体为太虚,而太虚即道体,气与太虚在本质上是不同的,这与明末吴苏原、郝楚望等人的唯气论不可一概而论,因为,他们认为气与太虚只是在量上不同,也就是靠气的厚薄多寡来分别。横渠的思想中混融了传统的敬天思想,从这里也可以推察出他不同于明末唯气论者的地方。

当时有人批判横渠的《西铭》及明道的《识仁篇》与墨子的兼爱论同调,程门的杨龟山对《西铭》曾经表示过这样的疑问,伊川则反驳说《西铭》中所论的是理一分殊,并把《西铭》不同于墨子的兼爱论的地方叙述如下:

> 西铭明理一而分殊,墨氏则二本而无分(老幼及人理也,爱无差等本二也)。分殊之蔽,私胜而失仁,无分之罪,兼爱而无义,分立而推理一,以止私胜之流,仁之方也。无别而迷兼爱,至于无父之极,义之贼也。(《答杨时论西铭书》,《二程全书》卷六三)

念台也说:

> 西铭之意,就本身推到父母,又由父母以推到兄弟,方见得同体气象。(《答王右仲二》,《刘子全书》卷一九)

这段话透露出,《西铭》的同体气象有亲疏远近,厚薄轻重之别,并非就是墨子的兼爱。明道对《西铭》赞口不绝,他说:

　　　订顽（西铭）之言，极纯无杂，秦汉以来，学者所未到。
（《二程全书》卷二,13 页 A)

　　　订顽一篇,意极完备,乃仁之体也。(同上书,卷二,3 页
A)

念台认为《西铭》中所说的是求仁之学,这与在手足的痿痹处见不
仁的明道的精神是一致的。(《宋元学案·横渠学案》引)《西铭》的
万物一体论可以说是开启圣学之蕴的钥匙,正如同横渠所说的:

　　　为天地立心,为生民立命,为往圣继绝学,为万世开太平。
(《性理拾遗》,和刻《张子全书》卷一四,5 页 B)

　　　我们从《识仁篇》的"义礼智信皆仁也"的话可以知道明道的万
物一体的仁也是不同于墨子的兼爱的。不过墨子的兼爱与明道的
万物一体的仁似乎不容易区别,王阳明的门人也问过阳明:

　　　程子云,仁者以天地万物一体。何墨氏兼爱反不得谓之
仁。(《传习录上》)

在阳明看来,这样的问题以言说很难说清楚,必须靠体认去理解,
不过,他还是借着譬喻对一体的仁作了解说,按照阳明的看法,仁
是造化的生生之理,是普遍存在的东西,由于仁的发生流行是渐进
的,所以能够生生不息。也就是先产生一阳,再达于六阳,先产生
一阴再达于六阴,因为有生意发端的地方,所以能生物,能生出东
西来就能生生不息。拿树来比喻的话,发端的地方就是发芽,这是
生意发端之处,芽生出来以后再生枝杆,接下来生树枝和树叶,如
此则生生不息,如果不先发芽,则干和枝叶都生不出来。芽也无根
则不生,无根则死。父子兄弟之爱为人心之生意发端处,从这里产
生仁民爱物之心。墨子视父子兄弟如路人,即无发端之处,故无生
意之根,丧失生生不息之理,如此则不得谓之仁,阳明以仁的发端
处在孝弟(《传习录上》)。在本原上下工夫再渐次推向枝叶才是阳
明学问的要诀所在。后面还会提到,阳明的万物一体的仁,其发端

在孝弟,其根本的工夫则在致良知。

(五)王阳明

阳明集宋以后万物一体论的大成并使其变得深远宏大。他在《拔本塞源论》及《答聂文蔚》书信中,将他的思想披露无遗,其中的仁说从某个角度来看,也可以说是儒教思想的极致。日本幕末的阳明学者吉村秋阳在他所编纂的阳明语录《王学提纲》中,将《拔本塞源论》放在最前面,可以说是很有见识的。

在宋代儒者当中拥有浑一思想的是张横渠、程明道以及陆象山。陆象山也可以说是继承了明道的传统。浑一思想到了王阳明手中而达于极致。比方说,阳明视理与气,心与理,知与行,物与我,本体与工夫为一体,将大学的身、心、意、物看作是一物,把格、致、诚、正看成一事。阳明虽以性为天理,但性必须配合人的知觉与感情具体表现于生活当中,所以,他采取了上面这种浑一的观点。阳明以良知为学问的主宰,所谓良知是道德的知觉,也就是是非之心,这种知觉是顺从天理的,也就是顺从道德法则的。是非之心里面混有好恶之情,而且与肉体不分。从这个观点而产生真诚恻隐为良知之体的看法。阳明虽继朱子之后以仁义礼智来说明性的内容,并以仁来统合全体,不过,他主张这些只不过是心的表德,也就是四端①。所以,朱子把学问的关键归于性,阳明则归之于心。阳明认为,心比性更接近本体源头,他在说明性的时候也是通过心来把握的,他不像朱子一样把根本放在人心深处未发的性上,而是以心的感应、已发之心为本源。总之,阳明所重视的是生命的活动。他的万物一体是集《礼记·礼运篇》、明道的《识仁篇》、横渠

---

① 见《答人论学书》,《传习录》卷中;《聂文蔚一书》,《传习录》卷下;《亲民堂记·重修山阴县学记》,《王文成公全书》卷七;《大学问》,《王文成公全书》卷六等。

的《西铭》以及伊川、陆象山等人之说的大成而以良知为根本的学说。依阳明的看法，所谓大学是大人之学，大人乃是以天地万物为一体的，故天下之人皆同气同体之同胞，无内外远近之别，要以家族骨肉之情爱予以保全、教养。这种一体的心无圣愚之别，为人人本来所具备，故见到别人困苦，谁都会感觉心痛，如同身受一般，这就是所谓的良知，也就是灵昭不昧的仁心。这种良知无圣愚之别，为万人所具备，万古不变之物。能致良知则能公是非、同好恶，视人知己，视国如家，以天下为一家，以中国为一人，也就是以天地万物为一体。这种感情通过良知而得以发挥，没有任何勉强，这么一来，天下自然安怡，治道也就简易了。可是事实上，一般人无法完遂这种万物一体之情，其原因何在呢？这是因为心为私利私欲所蒙蔽，我见私智阻碍了心的流通，以致于使自他之间产生对立抗争，甚至使骨肉反目成仇，结果引来天下的祸乱。所以圣人教人要克去私欲以恢复心体之自然。圣人之教的纲目是精一执中和五伦。其目的在达成万物一体的仁。在这种情形下，职业无贵贱，身份无上下，各人不执着于职业之贵贱，身份之上下，一心同德，士农工商各顺应其才德，安分守己，天下一心，交易有无，由此而产生相互扶助的理想社会。阳明虽以才能的伸展启发为学校教育的目的，可是他的根本目的还是在于使天下的人复归于万物一体的仁。对知识才能并没有给予太大的重视。这是因为他认为人的价值在德性的有无，与身份地位、贵贱贫富、职业的上下无关的缘故。

要言之，阳明物我同体论的本旨是要藉着良知对道德的敏锐的感知以达成万物一体的仁。然而，良知常受到自私自利、私智私见等功利心的蒙蔽，所以，阳明不仅排斥私欲和权谋术策的狡智，他对借道义正义之名提倡学问知识而内心却暗藏功利心的人也不假辞色，指出他们似是而非的地方予以批判。阳明认为，圣人之学即心学，是追求尽心的学问。所谓尽心是要去我而回归于道心，在尽心而归于本心上是与禅学相同的,不过,儒教是从人伦的立场以求达到天地万物为一体,禅学则弃绝伦物,容易陷于自私自利,区分人己、内外而丧失万物一体的仁(《重修山阴县学记》,《王文成公全书》卷二六。)。故阳明说:

> 圣人之求尽其心也,以天地万物为一体也,吾之父子亲矣,而天下有未亲者焉。吾心未尽也。吾之君臣义矣,而天下有未义者焉,吾心未尽也。吾之夫妇别矣,长幼序矣,朋友信矣,而天下有未别未序未信者焉,吾心未尽也。吾之一家饱暖逸乐矣,而天下有未饱暖逸乐者焉,其能以亲乎,义乎,别序信乎?吾心未尽也。于是有纪纲政事之设焉,有礼乐教化之施焉。凡以裁成辅相,成已成物,而求尽吾心焉耳。(《大学问》,
《王文成公全书》卷二六)

要以万物为一体,发挥万物一体之情必须依靠纲纪政事及礼乐教化的措施,所以,科学的知识技术也就自然成了不可或缺之物。阳明对万物一体之仁的论述详尽,无人可及,这是因为他深切了解功利心的毒害之故。他深深感觉到三代以降以至于今日,人的功利心愈来愈炽烈,毒害愈来愈深,已经成了普遍的习性,因而产生挽救此一局面的热情,他发觉挽救之道还是在《大学》的明德、亲民。前者是万物一体的体,后者为其用,体用相即就是达成万物一体之道。在这里我们也可以看出他的伟大的学说的特色,而他的学说最后会归于尽心,致良知。

四、结　　语

宋明儒者万物一体论的本源可求诸于《论语》、《孟子》、《中庸》、《礼记》等。与法家、俗学的功利的现实主义及佛老的隐遁的超越主义不同,儒教的特色在于以人伦为根本的人道的理想主义,

《论语》的"非斯人之徒与而谁与"这句话充分显示了儒教的此一特色，此外，我们从儒教以亲爱之德的仁为最高之全德的主张也可以看出儒教的人道主义的精神。孔子将传统的道德会归于仁，此一思想传至宋明而变得宏大深远。宋明儒者超克了功利主义和超越主义，把儒教提升到一个新的境地，他们所提倡的万物一体论就是其中的成果之一。

　　万物一体论原来是存在于佛老思想里面的，佛与老虽有程度上的不同，可是二者都同样否定物的实在性。老认为物皆是相对的存在，不具备绝对性，佛认为物是不存在的，无法证明自我的存在，所以，物物之间也就没有了自他之别而成为一体了。庄子的齐物论，佛氏的事事无碍论充分传达了此一思想。儒教的万物一体论则是超越了佛老而形成的，那么，佛老与儒的万物一体论的差异究竟在哪里呢？前者在根本上是虚学，后者则是实学，所以，二者的差异也可以说是虚与实之别。前面也说过，佛老是从否定物的实在性出发，儒教则是从肯定物的实在性出发的，不过，在肯定物的实在性的前提下，物物都作自我主张，难道不会产生与他者的对立吗？功利主义就彻头彻尾地采取自他对立的立场，可是，宋明儒者则不然，他们认为，所谓物的实在性是内在于物的存在的规范及根源，其根本存在的条件在与他者共存，所以，一方面作自我主张，一方面又与他者共存，自他一体。宋明儒者把这种物的实在当作是理，理既是一又是分殊，既是分殊又是一，在宋明儒者的眼中，佛老只说到理一而不知分殊，所以，他们所说的并非真正的理一。

　　佛老否定物的实在性而以超越的虚无为本体，所以，宋明儒者非难他们弃绝伦物，也就是说他们是否定人伦道德及事功的。宋明儒者认为，佛老因为执定虚无排斥伦物，所以终究不能免除功利性。这种功利性虽然是消极的，但仍然会使自他之间产生隔阂而丧失二者的一体性。所以,宋明儒者提出万物一体论对佛老加以非难也不是没有理由的。总而言之,宋明儒者因为敏锐地洞察到功利主义所产生的自他对立的弊害所以才提倡万物一体论的,所以,他们从仁的观点来解释万物一体也是当然的事吧! 在他们看来,只有靠以自他为一体的亲爱之德的仁才能挽救功利主义自他对立的弊害。

在宋明儒者当中对万物一体论阐述得最详尽的是程明道、张横渠和王阳明,三人的万物一体论各有其特色,不过他们所采取的观点都是属于一元论的,是要在现实当中去追求理想,这是不同于朱子和伊川等人的看法,朱子、程伊川的宇宙论、人生论是站在高远的理想下来面对现实,所以是一种二元论的思考方式。比方说,明道以表示生存的生来说明人的本性,横渠以气的变化来说明本体的太虚,气为现象的素因,太虚则是气的太虚。阳明借心的感知好恶来说明人的本性。在这种一元论的思考方式下,从自我的需求推及到他人的需求,仁心就成为非常贴切之物,自然充满了如同骨肉之间的情爱;相反的,在朱子、伊川的二元论的观点下,仁心里面不免产生革新他人的倾向,譬喻来说,前者可以说是母性的,后者则是父性的。然而,二者之间并非互相对立的,母性里面包含有父性,父性当中也包含有母性。二者的共通处是与他人共存的愿望,不过,二者所产生的情爱有上面所说的差异是不容否认的。因此,万物一体论是在一元的思考方式下进行的,从一元的观点来看,人性的根本在人我共存的愿望,人同此心,戚戚相关,人性中因而充满着生命的跃动。

宋明儒者排斥佛老的虚学,提倡实学,他们的实学是在追求理想主义的人伦道德的前提之下,将超越主义内在的纯粹性和功利主义外在的现实性加以调和折中而产生的,万物一体论也就是这种实学的产物,所以,一方面要建立内在的心的本体,一方面又必须具体实现于外在的社会生活当中。但是，要保全内在的心的本体就必须要有安定的社会生活，反过来说，要追求外在社会生活的安定又不能丧失心的本体，这种内外一致、心事一体的学问才是宋明儒者的实学的真谛。从这里我们也可以知道万物一体论对现代社会所具有的重要意义。

　　现今当务之急是，对万物一体的仁我们必须有所自觉，躬亲体得，再设法使其具体实现于现实生活当中。所以，对本体的存养体认是最为重要的，宋明儒者对此有许多议论，大体上分为积极地依存于本体以及消极地藉工夫以复归于本体两种做法。依个人之见，彻底地实行集约的工夫是最好的方法，在这方面，静坐是很有效的，不过，还有比静坐更根本的，那就是兀坐，这是一种使身体静定的工夫，在静坐的时候还需要设法使心收敛，兀坐则因为集约的工夫彻底，所以不需要在心的收敛上下工夫，身体已经成了心的集约体，已经不是纯粹的体躯而是形而上下一体的东西。在这种状况下，万物会归于心，心会归于身，故身即是万物的根源，再借着静定的工夫来存养万物的根柢，这样就能够自得于万物一体的仁。因为，身在静定之下就免去了物我的对立而成为一体。这么一来，就能达到"宇宙在于手，万化生于身"的境地了。

　　近年来，欧美人士开始对中国的哲学思想产生了极大的兴趣，可是，和儒教比较起来，他们的兴趣似乎更偏向于道教和禅。这是因为他们认为儒教比道教、禅重视现实而缺乏哲学性的缘故。然而，儒教是中国传统的哲学思想，而且不断地超越道教和佛教而发展成为宏大深潜、亲切肯至的哲学思想，到了宋明时代而达于顶点。所以，我们说宋明儒学思想是中国思想展开的极致也不算言过其实。同时，我们也可以说，宋明的儒学思想乃是中国哲学思想的精华所在。

　　宋明的儒学为现代的我们提供了许多很有意义的课题，其中对世界的思想界最具有重要性的究竟是什么呢？在今天这个西洋哲学思想低迷的时代里，对这个问题的探求实在是刻不容缓的事。综观现代的世界情势，各民族固守自己的思想、文化和宗教，对其他民族的思想、文化、宗教不积极地去理解，结果妨害了各民族间的亲善友好，这种情形在宗教方面最为显著，造成民族间的仇视纷争，甚至发展成战争，这是众所周知的事，而且，各民族为功利主义所驱，民族之间普遍产生了对立的感情，这也是不容忽视的事实。此外，科学文明的进步一日千里，可是，本来应该贡献于人类共存繁荣的科学文明反而产生了危害人类生存的弊害，本来以确立人的主体性为目的的学问知识也产生了阻碍这种主体性存立的弊端。这些都是识者所引以为忧的。在宋明儒学思想所提供的课题当中，有足以帮助我们免去这些弊害的东西，这是我所深信不疑的，像实学论、全体大用论、知藏说、静坐体认论、居敬涵养论等，上面说到的万物一体论也是其中之一，在拯救人类的对立斗争上，万物一体论基于人我共存的人道主义的立场，对不同的思想、文化和宗教采取兼容并包的态度，是一种宽容的、具有普遍性的思想。

思想史的研究固然要力求客观，合于科学，但是，如果要使思想超越历史而有所进展的话，光靠科学、客观是不够的，还必须在思想史所提供的课题当中，探求可以用来拯救时弊的东西，并使这些思想史的课题发生实际的作用。这样，学问才能成为活学。这在现代儒学思想的研究上是不可忽视的一点。能在这上面下工夫的话，儒教必定能在今后世界的思想界扬眉吐气。

（选自《1987年曲阜儒学国际学术
讨论会论文集》，齐鲁书社1989年版）

冈田武彦(1908—　　)，日本著名学者，文学博士，中国古代哲学研究家。主要著作有：《东洋的"道"》、《王阳明与明末儒学》、《近世后期儒学集》等。

　　本文指出，儒者开始提倡万物一体是宋代以后的事，其中应该有老庄佛教的万物一体论的影响。宋明儒学当中对万物一体论阐述得最详尽的是程明道、张横渠和王阳明，三人的万物一体论各有其特色，不过他们所采取的观点都是一元论的，是要在现实当中去追求理性。宋明儒者排斥佛老的虚学，提倡实学，他们的实学是在追求理想主义的人伦道德的前提之下，将超越主义内在的纯粹性和功利主义外在的现实性加以调和折中而产生的，万物一体论是折中实学的产物。宋明的儒学为现代的我们提供了许多有意义的课题，万物一体论就是其中之一，在拯救人类的对立斗争上，万物一体论基于人我共存的人道主义的立场，对不同的思想、文化和宗教采取兼容的态度，是一种宽容的、具有普遍性的思想。

从现代伦理学看《论语》
道德论的构造

高桥进

一、序

    本论文所要阐述的是,从现代伦理学的角度来分析《论语》记述的孔子言行及通过其思想整体把握到的道德论的构造,并且加以综合,在内容上再行构成,这里所说的"现代伦理学",并不意味着某个特定固有的伦理学。具体地说来,它意味着基于现代这一观点,由笔者所设想的伦理学立场出发,来进行体系性的考察。

    如将笔者设想的伦理学基本原则作一简明扼要的说明,即:首先确定地将人所存在的决定性质:个别性、主体性、独立性与相对性、共同性、连带性这些两面性作为前提,并将这种两面性置于任何时候、任何地方、任何对象之间的关系上,从行为角度来发现,创造其综合的、调合的实现。一言以蔽之,此即为"吾、人,同好生之"这一伦理学的论理的展开。

    笔者之所以要建立这一基本原理,系出于下述学问角度观察的结果:从现代世界史状况来看,在西洋确立和发展起来的"个"的理论乃至基于"个人主义"的世界观、社会观、伦理观已行之不通。而今东洋思考方式、伦理观,对面临21世纪的人类来说可发挥领导作用的时代业已到来。(参阅拙著《人伦的理法——人与自然的

考察》)

二、从个到个对个(从对己到对他)

基于上述观点,本论文在把《论语》中的人伦构造放在个人、个人对他人(他的个人,单数或复数)、集团这种人与人的关系之扩充上加以捕捉,并力求探明在各个场合乃至阶段何种德作为好的行为要求这一点。具体地说,即以言、行、忠、信为个人应修的德,以义、礼、和为个人向他人展开的德来实现。《论语》的言、行中,以行先于言,与其说重视口才,毋宁说先重视实践(子曰:"君子欲讷于言,而敏于行。"《里仁第四》及其它)。而忠信,系指尽吾心之所限,一心实现言行一致之诚(实)。从子曰"人而无信,不知其可也……"(《为政》);子曰"主忠信,毋友不如己者……"(《子罕》)等看,即可知其意味的内容。

所有的这些德,都与自我自身的修德相关,但德之被作为德,并非只是在"对己"方面,对自的东西必须立即在"对他"上相通。尽己之心(忠),致诚(实)、(信),只有在志向对他与对方相通为对方所接受时,才真正是德。

那么,作为忠信这一对自的东西转化为对他的东西的契机,在孔子那里,要在什么样的论理和行为上才是可能的呢? 对此,我们不妨从下面的引文中去寻找线索。

　　子张问崇德辨惑,子曰:"主忠信,徙义,崇德也。"(《颜渊》)

　　有子曰:"信近于义,言可复也。"(《学而》)

上面的"忠信——义"可看作与"信——义"完全相同的论理,即,所谓忠信,系为尽吾心之所限,以实现言行一致之诚(实)。而且,它被解释为是在对己的场合要求德。然而,说到"主忠信,徙义",这不仅是人只停留在忠信上,而且要在尽言行一致之诚(实)的同时,还要在义(吾为宜,他者亦为宜)上使自己得到迁移。《论语》中的"义",不是单单在自己方面的正、义结束的,而是他人也要有正、义相通才行。从停留在忠信的自己处出发,迁移至义,进而自己向着"被他所开发的自己,在对他的关连中的自己"转化,即通过对己的向对他的转化,实现孔子所说的"德"。

　　子曰:"君子之于天下也,无适也,无莫也,义之与比。"(《里仁》)

　　这段文字中的"义",使得上述的论理更加深化了。君子即真正的德者,当其处理包括人世之事的事物时,不是对合己主意者亲厚,不合己主意者粗疏,而是总是遵从义＝吾为宜,他者亦为宜。真正的有德者,通过遵从"义",不是只站在吾之一侧或他之一侧来处理事物的,而是实现吾之一侧为是,他之一侧亦为是,遵从于此,君子者之德始为实现的。

　　如此看来,遵从"义"的君子,脱离了只拘泥一个主体的知情意的是非善恶之立场,实现了所谓的自他相宜。因此,可认为是意味着脱离个我的没主体的人。即伍于群、党又个的主体是怎样确立的呢? 让我们来看看下面这段文章:

　　子曰:"君子和而不同,小人同而不和。"(《子路》)

　　"和而不同"如何才可能呢? 据朱子注,"和"为"无乖戾之心","同"为"有阿比之意"。"和"者,意为在尽自己心之诚的同时,还和他人之心相通,而不乖戾。即,作为个我的主体,在最忠实于这一主体的同时,也不失却这一主体的存在基盘(个的个别性),与他人相交,实现与他之间的"调和"。在"和"上确保有个,个又存立着个性,且又实现"和",此时,"和而不同"的境地才得以展开的。

　　那么,"和"的实际形态是什么呢? 很明显,如前所述,那不是没主体的妥协。作为是和作为非的地方,不单单在自己上面是妥当措定的,其是非同样在"互相向对的他的主体"(不论是个、是众多)上作为是和作为非妥当地受容时,"和"才实现的。在此意义上,应该说"和"总是在"义"支撑下才能成为可能的。因此,如果仅仅是"同",那么,对于个之主体的是、非的立场只会由自己一方或他人一方的哪一方来放弃掉,在作为是和作为非上丧失主体,妥协和遵从对方一侧。

"和"总是仅仅在"义＝宜"地位上来具体表现的。进而言之,"和"不是存在于主体的个我的放弃之处,而是在"自己、他人皆好生"上,也就是自他均"义＝宜"的相互投入的场合才成立的。孔子常说"主忠信",是因为他是注意到了怎样才能以自己之诚去求得全体的确立。在自己的忠信对他人也开放之时,与"义"被要求之事在论理上是同一的。

更进一步说,以上的论理在"礼"的论理上也是妥当的。让我来看看有若的话:

> 有子曰:"礼之用,和为贵,先王之道,斯为美。小大由之,有所不行,知和而和,不以礼节之,亦不可行也。"(《学而》)

孔子将奢宁俭,与其易宁戚(《八佾》)作为礼之本。据笔者看来,这归根结蒂是自己的忠信之德的对他人的表露。如进一步剖析,即无论是俭、是戚,孔子的真意,从德论讲诚然与忠信相通,但更进一步深入人心内部来考虑,由奢或由易反而人之本心的自然会要失去。这是孔子对人们的告诫。孔子是想,与其将表现于形式、外形的东西作为礼之根本,莫如心持谨慎,或从心里有悲于人之丧。惟有此,与对方的心之相通才为可能。即,礼存在于心之真实,忠实成为形,体现在对他的言论行动之中。

然而,有若说"礼之用,和为贵"时,这意味着怎么回事呢?礼之本扎根于心之本来的忠信的同时,它在表现在对他时的交往作用总是被称为"和"。朱子亦曾说过,礼之体为严,但它从众人心中自然之理产生,一旦产生其用必是"从容不迫"之"和"。礼起作用时,人伦的世界总是实现了"和"的。但是,礼之用实现"和"是为什么呢?简而言之,那是因为由心之忠信成为形(言论行动)表现在他人之事,本来断绝了的自己与他人间的交往、交流得以实现,创造出了自他的共同、连带的场。

但是这里应予注意到的是,有若同时还说:"知和而和,不以礼节之,亦不可也。"这大概可解释为,所谓礼,即意味着将"和"在人伦中实现是目的的同时,"和"常常还由同样的礼所节制,这才成为真正的"和"。这一论理,与前述的"君子和而不同"的论理是相同的。这时的"和",也不是没主体地与其它的雷同、妥协,而是在确实保持自己的主体性的同时,实现与相对的其它的调合。因此,它同时与前述的"义"的论理也是同样的。很明显,礼是对他的德,是主体在人伦上应该实现的"和"的德。但是,这个"和"不是前述的雷同、妥协,相反,它是由礼加以节度的"和"。如是,个在作为个确立的同时,个在与同样保持主体的其它的个相对之处,我们不妨解释为,作为礼的"和"要被要求了。

如此,简而言之,礼存在于个的主体承认他的个的主体的存在之处。自己承认他的主体的存在这一本身,即区别于自己与他、我与汝。如果自他是完全没有个别的主体性的存在,那么就没有必要分自与他了。将与自己向对的存在认定为与自己各异的他的个别存在,这个"自他的明确区分",即是埋藏在礼之根底下的原理。也就是说,所谓礼,一边站立在自他的严格分界上,一边又实现自他的"和"的德。前面的"节之",正是与这"自他明确区分"相关的论理。自他是分明的,但同时又实现自他的调和。措定我为我、汝为汝的个别主体,又不失却个的个别性,并且实现"和",包含"个别与统一"之两面的,即为礼。

三、仁的论理构造

在前两节中,我们探明了以《论语》中言、行、忠、信为主,与自己自身相关的对自性的德;以义、礼、和为主对他性的德。本节所要考虑的是,以上述的德论为前提,探明孔子最主张的关于"仁"的道德论性质的构造。"仁"者,成了上述的对自、对他的德的根底,并成了所有各种德的综合性统一的作用。笔者将从下面的引用中求得一些线索。

> 子路问君子。子曰:"修己以敬。"曰:"如斯而已乎?"曰:"修己以安人。"曰:"如斯而已乎?"曰:"修己以安百姓。修己以安百姓,尧舜其犹病诸!"(《宪问》)

读了这段文字,我们可以看到,很明显孔子在这里是从德的人伦性展开中来讲的。即,孔子首先说到"修己以敬",举出个人主体性的修德,也就是对自己的德;接下来说到"修己以安人",以与自己相对的他人为问题。对自的德在对他上也起作用,唯有此,"安人"才成其为可能。然而,由个发展,向自与他展开的人伦的德,并非就此结束,而是一直扩展到了"百姓"这一所谓人伦的全体。这些人伦的展开,又总是以"修己"为根底,可以从实际存在的个的、在各个阶段中他的存在相关上捕捉到。

也就是说,与在这里的人伦的展开显示出个——自、他——全体(集团)相对,将此作为德的展开来说,其关系是个、个——他、个——全体。孔子的修德,总是在首先以个为问题,并且,这个与自己相对的他的存在,或与这个个相对,在这个中间与全体又应该是怎样的方面来加以说明的。如是,我们在将"仁"的论理作为问题时,亦须充分注意到上叙人伦的展开和德的展开。

那么,在第二节中笔者已将"修己"放在言、行、忠、信等的德进行了阐述,在重新将"仁"作为问题时,这个自己在"仁"的论理中将处于何种位置呢?"仁"具体来说,对子贡"有一言而可以终身行之者乎"之问,孔子的回答是:"其恕乎! 己所不欲,勿施于人。"(《卫灵公》)而对曾子"参乎! 吾道一以贯之"这一孔子所谓"一贯之道",作为对后辈弟子们的回答和解释,则为"夫子之道,忠恕而已矣。"(《里仁》)由此,我们可以理解为"忠恕"或"恕"是它的核心所在。

于是,以这些事为前提,让我们先来看看"忠恕"和"恕"。"忠"者,如已阐明的那样,意系集吾心于一点,使之专一,不为余事而动(心)。所谓"忠",系即于吾心之"切实动作之本身"。朱子注"尽己谓忠",即为此意。

那么,"恕"又是怎么回事呢? 当我们看到孔子的终身须当坚持"恕"的回答,而且它进而由孔子发挥,解说成"己所不欲,勿施于人"时,我们大概可解释为,"恕"者,是包含了"夫子之道,忠恕而已矣"中的"忠"和"恕"的,即,上面的"己所不欲",须首先省吾身,真正不欲,不期待自己被他人左右,要有明确的自觉。此正迄今解明了的"忠"。而真正自己不欲这件事,还是他人亦不欲,不期待,即孔子说的"勿施于人",包含了这些内容的,即为"恕"。所谓"恕",朱子亦注为"推己"。推自己,即为"以自己推量他人"。

人,有着不能完全替换的个别性、主体性。是我与汝无法互相换位的主体同位体。对于我的汝如果是和我等同的话,吾心之动作即为他人的心之动作。但是,在这不可交换的个别的主体相互之间,有着决定性意义的断绝存在。因此,将我与汝的共同存在乃至连带作为可能,我与汝相通之途,只有在"以我推量他"中才能获致。

我与汝虽在决定性意义上"断绝"的,但由"恕",即互相间"以我而推量他",将越过这一"断绝"的深谷进入相互关连之中。那么,这个"推量",是何种人的心之动作呢? 或者说"恕"作为"推人"时,又有何种论理、理法在起作用呢? 简而言之,所谓"推己",即为在自己与自己相对的对方"推展"自己。"推展"者,在自己的存在之中包含了他的存在。通过"以自己推量他",越过自与他的主体间的决定性断绝,自己包括了他人。而且,如能使这一行为变成互为,人伦的世界常常归根结蒂回归于我与汝,而我与汝又由于互相"尽己"和"推己",包含他,进入互相包括的关系之中。自与他,在这里才开始由单单的"在的存在"往"成的存在"变化,成为道德的、伦理的存在(君子)。

此种论理,亦可见于"子贡曰:'如有博施于民而能济众,何如? 可谓仁乎?'子曰:'何事于仁,必也圣乎? 尧舜其犹病诸。夫仁者,己欲立而立人,己欲达而达人。能近取譬,可谓仁之方也已'"(《论语·雍也》)中的"己欲立而立人,己欲达而达人"。与前述"己所不欲"提出自己的消极的、否定的心情相对,在这里提出自己切实立身,自己想达到这一境地的积极的、肯定的心情乃至心境,这种心境、心情如是能弄清真实自己的,那正是通常所讲的"忠"。由是,孔子的"己所不欲"与"己所欲立"、"己所欲达"都成了"推己"这一心的动作的决定性动因了。这里再看看自己切实的"己欲立、己欲达"的心情、心境中他人所面临的"己欲立、己欲达"之心,即可"推量"他者,先使他者立其身,使他者达至这一境地。如果如是的心和行动在互相的主体中起作用,即可超越过自他间横置着的断绝的深渊。两者在这里还可创造出人伦的共同体。

然而,综观上述,可说只是从"忠恕"、"仁"的论理性侧面的探讨。诚然,人的道德行为,并不仅仅是由所谓的道德论理的自得来发动的。而吸取他人的穷困或切实的愿望,以"不忍之心"采取与时、处相适应的行动这一本身,也很可能只成为一个说明而已。道德的行为(一般指人的行为),在活生生的、能作用的人的感情、判断、意志的综合统一上是可能的。这中间尤其重要的,是如古人崇德所说"如好好色,如恶恶臭"那样丰富、敏锐的感受性。正是这,才是人的道德行为的源泉。

有关于此,孔子说:"惟仁者能好人,能恶人。"(《里仁》)这里的好、恶,与其说是由辨别是非曲直的"义"产生出来的,不如说可解为是由人的心的情意乃至感情的极为直接的作用。孔子在这里极为限定的"惟仁者"之说值得我们注意。朱子注此为"盖无私心、然后好恶当于理。"仁者之好恶不昏于私心、恣意,为心的纯粹的直接的发动。作为其结果,其好恶即是当于理的。由此,孔子在这里所要强调的,是只有仁者才持有的对人的敏锐感受性,彻底磨炼了的感觉。这在知的反省时,作为"义"即会产生出是非曲直的判断、评价。只是好人、恶人的心的作用本身,既不是论理,也不是合理的。

这与下面这段孔子的说法亦相关。即,樊迟问"仁"时,孔子一言以答之曰"爱人"。问于"知"时,答曰"知人"(《颜渊》)。好人、恶人,即为超越自爱。知人,亦系蛰于自己的谷壳之中、与他人断绝之中为不可能。所谓"知人",即为开放自己,移自己于他人之中,将他人包含于自己之中。而且,人只要滞留于自爱之渊,相对的他的存在就总是在自爱之渊的那一方,无法越过自他的断绝。因此,"爱人"还要越过自爱,开放自己,将他的存在包含于自己之中。通过越过自爱,开放固执的自己,看到自己中他人的存在,此即为爱。

而且,这种心的作用,与其说是理性的、意志的,不如说是情意的。与论理世界相比,它更是扎根于人之本性的心的作用的世界。与前节所述有关的孔子"忠恕"之说相关,即,"己所不欲,勿施于人"和"己欲立而立人、己欲达而达人",主要的是心的运动的话,"好人"、"恶人"、"爱人"不如可称其为使在根底的、意志的运动成其为可能的根本源泉。与由"恕"所象征的"仁"的实现相关的具体方法,即"尽己"、"推己"这一心的根本源泉,正是存在于超越了"爱人"的这一自爱之处。

孔子对颜回问"仁"答曰："克己复礼为仁，一日克己复礼，天下归仁焉。为仁由己，而由人乎哉？"（《颜渊》）所谓礼，如上所述，是自他间的品节，对他人的敬，以及通过这些得以实现的调和世界。孔子将"仁"定为"克己复礼"，是意味着与他人的存在相对的自己，通过超越和克服自爱、自利，依从作为自、他间桥梁的礼，或曰通过克于己，在自己与他人间架起一座相通的桥梁。这个心的桥梁，在严格区分自、他的同时，是致"和"于自、他间的礼，而这"礼"的实现，又是"仁"。

然而，迄今对"克己"的解释，说主要是通过自爱及自利的克服，来建造与他人相通的桥梁。所谓"礼"，是在自、他间创造品节与调和。但在另一面，克服自爱及自利这件事，又容认其它的立场和其它的主体所志向的东西，以此来实现两者相通。如此解来，"克己复礼"与实现已经明确了的"义"的意义，即"我为宜，他者亦为宜"不无相异了。礼与义本来作为"礼义"来用的本身，不仅是"克己"系与礼相通之道，而且可解为还意味着相当于义的实现。朱子在前述引文的注中讲的"仁者，本心之全德"，实在是意味深长的。上面谈到的孔子的忠、信、义、礼、和、恕等诸德，最终全都是要作为本心之全德的"仁"的具体的实现。诸种多样的德，是在"全德"即心之本身的德的个别的、时与处的具体体现。仁者的言行正是体现在实现义、生于礼，以忠信为主之处。作为有若之言留下来的"孝弟也者，其为仁之本与"（《论语·学而》），亦意味着为仁第一步即为孝弟。

此外，还有"子贡曰：'如有博施于民，而能济众，何如？可谓仁乎？'子曰：'何事于仁，必也圣乎？尧舜其犹病诸'！"（《论语·雍也》）这是处于为政立场的孔子的说法。广施于民，济与民，使之安居这一重大工作，到头来就是"仁"。通常所说超过"仁"以上实现就困难,那不是在说那不是"仁"。而是因为那是通过政治应该实现的"仁"的全体。正因为仅仅是从自己自身的修德,往对他的个对个,进而扩充为多样、多面的,在人伦的全体上构想"仁"的实现,要求"仁"的实现,就不能停留在"仁"上,孔子答为"圣"。仁者应当实现的人伦之道,从孝弟的第一步出发,扩充到在政治上要实现的人伦全体性质上。

四、结　语

高度发达了的现代工业技术文明,给人类生活带来了种种便利,如速度、范围的扩大、高品质、效率等等恩惠。但在其反面,也产生出了种种的社会病理现象:环境污染、国家社会意识的欠缺和低下等的分离现象。具体来说,个人的孤独与非人化,家庭的崩溃和离婚率上升,社会秩序的破坏,犯罪、暴力行为的增加,麻药、药物的滥用和增多,精神障碍的增多与质的变化等,所有这些都是重大的社会问题。而不论哪个问题,都与现代的经济繁荣和高度的工业技术文明密切相关。这种危机性的状况不是简单可以扭转的。

今天,处于高度工业技术文明的各国,尤其是欧美各国的有识之士,为着越过这种危机性状况,正在摸索新的人生观和社会观,并将其根据在东洋思想、人生观上来追求。迄今主要的看法是,儒家思想为东亚各国的现代化作出了贡献,这只不过是一个方面的见解而已。毋宁说,本文所要论证的"使言行一致,集心之意识于一点而尽忠信之诚(实),然后转向义,由礼而品节自、他,以此致和于人伦,努力于忠恕之实践,到达仁"这一孔子学说的真髓,才真正是对人类21世纪有着重要意义的事。在今天,人们已要求由言行一致和忠信而实现个之主体性的确立和心之诚之德,德又在对他上被社会化时,由义、礼、恕往对自己的他人(单数乃至复数)的德扩充、转化,以此致和于人伦,进而发展到"博施于民,而能济众"这一全人伦性的仁爱之德了。如上所述,"仁"为心之全德,包含了忠、信、孝弟、义、礼、恕等诸德的全部,而且,作为理法,还内含个、自他、集团这一人伦关系的展开。

换言之,在孔子自觉到的道德论的根本,是从与个人的判断相关的个人伦理出发,人们作为个人互相承认和尊重,据此去实现共同、连带的和这一社会伦理,已调和性地构造化和包括在内了。孔子学说的展开过程所体现的"修身、齐家、治国、平天下"(《大学》)的思想,在《论语》中作为其论理的核心,"道德(伦理)与政治之统一",已明确揭示出来了。上述诸点,即使从现代伦理学的观点来看,亦可谓是必须而不可或缺的。

(选自《1987年曲阜儒学国际学术讨
论会论文集》,齐鲁书社1989年版)

高桥进(1928—),日本的中国哲学史专家。筑波大学哲学、思想学系教授。主要论著有:《朱熹与王阳明——物、心和理的比较思想论》、《中国思想在世界史上的现代意义》等。

本文从现代伦理学的角度分析了《论语》道德论的构造,指出,孔子学说的展开过程所体现的"修身、齐家、治国、平天下"的思想,在《论语》中作为其伦理的核心,"道德(伦理)与政治之统一",已明确揭示出来了。即使从现代伦理学的观点来看,亦可谓是必须而不可或缺的。作者强调,掌握"孔子学说的真谛,才真正是对人类21世纪有着重要意义的事"。东方思想将会领导21世纪的世界文化。

20世纪儒学研究大系

试论孔、孟、荀天道观的比较

——兼论东方伦理学的滥觞

佐藤贡悦

中国思想史上有天道思想之始，是从殷周时以作为有意志的、至上神的"天"为开始的。换言之，在中国也可说宗教是道德思想的摇篮。但是，越来越显著的人性自觉及自信，不久终于将人从人格神的"天"中解放出来。因此，无论任何人都不得不自己去寻求唯一确实的理法，由此可明确地看出宗教与道德思想的分歧。而立于这个分歧点上的人，正是儒家的祖师孔子。

孔子着眼于人性，树立了以仁为根干的道德说，将人从隶属于人格神的"天"中解放出来，以中国思想史上伦理道德说的确立而言，可说是跨出了伟大的第一步。与没有权利则没有义务一样，没有自由就没有责任。因此，自身行为的责任在还不能归于自身的境地时，任何伦理道德思想皆不存在，有的仅是未发达的伦理道德意识。不隶属于任何事物而具有精神自由的人主体，在伦理道德的成立上，更为不可欠缺的必要条件。

一

首先，为了叙述方便起见，从《诗》、《书》中所谓的"天"开始讨论。关于《诗》、《书》中的"天",迄今为止,不仅在中国,在日本也已有不少相当富有启迪意义的研究成果。前辈学者们所提出的主要论点,大约可归结于一个一致的见解。概括地说,就是虽然不可否定能看到《诗·大雅·文王》所谓的"上天之载,无声无臭"的无意志无目的自然的"天"之色彩,但从全体内容来看,在《诗》、《书》中所谓的"天",还是大略意味着主宰或有意志的至上神。

与此相比,孔子以后所谓的"天",在其涵义上有所不同。儒家学派的创始人孔子被称为"中国的第一个(从时间上说)哲学者"(冯友兰:《中国哲学史新编》第一册,172页),对于东方文化有着巨大的贡献和影响,因而有不谈孔子则谈不上东方文化、思想一说。下面从这个观点进行考究。

孔子是将诸德之中心定位在仁,重视以礼而力主政教一致的实践论。即《论语》所说:

子曰:务民之义,敬鬼神而远之,可谓知矣。(《论语·雍也》)

子不语怪力乱神。(《论语·述而》)

季路问事鬼神。子曰:未能事人,焉能事鬼? 敢问死。曰:未知生,焉知死?(《论语·子罕》)

夫子之言性与天道,不可得而闻也。(《论语·公冶长》)

很明显,由此可以看出孔子思想的合理性和非宗教性,且"经世济民"才是孔子的最大关心所在。一般而言,极为重要的事因为其重要性,所以很少地由口中道出,而平常不论及"天"或"天道"的孔子,在遭受巨大的困难时才喊叫"天",却是不足为奇的。关于这点,《论语》明确地说:

予所否者,天厌之,天厌之。(《论语·雍也》)

子曰:天生德于予,桓魋其如予何?(《论语·述而》)

子畏于匡。曰:文王既没,文不在兹乎? 天之将丧斯文也,后死者不得与于斯文也;天之未丧斯文也,匡人其如予何?
(《论语·子罕》)

    颜渊死。子曰:噫,天丧予! 天丧予! (《论语·先进》)

    子曰:甚矣,吾衰也久矣! 吾不复梦见周公。(《论语·述
而》)

这里告诉我们,孔子以继承文王、周公的圣德为己任。而且他确
信,因为其德是天所赋,尽管他遭遇到多大的危难,天是决不会抛
弃他的。在此,对于天的畏敬和信赖像是一种心情的发露。将孔
子在此吐露的"天"与在《诗》、《书》中所谓的"天"之说法相比较,又
可以认为两者表面上无甚差异。他对天还保留着畏敬和信赖之
念,在这一点上孔子继承着前代的传统观念。

    但,同时值得注意的是,孔子并没有讲过天生万物或天降赏罚
等很明显地表现作为主宰者乃至至上神之意义的话。这只是孔子
在极度状态中,吐露着对天的畏敬和信赖之念的同时,其实正在鼓
励着他自己。在这里所说的"天",与孔子之前所谓的有意志的
"天"有着很明显的不同。在此所指的"天",不是以作为主宰者对
人主体直接地使之作用那样的人格神的"天"。这可以从下述"自
然的天"的思想中容易地得知。

    关于所谓"自然的天",他说:

    子曰:予欲无言。子贡曰:子如不言,则小子何述焉? 子
曰:天何言哉? 四时行焉,百物生焉,天何言哉(《论语·阳
货》)?

    这就是说,孔子看出天在自然界现象中的作用,就将其不言且
实行的理想状态当为一种规范,且按照这规范来决定自己的所作
所为。

    这里所谓的"规范"意味着孔子自己用来确立自己行为的原
理。更具体地说,有关人主体的善恶等道德标准,也可以包括仁、

义、恭、信、勇、智等作为人的行动准则的德目。总之,孔子在"自然的天"中看出一种理法性。可以说,这是人类脱离人格神的"天"明显的第一步。当然,这种思想的萌芽,早在孔子之前已显现出,但却经由孔子,更将之推进且发扬光大。

况且,在《论语》中所谓的"命",只有从这个角度去究明,才能够明确地阐明其含意。对此,《论语》说:

五十而知天命。(《论语·为政》)

死生有命,富贵在天。(《论语·颜渊》)

命矣夫,斯人也而有斯病也。(《论语·雍也》)

子曰:道之将行也与,命也。道之将废也与,命也。公伯寮其如命何?(《论语·宪问》)

第一句中的"命"应是孔子自觉的、所认识的"命"。因为,自然的"天"是不会产生任何能动性的,因此这种"天"降予的所谓"命",必然不得不解释为人主体内在所自觉的"命"。与此相比,第二句以后的"命",在表面上被解释为超于人事且加诸于人身上的,无可奈何的命运。但是,孔子的思想,虽然一方面还保留着以《诗》、《书》为代表的传统的"天"观念的痕迹,却在根本上是不能与"人们在命运之前是无能为力的,只能做命运的奴隶"这种宿命论相容。如上所说的宿命论的色彩,事实上,从他思想的核心上来看,可说只是一种心情的吐露而已。

从上面所述的观点,我们可以认为孔子所谓的"天"应是道德规范的根据。换言之,"天"之所以被作为"天",应是由孔子自己主体的自觉。推而敷衍之,孔子所谓的"天",毕竟是被孔子用来作为"天生德于予"自觉本身。

如上所说,从孔子所谓的"天"看来,"天"应是道德思想的根据。然而,在道德尚处于摇篮期中的孔子之前,天带着极为浓厚的宗教性。只不过是祭祀和崇拜的对象,这一"天"正是主宰者,也就是至上神。到了孔子,他宁可着重于人主体的实践,并且将成立人类社会的一切道德规范的根据归结于"天"。总之,他所谓的"天"已失去其前在《诗》、《书》中那样作为主宰的最高神的风貌,却与道德规范的根据即理法性融于一体。换言之,孔子是着重人为的思想家,虽然他还未能完全摆脱传统的"天"或"天命论"的影响,但是上帝、鬼神等在他的思想中早就不占任何重要地位。孔子思想之所以被看做东方哲学思想的滥觞,主要的原因正因为其思想中已有着这种合理精神的萌芽。

二

孟子的思想,基本上是继承孔子的思想且将之发扬光大,"乃所愿,则学孔子也。"《孟子·公孙丑上》而更加以精密的论理结构。他所谓的"天",也只有从这个观点去掌握才能阐明其思想特色,及其在中国哲学史上所占有的重大地位。

在孟子所谓的"天"看来,简括地说,他继承着孔子所谓的"天"思想的同时,兼在两方面的理论上予以深化,一方面是伦理思想领域;另一方面是政治思想领域。而且,两者的关系很密切。又孟子的天道观是在前者中特别明显,因此,笔者主要想探讨的是关于伦理思想方面。

众所周知,孟子伦理思想的核心在于他的"性善说"。孟子的所谓"性善说",多半是经由跟告子争论而表述出来的。比如告子说:

性犹湍水也。决诸东方则东流,决诸西方则西流。人性之无分于善不善也,犹水之无分于东西也。(《孟子·告子上》)

告子认为,人性本身没有善;没有不善。因此,告子所谓的"性"大略可以被解释为类似洛克(J·Locke)所提到的"白板"(tabularasa)。

对此,孟子反驳道:

> 水信无分于东西,无分于上下乎。人性之善也,犹水之就
> 下也。人无有不善;水无有不下。(同上)

在此孟子明确地表述,人的本性为善宛如水往低处流,因而没有人
的本性为不善,一如没有水不流到低处。那么,人性如何被认为是
善呢?孟子说,“人皆有不忍人之心”《孟子·公孙丑上》。就是说,
人人都有不忍别人受害的善心。关于其根据,他做如下说明:

> 所以谓人皆有不忍之心者,今,人乍见孺子将入于井,皆
> 有怵惕恻隐之心。非所以内交孺子之父母也;非所以要誉于
> 乡党朋友也;非恶其声而然也。(《孟子·公孙丑上》)

就是说,现在有人忽然看见一个小孩在即将落井的危险时,无论他
是怎么样的人,都立刻出于一种恐惧和怜悯伤痛的心情而施以援
手。孟子认为,这种心情是完全先验的,出于天性的“心”。他把这
种“心”分为四类,即所谓“恻隐之心”、“羞恶之心”、“辞让之心”(或
“恭敬之心”)、“是非之心”。然而,他认为,这“四心”是道德观念的
开端,也是其根据。这从他以下一些思想可以得到说明:

> 恻隐之心,仁之端也;羞恶之心,义之端也;辞让之心,礼
> 之端也;是非之心,智之端也。人之有是四端也,犹其有四体
> 也。(同上)

据他说,每个人生下来都有“四心”。“四心”如果能发展扩充起来,
就形成“仁”、“义”、“礼”、“智”的“四德”。因为“四德”是“四心”的
发展,所以这“四心”他称为“四端”。总之,孟子所谓“性善说”的理
论体系的骨干在此;由于“四德”都是善的,所以这“四德”根本所在
的“四端”之“心”,也必定是善。既然这种“心”是善,则具有它的
“性”也是善的。因此,在前一段孟子强调说:“由是观之,无恻隐之
心,非人也。无羞恶之心,非人也。无辞让之心,非人也。无是非
之心,非人也。”(同上)

由孟子所谓"性善说"的理论结构看来,"仁之端"的存在大体是可以被承认的。不过,关于"义"、"礼"、"智"之端,则全然没有说明或论证,所以作为一种理论体系看来,孟子所谓的"性善说"并不够完备。尽管如此,也可以解释,在孟子思想中,"恻隐之心"是处于"四端"之首,也是"四端"之根本。很可能他只说明"恻隐之心"即"仁之端",却省略了"羞恶之心"等其他三者的说明。但,关于孟子思想在这一点也有种种指责他理论上的不完全之处,是无可厚非的。

再者,关于孟子思想的基本性格产生于彼时代的原因,我们可以指出由于两方面的主要因素。分而言之,一是春秋时代以来的社会变动逐渐引起一般通行的既成道德观念的崩溃,因而人在社会生活中可作为依据的规范或信念已无法借助于外在的任何存在物而求得,应是由自己内面的本身而得来的。二是因为孔子所提倡的"仁"之思想,是根据于人性,所以在此后思想发展过程中,追求人性的这一问题必然成为极其枢要的课题。然而,当时正是乱世,对于人性并非毫无怀疑的余地,也是自然的趋势。因此,在此时代,关于"性说"则有不少分歧,如公都子提问说,"告子曰:'性无善无不善也'。或曰:'性可以为善,可以为不善;是故文武兴,则民好善,幽厉兴,则民好暴'。或曰:'有性善,有性不善;是故以尧为君,而有象;以瞽瞍为父而有舜;以纣为兄之子,且以为君,而有微子启、王子比干。'"(《孟子·告子上》)对此,孟子同样地提出"恻隐之心"等"四心"、"仁""义"等"四德"而反驳这些"性说"。且他总结说:

> 仁义礼智,非由外铄我也,我固有之也,弗思耳矣。(同上)

这里就是说,仁义礼智,不是由外在给与我的,却是我本来具有的,只是不会探索它于外界罢了。很明显,孟子敢拒绝对于人性的任何怀疑,既确信先验的善心存在着,又力主人性为善,总之,在此表明对人性的信赖。然而,虽然对人性的信赖,在理论上是有不够完整的地方,但是对生于乱世的人给与对人性的自信,以及在给予人种种指望的这一意义上有过相当的影响和效果。

如上所述,从孟子的伦理思想方面来看,他的思想,与其说是一种论理体系,倒不如说是实践之教。如像墨子那样,只在空论般的理论上去探求是为他所摈弃的。

再者,依据这点来考察他的政治思想,其特色便更加明显。作为民生安定的方策,他倡导独特的"井田制",其最终目的是在于以仁政为基本的民生安定和教育,以实现一种由一个天子统治的德治政治("不仁而得天下者,未之有也。"——《孟子·尽心下》)。这仁政的主张,当然是儒家的传统思想,孟子进一步推之并展开以民意为天意的所谓民本思想。孟子说:

> 民为贵,社稷次之,君为轻。是故得乎丘民而为天子。

(《孟子·尽心下》)

据他说,君主的地位是由于民心之向背而决定的,因此君子是为了人民而存在,要是失掉民心,即便是君主也维持不了其位。但是,在此值得我们注意的是,即使说民心的向背是君主存在的关键,但这说法应是在以民意即是天意的反映("民本思想")这一意义上才能成立的。他认为,尧舜之间的所谓"禅让"也不是他们的自由,说:"天子不能以天下与人。"(《孟子·万章上》)那么,舜得到的天下,是谁授与的呢?他说:"天与之。"(同上)更进一步说:

> 使之主祭,而百神享之,是天受之;使之主事,而事治,百姓安之,是民受之也。天与之,人与之,故曰天子不能以天下与人。(《孟子·万章上》)

总之,这些思想阐述他的"天人合一"思想,同时,这"天人合一"思想与有德为王的"德治"思想形成所谓的"革命"思想。

然而,以所谓"民本"思想为核心的他的政治思想也是根据于"天",因此,我们可认为,处于"性善说"根据的"天",也就是他的政治思想即王道论的根据。这由以下一系列思想可以说明。孟子说：

> 心之官则思,思则得之,不思则不得也。此天之所与我者。(《孟子·告子上》)

他认为,人的思维或认识等能力是天赋予人的,就是说,它是天生的、先验的。又说：

> 尽其心者,知其性也;知其性,则知天矣。(《孟子·尽心上》)

这段文字叙述了"天人合一"思想的理论结构,因此表述了孟子所掌握住的所谓天人关系的核心所在。所谓"尽心"就是穷心官的职能,即是用思维能力去发现、扩充心内固有的善端,就会自然地达到了人的本性;即是更进一步地探求人性,靠内省去彻底地究明人性的特征,终于能体得"天"以及"天命"。虽然孟子没有明确地定义"天"本身乃至其本质、属性,但在此我们可以指出;据孟子思想,他将"天"和"人性"合而为一,"天"包含在"人性"之中。所以人生的最高境地,就是自觉人所内在的"天"即"人性",通过"心"的作用而扩展"四端"。很明显,这里所谓的"天"应是思维的对象。进而言之,以上思想表述"天"应是由人的思维或认识能力而会被思维到的,认识到的。在此,也可以指出,既然思维或认识应是合理的、理性的能力,那么由此种合理的能力而被认识到的"天",也不应该是合理的吗？关于这点,他说：

> 天不言,以行与事示之而已矣。(《孟子·万章上》)

这所谓的"行""事"意味着祭祀时无不吉之事,政治清明而民众皆能满足("使之主祭,而百神享之,是天受之;使之主事而事治,百姓安之,是民受之也。"——《孟子·万章上》)。从上所述很明显,这个

"天"是行事中被显现出的一种理法性。在此,他也是否定有意志的"天"的色彩,且认为所谓"天意"是可以由在世界上存在着的一切事物而得知来的。所以,他又说:"苟为善,后世子孙必有王者矣。"(《孟子·梁惠王下》)据他说,对"天"的运行,并非有意志的偶然性,正如有这个因就有这个果,有那个因就有那个果那样,"有物有则"(《诗·大雅·烝民》、《孟子·告子上》),万物都是在恒久不变的规律下存在着。

总之,孟子所谓"天人合一"思想,不是说天和人之间存在着神秘的相应或感性的合一,它却应是相当合理的思想体系。

然而,像孟子"天人合一"这种思想的合理性,与朱熹的相比,很明显的,尚欠缺了精密的逻辑性。但,可以指出,由于孟子力主"天"为人主体内在化的方向,更使得在论理上尚较不充分之"天人合一"的思想体系,益发增强于主体的、思辨的色彩。因此,孟子所谓的"天"即使以人格神来表现,其实这个"天"是有理法性的。而且,这个"天"是从由孔子而萌芽的"自然的天",在人主体内面的方向上扩充且敷衍而形成的。

然而,针对如此的道德观而标榜着更加客观的道德观之确立者,是将在下述中提到的荀子。

三

关于荀子的"天"思想,经常被论及到的是他的"天人之分";"故明于天人之分,则可谓至人矣。"(《荀子·天论》)一般认为,他把"天"和"人"的界限严格地划分开来。其重要的涵义是承认自然、物质世界是独立于人的一切观念、意识而存在的。但,笔者有与这种说法不尽相同的看法,兹以《荀子·天论》中的思想为中心,试论于下。

　　首先,我们应该阐明上述《荀子·天论》这一篇的全体要旨在何处。在此令人瞩目的是《史记·孟荀列传》中如下的一段记载。

　　　　荀卿嫉浊世之政,亡国乱君相属,不遂大道而营于巫祝,信禨祥,鄙儒小拘,如庄周等又猾稽乱俗。于是推儒、墨、道德之行事兴坏,序列著数万言而卒。

这里很明显地可看出,在那个时代的社会风俗中咒术的天人观非常普遍,因此他的学说主要是以破除这种社会弊端为主要目的而展开的。所以他说:

　　　　星坠木鸣,国人皆恐。曰:是何也? 曰:无何也,是天地之变,阴阳之化,物之罕至者也。怪之,可也;而畏之,非也。

　　　　雩而雨,何也? 曰:无何也,犹不雩而雨也。日月食而救之,天旱而雩,卜筮然后决大事,非以为得求之也,以文之也。故君子以为文,而百姓以为神。以为文则吉,以为神则凶也。

(《荀子·天论》)

荀子是说,将自然现象与人类社会的吉凶祸福立刻联想到一起是错误的。他又认为,祈雨(“雩”)和卜筮之类只不过是没有内容的所谓粉饰(“文”)。总之,他否定将人类社会吉凶祸福的原因归结于“天”。于是,在论及“天”时是与孟子相反的,他说道:“治乱天邪? 曰:日月星辰瑞历,是禹桀之所同也;禹以治,桀以乱;治乱非天也。”他将人类世界的一切因果性都归之于人为——所以他力主人为(“伪”)之重要性。

　　总而言之,如“错人而思天,则失万物之情”(《荀子·天论》)所述,舍人事而只顾思慕“天”是毫无意义的。更具体地来说,依靠一些“卜”、“筮”、“雩”等咒术方法,而来向“天”请施恩惠,却怠忽自己的努力,这种错误的观念是最为荀子所指责的。从上述所论,可明显地看出,荀子所谓“天人之分”意味着的应是否定咒术的天道观。

　　那么,荀子到底是如何把握着“天人关系”的呢? 为阐明此点,不得不先试着从他所谓的"天"来检讨。

在前述的引用文等中,很自然地可将荀子的"天"认做意味着物质性的自然世界。而在孟子思想里仍被认做"人格神的色彩",到了此时已完全被消除,人主体亦从"天"的宗教性权威中被解放出来。这在中国思想史上是值得大书特书的一件事。在后述中将详细论及此点。

"天"完全脱却作为主宰者、至上神的性格,在下文中亦明确的显示着。荀子说:

> 列星随旋,日月递炤,四时代御,阴阳大化,风雨博施,万物各得其和以生,各得其养以成,不见其事而见其功,夫是之谓神。皆知其所以成,莫知其无形,夫是之谓天。(《荀子·天论》)

他认为,万物是由于得到阴阳等自然世界的调和而产生的;得到风雨等自然世界的养成而生长的。从作用来说,在自然界中并看不见有任何作用生起,但却可以看到它的功效,这就叫做"神","神"读如神妙的"神",指"自然"本身,就是"自然而然"。而后面的"所以",在此指原因或成因,且这成因是"无形"即相等于《周易·系辞传》所谓的"形而上",在此这就叫做"天"。

另外值得注意的是在论述"道"时亦做同样的说法。即如《哀公》中的"大道者,所以变化遂成万物也"。郭沫若先生亦已论及此点,"他(荀子)是把神、天、道当成一体,看为自然中所有的秩序井然的变化,自此以往的更深一层的穿凿是为他所摈弃的。"《郭沫若全集·历史篇Ⅰ》第399页)

像《周易·系辞传》之"变化之道"那样明确区别"变化其本身"与"变化之规律"的说法,在《荀子》中是看不到的。因此,我们也可以推论说,荀子尚未充分考虑到"变化其本身"与"变化之规律"两者间的严格区别及理论上的有机统一之类的思维。这一点应是郭老将《荀子》中的"神"、"天"、"道"三者视为一体的理由所在。

然而,仔细检讨起来,如"天道有常"(《荀子·天论》)一文所示,荀子并非完全没有意识到自然世界中有着运行的规律存在。他曾说:

> 天行有常,不为尧存不为桀亡。(A)应之以治则吉,应之以乱则凶。强本而节用,则天不能贫;养备而动时,则天不能病;循道而不贰,则天不能祸。(《荀子·天论》)(B)

由此所述可以认为,在荀子看来,虽然他所谓的"天"是与意志的、神秘的主宰或至上神完全对立,却也不可以即刻称之为自然或自然现象。而他所谓的"天",不仅仅是自然或自然现象,且同时这一"自然"包含着规律的(A)。因此,以作为存在于自然世界最优秀之生命体(《荀子·王制》)的人而言,与行为、思维、判断一切有关之价值体系的根干,在于是否适合"天"的运行之恒常性。于是,我们可认为,荀子亦将人之存的最高原理看为"天",而将"天"置于这一些绝对的价值上(B)。因此,荀子的天道观也与孔孟以来的传统儒家思想相关连,虽然在"天"的合理化的程度上有着明显的差异,他的"天"终究也并没有超越出儒家"天人关系"的范畴。

换言之,荀子将人主体从宗教的、咒术的"天"之一切束缚中解放出来。在此,可看出他的合理主义精神。同时,他视人主体之无秩序、无限定的扩大对王道的实现及民生的安定,是一种祸害而不予容认。荀子主张以"礼"为中心的外在的、客观性规范是有其原因的。要之,荀子思想的合理性,终究还是置最高价值于"修己治人"之儒家思想的领域上。所以他的合理主义与站在科学的实证性且立脚于"知"的无限追求自然而视价值问题于度外的西方的科学合理主义,本质上立场亦是不相同的。依靠现今西方式科学合理主义而形成的社会,正在面对于以异化问题为代表的精神危机的情况之下,如上所述荀子思想包含的合理主义和价值观的相关问题,应是更值得今日处于此危机中的我们重新认真地来再检讨的。

四

以儒学祖师孔子为始之"自然的天"的自觉,同时成为了朝向以人治主义为主的契机。对此种"自然的天"思想更加理论化的同时,且将朝着人主体的自觉、深化为内在的,朝向内面的人性而展开的是孟子。但,如孟子所述"无礼义则天下乱"(《孟子·尽心下》)。社会的规范是实现王道政治的枢要因素之一,所以却非如他所论,仅为心情上善恶的问题而可解决的。这可从"天下之本在国,国之本在家,家之本在身"(《孟子·离娄上》)一文中容易地看出。

尽管如此,不可否认,孟子以个人道德为其政治、伦理思想的出发点,且将着眼点置于人主体内面的"善性"上。

与此相反,荀子重视王或君主的统治而将重点置于外在的强制力上。于是,他将善恶问题也从社会道德的层次来把握。他说:

凡古今天下之所谓善者,正理平治也;所谓恶者,偏险悖乱也。是善恶之分也。(《荀子·性恶》)

这里很明显,荀子所谓善恶的标准,是在社会的"正理平治"。即致使有损于社会秩序或民主安定之事乃至其原因,是皆为恶。

要之,他的道德、伦理说,可认为对于在孤岛上的鲁滨孙来说是不能成立的,而是等到社会集团存在,以初成立的社会道德当做起点。然而,在此更详细地来看所谓的社会道德或社会规范。即便假定有一个人脱离本来所归属的社会,而完全进入单独者的生活,却不可说此人包括善恶标准等外在的规范立刻会丧失。因此,在荀子思想中也可说,社会道德的成立,个人道德也是不可欠缺的主要因素。又从《孟子·离娄上》的上述一文中可以知道,孟子政治、伦理思想的出发点及个人道德,终究是志向于一般的且普遍的原理,而与社会伦理、道德能相通。

从另一个角度来说,以完全实体化来把握社会规范且将之作为一个法体系的同类来想的话,与上述相反的理解也会是可能的。将社会规范彻底化且推进,则是法家的法治主义。但,我们在此必须明确地将荀子与法家两家思想的立场加以区别。关于这一点,金谷治先生曾经说,"君道篇中'君子者,法之原也'。是说,一方面是与法家的中央集权国家的绝对权利者的性格相连。而,接下来'故有君子,则法虽省,足以通矣'。是说,不外立于儒家人治主义的传统。这不是将人在法术下抑压的机械论,而却是将人作为人来对待的,对人性依赖尚未丧失的立场。"(《〈荀子〉的文献学的研究》,《日本学士院纪要》第9卷,第1号—笔者译)要之,重视"人",期待着"人性"教化的荀子思想与对人类主体彻底冷淡,且立于绝对不信的法家是有着明确的区别。这在表面上即可看为否定"人性"的他的所谓"性恶说"中,也是可以如此认为。

众所周知,荀子说,"人之性恶,其善者伪也。今人之性,生而有好利焉;顺是,故残贼生而忠信亡焉;生而有耳目之欲,有好声色焉;顺是,故必将有师法之化、礼义之道,然后出于辞让,合于文理而归于治。"(《荀子·性恶》)他说,人的本性是恶,所谓善者是由于后天人为(伪)。并规定"伪"的内容是"师法之化"、"礼义之道"。然而,仔细看起来,本质上是恶的"性",如何能使之化为善呢? 在此有着很大的疑问。倒不如将"性恶"的说法看为荀子为了强调外在的礼教的重要性,在便宜上的设定乃至修辞的夸张。于是,他说"凡性者,天之就也。不可学,不可事。"(同上)又说,"性者,本始材朴也。"(《荀子·礼论》)这几句话说,没有"伪"则不能将"性"化为善。而又说,"无性则伪之无所加,无伪则性不能自美。"(同上)他认为，没有"性"则无施"伪"之所。总之，"皆有可以知仁义法正之质，皆有可以能仁义法正之具。"（《荀子·性恶》）这样文中已很明显，荀子所谓的"性"，可认为不仅单方面潜在着成为恶的可能性，同时也隐伏着朝向善的可能性的资质。

如上所述，荀子所谓的善与孟子所论的先验的、根源的善基本上属于不同的层次。因此，一般认为在两者间所呈最显著对立的性善、性恶说上，不能将之置于并列而在同一层次上来讨论。

综上所述，从现代伦理学的角度看来，正可视之为有类似西方伦理学中"个人意志的格率"与"普遍律法"的关系。在这个意义上，孟、荀的伦理、道德说在实质上并非根本的对立。两者仅在其强调面上有所不同，而在理想上都是与孔子的理想相同的。通过对孟子伦理、道德论的批判所形成的荀子的伦理、道德论，本质上可以说是批判地继承了孟子者。

（选自《1987年曲阜儒学国际学术讨
论会论文集》，齐鲁书社1989年版）

佐藤贡悦，日本学者，主要从事传统文化研究。

本文阐述了孔、孟、荀天道观的异同，指出，在孔子之前，天带着极为浓厚的宗教性。到了孔子，他着重于人主体的实践，将成立人类社会以前的道德规范的根据归结于"天"。孔子所谓的"天"已失去最高神的风貌，而与道德规范的根据即理法融于一体。孔子是看重人的思想家，他虽然还未完全摆脱传统的"天"或"天命"的影响，但上帝、鬼神等在天的思想中早已不占任何重要地位。孔子思想之所以被看做东方哲学的滥觞，主要的原因正因为其思想中已有着这种合理精神的萌芽。孟子所谓的"天"即使以人格神来表现,其实这个"天"也是有理法性的。而且,这个"天"是从孔子而萌芽的"自然的天",在人主体内面的方向上扩充且繁衍而形成的。荀子将人主体从宗教的、咒术的"天"之一切束缚中解放出来,其合理精神最突出。其合理性,仍然还是置最高价值于"修己治人"之儒家思想的领域。以儒家祖师孔子为止之"自然之天"的自觉,同时成为了朝向人治主义为主的契机。孟、荀在人性论上虽然持相反观点,但是其伦理、道德论上只是强调面不同,而在理性上都是与孔子相同的。

朱子学之基本特性

友枝龙太郎

序

朱子学之基本特性是什么？我于 1969 年曾撰述《朱子之思想形成》一文，以年代顺序论证其思想之形成过程，详述其理论与实践之基本特性。1983 年 3 月，中国社会科学院哲学研究所将编辑《日本学者论中国哲学史》，而见请予稿。特撰本文，分别简论朱子学之思想体系与社会经济政策。请学者不吝赐教。

一、思想体系

(一)理气论

理气论即太极阴阳论。乾道己丑(公元 1169 年)，朱子四十岁，提出已发未发说，其后校定濂溪太极图及图说，至癸巳四十四岁完成。《答吴晦叔书》说：

> 夫易，变易也。兼指一动一静、已发未发而言之也。太极者，性情之妙也，乃一动一静未发已发之理也。故曰易有太极，言即其动静阖辟，而皆有此理也。若以易字专指已发为言，是又以心为已发之说也。此固未当，程先生言之明矣。

(《朱子文集》四二)

此言易之太极,包括人心性情之已发未发与天地自然之一动一静。理体太极之说,于是可得见。朱子三十七岁,尝受南轩说之影响,著《杂学辩》曰:"一阴一阳,往来不息,举道之全体而言,莫著于此者矣。(《朱子文集》七二《苏氏易解》),这是阴阳即道之论,是所谓朱子未定之说。又朱子三十八岁,访南轩于潭州,离别赠诗曰:"谓有宁有迹,谓无后何存,惟应酬酢处,特达见本根。"(《朱子文集》五)应酬酢处指阴阳,本根指太极。这是朱子同意南轩察识端倪说。而阴阳即太极,亦同前条之意。

　　然见已发、未发说以后之太极解,与前二条有异。《图解》说:

　　　　○此所谓无极而太极也。所以动而阳、静而阴之本体也。
　　　然非有以离乎阴阳也,即阴阳而指其本体,不杂乎阴阳而为言耳。

太极与阴阳之关系,既非相离,又非相杂,乃不离不杂也。又《图说解》中说:

　　　　上天之载,无声无臭,而实造化之枢纽、品汇之根柢也。
　　　故曰无极而太极。非太极之外,复有无极也。

枢,户枢,是扉户之主轴。纽,持物之系。《语类》云:"南极北极,天之枢纽。"(卷二,《理气》下)流行活动运转全在于枢轴。太极是无声无臭无限定之理体,而又为阴静阳动万化万品之枢纽根柢。朱子太极论,非太极生阴阳之生成论,而为太极阴阳,不离不杂、不一不二之辩证论。亦非一元论,非二元论,我认为是理与气之辩证论。理与气之关系,乃可离看,可合看,对立之统一,统一之对立。即华严四法界中事法界与理法界,事与理之对立;事理无碍法界,事与理之统一。伊川曾论之曰:"万理归于一理"(《遗书》一八),又曰:"事理一致,微显一源。"(同上,二五)朱子继承伊川之说,加上自己的意见,而成为太极解。

　　淳熙丙午年(1186)朱子五十七岁,《答陆子美书》说:

不言无极,则太极同于一物,而不足为万化之根。不言太极,则无极沦于空寂,而不能为万化之根(《朱子文集》三六)。

这是论述穷极者的特性,以无极与太极所作的辩证。只言太极,而不言无极,则穷极者不得超越万化万品形而下之世界,而并存于万物之世界,不足为万化万品之根据。只言无极,而不言太极,则穷极者沦没于空无寂灭,而脱离于万物之世界,亦不能为万化万品之根据。无极而太极之"而"之一字,同于《书·皋陶谟》"宽而栗"之"而"字,连接相反性质二语之助词,则无极而太极之意义,非自无极而为太极,亦非无极生太极。

戊申(1188年)朱子五十九岁,《答陆子静书》说:

《大传》之太极者,何也?即两仪四象八卦之理,具于三者之先而缊三者之内者也。……周子所以谓之无极,正以其无方所形状,以为在无物之前,而未尝不立于有物之后,以为在阴阳之外,未尝不行乎阴阳之中,以为通贯全体,无乎不在,则又初无声臭影响之可言也(《朱子文集》三六)。

于此,朱子始说出无极太极之理,超越内在两仪、四象、八卦、万物之世界,超越内在之逻辑,非形式逻辑,而为辩证逻辑。超越内在,谓之绝对相对,亦可。近时毛泽东于《矛盾论》之中,说出矛盾的普遍性和特殊性。理(调和秩序)与矛盾,虽有异同,然十二世纪之朱子,既说出理之绝对性与相对性,可说是一个卓见。陆象山不能理解朱子之辩证论,以太极图出自陈希夷、穆伯长,无极之语出自老子,故斥太极图、图说为非濂溪之作。又以朱子之无极太极论,为空言立论,使后人簸弄于颊舌纸笔之间。象山之意在于指责晦庵的太极论是诡辩而不足论。象山之心学,是生命哲学;而朱子之理学,是理性哲学。两人异说,是象山不了解朱子之辩证论。鹅湖之会及象山白鹿洞书院讲义,皆缺太极有无之论,不说理气形而上下,而充塞宇宙无非此理,心即理之说,皆出于朱陆论辩之际。象山年谱十三岁条,引用宇宙便是吾心,吾心即是宇宙。此心同也,此理同也。是理充塞宇宙,此盖虚妄而已。

朱子以后,黄勉斋(1152—1221)、陈北溪(1157—1223)、薛敬轩(1389—1464),朝鲜李退溪(公元1501—1570)、李栗谷(1536—1584),日本山崎闇斋(1618—1682)、佐藤直方(1650—1719),皆继承理气之辩证论,而后朱子学得普及朝鲜、日本。佐藤直方在论太极阴阳时说:

> 孔子曰:易有太极,是生两仪。汉唐儒者,被拘束有之一字,以太极为一物。周子曰,无极而太极。《中庸》引《诗》曰,无声无臭。曰无曰有,表理一体也。知太极之无,则一阴一阳生动,是无极而太极也。然须知太极之无而不可无。(《佐藤直方全集·太极讲义》一七一页)

说得明快,正是颠扑不破之言。

明代以降,多批判朱子学者。王阳明(1472—1528)之心学,继承陆象山,将朱子学主体化。又王廷相(1474—1544),罗整庵(1465—1547),戴东原(1723—1777)之气学,则将朱子学客体化。

(二)自然之条理与人伦之理法

太极根据之理是一,而在阴阳万化万品中之理则为多。伊川谓之理一分殊,朱子谓之所以然之故、所当然之则。

论天地自然,其理则元亨利贞。而其气则为木(春)火(夏)金(秋)水(冬)。详见《论语或问》、《仁说》、《玉山讲义》。朱子自然学答问,多见于《朱子语类·理气·天地》上下,至《楚辞集注》而究其精。《语类》中说:

> 天地初间,只是阴阳之气。这一个气运行,磨来磨去,磨得急了,便拶许多渣滓,里面无处出,便结成个地在中央。气之清者,便为天,为日月、为星辰,只在外常周环运转。地便只在中央不动,不是在下。(陈淳录《语类》一)。

又说：

> 天地始初，混沌未分时，想只有水火二者。水之潭脚便成地。今登高而望群山，皆为波浪之状，便是水泛如此。只不知什么时凝了，初间极软，后来方凝得硬。……水之极浊，便成地；火之极清，便成风霆雷电日星之属（沈佃录，同上）

朱子想像大地初发之情况，可谓新鲜矣。或观天、日、月之运行，有常理常度，而认十九年七闰月之历法；或因天之半边在上面，半边在下面，而作成天珠仪。又由沈括《梦溪笔谈》，而说月本无光，受日光而辉。并引王普之语说：

> 月生明之夕，但见其一钩。至日月相望，而人处其中，方得见其全明。必有神人，能凌到景，旁日月，而往参其间，则虽弦晦之时，亦得见其全明，而与望夕无异耳。（《楚辞集注·天问篇》）

此既预见现代之宇宙飞船，不亦快乎！王普字伯照，北宋福建闽县人，精详礼学、历学，而朱子尊崇之。朱子又论天地之化说：

> 天地之化，阴阳而已。一动一静，一晦一明，一往一来，一寒一暑，皆阴阳之所为，而非有为之者也。（同上）

所谓天地，乃现成之天地，即自然界。其动静晦明往来寒暑，均阴阳气化之所为。朱子以阴阳气化，说天地之运动，为其中有常理常度，即所谓所当然之则。

又论太极说：

> 然谷梁言天，而不以地对，则所谓天者理而已矣。成汤所谓上帝降衷，子思所谓天命之性是也。是为阴阳之本，而其两端循环不已者为之化焉。周子曰："无极而太极。太极动而生阳，动极而静。静而生阴，静极复动。一动一静，互为其根，分阴分阳，两仪立焉。"正谓此也。然所谓太极，亦曰理而已矣。（同上）

不与地对之天、上帝降衷、天命之性、无极而太极、一理,即所谓所以然之故。所以然之理太极,万化之枢纽,品汇之根柢,则谓之阴阳之本。此一理,发现现成之自然界,而为所当然之则,为常理常度,则是自然之条理。

朱子又说,所以然太极之理,发现人类界,而为所当然之则,为人伦之理法。仁义礼智,性之固有,而仁者爱之理,义者宜之理,礼者恭之理,智者别之理。且如父子之亲,君臣之义,夫妇之别,长幼之序,朋友之信,皆人类所可实践之理法,而谓之所当然之则。人伦共同体之所以保调和与秩序,是因为其中有所当然之则。中国哲学史之通例,以所以然之故,为自然法则,以所当然之则,为道德法则。这种说法是错误的。所当然之则,兼自然与人类而言;所以然之故,乃所当然之则的源头处。要之,所以然之理太极,发现自然界与人类界,而为自然法则,为道德法则。物理即道理,而其间无存在(Sein)与当为(Sollen)之区别,即是所当然之则。

(三)性与情

天地自然,其理则元亨利贞,其气则木火金水。人类亦如此,有性有情。其性则仁义礼智,其情则爱宜恭别。理气之于天地自然,犹性情之于人类。《玉山讲义》中说:

> 仁则是个温和慈爱底道理,义则是个断制裁割底道理,礼则是个恭敬撙节底道理,智则是个分别是非底道理。凡此四者,具于人心,乃是性之本体。方其未发,漠然无形象之可见;及其发而为用,则仁者为恻隐,义者为羞恶,礼者为恭敬,智者为是非,随事发见,各有苗脉,不相淆乱,所谓情也。(《朱子文集》七四)

以此观之,性与情之关系,犹理与气之关系,性情论,亦不离不杂之辩证论。

人们常愿性情调和,希求一心安定。然情不必率性之条理,性

与情之间,多有矛盾相克。《大学章句序》说:

> 盖自天降生民,则莫既不与之以仁义礼智之性矣。然其气质之禀,或不能齐,是以不能皆有以知其性之所有而全之也。

又《中庸章句·序》中说:

> 心之虚灵知觉,一而已矣。而以为有人心道心之异者,则以其或生于形气之私,或原于性命之正,而所以为知觉者不同,是以或危殆而不安,或微妙而难见耳。然人莫不有是形,故虽上智不能无人心;亦莫不有是性,故虽下愚不能无道心二。者杂于方寸之间,而不知所以治之,则危者愈危,微者愈微,而天理之公,卒无以胜人欲之私矣。

道心天理,极尊无对,乃仁义礼智之性。然人心人欲,既炽而益荡,则其性凿矣,乃喜怒哀惧爱恶欲之七情。四端七情,虽同是情,然四端皆善,而七情有善有恶。朝鲜李退溪与奇高峰,有四七论辩,论之详密。朱子以为人之存在者,乃性与情,道心与人心之矛盾存在。然而人们须要克服如此之矛盾。朱子又说:

> 必使道心常为一身之主,而人心每听命焉,则危者安,微者著,而动静云为,自无过不及之差矣。(同上,《中庸章句序》)

道心,须为主帅,而人心,须为从卒。性与情,虽矛盾对立,而性之价值,常优先于情。性与情,以存在论之,其间无先后;然以价值论之,性常优先于情。故《答陈器之书》说:

> 性是太极浑然之体。(《朱子文集》五八)

朱子之论理气,使理太极常优先于气阴阳。今说性是太极浑然之体,则性之优先于情,亦自不待言。朱子之理气论、性情论,皆以伦理价值为主。故其理先气后论,亦可以说理对气之价值优先。要之,性情之辩证论,犹理气之辩证论,两论同其构造。

（四）存养与省察

心之未发,性体不动,心之已发,情用发动。朱子四十岁,确立已发未发说,主张存养未发之前,省察已发之际。此说固虽渊源于伊川之两言,存养于未发之前则可,与善观者却于已发之际观之,亦止阐发延平(李侗)之体认未发气象说与南轩之察识端倪说。及成《中庸章句》,则斥郑说,系戒慎恐惧于未发,而强调存天理之本然,不使离于须臾之顷,系慎独于已发,而强调遏人欲于将萌,而不使其滋长于隐微之中,以至离道之远。喜怒哀乐,情也。其未发,则性也。四情虽不皆恶,而情之萌动,不得性之条理,则为恶。此所以存养固不可无,而省察亦不可废。朱子说存养与省察,防遏人欲于未发与将萌,可谓至矣尽矣。若只言省察,不言存养,则无本领工夫,缺深潜纯一。若只言存养,不言省察,则无日用工夫,陷于枯禅静坐。心之为物,未发已发,收敛扩散而无息。故存养与省察,须交互媒介。此即存养、省察之辩证论。

（五）格物致知

朱子四十岁,确立已发未发说之时,以省察察识包括格物致知,但格物致知说远未充分展开论述。然为能省察,须要穷至事物之理,推极人之知识。四十五、六岁,《答江德功书》说:

> 知者,吾心之知,而理者,事物之理。以此知彼,自有主宾之辨。……虽与物接,不能知其理之所以然,与其所当然也。

（《朱子文集》四四）

知者认识主体;物者,认识对象。其间自有主客之分。以吾心之知,穷事物之理,知其理之所以然与其所当然,此即格物致知。《大学章句》、《或问》,初稿本成于丁酉四十八岁。己酉六十岁,有《章句序》而定本成。然如《诚意》章,至于晚年,改稿不已。《章句》、《或问》辟如审判,《章句》如判决,而《或问》,提出争论之点。《大学或问》说:

> 至于天下之物,则各各所以然之故,与其所当然之则,所
> 谓理也。(《经》一章"古之欲明明德"条)

所当然之则,兼人与物而言,包摄人伦之理法与自然之条理。物理
即道理,而无存在与当为之别。所以然之故,乃所当然之则的源头
处,而理体太极。

朱子又说:

> 天道流行,造化发育。凡有声色貌象,而盈天地之间者,
> 皆物也。既有是物,则其所以为是物者,莫不各有当然之则而
> 自不容已。是皆得于天之所赋,而非人之所能为也。今且以
> 其至切而近者言之,则心之为物,实主于身,其体则有仁义礼
> 智之性,其用则有恻隐羞恶恭敬是非之情,浑然在中,随感而
> 应,各有所主而不可乱也。次而及身之所具,则有口鼻耳目四
> 肢之用。又次而及身之所接,则君臣父子夫妇长幼朋友之常。
> 是皆必有当然之则而自不容已,所谓理也。外而至于人,则人
> 之理,不异于己也。远而至于物,则物之理,不异于人也。极
> 其大,则天地之运,古今之变,不能外也。尽于小,则一尘之
> 微,一息之顷,不能遗也。(《传》五章"格物致知"条)。

此言穷明所当然之则。所当然之则,即人伦之理法,与自然之条
理,而兼人与物而言。

又说:

> 或考之事为之著,或察之念虑之微,或求之文字之中,或
> 索之讲论之际,使于身心性情之德,人伦日用之常,以至天地
> 鬼神之变,鸟兽草木之宜,自其一物之中,莫不有以见其所当
> 然而不容已,与其所以然而不可易者。必其表里精粗,无所不
> 尽,而又益推其类以通之,至于一日脱然而贯通焉,则於天下
> 之物,皆有以究其义理精微之所极,而吾之聪明睿智,亦皆有
> 以极其心之本体而无不尽矣。(同上)

格物致知,即先以考察求索之反省知,而穷明事物所当然之则,然后到达源头所以然之故,豁然而贯通。此时,反省知升华而为悟觉智,万理归一理,此即心悟理融。《论语·为政篇》注"四十而不惑"说:

> 於事物之所当然,皆无所疑。

又注"五十而知天命"说:

> 天命即天道流行而赋于物者,乃事物所以然之故也。

以此观之,朱子分析理为所当然之则与所以然之故极明。我认为是理之二重构造:认识对象之构造即"所当然之则——所以然之故",而认识主体意识之构造即"反省知——悟觉智"。要之,朱子穷理学之方法,在穷明日用人伦自然之道理法则,以达到存在之根源,而获得安心立命之境。

总上述而论,太极与阴阳、理与气、性与情、存养与省察、反省知与悟觉智、所当然之则与所以然之故,都是不离不杂对立统一之辩证论。就中理与气之关系,不一不二,则非一元论,非二元论,正可谓理气之辩证论。陆象山、王阴明之心学,则为朱子理气辩证论之主体化,而王廷相、罗整庵、戴东原之气学,则为其客体化。

二、社会经济政策

朱子任同安主簿四年,知南康二年,提举两浙东路茶盐公事一年,知漳州一年,知潭州三月,仕于外者,仅九考。然遂行本务,精审勤直,穷明事物所当然之则,推极人心之知识,以设置社仓,开发栽培水稻之技术,草经界案,此为朱子之社会经济政策。

(一)社仓

社仓是里社所设之备荒储蓄之仓。乾道四年(公元一一六八年),崇安县开耀乡之民饥荒,朱子以本府米六百石赈贷之,得渡饥荒。至冬收之,次年亦如此。于是申府,而以乡民所返纳之米六百石,为元米设置社仓。尔来虽遇凶年,人不缺食。淳熙八年(公元一一八一年),奏事延和殿,请推行之于诸郡,奉旨颁行。今见社仓事目,一曰,编成保簿之法;二曰,申请派遣县官;三曰,支给米谷之法;四曰,使用官桶与官斗;五曰,丰凶年开仓法之异同;六曰,收纳米谷之法;七曰,县官乡官旅费规则;八曰,排保式;九曰,请米状式。解说条目,入微穿细,严密精详,而不许寸毫伪作。又主张县官乡官之共同运营。要之,设置社仓之目的,在救济贫民而遏农民暴动于未燃,调节村落之阶层分裂。朱子《行状》中说:

> 先生所居之乡,每岁春夏之交,豪户闭粜牟利,细民发廪强夺,动相贼杀,几至挺变。先生尝帅乡人置社仓以赈贷之,米价不登,人得安业。

勉斋论述的确,可以知朱子学之非御用学。

(二)栽培水稻之技术

朱子在外任期间,穷明上户对下户、田主对佃户之阶层分裂,强调家族村落共同体之人伦意义,而实施治民策。就中栽培水稻技术,与陈旉《农事》之记述同为当代之双璧,而其目的,在提高生产力。朱子久处田间,习知稼事,知南康军,职在劝农。其劝农文说:

> 大凡秋间收成之后,须趁冬月以前,便将户下所有田段,一例犁翻,冻令酥脆,至正月以后,更多著遍数,节次犁耙,然后种出。自然田泥深熟,土肉肥厚,种禾易长,盛水难干。
>
> 耕田之后,春间,须是拣选肥好田段,多用粪壤,拌和种子,种出秧苗。其造粪壤,亦须秋冬无事之时,预先划取土面草根,暾曝烧灰,施用大粪,拌和入种子在内,然后撒种。
>
> 秧苗既长,便须及时趁早栽插,莫令迟缓过却时节。
>
> 禾苗既长,稗草亦生。须是放干田水,仔细辨认,逐一拔

出,踏在泥里,以培禾根。其塍畔斜生茅草之属,亦须节次芟削,取令净尽。免得分耗土力,侵害田苗,将来谷实心须繁盛坚好。(《朱子文集》九九)。

上面四条,冬期之犁翻犁耙、拣选秧田、种出秧苗、造成粪壤之法,插秧之时期,除稗草杂草之法,除了耕耘机,化学肥料,农药之外,现行栽培水稻之技术,都是渊源于朱子劝农文。若采用此技术而励精农事,则生产力之提高,实属指日可待。朱子提倡此技术,亦是格物穷理之工夫的运用。

(三)经界案

孟子曰:"夫仁政必自经界始。"经界,指治地分田,经画其沟涂封植之界。朱子之知漳州,得知豪家大姓有力之家,兼并民田,而不受产,其产虚桩在无业之家,冒占官地而纽租,其租俵寄于不佃之户。豪家有隐田,贫民苦纳租,无所告诉。如此种种,能说是仁政吗?朱子挺身而出,申请朝廷,得敕命,而欲推行经界。目的在使田税均平,贫富得实,免致贫民下户困于兼并豪猾之手。今见条奏经界状,一曰,推择官吏之法;二曰,丈量田亩、纽折算计之法;三曰,作成图帐(砧基簿、鱼鳞图)之法;四曰,可许产钱过乡通县均纽之事;五曰,废止民间各种田之名称,须随田亩之等级而赋课之事;六曰:荒废寺院所有之田,须许令本州出榜召人,实封请买之事。由此来看,经界之行,其利在官府细民,而豪家大姓猾吏奸民,皆所不便。若荒废寺院田及豪家隐匿田,皆归耕作农民之所有,则经界,乃生产关系之变更,即所谓一部份农地开放。朱子欲行之。而泉州豪家大姓,逼近宰相留正,朝议不定,敕命不降,又以长子塾丧,去漳州,终不得实施,实在遗憾之至。

总以上三条而言,朱子之行使国家权力,为贫民下户而不为豪家大姓,皆合乎理。此实朱子学之所以有生命力与革新性之缘由。

三、结语

前面分说思想体系与社会经济政策,而穷明朱子学之基本特性。现提示结论如下:

(一)无极与太极,太极与阴阳,理与气,性与情,存养与省察,所当然之则与所以然之故,反省知与悟觉智,皆二者对待依赖而不可废一。即是不一不二、不离不杂之辩证论。其中,理气论,非理生气之生成论。理与气,若论其生,则俱生。但论其价值,则理优先于气。后儒以晦庵太极为先行于气之一物,则系误解。虽理与气犹二元,然理依赖气,气依赖理,实非二元。故不是中国哲学之原罪可知。

(二)朱子之社会经济政策,以救济贫民为宗旨。社仓、栽培水稻之技术、经界案等,皆有利于贫民下户,不利于豪家大姓。此朱子学之所以非御用之学。

(选自辛冠杰主编《日本学者论
中国哲学史》,中华书局1986年版)

友枝龙太郎(**1916——**),生于熊本市。1939年毕业于东京帝国大学文学部。1961年获文学博士学位。历任陆军士官学校副教授、广岛大学副教授、教授等职。1979年获广岛大学名誉教授称号。现任西南学院大学教授。主要著作有《朱子之思想形成》、《熊泽著山》、《陆象山》、《新井白石〈鬼神论〉》、《朱子文集(上、下)》等,发表论文七十余篇。

本文从思想体系与社会经济政策两方面分析了朱子学之

基本特性。一是无极与太极,太极与阴阳,理与气,性与情,存养与省察,所当然之则与所以然之故,反省知与悟觉智,皆二者对待依赖而不可废一。即是不一不二、不离不杂之辩证论。其中,理气论,非理生气之生成论。理与气,若论其生,则俱生。但论其价值,则理优先于气。后儒以太极为先行于气之一物,则系误解。虽理与气犹二元,然理依赖气,气依赖理,实非二元。故不是中国哲学之原罪可也。二是朱子之社会经济政策,以救济贫民为宗旨。社仓、栽培水稻之技术、经界案等,皆有利于贫民下户,不利于豪家大姓。此朱子学之所以非御用之学。

朱子的人性论与礼论

上山春平

序

日本社会是在成熟了的中国文明的影响下，开始进入文明社会的。这一重大的历史事实，明显地在日本的宗教、哲学、艺术等领域里留下了痕迹。对日本来说，中国是她的文明的故乡，也是她所向往的楷模和理想。

但是，十九世纪后半叶，在日本社会由农业社会进入工业社会的转折时，出现了代替中国文明的新的楷模——西欧文明，从而使这一状态有了很大的变化。此后，对中国文明培育出来的价值体系产生了怀疑，认为应该改变。

以第二次世界大战后中国革命胜利为转机，在日本兴起了从根本上再次探讨对中国的看法这一新潮流。我们拟站在这一潮流的漩涡之中，通过与日本的对比，对中国文明的特征，从各种角度重新进行探讨。

日本与中国，有不少共同之处。尤其是在西洋人看来，共同点就更显著吧。

作为两国文化的共同点，首先看到的是文字。我正在写的文章，就是所谓的"汉字加假名字"（编者按：指该文日本语原文）。其中汉字部分，是从中国借用的。假名也是以汉字的草体为基础创造的表音文字。虽然现代日文的写法,大致已统一,但在江户时代还普遍地采用不用假名的汉文式的写法。我们查阅日本历史时,至少在室町时代(1336—1573)以前的历史中,用汉文式写法的文献是压倒一切的。

文字,只不过是一种表达的手段而已,用同样的文字能够表达出完全不同的内容。我们从中国大量地吸收了以汉字表达的观念和文物,并直接采用了中国式的发音来读。现在所谓的"音读"就是当初直接吸收原汉文的发音,它与现在的以片假名为标记的外来语是一样的。从这个意义来说,日文的表达方法,不外乎是由大量地采用音读的汉字和片假名的外来语组成的。如果以反对采用外来语的人的意见,推本溯源,连音读的汉字也会被排除掉,那么岂不连日文的存在都成问题了吗?!

以汉字为媒介,作为巨大的观念体系进入日本,并给予日本以很大影响的至少有三个方面:其一,是作为法律体系的律令;其二,是作为哲学体系的儒教;其三,是作为宗教体系的佛教。上述三个观念体系,虽然是日本和中国之间重要的文化的共同点,但若从它们在两国的发展过程方面作一比较,则不难发现它们是何等的不同。

(一)律令

日本采用中国律令是八世纪前后,经过"近江令"、"净御原令"等先行的形态,到"大宝律令"(公元 701 年)和"养老律令"(公元 718 年制定,757 年执行),才达到完备。"养老律令"作为日本的国家公法,一直持续到公元 1885 年的明治内阁的成立。

中国的律令体系的成熟期是从汉王朝的灭亡至唐王朝的建立,这中间主要是魏晋南北朝时代,特别是在六世纪前后的北魏和梁时代。在此,引起人们注意的是:中国的律令成熟期和东罗马帝国编纂罗马法体系的查士丁尼法典(公元 529 年)的时间前后大体相同。

在中国成熟了的律令，传到越南、朝鲜、日本等东亚各国，并受到了广泛的采用。与此同时，在罗马帝国成熟了的罗马法，传到意、法、德等欧洲各国，也受到了广泛的采用。到了十九世纪，日本才从欧洲引进了罗马法的法体系。

日本在八世纪初建立的养老律令，原封不动地存续到十九世纪末的明治维新。与此不同，在中国一直到二十世纪初清王朝的灭亡，每次改朝换代，甚至在一个朝代，也有过多次的变法，而每次的变法，使律令体系获得新的生命力。但是，在日本，以十二世纪末镰仓幕府的建立为转机，律令体系很快地成了形骸。日本社会形成了非常类似欧洲的封建体系。

（二）儒教

我是从 1970 至 1975 年期间，在京都大学人文科学研究所参加朱子的共同研究的，我选了"朱子的礼学"这一研究课题，得到了较详细地研究朱子的《仪礼经传通解》和《家礼》的机会。通过这一研究，我发现，虽然相传在江户时代朱子学曾被当做"正学"，可是对《仪礼经传通解》，却几乎无人去研究，不仅如此，而且在朝鲜李朝时代被视为冠婚葬祭的规范，以及在朝鲜人民生活中扎下了根子的朱子的《家礼》，在日本却连文献的研究也很少，事实上在日本人民生活中也没有扎下根子。因此，给我的印象是：日本的儒学家们，一直对儒学最根本的礼的理论，并没有给予应有的重视与关心。

（三）佛教

和接受儒教过程中漏掉了礼一样，在接受佛教过程中，日本也漏掉了戒律这一佛教的最基本的东西。其过程，首先是从最澄（767—822 年）扔掉小乘戒开始，经法然（1133—1212）到了亲鸾（1173—1262）竟发展到彻底的无戒思想（最澄，日本天台宗的开祖;法然,日本净土宗的始祖;亲鸾,日本净土真宗的始祖——译者注)。众所周知:在泰国、缅甸至今还有信奉以小乘戒为最高信条的佛教派别,这且不说,连中国、朝鲜等信奉大乘佛教的人们也都认为如扔掉小乘戒,那就不是正式的僧侣。

自古以来,戒、定、慧,这三者是佛道修行的基本功。因此,自己选择了一生修行佛道的人,一般首先要经过受戒仪式,即要忠实于释迦牟尼戒律的宣誓仪式。这里所指的戒律,就是原始佛教的《律藏》所规定的。即在汉译《律藏》中有比丘戒250条,比丘尼戒348条;巴里《律藏》中有比丘戒227条,比丘尼戒311条。发源于印度,后流传到中国、朝鲜、日本、东南亚各地的佛教,如小乘、大乘、显教、密教,还有自力宗和他力宗等,分化发展为各种佛教派别。但是,除日本以外的佛教圈里,不管是什么样的派别,他们都认为:凡是僧侣,必须遵守在《律藏》中所规定的戒律。这方面,最极端是泰国和缅甸的所谓戒律佛教派。然而,不遵守戒律的另一极端,则是日本的净土真宗吧。

儒教的礼、佛教的戒,这些都是构成其各自思想形态的独特的秩序和形态的最起码的条件。难道这些不是产生各自思想形态文明最本质的东西吗?! 日本文化的风土里,是否有这样一种倾向,即日本吸收外来思想的过程中,最核心的东西被溶化掉了?!

为此,我带着这样的想法,对日中两国文化作一初步比较。首先选择了中国儒教思想中给予日本影响最大的朱子学,进行了有关朱子的礼论构造的研究。

以下的论文是我在京都大学人文科学研究所的《东方学报》第五四期(1982年3月发行)上发表的题为《朱子的〈家礼〉和〈仪礼经传通解〉》一文中的一部份。这一部份在全文中大约占四分之一左右,也就是论文的序论部份。此外,尚有:关于在《家礼》问题上我对王懋竑提出的伪书说的反论和关于《仪礼经传通解》形成过程的研究等。我本希望得到中国学者关于考证《家礼》部分的批评意见，但由于字数所限，这次只好从略。

一、朱子的人性论

（一）理与气

在中国史上，虽然大家公认朱子是罕见的有体系的思想家，但他没有留下一本有系统地阐述自己哲学体系构思的书。再加上他所涉及的学问是多方面的，因此，很难展望朱子哲学体系的总轮廓。幸亏岛田虔次先生在他的《朱子学和阳明学》（岩波新书，七九页）一书中，把朱子著作的内容分为如下五个类型，从而使我们容易了解到朱子学的大概的情况。

（1）存在论（理气说）。

（2）伦理学或者人性论（性即理之说）。

（3）方法论（居敬，穷理之说）。

（4）古典注释学以及著述（《四书集注》、《诗集传》等注释和《资治通鉴纲目》等著述）。

（5）具体的政策论（对科举的意见，社仓法和劝农文等）。

以上五个类型中，头三个，即存在论、伦理学和方法论成为一个整体，构成了朱子的理论体系。不过，岛田先生在此书里把"性即理说"称为："伦理学或者人性论"，但"性即理说"中有伦理学的研究，同时也有大量的心理学的研究，因此，我把它叫做人性论。

朱子的礼的理论是以性即理的学说为前提的，而性即理的学说是在理气学说的基础上建立起来的。因此，为了把礼的理论作为朱子哲学体系的一环来掌握，就不得不从作为存在论的理气学说出发，通过作为人性论的性即理的学说，然后到达礼的理论这一系列的推理过程。但是本文的主要目的，不是朱子哲学体系本身的研究,因此尽量地少涉及关于理气学说和"性即理"的学说。

有一个时期,颇为流行的一种说法是:朱子理论体系的基本概念"理"和"气",相当于亚里士多德的"形式"和"质料"这一对概念。这一提法,曾对理解朱子体系的构造作过不少贡献。但是,最近约翰·尼登在题为《中国的科学文明》(《思想史》第二卷,1956年版)中提出了对这一提法的重大的反对意见,在此以前,还有安田二郎在《中国近世思想研究》(一九四八年出版)中,也对此提出尖锐的批判,上述两者的见解得到了岛田虔次先生(《朱子学和阳明学》)和山田庆儿先生(《东方学报》第三七册《朱子的宇宙论》1966年出版)等的支持。

安田对"气"的理解,采用了如·加鲁的观点,即把它看做"瓦斯或空气状态的物质";对"理"的理解,提出了作为"意思"来掌握的独自的见解。尼登认为"气"是以能量和物质互相转化为前提的一种物质——即能源;"理"是"组织"或者"组织的原理"。岛田先生大体上同意安田的学说。批判地继承了安田学说的山田先生,对朱子的宇宙论的研究,着重地从"气"的角度来进行,目前他的见解接近于尼登的见解。

我基本上同意尼登和山田先生的下列观点,即:要从要素论与全体论、机械论与有机体论、分析主义与直观主义这样相对的方向去掌握朱子的哲学思想。从这一观点出发,我也同意把"气"作为物质,即能源;把"理"作为组织或者秩序的原理来掌握的见解。但是,我并不打算在本文里作详细的研究。我想在这里只要大概弄清朱子似乎把"气"理解为万物的素材;把"理"理解为构成万物的原理,就可以了。

(二)"本然之性"和"气质之性"

朱子存在论的基本概念是"理"和"气",而人性论的基本概念是"性"和"情"。他认为宇宙万物都是由"理"和"气"结合而成的东

西,而人的心能够统一"性"和"情"。例如,《语类》中,在论及万物
与"理"和"气"的关系时说:"有理便有气。流行发育万物"(卷一),
还说:"气则能酝酿凝聚生物也。但有此气,则理便在其中"(卷
一)。关于心与"性"和"情"的关系,他说:横渠说得最好。言心统
性情者也(卷四)。

朱子认为"性"是指个体或者个体的集合体中内在的"理'的表
象,本应是一个的理,派生在万物之中。以人而言,就是仁、义、礼、
智、信,即所谓五常。这种看法,在朱子给予《中庸》开头的"天命之
谓性"这一句所做的注释里最清楚地表现出来。他在这个注释中
说:

> 性即理也,天以阴阳五行化生万物,气以成形而理亦赋
> 焉。犹命令也。于是人物之生,因各得其所赋之理,以为健顺
> 五常之德,所谓性也。(朝日新闻社出版的中国古典选、岛田
> 虔次《大学、中庸》一六七页)

在此注释中,朱子首先断言:性就是理,然后论及性和理的关
系说:万物派生时,给予万物以形象的是气;同时犹如天之命令,赋
予万物的即理。由于人和物各自得到理,故天(在这里指天空,不
是指古修辞上的天命之天)有了"建"之德,地有了"顺"之德,人有
了"五常"(仁、义、礼、智、信)之德,以上这些就是性。

在这里他虽说"性即理也",但不是说性完全等于理,而是说:
性是理的特殊形态,不过是理寓于各种各样具有特殊存在方式的
个体或其集合体上的表象罢了。犹如天之性是健,地之性是顺,人
之性是仁、义、礼、智、信等等一样,由于理所寓的个体不同,因而表
现出的表象也不同。就是说,本应是一个普遍的理,而成为万物之
性时,则呈现出多样的特殊的外表。

但是,如果只讲特殊,只谈人之性归宿为仁、义、礼、智、信的五
常,那还只是停留在人类这一名称的共同性上,对人类中各个成员

的特殊性则无法解释了。为此,除强调性的人类共同的侧面以外,还加上了各人特殊的另一侧面,而提出了把性分成"本然之性"和"气质之性"这一想法。

这一想法,正如《语类》(卷四)中所表明的,是受程子和张横渠的启发。但是作为朱子本人的主张,大家所熟悉的是《大学章句序》的开头部份的如下文字:

> 盖自天降生民,则即莫不与之以仁义礼智之性矣。然其气质之禀,或不能齐。是以不能皆有以知其性之所有而全之也。一有聪明睿智能尽其性者出于其间,则天必命之以为亿兆之君师,使之治而教之,以复其性。

在此,我并不想给予以上这段文字做逐条的注释,但需要解释清楚的是:开头的"盖自天降生民"这一句话的意思,是人类发生以来这个意思的拟古的表达方法而已。在"天降生民"一词之后,接着讲天"则既莫不与之以仁义礼智之性矣"。这一讲法与上述引用的朱子对《中庸》首句"天命之谓性"一句的注释是完全相符合的。这就是他所说的天赋予人类的性,即"本然之性",这是天赋予全人类的共同的东西。但这一"本然之性"不一定谁都明确地认识到,并能够完全地发挥出来。他说这是因为构成人的素材的"气"和"质"(气聚积而成的东西),每个人都有差别,因此"气质之禀"(给予各人的气和质)也不一样。由于这一气质的差别,造成本来作为共同的东西而赋予人类的性,发生认识上和表现方法上的多样化。这就是所谓的"气质之性"。

"本然之性"往往也叫"天命之性",这恐怕是因为在《中庸》头条里讲过给予人类共同的性叫"天命之谓性"的缘故吧。

朱子在这里,首先提出"自天降生民"以及天"莫不与之以仁义礼智之性"等思想后,接着讲:假如天赋予人的气质,一旦有聪明睿智的,把"天命之性"能够充分发挥出来的人出现,那么天将这一稀有的人物"命之为亿兆之君师",使人们觉醒其已失去的"天命之性",并领导人们将之充分发挥出来。把性分为"本然之性"和"气质之性"这样双重地掌握的观点,不仅提供了说明每个人个性差别的原理,而且可以看出它已准备了在政治、教育上领导与被领导关系正当化的原理(这当然是作为社会秩序的原理而发挥作用)。

(三)性和情

以上基本可以清楚了解朱子关于"性"的看法。随之就是"性"和"情"的关系问题了。朱子在张横渠所说的"心统性情者也"学说的基础上,提出心的"未发"(还没显露出来的状态)谓之"性","已发"(已经显露出来的状态)谓之"情"的学说。具体来说"性"指仁义礼智等道理;"情"指恻隐、羞恶、喜怒等感情。这样的性情理论,显然是由孟子四端学说来的。

孟子的四端学说在《孟子·公孙丑篇》中,扼要地概括为"恻隐之心,仁之端也。羞恶之心,义之端也。辞让之心,礼之端也。是非之心,智之端也。"朱子在《四书集注》中关于这一部份解释为:"恻隐、羞恶、辞让、是非、情。仁义礼智,性也。心,统性情者也;端,绪也。因其情之发而性之本然可得而见,犹有物在中而绪见于外也。"进而把四端学说的全章概括为:这一章主要讲的是"人的性和情,心的体和用"。在此,无暇深入论述关于朱子哲学论法的具有显著特征的体用逻辑,而仅做简单的解释。所谓"体",是指包含潜在可能性的全体而言;所谓"用",是指这一可能性的一部份在现实里表现而起作用的表象。

我之所以提出体用的逻辑,不外乎是因为朱子把体用的逻辑用于"性"和"情"的关系上,即展示了"性"做为"体","情"做为"用"的观点。这只不过是"性"者"未发"、"情"者"已发"之换言而已。在那里"性"作为包含潜在可能性的全体,称之为"未发";"情"作为这一可能性的一部分在现实中表现而起作用的表象,称之为"已发"。同时,前者为"体",后者为"用"。前者视之为本然的,后者视之为派生的。

　　刚才已提到朱子把心之"未发"和"已发"的状态,分别作为"性"和"情"来掌握的观点,是出自孟子的四端学说。以对比方法提出的"未发"与"已发"的观点的直接依据,是《中庸章句》第一章里的下列文字:

> 喜怒哀乐之未发,谓之中。发而皆中节,谓之和。中也者,天下之大本也。和也者,天下之达道也(岛田《大学·中庸》。着重点系引者所加)

对这段文字朱子做了如下的注释:

> 喜怒哀乐情也,其未发则性也,无所偏倚故谓之中。发皆中节情之正也,无所乖戾故谓之和。大本者天命之性,天下之理皆由此出,道之体也。达道者循性之谓,天下古今之所共由,道之用也。此言性情之德,以明道不可离之意。(同上)

　　朱子注释孟子四端学说时,将恻隐、羞恶、辞让、是非,释为"情"。但在这里将喜、怒、哀、乐注释为"情"。孟子四端学说将恻隐、羞恶、辞让、是非与仁、义、礼、智视为四端。朱子据此建立了所谓"情"与"性"之间一对一的对应关系。在孟子那里,喜、怒、哀、乐与仁、义、礼、智之间,看不出这样的对应关系。朱子把仁,义,礼,智的"性"与喜,怒,哀,乐的"情"置于对应的地位,恐怕是韩愈《原性》的学说在他头脑里起作用的原故吧。

　　众所周知,《中庸章句》序言部份的朱子的"道统"学说是继承韩愈《原道》思想的。由朱子出版韩愈文集《韩文考异》,可以看出朱子对韩愈倾倒殊深。在《原性》中有:"其所以为性者五,曰仁,曰礼,曰信,曰义,曰智。……其所以为情者七,曰喜、曰怒,曰哀,曰惧,曰爱,曰恶,曰欲"。《朱子语类》中有:"韩子(韩愈)以仁义礼智信谓之性;以喜怒哀乐谓之情。"(卷四)由此可见,关于朱子的"性"和"情"的学说,受韩愈《原性》学说的影响,并不次于受《孟子》和《中庸》学说的影响,这是不容否认的。但是,正如大家所知道的那样,如此解释古典,不一定都是朱子独到的见解,而是受宋学先驱们,特别是受明道,伊川程氏兄弟影响且深至巨的结果。

(四)人性论的骨架构成

以上我把问题集中于朱子宇宙论基本概念的"理"和"气"以及人性论基本概念的"性"和"情"上,看朱子是怎样在宇宙论的基础上逐渐构筑人性论的。由此可以明确:第一,"性"的理论是以理气说为前提的,并把"性"看做具有两重性,即作为"理"的"性"和被"气"遮盖了的"性",也就是"本然之性"和"气质之性"(这里反映了朱子独特的身心论的观点)。第二,朱子对人性论的心的理论,是以体用的逻辑为前提的。他把"性"作为心之"体";把"情"作为心之"用"。这是可确认无疑的了。

将以上两点结合起来,不难看出,朱子的人性论是根据体用的逻辑,把心从"性"和"情"的两个侧面来掌握;又根据理气说的观点,把性分为两重性,即"本然之性"和"气质之性"来掌握的。另外,在这个情况下因"本然之性"和"气质之性"都是性,所以作为与"用"的情相对而言,它们是"体"。

这一朱子的人性论的理论构成,以图来表示,即下列第一图:

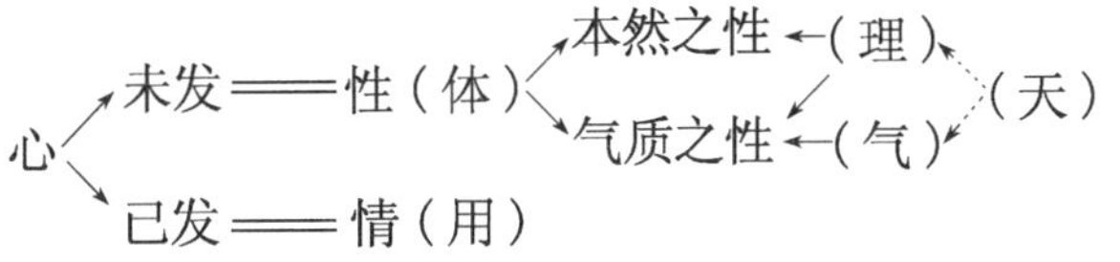

第一图:人性论的骨架构成

下边,我把这个图式的理论根据,从朱子《语类》中选出列举如下:

（1）"心有体用。未发之前，是心之体。已发之际，乃心之用。"（卷五）

（2）"心之未动，则为性。已动，则为情"（同上）

（3）"性是体。情是用。"（同上）

以上的文字表示了以下的想法：即把心以体用的逻辑来掌握，那么作为心之未发（或者未动）的状态的性是"体"；作为心之已发（或者已动）的状态的情是"用"。其次，表示朱子把性看成"本然之性"和"气质之性"两重性的观点，例证如下：

（4）"性只是理。气质之性，亦只是这里出。（卷四）

（5）"论天地之性，则专指理言。论气质之性，则以理与气杂而言之。"（同上）

（6）"论性不论气，不备。论气不论性，不明。盖本然之性只是至善。然不以气质而论之，则莫知其昏明、开塞、刚柔、强弱，故有所不备。徒论气质之性，而不自本原言之，则难知有昏明、开塞、刚柔、强弱之不同，而不知至善之源未尝有异，故其论有所不明。须是合性与气观之，然后尽。"（卷五九）

对这三段引文（即 4、5、6）需要加以说明。这三段文字的共同点是，他主张论述"性"的时候，应该将理与气的两个方面置于考虑之内，据此，才可以弄清性有"本然之性"和"气质之性"，而且能够全面掌握性的共同点与差异点。关于（5）中讲的"天地之性"——这只不过是"本然之性"的别称而已——它"专指理而言"，讲"气质之性"则"以理与气杂而言之"又在（4）中讲："气质之性"是以气为前提，同时也与理有关系，这一点在第一图中用箭头来表示："本然之性"是从理引出的，但是"气质之性"是从气和理两个方面引出的，另外，从天用虚线箭头引向"理"和"气"，这是因为要说明：朱子的理和气，仅是用所谓的天赋这一提法而已。

二、朱子的礼论

(一)作为理的礼

对朱子来说,礼就是性,而"性"又是"理",因此,"理"是形而上的东西。"性"有"本然之性"和"气质之性"之分,礼作为五常(仁、义、礼、智、信)的一环,被看做是"本然之性"。"本然之性"也叫"天命之性",比喻为天赋,具有近似译为"先天"(Apriori)的意思。这样的礼的观点,是朱子礼论的基本前提。但是,把作为五常一环的礼,看做是性这一看法,是根据体用的逻辑适用于心的。即心之体是性;心之用是情。这样,朱子的人性论是把心从两重性来掌握的。并且在这个人性论里,从理气说的观点,性被认为具有"本然之性"和"气质之性"两个侧面,礼是和仁、义等一起被看作是"本然之性"的。

假如礼是"本然之性",那么从前面引用的所谓"论天地之性(引者注:本然之性的别称)则专指理言"(《语类》卷四)的观点出发,礼就会被看做是理。假如礼就是理的话,那么根据所谓的"理、形而上者"(《语类》卷一)或者"理,无形"(同上)等观点,礼则超越感觉、知觉的形而上的东西。

礼有与仁、义等共同的特征。朱子在论述关于仁、义、礼、智时说:"凡此四者,具于人心,乃是性之本体"(《文集》卷七四,《玉山讲义》)。这就是说,礼是做为性之本体,先天地存在于心里。换言之,体也就是先天之理。

我们很想像把理和气比作亚里士多德的"形式"与"质料"那样,把作为"本然之性"的礼,也想比作康德的纯粹理性的先天的道德律。"本然之性"也叫"天命之性"。像朱子把它比喻地说成是天之命令一样,康德的道德律也是采用了无条件的命令(定言的命令)的形式。但是,如此类推,恐怕和理气说的处境一样会发生各种问题的,莫如以发生问题为出发点,探讨两者的相异点,可能较有实际收获。这点以后有机会再作探讨。

(二)作为事的礼

以上,我们着重地研究了的礼的"本然之性",也就是先天之理的一个侧面。但这只不过是朱子礼论的一个方面而已。它确实是很重要的一面。但是,不能以此来掩盖它的全部。他的礼论,正如上述,既有把礼作为形而上的,先天的东西的一个侧面,同时又包含着把礼作为形而下的、后天的(或者说经验的)东西的另一个侧面。

例如,恐怕是朱子在脑子里存有他所理想的周代学制的缘故吧,在《语类》论述小学的部份中,他反复地谈到这样的意思:古时在小学教"事",在大学教"理"。如说:

> 古者,初年入小学,只是教之以事。如礼、乐、射、御、书、数及孝、弟、忠、信之事。自十六、七入大学,然后教之以理。如致知格物,及所以为忠;信、孝、弟者。(卷七,着重号引者加)。

在此,他列举了所谓六艺之礼的小学中所教的"事"的内容。肯定它与作为形而上的先天之"礼"的五常之礼不同,是形而下的、经验的东西。这一点,还表现在《大学章句》的序中,作为小学教育的内容,同六艺并列提出了"洒扫、应对、进退"等日常行为的教养,而且还提出:"若《曲礼》、《少仪》、《内则》、《弟子职》诸篇,因小学之支流余裔。"因此,这大概是确实的。

熟悉儒学和礼学的读者,无须赘言,前者所例举的诸篇中,《曲礼》、《少仪》、《内则》是《礼记》中的篇名;《弟子职》是《管子》中的篇名,这些是把"洒扫,应对、进退"(扫除、来客的应酬,举止)等有关日常生活教养作为主要内容的。例如,在《管子》的《弟子职》篇中,在有关"洒扫"的方法中说:"实水干盘,攘臂袂及肘,堂上则播洒,空中握手",又说:"凡拚立纪,由奥始,俯仰磬折,拚毋有撤,拚前而退"等。在关于来客的应酬方面说:"若有宾客,弟子骏作,对客无让,应且遂行,趋进受命"等。此外,食事的礼节,就寝的礼节,应酬话的用法等等关于日常教养的文字,在这一篇或《礼记》中的《曲礼》篇、《少仪》篇中都有丰富的记载。朱子设想的作为在小学的学习内容——"事"的礼,不外乎是如上所说的日常生活中极为细小的东西,即形而下的、经验的礼。

(三)理和事的统一

我们在朱子的著作中,可以找到以上所指出的礼的两个侧面为主要题目的著作。即以作为"理"的礼为题目的,是《四书集注》;以作为"事"的礼为题目的,是编著小学书。不过,《四书集注》如所周知,只不过是给予《礼记》中的《大学》篇、《中庸》篇以及《论语》和《孟子》等四书的注释的总称而已。但是,朱子认为读四书,首先从《大学》开始,然后按《论语》、《孟子》、《中庸》的顺序来读,这是他设想的适合大学里学习的必要条件。因此,相当于从各种古典中抽选编集而成的作为小学的学习内容的小学书而言,在《四书集注》里有一种可称为大学书的体系。

如上所述,把《四书集注》和小学书看做是各自以做为"理"的礼和作为"事"的礼为题目,那么《仪礼经传通解》可以说是把礼的两面性用统一掌握的观点构成礼学体系。该书的总的构成,似乎是朱子所理解的以《大学》的经部份的修身、齐家、治国、平天下的学习顺序为标准,以作为家的礼的"家礼"出发,中间夹着"乡礼"和"学礼"以至作为诸侯的各国的礼"邦国礼",进而到作为天下之礼的"王朝礼"。从"家礼"和"乡礼"这样小小习俗世界的礼,到"邦国礼"和"王朝礼"这样大的政治世界的礼,在中间起桥梁作用的"学礼"中,已经包含了要统一掌握作为"事"的礼和作为"理"的礼的观点。

　　关于这一点，在《学礼》中包括通论两篇，接着，就是关于小学题目的九篇和大学题目的六篇。从这一构成本身中也可以看出，对作为"事"的礼和作为"理"的礼要统一掌握的观点。在此，他不仅反映了包括小学和大学学制的总的轮廓，而且系统地反映了小学和大学各自的学习内容。从而，使应该在小学范围内学习的、作为"事"的礼和应该在大学范围内学习的、作为"理"的礼，有系统地、有关联地贯穿起来。

　　更具体地说，关于小学类型群中有：《弟子职》、《少仪》、《曲礼》、《诗乐》、《礼乐记》、《书数》等篇；关于大学类型群中有《大学》、《中庸》等篇；在"学礼"中，原封不动地收录了构成《四书集注》要素的《大学章句》和《中庸章句》。只要指出这些事实，就可以毫无疑问地了解到：小学组采用六艺、洒扫、应对等类型而构成作为"事"的礼；大学组则是采用以格物穷理为前提的作为"理"的礼。

　　如上所述，"学礼"的构成本身，不仅包含着形而上的与形而下的、先天的与后天的、理与事这样的矛盾的礼的两个方面，并把这两个方面推向了统一的方向，而且在《仪礼经传通解》中所收录的篇章中，除了《大学章句》与《中庸章句》等两篇以外，都是属于作为"事"的礼的方面，只有《大学章句》和《中庸章句》是属于作为"理"的礼的方面。这一点也是值得注意的。也就是说，以记录周代作为"事"的礼的所谓《仪礼》为核心组成的《仪礼经传通解》，是把作为"事"的礼的记录大体上整理，使之系统化了的。由于其体系的中心有"学礼"，又在"学礼"的中心放置《大学章句》与《中庸章句》，因而，它反映了作为"事"的礼和作为"理"的礼的统一的设想。

　　凡是作为"理"的礼，要想一下子领会是不可能的。因此，熟悉作为"事"的礼的细目，是学习的前提。就是说，从洒扫、应酬等日常教养出发，中间接以格物穷理，进入作为"理"的礼。这是朱子所理想的学问的过程,是广义的礼学之道。并且,这不外乎是《论语·宪问篇》中所讲的"下学而上达"的孔子治学之道。朱子讲到孔子的话时说:"下学者事也。上达者理也。理只在事中。若真能尽得下学之事,则上达之理便在此。"(《语类》卷四四)

(四)礼的不变与变

从历史的观点来看,礼的形而上与形而下,或者先天与后天,这两个方面是不变与变的关系。朱子对《论语·为政篇》中"殷因于夏礼,所损益可知也,周因于殷礼,所损益可知也"一句,解释说:"所因之礼,是天做底、万世不可易。损益之礼,是人做底,故随时变更"(《语类》卷二三)。由此可见,朱子认为天赋的先天之礼是不变的,人为的后天的礼是变化的。

《四书集注》对上引《论语》的一句注释为:

> 所因,谓三纲、五常。所损益,谓文质、三统。愚按:三纲,谓君为臣纲,父为子纲,夫为妻纲。五常,谓仁、义、礼、智、信。文质,谓夏尚忠,商尚质,周尚文。三统,谓夏正建寅为人统,商正建丑为地统,周正建子为天统。三纲、五常,礼之大体。三代相继,皆因之而不能变,其所损益,不过文章、制度小过不及之间。

这里,朱子具体指出,有超越时代不变的天赋之礼,即"三纲"、"五常";有随着时代变化的人为之礼,即"文质"、"三统"。但是,所谓的"文质"、"三统",只不过是夏、殷,周三王朝的特例。根据各时代,其内容应有各种变化。在此可以理解为:以"文质"表示王朝的基本方针;以"三统"表示王朝的正朔(王朝独自的正月和朔日,即历法),进而暗示了以此为前提的各王朝的礼典和律令……。若允许这样解释的话,那么为礼学经典的《周礼》和《仪礼》,则至少在原则上是被看作是保存了周王朝的基本方针和以正朔为前提的律令以及礼典面貌。因此,《周礼》和《仪礼》也可以广义地解释为属于

"文质"、"三统"的类型,也就是随着时代变化的人为的礼的类型。朱子同样地在《语类》和《文集》等书中,常常提到的唐代的开元礼和宋代的开宝礼,政和五礼新仪等也是属于这一类型吧!

在朱子设想随着时代变化的人为的礼的背后,有贯串各时代的不变的天赋之礼。并用君臣、父子、夫妇之道的"三纲"和仁、义、礼、智、信的"五常"来代表它。据他说,它不仅只是夏、殷、周三代继承下来的,而且作为"天地之常经""自商继夏,周继商,秦继周,以后皆变这个不得"(《语类》卷二四)的东西,"虽如秦之绝灭先王礼法,然依旧有君臣,有父子,有夫妇,依旧废这个不得"(同上卷)。就是说,那是"虽衰乱大无道之世,亦即在"(同上),是"千万年磨灭不得"(同上)的。

朱子对不变之礼的信仰,是如此之深,如此之坚定,这恐怕是朱子学问观的最终的依据吧。《大学章句》的序言里一开始就说:"盖自天降生民,则既莫不与之以仁、义、礼、智之性矣。"这反映了朱子的信仰。对朱子来说,"仁、义、礼、智之性"是"本然之性",是不变之礼。坚信不疑地相信它的实际存在,这是名副其实的《大学》学问不可缺少的前提条件。

以上是以《论语·为政篇》一文为线索展开的。关于礼的不变与变的朱子的议论,是理解为三代所因之礼为"三纲"、"五常";三代所损益之礼为"文质"、"三统"的前提。其实这样的解释并不是朱子的独创,而是根据马融的注释。在上引《四书集注》的开头部份:"所因,谓三纲,五常。所损益,谓文质、三统"的前面,注有"马氏曰"的字样即可证明。但是尽管已有马融的注释,包括二程子等先辈学者们,只讲变之礼,对不变之礼的重要性却讲得不大充分。对此,朱子讲:

> 这一段,诸先生说得损益字,不知更有个因字,不曾说因字最重。程先生也只滚说将去。三代之礼,大概都相因了。

所损也只损得这些个,所益也只益得这些个,此所以百世可知
也。且如秦最是不善,继周酷虐无比,然而所因之礼,如三纲
五常、竟灭不得。马氏注所因谓三纲五常,损益谓文质三统,
此说极好。(《语类》卷二四)

朱子在此赞扬了马融的学说,并表示了自己对不变之礼怀有
很深的信仰。在强调不变之礼这一点上,朱子则胜于马融。

(五)"尊德性"和"道问学"

以上,我们对朱子的礼论中的两个观点进行了考察。其一,是
学制的观点。在那里我们看到他把礼区分为:作为小学学习内容
的礼和作为大学学习内容的礼。小学的礼是六艺、洒扫、应酬之类
的作为"事"的礼;大学的礼是格物穷理为前提的作为"理"的礼。
其二,是历史的观点。在那里他讲随着王朝的交替变化而变化的
礼和贯串于王朝交替而不变化的不变的礼。按以上所述朱子的礼
论的骨架构成是:

第二图:礼论的骨架构成

如图所示,可以清楚地看出,朱子一方面把礼中的理与事,不
变与变这一矛盾的两个侧面明确地描绘出来;另一方面,也表示了
他为解决这个矛盾并把对立物统一起来的强烈意愿。在这里,他
虽然想把作为事的礼,统一到作为理的礼、不变的礼的方面去,但
是,在解决矛盾时,他并不把作为事的礼,变化的礼的方面删掉,而
是始终使之发展和被尊重,并且想把它囊括到作为理的礼、不变的

礼的方面去。这就是朱子一直追求的解决矛盾的道路。我想,在《中庸》中有以下的文字是朱子礼论的强有力的支柱。

大哉圣人之道,洋洋乎,发育万物,峻极于天。优优大哉,礼仪三百,威仪三千。待其人而后行,故曰,苟不至德,至道不凝焉。故君子尊德性而道问学,致广大而尽精微,极高明而道中庸。温故而知新,敦厚以崇礼(岛田虔次:《大学·中庸》313——319 页)。

朱子在晚年开始编纂《仪礼经传通解》时,在玉山讲学的时候,引用以上文字后,加了如下说明:

盖道之为体,其大无外,其小无内,无一物之不在焉。故君子之学,既能尊德性,以全其大,便须道问学,以尽其小。其曰致广大,极高明,温故而敦厚,则皆尊德性之功也。其曰尽精微,道中庸,知新而崇礼,则皆道问学之事也。学者于此固当以尊德性为主,然于道问学,亦不可不尽其力。要当使之有以交相滋益,互相发明,则自然该贯通达,而于道体之全,无缺阙处矣。(《文集》卷七四《玉山讲义》)

以上朱子的说明中,原文的"尊德性而道问学"以下的部份,被分成"尊德性"的方面和"道问学"的方面,前者解释为发挥道的广大度;后者解释为发挥道的精微度。这究竟指什么呢? 为了弄清这一点,参照了《中庸章句》。其中对该书的"尊德性"一句注释为"以存心而极乎道体之大也";对"道问学"一句注释为"以致知而尽乎道体之细也"。就是说:"尊德性"是依据"存心"而掌握道的广大度;"道问学"是依据"致知"而掌握道的精微度。

下边,为了进一步深入理解,从朱子的《语类》中引用一段话"尊德性道问学一段,博我以文,约我以礼"。(卷六四)所谓"博我以文,约我以礼",是颜渊感叹孔子对他的指导方法时的一句话(《论语·子罕篇》),《四书集注》注释这一句时引用了侯氏的"博我以文,致知格物也;约我以礼,克己复礼也"。《语类》对此加了说明："圣人教人,要紧只在格物致知、克己复礼"(《语类》卷三六),他是把侯氏的注释作为自己的意见来论述的。所谓"克己复礼",是在《论语·颜渊篇》中的一句话,《四书集注》注释这一句时说："礼者,天理之节文也。"因此可以把"复礼"理解为复天理的意思。

如此看来,可以说关于礼"尊德性"的一面包含着努力"存心",复广大天理的礼的方向;"道问学"的一面,包含着努力"致知",以崇敬精微的礼的方向。前面引用的《玉山讲义》中,朱子提到把"尊德性"一面和"道问学"一面,"要当使之有以交相滋益,互相发明,则自然该贯通达,而于道体之全,无缺阙处矣"。我想有强烈愿望把两者统一的朱子,在这里已经发现了广大的礼和精微的礼的统一的根据,在这里所说的广大的礼和精微的礼,到底指什么? 关于这一点,不容易回答清楚。但是,对《论语·学而篇》中的"礼之用和为贵",这一段话所加的注释是"礼者,天理之节文,人事之仪则也"。我认为这一注释很好地反映了这种礼的两个侧面。

朱子的得意弟子陈淳(北溪),给予朱子的这一注释所加的解说是"天理只是人事之理而具于心者也。天理在中而著见于事。人事在外而根中"(《北溪先生字义详解》上卷《仁义礼智信》)。把天理看做内面的,把人事看做外面的,并且把人事看做天理在外面的表现。这一看法,我想他是很巧妙地抓住了关于礼的广大的"理"和精微的"事"的关系。

(选自辛冠杰主编《日本学者论中国哲学史》,中华书局1986年版)

上山春平(1921—)毕业于京都大学文学部哲学科。历任京都大学人文科学研究所副教授、教授、所长等职。1984年获京都大学名誉教授称号。其主要著作有:《辩证法的系谱》、《明治维新的观点分析》、《日本的思想》、《历史与价值》，以及近作《被埋没了的高大形象——国家论之尝试》等。

　　本文探讨了朱子的人性思想与礼的思想，认为朱子的人性分为"本然之性"和"气质之性"。朱子的人性论是根据体用的逻辑，把心从"性"和"情"的两个侧面来掌握；又根据理气说的观点，把性分为两重性，即"本然之性"和"气质之性"来掌握的。在这个情况下因"本然之性"和"气质之性"都是性，所以作为与"用"的情相对而言，它们是"体"。对朱子而论，礼就是性，而"性"又是"理"。"性"有"本然之性"和"气质之性"之分，礼作为五常"仁、义、礼、智、信"的一环，被看作是"本然之性"。"本然之性"也叫"天命之性"。朱子认为，礼是做为性之本体，先天地存在于心里，即礼也就是先天之理。朱子认为，历史上的礼有不变的礼和变的礼两种，天赋的先天之礼（三纲五常）是不变的，人为的后天的礼是变化的。他对不变的先天之礼的信仰十分深刻。他还提出了礼的"尊德性"和"道问学"两方面，前者包含努力"存心"，复广大天理的礼的方向；后者包含努力"致知"，以崇敬精微礼的方向。朱子极力将二者统一起来。

宋代的儒教与佛教

荒木见悟

在唐代非常发达的教义学佛教,到宋代终于被标榜超教义学的禅压倒。这意味着佛教的自我解脱。佛教抛弃了教义学的粉饰,而将赤裸裸的觉悟向一般世俗界开放。但是,觉悟是能够忍耐现实世界任何障碍、苦难和转变的绝对主体的确立,它必然也包含了对于令人颓废的种种条件的反省与体认。易言之,要追问人能升华到什么程度以及到什么程度能成佛,便不能不追问人会堕落到什么程度以及到什么程度会成为恶魔。觉悟不外是,无限分裂的主体通过分裂而在丰裕的心量下再次统一的主体的复苏。

唐代第一流的佛教学者清谅澄观(738—839),根据《华严经》的"心、佛、众生三无差别",把人的心称为"万有的一心",但不是并列地包含一切事物,而是严密地掌握明暗顺逆的对立相并随意操纵的"佛魔一体"之心。心(绝对主体)的概念,在此突破了常识的主观意识和观念的软弱,表明了人之本初根源统一者的面目,呈现出心量所具有的无限深度。

如果说,佛教的哲学与体验具有如此的深远性和现实性,那么与佛教对立并欲凌驾其上的宋代儒学,必须对其主体论、心性论进行特别的修整,自不待言。但是,为此而抹杀佛教所培植并确定方向的对人的自由的憧憬,乃是思想的逆行,不如攻击佛教的自得解脱形态的弱点,提倡其于本来主义的新自得哲学,掌握潮流的主导权。那么，佛教思想欠缺什么呢？禅所说的"心"，可以说是以负荷一切、创造一切的绝对主体，在本来的原点主宰着人的。但是，人作为社会的存在，具有共同生活的场所，为了维持它，和自然界一样，在家族、村落、国家、社会中应有各自一定的理法，有对此理法的认识及实践，这样才可能使共同体存续，也才可能达成作为其成员的存在的目的而获得自得的体验。然而，禅所说的觉悟，即便真的像岩石那样坚固，有一打就响的明快性，也很难立即从其中找出可参与历史现实的方法。因为禅的觉悟，虽说十方无碍、入出自在，但并不顾及经营历史形成作用的文化素材和社会理法，它们作为把觉悟自身和世俗系累连结起来的东西而受到强烈的排斥。因此，为了依据其中所得的觉悟，生出与具体现实对应的实践，只得寻求另外一个不同的视角和态度。这就是所谓"佛者平素扬扬，谓已彻见本性，然一对处事物，则有全然不知者，此实非彻悟也（《二程全书》卷四十一）的缘由。

　　总之，禅的觉悟虽然夸口在世俗界确保根源的自由，但仅仅依赖它是很难参与历史的形成的。实际上它只是片面的觉悟，可以说是觉悟与现实尚未完全合一。

　　那么，人的本性的自觉与历史形成的作用成为一体的立场，应该如何呢？它一定是把焦点定在前述适应共同体的种种理法上，探索其成立的由来，承认其普遍性的权威，在其中寻求思考和行动的准则。这种客观界的条理认识，和主体的本性确立成为一体，自得的哲学才真有可能建设。此贯穿主客两界的条理，因具有超越个人的主观意识的普遍性权威，所以称为天理；又因其具有不可动摇的稳定性，所以也被称为定理。"万物皆只是一个天理，己何与焉？……与则便是私意"（同上卷二）。就这样，贯通天地万物的"理"，取代禅的"总该万有之心"，作为儒学的核心而登场。程伊川（1033—1107）云"圣人本天（理），释氏本心"（同上卷二十三），这些话作为区分儒佛的名言,长期为儒家所信奉。

　　无疑的,发现理并赋予它超越个体的权威,对于提出儒教伦理独自的哲学根据并指出佛教解脱论的弱点,发挥了突出的作用。但是,客观条理的先验确立,不论是在什么普遍正确性的名义下,终究不能达成把主体放在既成的思考路线上藉以满足并进而抑制主体的创造的活力和激动吧。周濂溪(1017—1073)在《太极图说》的开头说:"无极而太极。"意谓作为宇宙原理的太极,同时是无极。这不是在人类存在的基础上,豫想理的秩序所不能竭尽的东西吗?苏东坡(1036—1101)批评程伊川过度尊重天理的倾向,呼吁打破程伊川强调的对于天理的畏敬感情,提出在天命(它是理出现的根源)和人性之间,"无天人之辨"(《苏氏易传》卷一),这是想把埋没在理之中的自由的气息恢复过来吧。苏辙的《书楞严经后》云:"予十年来,于佛法中渐有所悟,经历忧患,皆世所希有,不乱真心,每得安乐"可见苏氏一门亲炙佛学,值得注意。

　　然而,宋儒深知,一概排除理,而归于佛教心学,等于儒家的自我毁灭;但为达到目的而仰仗理的指示,又会损伤心的活力,并招致自得的低落。如何解决这一矛盾?办法不在超个体的天,而在主体的心;向心寻求理所依凭的根源,提出"心即理"。而程子为确立理的超越权威,又创立在"心"中完全保持"理"的特殊机能,名之为"性",提出"性即理"然而"心"和"性"二者很快就表现出明确的对立:在"性即理",理是天予的,在心中占有先验的优势,心被要求顺从理(即性)的诱导,然而,在"心即理",理的权威移让给心,理如同心的自主操作那样被运用。张九成(1092—1159)一语道破"自得一心,则心即理,理即心",他说"资之深则纵横理也,予夺理也,动容周旋理也,颠沛造次理也"(《孟子传》卷十九),指出不可揣度的理的操作情形。张九成受宋代第一法师大慧宗杲的薰陶,甚至遭受相同的政治命运。"心即理"的思想,到陆象山(1139—1192)形成更有系统的形态,在大致同一时期,和以"性即理"为绝对原理的朱子(1130—1200)的哲学激烈对立,几乎将儒学界分成二份。

在此应注意的是,如上所述,不论是"心即理"(称为心学),或是,"性即理"(称为性理学),在承认理的必要性这点上没有差异,但后者还是常以禅称呼前者,对前者具有的理意识采取不理不睬的态度。其实,站在"心即理"的立场的人,并不是无条件地耽溺于禅,正如张九成批评佛教"有体无用",陆象山排击佛教"一切断弃",他们是以儒者的身分呼吁尊重共同体的伦理的。那么他们为什么仍被等视为禅呢?因为,一言以蔽之,站在"心即理"的立场,不论怎样说理,理都被心随意支配,结果理不可能有自主性,而不过是己心和私意的替身而已。有理而无理,在实质上同于禅的空观体验之物。平心而论,由于"性即理",理的本质才能发挥;由于"心即理",理的生命才能保持。这和主体各自的社会志向及理的活用能力有关,很难判定优劣。但宋代的理学,由于朱子学的成立,"性即理"说占优势(陆象山死后,除杨慈湖,大部分的门人都亲近朱子学),从而将儒佛间的界线暴露于光天化日之下。事实上正像人们所说的,"朱子出而禅学衰",是中国思想史上极重要的转折点。朱子将深入人心的禅佛教巧妙地压制,完成自己的"深造自得的哲学",在儒学史上,可以说留下了不朽的功绩。然而,真的很奇异的事是,随着禅学之衰,朱子学(而且全部儒学)亦衰。此事该如何解释呢?

在儒家眼中,禅的主张无视客观世界,藉一心的解脱解决一切问题,不过是卖弄空论虚说。然而,禅的看似伪造的思想,即使在新儒学勃兴后,也依然极其隆盛,以致程明道(1032—1085)不得不呼吁"直须如淫声美色以远之"。为什么禅能如此腐蚀人的灵魂呢?

禅从五代到宋,分成五家七宗,其宗风也多种多样,动静宽严都有，但在现实中弘扬其法力的，一般说是具有直捷痛快的宗风者，而不是具有谨严慎密的宗风者。程子批判佛教云："盖人活物也，又安得为槁木死灰?"（《二程全书卷二》）其实即便佛教界中确有以闭目兀坐的静观为目标的"枯木禅"，以之掩尽一代禅风也是错误的。"活物"一语，本来是唐代禅僧赵州从谂（778—897）和五代禅僧永明延寿（904—975）使用过的，禅界一直保持着活物立义的传统，例如"截生死流，破无明壳，了无疑惑。直下顿明，则二六时中，转一切事缘，皆成无上妙智。岂厌喧求静，弃彼取此耶"（佛果《圆悟心要》）。这一段话，把世法和佛法看作一味，很能显示负荷全体、一心超脱的禅者的气魄。这滴血淋漓的生命的流露，不管合理不合理，或有效还是无效，都对重复呆板单调的生活意识的人心构成激烈的冲击力。尤其是一般士大夫，一面高唱道德礼义、经国济民，一面拼命追求荣达、计较利害，当他们面对禅僧澹泊名利的阔步之姿，一定会瞠目，其中必然会有在内心深处发出反响者。

　　另一方面，成为儒家形而上学的基础的，是阐说天地生成的《易经》，但如所谓"'生生之谓易'，是天之所以为道也。天只是以生为道，继此生理者，即是善也"（《二程全书》卷二），对事事物物感悟天地的生意，是理的哲学者程子的目的（其倾向在程明道特别显著）。"满腔子此恻隐之心"，是有名的程明道的话，这是充满生意的人难以抑制的真情的表白。在此，儒家的生理论和禅者的生命论，不得不微妙地交错。因而程门的高足杨龟山（1053—1125）云："儒与佛之深处，其差毫厘也。"朱子亦云："佛氏则近理，所以感人。此事难说，观其书可见。"（《朱子语录》卷二十四）儒佛交流的一个适当例子（或说宋代精神的一个显现），见于仁说。

　　仁，通常用为仁爱，其中含藏极强烈的对他冲动。要使仁真的作为没有代价的爱而燃烧起来，必须彻底保存此根本的冲动力不可。然而，仁不行于理的轨道时，其爱如火花一般的消失，不但不能持续地保持其社会效用,而且招致共同体的混乱。因此,仁爱被要求有节度,程子谓:"仁者体也,义者用也,知义之为用而不外焉者,可与语道矣。"(《二程全书》卷五)在这里,程子期待仁置于理(义)的基础上。但是,既然仁以不能抑止的生意为其血脉,那么,认为只有在无法用理规制的活泼的生命溢流中才能看到它的真面目的想法,当然也会产生。程门的谢上蔡(1050—1103)即以知觉为仁,以身体麻痹不知痛痒为不仁;张九成亦云:"仁即是觉,觉即是心,因心生觉,因觉有仁"(《心传录》上),这些都是要在生意跃动中看仁的形相,可视为活物主义的儒家式表现。当然,从"性即理"的立场来看时,这种发动主义不外是欠缺慎重的反省,不区分该做之事与不该做之事的"空心",实质上与佛教的觉悟没有什么差别(参照《朱子语类》卷一)。但是,如果因此把朱子学理解作完全排除活物主义,也是不妥当的。

宋代佛教的活物主义,由于圆悟克勤(1063—1135,《碧岩录》的编者)及其弟子大慧宗杲(1089—1163)提倡的公案禅,而达到顶点。它并不只是一种悟道传授的形式,而且是可一举打开夷狄侵入、舆论分裂、士风颓废、文化停滞等困难的社会局面,从心的根源重新锻炼的冲击疗法。公案本是"敲门的瓦砾",过度执着它,会招致禅的形式化、痴呆化,这是一开始就预想到的事。而敢将此用为不得已的手段的,如果是文化人士,是知识分子,就会把身陷四肢麻痹、意识过剩的窠臼的士大夫的精神构造瞬时爆破。当然,此爆破装置,在历史的现实界里,只为那些苦思打开局面的新的实践主体发挥威力,对于那些逃避现实、糊涂混世者是不发火的道具。因此,修行大慧禅时,人人尽一切可能使其心量扩大,而且将它做质的转换,以获得克服内外苦难的原动力。在禅的长期历史中,应该说没有一个时期像此时期那样活跃。禅采取使世法与佛法打成一片的姿态,以致富有旺盛求道心和使命感的有才能的士大夫陆续钻进佛门,连晚年热心排佛的朱子和陆象山,在他们年轻时,都曾向大慧的高足求教(朱子向开善道谦,象山向育王德光分别问学),就是最好的例子。后来,朱子不满于禅的活物主义的单调性、粗野性,继承"性即理"说,完成理的哲学,但这并不意味着活物主义完全行不通。

朱子确实彻底排佛,警告世人不要被佛教吸引,但并不是说不要理睬佛教所具有的活动的锐敏性。他在四十岁确立学说前,涉猎佛教的活物主义,又涉猎儒教的活物主义(通过友人张南轩和湖南学派接触),从而为他的理学建设提供重要的转机。为了不使理学胶着化、独善化,朱子一面保持理的权威,一面思考理本身的融通性、弹性。他把理区别成所当然(不可停止的理)和所以然(使个个理成立的本源的理),谋求理的个别性与总体性的相即(《大学或问》)。如浮舟于活水,使心的全部机能保持充沛不衰(《语类》卷百二十一)说明全体大用,防止工夫实践的散漫化(《大学章句》)。提倡本性的存养(《尊德性》)与穷理的探求(《道问学》)二者的密不可分。这些全都基于上述的准备。因此,他有时也反省自己的门人气魄不如陆象山的门人,又说"佛教里没有道理,一生受用,一生快活",警戒没有生气的学生(《语类》卷六十二)。当然,就客观界的起伏高低,追求一事一物之理的格物致知论,的确使主体的规模狭小,削弱其行动意识(事实上,朱子学的末流,此种倾向很强);但在朱子那里,宏大的理论规模,和包容万物的热忱、参与天地经纶的构想等,反而紧密地统一在一起。那是因为,在他的胸中,自我意识到佛教心学与儒教心学,并在其紧张关系中,构成自己的哲学。所以,如果除掉此关系,只就表现的当相,为断绝朱子学与佛教的关系而疯狂奔走,则朱子学本身的格调也就降低。在中国思想史上根深蒂固的教学偏见,陆续使优异的思想枯竭的事实,很遗憾,也见于朱子学的后继者的场合。

　　另一方面,大慧禅同样遭遇"大慧一传,诸子皆早世,火种悉灭,遂为空愚妄伪之辈盗佛法名器,妄言肆为"(《大光明藏》卷下)特别是,大慧禅与士人阶层的结合,使士人由于觉悟的威力,而脱离当初的意图——孕育士人选良意识的破碎和再生此一矛盾转机,堕于对支配阶层的轻易迎合和公案的低廉认可,丧失禅的野性味。结果,大慧的愿望——世法佛法一体论,至其末流,为加快佛法世俗化的儒佛一致论、三教合一论所代替。目击此结果的日本道元(1200—1253)叹谓"近日宋朝之僧徒无一知孔老不及佛法者(《正法眼藏》四禅比丘),实在有其道理。这样,为使表面上共存,而实质上水火不相容的儒佛两教,乃至性理学与心学,在更高的层次立体地结合起来,就不能不等到15世纪王阳明(1472—1528)的出现了。

(选自刘俊文主编《日本学者研究中国史
论著选译》第七卷,中华书局1993年版)

　　荒木见悟(1917—　),广岛县人。1942年毕业于九州帝国大学法文学部,历任福冈学芸大学副教授、九州大学文学部教授。现为久留米大学教授,文学博士。专攻宋明思想史,主要著作有《明代思想研究》、《佛教与阳明学》、《明末宗教思想研究》、《佛教与儒教》等。

　　本文探讨了宋明理学与佛教的关系,指出,宋代的佛教抛弃了教义学的粉饰,标榜超教义学的禅觉悟。佛教的哲学与体验具有深远性和现实性,促使与佛教对立并欲凌驾其上的宋代儒学,必须对其主体性、心性论进行特别的修整。发现理并赋予它超越个体的权威,对于提出儒教伦理独自的哲学根据并指出佛教解脱论的弱点，发挥了突出的作用。在朱子学那里，宏大的理论规模和包容万物的热忱，自我意识到佛教心学与儒教心学，在其紧张的关系中，构成自己的哲学。如果断绝朱子学与佛教的关系，则朱子学本身的格调也就降低。为使表面上共存，而实质上水火不相容的儒佛两教，乃至性理学与心学，在更高的层次立体地结合起来，就不能不等到15世纪王阳明的出现了。

阳明学评价的问题

荒木见悟

一

朱子学在朱子去世后，几乎没有改变其体质，由其后学传授下来；而阳明学在王阳明去世后，却四分五裂，从右的稳健派直到左的过激派，相继出现了多种多样的人才。试问，这种不同，原因何在？

作为朱子学实践论中心的，是"格物致知"学说。所谓"格物致知"，即是就客观世界的事物，穷其一事一物之理，并通过积累，确认和体验贯通天地万物之理的存在。贯通天地万物之理的存在，是发挥这种方法的实效事先所必备的前提。朱子把它叫做"定理"，又叫做"本然一定之则"（《大学或问》）。对此定理无须添加少许人为的安排。

> 天地之间，自有一定不易之理。要当见得不假毫发意思安排，不著毫发意见夹杂。自然先圣后圣如合符节，方是究竟处也。（《朱子文集》卷三八《答黄叔张》）

并且，在朱子学中还说："必有是理而后有是气"，认为理是比气优先的实在。而为了维护理的权威，便叫做"天理"或"天下公共之理"，看作人的行为的先验的规则。朱子学论人品，最要紧的是肯定天理的权威，而且首要的是顺从，因比，在《大学或问》一开头，

就提出对天理的敬畏感情说："敬之一字,圣学所以成始而成终者
也","敬者,一心之主宰而万事之本根也。""敬"就是使人从属于天
理,在人心中培育绝对地看待天理的命令的习性。于是,"定理"遂
成为朱子学成立的首要关键。

在朱子学的心性论中,不主张"心即理",而提倡"性即理",这
是和上述观点密切相关的。朱子学所谓"心统性情",在性和情之
间划了一条界线,性即是理,情却不能直接被看作理。这是因为,
情为气质所左右,不一定和性保持行动上的一致性。性作为理在
心中的贮藏所,犹如心中存在神秘的殿堂一样。情是不稳定的区
域,性是稳定的区域。这样一来,朱子学的心就具有二重构造。情
同性相比,只能处于低级地位。通过肌肤直接感知外界事实和现
象的,是情不是性。无论外界怎样变化,情都能敏感地察知;如果
不靠性的指示,心却不能恰当地应付事物。性(理)是超越人的安
排作为的实在,它保持自身同质性的倾向很强,因而不容易把目光
转向通过情侵入进来的外部情势。由此产生出朱子学固有的道学
关于人的固定观念。客观世界的变动并不引起自身体质发生相应
的变化,相反,倒要求客观世界与己心之理的活动相吻合。在这
里,发生了理和现实的乖离,引起无视现实和人情的道德观念。这
便是朱子学宣扬"格物致知"论必然要达到的结果,而"道学"一语
也因此转化成不懂世故、似是而非的学问的同义语。

元代以后,朱子学被采纳为国教。这是由于朱子学内在的一
成不变地看待理的思考态度,恰好有利于当政者确立对于人民的
支配权。官府所制定的法令,被作为天理套到人民头上,利用人民
对于天理的敬畏感情,也不管人民愿意与否,硬是强迫人民遵守
它。且不谈朱熹一生治绩如何,朱子学的思考方法和体质,却为强
化皇帝的权力提供了便利。尽管本来"理"字是事物"恰好之处"的
涵义,但这里却在理的美名掩盖下,开始具有使人的性情枯竭、约

束人的生活的作用。陈白沙叹息说："宋儒言理太严"(《陈白沙集》卷三《复张东白》)，就是指摘这一点。可是，当朱子学以官学的权威自居时，只有信奉它，才被认为是忠实的臣民，而要对它展开正面的批判则是困难的。然而，人心毕竟不可能永远慑伏于特定的教理权威面前。只要有谁挺身而出，就必然会燃起改革的烽火。肩负着这一历史转换任务而登场的是王阳明。

二

　　本来，人类为了过共同生活，有必要根据"理"制定国家的礼乐制度、社会的习俗规范等等，乃是不言而喻的事。人们在生活中不能无视"理"。同时，如果社会制度是稳定的，它所适用的理也就是稳定的；如果社会制度是不稳定的，它所适用的理也就是不稳定的。总的说来，统治阶级总是依靠稳定性的理约束人民，谋求长治久安。然而，当人们对所给予的理无所怀疑，对先验的理无批判地遵从时，于此亦丧失了人的本心，以致使表面的伪善者比比皆是，社会的发展停滞不前。由统治者按照猫的样子驯养出来的就是善人，就是良民，这种风气到处漫延，从而丧失了积极地追究社会的黑暗面的热情。为了防止这种弊病，必须经常反省理所构成之由来，以便作必要的改变，以适应历史的现实。朱熹把理分为"所当然"和"所以然"(《大学或问》)，通过前者可以确定现成的理，通过后者则是想要探究其成立的根源，这恰恰是想要避免使理僵化。然而，如前所述，他严格区别理和气、性和情，一再坚持理的优先地位。为此，理离开气(历史的现实)，不免具有独自游荡的倾向。对于理完全成为虚饰的工具，堕落为满足私欲的手段这种实际情况，王阳明做了如下的描述：

　　　　外假仁义之名，而内以行其自私自利之实，诡辞以阿俗，矫行以干誉。掩人之善,而袭以为已长;讦人之私,而窃以为已直;忿以相胜,而犹谓之徇义;险以相倾,而犹谓之疾恶;妒贤忌能,而犹自以为公是非;恣情纵欲,而犹自以为同好恶;相陵相贼,自其一家骨肉之亲,已不能无尔我胜负之意,彼此藩篱之形;而况于天下之大,民物之众,又何能一体而视之。则无怪於纷纷籍籍,而祸乱相寻于无穷矣。(《传习录》卷中)《答聂文蔚》)

在这里,王阳明对于把国家弄到魔怪百出的地步,倾诉了无限的悲痛和愤怒。王阳明在青年时代曾通过竹子试验格物致知,结果没有找出竹子的理,反而遭致心病。这个逸事,使朱子学者成为笑柄。但是,这个逸事光是用自然科学的方法论的巧拙,能做出适当评价吗?这个简单的逸事之所以在阳明学派中受到重视,不就是因为其中寓有深意吗?这就是说,它是象征性的事件,说明根据具有压倒一切的权威的朱子学的实践法是不可能穷到真实之理的。王阳明选择关于格物致知的最简便方法,其实是想要追究这种方法的"祖型"的是非。这一问题的意识,此后在王阳明胸中继续酝酿着,终于在龙场配所发现了解决问题的方向。

龙场是个言语不通、不宜居住、气候风土恶劣的穷乡僻壤。然而,王阳明来到这个文化光焰照射不到的偏僻地区,却为这个因没有文化而亲切地充满纯粹无垢的人性一事感觉十分惊异。同夸耀文化和教养的官僚社会腐败透顶相反,这个文化和教养很差的边远地域的人们却保持着高尚的人性!在这里,王阳明断然抛弃历来支撑着自己的那种官僚知识份子的自尊心,而从本原上去体会和重新探讨人的存在的意义。即找到了一条从历来作为官僚社会共同观念的朱子学的理意识中摆脱出来的道路。朱子学所谓"理在主体之先"的定义,似乎把理尊崇得不能再高,其实有把主体对于理的责任变成暧昧的危险。理所禀赋的善恶,对于赋予的一方有最终的责任,而对于被赋予的一方没有最终的责任。由此产生出低级庸俗的伪善根性,以至形式主义的道德猖獗。王阳明讥讽这种潮流说:"若只是那些仪节求得是当,便谓至善,即如今扮戏子,扮得许多温清奉养的仪节是当,亦可谓之至善矣。"(《传习录》卷上)要防止这样伪装的道德论泛滥,怎样做才好呢?不能把理看得比主体更重要,而是主体在理之先,对理负有全部责任。王阳明把这样的绝对主体叫做"心"。因此,格物致知也必须以心为中心而展开。

朱子所谓格物云者,在即物而穷其理也。即物穷理,是就事事物物上,求其所谓定理者也。是以吾心而求理于事事物物之中,析心与理而为二矣。(《传习录》卷中《答人论学书》)

朱子学"析心与理"的结果,在于不给予心以充分地创造理的权限。朱子学也并非不说"心与理的一致"。然而,这时所说的"理",是"天赋之理"(由天的命令所赋予之理),不是心自发地规定的理。对于把理看做第一位、把心看做第二位的朱子学的思维方式,必须加以根本的变革。这就是提出"心即理"反对"性即理"。王阳明提出"心即理"对抗朱子学的"性即理"。"性即理"是标榜理比主体(心)占优先地位的口号。与此相反,"心即理"则是主体本身全面承担理的口号。因为"性即理"和"心即理"同样拥护基于封建教条主义的"理",而认为这二者之间的转变只不过是唯心论内部的微小的差别,这种说法,对于阳明学出现的意义,未免评价太低了。

三

王阳明把此"心"叫做"良知",因为"良知"在儒教古典著作的术语中,对于表示心的先天的觉醒最为合适,因此只选取了孟子此语,但并非打算回到所谓古典儒教去。再则,在他的"心的哲学"(心学)里,有禅宗的影响,但并非以回到禅宗为目标。作为对过去思想的总清算,他把"心"(良知)推到了前面。"心"字在中国从先秦时代就开始使用,佛教传入以后,加给它的意义更是变得复杂深远。而王阳明所说的"心",既不依傍哪部经典,也不模仿谁的学说,完全是依他独自的信念为内容而使用的。王阳明发现"心"(良知)具有这样的绝对自主性以后,便开始从以朱子学为首的以往的学说中摆脱出来,用种种言词表达"心"的机能具有广大无边的特性。

良知是造化的精灵。这些精灵,生天生地,成鬼成帝,皆从此出。真是与物无对。(《传习录》卷下)

良知之虚,便是天之太虚;良知之无,便是太虚之无形。日月、风雷、山川、民物,凡有貌象形色,皆在太虚无形中,发用流行,未尝作得天的障碍。圣人只是顺其良知之发生。天地万物俱在我良知的发用流行中。何尝又有一物超于良知之外,能作得障碍。(同上)

这样表达,从自然科学眼光看来,会断定"物不能产生于心",指责它是无视逻辑学的法则。其实,这是不理解王阳明的真意。为了推翻长期与国家权力紧密相关的、浸透知识份子骨髓的朱子学的"定理论",来完成人的再生和祖国的复兴,把作为责任主体的良知的力量,怎么样过分强调也不会过头的。王阳明所说的"拔本塞源"(《传习录》卷中),恰恰是直捣"定理"的老巢。这恐怕是我们至今也无法想像的至为艰难的业绩。

不过,也许有人会问:"阳明学不是也同朱子学一样,承认作为先验道理的五伦五常吗? 在这个意义上,不就具有同朱子学相同的体质吗?"的确,在王阳明的说教里,借五伦五常说明良知的特性之处,屡屡可见。例如,他这样说:

　　且如事父,不成去父上求个孝的理;事君,不成去君上求
个忠的理;交友治民,不成去友上民上求个信与仁的理。都只
在此心,心即理也。此心无私欲之蔽,即是天理,不须外面添
加一分。以此纯乎天理之心,发之事父便是孝,发之事君便是
忠,发之交友治民便是信与仁。只在此心去人欲存天理上用
功便是。(《传习录》卷上)

　　夫求理于事事物物者,如求孝之理于其亲之谓也。求孝
之理于其亲,则孝之理其果在于吾之心邪? 抑果在于亲之身
邪? 假而果在于亲之身,则亲没之后,吾心遂无孝之理欤!
(《传习录》卷中《答人论学书》)

　　通常说来,首先要有自我作用的对象,再从这个对象和主体的
相互关联中,考虑把与其相称的“恰好的理”确定下来。可是王阳
明却把一切事态成立的根据径直复归于心,他说,只有在心存在的
情况下,理才能成立。这正如朱子学者所非难的那样,无视客观世
界的条理,而把以私意捏造的理伪装得似乎很真实,这样的危险性
不能说一点也没有。尽管伴随着这种危险性,王阳明还是把使自
我成立的理复归于心,其意图何在? 这是企图对既成的理“确保自
由”。不是先有五伦五常,良知追认它,而是先确立良知,五伦五常
才可以运用自如。王阳明绝未说可以无视五伦五常的话,可是也
未说只要实践五伦五常就能称为善人、称为君子。善人和恶人的
区别,君子和小人的不同,全在于确立“良知一念”与否。王阳明
说:

　　夫良知之于节目事变,犹规矩尺度之于方圆长短也。节
目时变之不可预定,犹方圆长短之不可胜穷也。故规矩诚立,
则不可欺以方圆,而天下之方圆不可胜用矣。尺度诚陈,则不
可欺以长短,而天下之长短不可胜用矣。良知诚致,则不可欺
以节目时变,而天下之节目时变不可胜应矣。毫厘千里之谬,

不于吾心良知一念之微而察之,亦将何所用其学乎。(《传习录》卷中《答人论学书》)

说到底,即使肯定五伦五常的名目,把它作为在多大程度上不可动摇的权威予以承认,如何去实践,所有这一切,都被归结为"良知一念之微"的判断。循此前进,既可能接近朱子学的方向,也可能对朱子学抽筋拔骨!阳明学在良知之名中,承认"个人的自由",就把这种责任明确化了。一切个人必须把他具有的良知自主判断作为至上的东西加以信奉。因为有"自主的判断",当然有时也会作出有利于掌权者的判断,但也有相反的情况,与掌权者的意图存在距离。王阳明其人,没说应该选择哪一条道路。这就为王阳明死后,其学派分裂为左派和右派提供了可能性。良知适应主体的条件,无论何时何地都具有创造出新的人生观、社会观的可能性。王阳明的生平,留下了封建教条主义的痕迹,也许不能突破作为官僚士大夫的界限。然而,他的说教,孕育着超越王阳明其人的个人界限,批判"先验的定理",并有向突破它的方向发展的可能性。所以,从这一学派中,也就产生了像泰州学派那样从庶民阶层中找到发展出路的一派。对于作为专门服务于统治者的教理而被继承下来的朱子学来说,良知说被看成不共戴天的仇敌,其理由就在于此。不妨看一看清初信奉朱子学的张杨园下面的一段话:

事事物物各有当然之天理。吾所以应之能各当其则,方为无私心而合天理。"廓然大公,物来顺应"(笔者注:程明道语),盖如此也。其曰"致吾心之天理于事事物物"(笔者注:王阳明语),是事物与吾心有二理,非合内外之道矣。(《杨园全集》卷一《备忘》)

非难朱子学"析心与理为二"的王阳明,在此,相反地被攻击为"区分事物和心"。在这里,朱子学和阳明学的决定性的对立被显示出来了。即使这是唯心主义路线内部的对立,如果在相同性质的连续性概念之下理解朱子学与阳明学,也会把中国思想史发展的实质忽略过去。

四

今天,在中国的学术界,把朱子学叫做客观唯心论,与此相反,把阳明学叫做主观唯心论。这大概是基于下列前提:朱子的格物论追究客观世界的条理,相反,王阳明的格物论只不过追究主观世界的条理。按照尊重客观性的唯物史观的原则,中国思想史明代比宋代越发低落,对于人心的麻痹程度也更为厉害了。然而,王阳明提倡良知说以后,直到明末清初,涌现出富有特色的思想家,被认为堪与战国诸子百家的盛况媲美,却是客观的事实。一切历史现象,从上游的角度看是必要的,从下游的角度看也同样是必要的。晚明的思想界也是值得中华民族夸耀的一个时期。而且,起到开花作用的实际上是王阳明。在晚明的思想家中,有进步者,也有保守者,他们几乎都属于良知说的门下。然而,也许有人会问:从同一个源泉,怎么会产生出进步的思想家和保守的思想家呢?为了回答这个问题,有必要再次回顾一下良知说的特性。

良知说打破了定理论,创导一种理,而把担负此理的责任复归于心(主体)。良知说出现以后,在中国思想史上,“天”的权威急剧下降,由此也可以看出,良知说是尊重自主性和自发性的学问。但是,所谓自主性、自发性,并非只满足于观念的安排。王阳明作了这样的说明:“凡某之所谓格物,其于朱子九条之说,皆包罗统括于其中。但为之有要,作用不同。正所谓毫厘之差耳。然毫厘之差,而千里之谬实起于此。不可不辨。”(《传习录》卷中《答罗整庵少宰书》)良知说通常保持着关注客观世界状况的态度。如最初所看到的,提倡良知说打破了学问、思想、教养、文化等方面的僵局,抱有引出新的社会条件的目的。"阳明学是一门教导人们只专注于内心的学问",这种规定应该说是对阳明学的重大误解。不,因为良知把目光转向了外界,目睹社会上的丑恶现象,如同"猫捉老鼠"一样敏捷而准确地做出相应的反应,所以能提高自身道义上的热情。良知是主体透过内外界的纠葛,锻炼自身,弄清自身应实践的理的基点。这种场合,道理的标准不能靠上天赋予,而完全凭各人的良知做出判断,因此,发生从右派到左派多种多样的分化现象,是当然的事。在这一点上,良知说具有不能固定作为单一的教理的性质。信奉定理的朱子学不会分裂,而不信奉定理的阳明学分裂为各种派系,其理由就在于此。良知说严禁成为固定的教理的奴隶。这无异于是良知的自杀行为。因此良知说的昌盛,不仅给予儒教以生气,而且也成为佛教甚至道教复兴的机缘。

随着阳明学的普及,儒教和佛教的调和论、儒佛道三教一致论开始流行,沉睡了多年的佛教进一步受其影响,开始了积极的活动。中国大陆发生了剧烈的地壳变动,中华民族迎来了"人类解放的前兆"。在排斥异端意识强烈的朱子学构成主流时,儒教以外的教理不可能有充分的用武之地,而随着阳明学的发展,儒教以外的教理一起复活起来。这是什么缘故呢? 这是因为,阳明学虽然有儒教的形式,但实际上在教理的范畴方面却具有不受拘束的体质。如果按王阳明《别湛甘泉序》(《王文成公全书》卷七)所讲,圣学和异端的不同之点,在于有无"自得",他说:"居今之时,而有学仁义、求性命,外记诵辞章而不为者,虽其陷于杨墨老释之偏,吾犹且以为贤。彼其心犹求以自得也。夫求以自得,而后可与之言学圣人之道。"这种言词,就算是以儒教作为标准加以陈述的,但如果追究其论述方式的话,则无论信奉哪种教理,如果有"自得",就能与圣人之道相关联;如果没有"自得",即使学习儒教,也会成为异端。就是说,圣人之道和异端的区别,不能根据教理的分类决定,而要根据本心（良知）确立与否决定。总之，所谓儒佛调和或三教一致，往往被认为从横的方面连结既成的教理，而晚明的教理的混合现象，是本心从既成的教理中适当地选取必要资料作为充实自己的素材而产生的。不是先有教理，本心追随它，而是先有本心，为了充实自己而利用教理而已。这样，良知说对于把人从教理的权威下解放出来提供了决定性的基础。这已超越了王阳明所属阶层的界限，甚至具有保证士大夫和庶民平等的体质。在这个意义上，阳明学虽然身穿儒教的外衣，但实际上摘取了赤裸裸的人的原型。

五

中国现在对阳明学的评价的确是严厉的。侯外庐先生主编的《中国思想通史》第四卷第二十章关于王阳明的生平，以镇压农民起义军贯穿始终，作为结论则说："综观王阳明的'事功'，说明了他对于封建统治阶级是十分忠实，对于人民的统治和镇压是十分残酷的。"（第882页）这样，将会说，王阳明的立场是反人民的，其思想当然也不能不是反人民的。

> 不同的阶级有不同的"是非"。王阳明所说抽象的"是非"标准，即"良知"，实质上是封建的道德律，即统治阶级的"是非"，这和人民的"是非"是恰恰相反的；……王阳明的真正用意所在，即所谓"良知之在人心，无间于圣愚，天下古今之所同也"。这一结论，即从心理的"无对"达到社会的"无对"，这样好像就使人民的"是非"同于统治阶级的"是非"，使人民的好恶，同于统治阶级的好恶，也即人民就放弃自己争生存权利的斗争，而屈从于地主阶级的"至善"。（同书，第896页）

这样，王阳明就被规定为"先验主义的形而上学体系之传统"，"无类比附逻辑的传统"，断定不能从他那里继承任何东西。

对王阳明的评价极其严格,与此相反,王艮一派(泰州学派)却得到极其善意的对待。这是因为王艮一派坚持深入到下层人民阶级中从事讲学活动,所以得到推崇。既然王阳明和王艮所属的阶层不同,则其思想理应不会有连续性。于是,该书否定历来认为王阳明和王艮之间是师生关系的学说,而把阳明学派和泰州学派说成是互不关联的东西。

杨荣国先生主编的《简明中国哲学史》(第七章)所做的论述,也同上面一样。"由于当时王守仁等主张'以手足捍头目'即要牺牲人民的利益来维护统治阶级的利益,王艮则表示反对"(第274页)。不过,这里要注意,阳明学到了王艮带有了不同的色彩,并不待于今日的学者指出。早在万历年间业已有人指出这一点了。请看下列资料:

> 人谓淮南(笔者注:王艮)之学,是以自立一宗,而师文成(笔者注:王阳明)为能下,善成大,故其后嗣遍海内。(《杨复所文集》卷二《性学衍义序》)

> 心斋晚年所著,多欲自出机轴,殊失先师宗旨。岂亦微有门户在耶。慨惟先师患难困衡之余,磨礲此志,真得千圣之秘,发明良知之学,而流传未远,诸贤各以意见搀和其间,精一之义,无由睹矣。(《明儒学案》卷一九《陈明水论学书》)

在格物论上,王艮与王阳明不同,倡导独特的"淮南格物说",这是极其著名的事实(参看毛奇龄著《大学证文》)。王阳明和王艮之间,无疑存在着思想的曲折,王艮不是王阳明的模仿者。这在不打算传达固定之理的良知说来讲,是理所当然的事。那么,这两者之间,全然不存在思想上的连续性吗?

让我们看看活跃于万历年间的泰州学派后学弟子们的言论吧。焦竑说:

> 心斋先生以修身为格物,故其学独重立本。是时谈良知,间有猖狂自恣者。得此一提掇,为功甚大。故阳明门人,先生

最得力。其后徐波石、赵大洲、罗近溪、杨复所诸公,皆自此出。(《澹园集》卷四九)

罗汝芳说:

> 若论为学,则有从觉悟者,有从实践者。阳明先生与心斋先生,虽嫡亲师徒,然阳明多得之觉悟,心斋多得之践履。要知觉悟透则所行自纯,践履熟则所知自妙。故二先生俱称贤圣。(《罗近溪集》数卷,51页)

李贽说:

> 如其述,则渠老(笔者注:邓豁渠)之不同于大老(笔者注:赵大洲),亦犹大老之不同于心老(笔者注:王心斋)、心老之不同于阳明老也。若其人,则安有数老之别哉。(《焚书》卷一《又答石阳太守》)

王敬臣说:

> 本朝王阳明、陈白沙,皆理学之宗。又有王心斋者,就正于阳明,此人见道甚确。尝于坐设先圣画像,而己立于其旁。因读《论语》首章,即向圣像而请问曰:"先师教我以悦、以乐、以不愠,皆在心上说。然则心之外无学乎?"此等见解,其透悟为何如?(《俟后编》补卷,18页)

以上诸说,都是一面承认王阳明和王艮之间行动方式不同,一面又主张在思想核心上贯穿着一条主线。因为有了先驱者的王阳明,才可能有后继者王艮。在王阳明门弟子中,究竟谁是阳明学说正统的接受者,常常成为争议的问题。这件事本身表明阳明学说以多种方式被人们接受了。从而,良知说的曲折不光是在王阳明和王艮之间成为问题,而且很可能在其他门人中也成为问题。例如,无善无恶说是王阳明首先提倡的,还是门人王畿初次提倡的,也成为重大的争议问题,这是显著的事例。这样,良知说虽然到处发生曲折,却又广为流传,其源盖出于王阳明,这是晚明人士共同的认识。这决不是献媚于王阳明的盛名,而是忠实地顺从了良知所提倡的自主性而已。因为王阳明属于士大夫阶层,王艮属于人民阶层,所以认为二者之间不可能有思想上的连续性。这种见解未免过分性急地拘泥于近代社会的阶级论,而游离于历史的事实,缺乏对于良知说的正确认识。

杨天石先生所著《泰州学派》一书,通过对上述观点的反省,主张王阳明和王艮的思想本质是完全相同的。为什么要做这样的转变呢?

六

首先应该注意的是对王艮的"均分草荡议"的评价,侯先生和杨先生完全相反。侯先生对此做了非常高的评价,说明如下:

> 王艮的均分方案,就是一种"摊平"的方案,就所有安丰场草荡,划定经界之后,按灶丁人数,"每人该分若干顷亩。"……因此,均分草荡虽然在官府计划下进行,但这是为了满足贫者摊分灶产的要求而设计的,也就具有反对封建独占的平均主义小私有的性质。(《中国思想通史》第四卷第983页)

杨天石先生批判此说,所述如下:

> 王艮所建议"均分"者为关系盐业生产的"草荡",并不触及地主阶级的土地制度,"粮田、官地等项除外",它是明朝政府官方盐业政策的继续。有些著作把它说成是"企图以土地所有制解决封建制社会的矛盾","具有反对封建独占的平均主义小私有的性质"云云,完全是以想当然代替了严肃、细致的科学研究的结果。(《泰州学派》第13页)

据此,王艮不是站在人民一边,而是仍然站在统治者一边。因而,其"淮南格物说"也不是坚持深入到人民之中,替人民的意志辩解,而是成了"从极端唯我主义出发的一种狂妄的生活态度"(第26页)。在鼓吹旧道德、增强旧的社会经济基础方面,王阳明和王艮之间没有什么不同。侯先生认为,"百姓日用之学是王艮思想的进步的命题"(前揭书,第978页),"王阳明的良知说,到王艮手里,就从封建的教条暗地里变成了人民的欲望"(同上)。而杨先生则说:"可以看出,所谓'百姓日用是道'就是选取人们日常生活中的某些动作、感觉、行为来说明'良知'——封建道德'现现成成'地存在于人们心中,人人俱足,虽童仆一类的'愚夫愚妇'也不例外。这就叫做'以日用现在指点良知',或叫做'指百姓日用以发明良知之学'。"(《泰州学派》第51页)王艮的良知说也被当做原封不动地保留封建教条主义的东西。王阳明和王艮之间与其说思想上没有断绝联系,倒不如说一贯相连。杨先生的主张在形式上同我们的主张一致。但是,对于良知说的理解方法,却存在着很大距离。

　　杨天石先生另有叫做《王阳明》的著作,如果按照此书所说,朱子学和阳明学的争论,不是"原则之争",而是"方法之争",是所谓"如何更好地拥护封建地主阶级的利益之争"(第23页)。但是,如上所述,王阳明倡导的良知说打破了构成封建教条主义超人背景的"天"的权威,而把它夺回到"人"的手中。这虽然不能立刻发挥颠覆统治体制的威力,却成为发现摆脱被动地服务于统治体制的方向的契机。由此产生了这样的现象,借李贽的话来说就是:"一代高似一代。所谓大海不宿死尸,龙门不点破额,岂不信乎?"(《焚书》卷上《为黄安二上人》)尽管他们的运动缺乏近代的阶级意识,对于人民的主权的觉悟淡薄,但在困难的历史条件下,完成了它应起的进步的作用,这难道不应该引起注意吗? 假使他们不出现,晚明社会不是要陷入更深的绝望的命运之中吗?

　　由此看来,我认为该书也不能正确地描写阳明学的真面目。如说"王阳明的'万物一体'论乃是用主观吞并了客观、用精神吞并了物质的主观唯心论"(第46页)。我认为王阳明的万物一体论，一方面象征着心（良知）的紧张和激动，另一方面象征着自己和其他事物息息相关。假定王阳明提倡的万物一体是"封建统治集团的天下一家"，他也不是以此作为"定理"从外部加以强制，而是听任组成集团的每个成员良知的判断。根据统治阶级和被统治阶级的力量对比关系，或是统治阶级内部的利害关系，这个"集团"的统制状态不管是强是弱，也不管是急进化还是稳健化，都要在良知中寻求这个社会变动的基点。要求在良知的名目里应更明确地提出阶级斗争的意思，这是无视王阳明所处的历史的局限性。值得我们注意的是，虽然有严格的历史制约，但是在阳明学二传、三传过程中，直至商人和农民，都开始有了作为"个人"的自觉。只有经过这样的自觉阶段，才有可能形成近代的意识。杨先生说："在事实上，王阳明是把封建道德作为真理的尺度和人们行为的规范的。"即使在王阳明的一生中投射着封建道德的残影，但在封建的矛盾中苦恼的结果，诞生了良知说，它包涵着导致封建体制瓦解的活力。其速度虽没有近代社会的革命运动那样急剧，但晚明的思想、文艺、美术、戏曲等的昌盛和庶民化，都与阳明学的流行密切相关。不可能期待朱子学有如此的影响力。杨先生主张作为客观唯心主义的朱子学和作为主观唯心主义的阳明学同样是"颠来倒去"的认识论（第56页），这是无视中国思想史上的客观事实。

七

对于阳明学的上述误解，是从什么地方发生的呢？现在，中国的诸位先生因阳明学是"心学"而将它规定为"主观唯心论"，断定为忽视客观世界条理的唯我论。与此相反，把注重"气"的学者全部规定为"唯物论者",而给予比唯心论者善意的评价。对于王阳明同时代的人物罗钦顺就是如此。在任继愈先生主编的《中国哲学史》里,关于罗钦顺做了以下的叙述:

> 罗钦顺对程、朱以来的唯心主义的"理一分殊"的命题给以彻底的改造。因为程、朱以"理"为第一性的存在,罗钦顺则以气为第一性的存在。同样的"理一分殊",就具有了不同的意义。……先有了气,才有万物产生;罗钦顺认为万物所以成为万物,物质世界的多样性,就在于它有着"理一分殊"的关系,普遍意义的规律性是通过个别具体事物才能表现出来。

(第三册,第 314 页)

就这样,对于罗钦顺反对唯心主义分离理和气、反对割裂形而上和形而下观点的功绩,给予了赞扬之辞。特别是在同王阳明的争论中,对于罗钦顺严厉地追究所谓"天地万物皆吾心之变化"的唯心主义错误观点的才能,评价很高。但是,在其它方面,"由于阶级立场的局限,他没有,也不可能和程、朱等人提出不同的道德观,因此,他的人性论又与程、朱合流。这是罗钦顺的哲学体系中自相矛盾的地方。"这个说明也必须注意。总而言之,罗钦顺在自然观、认识论上是唯物论,在人性论上是客观唯心论,这里保留着所谓"矛盾"。如果问:"为什么保留着矛盾?"也许要反过来回答:"因为对唯物论哲学理解不充分"。那么,同怀有唯物论萌芽的罗钦顺思想相比,为什么彻底唯心论的王阳明思想,反而更广泛地流传,并且带来更大的影响力呢? 难道晚明的中华民族为了使祖国的社会进步,在思想选择上发生了错误? 抑或是被王阳明的盛名所迷惑? 抑或是因为中华民族的思维能力下降? 或许,无论何者都不是? 直截了当地说吧:王阳明是比罗钦顺有更加"进步的思想"的人,中华民族在进行思想选择时并没有弄错。其理由如下:

一般说来,中国的诸位先生一见所谓"心"字,立即轻蔑地作为

"唯心论"看待,而一见所谓"气"字,则立即尊重地作为"唯物论"看待,这种倾向是很强的。如果站在所谓"存在决定意识,人们的社会存在决定人们的社会意识"(杨天石著《王阳明》第55页)的原则立场的话,那就没有别的方法了吧。然而,在应用这个原则以前,"心"这个字或"气"这个字究竟是以何种意思来使用的,或"心""气""理"三者以何种方式结合,都有必要慎重地加以探讨。

正如本文在开始时所说,王阳明为了明确"心"是责任主体,做了相当大胆的表达和比喻,如果不能窥知其真意,而停留于其表面,恐怕就会对此产生重大的误解。任继愈先生说:

> 王守仁还把身、心、意、知、物说成一回事,以混淆身和心、心和物的关系,从而否认事物的客观存在。……这里也是由夸大意识的能动性,把视听言动等精神活动完全归结为心(思维)的产物,心的扩展。所谓"指其充塞处言之谓之身",即是说身由心充塞而成。这样就彻底否定了人的身体的物质性。

(前揭书,第300页)

在王阳明的言论中,可以看到无视常识的夸张性和离开一般看法的非逻辑性,这是事实。然而王阳明的意图,既不是逻辑上的无矛盾性,也不是认识论上的严密性。莫如说逻辑产生、认识产生,才是其基点。何谓基点?就是统括了身、心、意、知、物,使身、心、意、知、物产生的综合的生命。在这里,王阳明主张明确伦理的责任之所在,对于自我的无论怎样的细微的活动,实践主体都经常负有完全的责任,而无所辩解和逃避。所谓"心包物",也不是像果实装入筐中那种形式的"包",而是"心"(生命的基础)对所有事实和现象负有完全的责任。所谓"良知产生万物",也不是说物质由精神产生,而是说良知对万事万物的存在方式极其关心。无论怎样高级的真理——唯物论也好,唯心论也好——都不能进入"熟睡的灵魂"。王阳明所说的"事上磨练",是给"熟睡的灵魂"以严厉的鞭笞。对于现成的真理盲目依靠时,这种真理就已经躲藏起来。只有通过主体的实践,真理才能确实为自己所有,发挥社会的效用。王阳明否定朱子学的定理论,理由就在于此。王阳明说"性即气,气即性"(《传习录》卷中),恰好是他明确了"性气一体"(理气一体)的内容。既不是"理在气先",也不是"气在理先"。良知俱足处,气也俱足,理也俱足。如果把阳明学叫做"心学"的话,那么也可以把它叫做"气学",叫做"理学"。本来,阳明学缺乏追究客观世界条理的科学方法是事实,这里当然存在阳明学的界限,但把良知心学规定为"观念的自我满足主义",断定王阳明一生只不过是"牧师的职能",怕也不是妥当的见解。

　　朱子学谈论"天理",阳明学也谈论"天理"。然而,靠超越者所赋予的天理,同良知本身所创导的天理,其意义是互不相同的。阳明学所说的"天理",其实也可以换做"人理",所以他不谈论所谓"敬畏天理"。评价阳明学时,比什么都重要的观点不在于是"唯物的"还是"唯心的",而在于是"定理的"还是"非定理的"。正如"唯心的"是犯罪的一样,"定理的"也是犯罪的,对此,中国的诸位先生是否有过反省?

　　罗钦顺拥护朱子学,而攻击阳明学,他说:

　　　　程、朱数君子,相继而出,相与推明孔孟之正学,以救当世之沦胥者,亦既谆谆恳恳,而世莫之能用。直至我朝,其说方盛行于天下。孔孟之道,于是复明。……近来异说纷起,直欲超然于规矩准绳之外,方圆平直,惟其意之所裁。(日本刻本《困知记》卷三)

　　所谓"异说",是指阳明学。于是,罗钦顺对阳明学不遵守"一定之规矩准绳"感到愤慨。说人应当践履的道德律令,已经由程朱确定,不能越雷池一步。在这个意义上,罗钦顺依然是朱子学定理论的信奉者。他说:

盖尝闻之,宇宙间事皆吾分内而莫不有定理。循其理而应之,凡以尽吾职分之当然而已。岂容一毫计较之私耶。(《整庵存稿》卷四《送太常少卿李公考绩诗序》)

在这里,明确地使用了"定理"一语。他还说:"理无往而不定,不定即非所以为理。"(《困知记》卷三)那么,罗钦顺为什么尊重气呢?是因为注意到了定理论的错误吗?并非如此,他反对辨别理和气,又反对辨别天命之性和气质之性,并不是因为依靠"气"的力量使"理"顺利发展,也不是想要纠正对"理"的歪曲。他不是期待"凭气创造理",而是期待"靠气捆住理"。他强调的"理一分殊"论,不是承认理的多种多样的表现,而是要通过"一理"统制"万殊"。换言之,不外乎是要把官府的教条强加于人民的逻辑而已。他解释惟气一体是"理须就气上认取,然认气为理便不是"(《困知记》卷二)。十分谨慎地把理和气区别开来。那是因为怕"气"随意搅乱"定理"的原故。在罗钦顺哲学中,"气"的作用不是给理增加光彩,而是制止理的冒进。应该说,朱子学通过罗钦顺气的哲学更增强了拥护体制的程度,压抑了个人的自由。由此看来,王阳明和罗钦顺的优劣是不言自明的。

在晚明,阳明学流行,钦顺学不流行,有其相应的理由。中华民族在决定思想的选择时没有弄错,这是客观事实。敌视所谓"心"字,偏爱所谓"气"字的思想史观,于此需要重新考虑吧!

(选自辛冠杰主编《日本学者论
中国哲学史》,中华书局1986年版)

本文探讨了中国历史上对阳明学评价上存在的问题,指出,王阳明提出"心即理"对抗朱子学"性即理"。阳明学的"良知"论高扬了人的主体意识。作者强调,中国现在对阳明学的评价过分严厉，甚至存在误解。如因阳明学是"心学"而将它规定为"主观唯心论"，断定为忽视客观世界条理的唯我论。相反，把注重"气"的学者全部规定为"唯物论者"，而给予比唯心论者善意的评价。作者强调，不能停留于表面，必须窥知其"心学"之真意，才能正确评价阳明学。王阳明之"心"是指责任的主体，统括了身、心、意、知、物。评价阳明学最重要的不在于是"唯物的"还是"唯心的"，而在于是"定理的"还是"非定理的"，正如"唯心的"是犯罪的一样，"定理的"也是犯罪的，对此，中国的诸位先生应当反省。中国学者敌视所谓"心"字，偏爱所谓"气"字的思想史观，应当重新考虑。

明清时期的人性论

沟口雄三

明代的人性论在明末清初完成了一次转折,这一转折还关联到天理人欲论。那么,它的经纬是怎样的呢? 它又是如何被清代的人性论所继承延接下去的呢? 下面我们就将焦点对准明末清初,俯瞰一下明清时期的人性论吧。

一

众所周知,性在宋代,为划分为本然之性(也称之为义理之性、天地之性)和气质之性两大范畴。藉此,宋以前有关性善、性恶、善恶混同诸说才得以和谐地统合为性善说一体。所谓性善说,即人性原本是或在理论上是善的(即本然之性),但由于禀受的气质有明暗清浊之别,故而性在实质上才兼杂有圣与愚、偏与正。易言之,在现实中,性是善的,但同时恶也是不可避免的(即气质之性)。因此,人应该致力于改变气质,回复到本然之性中去。

相对于宋代的这种性二元论的主张,明代则以一元论的认识为主流。① 在此之前,元代的吴澄(草庐,1248—1333)就主张性一

---

① 参见山下龙二《阳明学的研究》第三章《展开篇》,现代情报社,1971年;山井涌《明清思想史的研究》,东大出版会,1980年,第一部。

元,他说:"盖天地之性,气质之性,两性字只是一般,非有两等之性。""气质中之理,谓之性。"不过,他在提出这种看法的同时,仍然认为"气质虽有不同,而本性之善则一。但气质不清不美者,其本性不免有所污坏,故学者当用'反之'之功……以至变化其不清不美之气质,则天地之性浑然全备,具存于气质之中。"(《草庐吴文公集》卷二《答人问性理》)因此,他的理论即使称为一元论,但就变化气质、保全"气质之理"的"本性之善",也即"天地之理"这一点来说,在实践上与朱子学的人性论并无大异。在他看来,气质之理并不在于气质本身有无条理,而在于不管气质混浊与否,其中的本然之性是确存无疑的。气质依然是恶的根源,依然是需要加以克服的对象。因此吴澄的一元论,事实上甚至也可称之为本然之性一元论。只是朱子认为"若是日月昏暗、寒暑反常,皆是天地之戾气,人若禀此气,则为不好底人"。将气禀气质的如何略带宿命地理解了,结论是"人之为学,却是要变化气禀,然极难变化",(《朱子语类》卷四第六○条)鼓励为学"勇猛直前"。而吴澄则认为:"气质之用小,学问之功大,能学者可变气质。"气质的变化并非是件难事。这是与朱子明显不同的地方。那么对于吴澄和朱子之间的差异,从思想史的角度,应当如何把握呢?

明初在继承朱子学的过程中,其道学也同时被实践于日常,并被接受为社会主体观念。例如宋濂(1310—1381)曾有"世求圣人于人,求圣人之道于经,斯远已。我可圣人也,我言可为经也"之言;(《宋学士全集》卷二七《萝山杂言》)吴与弼(1391—1469)也曾说"圣贤犹夫人也,孰云不可学而至哉"(《明儒学案》卷一《吴康斋先生与弼》)。因此,或许可以说:上文所言之"差异",是后日朱子学日常化、主体化(其结果反而受到罗钦顺、王阳明等的明代式的修正和批判)的先声。但在此暂且不去深究。只要了解到:人性论中的一元化——即使来源于"气质之理"这一命题,亦未必与向气质之性一元化的转化相关联。

　　然而,相对于明初,明代中叶的一元论则以向气质之性的一元化为主轴。王阳明(1472—1525)是明代持一元论者之一,以前曾多次提到过。现在想从另一位一元论者、与王阳明同时的王廷相的言论中摘录若干加以探讨。他说:

　　　　人物之性,无非气质所为者。离气言性,则性无处所,与虚同归,离性言气,则氤非生动,与死同途。(《王廷相哲学选集·家藏集·答薛君采论性书》)

　　　　今夫性之尽善者,莫有过于圣人也。……圣人之性,……此心虚灵所具,而为七情所自发,则圣人之性亦不离乎气而已。……圣人之性,既不出乎气质,况余人乎? 所谓超然形气之外复有所谓本然之性者,支离虚无之见,与佛氏均也。(同上,《性辩》)

　　他认为性是气的生动,具体说就是以七情之生动为实体;那超然于实体之外的本然之性的命题是佛氏虚无之见。由此可见,王廷相的人性论,客观上与王阳明的心即理说是一致的。但王廷相既不赞同朱子学,也不附和阳明学,是个一心只想继承张载的特异人物。当然,他对朱子本然之性的批评与王阳明并无二致。阳明曾评论道:朱子把心和理分为二体,置理于现实之心以外。王廷相也说朱子之论事实上是游离于现实之外,超然于形而上界的东西。只是王廷相认为,虽然圣人之性“惟具于气质之中”,“但其气质之所禀,清明淳粹,与众人异,故其性之所成,纯善无恶耳。又何有所超出也哉”。(同上,《家藏集·答薛君采论性书》)将善之终极依然置于气质之清明纯粹之中,于是气质即使为性之实体,但所追求目标仍是气质之清明与纯粹。在这一点上,不得不说他与吴澄同出一辙。事实上,他也说过“众人之形气驳杂,故其性多不善耳”。(同上,《雅述上篇》)他仍然在注视着气质中的恶的原因;而且由于他以气质为性,结果不得不承认性有不善。为此,他的气外无性说被后来的黄宗羲(1610—1695)视为定论,但另一方面也成为他受攻击的根源。有人批评他:"但因此而遂言性有善有不善,并不信孟子之性善,则先生仍未知性也。"(《明儒学案》卷五〇《诸儒学案中四》"王廷相"之项)的确,既已看到气质中恶的根源,却又要把性一元化为气质,这也可以说是性善说中的一个矛盾吧。

但是这种自相矛盾,不仅限于王廷相一人,像蒋信(1483—1543)、唐鹤徵(1538—1619)、杨东明(1548—1624)等明代后叶的气质一元论代表,也都多多少少存在这个问题。然而这一矛盾又启发人们去思考应该如何看待气质中的恶。关于这一点,将在后文涉及。

上述矛盾表明,即使敢于从性善说的藩篱突破出去,终究还是要回到气质的性一元论立场。这一倾向是值得注意的。

现在,我们再就王廷相来看一看,他们为何竟能如此持论。王廷相说:"人有生气则性存,无生气则性灭矣……如耳之能听,目之能视,心之能思,皆耳、目、心之固有者;无耳、目无心,则视听与思尚能存乎?"(《王廷相哲学选集》(以下相同)《雅述上篇》)"'人生而静,天之性也;感物而动,性之欲也。'此非圣人语。静属天性,动亦天性。但常人之性动以物者多,不能尽皆天耳。……且性者,合内外而一之道也。动以天理者,静必有理以主之;动以人欲者,静必有欲以基之。静为天性,而动即逐于人欲,是内外心迹不相合一矣。"(同上)

由此可见,王廷相看待性一概基于身心活动。他斥朱子学派之"以静为性真,动为性妄"的倾向为"流于禅静空虚"(同上)。说到底,他是立足直观现实之动,而承认既有人欲之动,又有天理之动的。这种在动中把握天理的方法论,确实引人注目。他批判朱子学的本然之性论是超然于形气之外的东西,等于是批判朱子学在排斥了动之後的静处,或者说在游离现实的观念世界中设定"悬空独立之理"的命题是错误的(《家藏集·太极辩》)。这两种批驳表明,所谓一元论,是产生于如何把握理之状态这一对理的认识的过程中的。附带地提一下,王廷相认为"格物之解,程朱皆训'至'字……不如训以'正'字直截明当,义亦疏通"(《雅述上篇》)。将格物解释为"物各得其当然之实"(《慎言·潜心篇》)。这又与王阳明不约而同地否定了朱子的穷至之理。①王廷相和王阳明在心和气两者的立论基轴上虽有差异,但他们都反对将理"悬空"的观念化,都主张应基于现实之动态看待理。这种以物"各得其当然之实"为理的理观,当然与朱子学把理视为一定的普遍的定理的理观相对立。总之,由于王廷相也认为"理因时致宜"(《王廷相哲学选集》《雅述下篇》),理成了历史的相对的,因此与王阳明又有了共同之处。

王廷相就是这样将理基于现实,而现实地认知、获取的。他的气质之性一元论始终立足于现实主义的立场。事实上,这一立场也同样成为他"性有不善"认识的出发点。

刚才谈到他敢于摆脱性善说的传统,其实他自以为孟子未必主张性善。他认为《孟子·尽心篇下》关于口目耳鼻四肢之欲望所说"君子不谓性也",是针对"不正之性"而言的。易言之,孟子看到了性有善与不善之分(《雅述上篇》),从而从反面否定了性善说的传统。由此可见王的"性不善"说是围绕着人之欲望的认识。

---

①　另外,黄润玉(1389—1477)早已做过相同趣旨的发言:"格物格字,当训合格之格。凡物之要者,莫切乎身心;物之大者,莫过乎家国,天下人之所学,莫非身心家国天下之事,然事物莫不有理,而万物皆备于我,则物理具于吾心。学者以吾心之理,格合事物之理,是曰格物。若训为至,则为物至而后知至,不成文义也。"黄宗羲也曾说过:"大学此说,已在新建伯前。"(《明儒学案》卷四五《诸儒学案上》三,"黄润玉"之项)

王廷相认为美色、货利、安逸是"人情所欲",而且"强众且智者得之"(《慎言·御民篇》)。这表明他不但承认欲望的存在,而且对只有强众智者才能获得它这一社会现实,具有现实主义的认识。那么,他对欲望是否持肯定态度? 我认为,他承认欲望无人不有,但因为现实中最终只有强众智者才能得到它们,所以他在理智上是视欲望为恶并加以否定的。根据他的认识,如果"民无统主",将民置于自然状态中,即会陷入"强食弱,众暴寡,智死愚。极也必反之,相戕相贼,报复相寻,民之获其生者寡矣。是故任其自然者,乱之道也"这种"万人之狼"的惨状(同上),因此,他主张"贪欲者众恶之本,寡欲者众善之基"(《慎言·见闻篇》),易言之,纵欲之自然乃为恶。这一观点就是他的"性有不善"说。

他认为,《论语》中"下愚与上智不移"的所谓上智不过二三,中人以下多至千百,中人可上下移动,只有下愚者"不移"(《雅述上篇》及《家藏集·答薛君采论性书》),因此,对于那些既可为善,也可为不善并占数量之大半的中人,"使善者有所持循而入,不善者有所惩戒而变"是必要的(《雅述上篇》)。具体地说就是强调"君子变质学"(《慎言·御民篇》),即依据"仁义道德之修"、"礼乐法制之设"等(《雅述上篇》)。"圣人修道立教之功"(《答薛君采论性书》),"变其气质而为善"(《雅述上篇》)。也就是为"使民各安其分不争"(《慎言·御民篇》),靠"变其气质之功",矫正其不善之气质之欲,"使学至性善"(《慎言·潜心篇》)。他的这种现实主义观使他站稳了置理于现实而认知的立场。但从另一个角度来看,其欲望观与其说是现实主义的勿宁说是悲观主义的,因此他将理作为否定欲望之物。再者,由于他持归恶于气质—欲望的气质观,因此事实上或许可以说,这使他站到了否定气质的气质变化论的立场上去了。

黄宗羲之所以批判他的"性有不善"论,正是针对他的气质否定观而来的。因为他虽貌似脱离性善说,实际上不过把恶归因于气质。由此我们又可见明末清初时期人性论新动向之一斑——关于这一点将在下文探讨。

最后附带一笔，王廷相的气质变化论主张气质的清浊虽禀天而成，但后天"教""习"之修为可以改变它（《答薛君采论性书》）。例如他对占卜墓地方位场所的勘舆风水术进行批判，质问死者如何能给子孙的贫富寿夭带来影响，主张"岂非人各自性自立乎"（《雅述下篇》）。他重视生活在现实中的人各自的主体行为与努力，鼓吹天灾也可靠政治来克服的"人定胜天"精神（《慎言·五行篇》）。他的这些摆脱宿命，强调后天努力的认识和气质变化论是相关联的。他能直面欲望的存在（只是因此却视欲望为"乱之道"），也正是凭借这种现实主义的洞察力，才产生了上述一系列观点。我认为评价王廷相应该大书特书他对自然科学的兴趣的强与广，另一方面也有必要看到在他的人性论的根底里有着极为现实主义的精神。

二

我们已经知道黄宗羲对王廷相的"性有不善"论作过批判；那么，黄宗羲本人的人性论又是怎样的呢？首先看一看他批判王的部分"盖天地之气……一时虽有过不及，而万古之中气自如也，此即理之不易者。人之气禀虽有清浊强弱之不齐，而满腔恻隐之心，触之发露者，则人人所同也，此所谓性即在清浊强弱之中，岂可谓不善乎？若执清浊强弱，遂谓性有善有不善，是但见一时之衍阳伏阴，不识万古常存之中气也。先生受病之原，在理字不甚分明，但知无气外之理，以为气一则理一，气万则理万，气聚则理聚，气散则理散，毕竟视理者若一物，与气相附为有无，不知天地之间，只有气更无理。所谓理者，以气自有条理，故立此名耳。亦以人之气本

善,故加以性之名耳。"(《明儒学案》卷五〇《诸儒学案中》四"王廷相"之项)

在此,黄宗羲的立场是一目了然的。气有清浊强弱之别,但其中的"中"气即条理无紊乱之气乃万古常存。要而言之,气若将其"中"之条理作为本来之态,则原本为善,而以此气为实体的性原本亦为善,而非不善。这样,由于视气原本为善,于是气质之性一元论再度回归到性善说的立场。但在此引人注目的与其说是性善说之精神得到了重新贯彻,不如说是市民权在性善说中得到了确立。本来气质之性这一哲学范畴是人为设立的,是为了在性善说的范围内将恶的存在严密地理论化;但在这里,可谓为恶的代名词的气、气质的含义却彻底改变,成为原本善之物。这一转变影响甚大,因而引起注目。

首先,由于气被视为原本善之物,于是在理气论中气的地位随即显著提高,理的实质内容也不得不发生变化。黄在批判王廷相的理气论时甚至极而言之:天地之间"只有气更无理"。这就触及到王的理气一元论中"理载于气",(《王廷相哲学选集·家藏集·太极辨》等)即理与气一同聚散消长的理气一体论的不彻底性。王的"理载于气"论的渊源可追溯到朱子的理气人马论,即理如人骑马、与气同时一动一静。在明代的理气论中也时而涉及到这一比喻。如曹端(1375—1434)批判它说,理不仅仅是骑在气上,它若不能驾驭气岂不成为死理。对此黄宗羲反驳道:若如此推之,气反倒成了死物?"自其浮沉升降者而言则谓之气,自其浮沉升降不失其则者而言则谓之理。盖一物两名非两物而一体也,薛文清有飞鸟之喻,一时之言理气者大略相同耳"(《明儒学案》卷四四《诸儒学案上二》"曹端"之项)。在这里,黄随手又攻击了薛瑄的日光(理)骑于飞鸟(气)背的比喻。虽然曹端问的是活理与死理,而薛瑄谈的是无飞鸟时日光尤在,与人马论稍有出入,但黄宗羲认为既然理气是一体,则表明他们正是以理气"两物"为前提。黄就是这样追究一元论的不彻底性的。

黄对王廷相的批判与对曹端、薛瑄的批判是一致的。他认为王的"理气同时聚散"论与"两物一体"论"大略相同",由此得出了"只有气更无理"的观点。即一般而言并非"无理",而在两物一体论的意义上则"无理"。这样,理气一元论彻底改观,由两物一体变为一物两名。"以气自有条理"为理,即所谓气之条理的理观更加明确。这种一元论与后述陈确主张的"人欲恰到好处为天理",亦即一物两名的新天理人欲论互为补充,相得益彰。

其次,气、气质原本善的气质性一元论,也使气质混浊即为恶或不善的观点产生了微妙的变化。

例如主张"性不过是此气之极有条理处"的唐鹤徵(《明儒学案》卷二六《南中王门学案二·唐凝庵先生鹤徵》"桃溪劄记"),主张"此气灵妙,自有条理,便谓之理"的杨东明等(同上,卷二九《北方王门学案·杨晋庵先生东明》"晋庵论性臆言"),是站在气之条理为理的一元论立场上的,但与此同时又不排除气质的性一元论观点,正因为如此,他们反而认为气质有不善因而性中亦存不善(性有不善,前文中已稍略涉及)王廷相等人之所以同样认为性有不善,是由于他们终究皆置气之不清于某一固定的规范中去把握的结果。即使唐、杨也只是貌似立足于一物两名的一元论立场,而实质上不过是在有条理之气和无条理之气间加了个阶段格差而已。因此,即使将他们列为一元论,也必须说是不彻底的一元论。例如唐鹤徵将气分为上中下三阶段,认为"凡可以学而矫之者,其气皆未甚偏,至于下愚不移斯偏之极矣"。只有中人阶段可以矫正,因此应矫其气质,使之由不清至清。孙慎行(1564—1635)曾恰当地批评这种气质变化论:"荀子矫性为善……唐宋人虽未尝明述,而变化气质说颇阴类之"(同上,卷五九《东林学案二·孙淇澳先生慎行》"言性图")。给气质以矫正即强制,这在事实上是与本然、气质二元论相通的。

对此,黄宗羲认为"第气质本然是性,失其本然者非性","杂糅者不可以言性也"(同上,卷二九"杨东明"之项),"流行而不能无过不及则气质之偏也,非但不可言性,并不可言气质也。盖气质之偏,大略从习来,非气质之本然"(同上,卷四一"冯从吾"之项)。气质若无条件则不成为性,或者说若非本然之气质甚至不能称之为气质。这样,看似给气质的规范加上了严格的限制,实际上却因此而使气质的本然之善得到了强调。作为其理论的延长,他将恶归于气质之外例如"习",且主张"气质之善无待于变化"(同上卷三八"吕怀"之项)。从而迈出了摆脱气质变化论的第一步。气质变化这一说法稍有暧昧。黄宗羲所谓从非本然至本然,从非条理至条理的状态整正,从广义上说也是变化,但在此黄所言"不待于变化"时之"变化",是狭义的朱子学派所谓的变化(既然承认气质自身是恶与不善之根源,因此就要设想其自身的质的变化)。这一点在此事先说明。现在,假如将黄一方称为气质整正论,那么,气质整正论必然要为原本为正的气质生动修正轨道,导之于正道。因此在他们那里,作为不善的"(气质)杂糅偃胜不恒"(同上,卷二九"杨东明"之项),被视为一时过失之状态。

将气质的生动从体现为恶向含有恶(自私、私欲)的放纵(过不及)偏斜,并主张加以克服,是朱子学的变化论。黄宗羲的整正论与之殊异不言自明,即使与王廷相等的变化论也界线分明。在将善与不善视为气质之清与浊这一点上,整正论、变化论皆相同,但相对于王廷相等的清、浊天禀论,整正论则认为唯清禀于天。这一差异不是量的而是质的不同。王廷相的在生动中把握善的观点的确超越了朱子的变化论,但对于生动中的恶,他依然认为是天禀气质混浊的产物,因此气质自身的改变就成为必要。也就是说,他像唐鹤徵一样将性分为善、善恶混杂、恶,将气质分为清、清浊混杂、浊,这种上智、中人、下愚三阶段论,事实上站在性三品说的立场。即使把下愚作为题外之言,中人的气质、性亦同样先天地孕含着恶的倾向。因此,即使有意借助后天"学""习"的努力改变气质、性,其努力也必须伴随着以严格的"仁义道德之修"、"礼乐法制之设"为根据的对气质的强制性的矫正。可见王所谓生动只限于清的生动即道德的心情生动,而欲望在原理上是必须否定的。

针对王的欲望观,整正论认为不善终究是一时的,而且是后天的产物。从而全面肯定了气质的生动,只是生动中的放纵受到制约。因此,只要不恣意放任,气质中固有的欲望在理论上也同样应予肯定。

整正论还将不善作为后天一时之现象,不以气质为不善之源,亦即视不善为后天之"习"的结果。由此推导出:后天之"习"可靠"习"来纠正,人在任何意义上都不必将气质作为克服的对象。尽管整正论和变化论在语言上都用清浊来形容气质,但所表达的意义却完全不同。黄宗羲所谓清从肯定的角度包含了欲望的生动,浊只不过是欲望处于不正的状态而已,而且浊是后天之"习"的结果。因此黄所谓整正是对"习"的彻底的整正,恶已完全从先天的范畴中排除出去。而变化论却视欲望为浊,视浊为先天,在先天中寻找恶之原因。显然,在对待善恶上黄宗羲与这种将先天气质作为克服对象的观点有着质的不同。

以上将明末清初时期的气、气质原本为善论以及由此展开的理气论、人性论的新局面作了一番概述,在此基础上,下面着重探讨前文提及的"习"。

三

"习"本出于《论语·阳货》:"性相近也,习相远也。"但自宋学以来,孟子的性善之性被视为本然之性,而相近之性则被视为气质之性。所谓相近是"通善恶智愚说"之物,(《朱子语类》卷四七——六)即指气质中先天具有的善恶智愚。在此顺便提一下,这句话也曾被和紧接着的下一句"惟上智与下愚不移"联系着去把握过,还曾被理解为"习与性成而至于相远,则固有不移之理"。(同上卷四七——八)气质之恶加上恶之"习",则越发不可改变;相反,靠善之"习"则可以达到气质变化的目的。由此可见,在气质变化论中,"习"也是个传统的议题。因此我们不能将"习"作为明末清初人性论的特色格外地提出来。说来不免繁琐,朱子学的走向善之"习"也就是"圣人学可至"之"学",他将恶归因于气质,于是使气质的生动否定地收敛到静的状态。而相对于这种强制地矫正先天气质为实质内容的朱子学说,明末清初的人性论则一味地提倡"习"。他们将恶从气质范围中排除出去,而归之于"习"。例如李贽(卓吾1527—1602)曾在有名的《童心说》中提出,道理、见闻有损于童心。其道理、见闻,指后天的外部条件、外界习闻。因此,为了向善发展而进行的"习",必须面向自身所置的后天的历史和社会条件的整顿。或者甚至可以说,它包含了要靠新的"习"去扫清恶的历史、社会之"习"的含义。可见,明末清初之"习",是彻底开放型的。朱子学与明清时期人性论对于"习"的不同认识,正如朱子学与阳明学在格物论上的相异之处:朱子学主张,应使自身气质收敛于静理,并穷致其极;而阳明学则认为,应在包含了气质之生动的心中观察自身的主体,并在确立主体基础上亲自纠正有关事态。更进一层甚至可以说:如此不同之"习"观是将宋明理观之差异置于人性论,并竭力使之在人性论中确立的产物。归根到底,视性原本为善,归恶为后天之"习",这是明末清初时期的人性论转折的重要因素,章首所述一元化之深化也可以说是指它而言。

关于"习"的探讨,从正面论述并超过黄宗羲的有他的同门弟子陈确(1604—1677),在此想阐述一下他的观点。

他认为"气清者无不善,气浊者亦无不善,有不善仍是习耳"。(《陈确集·别集》卷四《瞽言》三《气禀清浊说》)可见比黄的气善论立场更为彻底。他甚至说气浊亦为善,不善最终不过归于习而已。他还将气质变化论标榜为最完美的理论,断言道"张子谓'学先变化气质'亦不是,但可曰'变化习质',不可曰'变化气质'。变化气质,是变化吾性也,是杞柳之说也"。(同上,《气情才辨》)所谓杞柳之说是指与孟子性善说针锋相对的告子之论,即人性可靠外力强制矫正而变为善,气质变化说最终与它亦无二致。这说明陈确之气质 = 性 = 善论是何等之彻底。那么,承认气质兼含清浊,却仍视之为善的陈确是怎样摆放清与浊之位置呢?"有不善,乃是习耳。若以清浊分善恶,不通甚矣。斯固宋人之蔽也。气清者,非聪明才智之谓乎?气浊者,非迟钝拙呐之谓乎?……聪明材辩者或多轻险之流,迟钝拙呐者反多重厚之器。何善何恶而可以此诬性哉……善恶之分,习使然也。于性何有者!故无论气清气浊,习于善则善,习于恶则恶,故习不可不慎也"(前出《气禀清浊说》)。

清浊是指聪明、迟钝之差别,它自身非但没有善恶,而且清者"日薄",因为"清者恃慧外驰,故常习于浮"。而浊者习朴反厚。由此可见,气质之清浊是指和善恶无关的聪明与迟钝。这样一来,不要说气质变化论,陈确甚至超越了气质整正论,以至创造了习气变化论,即将善恶从气质范围中完全解放出来,而径直归结于后天之习,唯缘此习分出善恶。他并且提出了一个疑问,即为何上智下愚论要蹈循传统解释,在善恶的范畴之内把握智愚?由此引出"不移"在习的影响下是否移的问题。他认为"习善为智,习不善为愚,习善不移为上智,习恶不移为下愚。此智愚上下之所以分别也。"(同上,《瞽言》四《子曰性相近也》二章)移否要看当事人的习如何,即上智下愚并不是由于禀天之气质差异而产生的上下悬殊;"不移"只不过是因为其人不想从善或恶的习气中脱离,结果分出后天两极。借用王阳明的"只是不肯移非不可移"一语来说,后天的上智下愚也是可以靠主体之努力而改变的。陈确又云:"盖孔、孟之言性,本天而责人……蕉菽勤而后嘉谷之性全,怠勤异获而曰莠麦之性之有美恶,必不然矣。"(同上,《瞽言》三《性解上》)"滋培长养、以全其性者人之功也。"(同上,《性解下》)在此,陈确继续认为气质之善性天与,全与不全皆关"人之功"如何,即使限于善恶这一道德领域,人品之上下亦皆决定于后天之人功。而旧来的封建人性观一向视气禀清浊为人品圣凡上下的天禀差异,将上下身分秩序当作既成的先天宿命之物。因此我们可以评价说,陈确的理论在迫使封建人性观进行一定的修正上发挥了作用。

陈确的不以气质之清浊来定人品之上下,而视之为聪明迟钝等才质次元的认识,给人的社会评价观导入了新的观点,引起了关注。历来均将道德秩序原封不动地等值于政治秩序,以圣凡一元论的评价基准将人分为治者的圣人君子与被治者的凡愚小人;而陈确给这种旧有的社会观,论人观带入了前所未有的才能资质的评价基准。从此,可以说工、商、诗人、文人等所谓市民世界的活动舞台在人性论上首先得到了承认,市民世界完全不同于凭藉科举的士大夫、士人等的政治、道德等级制度的世界。不论陈确的主观意图如何,其客观意义引起了人们的注视,这也是件好事吧。那么,强调"人之功"的陈确的主观意图究竟是什么呢?我们不妨认为它大概在于视"教养成就能有加于生民之性"(同上)的善书式的劝善(袁了凡的造命)之中①。

有关陈确,被注目的另一面是,他洞察到气质＝性＝善一元化

① 参考奥崎裕司《中国乡绅地主的研究》,汲古书院,1978,第三章第四节。

之深化将转向天理人欲观的前景。即认为性由气、情、才三者构成（只是未曾阐明视清浊为聪明迟钝与才有何关系，在这点上，不得不说还存在着论理上的不严密），并且气、情、才原本为善。陈例举其师刘宗周（1578—1645）所言如"生机之自然而不容已者，欲也……而其无过不及者"（《刘子全书》卷七《原心》）。并更详细地论述道："天理正从人欲中见，人欲恰好处即天理也"（《陈确集·瞽言》四《无欲作圣辨》）。或一针见血地说"人欲正当处即是理，无欲又何理"（同上《与刘伯绳书》）。在此之前，像吕坤（1536—1618）、冯纵吾（1556—1627）曾对天理人欲发过一些漫无边际的议论，①陈确把它们毫无保留地抛弃，并且明确地将天理归根于人欲。至此，陈确使宋学以来至今为止的，以去人欲存天理为论题的人欲否定天理观完成了一百八十度的转折，这在管见所及的范围内还是首次。在这个意义上，可以说与其在人性论上不如说在天理论的思想史上，他应该得到评价。但是就连黄宗羲对陈也留下了略含踌躇之评论，如"主张或太过"等（根据南雷文定所收的《陈乾初先生墓志铭》）。然而无论如何，人性论到了陈确较黄更为彻底，这是事实。若将此事实反而思之，我想应该认为天理人欲论上的这一转折也是由于气质性一元论的深化才带来的。

　　另外，这种视气质之性为善，归恶于习的人性论上的转折，并非以黄、陈等为嚆矢，他们的共同之师刘宗周已有过如下论述："性只是气质之性，而义理者气质之本然也"（《刘子全书》卷八《中庸首

---

　　① 吕坤《呻吟语》卷五《治道》："物理人情，自然而已。圣人得其自然者……拂其人欲自然之私，而顺其天理自然之公。"冯从吾《冯少墟集》卷一《弁学录》五四章："问：天理人欲原分别不得。假仁假义，天理即是人欲，公货公色，人欲即是天理。其说然否？曰：不然。……且仁义原是天理，假仁假义便是人欲，便不是天理。货色原是人欲，公货公色便是天理，便不是人欲。"

章说》),"气质之性即义理之性……善则俱善……过不及则皆其自善而流者也。……此则习之为害而非其性之罪也"等等(同上卷十九《答王右仲州刺》)。而且如果列举有关"习"的片断,那么首先早已有黄润玉的将恶视为泥沙混入泉川之清论(《明儒学案》卷四五《诸儒学案上三·黄南山先生润玉》"经书补注"),王艮(1483—1541)的将浊比为泥沙说(《心斋王先生全集》卷三《答问补遗》);王时槐(1522—1605)的视恶为外物之污染说(《明儒学案·江右王门学案五·王塘南先生时槐》"论学书"),以及孙慎行(1555—1636)站在气质善说的立场上(《明儒学案》卷五九《东林学案二·孙淇澳先生慎行》"言性图"),以莩麦为性而将肥瘠雨露人事等外在条件譬喻为习等等,先行者不乏其人(除此之外,黄道周(1585—1646)《孝经集传》卷一和朱之瑜(1600—1682)《朱舜水全集》卷十四《答安东守约杂问》等)。而且这种把恶看做是杂物侵入、污染清流的观点,在清初颜元的人性论里得到了进一步的继承。由此可见,上述人性论上的转折,是缓慢地却很稳固地进行的。

四

最后,略述一下明末清初时期人性论的转折在清代是如何被继承的问题。

首先谈清初人性论之代表王夫之(1619—1692)。他虽是明末清初人,但由于在人性论上与戴震有许多共同之处,所以将他列为清初人物。

王夫之的人性论特征之一是把性分为先天和后天,由此清晰地划分了人与兽的界线。根据他的理论,气中有变合,然而变合未必一定得理,也有失理之时,那是由于气不善之故。人之凝气为善,因而性也为善;禽兽草木之气非善,故其性亦非善。这是先天之性。只是人虽能得到善的先天之性，但因习而形成的后天之性却不可能依然为善，所以人必须端正其后天之习(《读四书大全说》卷一〇《告子上》、卷八《滕文公上》)。也就是说，王夫之将先天之性限定于人与动植物的品类的差异上，并将性善限定于人(同上，卷一〇《尽心上》)，强调为使先天之善成为后天之性必须靠"习"(同上，卷八《滕文公上》、《离娄上》等)。而在历来的宋学人性论里，从人到禽兽皆被一视同仁为有天禀气质之清浊，并在同一延长线上去把握它们。王夫之的观点不但使人性论自先天向后天转折，而且最终与宋学人性论宣告诀别。从此，在先天气禀之清浊中寻找根源的清浊即善恶的先天论被彻底扫清了。

　　根据王夫之的理论，所谓习，是外来之物集积于内(这是后天之性)。但是善恶并不由它决定，而是由习和自身之气禀的对应关系决定(同上，卷八《滕文公上》)。这里气禀可以改称为气质，那么所谓气质又是怎样构成的呢。他把气质比喻为笛，笛身、笛孔等笛的材料、构造为质，由吹奏发出的声音汇流而成音色为气；气符合音律的即为理(同上，卷七《阳货》)，其质起初具有清浊刚柔之不同，或说是素质、性能上的不同，但它们都是与善恶无关的"型范"。另一方面，气是日日生长之物，因此在气的生气勃勃中会产生得理、失理；这种气之生气勃勃和外物接触时所产生的得理、失理之交织与集积对"型范"的影响就是"习"，其具体的形迹亦即后天之性(同上，卷七《阳货》、卷九《告子上》、卷八《滕文公上》)。

　　综上所述，已经很清楚：王夫之在人性论中所阐述的善恶，关系到与外物即社会条件相关联的气的生气勃勃，也即身心、精神的对应之如何；而且依据此气，能使质即肉体器官上的才质、性能提高或者退化；这样人的后天经营之领域得到显著扩充，从而否定了视贫富死生祸福贵贱为气禀先天之命的观点。王夫之论述道："俗谚有云'一饮一啄莫非前定'，凡举琐屑固然之事而皆言命，且以未死之生、未富贵之贫贱统付之命,必尽废人为,而以人之可致者为莫之致,不亦舛乎。故士之贫贱、天无所夺;人之不死,国之不亡,天无所予;乃当致人力之地,不可归之于天。"(同上卷五《雍也》、卷一〇《尽心上》)这样,不仅道德之善恶,而且连贫富贵贱等社会经济的差别以及国家的兴亡,皆归结为后天人力所为之结果。

将善恶置于气与外物的关联中去把握,相对地看待得理和失理,重视其气之生动活泼。也就是说生动的人性论也关联到天理人欲论,从而产生了"人欲之各得,即天理之大同"的新天理观(同上卷四《里仁》)。比起陈确的私欲恰到好处即为天理的观点,这是私欲各得所宜的新天理观。

下面本应涉及到颜元(1635—1704)、李塨(1659—1733),但由于在其它文章中已有论述,(拙著《中国前近代思想的屈折和展开》,东大出版会,1980 年,下论第三章第一节)故在此从略,只谈一下戴震(1723—1777)。

戴震的人性论观点大致如下:

首先,人和动植物的性,生而定于天命,始初性即相异。但即使这是阴阳五行、气化自然的结果,其性之不同也是因其气类之差异而产生的不同(《孟子字义疏证》卷中《性》)。就人和动物而言,其性的构成上皆以血气心知为素材,但做为血气心知实质内容的气类是不同的;具体地说,由于知觉、气禀气质之不同而产生形质、形体以及才质、性能、知能上的差异,一言以蔽之即性有异同。例如,禽兽的心知不过是本能的知觉,而人的心知却通理义至神明,包括仁义礼智等等(同上卷上《理》、卷中《天道》、《性》)。性善来自心知通理义的明辩能力,因此,所谓性善只是对人而言。

但是,人性的所谓善中存有良莠参差,称之为"相近"。宋儒言此"相近"为性之善与不善之异殊,是错误的。善与不善是两个相反的极端概念,如何会有相近之可能? 恶生于习,不能将它归于性;人虽有下愚与上智之差别,但不等同于善、恶之别。愚者因不学不思而难辩明善恶,浪入恶流,但他们这种不利的素质可以通过学习思考向上智转化(同上卷中《性》)。

所谓性是抽象的概念,性的具象是才。近于纯者,慈惠忠信、谨愿和平;近于清者,明达广大,不迷惑于疑似、习闻等。或如周子所言刚之善乃是直、断、严毅,恶乃是猛、隘、强梁;柔之善乃是慈、顺、谦逊,恶乃是懦弱、优柔寡断、邪佞。如此等等皆是性之具象即才。刚柔之恶,并非指才自身之恶,而是指才失去养分后的状态而言,或称之为病态。但只要精心滋养,是可以保全其本来之善美的。(同上卷下《才》)

性之实体血气心知的生动是欲、情、知。人有欲、情的生动是血气之自然,欲之失(错、乱)即欲之放纵人不能自控;然而唯有人之心知之自然既能通达理义又能明辩理义,因此可凭其心知之自然来控制血气之自然,调和自他之欲。反之由于自他之欲相互调和,其条件理乃为"自然之分理"即天理。顺此天理自他之欲就可"得其平"。(同上卷上《理》、卷下《才》)(《佐久间重雄退休纪念论文集》,1982,燎原社)

以上是戴震人性论的概略。纵观全文,黄宗羲、陈确等视气质为善,归恶于后天之"习",主张气质之性的一元化。接着是王船山、颜元等进一步认为恶是与外物之习染,即历史的、社会的环境、后天的经历相关联的。这样经过一步步的不断发展,人性论终于形成了体系。尤其是王船山的后天之性的气之生动即人后天之领域这一新概念,在人性论上得到了确立。具体地说,他将性分成先天与后无,先天之差只在于人和禽兽的品类之异,而且将气质一分为二即气与质。王的观点在戴震那里得到更高的发展,并上升为理论。戴将王所谓的气之生动划分为欲、情和心知,将王所谓质划分为作为气禀气质等的形体、性能、才的素质、性质,尤其是在承认欲望是自然之物的基础上,提出由心知而明辩的理是个欲互相之"自然分理"。这在戴震的人性论思想史上有重大意义。他还认为此欲不仅仅是本能等生理欲望,而且是物质欲、生存欲等人所固有的社会欲望。他把宋学的人性论和告子杞柳说、荀子性恶说一同加以批判,其意义主要在于对这种社会欲望的承认上,在于理观终究要基于社会欲望而树立的认识上。上述是人性论的理论化过程。这种人性论以调和社会欲望之条理为理,与自然法之理构成表里。欧洲的近代自然法在其创造和结构上也是把人本(人的本质、本性)即人性的研究探讨作为必须之前提的,在此联想到这一点并非无意义,我们有必要加以留意。

总而言之,戴震的人性论达到了一个高度,其后似乎没有能超过他的。在焦循(1763—1802)、阮元(1764—1849)等人那里虽有些片断性的继承,可是,其时思想界的关心已经移向社会、政治、经济领域、理气论、人性论等曾在宋、明思想界占主流的问题,其比重相对地微小化了,直至清末。但反过来看,由于人性论完成了自身的课题,到此亦可以给宋以来的漫长的人性议论的历史打上一个终止符,从而让人性论退出思想史的舞台,开辟清末思想界的社会论、政治论、经济论等的自立、发展之途。

(选自刘俊文主编《日本学者研究中国史
论著选译》第七卷,中华书局1993年版)

沟口雄三(1932—),当代日本著名的明清思想史研究专家,著述丰厚。主要著作有:《中国前近代思想的演变》、《中国前近代思想之曲折与展开》等。

本文指出,明代的人性论在明末清初完成了一次转折,这一转折还关系到天理人欲论。性在宋代被分为气质之性和本然之性两大范畴。相对于宋代的这种性二元论的主张，明代则以一元论的认识为主流。明代中叶的一元论则以气质之性的一元化为主轴。作者主要论述了王廷相的性一元论。人性论的转变是缓慢而稳固地进行的。明末的黄宗羲与陈确等视气质为善，归恶于后天之"习"，主张气质之性的一元化。接着是王船山、颜元等进一步认为恶是外在物之习染，即与历史的、社会的环境、后天的经历相关联。这样经过一步步的不断发展，人性论终于形成了体系。尤其是王船山的后天之性的气之生动即人后天之领域这一新概念，在人性论上得到了确立。王的观点被戴震发展，并上升为理论。戴将王所谓的气之生动划分为欲、情和心知，将王所谓质划分为作为气禀气质等的形体、性能、才的素质、性质，尤其是在承认欲望是自然之物的基础上，提倡由心知而明辩的理是"自然分理"。这在戴震的人性论思想史上有重要意义。他还认为此欲不仅仅是本能等生理欲望，而且是物质欲、生存欲等人所固有的社会欲望。戴震的人性论达到了一个高度，其后似乎没有能超越他的。由于人性论完成了自身的课题，至此可以给宋以来漫长的人性议论的历史打上一个终止符。

经书和糟粕

山井涌

前　言

《明儒学案》卷四四(《诸儒学案》上二)曹端(月川。1376—
1434)传后,在《语录》之标题下,收录了三十六条。其中有一条是:

> 六经四书,圣人之糟粕也。始当靠之以寻道,终当弃之以
> 寻真。

在这条文字下面有注说:

> 道真我所固有者。先生此言,欲毋专泥书册耳。

我觉得,所谓经书是糟粕,应舍弃经书追求真实一语,出自儒家之
口,是非常大胆的言论,而注的解说却稍稍缓和了其大胆程度。本
文就是要考察一下曹端此语所包含的意义。

一

我们先来确认一下上述曹端语录的来源。《明儒学案》的这一
记载,是直接从明人孟化鲤(云浦。1545—1579,在《明儒学案》中
入《北方王门学案》)编辑的《曹月川先生录粹》(以下简称《录粹》)
采录的。《录粹》是孟化鲤从曹端的遗书中摘录"言之粹者",于万
历十八年(1590)编成的。清初,顺治末年山西省渑池县知县张璟

汇编的《曹月川先生遗书》(以下简称《遗书》)中所收入的《录粹》由八十四条构成，其中没有附注。但若根据《遗书》卷末附载的《颂言》记事所说，《录粹》乃"孟化鲤所编注者也"，则原来的《录粹》里应有孟化鲤所写的附注。而黄宗羲在《明儒学案》中采录了它。

假若进一步探讨《录粹》里这段文字的根源，在《曹月川先生年谱》(以下简称《年谱》)曹端五十一岁一项下，有关于他的《四书详说》三十六卷在这一年完成的记载，并载有他的自序。其末尾有下面一节：

> 夫四书者，孔曾思孟之书，所以发六经之精义，明千圣之心法也。语其要，分之则《论语》曰仁、《大学》曰敬、《中庸》曰诚、《孟子》曰仁义，合之则帝王精一执中之旨而已矣。盖载道之器，亦圣心之糟粕也。始则靠之以寻道，终当弃之以寻真，不可徒诵说焉。

清初，张伯行编辑、正谊堂刊刻的《曹月川先生集》① 里收入的《四书详说序》，也与此同文。孟化鲤对这篇文章的"盖载道之器"以下部分的字句稍加修改，添上注解，采录进《录粹》之中②，然后黄宗羲按其《录粹》的原样，收录进《明儒学案》之中。

---

① 普通的《正谊堂全书》里未收《曹月川集》，上海图书馆编《中国业书综录》所载的《正谊堂全书》里也不含《曹月川集》。日本内阁文库所藏《正谊堂全书》，把《曹月川先生集》作为其中的一册包括在内。顺便提一下，据《四库全书总目提要》卷一六九《集部别集类》二三记载，四库全书所收的《曹月川集》一卷，即此正谊堂本。

② 更正确地说，《录粹》八四条中的第七〇条，即本文在开头所录"六经四书，圣心之糟粕也……"，次条第七一条则把"夫四书者，孔曾思孟之书……精一执中之旨而已矣"的部分，作了少许字句的修改而载入。就是说，《录粹》分两条采录了本文在此所列《四书详说序》的文章。《录粹》第七一条，未被《明儒学案》采入。

二

　　关于曹端,这里想简略地提一下。曹端是河南省渑池县人,永乐七年三十四岁时会试中乙榜第一名,自这一年起,至宣德九年五十九岁去世止,除服双亲之丧四年、任山西省蒲州学正三年之外,其余约十八年时间,曹端一直担任霍州学正。他在极其平凡的地位中度过清贫的生涯,孜孜不倦地从事教育,有极高的德望,给予门人以及日常交往的人们以极大的人格感化。

　　曹端有《性理文集》等十余种编书、著书,有的已亡佚。其中主要的几种梗概如下:《通书述解》二卷、《太极图说述解》一卷、《西铭述解》一卷,是为州学的学生所做的《通书》等三书的注释书,它们都在朱熹注解的基础上对朱熹的《解》进行了补充说明。《四书详说》三十六卷,据其序文所说,是根据为霍州学生所做的四书讲义编成的,它对朱熹的注进行了敷衍和补充。《存疑录》则好像是将经书和周张程朱等诸子的言论按"太极"、"阴阳"等项目分别收集而成的。《夜光烛》十五篇是从以经书为主的数十种书籍摘录约二百条分类编次而成的,它是为给没有学问的父亲指示日常行动的准则这个目的写的。《家规辑略》十四篇,是从元人郑太和的家训《郑氏家范》或《郑氏规范》中摘录九十多条加以分类,再新补充七十余条而成的。

　　只要看一看这些著作的内容和性质,就会知道曹端是极其忠实的朱子学祖述型的学者①。

如此笃实的朱子学者竟做了所谓"经书是糟粕"的大胆议论，不能不使人感到意外。说起来，本文的出发点，原来就在于解释这个疑问。

曹端虽是上述那种极笃实的朱子学信奉者，但其学风又有与朱熹本来的朱子学不同的因素，那就是心学的因素。这里所说的心学，是指重视心、把人心的机能看做伟大的东西，重视心的主体性，把心的功夫看做首要的东西的学风。例如，曹端说过如下的话：

> 人之所以可与天地参为三才者，惟在此心。非是躯壳中一块血气。(《录粹》第二条)

> 学圣之事，主于一心。(同上，第三条)

> 事事都于心上做功夫，是入孔门底大路。(同上，第四条)

> 圣人之所以为圣人，只是这忧勤惕励之心，须臾毫忽不敢自逸。理无定在，惟勤则常存。心本活物，惟勤则不死。常人

---

① 曹端并非全部无批判地继承和祖述朱熹的成说。例如，他论述说：周子谓"太极动而生阳，静而生阴"。则阴阳之生，由乎太极之动静。而朱子之解，极明备矣。……及观语录，却谓"太极不自会动静，乘阴阳之动静而动静耳"。遂谓"理之乘气，犹人之乘马。马之一出一入，而人亦与之一出一入"。以喻气之一动一静，而理亦与之一动一静。若然，则人为死人，而不足以为万物之灵；理为死理，而不足以为万化之原。理何足尚，而人何足贵哉！今使活人乘马，则其出入行止疾徐，一由乎人驭之何如耳。活理亦然。(《太极图说述解》附录《辨戾》)他想从"理"上面认识统御气和物变化运动的主宰性、能动性。从这个观点出发，对《朱子语类》卷九四第五〇条(董铢录)里所看到的朱熹的理气论感觉不满，从而作了批判。曹端的这一批判，包含着种种使人大感兴趣的问题，这一点在此就不深入探讨了。不管怎样，曹端对朱熹进行的这类批判也只限於此，若就总体而言，曹端是笃实的朱子学信奉者则没有改变。

不能忧勤惕励,故人欲肆而天理亡。身虽存而心已死,岂不大可哀哉。(同上,第二八条)

只要看一看这些话,就容易明白心学之因素的浓厚。重视心,提倡心的工夫,这在朱熹本身也同样,因而朱熹本身也有心学的因素①。然而,在朱熹的理论中,性和理是比心更为重要的概念,作为修养的工夫也好,所谓穷理的理智工夫,同以居敬和静坐为主的心的工夫至少具有同等的或更大的比重。同朱熹的情形相比,曹端明显地增大了心的比重,必须说,其学风已倾向于心学了。

三

这种倾向于心学的现象,不限于曹端一人,在明代前半期整个儒学范围内,都相当显著地存在着这种倾向②。这个时期,正如黄宗羲所评论的那样:"此亦一述朱耳,彼亦一述朱耳"。(《明儒学

---

① 关于朱熹学说中的心学因素,最近看到中国社会科学院哲学研究所蒙培元氏在论文《论朱熹理学向王阳明心学的演变》(《哲学研究》1983 年第六期所载)中也大加议论。在朱子学说中包含着这样的心学因素是事实,但我觉得蒙氏把这一方面强调得微嫌过分了一点。

② 蒙培元氏在前揭论文中也指出此事。不过,蒙氏认为明代心学从吴与弼开始,但如本文后面所述,吴与弼以前心学的因素显著地存在。关于至陈献章而发生较大转变的观点,我也赞成。

案》卷一〇《姚江学案小序》)是清一色的朱子学时代①,学者们都

---

①　因为明初是清一色的朱子学时代的看法,是通常的理解,我想没有
必要特别论证此事。现就本文正文中本节以下所举的学者赞美程朱的话(即
显示他们主观上是朱子学系的学者的资料)各揭一例如下:

A. 宋濂:自孟子之殁,大道晦冥,世人摭填而索埏者,千有余载。天生濂
洛关闽四夫子,始揭白日於中天,万象森列,无不毕见。其功固伟矣。而集其
大成者,唯考亭子朱子而已。(《宋学士全集》卷五《理学纂言序》)

B. 王祎:尧舜禹汤文武周公相传之道,至孔子乃集其大成。宋周程氏者
作,复续斯道之统。而道南之学,由杨时氏一再传,为罗从彦氏、李侗氏、至朱
熹氏又集其大成者也。……程氏之道,至朱氏而始明;朱氏之道,至金氏、许
氏而益尊用。使百年以来学者有所宗乡,不为异说所迁,而道术必出于一。
可谓有功于斯道者矣。(《王忠文公集》卷一一《拟元儒林传论》)

C. 方孝孺:人不知学则已。为学不以宋之君子为师,而欲达诸古,犹面
山而趋,而欲适乎海也。乾淳之学,莫盛于朱子。……然则师宋之君子,固学
孔子者所宜为也。(《逊志斋集》卷一四《赠卢信道序》)

D. 薛瑄:濂洛关闽之学,一日不可不读。周程张朱之道,一日不可不尊。
舍此而他学则非矣。(《读书录》卷四)

E. 吴与弼:梦侍晦庵先生侧。先生颜色蔼然,而礼甚恭,肃然起敬起仰
也。(《日录》乙巳)

F. 陈献章:吾道有宗主,千秋朱紫阳。说敬不离口,示我入德方。义利
分两途,析之极豪芒。圣学信匪难,要在用心臧。(《白沙子全集》卷六《和杨
龟山此日不再得韵》)

G. 胡居仁:四书六经之言,广大浩博精密。后世无人理会得,至程朱方
理会得。今因程朱之书,以理会四书六经,如指诸掌。只是人不立志,不反之
于身,所以无奈何。(《居业录》卷三)

H. 庄㫤:盖曰:自尧舜禹汤文武之后,惟一孔子。自濂溪二程之后,惟一
朱子。有孔子则尧舜禹汤文武之道益大,有朱子则濂溪二程之道益明。是孔
子朱子者,天下斯文之主,古今学者之师也。(《定山先生集》卷九《徽州府修
学记》)这类语言,俯拾皆是,虽不能尽举,但对于程朱真心诚意地尊崇则是
显而易见的。

一律地尊崇程朱,致力于祖述、表彰和践履其学说。曹端也是这样热心的朱子学者中的一个,我们已经在上文指出了。

我们在朱子学的全盛时期,就看到朱子学自身中有浓厚的心学因素,现在我们选择这个时期的几个主要学者,列举显示这种倾向的言论如下:

A. 宋濂(1310—1381):

> 六经皆心学也。心中之理无不具,故六经之言无不该。六经所以毕吾心之理者也。是故说天莫辨乎《易》,由吾心即太极也。……人无二心,六经无二理。因心有是理,故经有是言。心譬则形,而经譬则影也。无是形则无是影,无是心则无是经。其道不亦较然矣乎。(《宋学士全集》卷二八《六经论》)

B. 王祎(1321—1373):

> 人身甚微细也,而至广且大者心也。范围天地,经纬古今,综理人理,酬酢事变,何莫非心思之所致也。于是圣贤有心学焉。先之以求放心,次之以养心,终之以尽心。是故心学废,人之有心者,犹无心矣。无心则无以宰其身,伥伥焉身为一物耳,何名为人哉。(《华川厄辞》)

C. 方孝孺(1357—1402):

> 人孰为重?身为重。身孰为大?学为大。天命之全,天爵之贵,备乎心。身不亦重乎?(《逊志斋集》卷一《杂诫》)

D. 薛瑄(1389—1464):

> 为学第一工夫,立心为本。心存则读书穷理,躬行践履,皆自此进。(《读书录》卷八)

E. 吴与弼(1391—1469):

> 一事少含容,则一事差。当痛加克己复礼之功,务使此心湛然虚明,则应事可以无失。静时涵养,动时省察,不可须臾忽也。苟本心为事物所挠,无澄清之功,则心愈乱气愈浊。梧

之反复,失愈远矣。(《日录》乙巳)

F. 陈献章(1428—1500):

为学当求诸心。必得所谓虚明静一者为之主,徐取古之紧要文字读之,庶能有所契合,不为影响依附,以陷于徇外自欺之弊。此心学之法门也。(《白沙子全集》卷二《书自题大塘书屋诗后》)

G. 胡居仁(1434—1484):

心理不相离。心存则理自在,心放则理亦失。理明则心必明,心明则理亦著。存心穷理,交致其功方是。(《居业录》卷四)

H. 庄㫤(1437—1499):

甚矣! 天下之师不一也。有心傅之师,有讲说之师,有句读之师,有位号之师。……(陈述"讲说之师"以下三师之不可)……惟心傅之师,则有不然。真乘法印,以心传心。其不言之妙,而自昭融于光风霁月之天,流动于鸢飞鱼跃之境。(《定山集》卷七《赠司训洪先生秩满序》)

只要看一看这些话,就会明白心学因素的显著。关于以上各学者的资料均只举了一条,同类的话还可以举出很多。但是,说是心学,当然其状况和程度则因学者而异。例如在以上所举的几个人中,方孝孺这类言论不多,就是说,他的心学因素很微弱。王祎一方面强调心学,一方面把经书当做圣人叙述的经世大法而重视"经世之用",并引用上文 A 所举宋濂的《六经论》,批判单提"心"而不言及"用"是"有体无用之学"(《王忠文公集》卷一《六经论》)。虽然有这样的值得注意之点,但就是把这些问题放到一边,还是可以指出明代前期儒学明显倾向于心学的事实。

这个时期心学的因素是从哪里来的? 我对这个问题尚未研究,所以现在不准备回答它。当然,尽管这同标榜"先立乎其大者"

的陆九渊的心学不可能没有关系,但因为很难想像陆氏的心学突
然复活,因此考虑必须研究元代的儒学。可是,我还没有着手于元
代①。现在我只能指出明代前半期存在着心学要素。虽然用一句
话说称为心学,但其具体情况则是多种多样的,因此有必要对此详
加分析,而现在在这方面也是力不从心②。

　　总之,像上面所说的那样,在明代前半期朱子学盛行,并且浓
厚地存在着心学的因素。既可以说当时的朱子学倾向于心学,也
可以说心学共居于朱子学之中。这种心学的因素脱离朱子学而独
立发展,可以考虑最早大约是从陈献章开始的③。心学的因素进

---

　　①　前注所举蒙培元氏的论文,把朱熹以后至明代的心学谱系区分为南
宋、元代、明代前期三个时期,并做了概述,是有益的。

　　②　佐野公治氏的论文《明代前半期的思想动向》(《日本中国学会报》第
二六集所载,1974年),关于明代前半期程朱学和心学,同本文所指出的地方
有很多共同点,关于这个时期的心学比本文做了更详细的分析。佐野氏这篇
论文,与本文末尾《附记》里所记题为《圣人的糟粕》的拙论大体同时发表,但
我发现拙论的缺陷实际是由于读了佐野氏的论文。说起来,拙论忘却了《近
思录》里记载的程颐的经书糟粕论。犯这样初步的错误,实在惭愧之至。鉴
于这种情况,本文的出发点之一是佐野氏的论文。因而本文愿意一并记下仰
赖于佐野氏论文之处颇多。

　　③　因为从陈献章那里寻求明代心学的起点是通常的见解,我想关于这
一点没有详细论述的必要,而对于他的朱子学观则打算进一言。如注〔六〕F
里所举,陈献章虽然向朱熹呈献了赞辞,但这首诗是他四十岁时在国子监游
学之际,为回答祭酒邢让课试而作,因此不一定是吐露真心,也许是出于礼节
性的诗句。在此诗句以外,未见他特别赞扬朱熹的话。再者,他五十四岁时,
庐山白鹿洞书院复兴,对于受聘作主讲,他固辞说:主讲理应招聘朱子学者,
来请自己则如同向聋者求听、盲人求视(《白沙子全集》卷一《赠李刘二生还江
右诗序》)。这一辞退的理由,也许不能完全按表面上所说的那样理解,但至
少表明他确实有自己不是朱子学之徒的意识,由此可以看出他主观上客观上
都与朱子学脱离了。

一步发展,通过王守仁集大成于阳明心学,于是心学作为决定明代一代儒学特性的学风得到确立。我想,在这种意义上,黄宗羲认为"有明学术,白沙开其端,至姚江而始大明"(《明儒学案》卷一○《姚江学案小序》)的见解是妥当的。而这种心学的根源从明初起就明确地存在了。

四

在这里,若是先谈结论,我认为,曹端之所以说"经书是糟粕",是与他的心学因素有关的。说得更重些,是他的心学思想导致了他说"经书是糟粕"一语。

心学的基本立场,是对心(人的心,特别是我的心)的存在价值评价非常高。因此产生了所谓信赖自己的心,高度评价心的权威,尊重心的主体性的精神态度。对于儒家来说,具有最高权威的东西,不用说是古圣人及记载圣人之教(道)的经书,而心学思想高度重视心的权威的结果,理应存在相对地低估经书权威的倾向。我想,我们就可以从这样高度地尊重自己的主体性上面,发现心学的进步意义。

众所周知,处于明代心学顶峰地位的王守仁也说过"经书是糟粕"。

> 得鱼而忘筌,醪尽而糟粕弃之。鱼醪之未得,而曰是筌与糟粕也,鱼与醪终不可得矣。五经,圣人之学具焉。然自其已闻者而言之,其与道也,亦筌与糟粕耳。窃尝怪夫世之儒者,求鱼于筌,而谓糟粕之为醪也。(《王文成公全书》卷二二,《外集》四《五经臆说序》)

他把经学作为理解"道"或"圣人之学"所不可缺少的东西,在这一点上承认经书的价值;可是一旦领会了"道"或"圣人之学"之后,经书只不过成了糟粕,因而,他主张把经书舍弃或遗忘掉。在这一点上,其旨趣,同曹端的糟粕论是相同的。

当然,不能因为说有共同点而将两者一视同仁。王守仁讲过一句很有名的话,所谓"六经者吾心之记籍也。而六经之实则具于吾心"(同上,卷七,《文录》四《稽山书院尊经阁记》)。他论述说:

> 夫学贵得之心。求之于心而非也,虽其言之出於孔子,不敢以为是也,而况其未及孔子者乎? 求之于心而是也,虽其言之出于庸常,不敢以为非也,而况其出于孔子者乎?(《付习录》中《答罗整庵少宰书》)

由于把经书看做是我心的投影,认为我心的是非判断高于孔子的权威,所以在强调心的权威和自己的主体性方面,是非常彻底的。明代心学的近代的进步性就在于此。

与此相对,曹端在《录粹》第六九条("糟粕"论的前一条)说:

> 六经四书,天下万世言行之绳墨也。不可不使之先入其心。虽周公孔子之圣,犹且朝读百篇,韦编三绝,况常人乎?

这里主张所谓经书是永远不变的教条,因此人们要反复阅读。在这里,心完全属于经书,同"终当弃之以寻真"的言论的旨趣颇异。就是说,曹端的心学因素尚未成熟,即使讲心的权威,也存在很大限度。但尽管如此,仍然说了"当弃之以寻真",那么抛弃了经书就只能自得于心了。经书里虽然写着道,但经书中叙述着道和人们掌握道的真相是两回事,并不是人们只要读些经书的文字就能求得道的真相的。经书只起为人认识道提供基本素材的作用,因为从经书本身不能寻求真实,在这种意义上经书是糟粕,最后就只能求之于心。归根到底是心的问题。这就是曹端的主张。

所以,曹端的心学因素尽管没有王守仁那样成熟,但确实具有同阳明心学相连接的部分,把他的经书糟粕论也视为这种表现之一,是妥当的吧。

而孟化鲤对曹端的糟粕论所加的注释里,有一句说:"先生之言,欲毋专泥书册耳。"虽然觉得言辞稍稍不足,但并没有错。然而,"道真我所固有者"却解释太过,曹端自己考虑的是"自得于我心",大概并没有意识到"道真"是我心本来具有的吧。孟化鲤这样理解,一定因为他是个王学之徒。

再者,如果谈论限度的话,就连王守仁的心学也理所当然地有限度,即使讲我心的主体性,他也没有从经书和圣人的权威下完全解放出来。王守仁在《答罗整庵少宰书》里以孔子为话题,就是因为强烈地意识到孔子的权威;在《稽山书院尊经阁记》里他做出结论说,求诸心即所以为尊经,也绝没有丧失在经书里设立根据的立场。因为只要是儒者,就不可能从孔子和经书中完全解放出来,而要实现完全解放和思想近代化,还必需再用二、三百年的时间。大概可以说王守仁已接近于达到作为儒者的极限了吧。

与此相比,曹端还处于相当后面的位置上,但他的经书糟粕论,是由向王守仁心学发展过程中的明代前半期的心学(朱子学中孕育着的心学要素)所产生的。这就是我的看法。

五

作为剩下的问题,这里打算弄清经书糟粕论的谱系。

如所周知,说凡是写成文字的东西都是糟粕,始见于《庄子·天道篇》轮扁的故事。因为是有名的故事,这里就简略地记叙一下,避免详述了。齐桓公读书,轮扁询问什么书,桓公回答说是"圣人之言"。轮扁问这个圣人是否还活着,桓公答以已死之意,轮扁说,那么君所读的是"古人之糟粕"。桓公大怒。轮扁作了以下的解释:车轴削得恰好刚能顺利地穿过车轮的中心孔,既不松也不紧,是极困难的。削得恰到好处的技术,除去自己动手学会并在心里领会,是没有别的办法得到的,既无法用言语说明,也不可能教诲他人或受他人教诲。因古之圣人也与其领会的真理(不能传授给人的东西)一起死去了,照这样说来,君之所读乃不过"古人之糟粕"。

简而言之,轮扁的这个寓言的意思是说,真的"道"、真的"意"这种东西,只能自己直接领会,而既不能用语言表达,也不能传授给人。所以写成文字的东西是"糟粕",即不过是没有生命的形骸。

在这个寓言中,写文章的圣人现在活着还是死了,本来没有重大的意义。因为即使这个人还活着,圣人领悟的真理也只是活在这个圣人的心中,而写成文字的东西理应从一开始就是形骸,是糟粕。然而若加上这样一个条件,即随着真理体验者本人的死亡,真理也与之俱亡,那么,残留的文字记录只不过是糟粕这一旨趣就变得更加明了了。大概因此才假定圣人已死这样的事吧。顺便提一句,《淮南子·道应训》里也记载了桓公和轮扁同样的故事,其中"古人之糟粕"写作"圣人之糟粕"。

曹端说"经书是糟粕"时,一定是依据《庄子》或《淮南子》的话而讲的,我推测他同时还把下列程颐的话记在心里而讲的。

《近思录》卷二第一五条说:

> 伊川先生谓方道辅曰:圣人之道,坦如大路。学者病不得其门耳。得其门,无远之不可到也。求入其门,不由于经乎?今之治经者亦众矣,然而买椟还珠之蔽,人人皆是。经所以载道也,诵其言辞,解其训诂,而不及道,乃无用之糟粕耳。觊足下由经以求道,勉之又勉。

程颐这段话还收录在《二程全书·二程文集·附录卷一·与方元寀手帖》里。

程颐此语的旨趣,在经书是载道的东西、学道必须由经书这一点上,与曹端的糟粕论是相同的。但曹端说,经书终究不过是糟粕,所以不能自始至终依赖经书,最高的真实应该离开经书去追求。而程颐则说，假若忘记最重要的道而拘泥于字句之末，经书就成了糟粕。所以两者的旨趣大不相同。就是说，曹端认为道最终不能求之于经书，而要自求；对此，程颐认为求道于经书才是重要的。因此，就这点而论，可以说两者的主张相反。

程颐的主张，是北宋宋学(新儒学)形成期的学者的典型主张，认为要排除所谓训诂之学、记诵之学、词章之学，而于经书中探求圣贤之教(道)。胡瑗给太学生出"颜子所好何学"的论文题(《伊川文集》卷四《颜子所好何学论》)，二程兄弟从学周敦颐时，周敦颐让他们思考"仲尼颜子乐处，所乐何事"(《伊洛渊源录》卷一《濂溪先生》)，其着眼点都在于读经书，比切实地按字面解释经书更重视领会经书的精神(道)，其旨趣同程颐的糟粕论相同。程颢评论谢良佐的博览强记为"玩物丧志"(《伊洛渊源录》卷九《谢学士》)，也是同样旨趣的话。

从经书领会道，是新儒学的特色，尤其是道学所以为道学的一个原因。程颐的糟粕论的确是反映这种特色的主张，他用若不从经书领会道，经书就成了糟粕这种说法，强调了经书的重要性。与此相对，曹端的糟粕论则把心的自得放在比经书更为重要的位置上。

六

曹端以后，明代也出现了几个称经书为糟粕的人。佐野公治氏的论文(参见前注)里列举了其中几个例子。下面本节的叙述仰赖于该氏论文之处颇多①。

---

①　若正确地加以记载的话，以下引出的资料里，薛瑄的《答阎禹锡书》、胡居仁的《居业录》的话，庄昶的《近思录序》，我原来未注意到，是受教于佐野氏论文的。

首先，与曹端大致同时代的薛瑄，引用《近思录》中程颐对方元寀说的"糟粕"一段话，就此叙述说：

> 窃谓因经以求道，乃进学之至要。盖凡圣人之书皆经也。道则实理之所在。苟徒诵习纸上之经，而不求实理之所在，则经乃糟粕，如程所云也。（《薛文清公全集》卷二九《答阎禹锡书》第二书）

但这是关于程颐的话的解说，除了用"实理"替换"道"字补充说明了"道"以外，并没有新附加独立的见解。

在此数十年之后，在明代心学史上占有重要位置的陈献章做了如下论述：

> 抑吾闻之：六经，夫子之书也。学者徒诵其言而忘味，六经一糟粕耳。犹未免于玩物丧志。今是编也，采诸行事之迹，与其论著之言。学者苟不但求之书，而求之吾心，察于动静有无之机，致养其在我者，而勿以闻见乱之，去耳目支离之用，全虚圆不测之神，一开卷尽得之矣。非得之书也，得自我者也。盖以我观书，随处得益；以书博我，则释卷而茫然。（《白沙子全集》卷一《道学传序》）

陈献章以为"只看经书的字面意思，若不仔细阅读内容，经书不过是糟粕"这样的看法——同程颐讲的话大体上旨趣相符——犹未免于玩物丧志，提倡"不但求之书，而求之吾心"，所以陈献章的这段议论虽未直接说经书是糟粕，但在把吾心看得比经书重要这一点上，跟曹端的糟粕论是一致的，并且比曹端的论点更为明快。

而且，在陈献章的《道学传序》中，在上引文章前面，有如下一段：

> 自炎汉迄今，文字记录著述之繁，积数百年于天下，至于汗牛充栋犹未已也。许文正（按：指元代许衡）语人曰："也须焚书一遭。"此暴秦之迹，文正不讳言之，果何谓哉？……夫子

之学,非后世人所谓学。后世之学者,记诵而已耳,词章而已耳。天之所以与我者,固懵然莫知也。夫何故? 载籍多而功不专,耳目乱而知不明。宜君子之忧之也。是故秦火可罪也,君子不讳,非与秦也,盖有不得已焉。

从上面的引文我们看到,陈献章甚至指出了书籍的有害性,极其显著地显示了尊重心胜过书籍的心学特色。陈献章还有一首五言古诗说:

　　古人弃糟粕,糟粕非真传。眇哉一勺水,积累成大川。亦有非积累,源泉自涓涓。…… 吾能握其机,何必窥陈编。学患不用心,用心兹牵缠。本虚形乃实,立本贵自然。(《白沙子全集》卷五《答张内翰廷祥书括而成诗呈胡希仁提学》)

这里也使用了同“心胜过书籍”的主张相关的“糟粕”一语。

　　与陈献章同样在吴与弼门下学习过的胡居仁也有经书糟粕论:

　　四书六经,皆是吾身上有底道理。但圣贤先我而觉耳。我未觉,所以要读。若不反躬,则皆成糟粕。(《居业录》卷二)

在这里,以经书叙述的道理具备于自身作为前提,以为为了确认道理具备于自身,才有读经书的必要,若对此不能加以确认,经书就是糟粕。因而,作为糟粕论,可以说他的糟粕论处于程颐和薛瑄与曹端之间。

　　另外,与胡居仁同时代的庄㷀说:

　　圣人之道,贵无言而不贵有言。非不贵有言也,影响形迹而糟粕文字已落第二义矣。而无言则真静圆融,若愤也而真见,若冥也而真趣,若虚寂也而真乐。彼以天得,而此以天与,极其自得之真,而出乎意象之外。是以圣人不贵有言也。圣人不贵有言,然亦卒不能无言者,圣人不能已也。(《定山先生集》卷六《近思录序》)

而在这一段文字的下面又引用了有关《庄子》轮扁的话,论述六经、四书、濂洛关闽诸子书,都是为了传道不得已而作的。认为不得已而作成的"言"和"文字"是糟粕,是堕入第二义的;只有"无言"而"自得"才是真实的东西。

庄昶还讲过下面这样的话:

> 一朱子也。有吾之朱子,有古之朱子。莲塘(按:指南畿提学娄谦)之所教徽人者,古朱子乎? 吾朱子乎? 古朱子者,影响糟粕,圣贤纸上;而吾朱子者,在我也。吾心之本体,吾朱子也。吾心之神明,吾朱子也。(《定山先生集》卷九《徽州府修学记》)

就是说,活的朱子(真朱子)在我心中;书籍里写着的是过去的朱子,是只剩形骸的糟粕。庄昶的主张,似乎是把所有用语言表达、用文字记载的东西,全部视为糟粕,那么,他的糟粕论是最彻底了,近于《庄子》的见解。可是,庄昶的主张恐怕直接来自禅宗的"不立文字,以心传心"之说。这只要看一看第三节 H 里所举的庄昶的话,就容易明白的吧。

在他们之后数十年,出现了第四节所举的王守仁的糟粕论。

结　束　语

以上开列了几种经书糟粕论。同样说经书糟粕论一语,而内容却不一样。经书在甚么意义上作为糟粕,由于在各种情况下都不一样,因而不能一概而论。特别是程颐的糟粕论和薛瑄对它的解释,认为若不求道于经书,经书就化为糟粕,是把经书和道视为一体的经书尊重论,因此,必须同其他糟粕论区别对待。这两人的糟粕论作为例外,虽然其他人的观点也决不一样,但至少在认为自得于我心比读经书重要这一点上是相同的。这是心学所致,自不待言。

我认为,这样的经书糟粕论由王守仁和陈献章说出是极其自然的事。但对于比这更早,而且是曹端这样忠实的朱子学者作如此大胆的言论,我感到惊奇。但是我理解并领会,这种令人觉得奇异的言论,正是当时的心学所隐藏的进步性的发现之一端。

本文到此结束了。但这里提出的仅是明代心学极小的一部分,还留下很多重大问题尚未解决。

(一)上面所写的,是我自己偶然看到的糟粕论和佐野氏的论文所引用的糟粕论,不是搜集明代资料的结果。我想同类资料此外还有相当数量,所以可能的话,希望一并加以研讨。敬请大方指教。

(二)本文只涉及糟粕论问题,但作为思想史的问题,不应拘泥于"糟粕"一语,而必须对经书观的历史作总体性的考察。为此,必须对以朱熹、陆九渊为首的很多学者的经书观作详尽的研讨。

(三)前节庄㟁部分,指出他的主张与禅宗有关系,但不限于庄㟁,可能整个明代心学都与禅宗有很深的关系,特别是把经书作为糟粕的思想,同禅宗"不立文字"的思想一定有很大关系,因此,审查其关系的方法是有必要的。

(四)关于明代前半期朱子学内的心学因素,也是同样说心学一语,其内容却不一样,更加精密地进行分析是有必要的。

这类未解决的部分是太多了,如前所记,本文不过是提出明代心学极小的一部分问题,通过狭小视野所做的一种中间报告型的试论,如能得到种种批判就十分荣幸。

附　记

笔者曾发表过一篇以《圣人的糟粕》为题的论文,同这篇论文有相当一部分内容是相重复的(东大中哲文学会《中哲文学会报》第一号所载,1974 年),但那篇论文有重大缺陷。补充笔者本身对于这个问题的见解也就成为必要的了。论文一旦付印发表,就不能取消。笔者以全面改写以前的论文,作为新的论文进行发表为意图,执笔写成了此文。

(选自辛冠杰主编《日本学者论中

国哲学史》,中华书局 1986 年版)

　　山井涌(1920—　　),1942 年毕业于东京大学文学部,曾任东京大学教授,现任大东文化大学教授、日本中国学会理事长等职。主要著作有《明清思想史的研究》、《黄宗羲》、《思想概论》(合编)等。

　　本文针对《明儒学案》卷 44 曹端传中所收录的他的"六经四书,圣人之糟粕也"之语,对中国历史上的经书糟粕论进行了比较研究。作者从曹端的心学之学风入手,认为他的心学思想导致了他说"经学是糟粕"一语。心学的基本立场,导致其依赖自己的心,高度评价心的权威,尊重心的主体性的精神态度。对于儒家来说,具有最高权威的东西,是古圣人记载圣人之教的经书,而心学思想高度重视心的权威的结构,理应存在相当低估经书权威的倾向。作者从高度尊重自己的主体性上探讨了心学的进步意义。作者清理了经学糟粕论的谱系,并比较了程颐的"糟粕"论与曹端的"糟粕"论之差异。此后,明代的薛瑄、陈献章、王守仁等皆有经书糟粕论。作者指出,同样说经书糟粕论一语,内容却不尽相同。经书在什么意义上作为糟粕,由于有各种情况,因而不能一概而论。

六经皆史说

岛田虔次

以前,我曾写过几篇关于龚自珍(1792—1841,号定庵)和章炳麟(1869—1936,字太炎)的文章①。龚自珍的名字,只要是读过陈舜臣的长篇小说《鸦片战争》的人,恐怕都还记忆犹新。龚自珍是天才的诗人,他大概是因为过于早熟而在中国革命的伟大世纪到来前夕奇怪地去世②。然而,今天几乎所有的中国思想史、中国文学史的近代开篇都把他作为变革的思想家加以论述。章炳麟是清朝考证学派的最后的大师,他在文字学,音韵学、朱子学等领域创获颇多。但是,他又是和孙文、黄兴并称为辛亥革命的"三尊"之一。作为中国同盟会机关报《民报》的主编,他是坚定不挠、寸步不让的民族主义革命的辩护人。在关于龚自珍的拙文中,我曾引用其《尊隐》中预示太平天国革命的一段著名论断:

　　俄焉寂然,灯烛无光,不闻余言,但闻鼾声。夜之漫漫,鹠且不

---

① 《龚自珍的尊隐》(收入仁井田博士追悼论文集第一卷《前近代亚洲的法与社会》,1967 年,劲草书房)。《论章炳麟——中国传统学术与革命》(《思想》四〇七、四〇八页,后收入《中国革命的先驱者们》,1965 年,筑摩书房)。

② 这是陈舜臣氏的解释,尽管还有轻微的差异,但恐怕也是大多数龚自珍研究家的解释。不过,陈氏小说中所描绘的龚自珍死时的异常的情景完全是虚构的。

鸣,则山中之民,有大音声起。天地为之钟鼓,神人为之波涛矣。

虽然拙文不过是篇类似解题的简单的介绍性文章,但我在那裏已反复提出龚氏所谓的"史氏"的命题。例如,"曰:之民也,有待者耶?无待者耶?应之曰:有待。孰待?待后史氏。"不仅是《尊隐》这篇文章,而且贯穿龚自珍的全部作品的特征,就是赋予所谓"史"或"史氏",亦即记录者以重大的意义。"周之世官,大者史。史之外无有语言焉。史存而周存,史亡而周亡。""灭人之国,必先去其史。""欲知大道,必先为史。""史无孔,虽美何待?孔无史,虽圣何庸?"① 拙文在结语中就龚自珍的"史"指出:

> 在历史的各个阶段、各种体制中,所谓凝视自己的对立者并迫切希望其生成的纯粹认识者,姑且不论必要的契机和制度,也必须把握自我。受制度制约的是"史"(史官),处于制度之外的则恐怕是"宾"吧。史之直笔终究应该受到尊重,这是儒教的传统的主张。然而,对於隐者的尊敬,在毛泽东否定伯夷叔齐以前,长久以来是绝无仅有的。因此,将史和逸民同样规定为"宾",……这应该看作龚自珍在思想史上的伟大功绩。②

所谓"史"即纯粹认识者,抑或应称之为纯粹记录者。总之,龚自珍关于"史"的说法实际上是接受了一个世纪以前章学诚的"六经皆史"说,今天这种看法已为诸家所承认。

关于章炳麟,最饶有趣味的是他既是考证学者又是革命家;而考证学(朴学)与革命之间的媒介则是"六经皆史"说。章炳麟认

---

① 《古史钩沉论》第二(别题《尊史》)、第四(别题《尊贤》)(以上均见1959 年中华书局刊《龚自珍全集》第一辑)。

② "宾"为宾客之宾。我认为宾是"面向未来的历史的维持者,历史之芯"。(前页注①所揭拙稿四五二页)

为,民族主义革命所必需的是学理与热情,激发革命热情的方法有两种,"第一是用宗教激发信念,增进国民之道德;第二是用国粹激动民族性,增进爱国之热肠。"①第一所说的宗教,指佛教,尤其是指唯识宗与华严宗,现在姑且不论;第二提倡国粹,也就是"切实重视我汉民族的历史"。中国历代的著作,全都不是以阐述"义",而是以记载"事"为己任。即使堪称著作中之著作的六经也都是"记载之文"。六经不是阐述"义"的经典(Bible),而是记载"事"的历史书。"六经乃孔子之历史学"。根据康有为等改良派的说法,孔子的伟大之处,不是留下所谓六经的经典,而是留下了中华民族的历史。"国无史则民离本","民族之独立,国粹之研究为首要;国粹以历史为主,其他学术均为普通技艺"。章炳麟作为革命家的异彩是,除了鼓吹激进的民族主义,还主张针对西方的帝国主义结成亚洲的联盟,特别是与印度联盟。他认为那时的印度独立运动尽管志士们兢兢业业却无所成就的主要原因是,印度的史书缺乏,妨碍了国民的自觉②。章炳麟接受了章学诚的"六经皆史"说这一点,从他在文章中屡次清楚地列举其名来看,没有什么可疑的。刚才提到,龚自珍的"史"是史官,现在章炳麟的"史"则是史书、历史(history),它们都源于章学诚的"六经皆史"。

那么,章学诚的"六经皆史"说又是怎样的呢?

一　章学诚

"六经皆史"是清代章学诚的学说。在我国,自从内藤湖南加

---

① 1906 年(明治三十九年)7 月,在东京的留学生举办的章炳麟欢迎会上,章氏所作谢辞演说的一节。(同本书 261 页注①所揭拙著二〇一页)

② 同上,二三六——二三八页。

以表彰已来①，在稍微关心中国学问的人中间已是常识了。当然，"六经皆史"的思想根源，从隋代的王通（文中子）以来究竟能找到多少，特别是明代的王阳明的学说又给予章学诚怎样的影响，这一切仅仅从章氏自己的语言来看是颇有盖然性的。但是，无论何种情况终究都是偶发的，而章氏则将其贯穿于自己的全部思想。作为原理，并无所谓根据的趣向。章学诚的"六经皆史"可与孔子的"仁"、孟子的"性善"、老子的"自然"、庄子的"齐物"、墨子的"兼爱"、董仲舒的"天人之际"、朱子的"性即理"、王阳明的"心即理"和清朝考证学的"实事求是"相提并论，称之为中国学术史上最著名的口号之一也不为过。章学诚在所著《文史通义》的开篇写道：

> 六经皆史也。古人不著书，古人未尝离事而言理。六经皆先王之政典也。（《文史通义·易教》上）

所谓六经，并非专指儒经典易、书、诗、礼、乐、春秋等六种经。而是指经中之经，即最原初的真经。"六经皆史"，要言之，也就是经即史。经是什么呢？"经也者，恒久之至道，不刊之鸿教也"。（六朝刘勰《文心雕龙·宗经》）刊即削，鸿即大，亦即记载永恒之道的不可磨灭的大典、经典（Bible），"六经皆天地"（朱子）。史是什么呢？"记事者也"②。"居古识今，其载籍乎？"（《文心雕龙·史传》）因此，"六经皆史"可以推断为"道即事"。王阳明所谓"言事谓之史，言道谓之经，事即道，道即事也"（《传习录》（上）一三，岩波文库本序号）。假如道、理、义是同义词的话，那么说义与事、理与事合一亦无不可。

---

① 内藤虎次郎《支那史学史》（昭和二十四年，弘文堂）中，《浙东学派之史学》一章及附录《章学诚之史学》（1928年）概述了内藤湖南的见解。

② 后汉许慎《说文解字》第三篇下。不过，正确地说，这是关于作为史官的"史"字的解释。

　　章学诚,号实斋,浙江省绍兴府人。据说与明代的王阳明和民国的鲁迅是同乡;与我国的本居宣长和欧洲的康德是同时代的人。他生于乾隆三年,死于嘉庆六年,享年六十四岁(1738—1801)。乾嘉时代是清朝考证学的极盛时期,广而言之,即使在整个中国学术史上也是最灿烂的时期。章学诚是生活于该时代,却又对考证学始终反对并彻底批判的学者。他青年时代确实是个纯才,在北京的国子监就学期间,他的名字总是列于每次三、四百个参加定期考试者中的五、六名落第者之中。但是,他并不因此悲观失望,萎靡不振,而是对自己特殊的史学天才深信不疑(《庚辛之间亡友列传》曾慎之条(1922年,刘承幹刊《章氏遗书》第十九卷,二○页左))。四十一岁时,他通过科举考中进士,但不知何故没有进入仕途,却浪迹各地,充当地方官的幕僚、书院的教师,并应地方官厅之聘编集地方志等,留下的著作只有《文史通义》和《校雠通义》两部①。但是,正如胡适指出的,尽管关于其生前死后的知名度仍有怀疑,但他作为学者确是具有远见卓识之士。而且,自从清末的改革和革命风气抬头以来,再认识的机会不断增多;时至今日,章学诚的《文史通义》已与唐代刘知几的《史通》相提并论,被视为中国代表性的史学理论著作和历史哲学著作。在中国自不必说,即使在我国,自从内藤湖南以来,已有许多学者加以论述②。最近在西方也出现了研究者,法兰西学院的杜密维尔教授评价章学诚是能"与伊

----

　　①　当然这是指完整的单行本著作。近人已收集其全部文章的大部编成《章氏遗书》内编三○卷、外编二○卷、附录补遗一卷(1922年,刘承幹刊)。
　　②　例如,冈崎文夫《章学诚——其人与其事》(《东洋史研究》八卷一号),三田村泰助《章学诚的史学观点》(《东洋史研究》一二卷一号),高桥武雄《章学诚的普遍史学》(《史学研究》六号),高田淳《论章学诚的史学思想》(《东洋学报》四七卷一号)等也有章氏的文章论和方志(地方志)学的研究。我受到了高田氏论文的许多指教。

本·霍尔东或欧洲最伟大的历史编纂家相媲美的、具有第一流创造性的历史天才"①。斯坦福大学的尼维森教授评价道:"章学诚关于历史和国家的机械论观点与黑格尔的思想相似,他是在令人偶尔联想到维科的文化理论的基础上构筑并发展这种观点的"②。内藤湖南综述章学诚的学说的历史意义,指出:

> 清朝的乾隆嘉庆时代是考证学达到全盛的时代,经学自不必说,史学也出现了考证大家钱大昕、王鸣盛等人,史学风潮完全倒向考据。然而,在那个时代浙江绍兴府也出现了一个与众不同的学者。他在一代的风潮中独树一帜,不是运用考据的方法,而是完全运用理论思维研究历史。他就是章学诚。(《支那史学史》612 页)

我曾经将章学诚的"六经皆史"评价为"考证学的哲学,同时又是超越考证学的哲学"(《中国革命的先驱者们》171 页)。现在我想不如将其表述为"超越考证学的哲学,同时又是考证学的哲学",并想从这个角度补正内藤湖南的评价。但是,这些姑且容后再述。在深入探讨章学诚理论的细节之前,我想首先稍微叙述一下一般性的概念。

---

① 杜密维尔《章学诚及其历史编纂学》(比斯利、浦莱布兰克合编的《中国和日本的历史学家》所收,一九六一年,牛津大学出版社)。P. Demiéville: Chang-Hsüehch'eng and his historiography, Historians of China and Japan, ed. by Beasley andf Pulleyblank, Oxford Univ. Press, 1961.

② 尼维森《章学诚的生平与思想》(1966,斯丹福大学出版社)一页。Pauid S. Nivism: The Life and Thought . Chang－Hsüëch－chéng, Standford U-niv、1966.然而,尼维森氏指出以前职业历史学家几乎只论述章学诚的历史著述的理论,他在哲学史上的地位并不怎么得到承认。强调章氏实际上作为"哲学者"的重要存在。

二　"史"的三种意思

今天我们触目所及的史学概论和历史哲学著作,几乎都立足于欧洲风格的学问系统,例如,所谓历史(history)一词包含两种意思,其一为事件,其二为事件的记录知识。第二种意思进一步展开,则产生了第三种意思,即作为学问研究的历史。但是,人们往往引用黑格尔的论述,认为更大的范围内历史具有两种意思即可。黑格尔指出:

> 在我们德国语言文字里,历史这一名词联合了客观的和主观的两方面,而且意思是指……所谓"发生的事情"本身,又指那"发生的事情的历史";同时,这一名词固然包括发生的事情,也并没有不包括历史的叙述。我们对于这种双重意义的联合,必须看作是高出于偶然的外部事变之上的。(武市健人译黑格尔著《历史哲学》上,99页)

那么,中国的情况又是怎样的呢? 中国语(汉语)中与历史(History)相应的词是"史"。当然,在今日的中国,占压倒多数的人确实是使用"历史"两字。但这是从清朝末期、大约甲午日清战争前后才开始的,并且可能是从日语中引入的。假如硬要举出以前的例子,则恐怕只有明代袁了凡的通俗通史《历史纲鉴补》[1]。此外,几乎没有使用"历史"两字的例子。通常使用"史"字作为意谓着History的词,这样说并非武断。而且,所谓"史"的比重是非常大的。在中国学问总分类中的"经、史、子、集"四部书中,"史"占据着仅次

---

　①　参照安倍能成编《狩野享吉遗文》中的"历史的概念"。然而,荻生徂徕《答问书》云"学问极历史候事之候"。倘若据此有名的说法,则我国也许早已出现"历史"一词,但也有可能是从中国引入的词汇。

于"经"的位置。用"经史"两字代表全部学问、学识是极其普遍的。朱子反覆论述了学者是先读经、还是先读史的问题。

因此,前面所说的History的两种意思,在"史"中也能够看到。第一种意思,即作为事件的历史,也即史实、史事等。而第二种意思,即事件的记录、叙述、研究(研究的记述),在"史"的词汇中也能看到,甚至可以说,作为史的理解,这第二种意思是最普通、最普遍的。梁启超写道:"中国于各种学问中,唯史学为最发达;史学在世界各国中,唯中国最为发达。"(《中国历史研究法》第二章《过去之中国史学界》,17 页)即含有第二种意思。从刘知几的《史通》以来,占旧中国的史学概论类著作的大多数的作品,都是关于"史"的第二种意思的史书的议论。无论是断代史还是通史,纪传体还是编年体,或者纪传本末体,史书应确立怎样的章节? 史书的文体又应如何? 著作家们都不厌其烦地加以论述。此外,关于《史记》、《汉书》、《资治通鉴》等代表性史书的研究和优劣等,古往今来更是众说纷纭。今日 History(历史)的两种意思,在中国的"史"的概念中也是共通的。

然而,关于中国的"史",还必须加上另一种意思。那就是史官、记录者。在中国,"史"字的本来含义,实际上就是如此。《说文解字》曰:"史,记事者也。"这个意思一直流传到了後世。"史"反复地使用于御史、内史等各式各样的官名,以及逸史、外史等文人的雅号。这点与欧洲式的 History 截然不同。在中国,前述"史"字的第一、第二种意思,实际上正是从这第三种意思派生出来的。同时包含这三种(客观的、主观的、主体的)意思,是中国所谓的"史"的独特性。按照黑格尔的说法,"这三种意思的统一,还必须看作只在外面的偶然性之上所包含的意思"。梁启超认为,在中国,历史的学问特别发达的原因是,史官最晚到殷代就已明确设立,并且职责重大。

从这种作为记录者的"史"(史官)的意义中,可以想见古来中国的"史"的不同寻常的、特殊重要的地位。文天祥《正气歌》云："齐在太史之篇，晋在董狐之笔。""史之直笔"，恐怕就是发现天地之正气①。韩愈所谓"夫为人者，不有人祸，则有天刑"，也与此有关。韩愈云：

> 孔子圣人作《春秋》，辱于鲁、卫、陈、宋、齐、楚，卒不遇而死。齐太史氏兄弟几尽，左丘明纪春秋时事以失明，司马迁作《史记》刑诛，班固瘐死，陈寿起又废，卒无所至，王隐谤退死，习凿齿无一足，崔浩范晔赤诛，魏收天绝，宋孝王诛死，……吴兢亦不闻身贵而令其后有闻也。夫为史者，不有人祸，则有天刑。岂可不畏惧而轻为之哉？"②

史原来写作家史，是"中"和"又"的合体字。彐即"又"，意为手。《说文解字》云："史，记事者也。从又持中。中，正也。"（史与事同音）段玉裁注曰："君举必书，良史书法不隐。"亦即把握所谓正义、公正，这种解释恐怕今天也是通用的。所谓"中"是官府的簿书的意思，进一步回溯说是中国举行重要的仪礼——射礼时置放算（计数用的竹箸）的器具，更进一步说则是置放古代的纸——简策（竹札）的容器，这种看法大概任何人都会首肯。总之，手执"中"的"史"，最初就是记录者③。

史典型地表现为《周礼》的"五史"以及"府、史、胥、徒"的历史。原来，儒教的古代（理念的古代、乌托邦，所谓"三代"）并不是牧歌

① 这种意思为后世记录天子之动静者即起居注官所继承。一般观念是，即使是天子也不允许看起居注。

② 《韩昌黎集》外集卷一《答刘秀才论史书》。不过，韩愈的这篇文章对当时担任"史馆修撰"之职的韩愈自身的消极主义的辩护色彩很浓，这点受到柳宗元的强烈批判。据说这篇文章收入外集也正是这个缘故。

③ 参照内藤《支那史学史》一《史之起源》。

式的、无所作为的、无政府的时代,而是已由圣人(作者)制定了详密周到的礼乐典章、百官具备的世界。其典型的表现是《周礼》。《周礼》的三百六十官,即周王朝的全部官僚体制,大致划分为天官、地官、春官、夏官、秋官、冬官等六官,进而又分别划分为六十官。隶属于春官的有"大史、小史、内史、外史、御史"等五种史官。大史掌邦之六典即周朝政府的根本法典,小史掌邦国之志即诸侯国的记录,内史掌书王命之事,外史掌书致四方之使命,御史掌书邦、国、都、鄙及万民之政令①。而且,在包括"五史"的三百六十官的全部布局中,还配置了所谓"府、史、胥、徒"的属员。他们不是正式的官,而是后世所说的"胥吏"。"府、史、胥、徒"之"史"专指书记员、文书保管员②。此外,有所谓"左史记事者,右史记言者"之说(《礼记·玉藻》)。据说老子是周的守藏之史,司马迁生于太史令之家。此外,女性中还有女史。史这个字在文献中是不胜枚举的。史是中国文献中最频繁出现的官名之一,这样说并不过分。传说远古仓颉见鸟兽的足迹而始创文字,曾使"天雨粟,鬼夜哭",而仓颉就是"黄帝之史"。章炳麟在与《春秋左氏传》并称的古文献《世本》作篇中发现了大挠制作十干十二支,隶首制作算数,容成制作历法的传说。据说他们"皆黄帝之史官"。文明的恩人们原来都是史官,都是记录者。《吕氏春秋·先识览》云:"凡国之将亡,有道者必先去,古今一也。"夏王朝桀王暴虐日甚一日之时,夏太史令终古出其图法,执之而泣,随后出奔殷地。殷王朝末年纣王时期,殷内史向挚载其图法亡命周武王之地。所谓图法,例子是哀公十四年'孔子得麒麟后预言天将降血于鲁之端门,飞而变成赤鸟,化作白书,中书"作图制法之状"(《春秋公羊传》何休注)。其图法即天子、

---

①　五史的说明,除御史外,根据刘知几《史通》外篇《史官建置》。

②　府是府藏的管理人,史是文书的作者,胥与吏则如后来的卫士。

国家存在源泉的根本性文献，而保持图法则当然是史的任务。认真地维持作为王朝交替史，即革命史的历史的同一性的人，正是史。"国当灭，而史不能灭"①。史，和所谓天子的意思不同，或许是"天"的代行者吧。

以上阐述了中国所谓"史"字的三种意思，其中最根本最原始的意思是所谓记录者、史官。以下再回过来论述章学诚。

三　章学诚（一）——"史"本来是怎样的

我们再回过头来论述章学诚，"六经皆史"是贯穿其主要著作《文史通义》的命题，也是概括其全部史学思想的命题。他最初之所以提出这个命题，正是为了探索真正的史学的本来面目。章学诚具有"我于史学乃天授也"的自信，他在取得结论的同时，又以结论作为其全部理论的出发点。他的全部史学理论的构造，要言之，即：一、史本来是怎样的？二、史后来是怎样变化的？三、真正的史及史学应该是怎样的？以下，我想从这种形式出发，概要介绍章学诚的"史学"的理论。首先阐述刚才所提到的史官的问题。史，抑或史学，本来是怎样的呢？

史官的最完整的形式即《周礼·春官》的五史，前面业已阐述。但是，这五史与"府、史、胥、徒"的史之间，究竟有什么差异呢？章学诚说：

> 无异义也。府史之史，府人在官供书役者，今之所谓书吏是也；五史则卿大夫为之，所掌图书、记载、命令、法式之事，今之所谓内阁六科、翰林中书之属是也。官役之分，高下之隔，

---

① 原为元董文炳（《元史》卷一五六）的语言。通常用作史不灭，灭者即无的意思。

流别之判,如霄壤矣。然而无异义者,则皆守掌故而以法存先王之道也①。

所谓掌故,小者指官厅的布局,大者指国家的首脑部门和职能部门所继承管理的国家的成例、典章。当然,府史之史并不是仅仅职守掌故,"推论精微",也不仅仅是掌握"注记"即原始文书,并以其为素材,按照自主的见识"撰述"经世之大道。但是,问掌故之委折,必曰史"。史所保存继承的掌故"实国家之制度所存,亦即尧舜以来因革损益之实迹也"。"先王道法,非有二也。卿士大夫能论其道,而府史仅守其法,人之知识有可使能与不可使能尔,非府史所守之外,别有先王之道也"②。

然而,作为"法"的基础的"道"是什么呢? 它又是怎么变成"先王之道"的呢? 章学诚的道的学说归根到底是传统的、儒家的,这是最根本的特征③。

道之大原出于天(董仲舒),但决非是一举自现,而是"渐形而渐著者也"。"人之生也,自有其道,人不自知,故未有形"。道显现其形始于"三人居室"。人类变成五、十、百、千人,一室已不能容纳,开始分化成群,这是"不得不然之势"。因此出现劳动分工和统帅人员,形成均平秩序之义和长幼尊卑之别。"作君、作师、画野、分州、井田、封建、学校之意著矣"。道逐渐显著,于是,仁义忠孝之名、刑政礼乐之制"已得而复起",顺应需要而开始出现。总之,伏羲、神农、黄帝等的"制作"也不过如此。"故道者,非圣人智力之所能为,皆其事势自然,渐然渐著,不得已而出之,故曰'天也'也"。

---

① 《文史通义·史释》。记注与撰述之间的区别,在章学诚的理论中是重要的因素,《文史通义·书教》上。撰述又别称著作、著述等。

② 以上均见《文史通义·史释》。

③ 以下至本节末未特别加注的均见《文史通义·原道》上、中、下。

所谓"後圣法前圣,非法前圣也,法其道之渐形而渐著者也"。"非尧舜之圣过乎羲轩,文武之神胜于禹汤也"。犹如滥觞之流日积月累而成江河,这是"事势自然"。圣人创制是"事势出于不得不然,一似暑之必须为葛,寒之必须为裘","此皆一阴一阳往复循还所必至,而非可即是以为一阴一阳之道也"。"一阴一阳往复循还者,犹车轮也;圣人创制,……犹车辙也"。

"圣人求道,道无可见,即众人不知其然而然,圣人所藉以见道者也。故不知其然而然,一阴一阳之迹也。学于圣人,斯为贤人;学於贤人,斯为君子;学於众人,斯为圣人,非众可学也,求道必于一阴一阳之迹也"(《文史通义·砭异》)。清朝末期改革运动的志士梁启超等推崇章学诚的时候,首先强调的当然是这个"圣人学众人"的命题。但是,我认为史学家章学诚所说的"道"归根结蒂依然是指自然主义性质的东西。

尧、舜、禹、汤、文、武等五帝三王同样是圣人,他们之间因革损益的制度的变迁,亦即法的变迁,是效法道的自身实现的。"适当积古流传道法大备之时",周公出现了。周公生於"法积道备至于无可复加"之际,他根据其经纶与制作"集千古群圣之大成",开始创作六经。这确实是"时会使然也"。所谓集大成,是指中国的音乐原来是管弦乐,成是其乐节,大成是其乐章,集大成就是将其编成首尾协调的管弦乐曲。"周公作为文明创造者的圣人的最後一人,体现了历史的可能性与历史的必要性的一致"①。孟子以来把孔子视为集大成者,乃是误解。"孔子有德无位,即无从得制作之权,不得列于一成,安有大成可集乎"? 但是,"周公集其成以行其道,孔子尽其道以明其教",这表明孔子之圣并不逊于周公,此乃

---

①　尼维森《章学诚的生平与思想》第147页。"时会"是很重要的概念,但不知其先例。能想到的类似词汇是中世思想文献中反复出现的"缘会"。

"时会使然也"。"故古圣人,其圣虽同,其所以为圣不必尽同,时会使然也"。所谓时会,大概是指道自身实现过程中的各个阶段。在中国常常同时存在着多位圣人,因此"圣人固藉时会"也是必然的。

所谓六经皆先王之政典,要言之,也就是以上的意思。尽管六经是周公制作的规范,但绝不是连缀说道的"空言"制作而成的。所谓"古人未尝离事而言理",六经终究是整理积累起来的"尧舜以来因革损益之实迹",即五帝三王的记录,撰述而成的。即使说其本质是卑贱的胥吏所保存的掌故也不为过。无论如何,它们首先是记事的。"古之所谓经,乃三代盛时典章法度见于政教行事之实,而非圣人有意作为文字以传后世也"。称《易》、《书》、《诗》、《礼》、《乐》、《春秋》为六经大概不是从来就有的。因为它们本来被称做六艺,三代盛时并没有称其为"经"的说法。"经"的叫法,是在相当晚的时候,甚至是孔子以后才叫起的。(《文史通义·经解》上)"古无经史之别,六艺皆史官掌也"。"史之部次后于经,而史之原起实先于经","三代之学术,知有史而不知有经"(《校雠通义·论修史籍考要略》)。因此,六经皆史。

所谓六经皆"器"的独特的主张也是由此产生的。"器"是与"道"相对的学术。《周易·辞系》关于"器"的定义曰:"形而上谓之道,形而下谓之器。"自从宋学强调其区别以来,"道"、"器"作为中国哲学的最基础的范畴,为人们所乐于使用,但"道"往往是更为根本的。因此,清初的唯物论哲学家王夫之(王船山)和清末的革新派思想家谭嗣同即以主张器对于道(例如制度对于精神)的先行性而扬名,如今章学诚甚至视神圣的六经为器,这决不失为别开生面的大胆说法。所谓六经为"载道之书"(阐述道的书),也就是从六经寻找周公、孔子之教,这当然是没有错的;但人们往往忘记了六经皆器。历史上秦始皇曾经焚烧六经,禁止偶语诗书,命令学习法令者"以吏为师"。尽管禁止偶语诗书是背叛古代的作法,但"以吏为师"的观点则无疑是道器合一,而不是分裂官与师、法与教的"至理"。当然,六经皆器或六经皆史的说法并不一定降低经或者圣人的权威。尽管章学诚不断顽强地反对当时甚嚣尘上的考证学的"经学",但却从来没有丧失过对於"经"的虔诚的观念。正像陆象山所说"六经为我心之脚注",王阳明说"六经乃我心之记籍(财产目录)"的时候,全然没有贬低六经的意识一样。章学诚只是从"事"而不是从"言"寻找经中的"义"或"道"的根源而已。陆象山、王阳明曾因为从经的存在的理由寻找"心"而出现了危险的"逸脱",章氏是否也会同样呢? 例如,下列引文是否早已预示了这一点呢?"夫道备于六经,义之匿于前者,章句训诂是以发明之;事变之出于后者,六经不能言,因贵约六经之旨而随时撰述,以究大道也"。我认为这一段引文是了解章学诚全部思想的关键。经从其起源来看并不仅仅是"史",但其适用的范围也并不是没有限制的。章学诚始终断定"六经皆器",他在论述孔子"述"(述是与"作"相对的词汇)六经的意义时指出:

后人不见先王,当据可守之器而见不可见之道,故表章先王政教与夫官司典守以示人,而不自著为说,以致离器言道也。夫子之述春秋之所以作,则云"我欲托之空言,不如见之行事之深切著明"。政教典章人伦日用之外,更无别出著述之道,亦已明矣①。

四 章学诚(二)——史是怎样变化的、 作为"私门著述"的史

所有意义上的合一的状态、礼的体制,经过三代的盛时,发展

---

① 见《史记·太史公自序》。章学诚最经常地引用这句话作为自己学说的典据。

到周王朝末期春秋战国时代,即已荡然无存。道与器、治与学、政与教、官与师……合一不分的黄金时代渐渐消失,官失其守,政教分离,出现了在官之外传授道的人。学问、文章与官司的掌故分离,所谓"私门著述"开始出现①,这就是诸子百家。所谓"经"的特别的名称,实际上也是伴随着诸子百家的出现而出现的。

> 易曰:"云雷,屯,君子以经纶。"经之命名所由昉乎? 然犹经纬经纪云尔,未尝明指诗书六艺为经也。三代之衰,治教既分,夫子生于东周,有德无位,惧先圣王法积道备,至于成周无以续且继者而至于沦失也,于是取周公之典章,所以体天人之撰而存治化之迹者,独与其徒相与申而明之,此六艺之所以虽失官守而犹赖有师教也。然夫子之时,犹不名经也,逮夫子既没,微言绝而大义将乖,于是弟子门人各以所见、所闻、所传闻者,或取简帛,或授口耳,录其文而起义,左氏《春秋》子夏《丧服》诸篇皆名为传,而前代逸文不出于六艺者,称述皆谓之传,……则因传而有经之名。……至于官师之分,处士横议,诸子纷纷著书立说,而文字始有私家之言,不尽出于政教典章也,儒家者流乃尊六艺而奉以为经。(《文史通义·经解》上)

据此,孔子的地位是相当微妙的,似乎他只是诸子百家(其中的儒家)的先驱而已。当然,章学诚敢不敢大胆地这样断定姑且不论,我只是想指出这一点。总而言之,所谓六经皆史,均出于官守的命题,也就是因为知识和文献原来是由官所掌握的,所以它们也都是以周官的旧典为基础的。但是,必须考虑到,春秋战国的形势渐渐地使原来只是由官把持的掌故流传到了民间。汉代刘歆和班固在《汉书·艺文志》中说"百家九流,皆出古之官守"就是如此。当

---

① 不可思议的是章学诚没有在任何地方说明其理由。

然,因为这是幸福的合一崩溃的时代的现象,所以也不一定是完全的继承。但是,即使是极其偏僻极其复杂的,也不能否定在他们所说的当中保存了先王政教的遗意。"大道既隐,诸子争鸣,皆得圣王之一端也"。(《文史通义·答客问》中)即使占卜之类的小技,即术数诸家亦"均出圣门制作"。(《文史通义·经解》中)当然,必须严戒言过其实也是不言而喻的。把孔孟正确的教诲与诸子纷繁驳杂的说法同等看待则是愚昧的,必须谨戒。"如汪中子之叙墨子,至谓孔墨之初不甚异,墨子诬孔,孟子诬墨,等之诸子之相非,则亦可谓好诞之至矣"。然而,"陋儒习于成说,概辟之为异端非圣而置不足道,世之涉学未深而好为高论翻成说者,则见其中亦有先王政教,而因谓其指初不异于圣人"(《文史通义·述学驳义》)①。这些语言作为"六经皆史","古无私门著述"的エロテリ,既深深地与考证学的动向相互对应,也含蓄地说明了考证学(更广泛地说是儒教)的自我否定。简略地说,考证学(经学)的当然发展的动向是对诸子学的再认识,而归根结底将导致孔子充其量不过是诸子之一的儒教自身相对化的危险,这已是不言自明了。

由此开始了不是以注记为基础的撰述,即"私门著述"的时代和"事"与"道"、"事"与"言"分离的时代,也出现了作为"私门著述"的"史家",而其最初的著述就是孔子修纂的《春秋》。"史家本于春秋"。《春秋》的要义,如庄子所说,乃是所谓"经世"。因此,史学也必须是"经世之所以",而不仅仅是"空言之著述"。但是,《春秋》终究是以孔子的"独断"为基础的一个"家学"。

司马迁的《史记》和班固的《汉书》出现后成为后世史书的模范,也是经历了这种趋势的结果。用章炳麟的话说,两者都是"孔

---

① 关于注中"墨子通论"的原委,见拙稿《清朝末期学问的情况》(讲座《中国》第二卷)

子之历史学之继承者"。《史记》类似撰述,而《汉书》类似记注。作为史学著述,通史的《史记》确实胜过断代史的《汉书》。但是,说这种史学的优秀传统到唐代业已完全灭绝也并非虚言。因为到了唐代"开局设监,集众修书,正当用其义例,守其绳墨,以待后人之论定则可矣,岂所语于专门著作之伦乎"?(《文史通义·答客问》上)当然,完全看不到进步的痕迹也是言过其实。"乙(史)部之学,近日所见,似觉更有进步,殆于杜陵所谓'晚节渐于诗律细'者。世士以博稽言史,以史考也;以文笔言史,则史选也;以故实言史,则史纂也;以谦论言史,则史评也;以体裁言史,则史例也"。由此确实可以看到史学的选步。但是,他又说:"唐宋至今,积学之士,不过史纂、史考、史例;能文之士,不过史选、史评。古人所谓史学,则未之闻也。"(《文史通义·补遗》,上朱大司马论文)

那么,古人所谓史学,即真正的史学,又必须是怎样的呢?

五　章学诚(三)——真正的史学必须是怎样的

从以上所述大概可以料想到章学诚所指的真正的史学的性质。一言以蔽之,那就是合一的事物。当然,恢复到官师合一、治学合一的黄金时代已经是不可能的了,现实所能采取的方式只能是作为"私门著述"的史学。在这种情况下,义必须在何种意义上恢复到事与道(或义)、道与器的合一呢?实际上,孔子的《春秋》和司马迁的《史记》已经做出了榜样。

一、对于既是立足于所谓六经皆史的原理却又彻底抨击经世致用的考证学者,同时也是热烈的革命家的章炳麟来说,"历史"不是"义",而仅仅是"事"的记载,它使人们"如写真"般地了解过去而唤起了对民族的爱。对于危机时代的思想家龚自珍来说,"史"并不是被创作的史书,而是写书的记录者。他在国家的地位,抑或是

"隐",抑或是"宾"。"故夫宾也者,生乎本朝,仕乎本朝,上天有不专为其本朝而生是人者在也"。(《古史钩沉论》第四)其任务是为了维持与王朝的兴亡没有关系的历史的自同性而"尊自心"秉笔直书。而章学诚认为,史学的目的在於"经世"。根据他所谓"六经皆史"、"六经皆先王之政典"的命题,这是当然的结论:

> 史学之所以经世,固非空言著述也。且如《六经》同出于孔子,先儒以为其功莫大于《春秋》,正以切合当时人事耳。后之著述者,舍人事而言性天,则吾不得而知之矣。学者不知斯义,不足言史学也。(《文史通义·浙东学术》)

考证学把经世以及经世所立足于其上的义束之高阁,只是一味求"古",章学诚对此确实给予激烈的反对。但是同时他没有忘记批判离开具体的、现实的人事,而徒劳地耽于性、天等形而上学的宋学。(《文史通义·原道下及其他》)正如他所固执地引用的,孔子编纂《春秋》是因为"我欲托之空言,不如见诸行事之深切著明也"的缘故。所谓托空言,见行事的"之"是什么呢?正是"义"。"载笔之士,有志春秋之业,固将惟义之求,其事与文,所以藉为存义之资也"。(《文史通义·言公》上)因此,六经皆史说既如同把义(Bible)消解在事(History)中,又依然强烈地求"义"。他的著名的豪言壮语说:

> 吾於史学,吾有天授,自信发凡起例,多为后世开山,而人乃拟吾于刘知几。不知刘言史法,吾言史意;刘议馆局纂修,吾议一家著述;截然两途,不相入也。(《文史通义·家书》二)①

这里所说的"史意",要言之,恐怕也与义有关。他再三警告只

---

①　言公上云:"作史贵知其意,非同于掌故,仅求事文之末也。"事、文、义是《春秋》,也即历史叙述的三要素。

是空谈义的抽象性的宋学,甚至说"今日之患,又坐宋学太不讲也"。(《文史通义·家书》五)"司马迁本于董仲舒之天人性命说,而为经世之书《史记》"。所谓天人性命之说,即道、义的探索,是形而上学。尽管《史记》是记载事(人事、行事、实事)的,但伟大的史书同时必须包含对义的探究,亦即道的探究。所谓"经世",根据昔日宋学的主张,是关系到把握形而上的"道"(同时也是先王之道)的问题,而不仅仅是政治技术上的问题。司马迁所说的"究天人之际",要言之,也就是探究"道"。真正的史学必须始终坚持道的立场。不仅道之大原,而且"史之义亦出于天"。关于宋学(广义的)中以最唯心、最空洞著称的王阳明等的浙东之学,章学诚称赞说:"近儒谈经,似于人事之外别有所谓义理也矣。浙东之学,言性命者必究于史,此其所以卓也。"(《文史通义·浙东学术》)其趣旨,要言之,即哲学与史学的一致;从史学的立场来说,则必须从别具一格中寻找"古人所为史学",真正的史学。一般认为章学诚的思想渊源于王阳明开始而以黄宗羲(《明夷待访录》的作者)为最显著代表的浙东之学、浙东史学,这个推论大概是不会错的。

因此,章学诚所指的真正的史学的性格,首先应该认为是义与事的合一,义(道)即经世这一点。但是,我们还必须了解章学诚以下的言辞:

> 愚之所见,以为盈天地之间,凡涉著作之林,皆是史学,六经特圣人取此六种之史以垂训者耳。子、集诸家,其源皆出于史。

胡适曾经根据这段话,认为章氏所谓的"六经皆史",要言之,就是"经部(经史子集的经)的著作中包含许多史料"的意思,而其最终的真正含义则是"一切著作都是史料"。(《文史通义·报孙渊如书》。胡适著、姚名达补《章实斋年谱》137页)这个诠释在民国初年所谓"国故整理"的启蒙时期,无疑是适当的,但恐怕并没有切中其意。章学诚的"史学"的主张,无论如何不能这样看待。章氏在说"史学"的时候,确实赋予它非常广泛的含义;不难看到其趋向已达到了杜密维尔所说的泛历史主义(Pan - Historism)。(杜密维尔《章学诚及其历史编纂学》一七四页)胡适所引用的一段也应该从这种观点来理解。"该人(章学诚)的想法是凡学问皆史学,非史学则非学问"。(内藤《中国史学史》六一七页)在此,我还想附带阐述与此相关的事情,那就是章氏的至要著作《文史通义》中所谓"文史"的用语。"一般的学者视这个人为史学家,但我认为,正如其书名所示,是以关于文史的原则的研究为主;就文史而言,涉及到了关于人体的全部著述。唐书的艺文志是在广泛的文学批评的意义上使用文史类的。所谓《文史通义》的含义,用现在的语言说,也可称作著述批评的原理",(同上,六一四页)即著述学概论。章学诚往往把"撰述"、"著述"等与史学或学问相提并论,基本上等同使用。"近日学者风气,证实太多,发挥太少,有如桑蚕食叶而不能抽丝"。真正的学问与其说在于"证实",不如说在于"发挥"。(《文史通义·与汪龟庄书》)

二、既然真正的史学的目的在于经世,那么"现实"(今)的观点就是不可缺少的了。大凡学问家首先都必须学习琐碎的法规,零碎的统计数字,民俗人事以及卑贱的胥吏所掌握的掌故。从这个意义上说,必须承认实证学(证实之学)、搜集事实之学以及考证学都有其存在的理由。然而,"礼以天为大"(《礼记》),史学往往必须立足于"今",是必不可少的。重要的是"握六经之要旨,时时撰述,以究大道"。"学业将以经世也,如治历者尽人功以术合于天行而已矣,初不自为意也。其前人所略而后人详之,前人所无而后人创之,前人所习而后人更之,……要于适当其宜而可矣"。周公、孔子、孟子、韩退之、程子、朱子等等都是顺应各种时代的要求,"其事与功,皆不相袭,而皆以言于经世也。故学业者,所以开风气也。

风气未开,学业有以开之;风气既弊,学业有以挽之"。(《文史通义·天喻》)但是,不应该把经世仅仅解释为过分直接地与政治相联系。"君子之学,贵开风气而不贵趋风气也"。(《文史通义·淮南子洪保辩》)仅仅"今"是不充分的,其上的契机也是必要的。《易经》曰:"知以藏往,神以知来。"真正的史学不仅需要考证精详,记诵博恰的"知",以及保存过去的"知",而且还需要预知未来的"神"。正如神往往被视为"不可测度"一样,简单的悟性之上的精神作用就是"使人不滞于迹,即所知见以想见所不可知见也。"府史之类终究不如五史,确实与此有关。因为前者掌记注仅靠"知"就足够了,而后者的任务撰述则有待于神的作用。(《文史通义·礼教、辩似》)

三、真正的史学的属性必须是如下所提出的"成一家之言",即所谓"专门""独断"的"家学":

> 史之大原本于春秋,……所以"通古今之变而成一家之言"者,必有详人之所略,异人之所同,重人之所轻,而忽人之所谨,绳墨之所不可得而拘,类例之所不可得而泥。

这里所说的也就是"变通"(《易经》曰"穷则变,变则通")。史学的溃败源于不知变通之道。章学诚经常要求史家所必须具备的条件是"变通"的能力,即"独创"的能力:

> 而后微茫秒忽之际,有以独断于一心,及其书之成也,自然可以参天地而质鬼神,契前修而俟后圣,此家学之所以可贵也。陈范以来,律以《春秋》之旨,则不敢谓无失矣,然其心裁别识,家学俱存。

到后世,所谓"《春秋》家学"的含义完全消失。家学又被称作"专门之学"。"迁书有徐广、裴骃诸家传其业;固书有服虔、应劭诸家传其业,专门之学,口授心传,不啻经师之有章句也矣"。"然则《春秋》之意,必有文字之所不可得而详,绳墨之所不可得而准"。"史之大原本于春秋,春秋之义昭乎笔削。……古人书不尽言,言不尽意,书于竹简之文字以外,别有心传,口耳转授也"。(《文史通义·答客问》上、中)所谓《春秋》的"微言大意",即是如此吧。总之,史学所不可缺乏的是,把握充分发挥语言文字时所必有的"意"。这不仅是对于研究过去的伟大的史书的意义上的史学是不可缺少的,而且对于运用主体性写史这一完美意义上的史学来说,也是至关重要的。

孔子"孤行其意",独具心裁别识,"穷取其意",通古今之变;《春秋》之所以成为"史学"的鼻祖,原因即在于此。当然,章学诚毫无疑问是虔诚的儒家之徒、名教之徒,但是他所说的义、道决不是人们所能想象的那种陈旧的、常识性的东西。只有那种好学深思,师于古人,"标一法外之义例,著一独出之心裁",能够把握"史意"的人,才是真正的史学,专门独断的史才。

四、真正的史学并不仅包括诸如史馆共同编纂的所谓"正史",而且还包括独断之学,一家之言。要言之,是因为学问只有在"心得"和"性情自得"的基础上才能成立。真正的史学来自有个性的人格。儒家以不知一物为耻,但儒家似的博学强识却说不上是"自立之基"。立足于"功力",即努力的工作之上的学问不是真正的学问。总之,单单凭借"功力"产生的书"谓之纂辑可也,谓之著述不可也"。只有功力和性情结合,才会产生真正的学问。"夫学有天性焉,读书服古之中,有人识最初而终身不可变易者是也;学又有至性焉,读书服古之中,有欣然会心而忽焉不知歌泣何从者是也"。倘若"性情自存而不以功力深之,所谓有美质而未学者也"。但是,"功力有余而性情不足,亦不足以称学问"。当然,强调性情的不仅仅是宋学,说起来这还是儒家的常套。所谓"学问养性情之正"乃是儒家的口头禅。但是,章学诚反而"偏袒"性情,基本上将其作为嗜好来把握,并积极地视性情为不可缺少的。作为学问观,这无疑是崭新的。即使是对他极其嫌恶的袁枚(袁随园)那种人的诗论也对此给予理解。(关于性情之说,受到高田淳《论章学诚的史学思想》的许多启发)起作用的不是旧来的"学而时习之"式的学问观,而是章氏独特的那种学问观,即撰述、发挥的学问观。因而在屡次反复的性情的主张的背后,恐怕有其体验吧。如上所述,从当时的常识来看,他是个真正的纯才。但是,尽管是纯才,他却相信"我于史学,盖天授也"。人的性情才质是千差万别的,孟子也说,尧舜之智,未能遍物。学问只能从天性的尽处,扩展到其能所及之处。登泰山可能有千途万径,"世之所重而非吾意所期欤,虽大如泰山,不遑顾也;世之所苟而为吾意所期欤,虽细如秋毫,不敢略也"。并非只有考证学才是学问。风气所趋,必生弊病。因此"君於经世之学,看取风气之弊而求其偏"是不可缺少的。学问的任务不是趋风气,而是开风气。大概只有建立在"性情自得"之上的东西才是好的吧。(《文史通义》中的《淮南子洪保辩》、《博约》中、《与朱沧湄中翰论学书》)

五、最后想指出的是,章学诚所提倡的"史德"说。(以下见《文史通义·史德》)唐代的刘知几提出,史家必备的条件是"才、学、识"。但实际上,"三者得一不易,而兼三尤难。千古多文人而少良史,职是故也"。从所谓义、事、文等史的三要素来说,"非识无以断其义,非才无以断其文,非学无以练其事,……其中固有似之而非者也"。"记诵以为学也,辞采以为才也,击断以为识也,非良史之才学识也"。即所谓才学识之学,"犹未足以尽其理也",在其根底之下还有必不可少的"史德"。史家必备的德是什么呢?"德者何?谓著书者之心术也"。尽管一说心术就令人联想到诸如君子的修养等等,但章氏所说的心术与此不同。"史之意出于天,而史之文不能不藉人力以成之"。章氏所说的心术是"盖欲为良史者,当慎辨于天人之际,尽其天而不欲以人也。盖其天而不益于人,虽未能至,苟允知之,亦足以称著书者之心术也"。我们对于史上的事迹,不禁产生共感或反感之情。情愈深而文愈有力,在此有史家易于掉入的陷井。所谓史德,就是修养成因事动情,但却不感情冲动的心理状态,要言之,也就是平静吧。他以史德为主,并将其与史中的文的问题联系起来阐述,这从其学问、史学即"著述"的观点来看,是理所当然。

所谓章学诚的"六经皆史"说,大体如上所述。若进一步概括,则或许可以归结为司马迁在《报任安书》中所说的"究天人之际,通古今之变,成一家之言"。关于它在中国学术史上的意义,可参考内藤湖南的说法。"六经皆史"说决不是对考证学的简单否定(这点与方东树等明显不同),但不可忽略的是它在另一方面又是考证学风气的必然产物。(一)从《汉书·艺文志》"百家九流出于王官"说这一简单的事,即可知道这是他全部想法的出发点。据说题名金榜的王鸣盛说:"不通《汉书·艺文志》则不能读天下之书",《汉书·艺文志》乃"学问之眉目,著述之门户。"(王鸣盛《十七史商榷》二二,"汉书艺文志考证"条)说起《汉书·艺文志》既是学问中之学问,其艺文志自然也为历代所传颂。但是,视其为对学问具有特殊意义的文献是清代的考证学,而将其发展为如此广大的"史学"的理论的,无论怎么说,终究还是章学诚的天才。(二)他从《汉书·艺文志》得出"六经皆史"的命题,而强调其命题的结果,又达到了所谓泛历史主义(Pan-Historism)的境地。如果仅仅根据已引用过的有关文章,那么胡适所说的一切皆为史料的解释决没有错。然而,那到底是考证学内在的根本指向吗? 章学诚的"六经皆史"确实是因反抗考证学而兴起的,这种说法当然是正确的。但是,必须承认的是,"六经皆史"并不只是简单的反抗,而是切合考证学的本质指向的。因此,从这个观点出发必须特别指出的是:(三)正如上文也引用的,即使从最终不得不进而肯定诸子学这点来看,它与考证学的动向也是相对应的。考证学毕竟是作为经学兴起的。为了广泛地寻求证据,经典的考证无论如何也得引用诸子。因而,其必然趋势是,诸子不仅被作为补助性的参考文献,而且其本身也被提了出来。最后,甚至连孔子也被还原为诸子之一,儒教也随之恢复为《汉书·艺文志》所说的诸子百家之一的儒家。尽管已经不得不承认孔子是诸子之一,但却有人始终执拗地企图挽救其权威。其一是改革派康有为视孔子为"教主",其二是革命派章炳麟视孔子为"历史家"。但是,他们的尝试都因辛亥革命推翻了王朝体制而以失败告终。孔子被迫承担起所有压抑、非人道的无穷责任。(四)公羊学也应称为考证学的鬼子之一。清朝考证学的内在的运动方向,只要是属于儒教范围的,自然也就带有溯本求源的复古倾向。这点是必须指出的。经典越接近于时代越发值得信赖,从后汉郑玄之学到今文学的推移也是必然的。只是如此达到的今文学(其中心经典是《春秋公羊传》)的特性是"经世致用"。它并不是简单的"事",而是强烈地指向"义"的。考证学唤起了作为"微言大义"之学的公羊学。如果从大的历史潮流来看,这和同时被唤起的宋学复兴的机运和对佛教的关心的复兴,恐怕不无关系。归根到底,公羊学超出了简单的经学范围,首先在龚自珍那里作为"思想"而喷出,随之在十九世纪末期以后作为改革主义运动起了激烈的作用。如今这点已属常识。清朝学术史存在着从"事"向"义"的转换,章学诚的"六经皆史"应该说是与这种机运并行不悖吧。

六经皆史,一方面确实是阐述义(Bible)向事的历史转变的收获,但另一方面又强烈地强调"义"。所谓事义合一的理想,往往向义倾斜。这大概是他自身寻求"发挥",追求"撰述"的个性主义的性情所造成的吧。阳明派似的心情的历史潜流,表现出了未曾料想到的喷发。无论如何,章学诚是矛盾的存在。尽管如此,始终比戴震和汪中更倾向思想意识的章学诚的后继者——义方面的继承者龚自珍,事方面的继承者章炳麟,——恰恰又都是激进主义者!
(小野川秀美《清末政治思想研究》)

(选自刘俊文主编《日本学者研究中国史
论著选译》第七卷,中华书局1993年版)

岛田虔次(1917——　),国立京都大学文学部教授,中国古代哲学和古代史研究家。主要著作有:《大学·中庸译注》、《朱子学与阳明学》等。

本文论述了清代学者章学诚的"六经皆史"之观点。作者认为,章学诚的"六经皆史"可与孔子的"仁"、孟子的"性善"、老子的"自然"、庄子的"齐物"、墨子的"兼爱"、董仲舒的"天人之际"、朱子的"性即理"、王阳明的"心即理"和清朝考据学"实事求是"相提并论。作者强调,章学诚所指的真正的史学就是合一的事物,即做到事与道(或义)、道与器的合一。其史学目的在于经世,不可缺少"现实"的观点,史学不仅包括"正史",而且还包括独断之学,一家之言。

儒教与现代思潮

服部宇之吉

第一　儒教与民主主义

随着现时世界大战而起的各种思想中最是倾动一世的,大概要算民主的思想了。这种思想,自然不是现代的产物,也不是近世的产物;但是从这次大战后,他的势力大为增加,却是不可掩的事实;便是将来,他的势力还要增添也无可疑的。但我现在对于民主主义的本身,无暇详论,我只就儒教是否为民主主义一端讨论。

关于民本主义和民主主义二语,常人大概都认做同意,随便使用,其实是大不相同的。原来德谟克拉西(democracy)这字,虽然不止一意,但在西洋是一字二用,在东洋则民本民主视同一意,其实大有差别。至于"民本"两个字,大概本于《尚书·五子之歌》"民惟邦本"一语。但《五子之歌》属于古文,系后代所辑成,学界早有定说,若要别求其本,那末《淮南子·主术训》有"民者国之本也"一语,又《泰族训》有"国主之有民也,犹城之有基,木之有根,根深则木固,基美则上宁"等语,也可算做"民本"两字的出典;至于这《淮南子》上所说各语,应该也有来源,只是现在不知道罢了。但《淮南子》上这两处所说的话,意义也前后不同。《主术训》另有"食者民之本也"一句,这是就农业立国之关系,专称农民为民,乃对工商等而言;所以他的意思不过说农业为国之本,农民为国之本。但《泰族训》中之语，却与此异。那里的民字，是指一般的人民说，意思是说：民不安，君亦不得安；所以君须以安民为务。《五子之歌》所说，本与此同意，就是说人君失了民心，便不得安于其位了。这原是劝人君不可图逸豫的意思，所以下文有"予临兆民，懔乎若朽索之驭六马"等语，就是劝人君须常常怀着恐惧的心思。《论语尧曰篇》有"四海困穷，天禄永终"等句，据古注解释，这是说人君德行若能传遍四海，天禄就永远在他身上了；但依朱子说，这是说四海百姓困穷，天禄就永远离开他了。我们若照朱子的解释，其语却与《五子之歌》所说相合。

由上面所说看来，民本一语原有两个意义，不过今日所用民本主义的意思，只用第二义，没有用如第一个意义的；所以现在专就第二个意义立论。要明白民本主义的意义，须先知其根本上究有何种思想和主义。现在且把其根本思想分析一番。

所说民不安君亦不安，失民心必失君位，就是说人君的地位、权势，并非无条件的绝对的给与他的；其实就是说人君的地位、权势，是依着一定条件给与他的。条件是什么？就是人君须知：他必以人民的幸福安宁为唯一目的，须为最善的努力以达此目的。也就是说人君非为自己而存立，乃为人民而存在。人君既为人民而存在，那末，他所为必能保全人民的生存，增进他们的幸福，才算称职；若是危害其生存，施以不幸，就算不称职了。能称职的，人民自然服他；不能称职的，人民也必反对他了。而人民归服的得保其地位权势，不归服的必失其地位权势，那又是理之当然，不待言了。

在春秋战国时代的政治家及学者中所谓法家者流，虽想把人君置于无责任的地位，但儒者总是认人君为完全负责任的。但人君究竟对于谁负责任呢？就是说：人君为人民而存立，究竟由于人君自身的觉悟，或信念？还是由于什么人所指定的呢？从这种问题的解答，儒教的民本主义是否和现在的民主主义相合，便可决定了。

　　要回答上面的问题,必须先讲一讲儒家对于国家起源的思想是怎样。但关于国家起源,中国有两派思想。一派是儒家以外的墨家思想。

　　墨子的学说,其出发点和霍布斯学说很相似,但再进一步,便全然不同了。墨子以为人类初生,不知营社会的生活,各人独立孤行。这样的不知经过了多少年。这就是霍布斯所说人与人争斗,久后才入于共同生活,最后乃一跃而成国家组织的了。但国家组织是怎样的才能成功呢? 关于这一方面,墨子的见解,便和霍布斯相异。他并无"民约"一类的思想,他只把当时所行的封建制度,认为惟一的国家组织。他以为最初人类不营共同生活,所以"一人一义,十人十义"。义就是善恶是非的标准;当时社会意识未发达,各人都用自己的心去判断善恶是非,所以各人所说善恶是非各不同,就是说"一人一义,十人十义"了。等到后来,才渐渐入于共同生活。最初是一里之长,率领里中的人服从国君就是诸侯,以国君的义为义,于是一里之义才得统一;国君又率一国之民服从天子,以天子的义为义,于是一国之义统一;最后天子又率天下之民奉天意天志为义,然后天下之义才得统一。

　　上面的说明,关于里长、诸侯、天子怎样发生,他们怎样能够率他们的属下奉上之义,都没有说明,所以很不彻底。至于"民约"一类的思想,那是墨子尤其没有的了。

　　墨子的思想虽然处处和儒家反对,但他把义的最后根据置于天意天志,却与儒家相似。这也是中国思想一特色。

　　儒家学说与墨子相近的,在古代有荀子,在近代有黄宗羲。

　　荀子说圣人制礼法以矫人欲而拂人性,使出乱而入治,可见他是以为生民之初,圣人未制礼法之先,是人人任欲从性而行的。但是圣人既出来组织国家,他的权威的由来,又是怎样的呢? 关于这一端,荀子却没有明说,所以也不彻底。

黄宗羲也说最古没有国家组织,但后来这组织怎样成立的呢?他也没有说明。

但儒家本来的思想,是说生民之初便有天子的。这却与墨子不同。

老子的根本思想,原和儒家相异,但关于这一端,也与儒家相同。不过关于天子怎样会发生,老子的见解又和儒家不同。原来老子是鼓吹自然主义的,所以虽说生民之初便有天子,但以为是自然而然的;儒家则说天子是天立的。

所以儒家说:天子对天负责任,天子须为人民尽最善之努力,天子为人民而存在,就天所以立天子的动机上言,当然如此的。欲明此理,须一说天的自体、天与民、天与天子间的关系。

天字见于经传上多极了,但其中有相对和绝对的区别。相对之处,与他相配,为万物生成的原因,绝对之处,为宇宙或人类的主宰。相对之时,天和地相同,只是气,气大概是微妙的物质,乃有永久无尽的生命的。气又有精粗之别:精的是天,粗的是地。地又叫质,天又叫形;也有以地为形以天为气的。《周易·象传》有"天气下降,地气上腾"之语,以此说二气交感的可能。二气交感时,其作用有主从的分别。天气属阳,乃能动的,伸张的,流行的;地气属阴,乃受动的,屈缩的,凝滞的。故虽同有无尽的生命,但生活作用最显著的是天气,地气的生活作用大概是潜在的。二气交感作用中,概由天气先布以感动地气,地气乃感之而动。于是天地二气交感而万物生成。凡物皆有形体,其中各有生活作用。形体为地气所成,生活作用为天气所成。故地气为万物的形体的原因,天气为万物的生活作用的原因。《周易·象传》说万物资始于乾就是天,资生于坤就是地。以"始"与"生"相对;生以个体的成就言,始以个体的始生言,其实就是说天生地成了。天不为"始",什么都不得生,此点最着重,所以只说天生,不说地成的地方很多。

万物生成有一定的次序。无机物先成,植物次之,动物又次之,最后才有人。荀子说:水火只是气,未有生;草木有气,有生,但没有知;禽兽有气,有生,又有知,但没有义;到了人才有义。知字有广狭二义:狭义指知觉,广义指知识,此处属于狭义。义与仁义之义不同,与孟子所谓理义之心相同,大概如同康德所说实践理性。水火虽说无生,但不能看做死物,不过生活作用没有显现罢了。所谓生、知、气等物,皆为天气的作用,天地二气配合的情状不一,天气所现的作用也有差别了。但关于配合的情状,古人没有详说;宋儒虽然有理气说,但除气之精粗厚薄以外,所说很少。总之,向来关于气的研究是不很完全的。人生在万物生成的后头,他有知,万物也有知,但因他有义,所以能超过万物。人不但是有知,又有欲,也和禽兽一般;而且他的知又胜过禽兽,所以欲也多。至于义,虽则由天生成,但若只照天赋的样子,决非完全,必须依后天的发达,才能完全实现。故人类,若由义的方面看,只有极微弱的可能性;若由知和欲的方面看,是但凭本能盲目的向前进行的。可是只凭本能行事,却能完全其为人之道,而因此伤身的也很多。由这一点观察,人是弱而且愚的,所以叫做民。民字汉儒解为“苗”,为“瞑”,乃是用意义相通的字解释。苗是草木初生甚微弱的意义,瞑是盲目的意义。因其微弱,所以不能自立,因其盲目,所以不能自行;所以必须扶他,才能自立自行。但谁能扶他呢?民当然不能互相扶,所以必求于民以外,以天为能扶他,这是必然的思想。但若说天自己扶民,那便是神道主义(theism)了。儒家却不是这样,他以为天非直接扶民,乃使圣人代他扶民。圣人是有完全之德者,就是完全之人格者,所以能扶弱而且瞑的民,使他立,使他行,以完全天所生的人。

但天何故不生成能自立自行的人,却生成又弱又瞑的人民呢?

而且既然生他,何故任他在自然的运命里,必须扶他呢?这是因万物生成,并非由于所谓创造作用(creation),乃由于自然作用。因为二气的交感,并非出于天的意志依照一定的计划进行的,只是必然的机械的行动。所以结果生出弱而且瞑的民。由这生成的过程言,所谓天乃是自然理法之名。宇宙乃是一种机械的体系。但在儒家看起来,天既然生民,必然愿他能遂其生。这种见解是儒家和老子的自然主义全相反对。

以人推天,天必然不喜他所生不能遂其生,而愿他得遂其生的。必然这样去观天,才可见天的仁。后人虽有专以生说仁的,但其说不的当。因为仁者虽然不乱害人物,但生不能就算仁;而且天的生人物原非有意的作用,那能看出仁来!故因天生人物其力广大,称之为天,为昊天,其中却不含有仁的意味。所以必由天欲人得遂其生上言,才见得仁来。仁在宋儒看起来,有专言即绝对和偏言即相对的区别。后者乃情的德,其作用为爱怜;前者朱子说是心的全德,乃统一知情意全体的。天的仁自然是绝对的,他不像一般人,徒然可怜他人穷困,束手无策;他怜悯民的不能遂其生,便有实现其怜悯心的手段和实行的意志。所以从怜悯的方面看,称天为昊天。昊和悯或愍意义相同。又由天在上监临于下言,名天为上天。而上天又有明的观念,乃专以知言。人的明所照有限,所知也有限,不能洞见人心之底,只能用想象去忖度。天便不然,人心里面怎样的秘密,都照得见。以天力的广大言,称为昊天,乃专就生万物的原因的天言,但亦含有意力绝大的意义。所以天具有知情意之力;天又绝对无限,为人所不能测度,故又称为苍天。苍天并非苍苍大空的意思,乃远而不可测的意思。所以天又为超越人类的主宰,尊为皇天,又为表明人格的主宰的意义,称为帝,为上帝。所以天为人物生成的原因又为其主宰;他为实现其仁,因命圣人代自己去扶民,使他能自立自行。但圣人也是人,他怎样能不弱不瞑呢？所以又假定圣人乃能自成的(self-made)，或是在生时已经具有异于平民的素质的。但也有说是天所特生的。也有说是天启的(inspiration)。天启一类的思想，也见于《左传》，但都是梦想的观念，不能适用于此处；又有说潜思默想，长久可与鬼神相通的，古书屡屡有此种思想，但也与天启不同。汉代学者又有说圣人乃天的儿子，创立感生说的。但这种思想不能通行。人皆可以为圣人一语，不但后来的陆王学派极力主张，孟荀二子早已这样说了。其实这也是儒家的标的。但据《中庸》上说，有生知安行的圣人、学知利行的圣人、困知勉行的圣人等区别，可见圣人也许有天生的。总而言之，在生民之初，天命的圣人，和非天生的，其说到底不可通。所以在生民之初，天已命圣人代自己扶民，使他为君以治民，为师以教民，授以政教二者的权威，使居至高极贵的天子的位。譬如《孟子》所说"天降下民，作之君，作之师"，就是这个意思了。孟子又说明此语，以为其由天命而助上帝，故又置于特别尊严之位。所以天子的地位权势，是因他替代皋陶所谓天工，因他帮助上帝而得的；而人君的责任职分，是全然由此萌芽的。这样看起来，儒家的民本主义中，并无主权在人民全体的思想，而且他以天子的权威为天所与，也可看做一种神权说了。儒家和民主主义相异的所在，还不很显明吗？

但后来又想到天怎样知圣人：命他居君师之职的问题，因此又发生一种稍异的思想。原来历代虽把当代天子称做圣人，实际却视圣人的地位甚高，所以说孔子以后无圣人，孔子乃中国唯一的圣人；必是这样的圣人才可为天子。原来在生民之初，为天子的圣人，虽由天所特生，可是天子也不一定要天生之圣，故天必就非天生的圣人，探知其是否可以当君师的责任。因此又发生天怎样知圣人的问题。要求其解答，可看《尚书·皋陶谟》的"天聪明，自我民聪明，天明畏，自我民明畏"等语。此"聪明"二字，后人或解为天和民的视听,其实当从郑玄解为聪明睿智有德的人明畏乃显罚的意义。就是说,天要判断某人是否聪明睿智可以为君师,只从人民的判断;要判断某人不德而降以罚,也从人民所判断。天不用己的知去知,己的意去决,只从于民的所知,民的所判断。

但前说民是弱而且瞑的,现在又说从于民的判断,岂非互相矛盾?这却另有一个道理。因为从一个人说,民固然弱而瞑,但当多数民众的判断一致时,总可无误的。而且若是单使民人判断事理的真伪,虽然有众人一致的判断,也许难以信赖;可是现在的问题,只是判断某人的德与不德。德就是人格之力,必与众人的人格接触,自然感于众人之心;而且所说圣人,也不是和民没关系的人,必是居位任职的人;所以他的行动,对于人民的生活,有直接或间接的关系,人民常常痛切感其影响的。在这样的情形中,人民若一致认某人有德,认某人为不德,其判断总可看做不错的了。这就是天从人民的缘故。所以皋陶的意思就是说:民心归往的,天就认为有德,给以大命;民心所离叛的,天就认为不德,夺其所给的大命;天意完全从于民心。这就是所谓天命说了。

天命的去留,全然由于民心的向背,到皋陶才言明。若照他所说,天意必从民心;得民心便为天子,失民心便失势位;民是唯一的判断者,天子的废立,其权完全在民,这倒有点近于民主呢!但是皋陶所说,还有须注意的地方。就是民的判断,到底须等他成为天的判断,才有效力;不然便全无力量,最后的决定,还是操于天呢!所以后来孟子虽有"得乎丘民而为天子"一语,但正式还须膺天命;《论语尧曰篇》虽有"命舜"之语,但仍说"天之历数在尔躬"。照这样说,可见天子的权威,仍旧要从天得来的。等到夏朝王位归一家世袭之后,一直到了周朝,为调和这种事实起见,已经把皋陶的说话稍为改变了;但仍旧大倡天命之说,这从《诗》《书》都可证明。又据墨子,殷汤的伐夏桀,周武的伐殷纣,也都采取祀天而受天命的形式，才敢进兵呢！但是天命说，虽经周人改造，还不能为王位归于万世一家的理由，不能否定革命。万世相传的理想，周人只是放在心里罢了；到了秦始皇，才想实现它，立绝对专制主义。秦始皇焚灭《诗》《书》，想也因其中含有天命说的结果和理论罢！原来天命说，以德为天命的唯一理由，和德治主义很有关系，始皇以武力平定天下，所以不采德治主义；其他如韩非，乃始皇所想见而不得见的人物，他和其他法家所主张的法治主义，始皇也没有采取。始皇所采取的是人君意志绝对无限的主义。汉以后，大概沿用秦制，但自从经学复兴，天命说，德治主义，也随之并兴，绝对专制只在形式上罢了。

世人多说孟子的言论很近于民主主义，这是因孟子高倡前述的民本主义，他以为民最重，社稷为次，君最轻；又说人君不图民利危害国家的时候，可以易他的位；譬如桀纣，天下的民心已去，虽在君位，也不算得君了，所以汤武伐之，如同诛一独夫，并不是弑君。他有这种种议论，所以人家有此样的批评了。但诛独夫之说，荀子也曾道过，这是战国时代思想，并非孟子一人的说话。而且孟子也非说人君不德，不论什么人都可以伐的，他说必须天吏才可伐之，他原非说人民有废立人君之权的。但他的议论，往往流于怪僻，失于中庸，所以执一端而观，不免要误解为民主主义。这也是后人多有非难孟子的缘故。

此外黄宗羲也有很痛快的议论。他说人君须弃自己的利益，为天下万民谋公利公益；后世人君以天下为产业就是私有财产，实是不应该。又说人臣本是助人君谋天下的利益的，其出仕乃为天下万民；若人君以天下为私有财产，专图自己的利益，人臣还要去帮助他，那是仆妾之道；孟子所说，真是圣人之言；世上所传伯夷叔齐说君臣之义阻武王伐殷，只是无稽之谈；"君臣之义，无所逃于天地之间"，乃是小儒的议论。

　　若照此说，君位为一家所世袭，自然是极不合理的事；尧舜禹的禅让，乃是合理的事了。又《礼记·礼运篇》上托名孔子的大同说，由黄宗羲的议论看起来，也是最合理的事了。现在中国人，也有对于大同说，全不加考证，便以为是孔子之言，又因此认孔子为民主共和主义之祖。大同对于小康而言，含有太平的意义；小康是对于大同之语，含有差别的意义。据《礼运篇》说，大同乃唐虞三代以前大道盛行之世；小康乃唐虞三代大道已隐之世。大同乃太平、平等之世；小康乃小安、差别之世。大同乃平等之世，所以拿差别为本的礼义，没有发生；礼义到差别之世、小康的时代才有。大同和小康最大的区别：在于大同以"天下为公"，小康以"天下为家"，天下为家，君位传于子孙；天下为公，君位让于贤者。但此说和孔子之教不合，确非孔子之言，先儒已经屡屡论及。大概战国时代受老庄派思想的影响的儒者，以此说假托于孔子，汉初编《礼记》的，无端采取，后人竟误认为孔子之说，近人又附会其说，竟谓孔子在二千多年前早已主张民主共和了。其实就算是孔子之言，但天下为公，也不过尧舜所行的禅让，尧舜也只依天命说而行动罢了。尧舜时，也是君主制的时代，并非共和时代。所以这"天下为公"四字，就算是孔子说的，也不过说让天下于有德的人罢了，全然不含民主的思想，也没有主权在人民全体的意思。再让一步说，就算含有民主的思想，却还不见得有共和思想。"天下为公"四字中并没有大总统公选的意味。总而言之，决不可把这一句说话认做民主共和主义。

　　民主主义，必以自由和平为理想和根本，我现再考一考儒家有没有自由平等的思想。在古时原有一事很近于自由思想，但后世又不行了。这就是《周礼》所载三询之法，凡遇国家有大事，便叫百姓来问；这种大事有三：（一）国家遇有危险的时候；（二）迁国和迁都的时候；（三）立君的时候（没有相当的人可立的时候）。遇到那种时候,便召百姓到外朝(第三重宫门)来,问他们的意见。但所召的百姓,只是邦畿中千里以内的,诸侯之民并不在内;又畿内之民,大概也只是代表。至于诸侯之国,这种事想也有的。

或说《周礼》只记理想,并无实事,但《左传》记王室遭乱召民问以主君的事情,共有二次;《孟子》也载太王避狄难去国,曾召父老相告的事情;《尚书·盘庚篇》也载盘庚迁都时召百姓来告诉他们不得已的缘故;可见殷周两代确有此例,并不可看为理想的空文的。

此法和盎格罗萨克森人所行的贤者会(witenagemot)相似,若是后世逐渐发达,原可成为国会的。但后世此法全亡,只有听民言察民意的主义;实际上也只有遇到天变地异天子下诏求直言罢了。这都不能算做自由之证。

至于平等一项,中国社会组织的根本,确是平等的。或说周代有士大夫庶人之别,《礼记》载"刑不上大夫,礼不下庶人",这便是阶级之别了。其实不然。但凡阶级以不能互相移易为本义,若说士大夫和庶人是阶级,那末,士大夫必然不可为庶人,庶人绝对不能为士大夫了。但如荀子所言,士大夫的子孙无学不德,可降为庶人;庶人的子孙有学问道德,也得为士大夫。这也不但理论上为然,庶人得为士大夫,还规定于法制呢?即如后世科举之法,实渊源于周代的"宾兴法"。"宾兴法"是先施教育于一般国民,选出其长于道艺,或长于德行者,就其最优者送入大学,和天子公卿大夫的子弟同受教育,后来又任以官职。所以实际上庶人是得为大夫的,他和本来的士大夫相异之点,只是不能世禄。这样说起来,把士大夫和庶人看做阶级,确是错误了。

但春秋时代有晏婴,战国时代有慎到,曾经主张士农工商的世农。假若严格实行,也许发生阶级,不过他们只由便利主义主张此事,没有什么根据,也没有实行。

又周代前后有奴隶,但也不成一种阶级。古时奴隶,大概是被捕虏的野蛮人及罪人失去了身体自由的,但早已和齐民相混,不留痕迹了。后世奴隶,都由卖身,大概只限于一身。此外,又有一种因职业关系称为身家不清白的人,不能享有良民所有的某项权利如应试做官等事,但这种人若是改业,经了三代,仍旧得享一切权利。至于广东的蜑户,在民国以前,长久算做身家不清白,只是极少数的人。所以说中国通古今没有阶级,也未尝不可。

若要勉强区别,那末,从古到今,只有君子小人之别。但君子小人、只是以德或是以位言,而且位也以伴于德为原则;所以这种区别也不能算是阶级。到了后世又有一种"士"的称呼,其实就是读书人的代名词,书是人人可以读的,所以士也不能成阶级。由此说来,中国社会组织,既然以平等为原则可见中国确有平等的思想了。

总而言之,中国儒家思想中,虽有民本主义,却无民主主义;把民本主义直接算民主主义,不是曲解,便是误解。古昔关于天的信念,后世渐渐失其力量;自从以天为理的学说兴起,关于天的人格观念,是尤其薄弱了;而且因屡经革命,对于天命说中天的威力,也不甚信从了;所以从此移到民本主义是很容易的。

第二　儒教与功利主义

近代思想有多数特征,而自然科学的势力的强大,确是其中的一种。因此发生了法国孔德·奥克斯德(Auguste Comte)的实证哲学(positivism),又由此主义中所含的思想发生了其他种种主义。实证主义以实和利为根本思想;实是可以实际证明的,利是可以生实际上的效果的。实证主义,除了实际可以证明的和可以生实际效果的以外,一切的知识都以为没有考究的价值。这是自然科学的精神采到哲学范围内时所必生的思想。后来又有专取其以实为主的方面别成一思想的,那就是自然主义(naturalism)和不可知论(agnosticism);又有以利为本别成一思想的,那便是实用主义(pragmatism)和功利主义(utilitarism)。拿这种思想为标帜以成一家之言的,自然是近代才有,但这种思想的本身,却非近代的产物,并且也不但见于欧美思想界,中国古代思想界早已有之。

最初主张自然主义以成一家的哲学的是老子。但老子非研究自然的人,其实当时也没有近代意味的自然科学,所以老子的自然主义和近代的自然主义根据不同,是无可疑的了。可是老子认道为自然的理法,主张须体道以观万物,他以为人若由己意说事物该是这样那样,那是不行的,他极力排斥之;这都和近代自然主义的精神相合。老子的流派如杨朱主张为我和享乐,晋时竹林七贤度放纵生活,也都和近代自然主义相似。

至于不可知论,也有说孔子是这样主张的。他们以孔子答季路问死之语"未知生,焉知死",又答问事鬼神之语"未能事人,焉能事鬼",说孔子是以死和鬼神为不可知的。我们看《论语》二十篇,只是关于伦理、教育、政治之事,不及其他问题,好像也可以证明其说。但细想孔子答季路之语,明是告诉他知人事和生乃"当务之急",不一定是说不能知死和鬼神。灵魂不灭,本儒家所信;荀子以葬为由此世迁于彼世之道,好像信人格的继续,也是儒家的本来思想。孔子关于此点,特加以伦理的意义,对于儒家的本来思想,确有所改革,但非否定灵魂不灭说,是不待论的。孔子深信天命之在己身,又极重祭祀,其态度决和宋儒不同;宋儒以鬼神为二气的良能,那才是无神论呢!《论语》有"子不语怪力乱神"一语,解者或以为是怪、力、乱、神四事,或以为是怪力、乱神二事,鄙见以解做四事为当。原来语和言不同,乃是教导的意思,不语怪力乱神,不是不说及这四事,乃是不以这四事为教。除去天命的信念,孔子的人格便失其根本,孔子后半生的行动便失其行动。孔子对人虽常取谦逊的态度，但说到"好学"、"教诲"、"天命"等事，便坦然吐露其所信，毫不畏惮。试想他这样深信天命，还会以天道鬼神为不可知吗？孔子言性与天道，只是不可得而闻，并非不可得知。

至若实用主义，中国人本有实际的方面。其论事理，都注重于以人为本的实际效果。但儒教却重视与实际相异的方面，到了极端，都有流于非实用主义的。若要在中国古代思想界中求实用主义的例，那末，在墨子学说可以寻得。墨子是很有论理思想的人，其书中关于论理的，有《大取》、《小取》、《经》上下、《经说》上下六篇；其门徒以诡辩出名一时的，见于《庄子·天下》篇。墨子以为凡立说须有一定的标准，他因此立三个标准，名为三表——表又名仪。三表是本、原、用三者。本、是本于天鬼的意志，先王的事，先王的书。原、是原于百姓耳目之情，就是天下众人实际所见闻，或者天下众人实际所愿欲。这和实证主义所说的"实"相同。用、是实际施行所能得的效果，就是为政者施政，须看他在人民安宁幸福上有无效果。

墨子就依这三表断定他的兼爱主义为真理，第一他由一种类例法（analogy）论定天兼爱天下之民，因说兼爱乃是天志；关于先王的事，他取夏禹苦身治水为天下尽力的事实。第二他说若问天下众人：利己主义的人好，还是兼爱主义的人好，那末，谁都说兼爱主义的人好了。第三他说以利己主义为政和以兼爱主义治民，对于人民安宁幸福上的效果，大有分别；以兼爱主义治民，对于民生上可得最好的效果。这样说起来，墨子是实用主义的人可见了。

至于功利主义，那不但是伦理上的主义，现代多数方面，都有功利思想存在。功利主义，乃是现代最有力的思想。彭坦米尔的功利主义，以最大多数的最大幸福为目的，但是凡重实利实益的，也可说是功利主义。现在姑从广义解释，论定儒家对于功利主义取怎样的见地。

功利主义,因重视实用实益的缘故,往往眩于目前的小利,成为浅薄的实利主义;或有重视物质的利益,而轻精神的利益的。近代的功利主义,由自然科学的势力而生,偏于物质的方面,原是难怪的;但古时的功利思想,也有这样的弊病。墨子信天鬼的意志,不专据于实用主义;但其思想却是功利的,又很偏于物质的方面。譬如墨子一切和儒家反对,而对于儒家以长丧厚葬为教,攻击尤其利害。他攻击长丧厚葬,是因其徒然消财,妨害人的活动,阻止人口的繁殖。这是他惟一的理由。试想儒家为什么要立长丧厚葬的教呢? 其最大的理由是:要使儿子尽其父母之心,也在使一般民心归于敦厚。但墨子全不顾此等精神方面,只就物质方面立论,他的攻击点和儒家的立脚地,是全然不相干的。此外,他的非攻论也是这样。而且墨子的兼爱非攻等说,虽然本于天志而立,属于形而上学的方面,但其所说反以物质的利益为主。他所说的天和儒家不同。据墨子的见解,天的兼爱万民,并非本于天之仁,只是人民对天所行为的报酬。他说诸侯因其国民所纳租税以为衣食,所以爱民;天子因天下之民所纳租税以为衣食,所以兼爱天下之民;他因推定天享受万民供物,也必兼爱天下之民。原来祭天虽是天子的特权,但天子非为自己而祭,乃为万民而祭,故天下各国的人民,各把其土地所产的东西来供献,天子便用此祭天,因此,天能享受天下万民所供之物,故天兼爱万民。由此看来,墨子虽以天志为兼爱的第一根据,但其所论,差不多没有理想主义的分子,乃是物质的功利主义。

　　但儒教非功利主义,已经在前面略加指示了。这也是儒教与墨子异其根据的地方。也有人因中国国民性中多含功利思想,以为儒教自身也是功利主义,其实不然,儒家主义不必和中国国民性相同,这如同基督教以博爱为教,欧美人不必都是实行博爱的。不过儒教和国民性并不是全然无关系的,中国国民既然富于功利思想,也必侵入儒教,那是自然的趋势了;但是事实上,功利思想却和道教相结托,侵入儒家方面的反少。

　　功利主义,自伦理学上言,乃属于结果论;关于行为的善恶,专由结果判断,全不问动机。儒家却和此相反,他属于动机论的,关于行为的价值,乃以动机的善恶为判断。这事可由儒家所谓义利之别来说明。原来义利之别,是儒家所常言的。利有两种意义:第一种是和义不相容的;第二种是本于义而生的。《左传》上所说利为义之本,乃属于第二种。这种利,在于个人是以精神的福祉为主,在于国是国家民人的公利,乃由行义而得的结果。第一种的利,如孟子所说"王何必曰利"之利。原来孟子初到梁国的时候,梁惠王便问孟子怎样可以利他的国,孟子反详言利的害处以止之。这是因惠王所说的利,只是图一国的利,便是有害他国也不顾;而且所谓利国,也只是王的私利,并非国家人民的公利,所以孟子举出言利的害处,一面又把仁义便是大利的道理对他说明。总而言之,与义不相容的利,是当初便以利为目的者;本于义的利,乃是以义为目的自然而得的结果。此外,以义利对言意思最明白的,为《论语》上"君子喻于义,小人喻于利"二语。喻是最先涌上心头的观念。这两句说话的意思,不是说小人不解义,君子不知利;是说做某事或是遭某事的时候,君子心中先起的观念是义,小人心中先起的观念是利;其实,就是说小人的动机在于利,君子的动机在于义。所以行为虽然相同,但由其动机在义还是在利,就生出君子和小人的分别了。譬如服事父母,若其动机在博得孝子的名誉,以谋己身的利益,便是小人;若其动机在于尽人子应尽之道,便是君子。但儒家所说君子之道,其实就是为人之道。总而言之,儒家既然不问结果,只凭动机判定行为的价值,更由此差别人格的高下,其非结果而属于动机,无可疑的了。前汉董仲舒所言"正其义,不谋其利,明其道,不计其功",最能说明此点。又孔子所说"观过斯知仁矣"一语,也是结果论中所不能不有的,这也是儒家为动机论的一个证据。但关于义的概念不十分明了,还不能表明儒家的非功利主义。请再讲义的意思。

古来关于仁虽多有说明,关于义只视同自明的一般,其实义究竟是什么东西,是应该仔细研究的。而且义的观念,决非和仁一样简单的。自从《中庸》有"义者宜也"一语,以后学者便专以宜字解义。但所谓"宜",必定不光是一种形式的原则;若专以此为行为的法则,实际上必然遇到困难的。因为这时必然要想到:怎样的行为才合"宜"呢? 宜、是主观的还是客观的呢? 若是主观的,由于各人的判断,那末,我以为宜的,他人未必也以为宜;甚至在于同一人,今日以为宜,明日未必也以为宜。这样的义,便不能得普遍性了;可是义之所以为义,就在他的普遍性呢! 朱子以为义,是"心之制,事之宜;"心之制乃义的体,事之宜乃心的用。心若能依照天理活现,那末,其所制自能得普遍性;但若不能尽究其理,完全明其心,那末,心之制那里能得普遍呢? 宜若说是客观的,又不能不有一定的标准;一定的标准,除礼以外,没有旁的东西。但礼是以义为本的,这样又要归到"义是什么"的问题去了。康德所谓无上命令,虽是一种形式的法则,但康德又说到发命令的主体,解宜为义,其中是否还有主义,这又要成疑问了。或说义是差别的原则,所以节制仁的施与,使其由近及远,由亲及疏。照此说,又要发生疑问;就是说:仁是否本来平等,实施上才立差别,为远心的施与呢? 还是以远心的作用为其本性的呢? 若本来是远心的,那末,义只是仁的差别方面的别名,离仁便没有义。此外,又有说义是使本来平等性的仁为远心的作用的;义不但是独立的原则,就某种意义,比仁还要高还要有权威。但也有说仁是本来远心的,平等就是差别。果如这样说,那末,义只是仁的显现的自然过程,离仁便无意味,称仁即足,不必以仁义并称了。但孟子常以仁义并称;又孟子前后离仁说义的如《论语》"见义不为无勇也"，《孟子》"君臣有义"，《左传》"大义灭亲"等，难道都是说明所以差别仁的施与吗？又如平等和差别固然是有相反之性，但古来对于仁义，别有种种相反之性：仁有温厚之意，义有严肃之意；仁有包容之意，义有判断之意；这些意义，都可以理会义的本质。此外，和孟子同时的有一位告子，孟子说仁义是人性所有，他却说仁在内义在外；孟子说孝是仁，敬是义，他却说敬是敬长者，但长者乃他人的资格，并不在于我的性中。原来告子以孝是人性中固有的仁的显现，敬却由性外的事情所制。告子思想的谬点，孟子驳得很是；但若推广其说，义可说是性外的权威的命令。其实性外与否，原是别的问题，现在且不必讨论，但义别有一种不可和仁混同的权威，那是不能否定的；孟子说仁是安宅，义是正路，也含有一种暗示。总而言之，义实在含有制断、权威、正当等观念，原有不能单看做人性自然的显现的。更从他方面观察，如有若说"孝弟也者，其为仁之本与？"是以孝弟同为仁本；孟子以孝为仁，以弟为义；《礼记礼运篇》："何谓人义？父慈，子孝，兄良，弟弟，夫义，妇听，长惠，幼顺，君仁，臣忠，十者谓之人义。"是孝弟可谓仁，也可谓义。如《礼运篇》所言，人义即人道；但仁本是人道，所以人道可谓仁，也可谓义。但同是孝弟，何以或说是仁，或说是义呢？原来从人性自然的发现看，孝弟同是仁；从人所当行之道言，孝弟便同是义了。所以义含有人所当行之道的观念。在人所当行之道的观念出现时，孝弟都是义，单是人性自然的发现，不伴以此观念时，孝弟都是仁。而在当行的观念出现时，我心中有二种念虑相斗。例如图一身安佚的观念，和为君父尽力的观念，同时并起，结果竟舍前者而取后者。这是因当行的观念较强的缘故，此时有制断的观念含在里面，所以忠孝并成为义，出现于我心中。但制断又是什么东西呢？这必由于我自己所为，是不必说的了；可是所以制断，是否畏外部的权威如墨子所谓天鬼的命令或制裁呢，还是由自己所命令呢？若说畏外部的权威，那末，也和告子的义外相类了。但义和仁并非二物，仁即在内，义也不能不在内的，便是说不能不想为由自己所命令的，所以义实含有自由的观念。但是命令于己的又是什么东西呢？那是前章所言的义便是实践理性自身的命令；命令的主体和受命令的客体，同是实践理性，就是孟子所说的"义内"。这样看起来，义是和康德所谓无上命令相同的，其内容是仁。惟其是无上命令，所以对于我有绝大的权威，其性很严肃。义的意味虽不止一端，但根本的意味，大概是这样；孔子分用仁义而不并称的缘故，也由此可见；《中庸》以亲亲为仁，尊贤为义，孟子并称仁义，义的根本意味，反而不明了。欲使仁为道德的轨范，必须着做义；义以仁为内容，二者相依为对立的法则时，仁义两者，便从根本义降为第二义了。

现在依前述的意味解义，"再把君子喻于义"一语来讲。此语并非说君子行道，想为自己或他人得到怎样的利益，以此为目的而行动，这是同他知道此事乃人所当行之道，遂排去别种念虑来行此事。但这也非说不考虑结果，因为须豫先考虑其及于自己以外的结果，那是当然如此的，但是否考虑结果便以此为动机，却是别的问题。君子考虑结果，只存于志向中，并不拿来做动机，他的动机在于义。动机论往往以为动机善就好，有看轻结果的弊病；儒家属于动机论，却不看轻结果。前面所说董仲舒的说话，并非不顾结果，只不过不拿结果做目的罢了。

此外，儒家的非功利主义，可从别一方面看出。什么方面呢？就是儒家的要谛在于自我实现。但关于此点，古今思想各有异同。宋儒以人性为理，就与自我实现说相异。原来宋儒虽以理为宇宙的原则，却不以此说明宇宙的生成，另外又提出一个气，以此为宇宙的物质方面的原因。气是有往来消息动静屈伸的；但此种种动作，不是无规律无法则的，必有自然的法则。此法则就是理，理具于气中，是超越于气的实在，但此外，对于理气的关系还有不明了之点。等到说人的时候，又变其说。就是说，在于宇宙，理虽完全流行于气中，气决不妨害理的流行；在于人，理却堕在气中。心是肉体就是气，人因有肉体，便有种种欲；肉体内虽则为理所寓，但有欲妨碍其发现，夺其自由。修养的目的，就在打胜欲的妨碍，使理的发现得以自由。理是先天完全的，后天的修养，不能加一分，但能照本来的样子发现出来。故宋儒之说，终究在克人欲，复天理，和自我实现说大不相同。

王阳明的致良知说，也和自我实现的思想不相容。最初说良知的是孟子。孟子只说人生而知爱父母敬兄，不学而知的是良知。但阳明借用此"良知"之语，解为今日所谓良心的意味；他以为人有知善恶而不过之力，那就是良知，良知是先天所备完完全全的，不容后天的发达。但人多自己妨碍其良知的作用，所以无论什么时候，都须良知的作用自由，使其判断常为最上的权威，便可成完全的人格。此所谓致良知说，也和自我实现说大有差别。

儒家本来的思想在于性的发达。关于性古来有两种见解。一和宋儒指所谓人欲、物欲、私欲为性相同，就是节性说（见《尚书·召诰》）；二以道德的可能性为性，就是弥性说（见《诗·卷阿》）。前者荀子取之，后者子思、孟子取之。前者之性，孟子虽亦认之，但以为君子不谓之性。荀子在说明人所以能达圣人的礼法时，也不得不行人有知仁义法正又能为之之质素；他也认后者之性。孔子平常关于性不多言，但由儒家不以人欲为性的一面解，他认道德的可能性是无疑的了。此可能性，孟子最说得分明，乃是直觉的作用，能扩充发达，便成仁义礼智之德。这便是自我实现说。孔子所谓仁，含有成己成物（见于《中庸》）二方面：成物在后，成己在前。成己须智情意三者圆满调和的发达，才能实现，也是自我实现说，既然以自我实现为理想，还能算是功利主义吗？

此后再说孔子的所谓仁和功利思想不想容。

仁列于《周礼》所谓"乡三物"便是国民教育三大科目中之一，就是"六德"，其他亦时见于《诗》，原不是很重要之德。到了孔子才把仁看做一贯之道。"一贯"之语见于《论语》告曾子时和告子贡时，都曾说过。或说说由文气上及由曾子子贡的为人看，告曾子时是以行言，告子贡时是以知言。又关于一有一理、诚、专等说；关于贯有穿、习等说。其实，还是物徂徕以仁为一贯之道，解得不错、就是说，仁是一贯孔子之教的根本原则，凡德皆本于仁，皆归于仁。又仁从一方面看是道；从别一方面看是德。物徂徕分道德为二：以仁智为德；以义礼为道；实在是错的。在孔子以前称六艺为通艺，通六艺的人叫做儒或称能者；此外，又别立六德六行之目，通此者叫做师又称贤者；分道德为二，等到孔子立教，已经合道德为一了。就是以仁看做道和德。

关于仁，从来有许多解释，而宋儒对于汉唐学者以爱说仁不满意，想离爱说仁，因此更生出种种解释。譬如朱子也知不能全然离爱说仁，偏要避开以爱说仁，只说是心之德、爱之理；物徂徕说是安民长人之德等，异说甚多。原来宋儒想使仁高尚，所以这样说；其实高尚与否，并不关乎以爱说或不以爱说。但宋儒因其哲学思想的关系，不得不于仁爱之间别立体用性情之别，不能以爱说仁。其实离爱是到底不能说仁的。又宋儒以孔子未尝说仁之体，只说仁之方或仁之用，其实由孔子之言，也可明知仁是什么东西。原来仁是天的德具于人心的。儒教理想中的天人合一所以可能，他的根据就在仁。具于人心的仁，是一种可能性合知情意三者的东西，其作用呈露出来的，是爱情和同情相结合的情，在最初发生时甚是薄弱，不加培养，不能完全发达。而其发达，一面要知的发达，一面要意的发达。所以知情意的圆满调和的发达，乃是仁的，发达的必要条件。《中庸》以知仁勇并说，这其中的仁，便是宋儒所谓偏言（即相对)的仁。知仁勇三者,完全调和的发达的性态。《中庸》叫做诚,叫做仁,两个不同的名称其实还是一物;因为见地不同,所以一物二名。原来诚是就一人格的统一彻底的方面言,《中庸》以知情意乃本来调和的。此调和的物最初潜存的时候叫做中,等到渐渐现实出现于各个的情形时,叫做和;和完全实现了叫做"致中和",也便是诚。诚是人格统一的意味,仁是由知情意调和发达而自我完全实现人格完全发达的名称,是附于"成己"的名词。但成己还不能便算做仁,成己还没有达于仁的极致,成己之后,须再去成人,使天下的人皆完全其人格。孔子五十岁知道德具于其身,悟到天要使他明道于天下,为生民致太平,所以具道德于其身;就是所谓"知天命"了。他因此努力行道,等到晚年知道之不能行,乃修经以明道于后世。成人的理想能否实现,虽大概不由个人的努力如何而定,须依左右个人意志的时势及其他事情而定,但还须尽最善的努力,这就是仁者之事了。孔子周游天下,使子贡告诉荷筱丈人的语中,也说"道之不行也,我知之矣"。明知道的不行,还不惜努力,便是仁者之心了。这难道是功利主义者所能知的吗?孔子又说"仁者先难而后获"这也是后结果,而先行道的仁者之心,这是功利主义者所不能想到的。

孔子言仁时也有先结果的,如《论语》上评管仲,因他功业及于生民的结果,便评他仁的是了。这是因评人和自处有以结果和以动机的差别。这种差别很有意味。后来的学者专以义评人,常常论其出处进退,是否合于义;或论其心术,是否合于义;孔子却有以其人行为的结果论仁,这是仁厚之心所使然。评人必就其动机而论,势必揣摩人心,流于刻薄。故严于自责宽于待人的仁人,不专以动机论人的心事,反就其行为的结果及于众人的明白事实主论。

自从功利思想得势后,到了今日,感其弊者已经不少。这不但在理想低下的精神方面为然,便是以实利实益为主的方面也痛感其弊,所以若能明儒教之道,以正义主义救其弊,正是对症好药呢!

第三　儒教与主观主义

儒教本不是纯粹的形而上学,所论大概属于伦理,政治,教育。所以有许多哲学上的问题,儒教中都没有讨论过。譬如实在论,本是哲学上的重大问题,儒家多不论及;认识论儒家也不大说起。但儒家主要的议论,虽然不在此等问题,也非全然无关系。现在且把儒家对于哲学中主观主义持怎样的见解来说一说。主观主义另外还可分成若干主义,那是由于所观的主观本体不同的缘故。现在只是取其有关系的来说。

主观有个人的和超个人的不同,现在先就个人的主观来讨论,第一先说明儒家的心的概念。

譬如心是否自由,儒家对于这个问题抱怎样的见解呢? 从来讨论的人很多,都是认为自由的。从正面论心的自由的是荀子。他在《解蔽篇》主张心是发命的不是受命的;自禁的,不是被禁的。他以礼法为道,以为礼法乃圣人所作,以此矫拂人的性情,使本质为恶的人行善,完全主张道德他律主义。其实一方以道德为人性中所存;一方又认心的自由;那末,关于道德法则,怎样能拘束人心,全然不能说明。既然举行道德与否,全然须由各人自决,那末,圣人虽制礼法,治理之效,还是不能必的了。于是荀子又辩道要求自己所无是人情:寒故求暖,饥渴故求饮食,人性本恶故求善,所以道德法则人必能遵守。其实荀子此说含有大误。原来性和饥渴寒热之情不同,性不在补充不足,乃在矫正自己。他忽视此等差别,确是大谬。这是论理上误其类例的过失,不消再加说明。荀子也知其说不完全,于是又说人有知仁义法正之质,以助其性恶说的漏洞,又说虽桀纣不能夺人的好义心,承认由心的自由,以遵道德法制。

　　孟子说不动心的时候曾说"气壹则动志"好像是说心不一定自立自由的。但由孟子自己的说明来看，他说人在走路的时候，遇物蹶到，其势必向前趋。这不是心里要趋是一种势，乃是气所使然。但那时必觉心悸，便是动心了。这不过举一个例；其实喜怒时言动异平日，也是气壹则动志。但孟子只认气专一要动志，并非说志常为气所动而不自主自由。孟子以为仁义不是由外面来附于人，乃是人性所固有的；人对于仁义，是由仁义而行，并不是去行仁义；所以他主张自律主义，他所以和《中庸》的性道说一致，阐明儒教思想，实和心的自由自主相待，才有意味。孟子又说：耳目之官不思，外物来便把他引去，不认耳目的自主自由；一面又说：心之官则思，主张心的自主自由。又其"放心""存心"之说，也和心的自主自由大有关系。

　　宋儒甚重心性。心性之论，很是精微。关于心也分为体和用的区别，或用《礼记·乐记篇》"寂然不动，感而遂通天下之故"等句，以为寂然不动，是心的体；感而通天下之故，是心的用；或以心的体为虚灵，心的用为知觉；或以为心的体虚灵不昧具有众理，心之用应付万事：其说不一。但或说体用一源显微无间，或说用即体的用，出于体的自然，不为外物所制，那是大概相同的，就是自由说。心有时也许为物欲所制，不能便由此否定心的自由。心的为物欲所制，是由其不虚的缘故；心若真虚，决不为物欲所制，常常自由。虚是什么呢？这是孔孟所没有说过的，乃宋儒的常套语，实在是矛盾的思想。前面所说虚灵的字面，宋儒言惟虚故能灵；但虚若是无物空虚的意思，那末，又何以能灵，这却难以索解呢！又如朱子所说"虚灵不昧，具众理"，其中也分明含有矛盾。程伊川说："有主则虚，无主则实"，也含有矛盾；而无主则实，朱子也说不妥。现在且把朱子所说伊川的所谓虚实的意味来叙一叙。朱子说中有主，外邪不能入,便是虚;中有主,理义甚实,便是实。原来虚是以无物欲、邪念言,实是以本然的天理的实言。无物欲邪念,故天理实;天理实故物欲邪念虚,虚实是互相表里的。所说虚灵的虚,是就物欲邪念不妨害天理的发现时立言,这样看,虚就灵了,虚灵故心常能照本来面目活现,不论何物,都不能妨害他,心的全体都活动,应于事,通于故,没有不中于理,这就是自由的活现。程朱的重"究理","实践","居敬",陆象山的精神收敛,皆所以求心的完全自由活现;王阳明的致良知说,亦最重心的自由活现。从来关于自由问题,虽没有从正面论到,其实是没有不重自由的。

次论心的作用。孟子说:"心之官则思",乃专以思虑为心的作用。又说口之于味,耳之于声,目之于色,众人有同嗜同悦,至于心何独不同?心之所同然是理和义,理义乃人心所同悦,他的意思也是这样。此外,他引孔子"操则存,舍则亡,出入无时,莫知其乡"之语,接着说"惟心之谓与"这时所说的心,也专以思言。

宋儒以心为理,亦专以思观心;然宋儒又把心看得比思广,譬如朱子以张横渠"心统性情"一语为千古名言,就是以为心含情的了。性情是什么东西呢?朱子以心性共为理,既然是同一不二的东西,何以又分为二呢?心性既然共为理,又何以相异呢?朱子以为心是心脏内的空洞,理便寓于此处,其实为是所寓之心和为理的本体的心,全然不同,但朱子说心之理,乃惟一之理(reason);性乃仁义礼智信五常之礼(reasons)。此处很有难解之处,现在且不要论。情是性的作用,便是孟子所说怵惕恻隐之情;若依体用一源说,性情也该是一源的,但统性情的心有怎样的意味,甚是难解。而且情不但是五常之理的作用,《礼记·礼运篇》喜怒哀乐爱恶欲叫做七情,凡情都是由一种不学而能的东西就是本能,随直觉而起的。其实这种七情,也是性的作用了,但宋儒以为欲不是性的作用,是由气发出的。但同是情,或为性的作用而统于心;或出于气而不统于心；也很难解。宋儒因理气之说，不得不说七情不属于心，其实是不通的。不但七情，便是《乐记》所说物至而知，然后好恶生，好恶生而欲起，其中知觉好恶都和欲有密接关系。就算不是孟子所说思的作用，也不可依宋儒理气说认他属于气。此外，如《礼运篇》也以欲恶为心的大端，《大学》所载曾子之语有"心不在焉，视而不见，听而不闻，食而不知其味"等句，也以知觉、好恶、欲为心的作用。但他们何以有这种矛盾思想呢？这大概是由于把心用作广狭二义的缘故。孟子所说的思，宋儒所说的理，是指狭义的心，以知觉、好恶、欲为心的作用，是把心用作广义的。《左传》载郑子产之说，以为知觉运动等作用，乃附于人体的魄所营，思虑等乃附人体中的气的魂所营。他们都用心的语，但因用法有广狭的分别，往往使人误会。总而言之，以广义言，凡知情意都是心的作用，以狭义言，乃以实践理性为心。

但儒家在心情中的观察，以何者为主呢！其最显著的，是以知观心的方面。由这一点说，儒家确可称得主知主义。知有两种意义：一是知觉和知识记忆的意思，一是理性实即实践理性的意思。其实这不但儒家如此。管子所说"心者知之舍也"，以及老庄等，都以知观心。但哲学上有以知觉为主的主知主义和以理性为主的，儒家属于后者。又哲学上主知主义有个人的和超个人的分别，儒家除宋儒以所说之理为天理乃超个人的以外，其余都在个人的见地。又哲学上的主知主义，关于实在认识等问题，各有各说，但儒家对于这类问题，却不大讨论。儒家的主知主义，是专关于伦理问题的。此方面最显著的现象是儒家重学，这也是儒家和老庄相异的一点。《论语》二十篇，从《学而篇》为首各篇中言学之处不少，就为孔子重学的缘故。但这不独孔子为然，孔子前后都是这样。但老子说"为学日损，为道日益"，绝对反对学。

原来老子的主义在于顺自然。他以为自然虽柔弱，但无论何物,不能反自然;就令人能一时反抗自然,永久的胜利还归于自然,人为终不能胜自然,他主张顺自然而以柔弱自期。要顺自然,第一须知自然。人有感寒取暖,感热就凉,饥思食,渴思饮等动物的自然之欲。但人想超自然的范围,扩张其欲;岂知止于自然的范围,乃是知自然的要义。其次,人所知优于禽兽,欲亦多于禽兽,因此,常以其知观事物,随自己所好恶以定事物的价值。于是不把世界看为一定,却把他看做必须这样,想以己律世界:这是大反于自然的。其实,一切事物都须依他们的原样子去看。这是知自然的第二要事。老子以学是人用自己律世界所生的知识,乃是使人反于自然而入于人为的第一步,他极力反对之。老子的理想,要使人柔弱如婴儿;学是以成人为理想,在于益人的知,强人的志,使其刚强,正和老子的理想相反。老子排斥"为学",主张"为道",就为这个原因。此外,诸子对于学,也都没有儒家那般重视的。儒家所说的学,就是成己、成物之学,也便是伦理、政治、教育之学。但若以仁义为人性所固有,人察其性,便可知仁义行仁义了,又何必为学才能知呢? 这样的思想,是自然要发生的,所以陆象山以为万物皆备于我心,一心明,万理都可明,没有学问的必要。但宋代哲学有心即理,完全之理都备于我心的前提,所以象山之说得以成立;宋以前却没有这种思想。孔孟的思想只在可能性的发达,虽说仁义在于人性,也只是可能性的存在的意味,故以为无论如何察自性,终不完全知仁义,必学问,然后能发达其已存的。唐朝李翱有复性说,以为性是本来明本来善的,但有情暗其明蔽其善,去情则性的本来光明复发。想去情,只须悟到心是本来无动的便好了;能悟此事,任心的动,性的光明自然赫赫。这是假道佛之说来说性的。依此说,学问不但非必要,是反有害了;李翱欲由诗书礼乐以复性,其立场正和儒家相反。陆象山不认学问的必要,原有种种理由,但他也非绝对排斥学问。他说六经都是我心的注脚,那末,不依注脚能读本文的人，虽无学问的必要，若不用注脚不能读本文的人，就不妨去学问了。王阳明之学，不以学问为绝对必要，也不以为绝对有害；有害没有害，不在学问本身，只在学者自身的态度。和陆王相反绝对主张学问的必要的，是程伊川朱子一派。他们以为理本具于人，想明理，须积究理的工夫。究理有两方面：一在研究发于事物上的天理；一在就人事研究其理。原来程朱以心为理以性为五常之理，孝弟等属于仁义的发现，不是性中之物。而且实行孝弟，须随各人的境遇而定，使仁义发现于其中，境遇自然是不具于性中，存于心性之外的。所以不论怎样省察其心性，但对于各种事情境遇该怎样行动才能使仁义完全发现，还不能知。要知此事，必须学圣人之教，又由历史考究古人行事的得失。这就是学问绝对必要的缘故了。陆王一派非难他以心究心外之理，但程朱派，如陆象山所言，乃奉《中庸》谓"道问学"的主义，确是忠实于儒家的本来主义的。

　　程朱派，如前所述，是重学问重知识的，但同时又主张反躬实践和主一居敬。主一居敬，和陆象山以收敛精神为见心明理的惟一手段相似，是防止心的驰向外面，想把他收于内的。这是出于精神统一的目的，其方法为静坐，也和陆象山相同。反躬实践，是由究理的方法以实行所知。至于这两事都以意志为主，是不消说的了，所以也是一种主意主义（voluntarism）。但主意主义，不但宋儒为然，其实，通古今的儒家都是这般。这一点也和老庄相反。老庄是绝对否定意志的。老子的所谓道，从一面观是浑沌的实在，从别一面观只是自然理法。万物都由道而生，但其间全无什么意志作用和计划。道家不惟对于万物生成的时候不认意志作用，就如儒家以天为万物和人的主宰，认天为人格的实在等思想，他也没有；他以为道总是非人格的，非宇宙的主宰，只是自然理法。道所以柔弱，也在于此。他既然把道看做这样，那末，他主张体道顺自然，否定意志,这是自然的结果了。

儒家的理想,取于天道的刚健,故以养成巩固的意志为目的。仁的为德,从一方面观:自然和义的严肃果断相反,具有温厚柔和的气象的;但孔子也说"刚毅木讷近仁",曾子说士以仁为己任不可不刚毅,而且仁必须完全的调和统一知仁勇,才得完全,可见也决非专于温柔的。又从《中庸》所说"力行近乎仁",也可见仁和意志的关系。《中庸》又说"诚之者,择善而固执之者也",这是说次于"自诚明"的圣人者,做"自明诚"的工夫,就是说,知善而择之,固执不失,到底可入于诚的境界的。也便是以意志的执持力为致诚的一要因了。儒家的重意志,由此可见。

但《论语》上所载"子绝四",其中有"毋意"之语,似乎否定意志,其实,却和此处不相干,那里头所说的意字,是说以自己的意思判断事理。哲学上的主意主义,论到个人的意志,常以为是绝对的权威,常由"我欲"以判断一切事理,但孔子却没有这样的意思。

又君子常持一种无抵抗主义,虽然不至像基督所说:人家打我右颊,可再请他打左颊,但人以横暴相加,也不去抵抗,这就是所谓宽柔主义,好像和主张意志者不和。但细考其所以不抵抗,也有道理。原来人的加暴于我,必有其原因,我只宜努力去其原因,那里还有闲工夫和他抵抗呢!若是在我并无何等原因,他还要加暴于我,那末,他只是暴人,我也不足把他当敌人。故无论怎样,总不抵抗。但君子也不是绝对无抵抗,仁人君子有赫然大怒的时候,不过非为私则怒,乃为公而怒,为义而怒,所以决不是专以无抵抗为主义的。又宋儒思想中,好像也有和主意主义根本相反的,这是由于宋儒从静的一方面观心性的本体的缘故。

孟荀二子的性说,表面虽然相反,但都由情观性。他们都不直接从性的本体立论,乃就其发为情时加以观察考究,然后溯源于性,下以判断。原来关于性而起作用的就是情;若以情为动,便以性为静了。但性若常静,又怎样能生情,所以孟荀并不就动静立言。自从《礼记·乐记篇》以人生而静为天之性,感而动为性之欲,后儒才以动静观性情。又孟荀二子之说,都以性情为一致。孟子以为情善故性善,荀子以为情恶故性恶。到了汉朝才有性善情恶的思想;唐朝李翱便全由此思想立其复性说;宋儒又稍加变更,创性善欲恶之说;王阳明又立心善意恶之说。善恶说和动静说很有关系,就是说,性本是静的,原无不善,等到动而为情便有恶了。但善恶本为称动的名词;若是静便不能附以善恶之名了。故朱子以为性无善无恶,王阳明对于心也抱相同的意见。但朱子以为无善便是至善,以此说性,其实,在论理学上是不能维持的。总而言之,既然以静的性为善,就必以斥动取静为理想;若再极端主张,便成为寂静主义(quietism)了。但最有走于此极端的倾向的李翱,却先否定情,而以任情使性恢复本来面目为理想,已由禅的影响陷于寂静主义了。惟宋明儒者都不至流于寂静主义,虽有和主意主义相反的思想,却不弃主意主义。又哲学上也有想用超个人的意志解决实在问题,把宇宙看做超个人的意志之显现的。但儒家没有这一类的思想,所以现在不论。

　　近时专从生命方面去看主观而别成一家之说的,以柏格森的创造进化说为最新。或说儒家以气为永久不尽的生命,以万物生成为气的作用,又关于个人生活要求不断的奋斗努力以达最终的理想:都和柏格森的思想相近;但只是皮相的见解。程伊川所说“必要活”,颇有意味,好像可看做生命主义的根本,可是事实决非这样。据朱子说,活是死活的活,对于死而成意味。死是人欲的得势,活是天理的周流无穷。若照此说,“心要活”,只是克人欲伸天理的发现自由的理想罢了,和生命主观的思想相离还很远呢!

　　哲学大概从知识或是意志的一方面去看主观,成立其说,儒家却不偏于主知或主意的一方,乃兼二面以成其说。故不免不彻底之识,而其不彻底的地方,反可发现中正的长处。现代思想界,主义(isms)之争很盛,都想以一偏的真理律事理的全体,虽然言之成理,若细加考察,便知其终是小成之道。儒家说所以稳健,正在其无执一之弊;不彻底正是他的长处。

第四　儒教与个人主义

　　个人主义,本非近代文明的产物,不可名现代思想;而且现代又有团体主义(collectivism)和共同责任主义(principle of solidarity)等起来,和个人主义对抗,足以矫正其弊端,但个人主义在近代依然还有势力,所以这里又把儒家有没有个人主义的思想来论。原来谁都知道中国国民取个人主义而且很是利己的,但这是否由于儒家的影响,必须探讨一番。照许多事例看起来,中国原有家族制度,团体生活,共同责任制的存在,但再从里面去考察,其中却含有个人主义的又利己的思想,这是出于儒家的影响吗? 现在且从家族制度等,加以实际的观察。

　　中国的家族制度,从古以来有一贯的原则,就是说,家是可分的。譬如有男子四人,除嫡长子承父后外,其余三人都独立成家,这样家就分为四了;四家的主人,如其各有男子,又分为各家;以后每世都是这样。但要分家,必须分割财产,所以家产不可分割的时候,便不可分家。这是一种例外,原则上总是可分的。

　　周以前的制度习惯:现在不可考了。周以后的制度习惯,是明立于可分的原则上面的。以后唐律不用说,便是明清律,也都立于同原则上面。以家的分立为原则,实在足以促起综合的家族制度的宗法发生,必定有了此法,才能综合事实上分裂的同祖的子孙,维持所谓家族制度。若无宗法,中国的家,也和现今欧美诸国的家差不多了。中国律令现存的,以唐律为最古,唐以前的制度,难知其详细;《仪礼》也无可分的明文,而五世同堂九世同堂等事,见于正史的不少;因此,很有人疑心古来是以不可分为原则,后来才变成以可分为原则的。但考周代住宅的实际,其间确有可分的意味。原来中国一栋的建造物,只有三四间房室,所以家族人数多时,栋数也自然多了。周代士以上的住宅,四周有墙,名为宫,中央有正寝和庙;正寝后面有主人的燕寝和妻妾子女的寝,各成一个小宫。女子长大许嫁于人的时候,别在邸内作小宫,使她居住;男子长大娶妻时,也是这般。照理想,父母的宫,须在邸内中央,子女的宫在其周围。但男子娶妻后怎样必须异宫呢? 这是因娶了妻子,不得不正夫妇之道;将来生了子女,又不得不正父子之道;为了各子其子各父其父,所以众兄弟不可同居。此时父子虽然异宫,财产却不分割;但实际,分立之势已成;只以父尚在世,众子须统于父,所以相依为一家罢了。父死后众子相分,那是自然之势。《仪礼》虽无可分的明文,但以可分为原则,很可从这种情势看出来。正史记五世同堂等实例,乃是理想,不是原则,所谓特别大书之例,并非常书之例。同居有两种情形:一种是同居同爨,是共有财产的;一种是同居异爨,是分别财产的。前者乃真理想的,其次足证古时以可分为原则的,是中国的相续法,古来不注重财产相续之事;关于相续最重要的在于正体和传重。体是血统,重是祖先的祭祀。正体以嫡嫡相承就是家必传于嫡长子为原则。这两件事乃相续的唯一意义,财产相续却不成问题。这样的情形难道不是和家的可分有大关系的吗! 最后由宗法的发达可知其确是家的可分的结果。关于宗法,或说只有诸侯之子为大夫下于臣籍时才有,其实,决不这样,天子之子而诸侯时以及一般士大夫间都有。而且此法在周代已经完成,可见其发生远在周代以前。又周末战国,兄弟分财别家,已成一般习惯,是可分的原则行于古代,更无可疑了。

宗法是怎样的呢? 这是在同祖子孙所成的各家中,就其承始祖后者立为宗,使统其他诸家;为了便于统括,立有诸种制度。
(一)宗家主人有祀祖先的权利,族人全体有助祭祀的义务。(二)
一般亲族法,五世以后便无相互服丧的义务;但宗法凡族人相互的
服丧义务,从于一般法,对于宗家却设除外例,不论世代怎样远,族
人对于宗家的主人、主妇及主人的母,一律须服齐衰三月的丧。
(三)一般亲族法,凡亲族关系既绝之后,不妨通婚;但在统于宗家
的一族间就是同族间,却绝对禁止通婚。(四)宗家的主人及主妇,
一年一次或数次会族人的男女为飨燕。(五)族人遇身分的变动及
其他一身一家的重大事项,必须报告于宗家。此外,宗家对于族人
经济上的补助义务,似乎没有特别的规定。后世因族人不必在于
一地,对于上述诸项,虽不能一一遵守,但同宗的服丧义务、通婚的
禁止、结婚生子等,凡须登录于家谱的事项的报告等,依然流行,又
如现在新闻纸上所登修辑家谱的报告也屡屡看见。原始制度,虽
不免略有破坏,但宗法的大体依然存在。所以中国的家族制度,由
其以可分为原则去看,其根柢含有个人主义的要素,是不可否定的
了。

　　父有家长权乃中国古来的制度,所以孝道,非但是对于父的
道,实含有对于家长之道。家长在内对于家人有绝对的命令权,在
外对于社会国家,关于家人行为的善恶,须负责任,故家人犯法抵
罪,家长须连带负责。汉儒的所谓三纲,虽只是人伦三大纲的意
味,但就各纲而言,乃君为臣纲,父为子纲,夫为妇纲,这样说时,是
父以身率子,以家长为一家仪表,家人有不善不法,自然不能免责
了。太古之事,现在已经不明白了,后世有连坐之法,家长犯法遭
刑,家人连坐,甚至有诛九族的。这是以家为一单位,出于一种联
带责任主义。后来连坐之法废,除非常的情形外,刑止及于本人一
身,这也可见个人主义的得势了。

　　联带责任主义,不但行于家,也适用于地方行政上。周代井田

法,已经采用此法。井田制,现在没有工夫详说,但其精神总不外乎土地的共同利用,故其实行,必须取一地方人民的联带责任。孟子论井田时说到人民相互的协力,其实,就是说明此责任。关于土地利用的大体事项,自然须遵守国家所规定的条件,服从国家的监督;但国家于其规定的范围内许地方人民自治之处也不少,例如谷类的种类,耕耘的方法,都可由各地方的便宜规定,一地方人民,对于这种规定,有服从的义务,不许个人的自由。关于地方安宁秩序的维持,属于一地方人民的联带责任的,例如各地方人民,须互相警戒,务使本处不出盗贼和其他罪人;若有盗贼从他处擅入,须协力从事缉捕。凡享有土地利用的权利的,都须负此义务,这就是一种力征,后世名为役。为使地方不出破坏社会安宁秩序的人,平时有施教育的必要,所以国家以所谓乡三物教育一般人民;又利用各种情形,表示其实行的范围,与以实行的机会;此外,又使地方团体之长,例如国家的命官,或是地方的公吏,以时会民读法,务使人民不至因不知法而犯法;若有犯轻罪不及五刑的,那末,可应于情状,在一定期间,系于圆土(即牢狱),使为苦役;期满,可由地方人民任监督之职,暂行保释。此外,地方团体的生活中最显著的,是社祭。社是以土地为神而祭之。土地的祭有两种。一是祭那载人类的大地,乃是天子及诸侯的特权。二是祭那生五谷养人的土地,就是社,自天子到庶民都可祭。但社又有两种:一是天子和诸侯为人民所立的社,一是祭籍田的社。大夫以下不许各自立社,但可相集为社,故人民的社是一地方的人民共同设置维持的,祭祀时,一地方的人民都须出而从事,社实是一地方人民的共同生活的中心。社之以地方称的,往往见于周代的书,但以社为中心的,地方的大小广狭,也不一定。后世社废了,以城隍庙代之。凡府县州厅的所在地,都以濠围绕,故称大地为城隍;又以其土地为神而祭之,名为城隍神。古时的社,只有天子和诸侯为人民所立的国社,为己所立的社,以及大夫人民共同设置维持的社,总共三种;后世城隍庙,却随地方行政区画的阶级,分为几多阶级。但无论是社或是城隍庙,都无日本的国氏神的性质。因此,古代人民生活上多有联带责任的组织。等到周末井田的法渐废,私有土地的制度起来,这种组织也被破坏;但国家还努力维持他。商鞅事秦,行变法自强的政策,以破坏井田出名,但他却行什伍连坐之法,也是其一例了。其法以五家或十家为一团,使互相警察,不出盗贼及隐匿等事;若有违背,一团都须连坐。其团体范围的广狭及责任种类的多少,虽不能和古制相比,但其为联带责任制却相同。到了汉代,地方有所谓三老五更的耆老使维持一地方的善良风俗,不出紊乱社会安宁秩序的人,也是古制的遗意。此制及周代地方团体之长会民读法的制,后世以乡约宣讲之名施行,这便是所谓风教的事业,一直传到清末。此外如宋代王安石所行的保甲团练之制,也遗传到清末,不过其间各有变化罢了。近代团练,乃是地方人民的团体平时置武器习武术;遇有盗贼来袭,则对之执自卫的行动。保甲之制,以一地方一百户为一保,以保正为之长;一保分为十区,每区十户,名为甲,各甲有甲长。甲长调查甲内各户的人品,有无盗贼博徒娼妓或其他恶人以及收容隐匿等情事;保正则负保全之责任。此等制度和风教事业相异。风教是专以教化为目的,保甲团练则专以治安及风俗警察为事。但保甲团练,也都是古制的遗意,并非王安石所创。至于诉讼,则以须在风教范围内了事不烦国家司法权为理想;故就原则言,凡关于人民权利财产的争议,须先由负风教责任的地方耆老判决,如有不服,才可诉于官吏。此外,由人民以联带责任经营之事还不少。此等团体的生活,联带责任的事业,所以能行到近代,就因其是保护各人利益的最良方法。原来中国国家保护人民生命财产的力很微弱,所以人民有执行自卫方法的必要。

而且儒教虽持德治主义,以人君之德为政治的原动力,以得民心为保持势位的惟一原因；所以常恳切地说人君须以人民的利益幸福为先，以己之利益幸福为后；但实际上却如黄宗羲所言，明君贤主很少，其余的都劳于得天下，佚于治天下，常以人民为自己幸福之具。又如德治主义虽和法治主义相反，常说"徒法不可以为善"，又说"有治人，无治法"好像是不重法的，其实决不然。德治主义，只以为徒然靠法难期治平之效，并非法不必要。意思是说无论怎样的良法，运用的还在人，法是死物，使他有生命而收治平之效的，是人君之德，并非说无法可致治平。但后世儒者往往只知高谈性命道德，不留心于法制经济。中国历代的法制未尝不好，保护人民生命财产的方法也未尝没有，只是不能为法治主义者的所主张，法律一成之后，不许人君以自己的意思或便宜出入；以法为超越人君意志的权威，无论如何都须服从；所以法虽备而不能完全施行。而且违法的不但是人君，便是官吏也得自由出入，上下其手；甚至以保护人民生命财产之法去危害人民生命，搜括民财。黄宗羲说"三代以上有法，三代以下无法"，他以为后世之法，乃私天下的人君，为一家的利益所制，非为天下而制，所以不能算做法；又说后世的人君为天下的大害，其说不免过激。其实有法而无法之效的地方很多，确是不能否定的。虽然屡经革命，制度法律时时变革，但官吏只图肥私不顾国利民福之弊，终究不能改，纵有良法善政，一经官吏之手，便弊端百出。王安石的新法，本未必坏，只因由官员施行，便不胜其弊了。但其中的保甲团练的制度，近代使人民自行，利虽不多，却并没有大害。又如平准法，春秋时代管仲行之于齐，战国时代李悝行之于魏，前汉时施行不久，弊端忽生，因此遂废。到南宋时，朱子取其意稍加变通，任人民自治，果然有利，后人纷纷仿效。那个制度名为义仓或是社会。这样说起来，难道官吏独贪婪人民都清廉吗？其实，官吏也从人民出来，并非异种；人民的清廉者，未必一旦为官便变成贪婪。这是由官和民利害不一致；

在于人民,众人的利害一致,故一人独占利益,为众人所不许,势必不能作弊。这样看起来,除三代井田时代暂且不论外,后世人民以团体主义、联带责任主义经营事业,只是因其为保护人民利益的最善方法。这是出于一种的自利主义,其根柢中还含有个人主义。

又儒家有没有国家呢,这也须一为考究。原来家有二义:一是普通所说的家,二是三代时大夫的采地也叫做家。据第二种意义,家只是小国,故常合国称国家。后世也有称天子为国家的,如《晋书·陶侃传》"今国家年少"之类的是了。

又所谓国家的观念本含有国土、国民、主权三要素。但中国屡经易姓革命,主权屡有变更。至于国土,广狭时有不 同,除西域及其四围外 ,中国本部十八省之地,归于全部中国民族的势力,自有史后已经不少的时代,虽然其间国土的一部分为异民族所占有,但就大体论,依然是本来的国土。国民自然不都是古时汉民族的子孙,但大部分为汉民族的苗裔,那是不能否认的。这样说起来,变易无常的,只是主权者罢了。凡新成主权者的人,都别立新号为国号;亡者称胜国或是亡国,或说国亡而山河依然:其实都在主权者和国家当中,认其有密接的关系。若再严密说,主权者便是有国者,但不改国土只改主权。故有国者直须和国相联想起来。至于国土之名,中国人自称为中华、中国等,外国称之为汉土、唐土等;中国人自称的,乃以主权者的代名,为国土的代名。此等事实,都足以妨害国家观念的发达。原来国家主义,把国家看做超越个人自身有目的的实在,但中国人大概把国家和主权者混看。其实,如第一章所说,中国人以主权者为人民而存在,所以把国家看做是自身有目的的实在,是超越个人的实在,等等思想的不发达,也不足怪的。

总而言之,中国国民思想中含有个人主义的思想,是不能否认的。但儒家是否本来有这种思想,还是养长助成这种思想呢;也都可成问题。儒家所唱高调的道德仁义之教,确足助成共同生活、共同责任等观念,却不含有个人主义的要素,也不养长个人主义。若要强求个人主义的根本,那末,义的某一方面可以当得。如前所述,义的意味不止一端,但前面所说义的概念,都和个人主义全然不相干;不过现在再就其它方面观察,也有和个人主义相关的。那就是差别的方面。差别是我与人的关系中,我的地位,由于各种情形而变,须一一差别。就是因我和相对的人的不同,我的地位就跟着变化:父是父,子是子,兄是兄,弟是弟,各有相当的地位。因此,随着我的地位改变,各有当行之道那便是义。此当行之道,跟着对手变化,故必使人我相对以明其在怎样的关系中;而关系既明,又须明那关系人和我的位置的相异。这也是一种差别。要正我当行之道,须尊重对手的人格及其权利;要守我的地位,须尊重自己的人格及权利。凡人必先自侮,然后为人所侮;必先自贱,然后为人所贱。所以妄侮人贱人固然不可,但自侮自贱,也不能守我的立场,正我当行之道。董仲舒说义之法"在正我",正我须不失我的立场和我的所守;而要达此目的,必须有对于自己人格及权利的尊重和主张,才是可能。这就是从差别看义的一方面。孔子说义还没有及到这一方面,孟子说义才有这一方面。孟子说:"人能充无欲害人之心,而仁不可胜用也。"又说:"人能充无穿窬之心,而义不可胜用也",穿窬虽为害人的行动,但和"无欲害人之心"对言,便是别种意味。原来不盗他人之物,就由尊重自己而来。孟子又说:"人能充无受尔汝之实,无所往而不为义也。"尔汝是轻贱的称呼,受尔汝,是受他人轻侮而不以为耻辱。所谓不受尔汝,分明是以尊重自己人格言了。但在己有受他人轻侮的理由,也不能不受了。所以自己努力使无受他人轻侮的理由,真能尊重自己便是义。这样说起来,孟子以尊重自己人格为义的一面可见。孟子自己以道自任,以为我有天爵而不屈于人爵,乃其高尚的人格所使然。但由其高调义的一方面看,正是他所以尊重自己的人格。若从这一方面认义,使他发达了,便可成为个人主义和权利思想。虽儒家理论上却不敢为此种发展;但中国国民思想中却有个人主义和利己主义存在,惟不和仁结着而和义结着。前章所说后人少言仁多言义,也是由个人主义的方面所使然的。

第五　儒教与平和主义

平和主义,也是欧美近代思想产物中的一种。虽在大战时暂为屏息,但战争终了后,势必卷土重来;平和运动必盛行于各方面,那是不难想像的。但在东洋二千年前,已经标榜平和主义了;而且不但在言论上如此,也有为实际运动的。周末战国时代,有墨翟宋轻二子的平和运动,便是好例。墨翟由兼爱主义推出平和主义,也便是非攻主义了。但如前所述,墨子的学说是功利的,没有深远的哲学的根据,所以其非攻主义,也只是从实利方面主张。据《墨子》所载,墨子很能忠实于其主张,他想防战争于未然,曾经远从北方到楚国去,阻止其攻宋。韩退之说:"孔席不暇暖,墨突不得黔",庄子也说墨子游历诸国,但征诸《墨子》所载,除上述一事外,别无防止实际战争之运动。墨子和今日极端的平和主义者不同,他是一种武装平和论者。原来他精于兵技,对于防御术造诣尤深。据传说,墨子曾经以木作鸢,放到天空,经过三日还没有落下来。他以此种技巧为防御的研究。他去见楚王阻其攻宋时,楚王拒绝他,说是军备已成了。那时有一位以制云梯出名的鲁般,便是后世木匠的祖师,刚在楚国做各种攻击的器械,一切都整备好了。于是墨子讲和鲁般比较技术,以其胜败决定战否,果然鲁般九次攻击,墨子九次破之,鲁般只得输服了。墨子又对楚王说他有三百个弟子做这种防御器具,防守宋城,于是楚王也只好息战了。所以现在《墨子》书中还有数篇专论防御技术。

　　宋牼也作宋钘，字荣子，他曾创一种学说，鼓吹平和主义。其书现在不传，其言论只散见于先秦诸子书中，现在把这些议论综合起来，大概像老子，是从寡欲出发的，至于他所说是否出于老子，那却无从知道呢！所谓寡欲，不是教人须寡欲，乃是说人的欲本来是寡的。其实，就是以出于生物本能的为本来之欲。但人误认欲是本来多的，所以认满足欲望为当然之事，哪里知道其妄想本来错误呢！所以不知自足，孜孜营求，若能知人情本是少欲的，那便常常自足无他求了。知自足，一切外物便全无价值，因其非我所欲也。所以宋牼说世上的毁誉褒贬，在于我也都无价值；所以人侮我，不足为侮；人辱我，不足为辱；这样，便不会怒了；不怒，战斗便无由发生了。而且又不和人争利，战争又怎样会起来呢？这就是宋牼的平和说，原来也是一种无抵抗主义。凡承老子之说者，都主张顺自然以为生活，所以否定社会的生活，以各人孤立独行为理想；宋牼之说，若再彻底一点，就可达到同样的结论。但老子自己却不否定社会的生活，他以小范围中的共同生活为理想，同时又认此小社会立于一王之下。而且老子屡屡说兵，可见他认现实世界不能去兵，不得已而用兵，乃自然之势。但宋牼却倡绝对的平和主义。《孟子》上载宋牼将到楚国去阻其讨宋，在路上碰到孟子，孟子问他怎样去说二国之君，他答将以战的不利去说。孟子对他说，你若用利不利去说，那末，今天因不利而止战，明天难免因利而又战了，你何不用仁义去说呢？其实，以战的不利说，本和宋牼之说不合，只是现在无从考究其真伪，只好暂且把他当个疑案罢了。此外，关于宋牼的平和运动的事实，现在都不得而知。

　　总而言之，墨翟和宋牼二人的运动，乃是当时风行天下的军国主义的反动，是无可疑的；可是就中国思想史看，军国主义只是一时的变态现象，决非由中国思想自然而生的，请述其理由于后。

考中国民族发展之迹,当初就是以文化之力同化其所接触的人民为根本方针。中国民族立于不知文字的民族间,独有文字,又知车的用处。这就是他以其文化比周围民族为高而自夸的缘故。有文字足为文化高超之证,那是无消说得的,但中国人以车乃合木工、金工、革工之力所成,是工艺的上乘;以使其文字和车能一般通用为理想。所以《中庸》上和李斯在泰山所建颂始皇功德的碑文上都以"书同文,车同轨"之语,说明天下统一的事实。以文化同化周围的民族,以图自家的发展,乃中国民族的根本主义,至于武力,惟有同化不行时才用他。黄帝和蚩尤战于涿鹿一事,虽然事属神话,但中国民族向东方发展时,遇到反抗他不能同化的民族,终以武力征服之,以开东方发展的前途,却可由此想见。又从此到尧舜之际和三苗继续冲突,也是向南方发展中所起之事。《尚书》有"分北三苗"及"窜三苗于三危"之语,可见其结局以武力制胜,但又有舜修文德,三苗来服的传说,也足见其重文了。所以武事早就对于文事在于从属的又补助的地方;必是文穷而不通时,乃用武通之。故《左传》及《说文》所引楚庄王之语有"止戈为武"之说。所止的戈,乃是反抗及妨碍文的力,止戈以为文开道,乃为武的用。楚庄王又说"夫武、禁暴、戢兵、保大、定功、和众、丰财者也",正是说武之用。所以武必用为手段,道具,才有意义效用,但其自身却无目的。故古来不得已用武,等到文再通时,便不再用武。周武王克殷时,《诗经》说他"载戢干戈、载櫜弓矢",《尚书·武成篇》说他"偃武修文,归马于华山之阳,放牛于桃林之野,示天下弗服",乃是据《史记》之文稍加改变的。"偃武,"据伪《孔传》乃是"倒载干戈,包以虎皮,示不用",若当偃而不偃,便不免穷兵黩武之讥。古来多用兵的君,例如汉武帝唐太宗,都受这样的讥刺。原来蛮夷猾夏之事,从尧舜以来就有。对此为受动的用兵则可;若用我进而用兵,或其目的在于杜绝外患,是自卫的一法,非出于侵略的目的,但还不免看为穷兵黩武呢！你想在这样思想占势力的民族间，哪里会发生军国主义？何况是侵略的军国主义呢？"军国"之语出于《左传》，是军事和国事的意义，并非今日所谓军国之义。此外，又有以文武为经纬而称"文经武纬"，又有"右文""尚武"等语。所谓经纬，其间确有所轩轾，非是文武并重。尚武或是一时的主义，决非和右文并行；中国的右文主义，乃文偏重主义。所以其国民概流于文弱，便是勇悍强劲的外族，来到中国，也不久化为文弱；这是历史所可证的。中国文学上，其议论歌咏战争惨祸以鼓吹战争的悲观思想的很多，如唐杜甫的《兵车行》，李华的《弔古战场文》，便是其好例。其实，中国虽也有用武以扬国威之时，但不久威势又日渐衰弱，苦于外敌的压迫，甚至国家陷于灭亡；这样的情形，屡屡遇到，所以国民心中会发生厌战的思想，原也不足怪的。

在周末战国时代以及汉代，有为之士，还有以武立功名的；到了后世，有为的人材，就都是以文立身，不肯向于武的。自隋以来，科举已有文武二途，但谈到科举，人都以为是文科举；武科举几乎为一般人士所想不到。原来由武科举出身后来得高位大官的很少，至于武人执国政之事，那是尤其少了；凡为大臣宰相而任国政的，差不多全是由文出身的人。而且唐以前文武未分途，往往以文官兼武职，所以武职还不十分受人轻视；自唐宋以后，文武截然分为二途，武官概受文官的节制；明以后又使文官总督巡抚节制武官，莫说平时，便是战时武官也无财政之权，所以文官常得节制武官；且有谓武官乃是文官的走狗的。照这样的情形，也难怪有为之士少有志于武了。汉高祖得天下后论开国诸臣的勋劳，以为萧何张良虽无攻城野战之力，其功却优于韩信等之破敌拔垒，可谓早已有重文官的倾向了。俗语说："好汉不当兵"，也可见轻武之情。再从历史上去看，凡得天下都由马上，所以开国之初，兵强武盛，但不久又兵制颓废，兵又不足用了。历代都是这样，这也由重文轻武所致。此外还有可注意的一事，如春秋战国间所出的兵家，其理想却不在战而制胜，乃在不战而屈人的兵。孙子以为百战百胜非善之善，兵之妙在不战而胜。所谓不战而胜，自然是指不怠于兵备，但兵备而外要事还很多，如善其国政，谋民心的一致，增殖国家的富，养成人材，计算一切事情，使什么国都不能胜，以形势禁人不能战等事是了。你想以兵为专家的人尚且这样说，这岂是以战斗侵略为主者所能知道呢？孙子外，吴子也有仁义之论。吴子就是吴起，据说他曾从学于孔子门人曾子，所以他也言仁义，其实，孙吴二子的言论，也可说是不脱中国思想的范围。

照前面所说，经传中确无军国思想了，儒家的平和主义，由此已可想见。但儒家还非绝对的平和主义，试看以仁为理想的孔子还说兵备不可废，便分明了。子路问政于孔子，孔子答说："足食，足兵，民信之矣"，就是说第一在使民衣食无虞，安定其生活，孟子所说王道和仁政，只是着重这一点。孟子生当战国用武时代，见那时以纵横策，农业经济政策，攻伐侵略等游说诸侯的很多，诸侯也经心于此等政策，因此高倡仁义以反对之，甚至说若以仁义治国教民，便是以杖为兵器，也可敌秦楚的坚甲利兵的；但孔子没有这样极端之论。卫灵公问陈，孔子辞以未学，原有别种理由存在，并非否定战争。他却说："以不教民战是谓弃之，"又说"善人教民七年，亦可以即戎矣"，他是认战争的不得已而说用民于战之道。所以他答子路之问，第二便举兵。治民以信为最重要，所以他最后又举信。子路又问若在不得已时，三者中该去哪一件，孔子答说"去兵"；又问所余二者中该先去哪一事，孔子答他"去食"，说信终不可去。照此看来，他也非以兵备为绝对必要，他以为遇不得已时可以撤废的。

再就儒家的根本主义来看，其关于政治上的理想是在治国平天下，一言以概括之，就是在于太平。太平之说，本为汉代公羊学者所主张,据现代中国人所信,乃是一种世界统一主义。但现代中国人,也不是以此为统一今日世界的理想;汉人所说,只是就春秋时言,所谓世界,只在中国民族所生息的范围中,汉人所接触的周围民族并不包含在内;只以去华夷内外之别出现平等世界为太平之义。但中国国民若欲高远的理想,那末,扩充太平思想,以成世界统一主义,也很容易了。

但公羊学者所谓太平,究竟怎样才能出现呢?是先由乱世到升平,再由升平到太平;要想拨乱世反之正,以成太平之世,只在明《春秋》之法,就是说,不可以兵力,只须以道德之力。公羊学者之说,虽只是一种见解,而所谓太平的概念是完全的道德支配的意味,由于明文即道,便可太平。以武力统一天下的思想,不含于太平的概念中。乱的意思,是道不行,文不明,道德失其支配人心之力;要拨乱反正以致治平,除行道明文以外无他法。文行世便治平;世治平,文更完全行。德意志军国主义者,仅以战争为人类最高道德,和儒家的主义全然相反。老子以为国乱乃出忠臣,六亲不和出孝子;其实,国乱时自然多不忠不孝的人,忠臣孝子只是偶然遇到罢了。要忠孝完全行,自然以国治为必要条件。战争破坏治平的情态,对于道德的完全实现,有害而无利。如前所述,中国屡次受战争的亏,也难怪不能容德意志式思想的发生了。惟春秋战国时代,战争道德颇发达,列国间也有一种国际道德,其后和外国民族间战争,又无道德可言,至于国内战争也是公行奸淫、掠夺、残害等恶事,但还要托名平乱诛贼呢! 中国国民畏官兵甚于贼匪。例如岳飞行兵,秋毫不犯民,兵有取民麻一束的,便把他正法以肃军纪,后世传为美谈;但此事为正史所特笔大书,传于后世,也可见他人多和此相反了。由这样的事实和经验看起来,也难怪中国人不能从道德上称扬战争,只把他看做不得已的恶事了。

中国民族本以和平为主义,儒家也以和平为理想,便从国民福利上看,也是以平和为利。这样中国该是治多乱少了,何以事实上反而乱多治少呢？其实,这并不是中国人好乱所使然,是由土地广阔,人口众多,交通不便,所以虽然拨前代之乱而反之正,社会的安宁秩序,却难完全回复,只图大体复于治平,至于里面有害治安的分子便不暇过问;自昔传来的积弊,不论何代,都不能一扫而空之;治平稍久,在上者已居治忘乱,只贪眼前的安侠,官吏相率舞弊,遂使民不聊生,迫得起来作乱了。原来治安警察法甚不完全,不论什么国什么时代,匪徒横行的机会多;而且民畏官兵甚于盗贼,每遇匪徒起来,不敢报官,团练力量不足防御时,只有贿匪徒以求免害,地方亦多怯懦,每逢匪徒起来,多装做不知,故匪徒常得横行,祸乱之机常在。国法虽不尽不善,但非积极的谋国利民福,只是消极的以防害为美;制度虽屡有改革,但常使官和官相牵制以防权归于一人;故处事多缺敏活,不便于防小祸乱,这便是乱多治少的理由了。

　　清朝末年曾经发布关于教育的命令,揭出五大纲以示教育的目的。五个就是忠君、尊孔、尚公、尚武、尚实五事。前二者是中国固有的道德,后三者乃所以矫正中国国民的缺点。但关于尚武,在教育上还没有特别的施设,忽然遇到了革命。今民国教育家虽然往往有主张军国主义的教育的,但尚武主义,军国主义,将来究竟能发达到什么程度,还完全不能知道呢！

（本文据服部宇之吉《儒教与现代
思潮》,台北文星书店1965年版）

　　服部宇之吉（1867—1939）,日本著名学者,中国学家,新儒家学派的重要代表。主要著作有:《孔子及孔教》、《清国通考》、《东洋伦理纲要》等。

　　本文探讨了儒家传统思想与现代思潮的关系逐一分析了中国儒教与"民主主义"、"功利主义"、"主观主义"、"个人主义"、"和平主义"的关系，大体上平允中肯，作为外国学者对中国儒教的一种看法，具有一定的代表性。例如作者指出：儒家思想中虽有民本主义，却无民主主义，把民本主义直接算做民主主义，不是曲解，便是误解。此文颇有助于人们对儒家思想的了解和评议。

儒学在未来世界文化中的位置

沟口雄三

一

　　对于中国,20世纪是一个变化巨大的世纪。1900年的义和团事件、1911年的辛亥革命、北伐战争、日中战争、国共内战、1949年的中华人民共和国成立、文化大革命、改革开放以及即将来临的1997年的香港回归,剧烈的变动持续不断。如果用一句话对中国的这一世纪作一评断的话,可谓巨龙的创伤终于得以治愈,而今再度以腾空之龙的姿态准备向高空飞跃。中国的这一复苏过程,对于亚洲来说,也是一个复权的过程。20世纪前半叶,亚洲的大部地区苦于殖民地的重轭。后半叶,随着中华人民共和国的成立,大多相继独立,建立了新的国家。

　　亚洲的经济能力获得了持续的高速发展,日本是其率先者。1960年,日本的汽车产量为50万台,到1970年为530万台,1980年为1100万台,从1960年到1980年,成长幅度达20倍。自70年代后期至80年代,"四小龙"的经济紧接着获得了惊人的发展,以至于亚洲经济圈可与欧美相匹敌。

　　如今,中国出场的时代已经来临。1980年,中国的电视机产量为250万台,9年后的1989年超过2760万台,居世界第一位。钢铁产量在1975年为2500万吨,仅为美国的四分之一,而到

1993 年,便超过走向下坡的美国,仅次于一亿吨的日本,居世界第二位。只是汽车一项在 1993 年仅有 100 万台,是日本 1962～1963 年的水平。不过,即使仅以日本为例作一单纯而机械的预测的话,在二三十年后,也可达 1000 万台。

世界上许多经济问题专家已预测:21 世纪无疑将是亚洲及太平洋地区的,尤其是中国的世纪。这一预测是有充分根据的。

如此之变化,必将引起亚洲的世界观及世界的亚洲观的重大变化。50 年代,我在大学学习汉语(第二外语)时,在 2000 名学生中,修汉语的只有 12 名,1950 名学生选法语或德语,30 余名修俄语。总之,大部分学生的眼睛盯着欧美,而以亚洲或中国为学习对象的学生被视为不合常规。到 60 年代我开始研究中国时,中华人民共和国的存在开始影响亚洲问题研究者。当时,克服所谓的亚洲停滞论,考察亚洲的历史发展阶段成了共同的课题。但是,当时对"历史发展阶段"的"考察",仅仅局限于在亚洲追求欧洲史的发展阶段。现代主义者以现代欧洲的价值观为基准,譬如,他们关注的问题是,在亚洲,何时、何地、如何才能产生"契约观念",以及"个人主义"和"近代自我"的确立。另一方面,马克思主义者又对"资本主义的萌芽"或"亚洲式封建制的特殊性"等问题进行了论述。总而言之,所有这些探索都是企图在亚洲里寻找欧洲,人们以为,在世界史中,唯有欧洲的历史独具普遍性价值。

我对当时人们所持的欧洲一元化的观点——以欧洲的历史展开及价值观为基准,认为那就是世界史的或人类的普遍性——抱有许多疑问。促使我产生疑问的是明末李贽的著作。当时,在日本对李贽的评价基本上还是沿袭了容肇祖氏以来的评价,即以女性解放、肯定欲望、合理精神、反儒教等"现代欧洲"模式为标准的评价。这样一来,因他们仅仅切取了与"现代欧洲"相近似的部分,所以只能得出如下结论:那种"现代"化的要素在明末清初已经消失,在中国,"现代思维"以"挫折"而告终。他们的理由是,被所谓"王学左派"所赞许的那些"现代"化倾向随着阳明学的衰落而消失了。

然而,我认为,在从李贽到戴震的思想之间有一种深刻的继承关系,并向"挫折"论者提出反驳。在这个过程中,我逐渐确信,在中国,虽然思想史的展开不同于欧洲,但是,当我们统观人类史时便会发现,中国独自的思想史的展开与欧洲之间存在着一种可以称之为人类普遍性的共同性。从此我形成了这样一种多元化的世界观:所有的民族都具有各自独特的历史文化;在具有悠久历史的民族的历史中,必然有其独自的——但又是沿着人类史发展法则的——发展途径。这种观念(几乎可以说是一种信念)被逐年强化。这一信念来自于从宋代到近代的有关文献。进入80年代,与我持有相同观点的人开始发表类似于我的这种对于中国的多元化世界观,而且,我的主张逐渐在年轻一代人中引起了越来越强的共鸣。到了90年代的今天,在日本的中国研究者,尤其是年轻的研究者们,都已常识性地认为中国也有其独自的现代化过程。

如上所述,在80～90年代,四小龙及大陆中国的经济获得了惊人的发展,以至于人们说21世纪将是中国的世纪。实际上,如果设想一个以台湾、香港和大陆中国为中心的包括新加坡、马来西亚、印度尼西亚等国的华侨在内的"华人经济圈"的话,可以说,现在这个经济圈已经具备了与欧洲经济圈及美国经济圈相抗衡的力量。

在如此局势下,我试图作重新思考。今后,日本的中国学不能只是停留在主张中国有中国独自的历史及文化这一点上。

现在的世界已到达被资本主义原理所覆盖的境地。谁都不能否认,这种市场原理对中国的经济发展也具有强大的推动力。60—80年代的日本的经济发展也是依靠灵活运用对于日本有利的市场原理,将优质低价的工业产品向世界市场出口。然而,现在日本的民俗文化传统恰恰就是被这种市场原理所吞噬着。例如,为了抵消由于汽车出口而造成的巨大的贸易赤字,日本无奈地实行了农产品自由化的政策,结果终因乌拉圭回合(多边贸易交涉)而实施了大米进口计划。日本的水稻生产至今在政府的保护下维持着高米价。但是,可以预测,今后,由于美国、澳大利亚、泰国和中国等国的低价米进入国内市场,日本的农业在今后的二三十年内将会受到毁灭性的打击。在农村,伴随着水稻生产而被保存下来的水稻文化活动——共同体扶助、村祭、季节性活动、民俗祭祀等——将会消失。

比这种有形的民俗文化受到破坏更让人担忧的是无形的人的道德纽带的破坏,即在以利己为动机、以追求利润为目的的市场原理的支配下,人们的利他心等道德性渐渐受到侵蚀,人与人之间的人类爱逐渐丧失。

因此我认为,面对21世纪,我们的中国学所当承担的课题是,在世界经济的发展中,批判经济至上主义的风潮,并且与利己及追求利润的原理相对抗;如何将中国思想中作为深厚的传统而积蓄下来的仁爱、调和、大同等道德原理作为人类的文化遗产向全世界展示出来等一类问题。

我并不是对中国依据市场原理发展经济持有异议,相反,我支持作为“第二革命”的如今的开放政策,譬如,我甚至企盼着中国产的汽车奔驰在世界各大陆。但是,另一方面,据预测,到2030年,世界人口将从现在的57亿增加到84亿。以泰国为例,50年前,森林面积曾占国土面积的80%,而现在减少到只占30%。地球上的自然资源竟如此异常迅速地被破坏着。在此状况下,人类与自然相协调这一课题的意义显得日益重要。

以我之见,对于上述对各民族的民俗文化的保护、全人类范围内的道德主义的重建、人类与自然相协调等问题的解决方向具有启发意义的是欧洲古代、中世的哲学思想,以及中国古代以来的思想文化特别是儒教思想的优良传统。

　　我们必须一方面运用市场原理来发展经济，另一方面还必须重新研究催生了市场原理的欧洲现代化原理，进一步发掘潜藏在多层次的中国思想文化传统中的中国式的原理，进而构建起与21世纪的课题相适应的新原理。

二

　　作为一个事例，在此让我们分析一下戴震（1723—1777）的仁的思想。"仁"原来是一种以"己所不欲，勿施于人"与"己欲立而立人，己欲达而达人"的二格率为内容的伦理思想。戴震的"仁"的特点在于，将"己"与"人"的相对关系视作一种孕育着生存欲与生存欲之间的对立的关系。这就是他所说的"人之生也，莫病无以遂其生。欲遂其生，亦遂人之生，仁也；欲遂其生，至于人生而不顾者，不仁也"（《孟子字义疏证上·理》）。

　　在明末清初的中国，肯定"私"与"欲"的言论开始引人注目，颇为有名的如"夫私者人之心也。人必有私而后其心乃见。若无私则无心矣。如服田者，私有秋之获而后治田必力；居家者，私积仓之获而后治家必力"（李贽《藏书》卷三二）"世间万物皆有所欲，其欲亦是天理人情，天下万世公共之心。每怜万物有多少不得其欲处。其余者，盈溢于所欲之外而死；不足者，奔走于所欲之内而死。二者均伤生之道也。常思天地生许多人物，自足以养之，然而不得其欲者，正缘不均之故耳"（吕坤《呻吟语》卷五）等等。由此可知，明末清初的"私"与"欲"具有私人所有欲、物质欲、生存欲等含意。这与以往的含意为利己心、本能欲、显示欲等个人内部的东西的"私""欲"不同，其特征在于，它所指的是在一个人与他人的"私""欲"之间孕育了对立与矛盾的社会性的东西。

　　总而言之,从明末清初到清代中期,作为时代的要求需要迫切解决的哲学思想原理方面的课题是:如何使矛盾地对立存在着的物质欲、所有欲、生存欲达到相互调和? 在此情形下,就"私"与"欲"来说,是将对立视为其本质呢,抑或以趋向于调和视为其本质呢?

　　对该类问题,戴震的回答是:(1)"欲"之于人是自然的东西,如果没有了欲,人便不能生存;(2)但是,"私",即排他性的利己欲是"欲之失",是非自然的东西;(3)所以,人类只有努力使自他之间的"欲"做到相互协调,才能够达到顺从自然的境地。就此他讲到:"欲者,血气之自然,其好是懿德也,心知之自然,此孟子所以言性善。心知之自然,未有不悦理义者,未能尽得理合义耳。由血气之自然,而审察之以知其必然,是之谓理义;自然与必然,非二事也。就其自然,明之尽而无几微之失焉,是其必然也。如是而后无憾,如是而后安,是乃自然之极则。若任其自然而流于失,转丧其自然,而非自然也。故归于必然,适完其自然"(《孟子字义疏证上·理》)。在此,"自然之极则"和"必然"显然是指"欲"这种"自然"的自他之间的协调状态而言的。

　　在这里,我们想提及英国的霍布斯(Thomas Hobbes 1588—1679)在其著作《庞然大物》中所阐述的观点。他认为:(1)人类的本质在于具有永无止境的欲望;(2)在这种自然状态下,人类为了满足己欲,以至于达到相互残杀(所谓"对万人的万人战争")的地步;(3)因而,人们被死亡的恐怖所驱使,为了摆脱那种自然状态,便以理性的思考达成了作为和平戒律的契约法(所谓"近代自然法")。该主张的要旨是,私有权本来是无止境的,只要不侵犯他人的私有权,或者说只要不侵犯契约,在原则上是可以认可其扩张性的。约翰·洛克(John Rocke 1632—1704)与亚当·斯密(Adam Smith 1723—1790)基本上也继承了这种观点,以至确立了立足于个人利己主义的市场原理。据亚当·斯密的理论,利己心正是人类行为的原动力。对于人们,较之于期待其仁爱,更为有效的是以"你给予我所需要的东西,我便会给你你所需要的东西"的方法来相互刺激利己心。

这样一来,为了获得自己所需要的东西而要支付的等价报酬,是根据供给与需要之间的平衡性来决定的。被决定了的市场价格自然地接近于公正的价格,结果,交换的正义也就满足了分配的正义。这就是资本主义式的市场原理,在此情况下,只要不玩弄不正当手段的话,从前通过交换来追求利润的行为便会无条件地得到认可。因此,能够向市场提供大量的优质廉价产品而唤起大量需求的人,当然可以获得大量的利润,甚至这种人可因其富有而博得社会的赞赏。原来,根据古典的市场原理,在这种交换与分配的正义之下,人们能够充分发挥自己的能力,可以得到与此相应的丰厚的报酬,从而实现如同拜恩萨姆(Jeremy Bentham 1748—1832)所讲的"最大多数的最大幸福"。但是市场原理的现实决非如此迷人。

根据原价主义,通过优质廉价商品的大量生产和大量流通,市场被大资本独占和支配,小资本作为其转包者被纳入其中,迫于成本下降的追逐,其发挥独创性的余地被剥夺。其反面是,如果价格升高,就连利用太阳热的能源装置之类的对社会有利的产品也不能够唤起需求。在市场原理之下,社会有用性未必能成为价值标准。

利润第一主义不断地将人们拖向更为残酷的命运的深渊。在公司里,创造较多利润的人可以得到较高的评价。在那里,友爱、对弱者的关怀等,都不能成为评价的对象。相反,站在追求利润的立场,一切被认为是产生负作用的东西,必然会被冷酷地排除掉。年逾50的公司职员、体弱的女工、身体有残疾的人等即使被企业无情地解雇,人们也不会对此感到惊奇。总之,人们不知不觉地被利润第一主义的毒素所麻痹,习惯于在如此价值观中思考问题。另外,利润主义还易于破坏自然。前述在泰国的森林毁灭,只不过是由于价格低廉的泰国木材流向世界市场而造成的。有人预测,在不远的将来日本将会出现农业荒废,其罪魁祸首依然是利润第一主义。可怕的是,作为消费者的日本国民,依据将生产优质低价产品视为美德的价值观,欢迎在加里福尼亚农场收获的大米,而对于由于小规模经营的只能趋向于灭亡的本国的农业前景,未表示出任何关心。被认为发挥着天然蓄水池作用的水田的消失将对日本的自然环境产生恶劣的影响。对此担忧的人更是为数甚少。

　　基于这种市场原理的现状来考察戴震所提示的"仁"的原理,情况将会如何?

　　首先,从思想史的源流来看,在从霍布斯到亚当·斯密的英国的源流与从李贽到戴震的中国的源流之间:(1)二者都认为私人所有欲、物质欲、生存欲等社会性欲望是人所必不可少的东西,是应该予以认可的。(2)在此基础之上所当建立的课题是,在人与人之间如何调节这些社会性欲望的矛盾与对立。二源流共存于16至18世纪,有着显著的共同性。

　　另一方面,二者的差异在于:(1)前者是将利己看作人的本质而予以无限制的认可;与此相反,后者则是在"均"这一规则上予以承认的。(2)前者将利己者之间的对立斗争视作人的自然状态,寻求以契约这种人为的调节方法对问题加以解决;与此不同,后者则是将调和趋向视为人的自然状态,企图依靠发挥道德本性(心知之自然)来解决问题。

　　对这些差异,人们至今仍将问题单纯化,认为差异在于是以"私"之间的对立为本质呢,还是以无"私"的调和为本质的区别。在以对立为本质的情况下,由于"私"在原理上被认可,私有财产权、个人自由权便被确立为不可侵犯的东西。而在以调和为本质的情况下，"私"在原理上得不到承认，因而私有财产权和个人自由权得不到确立，个人只能隶属于全体主义、专制主义之下。总而言之，无论是个人主义还是全体主义，是自由主义还是专制主义，人们将它们之间的差异单纯化了。这种单纯化可使问题得到易于理解的说明，但其反面却片面地歪曲了问题的整体面貌。

首先，必须确认的事实是，李贽、吕坤、戴震三人都未否定私有。无需详细分析，即使是否定"私"的戴震，其所否定的是作为"欲之失"的"私"，即"欲遂其生，至于戕人之生而不顾者"，并不是个人的"欲"。

其实，问题并不在于"私"还是无"私"，而是在于：(1)在原理上，"私"应是无制约的，还是应该在整体的协调中予以实现？或者，(2)人的本质是利己的还是利他的？(3)是将人的斗争视为自然状态，还是将和合视作自然状态？对于这些问题，我们不能单纯地判断某一方为正确，另一方为不正确。这是因为，前者的原理以资本主义市场原理来发挥其功能，有助于资本主义经济的发展，而后者则是作为社会主义原理，如在中国，是依靠土地公有化、国营企业化、重工业化等措施来完成"救贫"课题的。可是另一方面，前者所产生的是上述一些问题，后者，如中国，则产生了个人权的未确立、"大锅饭"、国营企业的赤字等问题，因而不可以说何者正确。

然而，当展望21世纪时，在市场原理的价值观单一地覆盖着世界的现在，尤其是我们资本主义国家的人们，很有必要思考这种市场原理的理论缺陷。诚然，市场原理决非万能。在这种情况下，考察与市场原理相对抗的另一种原理——戴震的原理，对我们来说是极有意义的。

问题并不止于一个市场原理。自由问题、人权问题、基于自然观的自然科学和自然环境的问题、国际法原理问题、法与道德的问题、欲望与秩序的问题、私有与公有的问题，等等，有非常多的问题需要我们从原理方面加以重新思考。至今为止，人们对于这些问题都是以欧洲原理作为唯一普遍的准则进行思考的，一直不妥当地认为，与此不同的亚洲的原理，如上述中国的戴震的仁的原理使个人自由埋没于集体之中，是一种落后的或封建的压抑性原理。

但是，如第一节所述，如今正在形成着一种世界性的共识：中国具有其独自的原理世界。我们不能仅限于谨慎地将此与欧洲原理作横向并列，而且应该将其视为可与欧洲原理相抗衡的另一种普遍原理而开始我们的研究。在进行如此研究时，没必要争论谁是谁非。我们最大的期望是，如同对市场原理和戴震的仁的原理所作的探讨一样，凭借着比较研究，创造出扬弃了二者的第三种新的普遍原理。

依我之见，21世纪将是一个不得不对延续至今的欧洲原理一元化的观点进行修正的世纪。其时，想必会是以儒教原理为首，会同伊斯兰原理、佛教原理及道教原理等一同作为主角而登上世界舞台。其中儒教原理作为原理的宝库将会对人类文化做出重大贡献。

（选自中国孔子基金会编《儒学与21世纪
——纪念孔子诞辰2545周年暨国际儒学讨
论会会议论文集》，华夏出版社1996年版）

本文探讨了儒学在未来世界文化中的重要作用。作者指出，中国的未来发展前途无量。他认为，日本的中国学所应承担的课题是，如何将中国思想中作为深厚的传统而积蓄下来的仁爱、调和、大同等道德原理作为人类的文化遗产向全世界展示出来。他强调，21世纪将是一个不得不对延续至今的欧洲原理一元化的观点进行修正的世纪。其时,想必会是以儒教原理为首,会同伊斯兰原理教、佛教及道教原理等一同作为主角而登上世界舞台。其中儒教原理作为原理的宝库将会对人类社会的发展做出重大贡献。

儒学与21世纪人类社会的和平及展望

田久孝翁

一、儒学伦理与世界观(对儒学的回顾与展望)

[历史观]

公元前551年,孔子诞生之年正是中国的春秋时代。在中国的社会背景里,存在由古代的三皇五帝所代表的五千年的历史。而在春秋战国时代,则不是禅让就是放伐,在这样的历史背景中,孔孟思想遭蔑视,大国小国战争频发,之后由于荀子思想等的出现,孟子学说中的仁政,王道主义(修己之学)被排斥,而以治人之学为优先。儒学思想在被作为统治学(包括共同体)继承下去的过程中,不断得到发扬。"礼者,治办之极也,强国之本也,威行之道也,功名之总也。王公由之,所以得天下,不由,所以损社稷也,故坚甲利兵,不足以为胜,高城深池,不足以为固,严令繁刑,不足以为威,由其道则行,不由其道则废。"(《荀子》议兵篇)

如此,提出使富国强兵成为可能的统治原理的,正是儒学的礼思想的援用。但原本的礼思想并不是具有使国家得以作为整体加以划一统治的强制力的统治原理,而是以人际关系中的个人伦理为出发点的一种思想。使荀子等的礼治思想得以发展的是法家思想,法家思想的主旨就是借法的强制力维护国家整体的秩序。这一思想应富国强兵的时代要求被加以利用的契机是公元前246年由秦始皇统一的中国最初的统治国家的成立。在大张旗鼓地推行富国强兵制度的弱肉强食时代,秦始皇发动了构筑万里长城这样的浩大工程,并对于主张仁义王道修己治人的儒学思想不再尊崇,遂于公元前213年发起了以"焚书坑儒"事件为代表的扑灭儒学运动。这是众所周知的历史事实。

为上述大规模的军备驿站、土木工程建设所压迫而导致民不聊生的社会局势中,屡次爆发民众起义,强盛一时的秦帝国终于在秦始皇即位后36年,公元前210年秦始皇死后不久便土崩瓦解了。

到了公元前176年至公元9年,经过楚、前汉之后,武帝即位,推行积极果敢的内外振兴政策,武帝并根据董仲舒等的建议,把儒学思想作为政治理念的核心,最终将儒学指定为国学。自"春秋繁露"以来,儒学作为培养国家人才的道义学问被援用下来,并发展为科举制度,不仅在王公贵族之间,而且也深入到平民百姓中去。

1. 汉武帝所崇尚的儒学思想

儒学作为中国的国学此后一直长盛不衰。前汉平帝即位,意味着纪元,即公历元年(元始元年)的开端,之后214年,经历了后汉时代,再经过三国、南北朝时代的370年,到隋唐五代十国直至北宋、南宋、元朝共计1270年,儒学思想一直是历代王公帝制的支柱理念。其间,公元1130年,以朱熹为中心的宋学(朱子学)试图以理气二元论将儒学哲学化,即广兴"道学",主张"道统"。

儒学自孔子去世,至此已经历了1670余年,向人们展示了一幅漫长的历史画卷。其间儒学一贯随时代变迁君临于中国社会,王公贵族,文人武将自不待言,及至一般庶民,社会各阶层,都基于"经世济民"的思想原理治世,拯民,并构筑了中国的政治经济的哲学原理。

2. 宋学(关于朱子学)

1130 年至 1200 年形成的朱子学是此代儒学者朱熹所确立的新学问。朱熹秉承孔子所言之天地法则,认为自然界的原理即是"理与气"的二元理论,而整个人类社会都必须据此万物共同的原理促成伦理的实现。

在此就朱熹所言的理气的基点附加一点说明。理即是将修己之学与治人之学统合为一体的天地万物所共同遵循的原理。

即,在物之理和事之理中,以自身存在的天之理为穷极目的谋求天人合一,是谓天命。一方面,气一元的根本是指由构成万物宇宙的阴阳五行运动所产生的气体即生物的精华。其中阴阳为气,五行为质。气质合一乃形成物体。

因此可以认为,由理气的作用形成宇宙是理气二元论产生的基点。

3. 朱子学在广义上对儒学思想实行再分化

与唐宋代的佛教文化相对峙,并对儒佛文化的促进起到莫大推动作用的是汉字文化的普及。朝鲜半岛(韩国,北朝鲜)由此受到了极大的影响。

儒学传到日本,是在公元 284 年(应神天皇时代),朝鲜半岛百济的王仁将《四书》《千字文》传入日本。之后经历了 1000 年,到了镰仓时代,相当于中国的唐宋时代(公元 1240 年),朱熹死后不久,由日本送出去的遣唐使等回国后致力于中国文化的传播,儒教与佛教一起深深地渗透到日本社会。645 年苏我氏大兴佛教,759 年唐高僧鉴真东渡来日。770 年阿倍仲麻吕,819 年空海、俊仍、圆尔等源源不断地将中国文化介绍到日本,直接导致了当今儒佛共存的日本社会的展开。这是史实。现今,日本尚存四大孔子庙。

日本的四大孔子庙为:1. 足种学校,1333 年(元弘三年);2. 冈山藩闲谷孔子庙,1668 年(宽文八年);3. 东京神田汤岛圣堂,1690 年(元禄三年);4. 左贺藩多久圣庙,1708 年(宝永五年)。其中的汤岛圣堂与近代朱子学(江户时代)关系最为密切,而这一时期正是现代日本思想文化的形成期。由此,儒学远在公元284年,经由朝鲜半岛百济传入以来,1400年间,逐渐深入到日本人的思想文化的核心之中。对此,本文后面还要述及。

二、朱子学和江户文化(亚洲地区的儒学思想)

[由战国时代走向和平之路]

　　朱子学由德川幕府指定为日本国教的过程,存在如前所述的时代背景。及至1596年(庆长一年)丰臣秀吉出兵朝鲜时的庆长之役,可以说完全是一场没有任何大义名分的充满贪欲的战争。但是如果说这场战争有收获的话,那就是儒学者姜沆的存在。

　　姜沆是李王朝的武将,也是儒学者,由于在战斗中失利,被秀吉麾下的武将藤堂隆虎手下抓捕,并得以谒见秀吉,言明朝鲜与邻国中国的关系。秀吉听说后,便考虑如何才能体面地退兵。这也是事实。当时的翻译正是藤原惺窝。惺窝原是相国寺的禅僧,学习禅学并精通诗文,受吉田、一条家、清原家等的熏陶,修习神、儒、佛融会一体的思想,再加上五山的桃源瑞仙的史记研究之学,已经具备了作为一位儒学者应有的修养。如前所述,1596年与姜沆的邂逅也是一个机缘,及至1600年,惺窝已脱掉禅衣,穿上儒服,作为一位儒学者出现在德川家康的面前。

　　惺窝在德川家康面前与五山的学僧进行了一场儒佛论争,其结果导致了家康在设立德川幕府,并确立幕府的政治思想伦理时将儒学精神指定为国学。在此之前,惺窝跟从朝鲜国的使者许山前等潜心修习被称为李退溪门下三杰的柳希春、朱子著作《延平答问》,尔后在日本高举朱子学的烽火独树一帜。

　　1.关于藤原惺窝的学问体系及朱子学传承的经过

　　如前所述,惺窝修习学问的背景里,存在着朝鲜半岛以及中国的唐宋文化由遣唐使等不断地传入日本这一史实。由此可以认为,惺窝的全部哲学内涵是由儒学的思想所构成的。

　　孔子所说的仁义礼智之道,就是天人合一天人一如的天命,天道,太极,无极的统合。"是故知君子以力复天命之实理",即把"复实理"作为天命之理并使之拓展到知性的领域,论述了天道与人事的相互关系。对此,林罗山认为天人一如与天人分离,万物一体的人与作为个性而存在的人是浑如一体的,由此将朱子学所包含的二要素,理与气加以分类。而至于"修己之学"与"治人之学"何者为先,其结果自然是选择后者。据此幕府的法度里规定了"土农工商"这一阶层等级。当然也有人反对这种等级划分,山鹿素行、中江藤树、熊泽蕃山等人就属此列。

　　德川家康设立幕府时所采取的措施与公元前 176 年汉武帝把儒学定为国学如出一辙,这其间其实相差 1760 年。联系到中国春秋战国时代,及日本的天平、平安至镰仓、室町的战国时代序幕的拉开,与孔子君临的时代背景,得出的结论是唯有人格造就和人类教育才是和平的基点。当年德川家康通过藤原惺窝的儒佛论争,最后决定把儒学作为国学,这一决断决非寻常。因为家康自己是虔诚的佛教徒,当年要离开骏河(静冈)到江户(东京)时,家康曾祭祀自己生母的灵体。现在东京小石川台尚存传通院以作为永久祭祀。

　　林罗山从第一代将军家康起,直至秀忠、家光、家纲、纲吉五代将军,一直参与辅政,是缔造德川幕府三百年太平盛世的第一功臣。

　　一方面熊泽蕃山遵循中国的圣德仁政尧舜之道,以天命思想为宗旨,进行道德实践与政治实践,主张天人合一,认为天人不可分。这种思想后来由伊藤二齐等人继承,主张理气二元论的原则是天道不离一体,而否定修己治人、天道一如、天人二分的存在。

2.儒学与寺子屋文化

受大命于家康的藤原惺窝以自己高龄为由,推举自己的得意弟子林罗山,自己始终从旁关注。

林罗山受第二代第三代将军的保护,更有家康的五儿子义直,即后来的名护屋城主在上野忍冈建立私塾弘文馆,致力于儒学的普及,并在全国各藩设立儒学校(藩校),在各乡村设立寺子屋(学修塾),甚至连神社佛阁等都大力普及《论语》,以振兴庶民文化。

另一方面,始终贯彻修己治人之学,如三代将军家康敢在天下各位诸侯面前,大放豪言壮语,说"吾生来便为将军"。这些治人之学的言行应该说都是出于林罗山的指点。

由此《论语》得以深入民间。以至于出现了这样的一句谚语,"读论语不识论语(书呆子•读死书之意)"。不久,这种思潮便发展为上意下达的封建思想的温床,招来庶民的抵触。之后荷兰医学(兰学)兴起,1790年幕府实施"宽政改革",发布异学禁止论,试图维护儒学的一统化。其结果,昌平坂学问所便为幕府直辖(官学),同时更名为"昌平黉"。究其原因,是德川幕府成立已有约200年的岁月,与德川家康设立幕府之初,藤原惺窝与五山学僧进行儒佛论争时的儒学思想相比,此时的思想已逐步走向异端。在和平盛世中丧失了只有创始者才拥有的胸怀,变为权力支配一切的时代,正好像回到了1600年前,以荀子等法家的礼治思想为理论根据实行富国强兵,轻视天人一如修己之学,而以治人之学为优先的秦始皇时代。当时登台亮相的便是国学者的存在和神道派的出现。

一方面,在继承惺窝的精神的过程中,中江藤树、熊泽藩山、伊藤仁齐等的仁义礼智的精神精髓认为日本是神国,正如古时礼仪不存的年代,神明的威德严厉一样,存敬意,不做恶,敬神明,然后可以除恶习,消利欲,达天道。

之后转入幕政批判，勤王攘夷，王政复古的时代，其后德川幕府后半的政治重心已由朱子学所言的修己之学转入治人之学。因此到了1790年，实行宽政改革之后不足70年，时局就发生了转变，幕府专注治人之学，与前所述的个人学者专注修己之学的结果，使天下一分为二。及至1859年，有吉田松荫等被捕入狱的安政大狱事件，接着1866年萨摩藩和长州藩联合发起讨幕运动。至此，德川幕府由家康于1603年设立以来历经270余年终于"闭幕"。其间，既不侵犯他国也不被他国侵犯，一直维护了本国的和平，这毋庸置疑是家康的源自儒学精神的和平主义所带来的结果。如前所述，由德川幕府270余年的历史源流来看，可以说幕府是兴于朱子学，亡于朱子学。幕政的前半是专注于修己之学，而到了后半则转入治人之学上来。

特别是1790年实施宽政改革禁止异学所产生的反弹极大，终招致异学者与国学神道派相摩擦，部分诸侯借机发泄多年的郁愤，导致明治维新，大政奉还。

3. 大政奉还后的日本儒学

代替德川幕府君临新政府的是萨摩、长州、高池三藩。这些都是外藩，长年受欺压。如同长州藩在1600年（庆长五年）的关原大决战时的西军主将毛利元成再生一样，讨幕战争也是一场充满怨念之战，因此取得胜利的萨摩长州联合军趾高气扬，大有一雪前耻之感，明治新政府便是在他们的欢呼声中宣告成立。时值西洋文明纵横世界，明治政府也因此染上了浓厚的西洋色彩。之后的明治一百年历史可以说是战国文明的历史。在此我想说明一下新政府对待儒学精神的态度。在政治上的态度容后述，先说明在教育方面的措施。正如教育目标所示，在国民中扫除文盲，进行仁义礼智信的教育也取得成果。在义务教育方面，普通高等小学校，中学，高中的义务教育根据孔孟思想，道德忠恕之道，重"长幼有序"

等,所有的教育都是以代表孔子思想的《论语》,四书五经为基本理念。当然在此阶段这也可以说是德川幕府经历270年普及儒教朱子学,其精神深入人心的结果。另一方面在军事经济上受西方文明、列强的影响逐步扩大。

对此,我想借德川幕府研究家,有名的文豪,本校(昌平黉)名誉校长山冈庄八先生加以说明。

4. 山冈庄八先生和昌平黉

先生曾在第二次世界大战的1941—1945年,作为从军记者连日目送被称为"雏鹰"的日军少年航空队出征。战争终结的同时复员返家,站在成为废墟的东京焦土上,为了不辜负坚信日本的胜利而一去不归的"雏鹰"们,作为一名握笔杆的人能做些什么,苦思冥想之余想到的是孔子的学说。

距今2500年前,中国的春秋战国时代,人们希望人伦焕新,梦想太平盛世,而习尧舜,遵天地之法则,正人伦,明忠恕之道,祈望世上泰平,这便是孔孟的思想学说。及至日本的战国时代,山冈庄八先生曾介绍过写作动机,他在考察了拉开镰仓室町战国时代序幕的德川家康的生平之后,发现这位从幕府创立的苦难中站立起来的武将,政治家,导入孔子学说的学者的心境,似乎存在着与孔子类似的地方,为了激励在"昭和战国"(第二次世界大战)之后史无前例的国难中奋起的日本人,作为文笔家的山冈庄八先生选择了德川家康。

再附加一笔。山冈庄八先生在写德川家康时,重新认识到幕府把政策政治理念放置在儒学精神上,以《论语》作为日本国民的精神支柱,并力图普及,始终走和平之路,才得以构筑了近300年的太平盛世,而一方面,明治新政府打出"和魂洋才"的口号,把迄止此时普及的儒学精神作为教育的根本,另一方面又引入文明社会的竞争心理,与西欧列强为伍,逐步走上霸权国家的命运。

　　明治十年(1877年)西乡隆盛发起西南战争,明治二七、二八年(1894—1895年)爆发日清战争,明治三七—三八年(1905—1906年)日俄战争,大正五—六年(1916—1917年)第一次世界大战参战,昭和六年(1931年)满洲事变、日中战争,昭和十六年(1941年)第二次世界大战,如此战争规模逐渐升级。

　　结果在昭和二十年八月十五日,迎来了战败的日子。山冈庄八先生把德川300年与明治100年作了比较,说明治100年忘却了和魂思想的基点即中国的孔孟思想,走霸权国家之路,在日本开国两千年以来的历史和精神上留下了无可抹掉的污点。战败国日本的振兴,需借助于德川家康的儒教心理。这是山冈庄八先生的一贯主张。

　　山冈庄八先生并于昭和四二年(1967年),在昌平黉短期大学创立时,作为名誉校长,将昌平黉精神的道统"行义以达其道"定为校训,在大学里广泛深入地进行孔子思想的教育,对把幕府以来的精神普及到现代教育做出了贡献。

三、昌平黉思想与指导教育(儒学与未来的教育)

　　在德川300年间致力于朱子学教育的学问所,藤原惺窝、林罗山等历代儒学者自不必说,还留下了细井平州(德民)(1728—1801年)、佐藤一齐(1772—1859年)等不同凡响的足迹。江户时代的学问所昌平黉已经有过介绍,下面介绍一下幕府末期以后的昌平黉以供参考。

　　本学校法人自明治三六年(1903年),作为现在的开成学园的姊妹学校成立至今90年来,一直走私学之路,几经学制改革,最后有缘于昭和四一年(1966年)迁移至现在的校址(福岛县磐城市),成立了昌平黉短期大学。学校法人昌平黉现经营东日本国际大学以及其前身磐城短期大学,并且作为母体,准备在 2000 年 4 月设立大学附属昌平中学及高中。这是在当今的日本教育状况下以实现中高一贯制教育为目标的学校。目前正在做开学的积极准备。建学精神就是孔子"大义大和"的思想,我可以断言,继承德川幕府以来的精神,以儒学精神为道统的大学在日本仅我校一所。

平成元年(1989 年)6 月 22 日,在校内设立了大成殿,并请孔子 77 代直裔孙孔德成先生光临,举行孔子像及四拜像的祭祀典礼。自此,每年这一天定为我校的孔子祭,举行祭奠活动,已成惯例。

由此,我校自豪地成为日本国内惟一的儒学教育大学。我本人自昭和四一年(1966 年)就任本法人理事长,并于同年恭请山冈庄八先生为名誉校长,共同致力于教育的振兴。平成八年(1996 年),宽政改革以来整整经历了两百年,在东京神田汤岛圣堂的协助下,于我校举行了纪念活动。以此为契机,不久前我校新成立了"儒学文化研究所",在现代的社会背景里,致力于孔子思想的现代化。

1. 旧制中学时代的教育指导目标

如前所述,昌平中学高中将于明年开学。原昌平中学是在明治新政府的时代背景下,由田边新之助创立的。在此我想介绍一下当时的指导纲领,作为昌平中学高中重建的宣言。

[昌平黌指导目标]

    修为要领 17 条

        ——人之宝贵之处不在外表而在内心

        ——自重且尊重他人

        ——充满自信,不吝行善

        ——有独立之心但不可无协同之念

        ——诚实而不自欺欺人

——勇敢但不凶暴

——谦让但不卑屈

——朴素但不污垢

——耐苦劳,勿怠锻炼身心

——克己念,勿让外物夺心

——心专一,勿让妄念所驱

——重秩序,无自恣放肆言行

——志趣高尚,崇尚自然

——有同情心,已所不欲勿施于人

——意志坚强而不懒惰软弱

——不知自满,勿忘修为

——脱离自利之念方可致人格之高大

原昌平中学在以上这 17 条教育指导纲领的指引下,完成了百年教育的伟业。

[由来]

这修为要领 17 条是一世纪前使用的文言文,与现代文相比较,有许多晦涩难懂的词句。其意思全是出于修己的目的。在现代社会里的精神培养上也是不可或缺的。而且孔子的学说《论语》即便是在 2550 年后的今天也不过时,真理究竟是真理,永远不会改变,这就是社会的原则,由此,这 17 条所包含的意思,在现代社会里也是不灭的真理。因此,在筹备昌平中学高中一贯制学校时,就把这 17 条"灵魂教育"作为学校教育的指针。标志着培养出几多秀才的名校——原昌平中学高中的历史性重建,是由东京神田骏河台以来的时隔 35 年的再起步。

另外,值得一提的是,这 17 条是借以圣德太子(604)制定日本最初的 17 条宪法这一史实而修订的人格培养 17 条。

从这个意义上,这也正是"温故知新"的精神。

2. 温故知新

温故知新是世之常情,人道之原则。尽管如此,近来也有些人不愿触碰"旧伤",似乎有一股不愿回首往事的风潮。

比如包括战争史在内,日本人的历史感觉的丧失已成为问题而受到世人的指责。总而言之,现今需要的是"温故知新"的精神。

再举两三个有关日本的现代教育状况的实例。(1)课堂瓦解,这意味着学校自身的瓦解。(2)青少年恶行犯罪呈低龄化,这就意味着家族制度的崩溃。(3)校内虐待及逃学等等,不胜枚举,这些现象暗示着什么,是个问题。

战后50年日本经济持续高度发展,这是当时要从战败这一国耻中奋起,要与历史共存的信念使然。昭和50年代的经济大国日本是日本民族的忍耐和努力换来的,这样说一点儿也不过分。

然而,一方面以自由和权利为基调的民主主义横行于世,核心家庭蔓延,迷失了自由之原则,忘却了责任和义务,结果导致泡沫经济的崩溃,引起金融恐慌等社会大混乱。现在正是平息恐慌的年代。而且还出现了少子化、高龄化这样失衡的社会现象。战后50年经济大国日本之梦,应该说是报应,正以这种方式回应社会。我校名誉校长山冈庄八先生看了昭和三十一—四十年代的大学骚乱后,说日本将要瘫痪,骚乱之后的时代是可怕的。在战时、战后的三代人中,不知道历史、不知道战争恐怖的一代已经来临。这就是当今的日本教育界的现状。

特别是在最近,"灵魂教育"的问题受到关注。极而言之,现代社会的教育输送出一些丧失生活目的的人,失去人类应有的"喜怒哀乐"情感的人。这种状态还在持续。

我在四个月前,曾到中国各地的六大城市五所院校进行友好访问。旅途中经历过的一件事令人难忘。今年3月5日,到达拥有230万人口的抚顺市(磐城的姊妹城市)访问时,不巧下大雪,早上有 20 厘米左右的积雪,可上到街头,看到的是令人吃惊的景象,几百几千,无以计数的中学高中生在道路两旁扫雪。看到这种光景,我深有感触,这决不能简单地说只要是社会主义国家就能办到的事。这是教育的结果。

对社会的奉献,灵魂的教育,是让人直接体会作为一个个人所应起到的作用,所应担负的责任和义务。这种体验铭刻在心,一个人格的形成才会得以实现。

我好像看到了当今中国的一个现场教育。就在眼前体会到了"有教无类"的精神。在这种意义上,反过来看日本的义务教育现场,不能不感到有天壤之别。对于日本的这一现实问题,昌平黉以孔子思想为建校精神,致力于人格形成的指导教育,并重视实践成果以达成目的。我对此拥有自信。

昌平黉精神的具体化便是儒学思想的终极目的。而在世界和平的原则里,温故知新的精神是不可或缺的。我敢断言。

3. 关于灵魂教育与修己治人

如前所述,朱子学的基本是修己治人,而修己之学与治人之学又是不同层次的学说。为使之成为合一的真理,需要大鞶大智的宽容,换言之,为了融和左右上下的精神,需要中庸的理念。

最近,灵魂教育正成为一个大的社会问题广受关注。而灵魂问题指的是什么,我想最终是人性的问题,是关系到五体的调和,精神、毅力、体力、判断力和行动力的精神上的问题,而不仅仅是几句话就能解决得了的问题。

人经常受到环境支配,也有环境创造人之说。而此时,良好的生活环境和教育内容是先决条件。其中,家庭教育我想是最为优先的。而在今天的日本,恰恰就欠缺家庭教育。

战后 50 年我国的教育就好像忘记了歌唱的金丝雀一样,把历史、道德、人道抛到九霄云外。这就是当今日本人的形象,并造成了一种历史感觉的误区。从这种意义上来说,现代人的责任是重大的,有必要以正确的历史感觉加以审视。

第二次世界大战后日本经历了 50 年,在号称人生一世纪的当今的超高龄化社会中,正好是一个折中点。在这种背景下,政治、经济、教育文化所有这些都转向培养新社会新成人。即便亵渎历史,也要向现实世界迫寻优越感的日本,在昭和二二、二三年(1947—1948)出现了第一次生育高峰,又在昭和四〇年(1965 年)后半期迎来了第二次生育高峰,随即就是当今的少子化时代的到来。在超高龄化时代背景下,有一点不可忽略,正是这批高龄者造就了日本战后 50 年,他们的足迹印证了日本所走过的政治经济之路。说经济大国日本是高龄者的能量与足迹的遗产一点儿也不过分。泡沫经济破灭之后,危机四起,经济大国的光晕逐渐消失。正是己所不欲勿施于人的道理。即灵魂教育乃修己之学,只有在此基础上,方谈得上治人之术。

4.21 世纪里日本今后的 50 年

我校名誉校长山冈庄八先生(昭和四三年,1968)曾就当今的日本做过评论。距今 2550 余年,中国的春秋战国时代(前 500),正人伦、谕人道的孔子思想,还有给我国的战国时代(1200—1600)(镰仓、室町、安士、桃山)打上休止符的德川家康创下了 300 年的和平基业,都是依靠孔子的思想。当时被指定为国学的儒学精神(《论语》)到了今天也应是日本人的伦理社会道义的基本。"身体发肤受之父母",现代人也不可忽视这种道理。这就是教育,就是孔子的精神(《论语》)。以中国为例,秦代(前 213)有"焚书坑儒"。到了近代(70 年代)文化大革命前后发动的废除虚礼偶像运动,都只持续了 35 年左右便被修正,现在的中国还把返璞归真作为国民的教育目标。

上述都是历史上的问题,归根结底当然是为政者的责任。而日本战后50年,为政者不认错,似乎都是教育界的责任,这也说明我国的教育存在重大的过失。青少年犯罪的低龄化就已成为一个现实的问题。对此应纠正反省,需要的不仅仅是灵魂教育,而是整个人的教育,包括"修己治人"的精神,伦理,道德,人道。也有历史上的问题。这就是当今需要儒学精神的原由。

现在是对2550年前的修己治人学说重新加以审视的时候,在此同时去追求21世纪的永久和平,而这继往开来的精神,正是在孔子学说《论语》精神里。

四、经世济民与和平经济学(儒学与世界和平)

亚洲小国日本,被称为世界经济大国,其背景理由有二。其一是,在大战结束后50多年的半个世纪中,世界上许多国家的领导人情况出现了变化。其二是世界的冷战状态持续了40多年。世界超级大国维持冷战,其条件是军备扩张,把国家预算的40%—50%用于核武器的生产上,这就是冷战构造的时势,当然会波及到关系到国计民生的一般市场经济,终于在战后40余年,理由姑且不论,冷战趋于冰消瓦解。

1988年,随着东西柏林墙的拆除,时局发生激剧变化,东西冷战的格局瓦解,之后的战略大转变便是把矛头指向市场经济。在这期间,日本的经济界得以专注于和平产业,成果便是今日的经济大国日本。

也可以说,经济大国日本的实力是在世界超级大国的相互角逐中赢取的。冷战结束后,世界超级大国的经济战略像预期的一样,由重武器产业转向轻工业、和平产业。因此各国经济的流向出现了很大的转折。

在由重武器产业向和平产业转移的过程中,由于产业机制的转换而产生空间及劳动条件的改革,还有失业问题等等。出现这样那样的问题,这也是理所当然的。抱着以上问题,在市场经济原理的作用下,开始出现了谋求低成本的价格战争,作为大国,尽管存在重武器产业的经济弊端,但大国与小国之间存在的实力差距还是很大的。一旦其转换了的生产能力矛头指向相对实力较薄弱的其他国家,便会出现新的问题。如海湾战争,说是一些大国借机清理老旧的武器弹药一点儿也不过分。另一方面又鼓励消费,降低成本,扩大市场。由此逐步发展为超级大国和发展中国家之间的经济战争。

东西柏林墙拆除后涌起的波浪,首先是泡沫经济。膨胀起来的经济力,如欲打架却无对手,挥起的拳头无处下落一样,失去了发挥的地方,既不是银根紧缩,也不是通货膨胀。钱多无使处,完全迷失了目的。

1. 战争经济与价格体系崩溃的现状

现在,市场革命风起云涌,这在以往的资本主义经济中是不曾有过的新现象。价格破坏的第一要因,便是战争经济的遗留症,换言之就是报应。

这样的现实问题,是与马克思经济或近代经济无关的。那是在"占卜"21世纪的经济时的一个重要参数。

生产和劳动力的问题,是各经济学者彻底研究了的课题。可是,有谁预测得到由金钱经济支配着的市场经济应有的原貌呢?还有第三世界国家的廉价劳动力的出现又有谁预料得到呢?由此带来的价格体系的破坏是否都在预料之中呢?

如反复论述的一样,冷战状态的终结和由此带来的劳动力市场的不平衡,引发了焚风现象、泡沫经济、资金剩余等价格破坏现象,导致生产性过剩和不得不扩大消费这样的市场经济失衡。这是当然的结果,也是发达国家应付的现实代价。

　　另一方面,发展中国家要维持这种提供廉价劳动力的现状到底能维持多久、维持在多大规模,显而易见也是一个大问题。"盈则亏"是共通的原理、原则,必须早日在市场原理的指引下思考出一种经济均衡哲学。

　　我认为,世界经济的潮流,还有东西方的力量关系,将在相当一段时期内,以经济问题为舞台,仍处于黑暗迷离之中。而作为现实问题,世界上继海湾战争以后,伊朗、伊拉克、索马里、车臣,还有科索沃、南斯拉夫等巴尔干地区,弱肉强食的现状仍将持续。几十万人的生命(包括孩子)将受到威胁。能说这个世界是文明社会吗?

　　借民族纷争之名图大国支配之野心。这样的纷争遍及世界各地区。而其中隐约可见野兽经济的爪牙。日本由于资源匮乏,其经济运营不得不在大国的经济战略中摇摆不定。因此,需要一个稳定的经济哲学是日本经济的常识,基本理念就是要贯彻和平经济学。换言之,即昌平哲学所带来的非战争时代。

　　2. 宏观与微观的世界观

　　本校开设有和平经济学这一研究课题,曾在平成元年(1986年)获得过文部省的特别研究费进行基础研究。现在东日本国际大学有学者持续进行这方面的研究。总而言之,"和平"是一个大而严肃的、永远的课题。须从远近、纵横各个角度进行全方位的研究。世界上有宏观世界,有微观世界。正是在这森罗万象中地球经历了千千万万年的衍变。在这衍变的一个片段中,东西方的历史文化中尤以中国上下五千年的历史向宇宙昭示了自己的存在和力量。

　　在这过程中还发挥过巨大作用的是经济的原动力。支撑着人们生活的就是衣食住。衣食住也就是经济活动的基点,经济是在物质和劳力的均衡上累积起的科学实绩。人类作为万物的灵长,尽管在发展过程中经历过野蛮的时代,但人们的劳苦所带来的经济实绩是尊贵的。思维方式,在人际活动中是选择和平还是选择战争的判断往往由经济的动向所左右。但其结果多是弱肉强食的历史,与和平相距甚远。在此意义上,我们人类应向自然学习的东西很多。无论是在经济学领域,还是在医学、自然科学、理工科学等尖端技术领域,都需要哲学社会中的理性。其中尽管存在大小之别,而由生命科学所支配的真理探究是不会停息的。在除去许多的分析要素之后留下的课题就是人类教育的问题。这就回复到儒学文化的出发点。

宏观问题也好微观问题也好,归根结底是世界观的分析问题。和平经济学的出发点则应归之于经世济民的思想。最后我满怀激情地倡议儒教文化圈的确立。

（选自国际儒学联合会编《纪念孔子诞辰2550周年国际学术讨论会论文集》,国际文化出版公司2000年版）

田久孝翁,日本著名教育家、学者。日本国际大学理事长,儒学文化研究所所长。

本文探讨了儒学与未来世界和平的关系。文中回顾了中国儒学和亚洲地区的儒学思想的发展历程,对儒学与未来的教育及儒学与世界和平等问题进行了深入探讨,论述了儒学对于21世纪的世界和平的积极意义。

日本儒学的特质

阿部吉雄

儒教以修己治人为目的,并用此来指导人们日常生活的伦理和政治运作。把这修己治人的哲学思想当作学术看待而且得到很大发展的是在宋代以后的事情,因此日本儒学的思想特质也是在江户时代才开始表示出明白的形态。而江户的儒学在日本文化中开花绽放,它是在怎么样的过程中欣欣向荣的呢?以及它又拥有什么样的特质呢?首先就对这个问题来叙说讨论吧!

一、近世儒学的特质及其兴起的由来

江户初期复兴的儒学并下是博士家们所信奉的汉唐的儒学这是不用说也知道的事实。而是在宋代将佛教的哲学、禅的修养方法以及老庄思想加以大量吸收融合而新生的儒学,这种的儒学被称为宋学也可以叫作朱子学。所谓的经过一种宗教改革的儒学吧!大体上来说,在中国,隋唐时代佛教和道教达到全盛的阶段,儒教作为维持国家社会秩序的根本而被尊敬。但是对于个人来说儒教仅仅是贵族间的教养,以及被用来当作培养官吏人才的学问罢了,做为一种活生生的哲学来看的话,它已失去了活力,和佛教相比的话已经是一种没有魅力的哲学。传到我国(日本)的儒教,就是上面的这种性格,但是到了宋代,随着贵族门阀的没落,接着出现了新的知识分子阶层以及官僚集团的阶层,在这里新的儒教形成了,而集此大成的人是南宋的朱子。朱子学主要是对汉唐儒学以五经为中心而加以字句的注释而形成的学问改成为以四书为中心而去探究阐明其中思想精神的学问。它是以宇宙和人生相贯通的哲学为背景,高举着人生活在世上的崇高理想,加以严格的禁欲主义的学说,将儒教原来的人伦主义,反对咒术的合理主义向前推进的思想。还有为反映当时国际情势的紧张(辽、金、夏、宋的对峙),而强化君臣上下的身分秩序的观念以及为强化国家的统合而提倡尊王攘夷的主张所形成的学问。

这种朱子学在朱子在世时是被认为是伪学而被禁止,但是随着继承,追随者的增加,到了元代末年朱子的新注已经被指定为科举的科目和当时的汉唐的古注一齐被采用,明代一成立,朱子新注被全面的采用而被认定为官学。相对的当时中国的禅学,在朱子学抬头后名实上都显著的衰退,到了元末明初时已达到衰微的时期。明王朝的成立和朝鲜李朝的建立,和日本室町时代南北朝的统一恰好都在同一时期,在这个时期,中国和朝鲜已经进入了朱子学的全盛时代,而在我国(日本)也终于从这时候开始强化了儒佛一致的思想主张,但是此后的二百年间还是在禅学的支配下,朱子学独立的机会一直还没有到来,这想必是作为一种新思想的兴起,它所能具备兴起的客观条件不得下完备吧! 那么到了江户时代为什么新儒学会如此急速的兴起呢?

第一点,可以这样地说,即在明朝或朝鲜很早就将朱子学定为官学,日本特别在经过文录、庆长的战后中有很多关于宋学的唐本和韩本一时间被很快的传入。在此为止,宋学的图书少量的逐一被输入,但是谁也没能看得到,然而经由这些战争中,日本获得了很多的图书,很自然的研读朱子学变为可能的事。被认为是最早的独立儒者——藤原惺窝和林罗山 的传记上察看的话,可以推知他们是在经由看到研读这些书后加深了他们要将儒学独立的意图。特别是藤原惺窝，他和被当做俘虏而对朱子学有很深研究的姜沆彼此之间有很深的交情，并经由这样的相识加深了藤原惺窝还俗的决心，从这点看我想文录、庆长的战役所带给日本思想家的影响实在是不小。而且在这时候朝鲜的活字印刷术也传入了日本，产生了日本的印刷革命，这给思想家们的思想革命也带来很大的影响。

　　第二点是，由于武家政权的出现和社会机构的变动，为了要适应这个新的世界观和树立新伦理的期待而出现的特点。在禅的世界观里追根究底的来说，个人要归真到实现佛心的话，并不必要故意去改造现实的世界，柳绿花红的事情依然如旧的存在也是好的，于是它适合于当时贵族的保守心情，还有禅所主张的超越生死的解脱观也特别迎合了战国时代武将们的心灵。可是到了德川幕府成立后，全国迫切的期望思想的统一，而将重建人伦秩序列为第一要义的儒教，特别是克服了佛教的新儒教，自然而然的受到人们的欢迎。人们在长久以来的战乱里觉悟到，对于祈祷来世的幸福而向神佛求助的情形，远比不上求助于用人间的智慧，把现世社会的秩序加以恢复来得重要的事实。而且由于幕府创造出以将军为最上位，其次是城主、武士，庶民为下的封建社会的阶级身分制强烈的区别，所以为了要巩固这个社会秩序，新伦理的产生，自然被迫切地期待着，而朱子学中的《春秋》里对大一统的强调，以及植基于大义名份下各阶层从属被严格规定的主张，对于将全国的武士领民在经由各个藩主的统属下而归属于幕府，把天下视为一家而加以统一的德川幕府来说，新儒教的主张毋宁说是最符合这个条件下的产物。在此情形下，随着幕藩体制的相继安定，藩主武士们在原来服从军务的事之外，在自己的领地内，要作为一个能治理国事的统治者，政治智慧和伦理的学习是必要的。而儒教本来就是做为政治道德和伦理的主张，它拥有迎合幕藩体制的因素是没有错的。在上述这样的社会背景下，德川家康在创立幕府的半世纪里，先是幕府，接着是大藩主，相继地起用儒臣，最后到了新儒教风靡一世的情况。

第三点是，从德川家康的好学这点来说吧。德川家康是历史上少见好学的武将，他认识到中国先圣先贤所教的"能马上取天下而不能马上治天下"的道理，他用心地研究汉高祖、唐太宗、源赖朝等人的治国之道，并且对于新儒学的学说有高度的关心，他曾将自己的印章刻为忠恕家康、恕家康，可见他的用心深刻，但是德川家康所好的是佛教、神道、儒教的学说道理，而不是仅仅偏好发展振兴朱子学而已，更何况为了使幕藩体制安定而提倡奖励朱子学的说法是和事实不合的，德川家康从民间将林罗山提拔出来的原因，主要是他欣赏林罗山的博学多识，而不是因为他是朱子学学者这个原因。德川幕府开始对于朱子学稍有援护的事实，那已是到第四代将军德川家纲以及大老保科正之的时候了。这样一来到了第五代将军德川纲吉的时候，因为他个性喜欢儒学儒书，朱子学才完全在幕府的保护下被大力的提倡，于是汤岛圣堂被设立和建筑完成了，那些原先被幕府将军命令要和僧侣同样剃发的儒者如林家也首先被允许结发，而在名实上享受做为一个儒者的身份和待遇。

在江户时代里，为什么儒学会那样急速兴起呢？这个原因是很多，很复杂的，并非三言两语就可以说尽的，但是儒学在得到幕府的支持之前，也是经过一段很长的岁月，这期间众多的思想家相继出现，而去营建儒教文化时代的到来。这一工作的启蒙者就是前述的藤原惺窝。荻生徂徕曾经说过这样的一段话，他说："有王仁的出现，日本人才知道文字。有了吉备真备的出现，日本才能传入经书和六艺。有了菅原道真的出现，日本才能作出伟丽的汉诗汉文。有了藤原惺窝的出现，日本才知道敬天尊圣，才知道哲学伦理和圣人之道。上述的这四个人应该理所当然地被供奉祭祀在日本的大学祭坛上的。"我想确实是有这个道理的。

二、江户儒学的历程

江户儒学的第一步,是由藤原惺窝和林罗山二人踏出的。纪元一六〇〇年,藤原惺窝还俗后,开始以儒教的身份提倡朱子学,和五山的禅学、博士家的旧儒学相对抗。林罗山也在这时候成为朱子学的共鸣者而加入变成藤原惺窝的门人。不久由于德川家康赏识他的博学,而提拔他到幕府里面工作。当然林罗山排斥基督教和激烈的佛教,对于陆象山、王阳明的思想也加以否定,而只有提倡独尊朱子学。而且他还从当时流行的神儒佛一致的思想中,将佛教的成分加以排除,而只提倡神儒一致的思想。还有他将以《春秋》及《资治通鉴》的大义名分说为根柢的国史方面的书,重新加以改定而开启了文献实证主义的史学研究路线。在其他方面如汉诗文学、兵学、药学、国文学等各领域里,他也给予注入启蒙的活力,特别是他在获得幕府文教顾问的地位之后,德川幕府三百年来的教育文化在他手上决定了基础的方向。

第二步是,当林罗山发言力增大后的十年左右,在民间里,中江藤树出现了,他对于朱子学的教条主义、形式主义加以反驳,进而踏出提倡一种独特的宗教式的阳明学。他的门人熊泽蕃山也是一个有卓越见识的思想家和经世家。在日本的阳明学,从最初和朱子学折衷,并作为在野之学而在民间被流传散布着,他开启了庶民教育的头绪,到了后来演变成为培养出很多勤皇的实践家的出现,这点是在中国看不见而只有在日本才形成的独自发展。

第三步是,山崎暗斋将土佐的南学学统连接后发展了一套和林家的朱子学不同,而只有修养主义、行动主义特色的日本式的朱子学。日本的朱子学到了山崎暗斋的时候,已经发展到拥有独自特色的日本式朱子学。他同时也是将神儒合一说加以提倡而变成垂加神道的祖师爷。这个垂加神道的门流中,从最初提倡尊皇论的先驱者浅见䌹斋等人开始,到了以编纂《大日本史》为核心的代表人物水户光国等人陆续的出现,使它变成尊皇论的启蒙。

　　第四步是,对朱子学严厉批判而主张提倡复古学的山鹿素行、伊藤仁斋等人学说的发展。山崎暗斋跨过元明时代博杂的朱子学的过程,而主张直接追源于朱子的原来主张,但是山鹿素行及伊藤仁斋则是跨过朱子的儒学解释而主张直接回归到孔子和孟子的主张。经由山崎暗斋的努力,朱子思想被相当彻底地研究,但是经由山鹿素行及伊藤仁斋的努力,将朱子的矛盾一一地发掘出来。他们将朱子的理气哲学及以此为根基的禁欲主义、复性说等学说完全加以否定。特别是伊藤仁斋还作了《论语古义》、《孟子古义》、《语孟字义》等书,以文献实证的方法将朱子学说的错误一一地指出。并且为了反对朱子理的哲学而主张气的哲学,将朱子的人间观,根本地加以打倒和推翻了,这个属于伊藤仁斋学问上的成绩,和当时最早在这方面努力的清代的戴震学说相比,足足比戴震早了八十年左右。江户期的儒学是如何地有长足的发展和进步,是可以推想而知的。据推测山鹿素行和伊藤仁斋在提倡古学的宽文初年,此时的日本情况大致是幕藩体制总算安定下来的时期。武士们有了空间,一般庶民的经济力也提升了,这正是爱好知识的风尚兴起的时候。此时的中国,正值明清两代交替争乱的时期,日本则是德川幕府时代统治最最平稳的时候。不只这样,再加上爱好讲释的幕府将军德川纲吉的出现,对于朱子学更加以援护,使朱子学发展到全盛的时期,同时对朱子学的批判也跟着活泼起来。贝原益轩所著的朱子学修正,新井白石的新史学唱道等著作都是在这个时期出现的。

　　第五步是,荻生徂徕将伊藤仁斋的学说加以否定后并进而提倡古文辞学派的产生。荻生徂徕主张不能学到成为圣人的人就不能变化人的气质,以及儒者的任务并不是仅仅变成道学先生,而是要明先王之礼乐、刑政,实事求是,练就文才,研究安民之术。也就是说他主张将儒学从伦理学的领域解放出来而变成政治学的领域。儒学从来的定义认为其第一要义是经由道德的修养进而以国治民安为目的的学问。可是到了荻生徂徕的身上,他认为儒学和道德修养是无缘的,而儒学的目的应该是去学习政治的技术以及文艺的技巧并以此作为最大的目标。像这种儒学思想的改变在中国或朝鲜是看不到的,但是在日本的江户时代却如此地大放异彩,做为儒学思想的观点来看,其中有许多矛盾的地方,但是因为这种主张,带来了文艺学、考证学、历史学等等学科的分化和独立,研究学问的风潮也兴起了,这对日本人在知识的开发和促进的过程中,是有其不可否认的功劳。后来的本居宣长等人的国学研究,据说也是受到荻生徂徕的古典研究法的刺激,而确定了他们自己的方法论下的结果。由于荻生徂徕的出现,儒学的价值体系崩坏了,而各种的价值观也纷纷出现了。徂徕学的发展从享保年间到天明年间为止的五、六十年间达到了最兴盛的时期,但是他的缺点也更显而易见地被发掘出来,在这里另一派的折衷学派自然而然的掘起了。这就是接下来的第六步过程了。折衷学派的主张是兼采各学派的长处弃其短处,而加以折衷的现象,这一派的主张到德川幕府的末期为止都一直持续着,但是在这期间跨越儒学的领域而主张自由独立学说的汉学家相继出现,因此思想界里变得活泼有劲,在另一方面,由于价值观多样化而被混淆,幕府所支持的朱子学在思想地位的权威也相继地丧失。加以宝历年间以后,农村的情况严重地恶化,于是断然实行宽政的改革,这其中一环就是实行宽政异学之禁(1790年)。幕府将在林家之塾的朱子学以外的学问全部禁止讲授,并将林家的私塾改成为幕府直辖的学校,并招请三博士以作为振兴朱子学的打算。但是这个禁令并没有将全国的思想直接地取缔而统一在朱子学的领域中。思想界依旧是非常地活泼,特别是在文化、文政的安定期里,徂徕学派、考证学派的学者在学问上用心研究而有成就的人很多在此时期出现。例如吸收崎门之流派的学问而很活跃的赖山阳就是这个时代的人。由于儒教的提倡教育也普及了,在民间里私塾相继地兴起,幕府藩校的设立在宝历、天明时期也有五十校,到了宽政、文政时期更高达八十七校。

这样一来,就到了幕府政治最后的改革期——天保时代的来临。这个时期里日本的内外情势变得非常地困难,随着这种情势,渐渐看到具有强力实践力的阳明学、崎门学、水户学等的再兴起,而且另一方面,被逼到穷地的藩政改革也在期望具有直接功效的实学者的出现。这个时期身为昌平校的儒官,佐藤一斋是一位被期待的人。他在表面上是主张朱子学,但是暗地里却是信奉阳明学,以致将朱、王两者兼修,在他的门下出现了很多的人才。另外在水户方面,所谓后期水户学派非常地活跃,他们高唱忠孝一本,尊王攘夷的主张,如此一来在信奉日本式的儒学中众多的学者主张和强调了尊王论,从此走向迎接明治维新的时期。

三、日本儒学的特质

上述是十分简略的江户儒学思想变迁的叙述,接下来叙述日本儒学的一些特质,并从这些特质来和明、清及朝鲜的儒学相比较,并将产生这些特质的原因加以说明。在说到日本儒学的特质时,可从看法上的不同举出种种特质来,而在此由于江户的儒学和清或朝鲜的儒学比起来,它显然地极为活泼,这点可以显现出日本社会里一些特有机能的点来加以捕捉。第一被考虑注意到的是在江户的儒学界里,各种学派相继出现并且大放异彩的这件事。中国清朝的朱子学虽然被当作官学,但是学者们的关心点大都朝向考证学的方向去钻研,这使得思想界的形态变得很低调,而朝鲜的李朝为了将朱子学清一色的统制,在十八世纪以后受到乾隆、嘉庆学说的影响,实学派的人掘起了,但是其他学派的人则几乎没有出现。而和此相比,江户时代的日本儒学则呈现着各门各派竞相争起,互相论争的百花齐放的情况。特别是像古义学派、徂徕学派等江户诸学派大抵对朱子学加以批判,和朱子学派完全是不同价值体系的儒学学说,而且出现了像折衷学派风靡当时日本全国的情况,这在其他国家是看不到的现象,所以日本的阳明学和朱子学能一方面折衷共存另一方面独自地发达成为日本自有的思想学说,这是日本儒学的第一个特质。

第二个特点是江户的儒者们采取融合的态度,一边研究日本的传统文化,同时也将儒学和日本固有的文化加以融合,这种态度对于日本各文化的分野,给予相当大的发展,同时也把它当作实学来看待而能普及到社会上的各层面。因而以儒学为核心的武士道之形成,以及庶民教育被大力的推行等现象,在中国清朝和朝鲜李朝是看不见这种现象的。江户初期的儒者们大家都研究神道、国史、国文,同时也兼及兵学、医学、药学、法制等的涉猎,也有人提倡主张神儒合一的儒家神道、垂加神道等学说,或者仿模《资治通鉴》、《通鉴纲目》的史观而形成的国史学,或者用流利的国文产生大量的著作,如林罗山、山崎暗斋的神道,林罗山、新井白石、水户光国等人的历史学里有不胜枚举的例子。中江藤树、贝原益轩、新井白石、室鸠巢等人写的国文也带给很多人深远的影响。在日本将儒学做为儒学来研究,而和神道研究、国史国文研究分离的是伊藤仁斋和荻生徂徕以后的事,可以这样说,就是对于中国文化有着很显著的崇拜思想现象的学派,几乎只有限于徂徕学派才明显地看的出来。特别是暗斋学派里，它主张将朱子学的尊王贱霸思想及区别华夷内外的思想，在日本适用，提倡把日本叫做中国，只有日本才拥有万世一系的皇室，只有实践君臣大义的思想才是值得向世人夸示的万邦无比的国家。他进一步的说，如果孔子、孟子侵略到日本的话，日本一定将他们当成俘虏，这就是日本的孔孟之道，这样的主张明显的表示他们已经将儒教在日本彻底的同化了。水户光国在自叙传里如此说："尊敬神儒而驳斥神儒，崇敬佛老而排斥佛老。"他不一定只有尊敬儒教，而是将神儒佛老中各自的特征加以汲取而变成自己成长发展的资源。这句话代表了日本知识分子对外来文化的接收汲取，所表现出来的态度。日本自古以来就是将儒佛两者合而为一，成为培育自己固有文化的根柢，但是到了江户时代随着新儒学的兴盛，他们更进一步的将这新儒学的文化将以活用，而培养出自己的日本文化。这种文化自觉程度的强弱，正是江户时代的代表性儒者们，所拥有的态度和特质。

　　从儒学在日本被同化的现象，使得儒教的价值观和伦理及教育主义，在上至藩主、武士，下至町民农民的阶层里，都一一的渗透进去。林罗山致力于将中世的武士道德变成儒教的君子道德，山鹿素行则致力于将武士的心得和作法加以细密地规定。山崎暗斋则致力于叶隐论语中所表现的绝对忠诚的伦理之提倡。这样一来，武士道就渐渐地形成了。另一方面，从中江藤树的门派里，则出现了庶民教育的实践家，于是石田梅岩的石门心学产生了，手岛堵庵、中泽道二两位心学者也随即出现。在幕府方面，将军德川吉宗也准备提倡庶民教育，他将汤岛圣堂的讲堂也开放给一般庶民，而且对于像崎门的菅野兼山设在江户的会辅堂，折衷学派的三宅石庵、中井履轩等人设在大阪的怀德堂等伸出援手加以帮助。如此一来，在幕府时代末期，二宫尊德的农民道也兴起了。心学者及尊德主张的庶民道德，是由神儒佛混融而形成的，不是儒教本有的,而是以日本的朱子学、阳明学为根据而产生的学说。像如此的庶民伦理之形成,和庶民教育的盛行,在中国和朝鲜是看不到的,这不能不说是日本独有的儒学特质。

再进一层的看来,在中国的明、清社会里,对于文字的接触只有限于读书人和知识分子中的上层部分,大部分下层阶级的人是不识字的,他们的知识水准很低,过着迷信、咒术的宗教意识下的生活。这个现象恐怕到现在,在某一程度上都还持续着。于是儒教只有在官僚阶级及上层身份的人的身上,被当作伦理及思想来信奉着,至于民间的人并没有被渗透感染到此种现象,而在民间有因儒教伦理而行的祭祖仪式,以及葬礼仪式的实行,但是民间的这种宗教意识却不能从迷信的世界脱离,可以说是尚在孔子以前的原始儒教的模式里,生活着的庶民生活。这样上下两层之间,伦理意识和宗教意识是分离隔绝,并且已有自己固定化的现象,在这种现象世界各地都看得到,但是在中国却表现得异常的显眼灿烂。特别在朝鲜的李朝,儒学是贵族的专有之物这种现象更为显著。像清朝和李朝把实行儒学,限于上层阶级一部分人身上,虽然也有为了上下层之间交流的打算,例如在明、清时代有科举制度,李朝也有仅是名目的制度等措施,但是实际上、下层的人对于参加科举考试,在经济上的能力是没有的。相反地在日本的江户时代,因为没有科举制度,而只有严格区分人身份的制度,反而使得庶民和下层武士中优秀的人能成为儒者。并且在日本,因为掺杂着汉字假名的文字很发达,所以在文化的普及面上远比中国清朝及朝鲜李朝来得容易。如此一来随着庶民经济能力的提高,庶民教育的普及也发达了。武士及庶民的伦理意识和宗教意识,和比较接近的中国和朝鲜的情况,是不同的,像这样儒教被日本文化同化并因而普及渗透到上下两层之间的现象,应该说是江户儒学里非常重要的特质之一。

　　第三,由于上述儒教在日本的被同化,儒教原来的各种精神表现,反而在日本经常显现和发挥出来。儒教也和佛教一样,在日本比在本国里更被努力的研究,因此日本对儒教本质的发挥,经常地被人们所提及,但是这种评价在一定程度上是对的。关于清朝的儒教,清朝把朱子学作为官学,并指定为科举考试的科目,但是对汉民族而言,由异民族所建立的王朝来统治,加在他们身上的是非常严厉的思想压制。朱子学中的攘夷思想和民族主义思想主张,被统治者连根带叶完全地拔除掉了,这就是为什么当时的学者,会专注于考证学的一个原因。因此虽然在文献实证上的学术成绩有着相当辉煌、令人瞠目而视的记录,但是在思想研究上却非常低调,所以当清朝灭时,连一个思想家跟着殉国的例子也没有出现,在此便可看出其缺点。而在朝鲜李朝也将朱子学定为官学,但是因为儒学只是贵族阶级两斑的专有物,在血淋淋的党争重复下白白的浪费掉了,国家也灭亡了,故也有人认为朝鲜是因为有了朱子学而导致失去国家的说法。

　　和上述的两个国家相反的是,在日本朱子学被用作国家统一的原理,以及明治维新在思想上的原动力。大体而言,日本成为中央集权的国家,发挥民族的统一力量的时候,儒教思想特别是《春秋》的大一统思想,在君臣思想面上发挥了很大的作用。儒教思想在大化革新、江户幕府成立和明治维新,这些时期它被作为一个统一国家思想的支柱。德川氏为使幕府权力绝对化,幕藩体制安定化的过程中,当初暂且不论,到了后来渐渐地体悟到朱子学是有助于达成这个目标吧! 朱子学在统一于一王之下强调尊王主义,君臣上下之间的道德也被严格地规定下来,并且朱子学作为教育主义也是稳健中正的学问,它以培养人为温良恭谦的君子为教育的目标。这和阳明学是唯心论的理,会常常让人有突发猛进的危险性,它和这种特质是不同的。德川幕府和清朝、李朝同样地对朱子学支持提倡,其理由是因为期望朱子学,能在幕藩体制的安定化上能发挥很大的功用。

但是朱子学在另一方面有尊王贱霸的思想,日本的儒者在主体上接受了这个思想,因而把朝廷当作王,把幕府比作霸。而且对于没有革命讨伐前例的日本国史加以赞赏,另外对于臣下绝对忠诚的道德也再次的强调。这种尊王敬幕的思想和忠君思想,几乎在幕府的儒官林罗山以下的儒者,都信奉着这一思想。特别是山崎暗斋学派和水户学派对于这个思想的主张是特别强烈。另外在崎门里觉得为理而殉死的志士仁人,比连虫都不杀的君子仁人来得好,特别是浅见䌹斋是位热烈的尊王家,他将中国的圣人汤王、武王断定为杀主的大罪人,这在中国是从来没有出现过的思想。这些绝对忠诚的伦理、尊王贱霸的思想、否定革命的思想等等是在日本儒学里,被贯彻且在社会上被活用的思想。

随着江户儒学的发展,含有合理主义的儒学被进一层地往前推展,另一方面它作为关于人间存在而在哲学追求探讨的学问这一点上,也在这一时期的研究上走向最高深的境界。山崎暗斋派里,关于忠的伦理、中江藤树所开发的孝的伦理、伊藤仁斋的古义学和四端扩充发展的伦理学、荻生徂徕的古文辞学的经书解释方法和政治道德分离说等等主张,这些独特的学问观和中国、朝鲜的儒学史上大放异彩的东西,一起包含起来,彻底地将儒学思想的一面加以推进,同时,特别是在江户初期的儒者们,他们不是单单以儒教的学理学说作为研究的目标,他们也将自己投身于实践家行列,有着儒教中大贤们的风范,这其中中江藤树、山崎暗斋等派的人,他们的思想里拥有着求道者的热情,和救世者的信念,并将这种思想变成实践的原动力,这样的一种思想研究,恰如拥有宗教热诚一般,他们使人间精神的纯粹性变得更为高尚。从这些人的言行来观察的话,对于他们那种高尚庄严的精神,不禁地使我们起了崇敬之心。

　　近世的合理思想，也是以儒学思想为中心而往前推进的，早期的儒者们将由神佛为本位的思想，移转到以人间本位的思想，对来世重视的思想，转换成重视现世的思想。将受宗教教团支配下的学问思想加以解放出来。因此相对于佛教的轮回说、地狱极乐说以及禅的空的哲学，它提出了理气二元的哲学，并且认为是最合理的哲学而加以鼓吹提倡，但是朱子理气哲学的理论构造，是规定人是本来、理的、超越的、至善的存在，对于不当欲望的存在加以否定。他的复性说、脱然贯通说、居敬说等是和孔孟原本的学说不同的。因为这个原因，所以伊藤仁斋等人的主张恢复孔孟学说，把朱子的人间观完全改变，而回复到孔孟原本平明的人间的扩充发展的主张上。这样对于人间观的改变，在思想上看来不只是朱子以来的变革，而是佛教传来以后的变革，合理主义思想就是基于这样的理念而被飞跃地往前推进。到了荻生徂徕出现后，儒学的目的被改变了，学问的目的并非使人成为君子，而是运用这些学问来安民救世的，并将这安民救世作为学问的第一要义。学问所扮演的角色，已变成是为了增进国家的形成和增进社会的福祉，也就是说，以往被当成最高价值的道德修养，即将政治技术、历史研究、文艺活动等作次一等的价值，被当作从属未被认定的学问观，在此时却一变而完全不同了。这样对学问观的变革在中国及朝鲜都是没有也看不到的。日本经由此种变革，使得日本更早接近近代的学问观的领域，在学校教育里对于各种技术的学习能力重视，经由学力测定的方式，来实施等级制的学制并且设置多数的科目，应该可以说是植基于荻生徂徕的教育说。以上，由江户儒者所表现的不单单是儒学的道德哲学，而是更彻底的原来的合理主义的发挥，这是被明白认定的事实。

四、具备特质的原因

那么,在此章的最后,我想来叙述为什么江户的儒能如此地多彩多姿,并且大放异彩的发挥社会的机能。到目前为止,往往将这个原因,归结于日本民族的优秀性以及德川幕府对于儒学的奖励政策上,但是事实上这些理由是没有科学根据的。在此处先从日本社会构造这个观点来看吧,第一点,江户时代的日本社会是藩主——武士——庶民,这种身份的社会,儒者的身份可以看作是介于武士和庶民之间的中间层,而在中国的明、清时代并没有这样的身份制度,有的是科举制度而且特别发达,是以文官为主的国家。如果能学习儒学并进而得在科举中及第的话,就能变成官僚进而到达社会最上层的地位,这和江户时代武士是在上层而儒者是在武士之下的情况是不相同的。但是就是因为这个不相同的原因,所以他能做为武家的教师和庶民的教师,而置身于政治圈之外,而且能形成各自的阶级道德。中国的明、清时代事实上能参加科举应试的人,大都是限于上层出身的人,而且一旦中举及第,变成官僚的话,他只要在儒教的古典和文艺世界里,舞文弄墨自取其趣就够了,实际上的政事都交给下面的师爷胥史去办也就足够了。因此儒教只有停留在官僚身份的伦理上,至于儒学对一般老百姓而言,对它的期待和发明是没有留下发展空间的,并且在明、清时代,因为科举制度的关系,儒学被权威化了,经学被视为绝对正确而且传统也不能破除,这助长了学问的形式化和空洞化而失去了学问的生命和活力,而朝鲜的社会则更有甚者,两斑、中人、常民、贱民的特权阶级制非常地严格,儒学仅仅是最高阶级两斑的专有物。连中人和两斑的庶出之子,即所谓庶孽阶级也不能去承担儒学的研究,而只能去从事医学、天文地理学、数学、语学等实务性的东西,于是在实学上是发达起来了,但是儒学却发达不起来反而不得不沉滞下去。

和上述相反的,使江户初期儒学兴起的人,大都是失业他武士的儿子,林罗山、山崎暗斋、中江藤树、山鹿素行等全是失业武士的儿子,伊藤仁斋、中村惕斋等人则是商人的儿子,荻生徂徕、贝原益轩是医官的儿子,细井平洲、山田方谷等则是农家之子,赖春水则是染房家之子。他们原来的身份都是比较低的,而后来有的被藩候拔擢为武士的身份,有的被藩主礼遇为宾师,反而受到社会的尊重,另外终生自洁不在诸藩中做官,而留在民间的儒者也非常多,像这样介于武士和庶民之间的中间层,这种儒者因此能灌入很多的能源,或是做为强化幕藩体制及武士道德的建设者和助言者而活跃着,或者是在另一方面将庶民的想法,在儒学思想内部加以采用,或者是把传统思想加以融合而创造出庶民教育的理论。在江户时代里并没有实施科举制度,其原因是,如果实施了科举制度,那个身份制度就会被从根拔去而崩溃了。但是也因为没有实施科举制度,所以对于官学的批判,也因此比较自由地产生,儒者之间的论争也相当活泼地出现。总而言之,日本因为身份制度的严格实行,所以科举制度没有被采用,起而代之的是促进了分业的发展,以及武士、庶民的伦理的发展。这样一来,到了幕府末期,武士们专门对他们使用的洋式武器及优越的战术去精研努力,学者们在他们的领域中,对西欧科学的长处加以认识和研究,町人在他们的领域中,对西洋的产业方式加以接受,每个人各自以坚固的伦理观为基础而去推动日本的近代化。在这点上,清朝和李朝的儒者即官僚们却依然故我地尊奉儒学的绝对权威性,在古典文艺的世界里回忆着,对于西欧的科学和制度的认识,却是十分缺乏的,由这点看来,两者之间刚刚好成一个很好的对照。

第二点被考虑的原因是,江户时代日本是受天皇家和幕府两者的二元统治的事实来看,政治的实际权力虽然在幕府的手上,但是做为精神象征的朝廷,依然是君临天下的事实是不能否定的。在当时的社会制度里,神道家、儒家、国学者之间,很早就有尊王敬幕的学说,纵使是相当激烈的尊王论,也有某种程度的自由能够主张敬幕的道理。到了幕府末期随着内外危机的交相迫来,尊王论就相继的发展成为倒幕论,且断然地实行明治维新,很早就将社会革新的果实实现出来。这个和清王朝是一个由异族统治的国家,故不能将朱子学中尊王攘夷的主张,即不能鼓吹民族主义思想,因为此特质,儒学思想全体的生气完全丧失,这和清代中国刚好是一个很好的对照。

第三点是,各藩之间都是各自在自己的地方上永久统治,而且彼此之间还存有竞争关系的这个事实。各藩国起初模仿幕府重用儒者,进而互相竞聘礼遇儒者,为了使藩主的名声提高,或者为了刷新士风,或者为了实施儒教政策,此种风气在当时的全国各地流行着。就如池田藩的熊泽蕃山、浅野藩的山鹿素行,都是上述的情形。如此的例子是多的不胜枚举的,其中特别有名的例子是,水户藩主将全国各地有名的儒者招聘集中在水户城。宽政改革之后,各藩财政紧迫,一方面要振兴教育,另一方面有关殖产兴业在技术上改良的必要性,也渐渐有了认识,只要是有能力的儒者和实学者,不问他们出身为何一律录用,如何将藩国治理的成绩提高,已经是当时的形势所趋了。这种趋势也成为儒学振兴和儒学实学化的主要原因,而在清朝和李朝里,儒者就是官僚,所有的实务都全部委任胥吏去担当,本人则是短期间就任的情况,两相比较,自然有相当大的不同。

以上就社会构造面,来探讨日本儒学之所以振兴的特色和原因,接下来我想从其他的面来探讨其原因。第一,日本从古以来对于外来文化都非常虚心留意,不如说已到了崇拜、贪婪接受的状态。这个与中国一直以大中华自居自大,朝鲜以小中华自居的思想源流,对于外来文化不容易接受,在这点上是一个明显的对比。第二,因为日本是个孤岛,未受异民族之压制,因此对于外来文化都加以美化和理想化,并且加以吸收接受,它舍弃了土著性而仅仅保留纯粹的本质,有所谓蒸馏后再接受的倾向,这种特色并且能将接受的事物加以检讨和比较。但是在朝鲜,朱子学和《朱子家礼》被同时输入,做为冠婚葬祭的礼俗被原原本本地使用着,儒教堕落到所谓的葬式儒教、祭典儒教的境地了。但是在日本,则只是截取礼的精神,加以活用成为武家仪礼的基本来应用。像这种例子也是多得不胜枚举的,而且比较检讨是探究事物普遍价值最好的方法,也是不言自明的道理。第三,在日本,古来就有传统的价值观,有了并存的价值观,因此儒者们必须对这些价值观做一种道理的主张,换言之,因为日本是神儒佛的国家,江户初期,朱子学者们首先必须克服居于思想指导地位的佛教,又不得不与旧儒教辨明谁是谁非。在和神道协和后的新儒学兴起后,古学派、徂徕学派又相继兴起,后来又遭到国学的反击,另外也必须应付洋学,因为有这么多样化的价值观相继出现,所以做为儒者,彼此之间不仅要彼此互相论争,而且对儒学以外的学问,也不得不奋力一搏,可以想像在此种环境下,日本儒学自有其特色。

除此之外,尚有其他种种因素可以加以探讨,总而言之,日本的儒学到了江户时代有了急速的发展,和当时中国的儒学相较,已自有特色了,而且对于社会而言有深刻的影响,这一点就是日本比其他亚洲国家更早近代化的原因。

（选自许政雄译注《日本儒学史概论》,台北文津出版社 1993 年版）

阿部吉雄(1905—?),日本著名学者,文学博士,中国古代哲学研究家。主要著作有:《日朝支朱子学比较研究问题序说》《中国的哲学》《日本朱子学与朝鲜》《朝鲜的朱子学与中国的朱子学》等。

　　本文认为日本儒学的思想特质是在江户时代才开始表示出明白的形态。作者将日本近世儒学的特质主要分为几点:一是各门各派竞相争起,互相论争并大放异彩。二是江户时的儒者们采取融合的态度,将儒学与日本的传统文化加以融合,并将之当作实学来看待而能普及到社会上的各层面。因而以儒学为核心的武士道及庶民教育被大力的推行。随着新儒学的兴盛,日本的儒者们进一步地将以活用,而培养出自己的日本文化。这正是江户时代儒者们所拥有的态度和特质。儒学在日本被同化并因而普及渗透到上下两层之间的现象,应该说是江户儒学非常重要的特质之一。三是日本对儒教进行努力的研究,作本质的发挥。在日本朱子学被用作国家统一的原理,并且是明治维新在思想上的原动力。随着江户儒学的发展,这一时期的日本儒学研究也走向最高最深的境界。本文还探讨了江户时期儒学具有特质的原因,强调儒学到了江户时代有了急速的发展,与当时中国的儒学相比较,已自有特色了,而且对于日本社会产生了深刻的影响,这一点就是日本比其他亚洲国家更早近代化的原因。

论著目录索引

著　作

宇野哲人　儒学史(第一卷)　东京宝文馆 1924 年

书经(国译汉文大成·经史子部 2)　1940 年与各经原刊
本缩印合订

儒学概论　日月社 1947 年

中国哲学概论　正中书店 1947 年

论语新释　讲谈社 1950 年

中国思想　讲谈社 1980 年

津田左右吉　儒教的研究(3 卷)　1925 年(出版社不详)

儒道两家关系论　上海商务印书馆 1930 年

《左传》的思想史研究　1935 年(出版社不详)

儒教的起源　东京岩波书店 1935 年

《论语》与孔子的思想　1946 年(出版社不详)

儒教的研究　东京岩波书店(出版年不详)

儒教成立史的一侧面(儒家研究全集 16)　(出版情况不
详)

高田真治　儒教的精神　日月社 1930 年

中国思想的发展　日月社 1930 年

易的思想　日本岩波书店铅印本(出版年不详)

论语讲座(全六卷)(合著)　东京春阳堂 1936 年

中国哲学概论　岩波书店 1940 年

日本儒学史　东京地人书馆 1943 年

中国哲学概论　日月社 1947 年

诗经(上、下,全译本)　集英社刊(出版年不详)

安井小太郎　经学史　大东文化学院志道会研究部 1933 年

日本儒学史　东京富山房昭和十四年版

诸桥辙次　儒学之目的与宋儒庆历至庆元百六十年间之活动　南京国民印书局 1937 年

儒教诸问题　清水书院 1948 年

中国人的知惠　讲谈社 1965 年

论语的讲义　昭和四十八年大修馆书店出版

诗经研究(诸桥辙次著作集)　大修馆版(出版年不详)

孔子传　大法轮阁 1969 年

中国的家族制·儒教讲话　大修馆书店 1975 年

孔子传·论语与私·论语心讲　大修馆书店 1976 年

论语的讲义·现代《大学》　大修馆书店 1976 年

老子的讲义·庄子物语·孟子的话　大修馆书店 1976 年

论语人物考·论语故事逸话·孔子与老子　大修馆书店 1977 年

经学研究序说·诗经研究　大修馆书店版(出版年不详)

经史论考　大修馆书店 1977 年

孔子、老子、释迦牟尼"三圣会谈"　中国广播电视出版社 1990 年

荒木见悟主编　阳明学入门　明德出版社 1971 年

王阳明　明德出版社 1972 年

陆象山　明德出版社 1973 年

阳明门下　明德出版社 1973—1974 年

日本的阳明学　明德出版社 1972 年

幕末维新阳明学者书简集　明德出版社 1971 年

阳明学便览　明德出版社 1974 年

传习录诸注集成　明德出版社 1972 年

荒木见悟　佛教和儒教　平乐寺书店 1963 年

佛教与儒教——中国思想的形成　平乐寺书店 1972 年

明代思想史研究(东洋学丛书)　创文社 1972 年

明代思想研究——关于明代儒教与佛教的交流　创文社
1972 年

佛教与阳明学　狮子星座文库 1979 年

阳明学的展开和佛教　研文社 1984 年

宇野精一　孟子的性善人性观　黎明书房 1966 年

儒家思想　东京大学出版会 1976 年

中国思想　台北幼狮文化事业公司 1987 年

赤塚忠主编　思想史　大修馆书店 1967 年

思想概论　大修馆书店 1968 年

中国文化丛书(2.3)　大修馆书店 1973 年

赤塚忠译注　周易·尚书译注　平凡社 1959 年

书经·易经(钞)(中国古典文学大系 1)　平凡社 1972 年

赤塚忠著　儒家思想研究(赤塚忠著作集·第三卷)　研文社 1986
年

诗经研究(赤塚忠著作集)　研文社版

大学中庸　明治书院昭和六十年 26 次发行

武内义雄　宋学的由来及其特性　东京岩波书店 1934 年

朱子·阳明　东京岩波书店 1936 年

论语研究　岩波书店 1939 年

儒教之精神　上海太平书局 1942 年

论语　岩波书店 1943 年

易与中庸　岩波书店 1943 年

礼记·大学　岩波书店 1943 年

武内义雄全集·儒教篇（3 册）　角川书店 1978—1979 年

武内义雄全集·诸子篇（2 册）　角川书店 1978—1979 年

武内义雄全集·思想史篇（2 册）　角川书店 1978—1979 年

孟子　岩波书店 1948 年

小岛佑马　中国思想史　创文社 1968 年

中国的社会思想　筑摩书房 1967 年

古代中国研究　1943 年出版　筑摩书房 1968 年

关于孟子的社会思想史　三岛海云 1967 年

沟口雄三译　传习（世界名著续 4 朱子·王阳明集）　中央公论社 1974 年

沟口雄三著　李卓吾　集英社 1985 年

中国的思想　放送大学出版会 1991 年

中国前近代思想的演变　中华书局 1997 年

中国前近代思想之曲折与展开　上海人民出版社 1997 年

儒教史（合著）　山川出版社 1987 年

重泽俊郎　原始儒家思想和经学　岩波书店 1949 年

服部宇之吉　儒教与现代思潮　台北文星书店 1965 年

五来欣造　儒教政治哲学　上海商务印书馆 1934 年

北村泽吉　儒学概论　上海商务印书馆 1928 年

井上哲次郎　日本阳明学派之哲学　富山房 1935 年

平冈武夫　经书的传统　岩波书店 1951 年

安冈正笃　易与人生哲学　致知出版社平成六年第 11 刷发行

20世纪儒学研究大系

下斗米晟　仁的研究　大东文化大学东洋研究 1966 年

山室三良　儒教与老庄——关于中国古代的人文与超人文　明德
　　出版社 1966 年

麓保孝　关于北宋儒学的展开　书籍文物 1967 年

滝熊之助　中国经学史概论　1934 年版(见鹤本书店《文献目录》
　　1989 年第 5 期)

市村瓒次郎　关于儒教思想与政治问题的历史考察　东京启明会
　　事务所 1934 年

本田成之　中国经学史　中华书局出版(出版年不详)

秋泽修二　中国哲学史　上海三通书局 1941 年

市川本太郎　原始儒教的道德思想　敬文社 1967 年
　　诸子学概说　敬文社 1968 年

渡边卓　古代中国思想的研究——孔子传的形成与儒墨集团的思
　　想与行动　创文社 1973 年

佐野公治　经义考撰著者索引(合著)　采华书林 1977 年

洪祖显　儒家教育思想的研究　高陵社书店 1978 年

五十岚一郎　儒·道四子名言考　笠间书院 1978 年

今滨通隆　儒教之"言语"观　笠间书院 1978 年

佐藤嘉祐　儒教伦理的溯源的研究　明德出版社 1979 年

大塚伴鹿　诸子百家　教育社 1980 年

山本命　宋时代儒学的伦理学的研究　理想社 1973 年

麓保孝　(宋元明清)近世儒学变迁史论　国书刊行会 1976 年

久须本文雄　宋代儒学的禅思想研究　日进堂书店 1980 年

吉野裕子　易经与祭祀　辽宁教育出版社 1990 年

加地伸行　论儒教　齐鲁书社 1993 年

山井涌　明清思想史研究　东京大学出版会版 1980 年

岛田虔次　中国近代思维的挫折　筑摩书房 1949 年

朱子学和阳明学　岩波书店 1967 年

小林信明　中国古代阴阳五行思想的研究　岩波书店 1951 年

中国人思维的基础　讲谈社 1955 年

古文尚书研究　大修馆书店 1959 年

寺田刚　宋代教育史概说　博文社 1965 年

贝塚茂树　古代中国的精神　筑摩书房 1967 年

冈田武彦　东洋的道　明德出版社 1969 年

王阳明与明末的儒学　明德出版社 1969 年

岩间一雄　中国政治思想史研究　未来社 1968 年

大滨浩　中国的思维的传统　劲草书房 1969 年

西顺藏　中国思想论集　筑摩书房 1969 年

根本诚　中国古典思想的研究　现代亚洲出版会 1971 年

森三树三郎　上古至汉代性命观的展开　创文社 1971 年

"名"与"耻"的文化——中国人与日本人　讲谈社 1971 年

山室三良　东洋的学问　创言社 1971 年

野末陈平　中国人的思想　陈文馆 1971 年

村山吉广　中国的思想　社会思想社 1972 年

寺田刚　宋代的义气　文化书房博文社 1972 年

板野长八　关于中国古代人间观的展开　岩波书店 1972 年

富士正晴　中国的隐者—乱世与知识人　岩波书店 1973 年

重沢俊郎　中国的传统与现代　中央公论社 1973 年

村上嘉富　六朝思想史研究　平乐寺书店 1974 年

安田二郎　中国近世思想研究　筑摩书房 1976 年

大久保英子　明清时代书院的研究　国书刊行会 1976 年

宋明哲学序说　文言社 1977 年

中村璋八　五行大义的基础的研究　明德出版社 1976 年

相良亨主编　东洋伦理思想史　学文社1977年

加地伸行　中国人的伦理学　中央公论社1977年

大滨浩　中国古代思想论　劲草书房1977年

黑田原次　气的研究　东京美术1977年

近藤邦康　中国近代思想史研究　劲草书房1981年

坂出祥伸　中国近代思想和科学　同明社1983年

三石善吉　传统中国的内发性发展　中央编译出版社1999年

小野泽精一　中国古代传说之思想史的研究　汲古书院1982年
　　　　气的思想(合著)　东京大学出版会1978年,上海人民出
　　　　版社1990年

原富男　中国思想源流的考察　朝日出版社1979年

五十岚正一　中国近世教育史的研究　国书刊行会1979年

上野直明　中国古代思想史论　成文堂1980年

道端良秀　佛教和儒教伦理　平乐寺书店1968年
　　　　佛教与儒教　第三文明社1976年

山井干六　尚书讲义　哲学馆明治三十八年(1905)

星野恒等校著　毛诗·尚书(汉文大系十二)　富山房1970年第四
　　　　版　新文丰1978年再版

元田彝　尚书集解　弘道馆大正二年

林泰辅　周公及其时代　大仓书店1915年
　　　　书经讲义　明治出版社1918年
　　　　论语源流　汲古书院1971年
　　　　论语年谱　龙门社1961年

三宅太少郎　尚书及今文尚书解题　1916年无穷会记录,以誊写
　　　　版刻写油印

加藤虎之亮　皇道所见之书经　精神文研1938年

吉川幸次郎译　尚书正义(四册)　岩波书店1940—1943年

平冈武夫　经书的形成——中国精神史序说　全国书房 1946 年

森三树三郎　中国思想史　第三文明社 1978 年

中江丑吉　中国古代政治思想　岩波书店 1950 年

内野熊一郎　汉初经书学研究(二卷本)　清水书店 1942 - 1948 年

　　　　今文古文源流型的研究　东京教育大学出版社 1954 年

东条弘一堂　尚书标识(东条一堂著作集)　书籍文物流通会 1962 年

加藤常贤　真古文尚意集释　明治书院 1964 年

尾崎雄二郎等　诗经国风·书经(世界古典文学全集 2)(合作译注解说)　筑摩书房 1969 年

野村茂夫　书经(中国古典新书)　明德出版社 1974 年版

清水茂　书经·春秋(中国诗文选 3)　筑摩书房 1975 年版

池田末利　尚书通解稿(广岛大学文学部纪要 30·特辑 2)　广岛大学 1971 年印行

　　　　尚书(全释汉文大系 11)　集英社 1976 年版

目加田诚译　诗经·楚辞(中国古典文学全集)　平凡社版(出版年不详)

　　　　新释诗经　岩波书店版(出版年不详)

加纳喜光译　诗经(上、下)　学习研究社刊(出版年不详)

境武男译　诗经全释　汲古书院刊(出版年不详)

吉川幸次郎译　诗经国风(上、下)　岩波书店(出版年不详)

桥本循译　诗经国风　筑摩书房版(出版年不详)

乾一夫译　诗经　明治书院版(出版年不详)

石川忠久译　诗经　明德出版社版(出版年不详)

中岛翠译　诗经　筑摩书房版(出版年不详)

永岛荣一郎　诗经韵释　文京书院 1950 年

松本雅明　关于诗经诸篇成立研究　东洋文库刊 1958 年

　　　　春秋战国时代尚书的展现——以历史意识的发展为中心
　　　　风间书房 1966 年

　　　　关于中国古代自然思想的展开　熊本大学东洋史研究室
　　　　1973 年发行

　　　　原始尚书的成立(松本雅明著作集·7)　弘生书林 1988
　　　　年

白川静　诗经研究(通论篇)　朋友书店刊(出版年不详)

白川静译　诗经　中央公论社版(出版年不详)

　　　　诗经国风　平凡社版(出版年不详)

　　　　孔子传　中央公论社 1972 年

目加田诚　诗经研究(目加田诚著作集)　龙溪书舍刊(出版年不
　　　　详)

铃木修次　中国古代文学论——诗经的文艺性　角川书店刊(出
　　　　版年不详)

村山吉广、江口尚纯编　诗经研究文献目录　汲古书院刊(出版年
　　　　不详)

田所义行　毛诗的歌物语　秋山书店 1976 年

长井江衍　周易时义　石鼓斋 1923 年

中井积德　周易逢原　冈田利兵卫 1927 年

上野清　易学之研究　三阳阁 1933 年

远藤隆吉　易学入门　日本言海书屋 1935 年

铃木由次郎　易与人生　日本东京明德出版社

　　　　周易　弘文堂 1957 年

　　　　汉易研究　日本东京明德出版社 1963 年

今东光　今氏易学史　纪元书房 1966 年

薮田嘉一郎　周易古筮考　纪元书房 1968 年

户田丰三郎　易经注释史纲　风间书房 1968 年

竹内照夫编　易(解释上鉴赏别册)　至文堂 1969 年

小嶋文四郎　汉代易学的研究　明德出版社 1970 年

本田济　易学:成立和展开　平乐寺书店 1973 年

山下静雄　周易十翼的成立与展开　风间书房 1974 年

鹿岛秀峰　易经精义　神宫馆 1978 年

吉田寅二　易与汉法·经世济民的思想　东明社 1978 年

栗原圭介　礼记宗教思想的研究　明德出版社 1969 年

岛邦男　五行思想与礼记月令的研究　汲古书院 1971 年

田所义行　春秋儒家物语　秋山书店 1975 年

岩越元一郎　大学新论———东洋的觉醒　明玄书房 1965 年

林秀一　孝经学论考　明德社 1948 年

　　　　关于孝经述议的复原　林先生学位论文出版纪念会
1953 年

　　　　诗经学论集　明治书院 1976 年

竹内照夫　四书五经——中国思想的形成上的展开　平凡社
1965 年

　　　　四书五经入门　日本文芸社 1973 年

伊东伦厚　白虎通索引　东丰书店 1979 年

池田知久　郭店楚简老子研究　东京大学文学部中国思想文化学
研究室 1999 年 11 月发行

井上哲次郎、蟹江义丸编　日本伦理汇编(1901—1903 年)

久保得二　日本儒学史　东京博文馆 1905 年

山本邦彦　日本儒学年表　斯文会 1923 年

岩桥遵成　日本儒教概说　宝文 1926 年

竹林贯一　日本汉学者传记集成　东京关书院昭和三年

冈田正之　日本汉文学史　共立社书店昭和四年

足利衍述　镰仓室町时代的儒教　日本古典会集刊行会 1932 年

后藤末雄　中国文化与东洋学的起源(也名《中国思想之法国西渐》)　昭和八年六月初版

宇田尚　日本文化及近世儒教的影响　东洋思想研究会 1935 年

西晋一郎　日本儒学的特质　东京岩波书店 1935 年

饭岛中夫　日本的儒教　东京日本文化协会出版部 1938 年

牧野谦次郎　日本汉学史　东京世界堂昭和十三年

迁善之助　日中文化之交流　东京创元社昭和十三年

万羽正朋　日本儒教论　三笠书店 1939 年

永田广志　日本哲学思想史　1938 年初版,商务印书馆中译本 1978 年

青木富太郎　东洋学之成立与其发展　东京萤雪书院昭和十五年

关仪一郎　近世汉学者著述目录大成　东京东洋图书刊行会昭和十六年

东一夫　汉籍与日本古代史　历史教育评论社 1951 年

丸山真男　日本政治思想史研究　东京大学出版会 1952 年

楠本正继　九州儒学思想的研究　九州大学出版会 1957 年

宋明时代儒学思想研究　广池学院出版部 1962 年

楠本正继先生中国哲学研究　国士馆大学附属图书馆 1975 年

尾藤正英　日本封建思想史研究　青木书店 1961 年

田原嗣郎　德川思想史研究　未来社 1967 年

志贺一郎　湛甘泉的研究　风间书房 1980 年

许政雄译注　日本儒学史概论　台北文津出版社 1993 年

久松真一　东京学派哲学　台北文津出版社 1995 年

三宅正彦　日本儒教思想史　山东大学出版社 1997 年

内野熊一郎　孔子——人和思想　清水书院昭和四十四年

汉初经书学的研究(2卷本) 清水书店 1942—1948 年

论语评解 有精堂 1952 年

鱼返善雄 论语新译 东京学生社 1957 年

竹添光鸿 论语会笺(二十卷) 广文书局 1961 年

吉田贤抗 论语人间主义的人生观 黎明书房 1965 年

山田统 论语与人间孔子 明治书院 1965 年

下村湖人 论语物语 旺文社 1966 年

武者小路实笃 论语私感 社会思想社 1968 年

木村英一 孔子与论语 创文社 1971 年

越川春树 人间学论语 以文社 1972 年

原富男 论语 春秋社 1972 年

吉田公平 论语 大进堂平成十二年

驹田信二 从论语看圣人的虚像与实像 新人物往来社 1973 年

石井千明他 论语 大东急纪念文库 1974 年

斯文会编 论语三十讲 大修馆书店 1974 年

宫崎市定 论语的新研究 岩波书店 1974 年

合山究 论语发掘——通释的疑问与解明 明治书院 1975 年

中田祝夫编 应永二十七年论语抄 勉诚堂 1976 年

吉川幸次郎 关于论语 讲谈社 1976 年

重沢俊郎 论语的散步道 日中出版 1979 年

铃木修次 文学与论语 东京书籍 1979 年

酒井照堂 论语物语——孔子的弟子 光出版社 1980 年

井上靖 孔子 人民日报出版社 1990 年

松川健二 论语的思想史 汲古书院 1994 年

丸山真男 孟子 日本评论社 1943 年

金谷治 孟子 岩波书店 1967 年

易的话 讲谈社 1972 年

20世纪儒学研究大系

孔子　讲谈社 1980 年

论语的世界　日本放送出版协会 1970 年

金谷治编　唐抄本郑氏注论语集成　平凡社 1978 年

井上顺理　关于本邦中世末孟子受容史的研究　风间书房 1972
年

伊东伦厚　孟子的行动与思想　评论社 1973 年

村松暎　理想的败北——孟子　新人物往来 1973 年

市川本太郎　孟子之综合的研究　汲古书院 1974 年

原富男　孟子　岩波书店 1974 年

田所义行　民本思想的物语　秋山书店 1977 年

猪口笃志　孟子研究　笠间书院 1979 年

浅井茂纪　孟子的性善说与仁义　高文堂出版社 1980 年

加贺荣治　孟子　清水书院 1980 年

内山俊彦　荀子——古代思想家的肖像　评论社 1976 年

堀内茂　荀子哲学概说　东京弘文馆 1938 年

藤川正数　从荀子注释史看儒邦的活动　风间书房 1980 年

关于汉的礼的研究　藤川正数风间书 1968 年

市川安司　程伊川哲学的研究　东京大学出版社 1964 年

朱子——学问上的展开　评论社 1974 年

间野潜竜　朱子与王阳明——新儒学与大学的理念　清水书院
1974 年

高桥进　朱熹与王阳明——物与心理上的比较思想论　国书刊行
会 1977 年

阿部吉雄编　朱子学入门　明德出版 1974 年

朱子的先驱　明德出版社 1976—1978 年

朱子语类　明德出版社 1981 年

四书集注　明德出版社 1974 年

20世纪儒学研究大系

　　　　近思录　明德出版社 1974 年

　　　　朱子的后继　明德出版社 1976—1978 年

　　　　朝鲜的朱子学·日本的朱子学　明德出版社 1975—1977 年

　　　　幕末维新朱子学者书简　明德出版社 1975 年

阿部吉雄　儒教的变迁与现况——日本·中国·朝鲜比较　霞山会 1977 年

秋月胤继译注　近思录　岩波书店 1977 年

佐藤仁　晦庵先生朱文公文集人名索引　中文出版社 1977 年版

　　　　朱子语类自第一卷至第十三卷语句索引　采华书林 1975 年

友枝龙太郎　朱子思想的形成　春秋社 1969 年

大槻信良　朱子四书集注典考　中文出版社 1976 年

山田庆兑　朱子的自然学　岩波书店 1978 年

三浦国雄　朱子　讲谈社 1979 年

山口久和泽　朱子学与自由的传统　平凡社选书 1987 年

衣川强　宋元学案·宋元学案补遗人名字号别名索引　京都大学人文科学研究所 1974 年

高濑武次郎　王阳明传　广文堂书 1915 年

东正堂编　阳明学　阳明学会版 1908 年

保田清　王阳明　东会版 1917 年

山本正一　王阳明　中文馆书店 1943 年

　　　　传习录译注　法政大学出版局 1966 年

井上哲次郎　日本阳明学派之哲学　富山房 1935 年

久须本文雄　王阳明的禅的思想研究　名古屋 1958 年

山下龙二　阳明学的终结　研文社 1995 年

　　　　阳明学之研究(上下卷)　(出版情况不详)

20世纪儒学研究大系

阳明学研究　现代情报社 1961 年

后藤基己　阳明学入门　青春出版社 1971 年

安藤英男　关于日本阳明学的系谱　新人物往来社 1971 年

野村惠二　阳明学研究　世界思想社 1974 年

志贺一郎　王阳明与湛甘泉　新塔社 1976 年

大西晴隆　王阳明　讲谈社 1979 年

吉田公平　从陆象山到王阳明　研文社 1992 年

常盘井贤十　关于荀子性恶的人生观　黎明书房 1968 年

谷田孝之　中国古代丧服的基础的研究　风间书房 1970 年

日本文化研究会编　日本儒教　东洋书院 1936 年

德川公继宗七十年祝贺纪念会编　近世日本之儒学　东京岩波书
　店昭和十四年刊

论　文

荒木见悟　宋代的儒教与佛教　刘俊文主编《日本学者研究中国
　史论著选译》第七卷(思想宗教),中华书局 1993 年版

　管东溟——明末一儒佛调和论者的思维构造　原刊《日
　本中国学会报》12,1959 年

　智旭的思想和阳明学——一位佛教心学者之路　《佛教
　史学》13—3,1967 年

　心学与理学　《禅学研究》58,1970 年 3 月

　性善说与无善无恶说　《亚洲文化》9—4,1973 年 3 月

　阳明学评价问题　辛冠杰主编《日本学者论中国哲学
　史》,中华书局 1986 年

沟口雄三　从王阳明《传习录》探寻古代社会思想的进步　《学生
　新闻》598 号,1975 年

　第二的阳明学　《理想》572 号,理想社,1981 年 1 月

阳明学与佛教(禅)　《世界宗教研究》,中国社会科学出版社 1988 年

《明夷待访录》的历史地位　刘俊文主编《日本学者研究中国史论著选译》第七卷,中华书局 1993 年

明清时期的人性论　《日本学者研究中国史论著选译》第七卷中华书局 1993 年

共和革命思想与儒教　《中国的历史研究》13,平凡社,1983 年 2 月

儒教·封建·反君主思想　《国语通讯》9,筑摩书房,1985 年 9 月

李贽　《中国思想史》(下),塘鹅社 1987 年

李贽——正统与异端　《中国思想史》(下),塘鹅社,1987 年

公安派的道　《入矢·小川教授退休纪念中国文学语学论集》,1974 年

关于日本的阳明学　《现代思想》,青土社 1982 年 9 月

关于中国思想的受容——林罗山一例　《日本的美学》,塘鹅社 1986 年

《孟子字义疏正》的历史考察　《东京大学东洋文化研究所纪要》48,1969 年 3 月

岛田虔次《关于中国近代思维的挫折》　《日本读卖新闻》1586 号,1971 年 3 月

荒木见悟《明代思想史》　《周刊读书人》972 号,1973 年 4 月

津田左右吉《文学表现与国民思想的研究》(一册本)《邱其山》6－19,1988 年 3 月

津田学和现代中国学(上)　《津田左右吉全集》18 卷月

报,岩波书店,1988 年 2 月

津田学和现代中国学(下)　《津田左右吉全集》19 卷月报,岩波书店,1988 年 3 月

儒教遗留问题　《读卖新闻》10 月 11 日,夕刊文化栏,1988 年 10 月

王家骅《中日儒学的比较》《周刊文春》,1988 年 8 月

日本的宋明学研究与中国的宋明学研究　《空潭》2,1988 年 12 月

法国学与日本汉学与中国哲学　《空潭》3,1989 年 1 月

儒教资本主义与儒教社会主义　UP195 号,东京大学出版会 1989 年

现在·日本与中国考察——日中比较文化论　《神奈川大学评论》7 号,1990 年 2 月

日本现阶段的中国研究及 21 世纪的课题　国际儒学联合会编《国际儒学研究》第二辑,中国社会科学出版社 1996 年

日本的中国思想史研究之改革与进展　国际儒学联合会编《国际儒学研究》第四辑,中国社会科学出版社 1996 年

天人合一中的中国独特性　《日本思想大系:佐藤一斋、大盐中斋集》所收,岩波书店 1980 年

关于现代儒教的考虑　《空潭》1,1988 年 1 月

儒教·近代和现代　《哲学社会科学动态》94 期,山东社会科学院主办,1990 年 2 月

中国儒教的十个见解　《思想》792 号,岩波书店,1990 年 6 月

关于"儒教文化复兴"　阎纯德主编《汉学研究》第一集,中国和平出版社 1996 年

儒学在未来世界文化中的位置　中国孔子基金会编《儒学与21世纪——纪念孔子诞辰2545周年暨国际儒学讨论会会议论文集》,华夏出版社1996年

中国·道统·世界　《理想》464号,理想社1972年1月

儒教在亚洲世界(上)　《中外日报》1988年11月30日

儒教在亚洲世界(中)　《中外日报》1988年12月1日

儒教在亚洲世界(下)　《中外日报》1988年12月2日

儒教与资本主义挂钩?　《当代》34期,合志文化事业股份有限公司,1989年2月

明代的个人主义　《中国文化与社会》1—8,1968年6月

反宋学的道　《实存主义》54号,1970年5月

生活在明末时期的李卓吾　《东京大学东洋文化研究所纪要》55,1971年3月

中国的理观念的展开　《东洋伦理思想史》,学文社1977年4月

明末清初思想的曲折与展开　《思想》636号,岩波书店1977年6月

明末清初思想的挫折和展开——童心说的历程　《思想》636,1977年

关于东林派人士的思想　《东京大学东洋文化研究所纪要》75,1978年3月

明末清初思想研究的当面的课题　《历史学研究》468号,青木书店1979年5月

关于中国前近代"理"的机能　《一桥论丛》83—4,1980年

中国公、私概念的展开　《思想》669号,1980年

关于中国公私观念的展开　《思想》669号,岩波书店

1980 年 3 月

无善无恶的思想史的意义　《历史学研究》487 号,青木书店 1980 年 12 月

明末的道与文　《东洋文化》61 号,1981 年 3 月

某种反"洋务"——刘锡鸿的场合　《伊藤漱平退官纪念论集》,汲古书院 1986 年 3 月

天下与国家·生民与国民　《历史学研究》553 号,青木书店 1986 年

关于《近代中国像》的再认识　《史潮》新 19 号,历史学会 1986 年 7 月

论明末清初时期在思想史上的历史意义　《史学评论》1986 年

中国的"理"　《文学》55—5,岩波书店 1987 年 5 月

中国的"自然"　《文学》55—6,岩波书店 1987 年 6 月

中国的"道"　《文学》55—8,岩波书店 1987 年 8 月

中国的"天"(上)　《文学》55—12,岩波书店 1987 年 12 月

中国的"天"(下)　《文学》56—2,岩波书店 1988 年 2 月

中国的"心"　《文学》56—6,岩波书店 1988 年 6 月

中国的"公·私"(上)　《文学》56—9,岩波书店 1988 年 9 月

中国的"公·私"(下)　《文学》56—10,岩波书店 1988 年 10 月

作为思想之道　《东京大学公开讲座〈道〉》,东京大学出版会 1988 年 12 月

关于中国的"封建"与近代　《文明研究》7 号,东海大学文明学会 1989 年 3 月

从思想史看中国(1)　《中国研究》38 号,日本中国友好协会出版部 1973 年 5 月

对于中国思想研究上的问题　《历史学研究》400 号,青木书店 1973 年 9 月

从思想史看中国(2)　《中国研究》46 号,日本中国友好协会出版部 1974 年 1 月

对于《中国的近代》观点的看法(一)　UP96 号,东京大学出版会 1980 年 10 月

对于《中国的近代》观点的看法(二)　UP97 号,东京大学出版会 1980 年 11 月

对于《中国的近代》观点的看法(三)　UP98 号,东京大学出版会 1980 年 12 月

对于《中国的近代》观点的看法(四)　UP99 号,东京大学出版会 1981 年 1 月

中国思想史研究(1)　《东洋经济》周刊 3619 号,1971 年 9 月

中国思想史研究(2)　《东洋经济》周刊 3620 号,1971 年 9 月

中国思想史研究上的几个问题——岩间一雄氏《中国政治思想史研究》　《历史学研究》400,1973 年 9 月

关于中国的学术方法　UP171 号,东京大学出版会 1987 年 1 月

金户守　孔子教学的宗教性　《四天王寺学园女子短期大学研究纪要》7,1965 年 7 月

孔子与他的时代——论语批判觉书　《四天三寺女子大学纪要》4,1971 年 12 月

原《论语》齐鲁二卷本考　《四天王寺女子短期大学研究

纪要》8，1966 年 7 月

原《论语》考——上论河间七篇·下论齐七篇　《四天王寺女子短期大学研究纪要》9，1967 年 6 月

原《论语》季氏·阳货·微子考——燕传说三卷考　《四天王寺女子短期大学研究纪要》10，1968 年 11 月

论语文体考——原论语成立　《四天王寿女子大学纪要》2，1970 年 3 月

古文论语考——史记弟子传·汉书芸文志　《四天王寺女子大学纪要》5，1972 年 12 月

史记"论语"考——孔子家世·论语成立试论　《四天王寺女子大学纪要》6，1973 年 12 月

史记"论语"考——从仲尼弟子列传考论语成立　《四天王寺女子大学纪要》7，1974 年 12 月

史记"论语"考——本纪·八书的论语成立资料　《四天王寺女子大学纪要》8，1975 年 12 月

史记"论语"考——从世家引用孔子言看论语的成立　《四天王寺女子大学纪要》9，1976 年 12 月

内藤虎次郎　神田香岩容安轩藏隶古定尚书残写本跋　1915 年神田喜一郎辑《容安轩旧书四种》本附载

岩崎氏藏隶古定尚书残写本参稽　1918 年东洋文库影印此写本卷轴本前装裱此文

影宋　单本尚书正义解题　1929 年大阪每日新闻社影印《秘集大观》第二集附载

禹贡制作时代考　收入《研己小录》1964 辛树帜先生《禹贡新解》转录全文

尚书稽疑　《支那学》一卷七号，后收入《研己小录》

松本雅明　战国中期尚书的展现——以国语引文为中心　《东方

古代研究》9 期,1959 年 12 月

战国前期尚书的展现——以孟子引文为中心　《东洋学报》43(1),1960 年 12 月

尚书洪范篇的成立　《世界史研究》26,1960 年 12 月

战国末期的尚书——札记第二类所见　《东方古代研究》11 期,1963 年 5 月

墨家和尚书(上)　《古代学》第一卷第一号

周公即位考　《史学杂志》77 卷 6 期,1968 年 6 月

尚书洛诰篇的形成　1974 年《宇野东洋学论丛》

尚书多士篇的形成　熊本大学《法文论丛》38 号

尚书康诰篇的形成　熊本大学《法文论丛》39 号,1977 年 3 月

诗经的花与黄鸟　《中国古典研究》14,1966 年 12 月

圣地与祭礼——诗经国风篇成立的诸问题　《法文论丛》26,1970 年 5 月

诗经与万叶集　《文学》39—9,1971 年 9 月

竞争与结婚同盟——关于诗经国风篇成立的诸问题　《法文论丛》28,1971 年 1 月

池田末利　关于尚书甘誓篇的若干问题　《中国的语言与文学》,1971 年

尚书洛诰解　《宇野东洋学论丛》1974 年

尚书泰誓解　大东文化大学《汉学会志》14 号,1975 年

文献所见的祀天仪礼序说——缔祭的经说史的考察　《中国学志》2,1965 年 8 月

文献所见的祀天仪礼序说——郊祭的经说史的考察　《广岛大学文学部纪要》25—1,1965 年 12 月

"配天"考　《福井博士颂寿纪念东洋文化论集》,1969 年

12 月

孔子的天命观　《宗教研究》206,1971 年 3 月

井田与性善　《广岛大学文学部纪要》28—1,1968 年 12 月

天命观的推移　《宗教研究》198,1969 年 3 月

燔柴考　《森三树三郎博士颂寿纪念东亚学论集》,1979 年 12 月

栗原圭介　从经典看私概念的形成　《东方学》53,1977 年 1 月

关于"绥祭"　《东方学》35,1968 年 1 月

释祭考　《大东文化大学汉学会志》13,1974 年 2 月

族葬考　《大东文化大学纪要》12,1974 年 3 月

两滕礼制考　《东洋研究》43,1976 年 3 月

关于古代祭礼报祭的系谱　《大东文化大学汉学会志》16,1977 年 3 月

祭祀仪礼的原初形态溯原考　《东洋研究》46,1977 年 5 月

关于禘祭的原始心性论　《大东文化大学纪要》(人文科学)17,1979 年 3 月

亲祭考　《大东文化大学纪要》(人文科学)16,1978 年 3 月

曾子问考　《大东文化大学纪要》13,1975 年 3 月

关于丧的期间的仪礼诸相　《大东文化大学汉学会志》19,1980 年 3 月

关于荀子的礼观　《大东文化大学纪要》14,1976 年 3 月

关于礼记《大传》思想构造上的背景　《大东文化大学纪要》11,1973 年 3 月

从礼记看天人相关的形而上学的思考　《大东文化大学

汉学会志》15,1976 年 3 月

关于东汉王制篇成立的思想的背景　《大东文化大学纪要》15,1977 年 3 月

礼乐思想形成的相关关系与礼的机能　《日本中国学会报》29,1977 年 10 月

论《诗经》十五国风所体现的科学思想　《第三届诗经国际学术研讨会论文集》,天马图书有限公司 1998 年

《毛诗风雅颂哲学思想考》序说　《第二届诗经国际学术研讨会论文集》语文出版社 1996 年

木村英一　关于孔子的天下游说　《日本中国学会报》18,1966 年 10 月

孔子的职业　《立命馆文学》264,1967 年 6 月

论语对孔子的称呼——子·孔子·夫子·仲尼·君子　《东方学》47,1974 年 1 月

关于论语的学而篇　《日本中国学会报》19,1967 年 11 月

从论语看德目的系统　《追手门学院大学文学部纪要》6,1972 年 12 月

关于论语的信的概念　《怀德》43,1973 年 10 月

关于论语中德的诸相　《宇野哲人先生百寿祝贺纪念东洋学论丛》,1974 年 10 月

子贡　《福田博士颂寿纪念东洋文化论集》,1969 年 12 月

颜渊　《东方学会创立二十五周年纪念东方学论集》,1972 年 12 月

子路管见　《铃木博士古稀纪念东洋学论丛》,1972 年 10 月

孔门的若干秀才——子游·子夏·子张·曾子 《日本中国学会报》24,1972 年 10 月

关于中国哲学的中庸思想 《日本中国学会报》31,1979 年 10 月

山室三良 孔子研究序说——方法论的一摸索 《福冈大学人文论丛》5,31973 年 11 月

孔子思想与五四时代 《福冈大学人文论丛》8—2,1976 年 9 月

论语的研究——论语的成立 《福冈大学研究所报》18, 1973 年 10 月

论语的研究——学而篇研究 《福冈大学人文论丛》6—1,1974 年 6 月

论语的研究——为政篇·里仁篇 《福冈大学研究所报》22,1974 年 11 月

论语的研究——公冶长篇研究 《福冈大学人文论丛》6—2、3,1974 年 11 月

论语的研究——雍也篇研究 《福冈大学人文论丛》6—4,1975 年 3 月

论语的研究——泰伯篇研究 《福冈大学人文论丛》7—1,1975 年 6 月

论语的研究——八佾篇研究 《福冈大学人文论丛》7—2,1975 年 9 月

论语的研究——子罕篇的研究 《福冈大学人文论丛》7—3,1975 年 12 月

论语的研究——述而篇 《福冈大学研究所报》26,1976 年 3 月

论语的研究——乡党篇的研究 《福冈大学人文论丛》

8—1,1976 年 6 月

论语的研究——先进篇　《福冈大学研究所报》28,1977
年 3 月

孟子的理想的世界观　《福冈大学研究所报》14,1971 年
6 月

白川静　尚书洛诰解　《说林》第三卷第八号

儒的源流　《历史与人物》2—1,1972 年 1 月

孔子的生涯　《历史与人物》1—2,1971 年 10 月

孔子的立场　《历史与人物》2—6,1972 年 6 月

赤塚忠　儒教——中国伦理的本流　《中央公馆》88—4,1973 年 4
月

关于殷代的上帝祭礼的复原　《二松学舍大学论集》昭和
41 年度 1967 年 3 月

先贤的道与求　《东洋文化研究所创设三十周年纪念论
集》,1970 年 11 月

关于鲁颂的构成　《东京支那学报》13,1967 年 6 月

大室斡雄　关于孟子的世界与人间　《山梨大学教育学部研究报
告》19,1969 年 2 月

关于孟子的历史的不幸　《东京支那学部》15,1969 年 6
月

孟子的游说家性与农民性——以社会的分业论为中心
《山梨大学教育学部研究报告》20,1970 年 2 月

淳于髡对孟子　《中哲文学会报》1,1974 年 10 月

关于荀子论理学的思考　《日本中国学会报》18,1966 年
10 月

荀子的历史意识　《东京支那学报》13,1967 年 6 月

荀子思想构造的研究　《思想的研究》1,1967 年 10 月

都市的人间——古代中国知识人的行动的构造　《思想》591,1973 年

鸡鸣考　《山梨大学教育学部研究报告》(人文社会科学)29,1978 年 12 月

大塚镫　论语的人格心理　《甲南大学文学会论集》30,1966 年 3 月

论语的政治心理　《甲南大学文学会论集》34,1967 年 3 月

论语的孝　《甲南大学文学会论集》38,1968 年 10 月

关于论语家族间的适应　《甲南大学纪要》(文学编)4,1971 年 3 月

西藤雅夫　从论语的忠恕再论德的宗教境涯　《彦根论丛》116、117,1966 年 3 月

名分论——关于论语的义与宗教的境涯　《彦根论丛》124,1967 年 3 月

从论语看德的自由与宗教的境涯　《彦根论丛》125,1967 年 9 月

关于论语的人间性与宗教性　《彦根论丛》126、127,1967 年 11 月

论语与人间——关于孔子人间性与宗教性　《彦根论集》132、133,1968 年 12 月

就论语看仁的人间性与宗教性　《彦根论集》134、135,1969 年 1 月

近藤英雄　诗经的伦理——中庸　《山崎先生退官纪念东洋史学论集》,1967 年 12 月

诗经的伦理——序说　《长野县立短期大学纪要》21,1967 年 2 月

　　　　　的关联　《古典评论》7，1970 年 9 月

　　　　　孟子名字考　《二松学舍大学论集》，昭和五十年

　　　　　郑卫歌谣论——诗经国风解释　《古典评论》6，1969 年
　　　　　12 月

　　　　　圣人的实像——孔子九尺六寸·长人说批判　《国学院大
　　　　　学纪要》11，1973 年 3 月

　　　　　君子的基础资格——关于孔子君子观的基底　《古典评
　　　　　论》9，1973 年 4 月

　　　　　周八士试论　《汉文学会会报》17，1972 年 3 月

宇野精一　天与人　《斯文》42，1965 年 3 月

　　　　　关于周公即位说　《东洋文化研究所创设三十周年纪念
　　　　　论集》，1970 年 11 月

　　　　　论语札记　《东京支那学报》16，1971 年 6 月

　　　　　关于古代中国性说的私见　《东方学会创立二十五周年
　　　　　东方学论集》，1972 年 12

　　　　　道的意味与变迁　《铃木博士古稀纪念东洋学论丛》，
　　　　　1972 年 10 月

　　　　　孟子的历史观　《宇野哲人先生百寿祝贺纪念东洋学论
　　　　　丛》，1974 年 1 月

　　　　　儒教伦理学的构想　《二松学舍大学论集》昭和 52，年度
　　　　　1977 年 10 月

高桥均　关于论语的君子　《汉文学学会报》(东京教育大学)28，
　　　　　1969 年 9 月

　　　　　论语义疏皇侃序札记　《汉文学会会报》30，1971 年 6 月

　　　　　关于孔子集团　《鹿儿岛大学教育学部研究纪要》(人文
　　　　　社会科学编)24，1973 年 3 月

　　　　　学而第一——论语再读　《鹿儿岛大学教育学部研究纪

要》(人文社会科学编)25,1974 年 3 月

论语"季氏将伐颛臾"章考　《加贺博士退官纪念中国文
史哲学论集》,1979 年 3 月

论语的文法　《大阪经济法科大学论集》3,1975 年 7 月

仲尼弟子列传　《东京教育大学文学部纪要》77,1970 年
3 月

竖玉六郎　孟轲性说管见　《九州中国学会报》16,1970 年 5 月

关于荀子的天政的观念　《九州中国学会报》18,1972 年
5 月

荀子的天的考察　《支那学研究》33,1968 年 1 月

关于荀子的伪的考察　《支那学研究》341969 年 3 月

关于荀子天养的概念　《日本中国学会报》24,1972 年 10
月

荀子性朴说的提起——关于性伪之分的考察　《日本中
国学会报》26,1974 年 10 月

关于荀况事迹的几个问题　《小尾博士退休纪念中国文
学论集》,1976 年 3 月

荀况的性命观　《日本中国学会报》28,1976 年 10 月

林秀一　日本《孝经》刊行年表　《书志学》第 2 卷第 1—2 号,1934
年

日本《孝经》年谱　《汉学会志》第 2 卷第 1—2 号,1934
年

关于敦煌遗书孝经郑注本的经文复原　《东方学》29,
1965 年 2 月

关于儒学的谏诤论　《东京支那学报》12,1966 年 6 月

关于冈山藩学校使用的中江藤树手笔孝经版本　《福井
博士颂寿纪念东洋文化论集》,1969 年 12 月

关于孝经刊误的成立　《东方学会创立二十五周年纪念东方学论集》,1972 年 12 月

关于今文孝经的经文成立　《宇野哲人先生百寿祝贺纪念东洋学论丛》,1974 年 10 月

佐野公治　明代前半期的思想动向　《日本中国学会报》26,1974 年

宋以降的思想史的展望——论语颜渊篇首章的解释史《思想的研究》5,1971 年 6 月

关于"仁学"变革的论理　《中京大学教养论丛》8—2,1968 年 1 月

关于晚明四书解四书评的位置　《日本中国学会报》29,1977 年 10 月

周汝登的四书学　《爱知县立大学文学部论集》(国文学科编)29,1979 年 12 月

明代四书解释的基础的检讨　《爱知县立大学文学部论集》(国文学科编)6,1975 年 12 月;1978 年 3 月

晚明的四书学　《明代思想文艺论集》,1981 年

岛田虔次　程颢　《世界历史事典》,平凡社 1956 年

关于中国近世的主观唯心论——万物一体之仁的思想《东方学报》(京都)二八号

明代思想研究的现阶段　《历史教育》10—10,1962 年

现代的儒教哲学　《思想》1988 年 8 月号

王阳明与王龙溪——主观唯心论的高潮　辛冠洁主编《日本学者论中国哲学史》,中华书局 1986 年

明代思想的一个基调　《日本学者研究中国史论著选译》第七卷,中华书局 1993 年

六经皆史说　同上

板野长八　孔子与墨子　《支那学研究》32,1966 年 10 月

　　孟子的人间观　《广岛大学文学部纪要》27—1,1967 年
　　12 月

　　易的圣人与形而上的道　《广岛大学文学部纪要》25—1,
　　1965 年 12 月

　　战国秦汉期间孝的二重性　《史学研究》100,1967 年 6
　　月

　　左传的作成　《史学研究》127,1975 年 6 月

　　其或继周者虽百世亦可知也　《江上波夫教授古稀纪念
　　论集》(民族·文化篇),1977 年 4 月

　　从公羊传看春秋的图书化　《史学杂志》87—10,1978 年
　　10 月

　　中庸篇的修道　《广岛修大论集》(人文编)18—2,1978 年
　　3 月

宇野哲人　朱子与阳明的修养　《东洋文化(东洋文化振兴会)》
　　19,1974 年 10 月

渡迈卓　孔子说话的思想史的研究　《山梨大学学芸学部研究报
　　告》5,1954 年 12 月

加藤常贤　孔子的孝的新解释　《斯文》43,1965 年 9 月

　　玉烛和爻时史和玉衡——尧典在璇玑玉衡以齐七政
　　《日本中国学会报》19,1967 年 11 月

俣野太郎　不迁怒不贰过——关于孔子教说的自省自律的立场
　　《东洋文化》(无穷会)11,1965 年 9 月

浅间敏太　关于孔子与孟荀　《中国哲学》3,1965 年 10 月

大久保英子　泰州学派有其社会基础　《东洋史学论集》(第三
　　集),不昧堂书店 1954 年出版

官川尚志　儒教的宗教的性格　《宗教研究》180,1965 年 1 月

白鸟库吉　中国古代传说之研究　《东洋时报》1909 年 131 号

　　　　尚书的高等批判——关于尧舜禹　《东亚研究》1912 年 4
　　月号

桥本增吉传　经书之研究　《东洋学报》二卷二号,三卷三号、四号

隈本有尚　尚书日蚀的史实性　《东京物理学校杂志》488—492
　　号

户田浩晓　儒佛伦理的问题　《东洋文化》(无穷会)12,1966 年 1
　　月

中江丑吉　关于书二十九篇之我见　1934 年发表,1950 年收入中
　　江氏《中国古代政治思想》一书

　　　　谈商书盘庚篇　收入中江氏《中国古代政治思想》一书

仓石武四郎　东洋文库藏中原本古文尚书卷第六跋　1939 年东
　　洋文库影印其本为卷轴本,附录小册中收此文为第二,题
　　为《考证》

平冈武夫　续尚书诸人　《东方学报》京都第十四册,1944 年 6 月

　　　　周初的精神生活　《支那学》第十卷特别号

　　　　天下的世界观与宗教　1945 年《哲学季刊》第四卷

户田丰三郎　洪范篇原始　《广岛大学文学部纪要》10 期,1956 年
　　8 月

木村义德　周公和尚书　早稻田大学《史观》62,1961 年 7 月

野村茂夫　尚书小论　《日本中国学会报》第十四集,1962 年

　　　　关于尚书中汤的考察　1963 年在日本中国学会 15 届学
　　术大会上发表

　　　　先秦尚书流传问题的若干问题　1965 年 12 月《日本中
　　国学会报》17,

　　　　疑《伪古文尚书》考(上)(中)　中篇载 1988 年《爱知教育
　　大学研究报告(人文科学)》37 号

吉川秀一　尚书的思想——与孔子思想的联系　1964 年 3 月大
　　　　阪《学艺大学纪要》(A,人文科学)12 期

神谷成三　关于中国古代思想中生·死·鬼神·德的意义——下
　　　　完——尚书道德考　《鹿儿岛大学文科报告》(鹿儿岛大
　　　　学教养学部)3 期,1967 年 6 月

吉田惠　书经的形成——墨子和孟子所起的作用　《同志社大学
　　　　人文学》第 101 号,1968 年 3 月

山田统　大学首章和尧典的序章　《国学院杂志》第 70 卷(7),
　　　　1969 年 7 月

小野泽精一　尚书皋陶谟篇的构成上所见问题点——通婚二族的
　　　　反目及协调的传说考察　东京大学《人文科学科纪要》48
　　　　号,1969 年 12 月
　　　　尚书皋陶谟的对话构成之思想史的考察——儒墨抗衡及
　　　　协调·王廷礼乐思想的运用　东大《人文科学科纪要》51
　　　　号,1970 年 12 月

铃木直治　书经语法札记　《金泽大学教养学部论集·人文科学
　　　　篇》,1970 年 3 月

大野圭介　商周的开国神话和"神代史"　《第一届诗经国际学术
　　　　研讨会论文集》,河北大学出版社 1994 年

中村俊也　公羊传的霸者观　《汉文学会会报》(东京教育大学)
　　　　33,1974 年 6 月
　　　　《春秋公羊传解诂》训读　《东洋文化》(无穷会)46,1979
　　　　年 7 月

中山愈　书经里"中"的构造及论理　《鹿儿岛短期大学研究纪要》
　　　　9 号,1975 年

三浦吉明　经书所见关于天的思想——以诗经·书经为中心　《东
　　　　北大学集刊·东洋学》34 号,1975 年

吹野安　"誓·诰"发想管窥　国学院大学《汉文学会报》23 号，1977 年

谷中信一　周书逸文考　早稻田大学《思想家》68 号，1980 年

逸周书研究（一）、（二）　早稻田大学高等学院《研究年志》28 号、29 号，1984、1985 年

逸周书的思想及形成——齐学术一侧面之考察　《日本中国学会报》第 38 集，1986 年

铃木修次　诗经·书经的传统　《世界古典文学全集·月报》(2)，第 2 卷附录，1981 年 5 月

吉田惠　书经和酒　《世界古典文学全集·月报》(2)，第 2 卷附录，1981 年 5 月

金谷治　古文尚书·文本解说　1981 年《天理图书馆善本丛书·古文尚书》附文(与《庄子音义》合订本)

关于荀子的"天人之分"自然观的特质　《东洋学》24，1970 年 10 月

中国古代人类观的觉悟　辛冠洁主编《日本学者论中国哲学史》，中华书局 1986 年

筑岛裕　古文尚书·训点解说　《天理图书馆善本丛书·古文尚书》附文(与《庄子音义》合订本)，1981 年

斋木哲郎　秦儒的活动素描——尚书尧典的改订及礼记大学篇的形成　《日本中国学会报》第 38 集，1986 年

久富木成大　书经中的老人统治　《金泽大学教养学部论集(人文科学篇)》25—2 号，1988 年

吉田纯　尚书古文疏证及其时代　《日本中国学会报》第 40 集，1988 年 10 月

隈本宏　关于儒家的丧礼态度　《久留米短期大学·久留米工业高等专门学校研究报告》4，1965 年 12 月

木全德雄　儒教的本质　《汉文教室》76，1966 年 5 月

阿部吉雄　日朝中三国的新儒学的发展比较　《东京支那学报》
　　12，1966 年 6 月

平沢东贯　"文献"考　《山形女子短期大学纪要》1，1967 年 8 月

小林多加士　仁与实存——儒教的人间主义与专制主义的根源
　　《东洋学研究》2，1967 年 8 月

本田济　圣人　《人文研究》(大阪市立大学)19—10，1968 年 3 月

高田真治　关于东洋政治哲学的二源流——孟荀二子的所论为中
　　心　《国士馆大学人文学会纪要》1，1969 年 3 月
　　正名的思想　《东洋研究》13，1966 年 10 月

重沢俊郎　初期儒学思想的阶级性——中国周代的阶级斗争与孔
　　·孟的思想　《科学与思想》7，1973 年 1 月
　　评杨荣国氏的《顽迷奴隶制的拥护的思想家——孔子》
　　《中国研究》54，1974 年 9 月

森熊男　儒家的谏争论　《冈山大学教育学部研究集》40，1974 年
　　8 月
　　关于孔子学团的"学·禄"意识　《冈山大学教育学部研究
　　集》41，1975 年 2 月

大槻信良　关于儒教的隆替　《宇野哲人先生百寿祝贺纪念东洋
　　学论丛》1974 年 10 月

佐藤匡玄　原始儒教思想成立的背景　《爱知学院大学文学部纪
　　要》4，1974 年 12 月

平田荣　关于中的考察　《宇野哲人先生百寿祝贺纪念东洋学论
　　丛》1974 年 10 月

中村竜人　中国古代的"礼乐论"与"诗的发想"　《流球大学国文
　　学·哲学论集》19，1975 年 3 月

服部昌之　关于中国儒教批判　《北九州大学外国语学部纪要》

31,1976 年 11 月

岛森哲男　关于原始儒教的伦理　《东京学》36,1976 年 11 月

中屋敷宏　儒教的意识形态论——儒教的思考的论理的构造
《筑紫女学团短期大学纪要》12,1977 年 3 月

松浦玲　关于中国与日本的王道论　《东洋学术研究》16—6,1977
年 11 月

吉田仁祉　儒教的天·仁·心　《森三树三郎博士颂寿纪念东洋学
论集》1979 年 12 月

铁井庆纪　关于"中"神话学的一试论　《池田末利博士古稀纪念
东洋学论集》1980 年 9 月

坂元弘子　比较熊十力和章太炎的哲学思想　《玄圃论学集》三联
书店 1990 年版

后藤延子　梁漱溟的佛教人生论——以《究元决疑论》为主对象
《东岳论丛》1990 年 4 月

吉川忠夫　六朝士大夫的精神生活　《日本学者研究中国史论著
选译》第七卷,中华书局 1993 年

町田三郎　刘向觉书　《日本中国学会报》28,1976 年 10 月

大久保隆郎　桓谭生卒年考　福岛大学教育学部论集 20—2,
1968 年 11 月

桓谭年谱考　福岛大学教育学部论集 21—2,1969 年 11
月

中西庆尔　蔡邕　《书品》252,1977 年 5 月

丹羽兑子　文人的原型——蔡邕　《书论》2,1973 年 5 月

马渊昌也　陈确的"非本来性"儒学思想　国际儒学联合会编《纪
念孔子诞辰 2550 周年国际学术讨论会论文集》,国际文
化出版公司,2000 年

赖房树　关于中国古代的农祭"腊"　《广岛大学教育学部纪要》

（第二部）16,1968 年 1 月

道端良秀　中国的吊葬仪礼与佛教　《宗教研究》198,1969 年 3 月

桑原幸三　关于中国的葬仪的经济史考察　《彦根论丛》138,1969 年 9 月

粟原朋信　关于古代中国与日本牺牲礼的考察　《福井博士颂寿纪念东洋文化论集》,1969 年 12 月

三上顺　就中国古代的射礼的考察　《哲学》(广岛哲学会)21,1970 年 3 月

藤野岩友　"古不祭墓"小考　《东洋文化研究所创设三十周年纪念论集》,1970 年 11 月

好井隆司　中国古代的山川神祭祀的变貌　《冈山大学法文学部学术纪要》(史学篇)38,1977 年 12 月

尾形男　皇帝的自称形式与即位仪礼　《山梨大学教育学部研究报告》(人文社会科学系)28,1977 年 12 月

金田成雄　中国的饮酒仪礼管见　《京都女子大学人文论丛》26,1977 年 12 月

藤田忠　从诗经看"方社的祭祀"——关于郑玄方祭的解释　《内田吟风博士颂寿纪念东洋史论集》,1978 年 8 月
　　中国古代的祭祀——"禋于六宗"　《国士馆大学人文学会纪要》13,1980 年 12 月

花房卓尔　元服仪礼的理想与现实——关于元服实施年龄　《广岛大学文学部纪要》40,1980 年 12 月

尾形勇　关于汉唐间的家人之礼　《山梨大学教育学部研究报告》(人文社会科学系)24,1974 年 2 月

西嶋定生　汉代的即位仪礼　《榎博士还历纪念东洋史论丛》,1975 年 11 月

金子修一　魏晋至隋唐时代的郊祭·宗庙的制度　《史学杂志》
88—10,1979 年 10 月

唐代的大祀·中祀·小祀　《高知大学学术研究报告》(人
文科学)25,1976 年 10 月

关于中国古代皇帝祭祀的考察　《史学杂志》87—2,
1978 年 2 月

新海一　神位考——"大唐开元礼"释奠从祀私记　《国学院杂志》
81—10,1980 年 10 月

矢崎浩之　林罗山的学问活动与甲名书的行成——罗山撰《书经
要语》《儒学文化》创刊号

山田统　子的虚构性　《国学院杂志》66—10,1965 年 10 月

沼尻正隆　原始宗教观念与孔子的立场　《汉学研究》3,1965 年 3
月

关于孔子思想的成立　《日本大学人文科学研究所研究
纪要》8,1965 年 12 月

知天命考　《汉学研究》10,1973 年 3 月

今道友信　从孔子的美学看艺术超越的问题　《美学》16—3,1965
年 12 月

西田竜雄　关于西夏语沢《论语》《吉川博士退休纪念中国文学
论集》,1968 年 3 月

小仓芳彦　孔子与董仲舒　《古代史讲座》12,1965 年 11 月

松代尚江　以礼说为中心考察孔子　《怀德》37,1966 年 10 月

铃木由次郎　孔子之易　《东方宗教》31,1968 年 5 月

桑田幸三　孔子的经济思想的一断面——性别分业　《彦根论丛》
132、133,1968 年 12 月

渡边清　从论语看孔子(一)　《大阪教育大学纪要(教科教育)》
17,1969 年 1 月

铃木喜一　孔子传的诸问题　《日本中国学会报》21，1969 年 12
　　　月

　　　孔子的知识论　《日本中国学会报》22，1970 年 10 月

　　　论语各章的年代决定试论　《东京支那学报》15，1969 年
　　　6 月

三森定一　孔子的素描　《古代学》16—2，1969 年 12 月

　　　仲尼史乘札记　《北海学论集》20，1972 年 3 月

土井久　言叶与孔子　《京都大学教育学部纪要》16，1970 年 3 月

神谷正男　希世的孔子观　《斯文》61，1970 年 5 月

白石仁祉　孔子的思想　《亚洲文化》7—3，1971 年 1 月

盐谷温　关于孔子　《学苑》380，1971 年 8 月

吉田贤抗　关于孔子的进退去就——"用之则行，舍之则藏"　《斯
　　　文》66，1971 年 8 月

山下政治　东洋哲学的根本问题——孔、颜的体验与其学　《东京
　　　学芸大学纪要》(人文科学)24，1973 年 2 月

尾崎庄太郎　关于孔子思想的时代背景的特征　《中国研究》54，
　　　1974 年 9 月

藤井专英　孔子与释迦　《宇野哲人先生百寿祝贺纪念东洋学论
　　　丛》，1974 年 10 月

田村辉雄　孔子评价　《宇野哲人先生百寿祝贺纪念东洋学论
　　　丛》，1974 年 10 月

关屋光彦　关于孔子思想的若干考察　《东京女子大学附属比较
　　　文化研究所纪要》36，1975 年 1 月

木全德雄　封建伦理与家产制伦理——孔门下的二种可能性
　　　《筑波大学哲学·思想学系论集》1975 年

三浦吉明　孔子的天的思想——关于宗教的性格　《东洋学》36，
　　　1976 年 11 月

20世纪儒学研究大系

松代尚江　关于孔子思想的根源性的限界　《中国哲学史的展望
　　　　　与摸索》,1976 年 11 月

六角恒广　中国对孔子的批判　《早稻田商学》261,1976 年 12 月

松尾善弘　"诛少正卯"私论　《鹿儿岛大学教育学部研究纪要》
　　　　　(人文社会科学篇)29,1977 年 3 月

今滨通隆　孔门的四科与言语位置——关于儒学的"言语"观的变
　　　　　迁　《中国古典研究》22,1977 年 4 月

一海知义　陶渊明的孔子批判　《文学》45—4,1977 年 4 月

吉原英夫　关于中国孔子批判的诸问题　《汉文学会会报》(东京
　　　　　教育大学)36,1977 年 6 月

石川英昭　孔子的礼思想　《法哲学年报》1978 年

安本博　孔子的孝与中庸　《森三树三郎博士颂寿纪念东洋学论
　　　　　集》1979 年 12 月

田口正治　关于论语仁章(后篇)　《九州中国学会报》11,1965 年
　　　　　5 月

前山礼次　论语篇名考　《九州中国学会报》11,1965 年 5 月

高岛进子　论语与社会学　《关西学院大学社会学部纪要》15,
　　　　　1967 年 12 月

佐藤一郎　关于论语的子贡的研究——古代哲学的成立与商业的
　　　　　思维　《北海道大学文学部纪要》14—1,1966 年 11 月

吉原文昭　论语集注朱子自笔残稿　《芸林》17—5、6,1966 年 12
　　　　　月

　　　　　论语集注研究　《斯文》48,1967 年 3 月

　　　　　刊本论语集注的系统与成立年代　《东京支那学报》13,
　　　　　1967 年 6 月

　　　　　真德秀的论语集编　《芸林》19—1,1968 年 2 月

柳町达也　论语先进篇卒章读解上的问题点　《东京学芸大学纪

要》(人文科学)18,1967 年 1 月

矢岛玄亮 论语琐记——论语的言语环境 《智山学报》15,1967
年 3 月

铃木由次郎 知命 《斯文》48,1967 年 3 月

内野熊一郎 关于清原家相传论语抄本之论语释文的一考察
《汉学研究》5,1967 年 5 月

大川富之助 关于论语的助词及强大文态的分类学的研究 《观
见学园国语科纪要》16,1968 年 3 月

田岛道治 关于论语的"学" 《心》21—6,1968 年 6 月

杉浦丰治 论语皇疏之论理 《金城国文》15—1,1968 年 8 月

田中佩刀 论语栏外书的考察 《明治大学教养论集》41,1968 年
3 月

立石广男 经典释文的综合研究——清原家相传论语三本书之反
切对照表(微子第十八·子张第十九·尧曰第二十) 《汉
学研究》6,1968 年 6 月

坂井健一 关于论语释文的反切音 《日本中国学会报》21,1969
年 12 月

吉川幸次郎 论语杂记——凤鸟不至 《新潮》66—1,1969 年 1
月

宫崎市定 关于论语的解释 《古代学》16—2—4,1969 年 12 月

竹治贞夫 名与字——论语的文章 《德岛大学学芸纪要》(人文
科学)19,1970 年 2 月

福岛吉彦 论语说——三则 《东方学报》(京都)41,1970 年 3 月

原田宪雄 川上之叹——论语札记 《禅学研究》58,1970 年 3 月

熊古尚夫 敦煌出土孔氏本郑氏注论语的研究 《横滨国立大学
人文纪要》(语学文学)16,1970 年 3 月

论语释文所载的郑注论语的研究 《横滨国立大学人文

纪要》(语学文学)16,1970 年 3 月

长泽规矩也　要法寺版论语的整版及乱版　《书志学》20,1970 年
11 月

远藤光正　从金言集看论语的精神　《斯文》66,1971 年 8 月

户川芳郎　"利"义臆解——论语"子罕言利"章　《东京支那学报》
16,1971 年 6 月

合山究　论语的解释——通说的疑问与解明　《汉文教室》102,
1972 年 3 月

论语解释试论　《九州中国学会报》18,1972 年 5 月

增田欣　太平记与论语　《富山大学教育学报纪要》20,1972 年 3
月

户田昌幸　论语的知、知德一体论　《丽泽大学纪要》13,1972 年 3
月

古田敬一　论语的对偶表现　《支那学研究》36,1972 年 5 月

高炯常信　论语集注成立过程的一考察　《香川中国学会报》7,
1972 年 9 月

下见隆雄　关于论语的隐逸　《东方学》45,1973 年 1 月

松尾善弘　"民之于仁(卫灵公)"解　《汉文学会会报》(东京教育
大学)33,1974 年 6 月

铃木直治　关于论语中虚词的特征　《宇野哲人先生百寿祝贺纪
念东洋学论丛》,1974 年 10 月

合山究　论语解释试论　《文学论辑》22,1975 年 3 月

小川晴久　论语的特殊的普遍性的形态与古典性——"君子—小
人"概念为中心　《东京女子大学论集》26,11975 年 9 月

西冈弘　论语季路敢问死之章　《神道宗教》75—79,1975 年 3 月

论语浴乎沂风乎舞雩之章　《国学院杂志》76—11,1975
年 11 月

村上雅孝　宽文四年版道春点论语语条索引稿　《共立女子大学文芸学部纪要》23,1977 年 2 月

和泉全恒　关于论语中道德与政治的侧面的考察——"和"的背景《密教文化》120,1977 年 12 月

俣野太郎　论语司马牛尤日章考释　《东京文化研究所纪要》(无穷会)8,1972 年 9 月

论语的原始的思想——"名、利"为焦点　《东洋文化研究所纪要》(无穷会)10,1978 年 3 月

论语·泰伯篇第十三章的疑问——关于"邦有道贫且贱焉耻也"《三上次男博士颂寿纪念东洋史·考古学论集》,1979 年 3 月

颜渊的短命说——试论论语的史实性　《东方学》52,1976 年 7 月

老田辉己　关于论语的"礼"的考察　《北九州工业高专研究报告》12,1979 年 1 月

山本建一　皇侃论语义疏的诸特征考察　《名古屋大学中国语学文学论集》3,1979 年 2 月

本田济　论语一则　《加贺博士退官纪念中国文史哲学论集》,1979 年 3 月

熊古尚夫　卜写本论语郑注考　《究贺博士退官纪念中国文史哲学论集》,1979 年 3 月

神乐闻昌俊　从论语看隐与逸　《森三树三郎博士颂寿纪念东洋学论集》,1979 年 12 月

宫内德雄　论语"鼎句"(三语句鼎立)的国语的考察　《森三树三郎博士颂寿纪念东洋学论集》,1979 年 12 月

大槻信良　关于论语集注的皇疏参酌的态度　《东方学》59,1980 年 1 月

吉田仁祉　关于论语为政篇的"耳顺"　《京都产业大学论集》9—4,1980 年 9 月

高峰文义　论语教育的理想像——君子　《福冈大学人文论丛》12—3,1980 年 12 月

佐藤襄二　论漆雕开　《东洋文化》(东洋文化振兴会)14,1967 年10 月

铃木三八男　十哲木主　《斯文》61,1970 年 5 月

山田胜美　孔子学校的人　《斯文》63·64,1971 年 3 月

原宗子　子路试论　《学习院史学》11,1974 年 12 月

山田统　伯鱼与陈亢　《国学院杂志》76—11,1975 年 11 月

户川芳郎　公冶长的解鸟语——经学与说话　《东洋文化》(东洋大学)57,1977 年 3 月

俣野太郎　曾子人物象的考察——孝子传说的成立过程　《汉学研究》16·17,1978 年 9 月

铃木喜一　颜回论　《森三树三郎博士颂寿纪念东洋学论集》,1979 年 12 月

三上诚治郎　孟子性善说的再探讨　《和洋女子大学大学纪要》10,1965 年 12 月

高桥正和　孟子字义疏证　《九州中国学会报》12,1966 年 4 月

猪口笃志　孟子年表　《东洋研究》12,1966 年 5 月

孟子传　大东文化大学东洋研究所 1970 年

广常人世　孟子的天人观　《东京支那学报》12,1966 年 6 月

仁枝忠　孟子年谱——附孟子研究史略表　《津山工业高等专门学校纪要》1—4,1967 年 3 月

冈阪猛雄　关于孟轲的言的意识　《京都教育大学纪要》(A)30,1967 年 3 月

木村正雄　孟子的井地说的历史意义　《山崎先生退官纪念东洋

史学论集》,1967 年 12 月

柳本实　关于孟子的民与政治　《新泻大学教育学部高田分校研究纪要》13,1968 年 1 月

孟子三考　《新泻大学教育学部纪要》9—1,1968 年 3 月

关于荀子的"中"思想　《新泻大学教育学部纪要》8—1,1967 年 3 月

关于荀子的情　《新泻大学教育学部高田分校研究纪要》14,1970 年 1 月

佐中壮　孟子二题　《芸林》19—1,1968 年 2 月

河村义昌　关于冢田大峰"孟子断"　《国文学论考》5,1968 年 11 月

浦口雄三　孟子字义疏证的历史的考察　《东京大学东洋文化研究所纪要》48,1969 年 3 月

藤堂明保　孟子随感　《中国语学》194,1969 年 10 月

镇西晃夫　孟子的政治思想小考　《北里大学教养部纪要》4,1970 年 3 月

高木孝诠　关于孟子的职责论　《八幡大学论集》20—3—4,1970 年 3 月

仓田性靖　孟子性善说的研究　《大东文化大学纪要》9,1971 年 3 月

桑田幸三　孟子井田制的经济思想　《彦根论丛》154,1972 年 3 月

重沢俊郎　邓析与孔丘　《哲学研究》44—12,1971 年 2 月

孟子的王道学说的历史的意味　《中国研究》28,1972 年 7 月

竹内照夫　孟子的最终章的解释　《关西大学中国文学会纪要》4,1973 年 2 月

山本严　孟子的所谓"民为贵"　《宇都宫大学教育学部纪要》23—
　　　　1,1973 年 12 月

宇野茂彦　魏的客士登用与孟子　《中哲文学会报》1,1974 年 10
　　　　月

山田统　孟子行年八十四岁说　《宇野哲人先生百寿祝贺纪念东
　　　　洋学论丛》,1974 年 10 月

新井哲夫　关于孟子的王道论　《精神科学》15,1976 年 3 月

浅井茂夫　孟子的义的一考察　《千叶商大纪要》14—1,1976 年 6
　　　　月

森熊男　关于孟子的"学·禄"意识——知识人的变容　《冈山大学
　　　　教育学部研究集录》45,1976 年 8 月

　　　　孟子的王道论——善政与善教　《冈山大学教育学部研
　　　　究集录》50—2,1979 年 6 月

　　　　关于荀子门人的"学·禄"意识　《冈山大学教育学部研究
　　　　集录》50—1,1979 年 3 月

近藤正则　关于"孟子见梁惠王"的见字　《孟子集注》字义的分别
　　　　《东洋文化》(无穷会)40,1976 年 9 月

桥本高胜　关于孟子字义疏证——人间的自然的解释上的操作
　　　　《中国哲学史的展望与摸索》,1976 年 11 月

岛一　孟子的人间论的一侧面　《文化》40—3—4,1977 年 3 月
　　　　荀子的本性论的二重构造　《东洋学》40,1978 年 11 月
　　　　关于孔孟荀天人论的异同　《文化》43—1—2,1979 年 9 月

小林俊雄　清家本孟子考　《日本中国学会报》31,1979 年 10 月

伊藤计　关于孟子的"大人"　《森三树三郎博士颂寿纪念东洋学
　　　　论集》,1979 年 12 月

　　　　"后王"思想研究——荀子的历史观的角度的一考察
　　　　《中国的文化与社会》12,1966 年 6 月

黄济清　孟子思想对于教育的影响　《森三树三郎博士颂寿纪念东洋学论集》,1979年12月

相原俊二　关于孟子的五霸　《池田末利博士古稀纪念东洋学论集》,1980年9月

本田济　关于赵岐《孟子章句》　《池田末利博士古稀纪念东洋学论集》,1980年9月

园家荣照　关于孟、荀二子的性论　《金泽大学教育学部纪要》(人文社会科学编)13,1965年3月

杉本达夫　《读荀子》与《荀子断》　《人文学报》(东京都立大学)53,1966年3月

横松宗　荀子研究补遗——荀子的学统　《八幡大学论集》16—2,1966年3月

三上诚治郎　关于荀子的性恶说　《斯文》44,1966年3月

　　　　荀子的性恶说——其性恶思想以前的性的观念　《和洋国文研究》6,1967年12月

　　　　关于荀子性恶论——性恶的观念　《和洋女子大学大学纪要》13,1968年12月

　　　　孟荀性说的再探讨(结语)　《和洋国文研究》7,1969年3月

户田丰三郎　经义管窥二则　《东洋文化》(无穷会)15,1967年1月

松代尚江　荀子的礼说——对其社会政治思想史的意义的考察　《怀德》38,1967年10月

小川晴久　荀子的论理　《思想的研究》1,1967年10月

藤野岩友　荀子的成相与杵歌　《日本文学论究》27,1968年3月

齐藤权次郎　关于荀子的思想　《奥州大学纪要》1,1968年12月

板野长三　荀子的"天人之分"　《广岛大学文学部纪要》28—1,

20世纪儒学研究大系

1968 年 12 月

内山俊彦　关于荀子思想的自然认识与政治认识　《山口大学文学会志》20—1,1969 年 7 月

黄介骞　荀子的政治经济思想　《经济经营论丛》5—1,1970 年 6 月

中村俊也　关于荀子的性论　《汉文学会会报》(东京教育大学)29,1970 年 9 月

关于孟荀的天论　《汉文学会会报》(东京教育大学)30,1971 年 6 月

关于荀子的后王思想　《汉文教室》104,1972 年 10 月

孟、荀二子的思想与公羊传的思想　《东京教育大学文学部纪要》102,1975 年 3 月

杖下隆之　荀子引经考　《东洋大学纪要》(文学部篇)24,1970 年 12 月

赖芳树　荀子思想的形成　《广岛大学教育学部纪要》(第二部)19,1971 年 3 月

池田知久　荀子性恶说的本质与机能　《高知大国文》2,1971 年 8 月

柳濑喜代志　荀子的《后王》考　《东洋文学研究》20,1972 年 3 月

冈田修　荀子伦理思想疑问　《大东文化大学汉学会志》11,1972 年 6 月

滨口富士雄　关于荀子"诎五指而顿首"　《东洋文化》(无穷会)28,1972 年 6 月

关于荀子的忠　《大东文化大学汉学会志》12,1973 年 2 月

荀子的姓氏名字　《斯文》71—72,1973 年 3 月

荀子性恶说小论　《大东文化大学汉学会志》13,1974 年

2 月

荀子性恶篇考　《东洋文化》(无穷会)34,1974 年 3 月

周礼保氏五射考　《池田末利博士古稀纪念东洋学论集》
1980 年 9 月

福井文雅　荀子劝学篇的意图与构造　《铃木博士古稀纪念东洋
学论丛》1972 年 10 月

原田种成　关于荀子天论篇的考察　《铃木博士古稀纪念东洋学
论丛》,1972 年 10 月

井出元　荀况研究——关于礼治政治思想的过渡的性格　《东洋
学》28,1972 年 10 月

大久保庄太郎　读荀子　《羽衣学园短期大学研究纪要》10,1974
年 1 月

高山方尚　关于荀子劝学篇的"君子"　《驹沢史学》21,1974 年 3
月

关于荀子的"君子"《驹沢地理》22,1975 年 3 月

商子·荀子·韩非子的"国家"　《中国古代史研究》4,1976
年 3 月

商子·荀子·韩非子的"国家"　《中国古代史研究》4,1976
年 3 月

伊贺了介　关于荀子的"文"《国文学论考》10,1974 年 3 月

市川本太郎　荀子的政治思想　《宇野哲人先生百寿祝贺纪念东
洋学论丛》,1974 年 10 月

六沢辰雄　关于诗书之天与人　《宇野哲人先生百寿祝贺纪念东
洋学论丛》,1974 年 10 月

松田弘　关于荀子的"学"的思想的位置　《伦理学研究》22,1975
年 3 月

关于荀子的儒家理念与天的思想的位置　《筑波大学哲

学·思想学系论集》,1976 年 3 月

武田秀夫　荀子的政治观——儒者的政治进出的前提　《中国哲学史的展望与摸索》,1976 年 11 月

真崎清博　　荀子的"类"《史学研究》134,1976 年 12 月

藤川正数　兼山、敬所的两荀子考与荀子杂志的关系　《东方学》53,1977 年 1 月

梁启雄的荀子约注与邦儒的荀子说的关系　《日本中国学会报》29,1977 年 10 月

关于荀子标注　《东洋学》38,1977 年 11 月

久保增水的荀子增注与前后的诸校释的关系　《斯文》81,1978 年 3 月

中国的荀子注释书久保筑水·猪饲敬所的荀子说　《香川大学教育学部研究报告》(第一部)46,1979 年 3 月

久保筑水著荀子增注·猪饲敬所著荀子补遗在中国学界的影响　《香川大学教育学部研究报告》(第一部)46,1979 年 3 月

春秋左氏传的家族主义的伦理思想　《池田末利博士古稀纪念东洋学论集》,1980 年 9 月

森田传一郎　关于荀子的性说考察的现代科学的合理性　《二松学舍大学人文论丛》12,1977 年 10 月

三浦吉明　关于荀子的后王思想　《东洋学》39,1978 年 6 月

片仓望　荀子思想的分裂与统一——"天人之分"的思想　《东洋学》40,1978 年 11 月

相原俊二　荀子的霸与五霸　《三上次男博士颂寿纪念东洋史·考古学论集》,1979 年 3 月

森秀树　韩非与荀况——思想的继承与断绝　《关西大学文学论集》28—4,1979 年 3 月

吉田照子　荀子性恶篇所见的性善说的解释　《福冈女子短期大学纪要》17,1979 年 6 月

浅野裕一　关于荀况约名的理论　《东洋学》41,1979 年 5 月

久保田刚　荀子礼论篇的"瘠"与"墨"　《哲学》(广岛哲学会)31,1979 年 10 月

　　　　关于荀子乐论篇的考察——乐论的思想性与特质　《池田末利博士古稀纪念东洋学论集》1980 年 9 月

玉置重俊　荀子的礼说的根据与礼治的构造　《中国哲学》8,1979 年 10 月

横松宗　荀子的政治思想　《八幡大学社会文化研究所纪要》7,1980 年 3 月

中村樗　荀子的思想与体育　《花园大学研究纪要》11,1980 年 3 月

内山俊彦　荀子名实论的性格　《池田末利博士古稀纪念东洋学论集》1980 年 9 月

武内义雄　宋学之由来及其特殊性(上、中、下)　《国广杂志》1923 年 9 月

今井宇三郎　《伊川易传》自序考　《日本中国学会报》,1950 年

西顺藏　程明道的天理——性理学的理的性格　哲学杂志,1951 年

楠本正继　二程子论——明道之部　《九州大学哲学报》,1955 年
　　　　程明道　《世界大百科事典》,平凡社 1957 年

市川安司　关于程明道的理　《东京大学教养学部人文科学科纪要》,1955 年
　　　　关于程伊川的理(二)　《东京大学教养学部人文科学科纪要》16,1958 年
　　　　关于程伊川的理(三)(四)　《东京大学教养学部人文科

学科纪要》,1964 年

关于先进的礼乐　《斯文》51,1968 年 3 月

户田丰三郎　《伊川易传》考　《支那研究》,1960 年

友枝龙太郎　程明道对天理的体会　《广岛大学文学报纪要》,
1964 年

程伊川的穷理说的展开　《东京支那报》,1964 年

伊川穷理说的性格　《广岛大学学部经要》,1965 年

朱子的格物穷理与阳明的致良知——理性主义与生命
主义　《东洋学术研究》16—4,1977 年 7 月

朱子学之基本特性　辛冠洁主编《日本学者论中国哲学
史》,中华书局 1986 年

上山春平　朱子的人性论与礼论　辛冠洁主编《日本学者论中国
哲学史》,中华书局 1986 年

高桥正和　二程子的研究　《别府大学纪要》,1968 年

久须本文雄　二程子学禅考　《禅文化研究所纪要》,1969 年

程门诸子中的禅的影响　《禅文化研究所纪要》,1977 年

土田健次郎　程伊川的"理一"的特性　1976 年

《伊川易传》的思想　《宋代史研究会研究报告》(第一
集),1983 年

市来津由彦　从关学的关系所看到的程伊川　《东洋学》1977 年

程伊川实践论逻辑的形式——以《遗书》,"入关语录"为
中心　《东洋学》1977 年

程颐的"未发"、已发论——围绕苏季明的问答　1983 年

韩维和程颢——围绕持国问答　《东北大学教养部纪
要》,1985 年

山根三芳　二程子礼说考　《吉冈博士还历纪念道教研究论集》
1977 年

20世纪儒学研究大系

高炯常信　宋代儒学者的道德思想——周濂溪、程明道、程伊川
　　东京学芸大学纪要 1978 年

越水荣三　程伊川(颜子所好何学论)的圣人可至说　《东洋文
　　化》,1984 年

松川健二　宋明的思想诗　《北海道大学图书刊行会》1988 年

上野日出刀　邵雍的生平与诗　《吉川博士退休纪念中国文学论
　　集》,1968 年 3 月

佐藤仁　"朱子行状"考　《九州中国学会报》13,1967 年 5 月
　　朱熹与陆游　《小尾博士退休纪念中国文学论集》,1976
　　年 3 月

高桥进　朱·王两思想的比较论的研究　《东京教育大学文学部纪
　　要》60,1967 年 3 月
　　中国的思维的特质——老庄思维与儒家思维的关联
　　《淑德大学纪要》1,1967 年 3 月
　　从现代伦理学看《论语》道德论的构造　《儒学国际学术
　　讨论会论文集》,齐鲁书社 1989 年版

大槻信良　从朱子学的观点看元、明的隐逸风格的异同　《千叶大
　　学留学生部研究报告》5,1970 年 3 月

冈田武彦　朱子的父与师　《西南学院大学文理论集》13—2,1973
　　年 3 月
　　宋明的实学与其背景　《西南学院大学文理论集》17—2,
　　1976 年 12 月
　　王门现成派的系统　《静观》5 号,1961 年;8 号,1964 年
　　王门归寂派的系统　《静观》7 号,1963 年
　　儒教的万物一体论　《儒学国际学术讨论会论文集》,齐
　　鲁书社 1989 年
　　中国哲学的课题及其意义　辛冠洁主编《日本学者论中

20世纪儒学研究大系

国哲学史》,中华书局 1986 年

田中谦二　朱门弟子师事年考　《东方学报》(京都)44,1973 年 2
月

山井涌　宋明哲学的"性即理"与"心即理"　《驹沢大学文化》3,
1977 年 3 月

关于明末清初思想的一考察　《东京支那学报》11,1965
年

关于《明儒学案》"四库提要"的二三问题　《东京支那学
报》12,1966 年

衣川强　朱子小传　《人文论集》(神户商科大学)15—1,1979 年 8
月

小柳司气太　明代的哲学思想　《东亚研究》5—12,1915 年

本田成之　明学概论　《高濑博士还历支那论丛》,1928 年

山下龙二　关于论语的鬼神——儒教的宗教的性格　《名古屋大
学文学部二十周年纪念论集》,1969 年 1 月

明代思想研究史　《名古屋大学文学部研究论集》99,
1987 年

龙溪传　《日本中国学会报》8 期,1959 年

黄绾的明道论　《中国古代研究》12,1964 年

陈白沙论　《东京支那学报》12,1966 年

中国思想研究的推进——以时代区分为中心　《名古屋
大学文学部研究论集》48,1968 年 3 月

岩间一雄　王阳明传记的素描　《冈山大学法经学会杂志》15—3,
1965 年 12 月

间野僭竜　王阳明的封爵　《田村博士颂寿东洋史论丛》1968 年 5
月

藤沢弘昌　王阳明与支配的论理　《史学研究》103,1968 年 5 月

月

深津胤房　古代人的思想与生活　《斯文》47, 1966 年 12 月

石岛快隆　阴阳五行思想的研究　《苫小牧驹沢短期大学研究纪
　　　要》1, 1967 年 2 月

　　　阴阳思想与五行思想的研究　《苫小牧驹沢短期大学研
　　　究纪要》3, 1967 年 12 月

池田不二男　关于中国古代人的梦的思维　《民族学研究》31—4,
　　　1967 年 3 月

镰田正　先秦诸学派关于"天"的思想　《汉文教室》80, 1967 年 3
　　　月

绪形畅夫　关于先秦诸子的"习俗"观　《山梨县立女子短期大学
　　　纪要》1, 1967 年 3 月

镰田重雄　尚左尚右的问题　《山崎先生退官纪念东洋史学论
　　　集》, 1967 年 12 月

角田幸吉　儒家与法家　《东洋法学》12—1, 1968 年 9 月

赖芳树　从五行说看中国的思考　《广岛大学教育学部纪要》(第
　　　二部)17, 1968 年 12 月

　　　义的考察　《广岛大学教育学部纪要》(第二部)18, 1969 年
　　　12 月

长谷川诚　从经济的视点看东洋古代思想——特别的佛教·儒教·
　　　道教等关系一　《佛教经济研究》2, 1969 年 3 月

横松宗　关于殷末至周初的思想发展过程　《八幡大学论集》19—
　　　4, 1969 年 3 月

粟田直躬　公与私　《福井博士颂寿纪念东洋文化论集》, 1969 年
　　　12 月

原田种成　仁与爱　《东洋文化研究所创设 30 周年纪念论集》,
　　　1970 年 11 月

本田二郎　中国古代的政治思想与显得法治的意义　《大东文化大学汉学会志》10,1971 年 7 月

伊东伦厚　关于礼记坊记·表记·缁衣篇——《子思子》残篇的再探讨　《东京支那学报》15,1969 年 6 月

尚书汤誓"时日曷丧予及汝皆亡"解　北海道大学《中国哲学》15 号,1986 年

浦边正信　关于中国体制变革的论理　《东洋学术研究》9—3,1971 年 1 月

内田竜　君子论　《东横学园女子短期大学纪要》10,1972 年 3 月

酒井忠夫　理与道理　《铃木博士古稀纪念东洋学论丛》1972 年 10 月

谷口治　《宋季元明理学通录》的绍介与整理　《福冈教育大学纪要》(文科编)21,1972 年 2 月

深津胤房　古代中国人的思想与生活——汉字的潜在思想　《二松学舍大学东洋学研究所集刊》2,1972 年 3 月

秋间理惠　《诸子百家》与《中国哲学》之相异点　《大东文化大学汉学会志》11,1972 年 6 月

佐竹靖彦　义的观念的社会的展开——殷周至前汉　《史林》56—3,1973 年 5 月

沢田多喜男　中国古代的人为与自然——荀子·孟子·庄子　《东海大学纪要》(文学部)20,1974 年 2 月

小野泽精一　春秋后期贤人说话的思想史的考察序说　《中哲文学会报》1,1974 年 10 月

中村宗雄　支那古代哲学思想　《国士馆法学》6,1974 年 1 月

坂出祥伸　明治以后《中国哲学史》研究史年表(初稿)　《关西大学文学论集》25—14,1975 年 11 月

大八木章文　中国民众思想史确立的方法论的觉书　《史朋》3,

1975 年 10 月

好井隆司　中国古代祭天思想的展开——巫祝与医术　《思想》
608,1975 年 2 月

铁井庆纪　试论帝字——附论五行思想的渊源　《亚洲文化》12—
4,1976 年 3 月

若山尚　伦理概念上的“义”的基本　《爱知大学文学论丛》56—
57,1976 年 11 月

金谷治　中国自然观的研究序说　《东洋学》35,1976 年 5 月
儒家的合理主义——以孔子思想为中心　《儒学国际学
术讨论会论文集》齐鲁书社 1989 年
中国古代人类观的觉醒　《日本学者论中国哲学史》中华
书局 1986 年

左藤贡悦　试论孔、孟、荀天道观的比较——兼论东方伦理学的滥
觞　《儒学国际学术讨论会论文集》齐鲁书社 1989 年

日原利国　王道与霸道的转换　《中国哲学史的展望与探索》1976
年 11 月

坂出祥伸　我国关于中国哲学研究的回顾与展望　《关西大学文
学论集》26—1,1977 年 1 月;26—2,1977 年 2 月

小林正美　关于三教交涉之“教”的观念　《吉冈博士还历纪念道
教研究论集》,1977 年 6 月

森秀树　战国秦汉期间“微”的思想——所谓“春秋之微”　《关西
大学中国文学会纪要》7,1978 年 3 月

洞富雄　关于君子与小人的意义变化　《东洋学术研究》17—3,
1978 年 5 月

吉野宽治　中国古典的自然　《群马大学教养部纪要》12,1978 年

市濑正幸　中国政治哲学起源论　《高崎经济大学论集》21—2,
1978 年 11 月

中屋敷弘　人伦的思考的形成与展开——中国的思考的原型与中
　　国的国家　《筑紫女学团短期大学纪要》14,1979 年 3 月

鸟森哲男　慎独的思想　《文化》42—3—4,1979 年 3 月

高山节地　关于西周国家"天命"的机能　《东洋文化(东京大学)》
　　59,1979 年 3 月

桥本敬造　古代中国人的宇宙观　《关西学院大学社会学部纪要》
　　41,1980 年 12 月

井上进　复社之学　《东洋史研究》44—1,1985

中本雅量　死与再生——中国古代祭祀的一侧面　《日本中国学
　　会报》32,1980 年 10 月

马渊昌也　明清时代人性论的展开和许诺　《中国哲学研究》1,
　　1990 年

满间纯子　关于《诗经》的神义问题　《国学院杂志》66—9,1965
　　年 9 月

黑岩嘉纳　诗经国风的民谣的性格　《茨城大学文理学部纪要》
　　17,1966 年 12 月

西村富美子　关于诗经的注释　《吉川博士退休纪念中国文学论
　　集》,1968 年 3 月

御奥员三　论诗经　《吉川博士退休纪念中国文学论集》,1968 年
　　3 月

巨势进　诗经传承的考察　《汉文学会会报》(东京教育大学)27,
　　1968 年 6 月

赖惟勤　关于顾炎武的《诗本音》《茶水女子大学人文科学纪要》
　　21—3,1968 年 3 月

吉田惠　关于国风的"伐檀"——训诂一篇　《人文学》110,1969
　　年 3 月
　　关于国风的"伐檀"——"素餐""素食""素飧"考　《同志

社外国文学研究》1,1971 年 1 月

关于"关关雎鸠"　《入矢教授·小川教授退休纪念中国文学语学论集》1974 年 10 月

藤野岩友　诗经对家持的歌的影响　《国学院杂志》70—11,1969 年 11 月

古川喜哉　关于诗经的卫诗　《园田学园女子大学论文集》5,1970 年 12 月

市濑正幸　东洋的世界观的原型——从《诗经》看古代中国人的诸思想　《高崎经济大学论集》13—3,1971 年 3 月

福岛吉彦　唐五经正义撰定考——毛诗正义研究之一　《山口大学文学会志》24,1973 年 11 月

田中和夫　幽风"七月"的郑玄笺与周官龠章的记述　《目加田诚博士古稀纪念中国文学论集》,1974 年 10 月

关于诗与"兴"——名称的发生与发见　《早稻田大学大学院文学研究科纪要》(别册)1,1975 年 2 月

关于幽风的篇章——"七月"与农事诗的关连中心　《中国古典研究》20,1975 年 1 月

关于郑·卫的音　《中国文学研究》3,1977 年 12 月

现代日本诗经研究概况　《第一届诗经国际学术研讨会论文集》,河北大学出版社 1994 年

朱子的《诗经》解释田中和夫　《第二届诗经国际学术研讨会论文集》,语文出版社 1996 年

《毛诗注疏》"若然"的使命方法　《第三届诗经国际学术研讨会论文集》,天马图书有限公司 1998 年

小鸠政雄　小雅十月之交篇志疑　《宇野哲人先生百寿祝贺纪念东洋学论丛》,1974 年 10 月

前川幸雄　"湛露"考——关于诗经的怀风藻　《汉文学》14,1974

20世纪儒学研究大系

纲代长利　诗经"王事靡盬考"　《汉文学会会报》(国学院大学)
　　20,1975 年 2 月

高田时雄　诗经的新古层辨别的一标准　《中国文学报》25,1975
　　年 4 月

沢田瑞穂　诗比兴说存疑　《诗经研究》2,1975 年 5 月

家井真　就诗经上鱼之"兴"词的展开　《日本中国学会报》27,
　　1975 年 10 月
　　关于诗经上渡河的"兴"词的展开　《二松学舍大学论
　　集》昭和 52 年度,1977 年 10 月

久保田刚　关于七月流史　《武库川国文》9,1976 年 3 月

石川三佐男　关于中国古代燕的宗教意义与诗经燕燕篇的"兴"
　　《二松学舍大学人文论丛》9,1976 年 4 月
　　关于诗经的"羊祭"歌　《二松学舍大学人文论丛》11,
　　1977 年 3 月
　　关于诗经的"马祭"的复原　《二松学舍大学人文论丛》
　　12,1977 年 10 月

宇都宫清吉　诗经小雅甫田篇解补说　《橘女大研究纪要》4,1976
　　年 10 月

藤田忠　关于周颂,农事诗的祭祀——诗序与诗本　《大阪市立大
　　学人文论丛》1—2,1976 年 3 月

西冈市祐　"女曰观乎"惑解　《汉文学会会报》(国学院大学)22,
　　1976 年 11 月
　　关于诗经中"稷黍"的称谓　《汉文学会会报》(国学院大
　　学)23,1977 年 10 月

荒木日吕子　关于诗经国风的祭祀歌的"硕人"　《二松学舍大学
　　人文论丛》13,1978 年 3 月

村上吉广　崔述的诗经学　《诗经研究》4,1978 年 12 月

诗经关系书目解题　《诗经研究》5,1980 年 4 月

高吹万《诗经》书轶事　《第三届诗经国际学术研讨会论文集》,天马图书有限公司 1998 年版

古川喜哉　关于诗经国风的助辞　《园田学园女子大学论文集》12,1978 年 1 月

加纳喜光　诗经国风的基本诗形　《日本中国学会报》30,1978 年 10 月

巨势进　诗经国风篇叙事诗的诗篇的考察　《国士馆大学文学部人文学会纪要》11,1979 年 1 月

吉田惠　关于诗经的"无良"　《森三树三郎博士颂寿纪念东洋学论集》,1979 年 12 月

水上静夫　《毛诗》亶句原读考　《池田末利博士古稀纪念东洋学论集》,1980 年 9 月

福岛吉彦　诗谱考——毛诗研究　《池田末利博士古稀纪念东洋学论集》,1980 年 9 月

丰嶋睦　韩诗外传的思想源流　《池田末利博士古稀纪念东洋学论集》,1980 年 9 月

迈土名朝邦　郑玄的诗经解释学　《中国哲学论集》6,1980 年 12 月

加纳喜光　中国古代诗学——诗经国风的表现形式　《茨城大学人文学部纪要(人文学部论集)》13,1980 年 2 月

川上忠雄　中国古代诗歌的形态——诗经国风篇的形态的研究　《千叶商大纪要》18—3,1980 年 12 月

萩庭勇　"如切如磋"训读考　《大东文化大学汉学会志》19,1980 年 3 月

诗经学会　诗经研究文献提要　《诗经研究》5,1980 年 4 月

石川三佐男　关于诗经的桃与楚辞的菊　《第一届诗经国际学术

研讨会论文集》,河北大学出版社 1994 年

中国后汉鲁诗镜所含的意义 《第二届诗经国际学术研讨会论文集》,语文出版社 1996 年

《诗经》上谷帝王谱系 《第三届诗经国际学术研讨会论文集》,天马图书有限公司 1998 年

增野弘幸 《诗经》中的"场" 《第二届诗经国际学术研讨会论文集》,语文出版社 1996 年

细谷惠志 从《礼记·表记》篇引用的诗来分析郑玄的注释 《第二届诗经国际学术研讨会论文集》,语文出版社 1996 年

加藤实 关于西汉诗经学的发展 《第三届诗经国际学术研讨会论文集》,天马图书有限公司 1998 年

增野弘幸 "出门"小考 《第三届诗经国际学术研讨会论文集》,天马图书有限公司 1998 年

卢益中 《国风》言情诗与中国古代歌舞婚配习俗 《第三届诗经国际学术研讨会论文集》,天马图书有限公司 1998 年

新岛淳良 关于易在中国哲学界的讨论 《中国古典研究》14,1966 年 12 月

青木阳岳 周易象占论 《九州中国学会报》15,1969 年 5 月

户田丰三郎 从周易看支那思想 《哲学》(广岛哲学会)21,1970 年 3 月

焦里堂的易学 《东洋文化》(无穷会)24,1970 年 12 月

小鸠政雄 关于易的十翼的成立年代 《东洋文化研究所创立三十周年纪念论集》,1970 年 11 月

藤原高男 关于经典释文"周易音义"正本的交替现象 《高松工业高等专门学校研究纪要》13,1971 年 3 月

内野雄一郎 经学的本质——特别易经学的研究 《日本大学人文科学研究所研究纪要》13,1971 年 5 月

敦煌本周易释文私考　《东方学会创立二十五周年纪念东方学论集》，1972 年 12 月

铃木博　关于周易秘抄　《滋贺大学教育学部纪要》21，1972 年 2 月

今井宇三郎　关于卦气说的分卦直日　《铃木博士古稀纪念东洋学论丛》，1972 年 10 月

关于连山归藏的二易　《宇野哲人先生百寿祝贺纪念东洋学论集》，1974 年 10 月

关于象传的说象　《森三树三郎博士颂寿纪念东洋学论集》，1979 年 12 月

铃木由次郎　易随想　《东洋文化》（东洋文化振兴会）18，1973 年 10 月

礼记子本疏残卷考文·礼记子本疏义残卷的解说　《中央大学文学部纪要》56，1970 年 3 月

今东光　易经（旧著两读）　《海》6—11，1974 年 11 月

本田成之　作易年代考　董寿祺、张善之编《周易研究论文集》第一辑，北京师范大学出版社 1987 年

内藤虎次郎　易疑　《周易研究论文集》第一辑，北京师范大学出版社 1987 年

花崎隆一郎　易程传卦变说札记　朱伯崑主编《国际易学研究》，华夏出版社 1998 年

近藤浩之　左传的说经　《中国哲学论集》5，1979 年 10 月

帛书易传《二三子》篇的龙　《国际易学研究》，华夏出版社 1998 年

包山楚简卜筮祭祷记录与郭店楚简中的《易》　《郭店楚简国际学术研讨会论文集》，湖北人民出版社 2000 年

田中利明　仪礼的"记"的问题　《日本中国学会报》19，1967 年 11

月

关于周礼成立的考察　《东方学》42,1971 年 8 月

影山诚一　丧服概说　《大东文化大学纪要》6,1968 年 1 月

岛邦男　礼记月令的成立　《东洋学》22,1969 年 11 月

吉田清　礼的研究　《名古屋女子商科短期大学纪要》9,1969 年
12 月

杉浦丰治　从礼记注看郑玄与卢植　《金城国文》16—2,1970 年 3
月

松本幸男　关于礼记乐记篇的成立　《立命馆大学》300,1970 年 6
月

福田文雅　仪礼的象征的一考察——尘尾新考　《大正大学研究
纪要》56,1971 年 3 月

藤野岩友　《周礼九拜考》　《汉文学会会报》(国学院大学)18,
1973 年 3 月

田中正春　关于仪礼士冠礼的祝辞　《汉文学会会报》(国学院大
学)18,1973 年 3 月

平间三季子　周礼春官司几筵考　《国学院杂志》75—2,1974 年 3
月

鸟羽田重直　周礼春官龠章考　《国学院杂志》75—4,1974 年 4
月

久保田刚　试论夏小正欠落的所在与补填　《武库川国文》6,1974
年 3 月

本田二郎　从周礼天官看饮食物与其官吏达　《大东文化大学汉
学会志》11,1975 年 3 月

间鸠润一　关于郑玄的周礼解释　《东洋文化》(无穷会)40,1976
年 9 月

藤山正二郎　关于仪礼象征的解释诸问题　《福冈大学人文论丛》

11—4,1980 年 3 月

俣野太郎　就檀弓篇看七十二弟子关系资料　《池田末利博士古稀纪念东洋学论集》,1980 年 9 月

仓石武四郎　《仪礼疏考正》　东京大学东洋文化研究所附属东洋学文献刊行委员会,1979—1980 年

山田琢　春秋三传研究　《金沢大学教养学部论集》(人文科学篇)2,1965 年 2 月

春秋学的展开　《东洋文化》8,1964 年 3 月,1964 年 11月,1965 年 4 月

春秋三传的比较研究　《金沢大学教养学部论集》(人文科学篇)5,1968 年 2 月

春秋褒贬说　《东方学》37,1969 年 3 月

春秋三传的笔记研究(一)　《金沢大学法文部论集》哲学史学篇九

镰田正　春秋三传的名分论特色　《汉文学会会报》(东京教育大学)24,1965 年 6 月

佐川修　春秋源流考　《东北大学教养部纪要》4,1966 年 2 月

下斗米晟　春秋三传的道义思想　《大东文化大学纪要》5,1966年 12 月

关于李习之与程明道的中庸解　《大东文化大学纪要》14,1976 年 3 月

真武直　春秋三传经文的借用音韵事象　《福田教育大学纪要》(文科编)16,1966 年 12 月

高桥君平　春秋经的文体　《鹿儿岛短期大学研究纪要》1,1968年 3 月

春秋的三传　《鹿儿岛短期大学研究纪要》3,1969 年 3月

吉原文昭　唐代春秋三传的异同　《中央大学文学部纪要》73,
　　　1974 年 3 月

　　　北宋春秋学的一侧面　《中国哲学史的展望与探索》,
　　　1976 年 11 月

山口义男　春秋学的成立　《武库川国文》9,1976 年 3 月

佐川修　春秋、春秋义、春秋义例　《东北大学教养部纪要》25,
　　　1977 年 2 月

富谷至　西汉后半期的政治上春秋学——《左氏春秋》上《公羊春
　　　秋》的对立上展开　《东洋史研究》1978 年 3 月

野间文史　刘向春秋说考　《哲学》(广岛哲学会)31,1979 年 10
　　　月

　　　春秋正义引书索引　《新居滨工业高专纪要》(人文篇)
　　　16,1980 年 1 月

　　　春秋正义源流小考　《池田末利博士古稀纪念东洋学论
　　　集》,1980 年 9 月

田中麻纱巳　刘歆春秋说的考察　《森三树三郎博士颂寿纪念东
　　　洋学论集》,1979 年 12 月

　　　从"墨守"等三篇看郑玄的论法　《舞鹤工业高等专门学
　　　校纪要》13,1978 年 3 月

日原利国　《盐铁论》所引《春秋》考——刑罚思想　《森三树三郎
　　　博士颂寿纪念东洋学论集》,1979 年 1 月

　　　春秋公羊传的侠气的礼赞　《日本中国学会报》24,1972
　　　年 10 月

　　　《公羊传》的夷狄观　《东洋学术研究》17—1,1978 年 1
　　　月

久富木成大　春秋赴告考　《森三树三郎博士颂寿纪念东洋学论
　　　集》,1979 年 12 月

户田丰三郎 左氏传源流私考 《东方学》四辑,1952 年

大学篇首章正义 《哲学》(广岛哲学会)20,1968 年 10 月

诚之者人之道也考 《支那学研究》34,1969 年 3 月

中庸思想研究 《斯文》50,1967 年 10 月

江头広 裔夷之俘——左传的革夷观念 《中国古代史研究》2, 1965 年 5 月

大熊充哉 春秋左氏传的"信" 《岐阜女子短期大学研究纪要》 16,1966 年 12 月

小仓房彦 左传之"武"的分析 《中国古代史研究》,1969 年 11 月

《左传》中的霸与德 《日本学者研究中国史论著选译》, 第七卷,中华书局 1993 年

田上泰昭 春秋左氏传的历史叙述的特质——鲁公十八夫人 《日本中国学会报》25,1973 年 10 月

春秋左氏传的方法上的思想 《日本中国学会报》27, 1975 年 10 月

春秋左氏传说话成熟的原型——十三鲁公女记事 《日 本中国学会报》31,1979 年 10 月

森秀树 《左传》预言记事上的思想状况 《中哲文学会报》2, 1976 年 6 月

近沢敬一 历史书中的自杀——春秋左氏传 《福田大学人文论 丛》8—2,1976 年 9 月

海老谷尚典 章炳麟的左传观 《哲学》(广岛哲学会)28,1976 年 10 月

石黑宣后 左氏春秋考证 《爱知教育大学研究报告(人文、社 会)》26,1977 年 3 月

冈村繁　龟田南冥《春秋左传考义》的现存写本　《文学研究》74，
　　1977 年 3 月

山路胜彦　春秋左氏传的缘组·权威和霸权主义　《关西学院大学
　　社会学部纪要》39，1979 年 12 月

稻叶一郎　春秋公羊学的历史哲学——何休《春秋公羊经传解诂》
　　的立场　《史林》1967 年 5 月

芝木邦夫　公羊传的研究　《中国哲学》5，1967 年 9 月

洞庭昭彦　公羊传的构造——假托的文辞　《中国文学论考》2，
　　1974 年 9 月

关口顺　经学的思维构造的分析——春秋公羊传　《东方学》51，
　　1976 年 1 月

铃木茂　春秋公羊的价值世界　《松山商大论集》30—4，1979 年
　　10 月

真崎清博　穀梁传的性格的位置　《史学研究》141，1978 年 9 月

薮内中喜　《大学》异义　《光华女子大学·光华女子短期大学研究
　　纪要》5，1967 年 12 月

　　由明明德即承帝德观大学的研究——大学真义　《光华
　　女子大学·光华女子短期大学研究纪要》6，1969 年 1 月

　　大学原案——由明明德即承帝德观大学的研究　《光华
　　女子大学·光华女子短期大学研究纪要》9，1971 年 12 月

山田统　大学的首章与尧典的序章　《国学院杂志》70—7，1969
　　年 7 月

木南卓一　《大学》的朱子学的理解　《帝山大学论集》4，1972 年 9
　　月

片山一　关于大学篇八条目的考察　《大正大学大学院研究论集》
　　1977 年 3 月

村濑雅行　大学"格物致知"说的研究　《国文学论考》13，1977 年

增田欣　太平记与古文孝经　《国文学考》52,1970 年 3 月

佐佐伊佐美　经书《孝经》的书读分类　《图书馆学会年报》17—1,
　　1971 年 10 月

大久保庄太郎　贺知章孝经私考　《羽衣学园短期大学研究纪要》
　　11,1975 年 1 月

加地伸行　关于明人朱鸿的"孝经辑录"　《名古屋大学文学部研
　　究论集》66,1975 年 3 月

　　　关于荀子的中国古代论理学史　《东方学》41,1971 年 3
　　月

　　　荀子论理学的本质　辛冠洁主编《日本学者论中国哲学
　　史》,中华书局 1986 年

伊藤计　月令论——关于月令形式　《日本中国学会报》26,1974
　　年 10 月

　　　"五经异义"研究　《中国的文化与社会》13,1968 年 11
　　月

大槻信良　五经正义与古事记序　《东方学》37,1969 年 3 月

安井小太郎　今古文学详论述　《大东文化大学汉学会志》12,
　　1973 年 2 月

　　　郑王的异同详论　《大东文化大学汉学会志》13,1974 年
　　2 月

田中利明　关于孔颖达五经正义的天性自然　《森三树三郎博士
　　颂寿纪念东洋学论集》,1979 年 12 月

藤冢明直　皇清经解的编纂及影响　《东洋文化》46,1979 年 7 月

池田知久　郭店楚简《五行》研究,《中国哲学》第 21 辑

　　　荆门博物馆《郭店楚墓竹简》笔记　《老子》甲,1998 年 5
　　月达慕思会议论文

　　　荆门博物馆《郭店楚墓竹简》笔记　《老子》乙,同上

荆门博物馆《郭店楚墓竹简》笔记　《老子》丙,同上

荆门博物馆《郭店楚墓竹简》笔记(改订版)　《五行》,同上

尚处形成阶段的《老子》最古文本——郭店楚简《老子》
《道家文化研究》第 17 辑

郭店楚墓竹简《五行》译注　《郭店楚简之思想史的研究》
第一卷

郭店楚简《五行》的研究　武汉大学中国文化研究院编
《郭店楚简国际学术研讨会论文集》,湖北人民出版社
2000 年

岩本笃志　包山楚简、楚系文字研究中的电脑运用　《人文论丛》
特辑

谷口满　郭店楚简太一生水二则　《中国出土资料学会会报》第 9
号,1998 年 10 月

战国楚简和楚国历史地理　第 44 届国际东方学会议论
文,日本,1999 年 6 月

谷中信一　从郭店《老子》看今本《老子》的完成　《郭店楚简国际
学术研讨会论文集》,湖北人民出版社 2000 年

儒学在日本近现代教育中发挥的作用　《儒学与现代化
——儒学及其现代意义国际学术研讨会论文集》,人民教
育出版社 1994 年

平势隆郎　从太岁议论的出现看郭店楚简《太一生水》　《第 44 届
国际东方学会会议论文集》,1999 年 6 月

新井仪平　郭店楚简竹墓的书法与字形考察　池田知久监修《郭
店楚简之研究》(一)

斋木哲郎　郭店楚简《五行篇》觉书　《东洋古典学研究》第 8 期,
1999 年 10 月

工藤元男　从卜筮祭祷简看"日书"的形成　《郭店楚简国际学术研讨会论文集》，湖北人民出版社 2000 年

吾妻重二　新理学的形成——冯友兰和新实在论　国际儒学联合会编《国际儒学研究》第二辑　中国社会科学出版社 1996 年

小川晴久　诚概念的植物性　《尚虚安炳周教授停年纪念论文集 1 东洋哲学》，尚虚安炳周教授停年纪念论文集刊行委员会 1998 年发行

谷口典子　试看孝思想的"特殊"及"普遍"性　《21 世纪儒学文化国际会议报告论文集》，2000 年

松川健二　儒学思想的理论及其价值　同上

中根公雄　儒学思想的理论及价值　同上

末木恭彦　儒学之现代的意义序说　同上

丸山敏秋　日本的道德教育与儒学　中国孔子基金会新加坡东亚哲学研究所编《儒学国际学术讨论会论文集》，齐鲁书社 1989 年

宫崎勇　日本经济发展与东方文化的关系　中国中日关系史学会编《东方文化与现代化》，时事出版社 1992 年

石川英昭　中国法文化的特质与儒学的影响　中国儒学与法律文化研究会编《儒学与法律文化》，复旦大学出版社 1992 年

冈野诚　唐户婚律立嫡违法条论考　同上

大木雅夫　关于远东法观念的误解　同上

今枝二郎　儒学与 21 世纪公共道德　中国孔子基金会编《儒学与 21 世纪——纪念孔子诞辰 2545 周年暨国际儒学讨论会会议论文集》，华夏出版社 1996 年

针生清人　儒学与环境伦理　同上

连清吉　从日本幕末以来的汉学发展探讨中国儒学现代的因应之

道　中华孔子学会编《儒学与现代化——儒学及其现代意义国际学术研讨会论文集》,人民教育出版社 1994 年

隅谷之喜男　儒学与台湾经济二题　《儒学与工商文明》,首都师范大学出版社 1999 年

镰仓孝夫　倾向儒家思想的经济学　《儒学文化》创刊号,儒学文化研究所 2000 年

高崎让治　孔子《论语》时代的科学技术与经济发展的考察(第 2 部)　《21 世纪儒学文化国际会议报告论文集》,2000 年

田久孝翁　儒学与 21 世纪人类社会的和平及展望　国际儒学联合会编《纪念孔子诞辰 2550 周年国际学术讨论会论文集》,国际文化出版公司 2000 年

谷口典子　明治以降的近代化与儒学　《儒学文化》创刊号,儒学文化研究所 2000 年

松崎良　东亚(儒学文化圈)的商法研究·教育的交流　《儒学文化》创刊号

韩 国 部 分

导　言

刘厚琴

儒学思想不仅对中华民族的文化发展,而且对世界的文化发展留下了深刻印记。中国儒学在其他国家的发展,其体系最为完善,影响最深远的当属朝鲜。朝鲜是中国儒学最早传入的国家。儒学对外传播进入朝鲜之后,经过朝鲜学者的理解消化,它已完全融进朝鲜的传统文化之中,影响了朝鲜的社会发展,形成了具有自己民族特色的朝鲜儒学。古往今来,韩国学者对儒学的研究一直倾注了极大的热情,其研究成果在国内外影响深远。

20世纪,韩国儒学研究进入了一个全新的发展时期。韩国建立了众多的儒学研究机构,如儒教学会、韩国东洋哲学会、周易学会、韩国思想史学会、忠南大学儒学研究院、退溪学研究院、釜山退溪研究院、栗谷研究院、南冥学研究院、圃隐思想研究院、檀国大学退溪研究所等等。这些科研机构为儒学的进一步深入研究创造了条件。韩国学者不仅整理、介绍了大量儒家典籍。而且在专题研究方面也收获颇丰。从1945年以后至今,各个阶段皆有不少代表性研究论著出版。1949年玄相允出版《朝鲜儒学史》。70年代至80年代中期,阳明学方面,有金吉焕的《韩国阳明学研究》和刘明钟的《韩国的阳明学》。经学方面,李乙浩的《茶山经学研究》、1977年东明出版社出版的《韩国哲学研究》(上册)、1972年大洋书籍出版的张基槿教授的《中国思想大系》及成均馆大学梁大渊的《儒学

概论》和汉城大学教授车相辕的《儒家思想史》等都很著名。80年
代后期,儒学研究方面,有尹丝淳的《韩国儒学思想史》、琴章泰的
《儒教近百年史》、李丙焘的《韩国儒学史略》、宋锡球的《栗谷的哲
学思想研究》、黄义东的《栗谷哲学研究》。阳明学研究方面,有刘
明钟的《韩国的阳明学》、尹南汉的《朝鲜时代阳明学研究》、金吉焕
的《韩国阳明学之展开》、尹丝淳的《郑齐斗的阳明学研究》等专著。
90年代以后,有柳承国的《韩国儒学史》、韩国哲学会编的《韩国哲
学史》(上、中、下)、崔根德的《韩国儒学思想研究》等重要专著。

　　从20世纪韩国儒学研究的著作、论文来看,其研究内容比较
广泛,主要涉及韩国儒学发展史、韩国性理学、韩国儒家人物思想、
中国传统儒学、宋明理学、儒学与现代社会等方面。就编者所见,
国内对其韩国儒学研究的了解尚处于支离状态,故想对20世纪的
韩国儒学研究作鸟瞰式的介绍,希望可以为国内研究者提供一些
参考的信息。

一、韩国儒学史研究

　　在漫长的历史长河中,韩国儒学也经历了由汉唐儒学而至性
理学,由朱子学而至阳明学、实学的发展变化历程。对韩国儒学发
展的历史进行系统研究,梳理韩国儒学发展脉络,探讨儒学对韩国
文化传统的深刻影响是十分必要的。这也是20世纪韩国学者们
十分关注的一个重要课题。

(一)韩国儒学发展史研究

　　韩国儒学发展史作为20世纪韩国学界的一个热点,研究成果
十分显著。若从著作方面看,玄相允的《朝鲜儒学史》(1949年,出
版地不详)、韩国哲学会编的《韩国哲学史》(韩国版出版时间不详,
中文版由社会科学文献出版社1996年出版)、柳承国的《韩国儒学

史》(台湾商务印书馆1989年版)可谓是关于韩国儒学史综合研究的典范著作。

关于朝鲜儒学史的分期问题是韩国儒学史研究的一个重点问题。玄相允的《韩国儒学史》(1949年,出版地不详),将朝鲜朝儒学分为五个时期:(1)朝鲜朝初期的儒学,是以汉唐流派和宋学流派的学风为主的文章、政治为中心的儒学。(2)朝鲜朝中期的前半部分儒学,是以理论为中心的儒学和以性理学为中心的儒学。(3)朝鲜朝中期的后半部分儒学,是至治主义的儒学和礼学竞争时代的儒学。(4)朝鲜朝后期的儒学,一方面是以阳明学的流入及其排斥为主题的儒学。(5)朝鲜朝后期的儒学,另一方面是经济学派的出现和湖洛学派的分裂,及其以性理学的再现为点缀的儒学。这种区分和陈述虽然不尽全面,但是它对韩国儒学史影响甚大。韩国哲学会编的《韩国哲学史》(上、中、下)(初版情况不详,中文版由社会科学文献出版社1996年出版),将韩国儒学的发展分为八个阶段:三国时代儒教的开展;统一新罗时代的儒教思想;高丽前期的儒学思想;高丽后期性理学的引进和吸收;朝鲜初期性理学的开展;朝鲜中期的性理学说,它包括徐敬德、李彦迪、李滉、李珥、金长生、张显光、许穆、权讱、宋时烈等性理学家的哲学思想;朝鲜朝的阳明学及其发展;朝鲜朝后期的实学思想。柳承国的《韩国儒学史》(台湾商务印书馆1989年版)将韩国儒学发展依时代划分为六个阶段:(1)三国时代的儒学。(2)统一新罗时代的儒学。(3)高丽前期的儒学。(4)高丽后期的儒学。(5)朝鲜前期的儒学。(6)朝鲜后期的儒学。这几种儒学史分期各有所据,详略不同,可互相补充。

韩国儒学史较早的代表性著作,当属玄相允的《朝鲜儒学史》。玄相允率先摆脱以往注意训诂注释的经学方法,采用西方近代学问研究方法,撰写了以朝鲜性理学为中心的《朝鲜儒学史》,改变了以学统与渊源为中心的儒学史,开始恢复其哲学的本来面貌。该书虽然介绍的是人物或思想之片断,但却包括了较多的儒学者,它虽说是主观的,但却将其思想的主流作了时代性的区分和整理,从而使之具有了时代的思想特征。这部著作对光复后近于荒芜的韩国儒学界来说,作为韩国儒学的一本向导,具有时代贡献和意义。

　　20世纪韩国儒学发展史最著名的研究著作当属韩国哲学会编的《韩国哲学史》(上、中、下)。该书集中了一批著名的专家学者,汇集了东西洋的各种思想,对韩国历史上的儒教、佛教、道教皆做了综合性论述。其中的主体是韩国儒学发展史。前全南大学哲学系教授李乙浩(1910——　)的《三国时代的哲学思想》论述了三国时代儒学思想的展开。汉城大学哲学科教授李楠永(1938——　)的《统一新罗时代的儒教思想》指出,新罗时代的国家制度整备和国民团结之基础在于对儒教思想的普遍认识和实践。圆光大学哲学科教授裴宗镐(1919——　)的《高丽前期的儒学思想》指出,高丽的玄妙之道包含着儒、佛、道三教。该书还用大量的篇幅论述了韩国历史上性理学的各个时期,如《高丽后期性理学的引进和吸收》、《朝鲜初期性理学开展》、《朝鲜中期性理学说》、《朝鲜朝的阳明学及其发展》等篇,介绍了性理学和阳明学在朝鲜的发展情况及其思想特色。这将在后面性理学专题中详述。汉城大学宗教学科教授琴章泰(1944——　)的《朝鲜朝后期的实学思想》,着重阐述了产生实学思想的背景以及韩国实学思想的发展脉络及重要学派。汉城大学社会学科教授慎镛厦(1937——　)的《民族抵抗时代的哲学思想》,主要探讨了朴殷植的儒家哲学思想及其历史影响,包括其思想形成背景,儒林之弊端,儒教的三大问题,开创儒教求新之路,对阳明学的重新解释,大同思想等。《韩国哲学史》后被翻译成中文,1996年由社会科学文献出版社出版。

　　80年代末专门的韩国儒学史研究著作当属柳承国的《韩国儒

学史》，该书论述了三国时代，统一新罗时代，高丽前期、后期，朝鲜前期、后期的儒学思想。柳承国指出，远从卫满朝鲜（公元前190—前108年）汉四郡时代以来，中国的文物制度与学术思想已大量输入韩土。随着汉字的传入，汉文中包含的儒教思想亦被传入，这在日后韩民族国家体制的建立与个人、家庭、社会伦理方面，都造成很大的影响。作者认为，儒学进入韩土的过程大致可分为四个时期：一是三国时代传来的汉代五经思想；二是统一新罗和高丽前期传入的隋唐文学色彩浓厚的儒学思想；三是高丽末、朝鲜初传来的宋代性理学；四是朝鲜后期传来的清代实学。该书从各朝代的治国背景及社会礼俗、人们的生死观、伦理观、国家观等方面，广泛地探讨儒学对朝鲜社会的影响。

　　除了韩国儒学史研究专著外，有关的研究论文也不少，大多数学者以研究各时代的儒学发展状况为主。崔根德的《朝鲜时代的伦理思想》（《韩国儒学思想研究》学苑出版社1998年版），分几个阶段论述了朝鲜时代的伦理思想，一是朝鲜的建国及伦理思想。主要论述了朝鲜王朝排佛崇儒政策及其丽末鲜初倡导一代学风的政治家、学者对儒学的认识。世宗朝时国民伦理也从思想上、理论上得到确立。二是学问的发达与伦理思想的展开。此时思想界致力于熟习儒学的经世观，学问上以重名分和义理的名分论为其主流。主要探讨了性理学与道学、名义思想，性理学与伦理思想。三是礼论与党争中的伦理意识。同时与道学和性理学并驾齐驱的礼学达到极盛，由此形成了思想界把道学的性理学视为礼学的气氛。四是实学的兴起与功利思想。实学以儒学为根基，性理学与实学一样皆挖掘出了儒学的一个侧面。韩国实学派提出了富国强兵之路，给以往的伦理思想带来了一大变革。五是西学的传入与斥邪卫正论。西洋文明的流入，为韩国带来巨大变革。斥邪卫正论既是正统儒学自我防御的痛苦挣扎，又是悲壮而灿烂地装饰其最后

20世纪儒学研究大系

的理论火花。崔根德论及各个阶段的政治背景、伦理思想特色、著名学者的思想及整个思想发展的过程。

从整个韩国儒学发展史的研究来看,著作以研究韩国儒学发展通史为主,论文则偏重于某一阶段韩国儒学发展状况,其中以研究韩国性理学发展以及性理学思想家的文章最多。

(二)儒学对韩国传统文化影响的研究

儒学传入韩国,对韩国的传统文化及社会生活产生了十分深刻的影响。在韩国传统文化形成方面,虽然佛教在早期曾有过鼎盛的发展,但在政治、文化、教育各领域里起主导作用的是儒学,因此它形成了朝鲜文化的基本骨架。韩国学者在梳理韩国儒学发展史脉络的同时,也探讨了儒学对韩国传统文化、教育、文学、生活礼仪等方面的影响。

儒学对韩国传统文化的形成产生了积极作用。崔根德的《韩国文化与儒学》(《韩国儒学思想研究》,学苑出版社1998年版)通过粗略地考察儒学在韩国文化的形成与展开过程中起的作用与贡献,推断在未来它仍能继续占据同等的地位。崔根德认为,儒学将依靠时中之道,不断改进自己的形象,并在世界文化之林中牢牢地占据举足轻重的地位。尹丝淳的《儒教对韩国传统文化的影响》(《1987年曲阜儒学国际学术讨论会论文集》,齐鲁书社1989年版)指出,儒学长久地参与了韩国的历史,给韩国文化带来了莫大的影响。其文考察了韩国儒学与韩民族史的展开,以及儒学对韩国文化之形成做出的贡献等问题。以此考察在历史过程中形成的民族自我意识与主体性之间的关联。尹丝淳认为,韩国儒学的渊源始于箕子,甚至认可韩国是"儒教宗祖之邦",韩国为规模小的"中华"。韩国儒学分明建立了民族自我与主体性,并在主动展开韩国历史的方面,发挥了很大的作用。由于这种角色,可说韩国儒学比其他任何思想,包含了更多的普遍性的文化意识及特殊的韩国民族意识。前者可形成直接关系高度伦理、政治观的价值观,后者直接关系民族的生存与繁荣。

　　儒学对韩国教育、文学、生活礼仪产生了深刻影响。崔根德的《儒学与教育》(《韩国儒学思想研究》,学苑出版社 1998 年版)指出,中国传统儒学的人世观、教育思想对朝鲜时代的人世观、教育思想有深刻影响。他认为朝鲜朝以朱子学为正宗,而朱子学以性理学为核心。性理学成为教育理念和解释人的理论根据,不断得到深入和发展。在传统社会(朝鲜朝)里,人人都想成为儒生,走上君子、圣人之路,教育内容、方法及目标也皆以此为重。崔根德还以现代眼光看待儒家教育,认为有关知识分子的条款,实践的条款,人格和谐的条款等内容,对现代教育仍有借鉴作用。崔根德的《儒学与文学》(同上)理清了宗教与文学的关系,继而回答了儒学与文学的关系。他认为,对宗教来说,文学有扩散绝对者的语言的功能,它是宗教的表现,是最忠实的理解者、解说者和赞美者。对文学来说,宗教是思想、内容和事件。宗教与文学相交之处只能是人,宗教须对人的灵魂负责,文学则要成为人的呼声,描绘出人的形象。儒学以现世的观念把握文学。文学应对人的生活,尤其是对道德生活有所贡献。儒学对文学的希望有三:醇正思想、博学思想、道文一致的思想。从这个意义上,儒学自负地认为自己是依靠着人服务于人的至教(宗教),其教之根本即道,其枝叶即为文学。崔根德的《祖先崇拜与仪礼》(同上)以儒学仪礼中最被人重视的冠婚丧祭四礼为中心探讨了祖先崇拜的深刻儒学思想根底。

二、韩国性理学研究

　　性理学是有关性命和理气的学问,它贯串整个朝鲜朝时代,成为统治理念,在韩国历史上影响深远。韩国的性理学始于 13 世纪的朱子学,性理学在丽末鲜初被引进,后不断发展,在朝鲜成为统治思想。性理学虽然始于朱子学,但其范畴却相当广泛,正如《韩国哲学史》所言:"朱子学虽然就是性理学,但是性理学却不仅仅限于朱子学这样一个事实。性理学的名称虽被说成理学、心学、程朱学、陆王学、宋学、明学等等,但是由于南宋的朱熹为其集大成,明朝的王阳明作了较大的变动,就是形成于唐宋,盛行于明代的儒学。"(《韩国哲学史》〈中〉第 83 页,社会科学文献出版社 1996 年出版)作为朝鲜朝统治思想的性理学,从其学说发展来看,它主要分为朱子学和阳明学两大类别。朝鲜朝出现了许多性理学大师,其思想对当时及后世影响深远。

性理学一直是韩国儒学研究的热点,20 世纪,韩国学者在性理学研究方面的成就最突出,出版的著作和发表的论文最多。其研究内容主要集中于韩国性理学发展脉络以及朱子学、阳明学等方面。

(一)韩国性理学发展脉络

《韩国哲学史》一书全面系统地梳理了韩国性理学各阶段的发展脉络。该书将韩国性理学的发展分为四个阶段:高丽后期性理学的引进和吸收、朝鲜初期性理学的开展、朝鲜中期的性理学说、朝鲜的阳明学及其发展。

关于高丽后期性理学的引进和吸收、朝鲜初期性理学的开展两个问题,高丽大学哲学科教授尹丝淳(1936—)做了系统的论述。尹丝淳的《高丽后期性理学的引进和吸收》(《韩国哲学史》中),主要论述了朱子以前的性理学的引进、作为朱子学的性理学的引进、朱子学的定居三个方面。尹丝淳认为韩国性理学的开始,应始于朱子学以前的北宋性理学,绝不是始于朱子学。韩国朱子学学风之变化是从李齐贤开始才步入了正规。韩国的"理学之祖"郑梦周完成了将朱子学不仅扎根于理论也扎根于实践的工作。尹丝淳的《朝鲜初期性理学的开展》(同上)指出,鲜初的性理学和高丽是有区别的。进入朝鲜朝以后,性理学作为一种理念,具有国教的地位,即"官学化"了。这种官学化的条件变化,使鲜初的性理学发挥了在高丽时代所没有的机能。对性理学本身的研究也是一样。权近对性理学的理论研究作出了贡献,从而对鲜初性理学的研究起了定向、乃至导向的作用。不仅在性理学的纯粹理论方面,在实践方面也是如此。尹丝淳对于鲜初性理学的开展,从排佛论的积极化、纯粹性理学研究的初期定向、初期道学的现象三个方面作了论述。

关于朝鲜中期的性理学说问题,韩国著名学者李楠永、柳正东、裴宗镐、金吉焕等四人进行了全面、系统的论述。李楠永、柳正东、裴宗镐三人的《朝鲜中期的性理学说》(1)(同上),主要探讨了这时期的著名性理学家徐敬德(花潭)、李彦迪(晦庵)、李滉(退溪)、李珥(栗谷)等的生平、思想特点。金吉焕的《朝鲜中期的性理学说》(2)(同上),探讨了著名性理学家金长生(沙溪)、张显光(旋轩)、许穆(眉叟)、权諰(炭翁)、宋时烈(尤庵)等思想家的生平及哲学思想。

关于朝鲜的阳明学及其发展问题,刘明钟(1925—)的《朝鲜的阳明学及其发展》(同上)进行了详细探讨。刘明钟就阳明学的实质及其向朝鲜半岛的传播,阳明学排斥说,阳明学的被吸收、接纳及其发展,实学派阳明学的被吸收、接纳,阳明学的确立,江华的阳明学传统,光复运动时期的阳明学,同门派金泽荣、朴齐家的慎独学和霞谷学等问题探讨了阳明学在朝鲜的发展历程及其主要派别的思想。

还有其他一些韩国学者也对性理学的发展及其特点进行了研究和论述,其中崔根德的论文集《韩国儒学思想研究》(学苑出版社1998年版)最具代表性。崔根德通过梳理朝鲜性理学的发展脉络,论述了性理学的特征和性理学理论结构等问题,颇具新意,令人耳目一新。他的《朝鲜后期思想史研究——性理学的历史整理》,从性理学之展开及脉络、主理主气论的分立与流派、人物性同异论与湖洛论争、理气折衷派的抬头和发展、唯气唯理论与末期学界等五个发展过程论述了朝鲜后期性理学的发展历史,对其中每一发展时期的思想特色及代表学者进行了分析。他指出,性理学在其古代时期,就已产生了主理、主气的争论,随之呈现出尖锐对立的态势。这种现象越到朝鲜后期越为突出,还和党争有了相辅相成的关系。对性理学来说,理气观牵连党争,只能说是"历史的讽刺"。堪称朝鲜儒学两大巨峰的退溪与栗谷分别提出可归类为主理、主气的主张;加之作为后辈的栗谷批评退溪之说的事实又被大事渲染;加之两人又地域不同,成为后来分为两大地域学派的原因。这种种事实,只能以历史的玩笑或讽刺来表述。以致其身后的后学们分为两派,一直处于尖锐的学问、政治的对立关系。崔根德不同意将党争时代的性理学规定为政治的、学缘的污染,认为此时的学者们并没有放弃学问的研究。党争时代涌现出许多硕学巨儒,性理学也得到丰富多彩而深入的发展。唯理、唯气论的出现及发达可谓韩国哲学之一大收获,这也是摆在思想界面前值得深入研究的一大课题。崔根德还指出,回顾历史可以痛切地感到,19世纪为殖民帝国主义的时代,是武力更盛于哲学(思想)的时代。

崔根德的《近代儒学思想的展开》重点探讨了性理学发展的脉络和矛盾,指出了性理学发展过程中的一般特征:以程朱学为中心的学风、主体性研究的深化、向礼学的发展、理尊气卑的倾向、人本主义的宏扬、重视名分的思潮。作者强调,韩国近代儒学,在思想上有这样几个特征:第一,作为核心的性理学,分主理和主气、唯理和唯气及人物性同论和性异论,还有折衷论,学者增多,理论在深化。第二,19世纪曾被利用为政治斗争工具的礼学,开始形成体系。第三,随着党争的加深,学派和师承关系比学问上的所信显得更为重要。第四,逐渐理解西欧哲学,可感知它的影响。

崔根德的《性理学理维的结构》指出了性理学思维结构的四个方面内容:一是性理学思维传统。它包括性命与理气、太极图说、《易》。二是性理学思维的形式。它包括形成对待与统合的结构、从体和用来把握、区分为阴阳。三是性理学思维的特征。一之原理在于理,多之原理在于气;理纯善,而气杂驳;理存乎气,气比理更为活跃。四是以性理学解释人间之展望。崔根德强调,从性理学的眼光看,人的前景是非常乐观的。性理学为了确立人的灵性,言天言命;为了证明人的灵性,论理论气。随着产业社会的发展,传统的人文主义思维正在退色和萎缩,人们为此担心人类丧失人性,现在到了以性理学重新阐明人间的时代。

在综合论述韩国性理学发展、特征、理维结构的基础上,崔根德还具体探讨了韩国性理学的道统与学统及其性理学发展史上的论辩。他的《韩国性理学的道统与圃隐》论述了道统论及其意义,中国的道统论,性理学之发达与道统,包括性理学学统的形成及其系谱、性理学学统与道统,朝鲜朝末叶的道统认识,包括李圭景的道统图辨证说、崔钟和的道统录。崔根德认为,儒学道统论的由来是孟子,到宋代的程朱理学,使孟子以来几乎断绝的道学有了新的继承者,这意味着一个新的跳跃。新儒学传入韩国,学者层日益增厚,钻研愈加深化,遂产生意见分歧,出现了不同的学说。尽管有了折衷多元的理论及对立的学派,但仍有着共同的特征:即朝鲜初期所萌生的义理精神。静庵赵光祖达到顶峰的义理精神也就不能不执着于道统,因为其本身就是树立儒学正统的作用。这一作用是以确认和推崇"东方理学之祖"为开头的。万望所归,圃隐郑梦周被确认为东方理学之祖,后来随着其配享文庙,追尊也得到约定。此后一直到朝鲜朝末期,道统论的议论非常活跃,但经历了党争之后,却逐渐失去其纯粹性,成为以自己的派别为中心攻击别人的口实。但是视圃隐为东方理学之祖的观点却从来没有改变。只有学问与义理、知与行兼备,才有可能参与道统。

性理学经历了不断的理论补充过程,崔根德充分肯定了论辩在韩国性理学发展史上的积极意义。其《性理学史上的论辩》遵循朝鲜时代性理学之历史脉络,简略地整理了几次大的论辩。第一期:四七理气论论辩期。此期为朝鲜时代性理学的奠基年代,此时最著名的论争当属高峰、退溪的四七理气论论辩。此外这一时期尚有太极论、人心道心论等各种论辩。第二期:主理主气论辩期。第三期:人物性同异论辩期。第四期:唯理、唯气论及折衷论之间的论辩期。崔根德的《高峰的性理学——以四七论辩为中心》,论述了四七理气论论辩的发端及意义、高峰提出的问题、高峰性理学的要点等。崔根德指出,高峰与退溪通过论辩,以学问为媒介,加深了人际交往与理解。他们就是以这种学问的穿凿与心灵的理解为基础,构筑了韩国性理学的基础,形成了源流,从而迎来了灿烂开花的时期。

其他学者也探讨了性理学的一系列具体问题。高丽大学民族文化研究所研究员李在龙的《朝鲜朝时代传统规范观的哲学基础——性理学的本体论与礼规范》(《国际儒学研究》第四辑,中国社会科学出版社1998年版),通过分析儒教规范的历史传统与理学理论为依据的道德规范的特性,整理出可以确保受规范者的普遍承认与信赖的实定法秩序。在传统文化里,受规范者相对于实定法秩序优先考虑道德规范。因此,为了先了解对儒教规范秩序的理解,以原始儒家的社会的人间相及其相互关系的秩序原理为基础,要分析性理学追求的道德人间观与社会秩序的本体论,最后将确认由法家实定秩序与儒家道德秩序的相互补充而形成的传统的规范体系。

刘明钟的《气哲学的二种类型》(阎纯德主编《汉学研究》第一辑,中国和平出版社1996年版),从超越观的气哲学与否定人欲、内在观的气哲学与肯定人欲这两个方面进行了分析。刘明钟指出,韩国哲学者大都为否定人欲的论者,由此可知其于朝鲜王朝的时代背景下也扮演重要的角色。但是人欲的肯定及内在观的气哲学可说是指向近代的合理主义,因此,内在观的理哲学或气哲学必须加以重视,以作为近代化的促进力,否定中世时朱子强烈的禁欲论中的存天理去人欲。

裴相贤的《理学上儒佛关系和韩中排佛考》(《国际性理学研究》创刊号),论及儒学成立时之佛教影响与张载、二程、朱陆等诸家之斥佛论,并举韩国三峰郑道传之排佛论,比较两国斥佛论的主旨。裴相贤认为,宋明理学,其宇宙论、心性论、修养论,援用佛教,对佛教阴取而阳斥。

韩国学者充分肯定了性理学的现代意义。赵骏河的《性理学中诚与敬的意义》(《汉学研究》第一辑,中国和平出版社1996年版)指出,孔孟儒学虽然很重视诚与敬,但宋代儒学对它给予了新的解释,使诚与敬成为宋代哲学的生命题,对现代儒学来说,它仍然是一个非常重要的问题。赵骏河强调,当今时代,金钱万能主义泛滥,科学至上的病态比比皆是,为了解决这些问题,时代呼唤新的儒学诞生,作为健全的人所应具备的诚敬,不能不成为新儒学的重要命题。

(二)韩国朱子学、阳明学研究

朱熹是理学集大成者,朱子继承发展了二程的理学思想,建立了一个庞大而精深的新理学思想体系。其价值在于总结先秦儒家学者的贡献,回答了当时所能回答的一系列问题,从而使儒学真正摆脱几百年来佛教与道教的冲击,重新恢复了权威和信心。从元代开始,朱子学成为中国的官方哲学,它不仅深刻地影响了中国的传统思想文化,而且还传播到国外,获得了新的发展。朱子学作为朝鲜性理学的一大类别,它在朝鲜儒学史和社会发展史中皆占有重要地位。韩国朱子学研究与性理学研究及儒家著名人物研究结合在一起,此处不再赘述。

　　阳明学传入朝鲜是在 16 世纪初。阳明学在朝鲜传播伊始,就遭到了正统朱子学家的批判,长期被视为异端,发展较慢。郑齐斗(1649—1736)是朝鲜阳明学思想的代表人物,他是在批判朱子学的过程中全面阐述阳明的"心即理"、"致良知"以及"知行合一"说,并建立起独特的理论体系的。郑齐斗死后,由于正统朱子学的镇压,阳明学只得以家学形式流传下来。到 20 世纪初,朴殷植引进西方的进化论等学术思想,重释阳明学,才使阳明学得到了新的发展。韩国学者也十分重视对朝鲜阳明学的研究。韩国哲学会编的《韩国哲学史》和韩睿嫄的论文《韩国阳明学研究的历史和课题》(国际儒学联合会编《国际儒学研究》第 4 辑,中国社会科学出版社1998 年版),梳理了韩国阳明学的发展史及阳明学研究概况。

　　东亚大学哲学科教授刘明钟(1925—　　)的《朝鲜朝的阳明学及其发展》(《韩国哲学史》下)对朝鲜的阳明学发展进行了探讨。他认为,阳明学向朝鲜半岛传播的起始时间是《传习录》初刊本传到朝鲜半岛的中宗十六年(1521)。朝鲜最早的阳明学信徒是东冈南彦经和庆安令李瑶。张维(1587—1638)在朝鲜阳明学体系的建立上是起了垫基石作用的一位学者。对于阳明学的被吸收、接纳问题,刘明钟主要论述了实学启蒙派对阳明学的折衷态度。他认为,朝鲜阳明学派的确立完全凭借郑齐斗一人之力。郑齐斗家学渊源,其后人是心学的实践者。刘明钟还阐述了光复运动时期的代表性阳明学者朴殷植和郑寅普的思想特点重点介绍了朴殷植的《阳明学演论》之思想内容及其历史意义。

　　刘明钟的《朝鲜朝的阳明学及其发展》(《韩国哲学史》下)还评

价了朝鲜阳明学派的历史功过:(1)延续理气争论的风气,认为天地之间必然有气,把生气、生理视为一体,生生不已的生灵之气就是宇宙论的良知。(2)对照良知分析人类自然性情,探索优秀的即真的,谴责假的即将伪善权化的程朱末学;致力于无止境地突破封闭式学术思想的高墙。(3)向名利场化的程朱官学提出挑战。致力于开创新学风,并再次与之相互促进。这就是阳明学和后期实学的关系。(4)从江华的阳明学传统看,它发展了自主的历史、文学和书法,他们由师友意识而结成了少论党。通过文学和历史研究发展了自治、自主意识。(5)他们的诚意哲学发展为实践的务实思想,认为诚实是人一贯的道德原理。勿庸置疑,克服充斥虚假的程朱体制是他们面临的目标。然而他们一方面追求自主的学术和思想的开放性,同时又不能不承认右倾化的界限。刘明钟强调,对郑齐斗确立阳明学,应从各个角度进行进一步探索。

值得一提的是,中国学者也十分重视朝鲜的朱子学和阳明学研究。如张立文、李甦平主编的《中外儒学比较研究》(东方出版社1998年版)就是这方面的代表。该书比较论述了中朝阳明学的异同。中朝阳明学的相同点为:第一,二者都归宗于主体理学派。王阳明建立了以"心即理"、"致良知"、"知行合一"为主干的心学体系。郑齐斗进一步发挥王阳明的理论,并结合朝鲜实际,建立了自己的心学体系。第二,在认识论上,二者都遵循"知行合一"的思想路线。中朝阳明学的不同点为:第一,二者发展程度不同。中国阳明学形成于朱子学衰落之时,很快得到官方的认同与支持,形成较大声势,流行达150年之久。明代中期以后中国的阳明学迅猛发展,分为许多学派,从不同角度开拓阳明学。朝鲜阳明学则从其传入伊始,一直被视为异端而受到正统朱子学的压制,未能像中国阳明学那样,得到兴盛和发展。它只能以家学的形式勉强延续。第二,二者与朱子学的关系不同。中国朱子学和阳明学之间,虽然相互对立,但其伦理思想却相互得以补充,构成了理学思想的总体。朝鲜阳明学从其传入初期开始就对朱子学进行了全面批判,以图保存自己。

三、韩国著名儒家人物及其思想研究

在韩国儒学发展史上,曾出现了众多的令人敬仰的儒学大师,其思想和行为对韩国思想界及社会现实产生了重要的影响。这些著名的儒学人物也是 20 世纪韩国儒学研究的重点。其中以退溪和栗谷的哲学思想研究最受关注,退溪学研究院、釜山退溪学研究院、檀国大学退溪研究所、栗谷研究院等专门的研究机构,有利地促进了退溪学和栗谷学的研究发展。

(一)退溪学研究

退溪学是韩国儒学的重要组成部分。退溪李滉(1501—1570)是 16 世纪朝鲜性理学大师,退溪哲学的顶点在于"理",他主张理先气后,伦理上以敬的实践而达其顶峰,其后学影响极远,一直受到国内外学者的重视。当代学者对退溪学的研究内容比较广泛,涉及其哲学思想综论、易学、人观、心学、礼学、退溪思想的现代意义等诸多方面。

柳正东的《李滉的哲学思想》(《韩国哲学史》中)对退溪的生涯、著作尤其哲学思想进行了综合研究。柳正东认为,退溪的哲学思想,包括太极、理、理气论,退溪哲学的顶点在于"理"。他的各种主张其本旨都在于"理"的透彻理解和充分实践。他认为对理的理解度是形成每个人差别的原因。他严格区分了理、气的主从关系,理主气从。他认为理是能动的、人是义理的主体者,所以用"养理"二字来形容,这也是退溪对于理的独特解释。退溪哲学主敬,在理、气的不相离中,敬和义不应偏废。他十分强调敬工夫。退溪哲

学对后世影响极大,他弟子众多,学术地位突出,被称为儒宗。后
人对其评价引起了韩、中、日三国的瞩目。

　　退溪之人观及治人哲学是当代韩国学者们乐于探讨的问题。
尹丝淳的《退溪之人观》(《退溪学在儒学中的地位——第十一届退
溪学国际学术会议论文集》,中国人民大学出版社1993年版)认
为,退溪的人观具有自然的人观与道德的人观,并兼备天人合一之
人观的性理学人观之典型。退溪想通过本性的自觉实现天理的思
想,可再度评价为提高人的自律与主体性的理论。而且其理发说
的根本意图在于发言人的道德权威。这种观点十分可贵。退溪的
人观对现代仍有实用性,它可克服自然与人的分化为二。李楠永
的《退溪的治人哲学与实践》(同上)指出,退溪之学大体以朱子学
为标界,奉之为尊信躬行的典范。其文从退溪即是朱子的修己治
人之学的视角出发,阐明退溪不甚明朗的治人学说与实践。李楠
永强调,退溪的治人思想及其制度化的实践,通过书院机能的活用
和乡约制度在全国普及,在使朝鲜王朝成为言必称儒教的王国过
程中,发挥了主导性作用。还有的学者探讨了退溪的天人关系理
论。琴章泰的《退溪的天概念与天人关系论》(同上)指出,退溪继
承性理学的天人关系,提出本体论的天人合一的构造,同时鲜明地
把握情感论的天人相应的构造。他对天人关系的理解,基于修养
论的关心,强调道德的实践性,依然有特征。他十分关心天的人格
性,认为必须要通过人格的感情,显现天人关系的相应构造。琴章
泰强调,在天人关系上,退溪追求天人合一之妙。

　　退溪心学及其与栗谷心学之比较研究也受到学者们的关注。
成均馆大学教授安柄周的《退溪心学的两个特点》(同上)通过退溪
的《心经后论》把握退溪学术的心学特点。他认为退溪心学的特点
有几个:一是同阳明心学有严格的区分。二是退溪心学体现出实
践性。三是"理哲学"与退溪心学紧密联系在一起。强调实践性从

而接近心学,正是退溪心学的特性。为了避免同阳明心学相混淆,退溪在翻译"心学"一语时多译成"心性之学",这样标示"退溪心学",正是为了突出其特性的需要。吴锡源的《退溪圣学考——〈圣学十图〉及其它》(同上)通过分析《圣学十图》,指出退溪的目标在于成圣人,中心在于作为确立人的主体根据的心法,具体的修养方法则是强调持敬功夫。这样联结圣、心、敬三个环节,形成了基本结构。其文考察《进圣学十图札》和《圣学十图》中的圣、心、敬三个概念的内涵和特征,阐明退溪力主实践的人生的真正意义和价值。吴锡源强调,退溪的学说是以人伦为目的的道德价值学说。退溪圣学的主旨在于人作为主体真正认识自我,以自觉自律的主体为基础,实践至善的人生。在以物质为中心的现代产业社会里,退溪圣学堪称医治自我沦落、道德沦丧的良药。对退溪心学进行研究的文章还有:琴章泰的《退溪李滉的心概念及修养论》(《尚虚安炳周教授停年纪念论文集1东洋哲学》,1998年发行),李海英的《退溪之心论》(《退溪学》第五辑,安东大学校退溪学研究所1993年发行)等。有的学者还对退溪心学与栗谷心学进行了比较研究。宋锡球的《退溪与栗谷的人心道心说比较》(《退溪学在儒学中的地位——第十一届退溪学国际学术会议论文集》,中国人民大学出版社1993年版)指出,朱熹的性理学和人心道心之说传到朝鲜后,李退溪、李栗谷两人进行更精深的研究,而各自确立自己的理论。退溪的心学工夫比较侧重节制人欲而顺从道心。退溪重视居敬心学,所以把人心跟道心区别得很清楚,其目的在于遏人欲、存天理。因而退溪解释人心道心之时,带着敬虔严肃主义和超经验的动机主义的倾向。然而栗谷重视诚意心学,所以他比较着重人心和道心未分别时的一心,而强调心发时"意"的商量活动的重要。因而栗谷解释人心道心之时,带着实际经验主义和结果主义的倾向。二人的理论虽然有所不同,然而追求的目标都在于扩充道心而回到性命之正理。在实现心学工夫的时候,居敬、诚意并为重要。

　　学者们在探讨退溪思想及其价值的基础上,肯定了退溪学的现代意义。洪瑀钦的《李退溪之"三自精神"与21世纪之韩国家庭教育》(中国孔子基金会编《儒学与21世纪——纪念孔子诞辰2545周年暨国际儒学讨论会会议论文集》,华夏出版社1996年版),李东薰的《退溪先生所作"乡立约条"之现代性的意义》(同上),金光淳的《退溪文学中所体现的修养之现代性的照明》(同上)等文章皆论述了退溪学说的现代价值。

(二)栗谷学研究

　　栗谷李珥(1536－1585)是与退溪齐名的朝鲜性理学大师,在哲学上他主张先气后理,其思想特点是以程朱理学为基础的道学思想,他一贯是以积极的修己、治人和立言(教育)、建设大同世界为最终目的。当代学者对其研究集中于哲学思想、经世思想、修己论等方面。

　　研究栗谷学的专著以宋锡球的《李栗谷》(台北东大图书公司1993年版)为代表。该书探讨了李栗谷的生平、著作及其思想,如理气论、心性情论、修己的实践论等。作者指出,李栗谷继承了传统的性理学者以理气构造来论述宇宙和人生整体的做法,因此其理气论亦是以程朱学为基础来展开。理气论的发展在栗谷提出"理气之妙"而达于极至。他最排斥极端论者,即反对气一元论和理一元论者,对理气极端论者的调和与综合正是栗谷理气论的根本立场。栗谷强烈主张性理学绝不能流于思辨的空谈或观念之虚构,而力言必须在实际上把观念落实于实践中。栗谷一方面继承居敬穷理力行诸传统主张的修己工夫,一方面强调了由敬而诚的实践过程。栗谷重视诚,把诚意正心当做其修己论的根本核心,显出其突出人的自主、主体的意志,另一方面他更试图把由意志而行为的结果也放入考虑,也就是包含了从行为动机到结果的整个过程,这种对结果的考量影响了韩国的近代实学,栗谷的"诚"之哲学成为连结务实思想的基础。

原圆光大学哲学科教授裴宗镐的《李珥的哲学思想》(《韩国哲学史》中)也对栗谷思想进行了综合研究。裴宗镐简要叙述了栗谷的时代背景、生涯,重点研究了他的哲学思想。他将栗谷的哲学思想分为几个方面:(1)理气观。即气发理乘说、理通气局说、理有善恶说,栗谷主张理先气后,即气发理乘说,属于主气说。(2)心性论。即心性情意一路说、本然之性和气质之性的关系、四端七情论、人心道心说。虽然其一贯逻辑是气包理,但他的心论却改为人心包道心。(3)格物致诚论。(4)经世思想和务实思想。裴宗镐特别指出,栗谷的经世思想包括他的务实论、时宜思想、变法更张论和抗战便民策等,在儒家王道论中,也创建了新的政术,尤其是他的务实思想,使他成为朝鲜实学思想的菁矢。

除综合研究之外,韩国学者对栗谷的专题研究也较多,集中在栗谷的经世论与修己论上。崔根德的《栗谷的社会思想及经世论》(《韩国儒学思想研究》,学苑出版社1998年版)将栗谷的经世论概括为几点:政治要知时宜,当事要务实功;正人必先正己;为政应以公论为本,并以此进行改革;养民与教民并行。崔根德强调,栗谷的社会思想与经世论均来自儒学思想。但是栗谷并非拘泥于儒学理论框框的迂儒,而是拥有深厚的学问蕴蓄,对时代有敏锐的洞察力。崔根德还对栗谷特点作了独到论断:他通晓包括孔孟在内的所有儒学理论;对此作了主体性的证明;能用锐利的洞察力诊断自己所处的时代;提出果断的处方;时刻以面向未来的慧眼,表示坚定的改革意志。即使用现代的眼光来看,栗谷的社会思想及经世论,也有许多可取之处。宋锡球的《栗谷修己论的特色》(《李栗谷》中一节)论述了栗谷的修己论,他认为栗谷的性理学内容既具有一般的内圣外王、修己治人,也具有其他学者所较不重视的东西,如其实践方法较为重视现实的务实性。栗谷十分强调务实、诚实，不仅用于修己，也可同时适用于经世。栗谷的修己论一方面仍然保持着传统性理学者所一贯强调的居敬、穷理、力行三种实践工夫，另一方面，他还着重了一些其他性理学者较为忽视的地方。如将立志置于一切实践修己条目之首。立志之后，便进入穷理居敬力行的实践中。其中敬贯通了圣学的开始和终结，因此说诚意正心贯彻了圣学中修己成圣的整个过程，这是栗谷修己论的第二个特色。"务实"是栗谷性理学的最大特色。

关于栗谷研究的论文还有：《栗谷的生涯与思想》（一）（《伦理思想研究》4，筑波大学伦理思想研究会1979年），《栗谷天才的资质与栗谷思想的自得之味》（《韩国学论丛》2，1980年），《栗谷天道策译解》（《柳承国博士华甲纪念——东方思想论丛》所收，1983年发行），《栗谷的改革主义与民本思想》（《当代韩国》3，1994年）等。

中国学者也重视退溪学和栗谷学研究，张立文教授对退溪与栗谷哲学思想的比较研究最具代表性。他的《退溪与栗谷理欲、敬静观之比较》（郑判龙主编《朝鲜学——韩国学与中国学》，中国社会科学出版社1993年版）指出，退溪与栗谷都遵循朱子的天理人欲之辨，发挥和阐述了因天理而有人欲和人欲从天理中流出的问题，使朱子天理人欲对立统一论得以明确。退溪提出了"性者，人之欲"的主张，立足于性具有人欲的内容，而说明天理人欲的对立统一性，具有创发的意味；栗谷重于范畴逻辑结构的推衍和剖析，而说明天理人欲本一非二，一本二名的关系。两者各有特色和侧重，而又可相互补充。退溪与栗谷都是按儒家性善的思路，通过各种方法去私欲，以恢复心中的天理。两人都以敬为核心，但退溪说明主静与主敬的演变而建构动静统一论，这个统一是以持敬为中心的统一。栗谷就不需要说明两者的演变，而直论居敬为核心的敬静统一论;退溪重如何去私欲而达天理,栗谷重如何修己而保存天理、使之持久;退溪从敬静之学,以涵养省察、正心诚意为工夫,栗谷则以居敬、穷理、知行为工夫,拓展了修养论的各范畴间的联系,突出了修养论的地位。退溪和栗谷作为李朝思想学术界的双璧,互补互济,相得益彰。两人在一些问题上有差异,但基本上是同中之异。这就是说,大前提和基本的思路、思维方法同,对一些具体问题的理解、解释有异,此异并不妨碍两人之大同。

(三)其他儒家人物研究

除了朝鲜时代性理学的两大泰斗退溪和栗谷之外,其他著名儒家历史人物也受到韩国学者的关注。《韩国哲学史》对崔承老、权近、徐敬德、李彦迪、沙溪金长生、张显光、许穆、权谳、尤庵宋时烈、朴趾源、朴齐家、郑齐斗、李漌、茶山丁若镛、朴殷植等著名儒家学者的哲学思想都进行了个体研究。

崔根德对沙溪、西厓等人的思想尤其是经世思想进行了深入研究,充分肯定了其经世思想的价值。他的《沙溪的经世思想》(《韩国儒学思想研究》,学苑出版社 1998 年版)将沙溪的经世思想分为几个方面:一是本立道生的原理,包括树立根本,恢复旧业,推崇和遵从洪范,讲《小学》,对国君(仁祖)尽孝道,虔诚地奉祭。二是治国之要诀,包括亲近九族,体谅众臣子,亲自为政。三是杜绝民弊的方案,包括消除对百姓的弊害、革新政治,废止宣惠厅。四是革新方案,包括修正军事政策,从训练有素的士中选拔警卫宫阙的卫兵,并严格守卫。沙溪的这些经世主张以传统的王道为基本,建议的要点是恢复祖宗朝之旧法,改革弊政。崔根德的《西厓柳成龙的经世思想》(《韩国儒学思想研究》,学苑出版社 1998 年版)将柳成龙(1542—1607)的经世思想概括为五个方面:天数人事相参;知比行贵;随时变法;彻底的民本主义;强烈的主体意识。柳成龙的经世观见于文字的主要是《无冰答》,其中提出修实德以答天心,严内治以肃宫禁,审治体以立规模,重公论以整朝纲,辨名实以用人材,养廉耻心以清浊俗,明政刑以杜奸细,祛积弊以厚民生,崇学术以正士风等方面。《无冰答》,如实地反映了他的经世观。

崔根德还研究了尤庵、河西等儒家人物的经学思想及儒学地位。他的《尤庵的经学思想》将尤庵的经学思想概括为四点:以朱子学为依据,阐明和展开了经学;以明天理与人欲,判义理为经学之主旨;以直为哲学的核心;在性理学上,支持气发理乘一途说,展开心是气论。崔根德特别强调,尤庵是引导一个时代的巨人。作为以理武装起来的道学者,站在时代的前列,为体现时代精神而倾注了毕生精力。他引导的时代精神,其基点就是经学思想。崔根德的《河西金麟厚在儒学史上的地位》认为,乙巳士祸后,河西受挫回乡隐居,其晚年潜心于为己之学,热心后进教育,振兴经学,钻研性理学,给朝鲜前期儒学史留下了划时代的伟大足迹。他与退溪、高峰一起在性理学开花过程中起了主导作用,可称为性理学展开的第一代。

特别应当提及的是,在朝鲜哲学思想研究方面,中国延边大学的学者们做出了特别的贡献。他们发表了许多论文、出版了一些著作,就李退溪、李栗谷、朴趾源、徐敬德、郑传道等的哲学思想与朝鲜、日本、中国的程朱理学等儒教思想做了比较研究。其主要的著述与论文有:朱红星、朱七星和李洪淳合编的《朝鲜哲学思想史》(延边人民出版社1989年版),李洪淳的《李栗谷的哲学思想》和《郑传道的排佛思想》,朱七星的《论朴趾源的哲学思想》,金东勋的《金泽荣哲学思想研究》,鲁学海的《徐敬德哲学思想研究》,李洪淳的《日本和朝鲜的程朱理学》、《朝鲜和日本的儒学》及《朝鲜新儒学的特征》等等。这些论著将朝鲜的哲学思想介绍给了中国读者,把中国、朝鲜和日本等东方各国的哲学思想作了一番比较,从而阐述了朝鲜哲学的特点。这些研究成果已经引起了国内外学术界的高度重视。

四、中国儒学的综合及专题研究

韩国儒学来源于中国传统儒学,韩国儒学的发展演变与中国传统儒学的发展变迁密切相关。韩国学者对中国传统儒学研究一直倾注了极大热情。20世纪,中国儒学研究也是韩国学界的热点,其间出版的著作和发表的论文十分丰富。其研究内容广泛,涉及对中国传统儒学的综合研究,对儒家思想某方面的专题研究,对著名儒家人物如孔子、孟子、荀子的研究等诸多方面。

就研究专著看,1945年以后出版的中国哲学、思想方面的著作较多,主要有:金敬琢编的《中国哲学思想史》(耕文社1960年版),车相辕著的《儒家思想史》(章苑社),李相殷著的《儒学与东洋文化》(泛学图书1976年版),黄元九著的《中国思想的源流》(延世大出版部1976年版),金敬琢著的《中国哲学概论》(泛学图书1979年版),宋恒龙著的《中国哲学之特质》(同和出版公社1983年版),李台薰、韩武熙合译的《中国思想之概源》(文潮社1984年版),李康洙、李东三合著的《中国哲学概论》(韩国放送通信大学1986年版),全海宗等著的《中国的天下思想》(民音社1988年版),郑钟复著的《中国中庸思想之现代的照明研究》(清州大学1988年版),韩国哲学思想研究会编的《现代中国的模索——文化传统和现代化以及文化热》(1992年版),裴永东著的《明末清初思想》(民音社1992年版),尹丝淳等著的《孔子思想之发见》(民音社1992年版),李鸿镇译的《中国经学史》(同和出版公社1984年版)等。

除著作外,韩国学者对中国儒学的研究论文也颇多,它们探讨了许多儒学的具体问题,主要涉及如下几个方面:

第一，儒学的宗教性及其社会作用。崔根德的《儒学是宗教吗》(《韩国儒学思想研究》，学苑出版社1998年版)分析了"宗教是什么"这一命题，探讨了宗教定义的四种类型。崔根德驳斥了儒学不是宗教的种种论调，强调儒学是立足于现实，以人为中心的宗教。他认为，儒学宗旨是仁，这是大经大法的核心。这种仁的扩充就是理想社会的实现，其基点就是纯善的本然之性。一个人只要按本性生活，只要不懈地努力，便能成为仁者完人，最终会达到贤人、圣人的境界。成均馆大学教授金圣基的《后现代宗教状况与儒教》(国际儒学联合会编《纪念孔子诞辰2550周年国际学术讨论会论文集》，国际文化出版公司2000年版)从"宗教多元主义"与"世俗化"的时代要求出发，在现代西方宗教面临危机状况下，探讨在今日超越的真正意义，并且试图从儒家立场提出后现代真正宗教的代案。今天西欧的超越的崩溃过程，《周易》的思考提示最成功的超越的新可能性。儒家与易经哲学从存在的超越，成功地定出重视"过程"与"变化"的超越的模型。金圣基最后得出结论：由资本主义和其因果论的合理性，被夺取的自然的神圣性，儒家哲学中可以找出新思维模型。儒家思想可以重建其时间、空间的生命性，金圣基强调，这种自然观与时空观可以贡献21世纪新宗教之向度。

第二，儒学与国家政治的密切关系。高柄翊的《儒教与国家政治》(《国际儒学研究》第1辑，人民出版社1995年版)认为儒教比任何一个宗教或思想更具有跟国家政治相关联的持续性理念体系。儒教的本质是政治哲学、政治思想。儒教国家是以德治为标榜的高度理念志向的国家。其基本责务是使百姓丰衣足食，保护遭外敌侵入和天灾地祋的国民。为了实现德治，君主和官僚既是政治家，也是教育家，要在修养自身和教化百姓两方面努力，最终达到提高国民道德性和安定统治的目的。儒教国家既强调教化和道德,也包容法家的严刑主义。儒教国家的君主被置于道德政治的执法中,因受到约束而无法乱用专制权。儒教自朱子以来有新的发展,被称之为朱子学、程朱学、宋学或性理学,性理学的信奉尤甚,以致排除功利、压抑工商,阻碍了国家的发展。在未来产业技术后续社会中,性理学家价值观的相当部分对新病理、病弊起补充剂和治疗剂的作用。

第三,传统儒学的"礼本刑辅"之礼法关系。金忠烈的《"儒法之分与合"在中国政治史的教训——并论"中华法系"的传统及其特征:"礼本刑辅"》(《国际儒学研究》第 3 辑,中国社会科学出版社 1997 年版)指出,在中国思想史上儒法两家,同道异趣,时分时合,时争时辅,主导了中国历史演变的主流。现代唯法主义不能治安现世人生的很多问题,更不能根治问题的根本,则不能不复兴中华法系的传统特征——礼本刑辅。作者强调,迎接 21 世纪,如要准备解决法律问题,总先把"法"意义扩大,道德礼教就是扶植社会人心之本,而法律刑治,只不过治现成问题,使归至善境界的一种辅助方法。李承焕的《自由权利抑或儒家的德》(《国际儒学研究》第 5 辑,中国社会科学出版社 1998 年版)指出,我们生活在一个热衷于权利的时代。儒家的核心不是一种自律的道德,而是一种和谐的道德;不是一种重权利所有的个人主义,而是一种重有机联系的整体主义。以权利为基础的道德和儒学的以德行为基础的道德都具有极端性。在当代韩国,以权利为基础的道德与以德行为基础的道德之间的争论可以追溯到更深的渊源——对于自由和公益的不同的侧重是西方自由主义和韩国儒家的各自出发点。李承焕认为,经过合理重建的"后儒学",同时注重权利和德。其道德理想,一个不讲仁义、友谊和惠谢的社会是不愉快的、无生活意义的;同时,不尊重和保护自我决定、自我管理、自我发展的道德自由的社会则是道德败坏、不可忍受的。他强调,通过自由主义和儒家对权利与德关系的相互批判,我们要做的不是在权利或德之间简单选择,而是要使权利和德协调统一。

第四,重视孔子研究。李家源的《曰若稽古孔子》(《1987年曲阜儒学国际学术讨论会论文集》,齐鲁书社1989年版)认为,孔子实为中国文化之中心人物,自其前数千年之文化赖孔子而得传;其后数千年之文化,赖孔子而得启。欲求东洋之平和,不必他求于世界诸国之所谓民主主义或社会主义,而先求于孔子大同之大道,复就世界诸国之新说,取其长而弃其短,而因革之,大道之行,想亦不难致也。南明镇的《关于孔夫子的时间观和历史哲学之研究》(国际儒学联合会编《纪念孔子诞辰2550周年国际学术讨论会论文集》,国际文化出版公司2000年版),以《论语》中所记载的孔子直接谈及时间的观点为最基本的资料进行分析的同时,将结合《春秋》和《周易·十翼》及孔门诸子所著的《中庸》、《大学》、《孟子》等有关资料进行考察,来系统地阐明孔子思想的一贯体系。南明镇指出,伟大的孔子思想之核心部分的春秋大义,仁,正名,时中,以及他的整个思想都是与他对于时间性之本质的大彻大悟有着紧密联系的,而且他据此所建立起来的历史哲学,也是以生成——始终原理为根干的。

第五,注重孟子研究。学者们着重探研孟子思想及其现代价值。成均馆大学教授吴锡源的《孟子的义理思想》(丁冠之主编《孟子研究论文集》,山东大学出版社1997年版)以孟子的义理思想为中心,探索儒家义理思想的本质与特性及其对现代社会的意义。义理思想认为世界包含事实与理论两方面。其特征是把精神的道德价值置于优先地位。义理思想的最终目标是调和物质世界与精神世界,这也是义理思想的真正价值。吴锡源强调,以人类的人格性与主体性为基础与物质相调和的义理思想,不仅不是与现代社会无关、无用的传统思想的废物,而是将在充满物质与本能的现代社会里成为克服现代社会弊病的原动力。

韩国还有专门的《孟子研究》刊物,登载了许多研究孟子的论文,如赵骏河的《浅析孟子与荀子的人性论》(《孟子研究》第1辑,韩国孟子学会1997年7月发行),刘明钟的《孟子与王道思想》(同上),柳仁熙的《孟子与新儒学——从朱子看孟子》(同上)等。这些论文从各个方面探讨了孟子的思想,多有真知灼见。

五、二程理学研究

二程是宋明理学的奠基者。由程颢、程颐二兄弟所开辟的洛学是宋明理学的重要学派。二程将"理"抽象为宇宙本体,作为哲学最高范畴提出来,构建了一个以理为最高本体的唯心论体系。二程的思想具有相当的独创性,别具一格,自成体系,他们完成了理学体系的基本建构,成为理学发展史上的重要人物。重视性理学研究的韩国学者们自然十分关注二程理学,其研究内容比较广泛,主要集中在孟子与程朱理学的继承关系、道家与程朱理学之关系、二程易学、程朱理学对韩国的影响、程朱礼学在韩国的发展等问题上。

首先,肯定了程朱理学对孟子性善、仁学的继承关系。李东熙的《再论〈性善〉和〈性即理〉的道德命题》(《国际性理学研究》创刊号,韩国程朱学会2000年发行)指出,朱子性论的核心是"性即理",这与孟子的"性善"立论逻辑相同,而且二者都作为道德命题具有"劝诱"的性质,这也是东洋道德命题所具有的性格。李东熙先分析了孟子性善说的本质,又分析了孟子的心、性未分和朱子的心、性、情三分,强调朱子的"性即理"是孟子"性善"的又一表现形式,即代替"善"使用了"理"的概念,只是反映了通过与道佛的斗争而成立的宋代性理学的思想倾向(形而上学),孟子性善的宗旨丝毫也没有消失,这里就有朱子性论继承的一面和发展的一面。赵骏河的《孔孟的仁和程朱的仁说》(杨晓塘主编《程朱思想新论》,人民出版社1999年版)指出,经由孔子完成的儒家思想,经过其弟子曾子,又由子思、孟子将其传承下来。孟子以后却没能接着传递下去。然而在过去了千余年之后,又有河南二程重新使孟子之传统得以继承,后再由朱子实现了将新儒学集大成。孔、孟、程、朱思想之一贯核心,就是仁。孔子以内在的自我完成以及外在的爱的实践来教授仁;孟子则强调本性里内在的仁性之发现;而程子要人们到生生不已的天地大德中去寻找仁,以公实现仁,并揭示出物我一致的境地。朱子则以心之德、爱之理来注解仁。仁作为东方传统思想之核心,将为现在以及未来人类的生存与发展揭示出一条希望之路。

其次,揭示了二程新儒家的思想特点。赵骏河的《二程子之新儒学思想研究》(《国际性理学研究》创刊号),根据时代的要求,从对新儒学赋予新内容的角度上,重新探讨了二程子创始新儒学的过程。赵骏河指出了二程子创始新儒学的核心:一是具有独到之处的儒家理论和性论,二是继承并发展了孔孟之仁说,孔子之仁包括内在的自我完善,以及外在的"爱的实践";孟子则强调了发现本性的,内在的仁性;二程子是在生生不已的天地之中的大德之间寻觅仁,以公来实现仁,达到物我为一的神圣境地。赵骏河强调,当今世界,若想适应时代的具体要求,重新整理新儒学,就必须在分析孔、孟、程、朱的传统思想及哲学体系基础上,进一步继承并发展其理论,并进一步创新。

第三,探讨了二程易学思想及其意义。东国大学教授金弼洙的《在对〈周易〉解释的变迁史中程子〈易传〉之意义》(《国际性理学研究》创刊号)指出,由孔子提出的义理的合理说,东汉末王弼的义理易中兴,再经图象易后陷入困境,宋代以来随着思辨的社会风潮盛行,义理易趁机再度兴起,其结果就是程伊川之《易传》的出现。在程传中,对卦辞与《十翼》之不足部分,给予了充分的说明。这正是程传之现代意义。赵壮衍的《伊川之易学和理学的相关性》(《国际性理学研究》创刊号,韩国程朱学会2000年发行),先考察在宋代理学的形成过程中起了较大作用的程伊川易学思想,而后进一步分析《周易》与宋代以前的方式不同,分析作为这种再解释的理论根据的理学和易学的相关性。赵壮衍强调,程伊川用在宋代形成的理学,把新的气息注入到易学,而这样形成的伊川易学是与理学之主张义理相似的。现有的玄学气氛,由此就消灭了,而易学产生了新的面貌。这些内容可以说是伊川易学思想所具有的重大意义。

第四,探讨了程颢的人生理想、体用论及其与道家、玄学之间的关系。李宣侚的《庄子和程颢的生命理境比较》(《国际性理学研究》创刊号)主要比较论述了追寻人生理想的大哲人庄子和程颢的生命理境。李宣侚首先比较二位的修养工夫如何,再探讨其生命理境是什么。李宣侚指出,庄子的修养工夫包括心斋和坐忘,程颢的修养工夫包括定性和诚敬。庄子的生命理境是逍遥无待之游,程颢是活泼体仁之境,二人所追寻的人生目标皆是要达到自由自在、活泼的生命理境。金周昌的《王弼与程颢的体用论比较》(《国际性理学研究》创刊号)指出,王弼和程颢在做学问的方法上有着继承的关系。在体用观上比较二者有密切联系:一是对体用基本概念的使用比较接近;二是二者的体用理论解释不同,其价值也有所不同;三是王弼是第一个具体的使用体用理论的;四是王弼和程颢这二位的体用理论看起来都从《周易》得到了启示。

第五,探讨了以二程为中心的洛学对韩国传统思想和社会的影响。刘明钟的《洛学与高丽的孔孟儒学》(杨晓塘主编《程朱思想新论》,人民出版社1999年版),分析了以二程为中心的洛学的成立及其对东亚学界产生的影响。作者认为,洛学确立了"四书儒学",开始尊崇"孟子"。作为洛学如此执著努力的一个结晶,高丽朝鲜王朝也受到了《大学》、《中庸》、《孟子》、《论语》四书和作为《伊川易传》的义理易精神的启发,导致了朝鲜士林派的兴起。洛学浸透了高丽朝鲜王朝上下800年历史,成为韩国人的传统被永远承继下来。裴相贤的《韩国程朱礼学之成立与其展开》(《国际性理学研究》创刊号)梳理了程朱理学在朝鲜的分派与不同发展路径。他认为,朝鲜之性理学发华后,各随其师说,岭南、畿湖两派分离。礼学亦如是。岭南礼学,以新经为教学之本,重视仪礼与古礼,以家礼与典礼二元化。反之,畿湖礼学派,以小学与家礼为教育与行礼之本,为家礼与典礼两者,视一元之秩序。岭南学派,与其行用之礼枝末,宁可重视心性之本源论。畿湖学派,行礼以为变化气质之核径,与其失去思辨的心性论,宁可以重视行礼,以为发现义理之方便故也。关于程朱礼学对韩国影响的文章还有:裴相贤的《〈朱子家礼〉及其在韩国的实践》(《汉学研究》第一辑,中国和平出版社1996年版)、崔根德的《丽末鲜初朱子家礼的流传与展望过程》(《程朱思想新论》,人民出版社1999年版)等。

六、韩国儒学研究的新动向

世界范围的文化热,当然也波及韩国学术界,现代化进程需要儒学,未来社会需要儒家文化已成为韩国学者们的共识。正如韩国高丽大学编写的《韩国民俗大观》序言所指出的:"至今,儒教在韩国社会中仍占有绝对的比重。……事实上,儒教不仅仅改变了人的思想和性格,而且使社会构造、习惯、制度也发生了大的变动。……儒教至今仍深深扎根于我们社会的基层。"儒学之所以在韩国能深深扎根,除历史上的原因以外,当今韩国儒学研究的新动向,乃是儒学扎根于当今现代化韩国社会基层的主要原因。

(一)对传统儒学有所改造、创新,发扬光大

儒学有没有机会作为一种积极的文化资源来为现代工业化的社会服务呢？综观中国历史,儒学处尊的地位从来都是与社会安定联系一起的,只要儒学经过新的梳理与阐释,就能为新的时期服务,因为,儒学的人文关怀与人本伦理永远有一种后现代的指向。韩国学者们认为,"只有儒教才是现代人最必要的精神活力"(人大复印资料《中国哲学史》第 92 页,1995 年 12 月)。因为传统儒学要求"大公无私"、"重义轻利"、"敬业乐群"、"修身"、"廉政"的美德,正是克服韩国现代产业社会紊乱的精神活力。

当代韩国对传统儒学的研究已有改造、创新的新气象。赵骏河的《对中国传统伦理的现代理解》(国际儒学联合会学术委员会编《儒学与道德建设》,首都师大出版社 1999 年版)指出,现代科学技术日益发达,科学至上主义,物质万能主义四处泛滥,人役于物的现象比比皆是。有必要向青年人揭示人生价值的标准。东方传统伦理道德的基本问题是有关天的问题。孔子时代揭示了天的内在性,认为人性乃天命,把天与人连为一体,人光明正大地生活就是要遵天命,实现人的本性。人之所以为人,重要的一条就是讲究仁。所谓仁是指自身人格完善并热爱他人。仁实现之日就是世界和平到来之时,系所谓人间天堂也。要实现仁就是讲究礼,而礼是要把诚敬之意与谦让的形式协调一致起来。建立在上述指导思想之上的五伦,是处理人际关系的最高行为准则。赵骏河强调,为了解除现代人的苦闷,避免道德沦丧的唯一可行的办法是重振传统伦理道德。我们认为,这种立足现实,转化传统,改造过时了的儒学伦理,颇有儒学现代化的价值取向。

(二)探讨儒学与韩国现代化的关系

传统儒学要不要现代化以及如何现代化,传统儒学与社会经济现代化的关系如何？这既是世界各国儒学研究者普遍关注的问题，也是当代韩国儒学研究者努力研究的问题。

多数韩国学者认为儒家伦理促进现代化发展，即儒学在现代化中发挥了儒教资本主义精神的作用。他们认为儒家思想是社会经济急速发展的原动力，形成了新儒教资本主义理论。儒学倡导进取奋争、自强不息的精神，使韩国人在经济建设中树立了顽强竞争、进取的精神，为企业、为家族、为团体建功立业。如当今韩国最大企业集团的首领、亿万富翁的郑周永在总结"现代精神"时，就概括出："创造、开拓、刚毅、勤俭"八大字。韩国国际儒学联合会理事长、儒教学会会长崔根德教授颇有见地地指出："儒教人际关系的确定和义理精神的确立，将成为经济发展的关键；勤俭节约，孝悌忠信，先公后私，爱亲敬长等儒教伦理，将成为儒教资本主义的德目，推己及人将成为企业家的伦理，灭私奉公将成为劳动者的伦理。试图重新发扬和确定儒教伦理、克服现代产业社会的紊乱，使它成为经济发展的原动力，这是对儒教日益关心的理由。"（人大复印资料《中国哲学史》第 92 页，1995 年 12 月）这种把儒学看成是经济发展的原动力的提法，虽有其偏颇之处，但它却道出了儒教伦理与资本主义经济发展的某些适应性的真理。

儒学在现代化社会仍能重新焕发出它的生机。韩国学者金日坤的《儒家文化圈的伦理秩序与经济》（中国人民大学出版社 1991年版）指出，韩国人受儒教影响而形成的伦理观念，如热爱国家、重视集体、勤劳朴实、发奋图强等精神，便发挥了类似欧洲古典学派所说的新教资本主义精神作用。1993 年 11 月 25 日，《汉城经济新闻》发表了《儒教文化对韩国经济的贡献》一文指出，"韩、中、日的东亚文化，是集体主义文化。在今后的世界经济战中，集体主义文化将比个人主义文化占优势"。

此外，还有黄秉泰为代表的一种相反的观点，认为传统儒学对韩国现代化不起作用。他认为,儒学是朝鲜整个社会和国家占统治地位的社会意识和信仰体系。从朝鲜的历史可以看出,儒学在朝鲜甚至比在中国走得更远,它从未汇入近代以来的民族主义、科学运动、功利主义和民主平等思想的潮流。黄秉泰指出:"韩国的儒学既不是现代化的障碍,也不是现代化的促进因素。在韩国整个现代化过程中,它一直软弱无力,不起作用。"(《儒学与现代化——中日韩儒学比较研究》第494页,社会科学出版社1995年版)

从总体上看,大多数韩国学者肯定了儒学对现代化的积极作用,并且提出了自己的看法。宋荣培的《现代新儒学的哲学意义及其问题:与西方不同的儒家式现代化是否可能?》(《传统文化与现代化》1995年2期)探讨了"与西方模式不同的儒学模式的现代化是否可能"这一问题。宋荣培通过研讨如何看待"现代化"及"现代新儒家对现代化问题的认识",对新儒家提出的与西欧不同的"儒学模式的现代化"这一新方案之现实性予以冷静的省察。最后宋荣培提出了自己的看法:与其对"西欧式"和"儒家式"的现代化作"非此即彼的提案式"的对峙性的"理论钻研",倒不如致力于实现一种真正现实主义的、东西和璧的"理论与实践的结合",即努力将现代社会的基本矛盾,工具性的科学技术"扩大再生产"与"人本主义道德性"这一对立的双方合二为一,这才是更加切实的问题。

申一澈的《新儒教与接受开化思想——以中国、韩国的变法自强思想为中心》(国际儒学联合会编《国际儒学研究》第3辑,中国社会科学出版社1997年版)探讨了儒学对东亚地区变法自强、实现近代化的影响。他围绕新儒教和接受开化思想这一主题,概观了变法自强主义在中国和韩国是如何展开的。申一澈主要考察了中国近代思想史上,康有为主张的"孔子教"中的儒教宗教改革、严复《天演论》中的进化论世界观及梁启超《新民说》中的近代"国家思想",即考察了以民族主义为中心的新儒教和接受开化思想问题。这三种思想为韩国近代国家观和自强主义历史观提供了思想基础。这时期的韩国儒教知识分子,不是追求日本明治维新型,而是追求清末变法自强派型的近代化,这也是值得我们注意的。韩国延世大学教授柳仁熙的《宋学与东亚的近代化——对"理一分殊"的再认识及东亚的共同精神》(阎纯德主编《汉学研究》第一辑,中国和平出版社1996年版)肯定了"理一分殊"的近代精神,阐明了过去东亚地区各国尽管于宋学出现的契机上有早有晚,但都有建设近代国家的共同理念,代表宋学精神的"理一而分殊",即使从现代的立场来看,也包含着全人类应实践的共同善的要求。东亚地区以宋学的"理一分殊"为共同理念,将对本地区的发展和世界和平及人类幸福做出重大贡献。为达到此目的,东亚各国和各民族要以过去日本"分殊"自体的"理一"化为鉴,调整本地区"小分殊"中心的纷纠和关系,消除世界区域化带来的"中分殊"中心主义的新的纠葛。如何把宋学精神用新的现代理念给以解释,这是宋学专家和学者当前所面临的课题。

(三)探讨儒学与未来社会关系问题

随着21世纪的到来,韩国学者对传统儒学与未来世界共同面临的发展经济、保护生态环境、优化人际关系、净化社会道德等关系问题尤为关注。他们探讨了儒家文化在未来世界中的意义、儒学的价值观、伦理观、大同观对未来世界的促进效应等问题。

首先,强调世界文化的发展需要儒学。世界文化正朝着全球意识下的多元化方向发展。多元的世界文化就应该包括儒学,而且儒学还可以弥补西方思想文化上的缺陷。韩国全州大学教授吴钟逸的《儒学与21世纪文化》(1997年孔教学院庆回归大典《孔子思想与廿一世纪国际学术研讨会论文集》)论述了儒学对现代社会的贡献以及在21世纪的文化创造中所充当的角色。吴钟逸认为,儒学是永恒不变的真理,每次变革它都根据时代的要求,本着忧患意识和救世精神,提出新的理念和哲学,因此说儒学并非停滞的理论,它是具有创造性的、超越时空的、并扮演着时代要求的角色。由此看来,儒学在现代社会里难以推行其传统思想,并不是儒学本身的局限,而是由于我们未能深入地开发和研究,未能灵活运用并创造出新的理论,这恰恰是我们的责任所在。作者指出,要批判地吸收外来思想,用亲亲爱民的教育思想认识西方文化的弊端,要努力吸收宗教、语言、文化、风俗等传统文化的智慧,以主人翁的态度祛除自卑心理,开展对弃之已久的东方文化的研究及精神遗产的开发,寻找东方精神中和平与和谐的哲学答案,同时我们还要认真收集和整理传统文化的宝典,恢复和发展日渐萎缩的儒教文化,使儒学精神在未来的21世纪重新发扬光大。

其次,探讨了儒家伦理与全球社群关系问题。崔根德确信儒教在现在和将来,仍然可以在人类历史的正面,起着维护、提高人的尊严的原动力作用,起着净化社会风气的作用。他说:儒教"在未来社会里起很大的作用,可以适应未来社会的多种多样的变化,固守人类的良心,克服机械文明的弊端;儒学中的诚和敬的哲学可以成为信息时代的伦理。正如《中庸》中所说:'诚者,天之道也;诚也者,人之道也','诚者,物之始终',诚实性可以成为人类共同体生活的轨道;儒学中孝的思想,可以用来进行对祖先的原始报恩道德教育,使人们懂得对父母有尊敬心和对子女有慈爱情,巩固家庭,培养家族血缘关系的凝结力;儒教的礼教可以起确立地球村秩序的基本作用。"(见《孔子研究》第110-111,1995年第3期)

韩国学者认为儒教对提高未来社会人类道德水准有重要作用。成均馆大学教授吴锡源的《现代社会与儒教的功用》(1997年孔教学院庆回归大典《孔子思想与廿一世纪国际学术研讨会论文集》)指出,人本质上是物质利欲冲动得很强,精神道德发扬得很弱的存在。物质的利必须以道德的义为其基础,才能发挥正当的力量。科学技术和物质文明愈是高度化,愈是迫切需要这种道德。21世纪的人类社会,必须回归到具有真实意义,指向人道化的社会。新方向的课题可谓是以道德性为根基的物质追求,以共同体意识和责任意识为基盘的个人主义,以及与自然共存和维持亲和关系的人道主义。尤其是在产业化过程中,因物质万能而遭致道德性危机状况的现代社会里,必须补充儒教思想所强调的道德性,同时在以此作为基础的教育、政治、经济、社会等各领域里,创造出新的理念和推动全新的改革。

第三,探讨了儒学与21世纪的家庭伦理的关系问题。韩国学者肯定了儒学家庭伦理对未来社会家庭和谐的重要意义。金吉洛的《儒学与21世纪家庭伦理》(中国孔子基金会编《儒学与21世纪——纪念孔子诞辰2545年暨国际儒学讨论会会议论文集》,华夏出版社1996年版)指出,孔孟儒学的理想是追求世界的和平与人类的安定。其具体的实现方法是确立以仁为根本的理念,人人正确管理作为社会原初基本单位的家庭,其最高目标是确立家庭秩序,首要任务是正确实践家庭伦理。尊敬和诚实的孝不仅是家庭伦理,也在社会伦理中起着核心的作用。文章为了克服现代社会家庭伦理弊端,检讨21世纪信息化社会的新家庭形态以及与此相适应的家庭伦理问题。金吉洛强调,以仁为根本的孝文化应该是能吸收个人自由与平等基本原则的健全的西欧市民伦理。虽然这可能出现东西文化的折衷论,但是为了医治现代产业社会中的非人性化和人类疏远等深刻病理现象,形成健全的社会风气,无论如何也要坚持以儒学的家庭伦理为主体,不能搞东西文化的折衷化。崔根德的《传统社会家庭礼俗与现代》(《韩国儒学思想研究》,学苑出版社1998年版)阐述了礼的意义及脉络、家庭礼制与《朱子家礼》、传统社会家庭及其礼俗的顺逆、现代的照明四个方面的内容。

作者认为传统家庭有三个意义:以夫妇为单位的团体、意味着家统、多指一族即家门。文章强调,重新考察"家"所包容的三个意义,将传统社会形成的家庭观念的精华引进现代社会,这已是刻不容缓了。假如说,现代产业社会中核心家庭制是不可避免的,那么我们也应努力在其实际内容上发挥大家族制的积极作用。

第四,探讨了儒家共生原理与 21 世纪的关系问题。众所周知,当今世界随着现代化进程的加速,除了造福于人类的一面外,也出现了种种弊端。如军事科学的发展给人类带来毁灭性的核战阴影;物质生活的富裕化也造成了生活资料的浪费和精神的空虚;激烈的商业竞争带来了人际关系无情、冷漠、紧张和拜金主义等"人为物役"的非人性化倾向等等。这些弊端如不控制、调节和消解,人类将面临自我毁灭的危险。韩国学者认为儒学将对解决这些问题有积极的作用。成均馆大学李基东教授的《儒学与 21 世纪》(丁冠之主编《孟子研究论文集》,山东大学出版社 1997 年版)指出,现代文明的问题包括:人类的生活转落为肤浅,产生破坏环境与开发武器的问题,漫延着虚无主义和快乐主义。孔子认识了天命,由此体现爱人如爱己的道理,再萌发了爱人如爱己的志愿。孟子继承了孔子的思想,同样把救济人民当作自己的目标,他反省自己的心,把欲念由四端来填满,这就是实现了仁义礼智的性,亦是成为实践了天命。孔孟的思想具有治愈现代文明弊病的可能性,但这并不是自然而成的。传统儒家思想应摄取各宗教、西方哲学和科学思想,而再导出可成就大和谐的新思想,然后才可以治疗现代文明的弊病。其新精神包括爱人如爱己的仁义礼智的精神,也尊重别人的立场和诸思想之价值观,使其融为一体。届时,现代文明之弊病才能治愈。韩国儒教学会会长崔根德教授对此颇有独到之见地,阐述了"关键在于人类在多大程度上按理性利用和控制它们"(人大复印资料《中国哲学史》第 93 页,1995 年 12 月)的道理。

　　韩国学者还探讨了朱子学的中庸价值观、阳明学的万物一体说之现代意义。沈佑燮的《中庸价值观之现代意义——以朱子注释为中心》(《汉学研究》第一辑,中国和平出版社1996年版)指出,《中庸》本以儒家之哲学思想加以集约而体系化。它将人道和天道合为一境地。其仁和诚适合今日世界之人,其教化可以实现以民主主义为理想之世界。其人道尊重可作为民主主义的人权尊重之思想的基础,推己及人的"忠恕"思想,不仅可促进民族团结,而更进一步能扩大为人类爱之思想。沈佑燮特别强调,由于现代产业经济时代的弊病,造成只重物质不重人本的思想。相信可以以"不诚无物"的中庸思想来解决,亦确信中庸之诚的精神仍是克服现代世界危机的原动力。金吉洛、金世贞《二十一世纪儒学的作用"以阳明的万物一体说为中心"》(《汉学研究》第一辑,中国和平出版社1996年版)主要站在阳明的万物一体说的立场上考察了儒学在21世纪之作用。该文指出,孔子和孟子所开创的万物一体之思想,通过阳明得到进一步的发展并最终形成理论体系。在阳明学中良知被规定为心之本体,不过作为良知之本体的仁既是人的本质,同时又是天地万物一体之根本。因此,阳明的良知论不仅是人而且是包括动植物以及无生物等在内的宇宙万物合为一体的根本。同时通过格物(正物)即启发心之本体之良知,就能够与天地万物合为一体,从而实现人与自然之间的和谐共存。作者强调,21世纪应该是一个人和自然和谐共存以及所有的生命存在都受到尊重的世界,而实现这一理想,首先应该大力提倡和普及物我一体的人与自然和谐共存的思想和原则。同时如果实现阳明的建立在理气一元论基础之上"扩大的我"之哲学思想,那么就能够迎接一个人和自然和谐共存以及所有的生命存在都受到尊重的理想的21世纪。

　　综观20世纪的韩国儒学研究,取得了丰硕成果。相信新的

21 世纪里,韩国的儒学研究将会在 20 世纪的基础上更上一层楼。

　　由于材料所限,加之编者一人见识有限,挂一漏万在所难免,祈听识者鉴谅。

儒教对韩国传统文化的影响

尹丝淳

一、绪　　论

儒学传来的时期尚不确实,估计大约是在二千多年前。儒学如此长久地参与了韩国的历史,必定给韩国文化带来了莫大的影响,本文的目的在于查明儒学对韩国传统文化的影响。

所谓思想,原非指盲目的思考或思考方式,而是向往理想生活的一种生活观。因此,儒学只意味着实现过去生活方式的儒学的生活观。即由儒学者划定为理想的生活观,并在历史中导引我们生活方式的一种生活意识。

不论其含意如何,因它不是别国的儒学而是一个韩国儒学的概念,所以不能不说它是韩国儒学者为了展开自主性的历史所利用的智慧,儒学一直被认做是一个关系韩民族生存与繁荣的思想。因此,至少在韩国儒学者的心目中,它必定是一个比其他任何思想更为有益的思想。有鉴于此,决定将本文考查的重点放在韩国儒学如何干与韩民族史的展开,并对文化之形成做出何等贡献的问题上。而且通过这项工作,考查在历史过程中形成的民族自我意识与主体性之间的关联。

若如此表明本文中问题的性格,在提出问题的过程中,即将引起一个反问:儒学既然是从中国流入的外来思想,其中必含有过去慕华、事大的因素,这不是反而与民族自我或主体性之形成处于相反关系的吗? 当然,对此反问的评价考查也是本稿理当进行研究的课题,只是在考查的次序上,将它列入下半部而已。

二、韩国儒学的历史性的展开

据孔子解说,原来儒学思想的目标是"修己"与"安人"(安百姓或治人)。儒学被称为"内圣外王之学",也是由于这一点,而且在此目标的实现方法上,如同在《大学》提示八条目,并依据本末轻重的思考,以格物为起点而以平天下为终了,将修己置于安人之先。同时欲按照根本原理实现目标时,则以'孝'或'忠'等概念为中心,运用伦理与政治的方法。因此,蕴藏在韩国历史或传统文化中的儒学的主要思潮亦可说是此类的伦理意识和政治意识。

至于儒学的传来,虽可说在三国时代(公元前1世纪—668)以前就已经开始,但其发挥影响力的时期,不可能在完成《留记》的高勾丽初(公元前1世纪)之前。如果说建立高勾丽之太学的时期(372年)是进入正式接受儒学的时期,此后,儒学的影响当然也越积极化了。

接受儒学之后,三国一致从事史籍(《留记》、《新集》、《百济纪》、《百济本纪》、《新罗国史》)的撰述。这就是一种确认主体性的表现,也是引人注目的事实。尤其,这是接受外来思想的初期态度,是一件必须切记的事情。

在直到统一新罗期(935年)的古代进行的儒学之受容,其重点放在学习并具体实现伦理与政治思想的核心原理"孝"与"忠"上。如"约定一生实践忠孝"的金庚信的发言或鸾郎碑序文中"且如入则孝于家,出则忠于国鲁司寇之旨"之文句及以《论语》、《孝经》为中心的太学教育(三科授业,读书三品科)也就是好的证据。

以孝为中心的受容,扩大成具有家族伦理特色的儒教礼俗之生活化。另一方面,忠概念的学习,对内成为巩固王权中心的君主制与内实之道,对外则成为卫护国家与民族的途径。日后,韩国历史在忠孝的应用上,取得了相当大的效果。获得"东方礼仪之国"之美誉,为了实现不亚于东方任何国家的"王道政治"而做的努力或克服许多外侵等等,都是其直接的证据。

高丽朝(918—1392)时,将孝的实践予以法制化,施行了具有赏罚之强制性的奖励活动。在朱子学时代的朝鲜朝(1392—1910)具体成为《家礼》指针之依据,并在以《三纲行实图》、《五伦图》、《小学》等强调的三纲五伦的体系中达到了高峰。这从 16 世纪李滉、李珥等的人性论取得了形而上学的根据,并与伦理同被信奉为刑律(法)层次之礼,甚至被视之为绝对的。必须留意的是成为个人行为准则的同时,也是政治方式即党争(礼讼)之论据(名分)的就是当时在朱子学环境中的礼。但是如果考虑儒学之礼的意味原是如此的(不只限于伦理层次的),再加上儒学的理想政治是礼治,朝鲜朝的统治原理(官学)又是朱子学的话,这种礼意识是不足为奇的。

在另一方面,根据忠概念的王权中心之君主体制,似乎由于历来对中国的关系与自生的国家形成的智慧相乘,而很早就已发达起来。因此,三国时代以来,忠的运用目的不在于体制的新形成,而在维持、加强体制的观点予以考虑。与此相对的,忠的对象即君王所要履行的任务、资格及治术,也看做是重要的。换言之,对于所谓礼治、德治的儒家理想的安人(治人)术,即对于仁政、王道之内容的觉悟及其实现意志,早在三国时代就已强烈地抬头,广开土大王碑上的"道治"和真兴王巡狩碑上的"修己以安百姓"正是如此。

由于王建在利用"废昏立明"之易性革命名分的意识中,登上了王位,所以表现出自我认知爱治、德治之民本、为民性格的态度,同时他以重农策(重视《无逸》篇)使民主、为民的实践具体化。此一精神延伸到高丽成宗的劝农,以及朝鲜朝太祖、世宗之农本的治世意志。

尤其在高丽初光宗时,以分散王权为前提,实行了科举制。从此,官僚制得以发达。其王权之专横,在所谓王道及君道的较为洗练的名分下,受到了限制。到了朝鲜朝官僚制的成熟期,其君道常在以公论为前提的民本、为民的名分下,甚至成为放伐论的威胁性的尺度而遭受考验。

官僚制发展上的忠,是在臣术与吏道的实践中意识到的。其臣术与吏道的概念基础在高丽初崔承老、舍审言等人之奏文(时务策、封事)中,开始被具体的提示出。但是到了朝鲜中期(16世纪),忠不只限于忠君,扩大成为直接关系爱国、爱民的思考,进而升华为所谓的士大夫精神。从此,士大夫精神被认做是一个重视良心的奉公精神,而且在当时道学的义理实践使命感的基础上,成了不惜性命的灭私奉公、杀身成仁的意识。朝鲜中期以后,许多清白官吏与处士(山林)、气概如竹的志士和面临外侵奉献自身的学士、烈士及义士之不断出现,原因不在别处,就是在朱子学的风气中被称为春秋节义精神的政治、伦理及历史意识复合的结晶中产生的。儒生奉公忠义精神之高峰,在于牺牲,是在外侵的国难中开花的,在倭乱期与韩末,起义儒生之忠君、爱民的精神,就是在此一脉络上是值得特记的。

三、排斥其他思想的精神

单就传统思想而言,韩国并非只有儒学。也有巫术信仰、佛教、道教等的思想。然而在历史上,过去的儒学者中除了极少数之外,大都排斥儒学以外的思想,只信奉儒学。这可能是由于他们认为儒学比其他任何思想具有更多长处,而且也更有益。因此,必须查明何者果真如此。唯有对此的阐释,才是直接了解儒学的价值,尤其在韩国文化形成及发展方面儒学所做之贡献的途径。

如同中国,韩国儒学者对巫术信仰或道教的批判与排斥意志,并不很强烈。与儒教相比,认为巫术信仰或道教不足为强敌。甚至于李珥、朴世堂等人,在儒家修己、安人的观点上,试着通过《醇言》、《道德经注解》、《南华经注解》,从道教的老庄思想中抽出与儒学相似点。由于这种倾向,对于巫术信仰或道教的代表性的批判,排斥论,只见之于崔承老或赵光祖的奏文中而已。

据崔氏说,对鬼神的巫术性之淫祀是为了祈福而行的,然而是不必要的,以自然神为前提的山川祭(山嶽祭也是如此),当时的祀礼频繁,反而只会招来对神不敬的结果。他强调与山川祭同时期的道教之醮祭也是如此。他又指出山川祭与醮祭的频繁施行,不仅是不敬的态度,也是滥用民脂民膏的流弊。在此,赵光祖表示道教的根本理论(道家说)本身是幽无所证,明无所据而洞灼的,进而主张废除道教的信仰根据——昭格署。

由此看来,批判并排斥巫术信仰与道教的理由可归纳为二:其一,信仰中多含有不合理的迷信因素;其二,信仰行为可给百姓带来弊害。所以他们认为与此相比,儒学则具有相反的性格,尤其在他们对于佛教的见解中,可明显看出。

其实,在高丽时代,因佛教取得了国教的地位,所以只能被儒学者视为强敌。崔承老在高丽初佛教成为国教的情况下,身为当时代表性的儒学者,站在批判佛教的先锋,他首先指出繁多的佛事可导致流弊,浪费财源,并主张佛教只不过是为来生的修身之本,并非是为现今的思想。据他说,唯有儒学追求今日之务的理国之源。

　　他的此一见解和早在新罗时代强首在与佛教对比时称儒学为"现世之教（世内之教）"的观点是一致的，而且高丽末李穑、郑梦周甚至于朴礎、金貂等人激烈地斥佛（焚烧寺庙，斩首僧侣）之论据，也未曾大大超出崔承老见解的范围。

　　大异其趣的佛教批判是以高丽末朝鲜初的郑道传为始展开的。郑道传通过《佛氏杂辨》，指责当时僧侣、寺庙的弊端和佛教之祈福信仰所具有的无根据且不确实的迷信态度，甚至批判了轮回、因果报应等深层思想的弱点、误谬及不合理性。由于他的批判终究是以朱子学为本的，虽然间或不无失之客观的独断，但其批判的范围与层次是史无前例的。

　　简言之，郑道传排斥佛教的论据，也就是佛教忽视现实生活（出家），造成了"无父""无君"之灭伦害国的结果。总之，以孝与忠为象征的伦理意识和经世意识的薄弱性要算是排斥佛教的主要原因。在此，他当然认为以忠孝（三纲、五伦）可使现实生活更充实、更理想的思想是朱子学。据他说，朱子学（性理学）就是所谓的"实学"（古人新民之实学）。因此，朱子学（儒教）应取代佛教所占之国教地位，成为提供统治原理的本源。结果，我们在其开端理论中，确认了上节所述之朝鲜朝统治原理即官学之意识世界。

　　儒学者曾将佛教视为异端而加以排斥。另外，较前更加激烈地展开排斥意志的对象是朝鲜后期（17世纪以后）的天主教（西教）。对儒学界来说，天主教的传来是一个冲击。

　　当然面对这种冲击的新思潮时，也有自愿参与这信仰世界的儒学者，十八世纪的李承薰、李蘗、权哲身、丁若铨、丁若锺等人即是。而且他们的态度和通过清朝对西欧技术（西学）采取开放的北学派的态度相辅，大大贡献了后期实学的形成。其结果，也带来了开化期中'东道西器'的温和委协的进步思想，这也是不容忽视的事实。

但是由于本论究的性质,考查焦点应是批判天主教的儒学者意识。据分析,在对天主教采取开放的学者之先,李澯、慎后聃、安鼎福等人早已在思想的层次,对此加以批判和排斥。但是到了十九世纪所谓"斥邪卫正"学派之李恒老、李震相及其门人也是日帝时代义兵运动之先锋柳麟锡、李承熙时,批判和排斥达到了高峰。

这群儒学者将天主教指定为要排斥之邪,其理由不在别处。虽然以神观为首的思想内容及性格与儒学不同是其原因之一,但是如同在"尹持忠事件(珍山事件)"中直接显露的,其伦理价值观与儒学不同才是最大原因。由于伦理观之不同,不了解并破坏所谓三纲、五伦的纲常,是排斥的更大理由。这一点可从他们称天主教徒为"夷狄"而犹显不足,便称之为"禽兽"的事实得以证明。

然而在此应注意的是,儒学者将天主教视为破坏五伦体系的元凶而加以指责时,这跟对佛教的批判内容有所不同。虽然对佛教也曾表示同样的看法,但是佛教只轻视儒教的五伦体系,并非根本否定。可是在儒学者的眼中,天主教不但轻视五伦秩序,而且具有完全否定的一面。在天主之前,万人平等的思想即是一例。这一点(虽然平等思想在今日是理所当然的),成了当时儒学者强烈排斥天主教的原因。视天主教徒为夷狄或禽兽,决非只由于惯例化的"尊华攘夷"之观念。

以前的佛教徒是同族的国内人,而新的天主教徒是异族的外国人,这是尤其不可忽视的事实。而且他们不同于赤手空拳的佛教徒,是以枪炮为后盾的武力人。从此,除西教之外,"邪"的含意中,还包括了武力。所谓武力包括西欧列强,甚至连日本也在内。所以到了韩末,"卫正斥邪"就是意味着守护国权,保存民族的"斥和"。若考虑实际历史也由日帝侵略发展到国权丧失,那么,这种儒学者的情况判断,决不是空洞的观念游戏。

国权丧失无疑是比五伦体系之崩坏更要严重的事件。若考虑这一点,则更须留意丧失国权之后,以"忠"的义理实践意志与日帝斗争的义兵精神。须知,在异族侵略时发扬的儒学者的忠义理,决非是对君王之忠诚,而是对"民生"的救济与"民族"的保存。这是早在王辰倭乱时赵宪的《起义文》中所详见的事实。

救济因外族的侵略而陷入水深火热之中的"民生",并延续处于危难的民族生存,此一作用实是民族思想的重大任务。韩国儒学就是由于参与了这项工作,可说它是韩国思想之一。说韩国儒学对于民族自我的形成及其主体性的确立决非无关之理由,就是在此。换句话说,原则上,儒学虽是外来思想,但在引进之后,韩国儒学在历史上广泛地起了民族生活观的作用。由这点也具备了民族思想的资格。同时由于参与了为民族生存本身的课业,而具有更为浓厚的民族思想之性格。

四、评价性的考查

正如上述,韩国儒学在过去韩国民族生活的历史过程中,起了莫大的作用,是不容置疑的,这点也是广泛言及的史实所证明的。

然而,在过去历史中,遭遇丧失国权之耻一事,亦属事实。基于这一点,也可能做出否认韩国儒学之历史性动力的立论。尤其要是以朱子学曾是朝鲜之统治原理的事实做基础,这立论定可提高它的说服力。而且在这问题上,韩国儒学也不能逃避某种程度的责任。

虽然如此,但韩国儒学之历史性动力是不能被完全否定或忽视的。因为评价问题归结于相对的功过问题。不仅如此,若留意侵占国权的日帝也以儒学做为统治原理的事实,责任应归于当时执权阶层的运用。完全否定韩国儒学之动力,等于对无可争辩的事实的否认。因此,这可能属于对自己文化的一种自杀行为。其实,在这里应记住我们在丧失国权之后,澎湃着对日帝的劣等意识。

对韩国儒学进行另一方面的评价时,要提到这也是慕华事大的原因。事实上,朝鲜后期充满着尊明排清的观念,因为常以尊华攘夷的春秋义理观之信奉为根据之故。尤其,若考虑性理学先驱韩愈之理论(《原人》)中,有区分人间、夷狄及禽兽等次的华夷观,要承认其性理学本身有尊华攘夷的陷阱。所以我们的慕华事大也应看做是与这些不能完全无关的。

可是事大的形式,根本是一个弱小国不可避免的自我保存之策,所以也不无实质的主体性。而且渐增的慕华之鼓吹,其实是在清的武力与西欧及日帝的武力之下进行的。这时,与明朝相系的中华,也只不过是有其名而无其实的虚像。因此,当时的幕华只是一个表面上的名分,内容上的实质利益是保卫弱小的朝鲜民族。所以朝鲜后期的儒学者,尤其是"卫正斥邪"派之标榜尊华攘夷或小中华,决不意味他们没有主体性。他们也坚持着自己的主体性。其实,儒学者的华夷观是从主动克服国际秩序的智慧中产生的。

我们在详细考查"卫正斥邪"派之意识时,可充分地确认此一事实。李震相派系的李承熙与李炳宪受到了李震相透彻的春秋观(春秋集传、春秋翼传)之影响,展开了义兵运动与孔子教运动。其孔子教运动,也就是与当时民族自强运动相符合的儒学之自强策。虽然在李恒老派系中,也刊行由李恒老与柳重教合编的《宋元华东史合编纲目》、柳重教单独的《正统论》、《帝王承统论》以及金平默的《学统考》等文,并强调继承尧—舜—孔子—朱子—栗谷—尤庵—华西之道统与尊华,但是李恒老的告白可归纳为一句,就是"现在这本书虽依中国之正统做注,但其根本在于我国"。由此可知,他们的意识和洪大容的脱中华之历史观是大同小异的。

由此看来,韩国的不失主体性并克服国际秩序的智慧,得力于儒学而更加洗炼，决未从此迟钝。这点也可从三国时代初期引进儒学时，首先撰述三国史籍的现象得到确认。间或，金富轼的史观在此脉络中成为问题，但按此一事实，那只是一个例外或夸张之故，可能成为有再论余地的问题。

自古以来，韩国儒学对自我身分的认识是透彻的。而且其自我身分的渊源虽溯及极为久远，但是有一个特点。如丁若镛等的学者也曾表示过异见，但如李珥等以朝鲜朝代表性的学者为首的大部分的儒学者，信奉韩国儒学的渊源始于箕子。

在事实与否的考证上，虽然有很多问题，但是由箕子开始形成之见解，意味着在孔子之前，儒学就已正式的发达。这是基于箕子是东夷系殷族人的事实所作的立论，说明在儒学上韩国比中华族先进。其实，日帝时代代表性的儒学者张志渊也基于这种思考，明白阐明韩国是"儒教宗祖之邦"。这就是韩国儒学者的自尊心，也是利用儒教文化圈之秩序的智慧。因此，韩国儒学者称韩国为小中华时，不是"中华属国"之意，而是意味着规模小的"中华"。

由此可知，韩国儒学分明建立了民族自我与主体性，并在主动展开韩国历史的方面，发挥了很大的力量。由于这种角色，可说韩国儒学比其他任何思想，包含更多的普遍性的文化意识及特殊的韩国民族意识。前者可形成直接关系高度伦理、政治观的价值观，后者直接关系民族的生存与繁荣。

（选自中国孔子基金会、新加坡东亚哲学研究所编《1987年曲阜儒学国际学术讨论会论文集》，齐鲁书社1989年版）

尹丝淳，韩国著名学者，高丽大学民族文化研究院院长，代表著作为：《韩国儒学思想论》、《韩国儒学研究》、《郑齐斗的阳明学研究》等。

　　本文肯定了儒学长久地参与了韩国的历史,给韩国文化带来了极大的影响;考察了韩国儒学史韩民族史和儒学对韩民族文化之形成做出的贡献等问题,认为,韩国儒学的渊源始于箕子,甚至认可韩国是"儒教宗祖之邦",韩国为规模小的"中华"。韩国儒学分明建立了民族自我与主体性,并在主动展开韩国历史的方面,发挥了很大的作用。由于这种角色,可说韩国儒学比其他任何思想,包含更多的普遍性的文化意识及特殊的韩国民族意识。前者可形成直接关系高度伦理、政治观的价值观,后者直接关系民族的生存与繁荣。

朝鲜后期思想史研究——
性理学的历史整理

崔根德

一　序言:性理学之展开及脉络

众所周知,性理学在朝鲜时代思想界起了主导作用。开国初期,儒学乘"建国"事业之风,一度热心于至治主义,大力倡导义理精神,经士祸血雨腥风的洗礼后,转而潜心研究性理学,终于成为学界最为关注之领域。

正如整个儒学的历史,性理学也经历了理论上不断补充及完善过程。受容初期的第一代人,只好埋头于解读与穿凿,但到了15世纪后期到16世纪后期的扎根期,几位学者已试图进行深入的理论研讨,也曾展开过热烈的讨论。

也许与国史学的时代划分不尽相同,但在性理学史上,通常都将学问的扎根期及理论的确立期的16世纪后半叶指为前期,将此后指为后期。

进入朝鲜朝后,权近可谓是先驱,赵光祖、金安国、金正国起了先学的作用,徐敬德、李彦迪、李滉、曹植、金麟厚、奇大升等可谓是出类拔萃的学者。之后,李珥、成浑、郑逑等可谓是第二代,而后由金长生、金集、张显光、郑经世等断之,许穆可谓是前期的最后一代。

性理学史也是理论的补充与完善之历史,这一点从各个时期展开的讨论,即论辩中即可明显看出。论辩初期,在关注性理学的学者之间,围绕着性理学之原典解释展开过讨论,后为又为了维护各自的解释与学说进行了理论补充。这确实是学问研究之健康发展之路。

可是,这种健康性到后期却有所损坏,因为党争的介入。在某种意义上说,朝鲜朝后期的性理学史可谓论争上的延续。当然,并不乏以纯粹的治学姿态,进行认真讨论之例,但是时时发生的却是那些不同派别的人,为了维护自己一派所传下来的学说而进行的论争。纵观后期性理学史,不难区分纯学问的主张与带政治性的论争。

为了理解后期性理学之发展态势,首先须沿着朝鲜时代性理学史的脉络,对几次可称大的论辩进行简要的回顾,权做本论的序言。

(一)第一期:四七理气论论辩期

这个时期可谓朝鲜时代性理学之黎明,即奠基期。当时,在至治主义、义理精神得到弘扬的气氛中,历经几次士祸的士林,开始潜心研究学问。这一时期大体上是晦斋(李彦迪,1491—1553)、退溪(李滉,1501—1570)、栗谷(李珥,1536—1584)等生活的时代。

这一时期的论辩中最有名的是高峰(奇大升,152?—1572)与退溪的论辩。因其主题为四七理气论,所以也称四七理气论论辩。尽管不无异意,可将这一时期的论辩称为四七理气论,是因为后世的论辩通常都以此做模式之故。

除了退、高和四七论辩,这一时期也有过太极论、人心道心论等各种论辩。

1. 晦斋与忘机堂(曹汉辅)之间的论辩

　　原来,忘机堂与忘斋(孙叔暾)两人之间有过关于"无极太极"的论辩。晦斋对此加以评论,于是他和忘机堂之间开始有信函来往,进行了讨论。忘机堂将"无极而太极"解为"太极之上复有无极",主张"太虚之体,本来寂灭"。晦斋反驳说,"所谓无极而太极,只是形容道存于有物之前,实为万物之根柢而已",并攻击说"忘机堂生平之学,患虚空之病。"晦斋断定,"用灭之个字说明太虚体,决不是我们儒家之说"。这场论辩相互交换四五次信函。(参照《晦斋集》卷五)从中可以推知当时的儒者对佛教理论也有相当的造诣。

　　2. 退溪、高峰之间的四七理气说论辩

　　退溪与高峰之间的论辩,始于退溪参订为秋峦(郑之云)所作《天命图说》,退溪指出秋峦绘制并附以说明的《天命图说》的谬误之处,并予以订正。其中将"四端发于理,七情发于气"改为"四端理之发,七情气之发。"对退溪的订正,学界一时议论纷纷,高峰尤其针锋相对地提出质疑:(1)所谓四端、七情,"所就以言之者不同,有四端七情之别耳",而并非七情之外另有四端。(2)将四端七情对举互言,谓之纯理或兼气是不对的。四端固为纯粹的天理之所发,但它并非出自七情之外,只是发乎七情中的苗脉而已。(3)理为气之主宰,气为理之材料,二者虽然实有分别,但在事物中却是浑沦的,因此不可分开。(4)理并非在气之外,气无过与不及,自然发现的就是理的本体。

　　对高峰提出的质疑,退溪答复如下:(1)四端是情,七情亦是情,但正如(高峰)所指出的那样,因其所以言之者不同,自古以来的圣贤并不言两者混合为一物,而从来都加以分别。(2)情有四端七情之分别,与性有本然与气禀之别相同。性既然能分成理气,为什么情就不能分为理气呢?(3)虽然四端七情均未超出理气,但由于其所从来,各有所主与所重,有时称之为理,有时称之为气,这不能说是错误的。

退溪最后把自己的观点归纳为"四端理发而气随"、"七情气发而理乘之",称之为"理气互发说"。并将高峰之说称之为"理气共发说"。高峰最后作了"四端七情后说",似乎接近退溪之主张,实际上依然在固守其最初的主张。

退溪与高峰的论辩,始于明宗十四年(1559),到明宗二十一年(1566)结束,是长达8年之久的大讨论。深思熟虑的这场论辩,是以性理学的核心为其主题,加上两位都是在我国性理学史上留下深深足迹的一代巨儒,便成为可资后学借鉴的典范。刚开始进行论辩时,高峰是年方33岁的新秀,而退溪则是59岁的老师宿儒,但语势丝毫不过分。高峰的逻辑分明直截,势如破竹,但不失对前辈师长的毕恭毕恭礼仪,退溪则以渊博老练的见识,富有说服力地引导着论辩。这堪称是用锐气与圆熟、恭顺与温柔以及对学问炽热的追求凝成的8年"攻玉"。

3. 苏斋(卢守慎)与退溪、一斋(李恒)、河西(金麟厚)之间的论辩

苏斋(1515～1590)早年曾为乙巳士祸所累,流放珍岛达19年之久。其间他为陈南塘(柏)的《夙兴夜寐箴》做注,还潜心研究了性理学。在为《夙兴夜寐箴》做注的过程中,他曾给退溪与河西寄出质疑书,从此书信来往论辩。退溪看来曾读过《夙兴夜寐箴》,但却恭维苏斋道:"原不知条理之密、工程之严达到如此程度",称看了苏注赞叹不已。接着,他用另纸写了评点,告诫苏斋用禅家语过多(《退溪集》卷十·书《与伊斋寡悔》)。河西也写了长篇回信,这是其不多的著述中仅存的可窥见其理学思想的资料(《河西集》卷十一《与卢寡晦论夙兴夜寐箴解别低》)。他和一斋是以人心道心说为主题的进行讨论,苏斋的观点与朱子学有所不同,一斋则批判了这种论点(《一斋集》卷一《与卢寡晦》)。

4.栗谷与牛溪之间的论辩

牛溪(成浑,1535~1598)提出以下质疑:(1)曾对退溪的理气互发说存疑,现玩味朱子关于"人心道心之异,则以其或生于形气之私,或原于性命之正"的论述,朱子也分明是将人心道心加以区别。那么退溪的互发说就不能是错误的吧!(2)四七对举姑且不论,既然人心道心皆为情,为什么要把道心称为理发,将人心称为气发?

栗谷遂在回答这些问题过程中,数次交换信函,进行了论辩。此论辩的结果,使栗谷对性理学的立场愈加明确。栗谷说:"夫理者气之主宰也,气者理之所乘。非理则气无所根柢,非气则理无所依著,既非二物亦又一物。非一物故一而二,非二物故二而一。"(《栗谷全书》卷十《答成浩原》)。批判了退溪的理发气随说,主张气发理乘说。因此说,"发之者气,所以发者理也。非气则不能发,非理则无所发"。栗谷的这种主张,被支持他的后学发展成为主气论。

(二)第二期:主理主气论辩期

以退栗为代表的第一期学者播种和萌发的性理学,逐渐成长为枝叶繁茂的参天大树。其枝叶不可避免地分为两枝,一是以退溪为基干的主理派,一是以栗谷为基干的主气派。主理派主要以退溪为渊源的学者,也称岭南学派;主气派则以栗谷为渊源的学者,称为畿湖学派。虽然,也有一两个例外,但大体上是按地域划分的。主理派从退溪的高足月川(赵穆)、锦溪(黄俊良)、寒冈(郑述,1543—1620)、西厓(柳成龙,1542—1607)。鹤峰(金城一,1538—1593)传到葛庵(李玄逸,1627—1704)、密庵(李栽,1657—1730)父子,主气派则经栗谷的弟沙溪(金长生)、慎独斋(金集)传到尤庵(宋时烈)、同春堂(宋浚吉)、玄石(朴世采,1631—1695)和遂庵(权尚夏,1641—1721)。

这一期间（约一百年），越到后半部越加升温，论辩更为频繁，但大部分带有党争的色彩，学问的纯粹性反而褪色。这一期间是性理学确立为主理、主气的时期，也是被官学化、僵化而被利用于党争工具的时期。

（三）第三期：人物性同异论辩期

这一论辩是性理学确立主理、主气两派后萌生的。也就是说，它起之于主气论者，按地域分是畿湖，按党争为西人（主要为老论）的学者挑起的。堪称尤庵第一高足的遂庵，忠实地继承了导师的学说，以"气发理乘一途说"为主旨传授门人。在忠清道清风的黄江（现今的忠北堤川即寒水面）开了书斋，自己号寒水斋。其门徒中，南塘（韩元震，1682—1751）、巍岩（李柬，1677—1727）、屏溪（尹凤九，1681—1767）、冠峰（玄相壁）等八人尤为出众，世称江门八学士，论争始起于他们中间。最初参与议论的是遂奄与其弟瓘溪（权尚游）以及西溪（朴世堂）、农岩（金昌协，1651—1708）等，后来逐渐扩展到遂庵的弟子（江门八学士）中间，终于达到白热化的程度。问题的核心是，人与物之性相同还是相异？心未发时有无善恶？

这场论辩的中心人物是巍岩与南塘。两人最出色地展开了理论，其对立也最为尖锐。巍岩的主张如下：(1)在《中庸》的天命之谓性章中，朱子不是说过"人物之生，各得其所赋之理，为健顺五常之德，此谓性"吗？所谓健顺五常之德就是阴阳五行之理。阴阳五行俱备后，造化生万物，人与物均得此气，从而也一起得此理。只是理虽为一原，但气却不齐，得阴阳五行之正与通者为人，得偏和塞者即为物。世上万物皆承天命而生，本性俱仁义礼智之德，人与物之所以有差异，皆缘于气质不同。(2)人的气禀虽有清浊粹驳，其不齐不可免，但心之未发时气纯善，理怎么会有善恶？

巍岩从人物性同说，主张未发纯善说；南塘则断然反对，从人物性异说主张未发即有善恶。

南塘的主张如下:(1)性皆因气质而名。性为理,是其堕于气后的名称。既然这样,人和物又怎么能相同呢?说万物皆备天命之全体则可,说其俱备五常之全德却不可。(2)心的未发状态,固然都是湛然虚明的,但其气禀本色的清浊粹驳却自在。从其清浊粹驳而言,心可说是有善恶;从气质兼有清浊粹驳而言,理在其中,亦可得清浊粹驳之理,这就是气质之性。从这气质之性而言,也可以说性有善恶。

这两人的论辩从肃宗三十五年(1705)前后开始,后来越来越升温,往返文字竟达万余言。不仅江门八学士,连江湖各学者也纷纷加入,从而有了湖论(南塘的支持者)、洛论(巍岩的支持者)之称。湖论包括屏溪、梅峰(崔徵厚)等人,洛论为陶庵(李緈)、黎湖(朴弼周,1608—1740)、冠峰等人。其先辈尤庵、遂庵、农岩、玄石等皆主张人物性异说。同一代的西人系统(主要为主气论者)的学者,几乎全部参加了讨论,互相交换论文,开展论辩,最终造成仿佛是党争的局面。

(四)第四期:唯理、唯气论及折衷论之间的论辩期

这一时期从1700年起一直到朝鲜朝末期。世代反复钻研主理论的结果产生了唯理论,主气论也同样导致了唯气论,也产生了不偏不倚的折衷论。

主理论从葛庵(李玄逸,1627—1704)、密庵起,经大山(李象靖,1710—1781)、定斋(柳致明,1777—1861)、华西(李恒老,1792—1868)、芦沙(奇正镇,1798—1879)传到寒洲(李震相,1818—1886)、鰠宇(郭钟锡,1846—1919);主气论自鹿门(任圣周,1711—1788)、云湖(任靖周,1327—1796)、颖西(任鲁,1755—1828)传到全斋(任宪晦,1811—1876);折衷论经三渊(金昌翕,1653—1722)、渼湖(金元行,1702—1772)、老洲(吴熙常,1763—1833)、立斋(郑宗鲁)传到艮斋(田愚)。

尤其是芦沙因主张气溶于理中，而被称为唯理论者；鹿门则主张气一元论，被称为唯气论者。他们（包括折衷派）和前辈不同，不是用信函展开论辩，而是采用著书立说，造成单方面抨击对方的氛围。造成这种态势的理由是；1. 党争之鸿沟加深，到了几乎不相往来的地步；2. 学者层加厚，形成私交的机会不多；3. 或许认为与其采用通信的方式，浪费时间与精力，不如自行著书立说有效；4. 当时文集、著作的出版已相当普遍。

其中芦沙撰写《猥笔》与《纳凉私议》，尖锐地抨击了持不同观点的前儒的学说，这是因为他并无师承，有所自得之见。对此也有人尖锐地加以驳斥，他就是艮斋。他也撰写《猥笔辨》、《纳凉私议辨》等文章，用同样是自得的学说加以批判。

以上，对我国性理学史上的论辩进行了粗略的考察。在本论中，笔者将对这一点进行必要的说明。需要提及的是笔者严格地局限于性理学领域，没有论及礼学或实学等其他领域。若附上礼学、阳明学与实学等，这将成为较全面的儒学史。

二　主理主气论的分立与流派

（一）主理主气论分立之背景与特征

正如在序言中提及，整个性理学史就是理论上不断补充与完善的历史，其过程中关于理气的论辩不可避免地成为矛盾的焦点。因为性理学本身将一切存在的生成、变化看做理与气的离合聚散，所以其探求的焦点也只能是理气之作用。

性理学受容初期，因学者们沉浸在研读，尚未关注理气的分别或不同的作用等等问题，后来一旦进入正式的讨究阶段，这个问题就不可避免地成为关注的领域。退溪为郑之云校订《天命图说》的过程中，其核心课题也是将"四端发于理，七情发于气"修正为"四端理之发,七情气之发。"高峰提出质疑,也是针对这一部分,最后退溪遂把自己的观点表述为"四端理发而气随之,七情气发而理乘之",不料栗谷又提出新的问题。他批判了理发气随说,主张气发理乘说。栗谷对问题的这种提法成了争论的焦点,集中到理发与否的契机。对气发这个问题别无疑义,但对理发这个问题却有两种看法。或称"理亦发"、"理是动的",但也有人认为"理是使之发的"、"理是静的"。在动静问题上理为主还是气为主这个争论,恰似先有蛋还是先有鸡这个问题,看来是没有意义,也无法下结论,但形而上学的论争却不同。因为它是想用高度的智慧、深刻的思索、严密的逻辑,从根本上把握宇宙与人生诸问题的一种努力与要求的表现。

总之,因栗谷提出的问题,其主张发展为主气的理气观,退溪的学说则为继承他的后学展开为主理的理气观。

先让我们考察一下这种主理、主气论的分歧越来越尖锐的原因,然后再看看其特征。

分立的原因,首先是性理学发展之必然现象。

随着性理学的研究成为学术界的中心课题,其研究成果不断深化、多样化,只能导致主理或主气的观点,这可以说是必然的归宿。同时,必然会出现对两者的折衷论。

其次,随着党争的激化,性理学被滥用为理论武器,使得主理、主气的分立愈加尖锐。

退溪、高峰、栗谷、牛溪等先儒对性理学的质疑或论辨,无论什么时候都是纯粹的学究热的产物。其激烈的争论中饱含着追求真理的炽热的热情。可是越是到后期越被裹入党争,越是感情用事,终于被滥用为对政敌的武器及友军之间联系的纽带。

早在高唱义理论的朝鲜初期学术界的氛围中,即可寻觅出党论的萌芽,戊午、甲子、己卯、乙巳等四次士祸,更是充分证明了其可能性。因流血惨祸而愈加腐败的政界及士类无限激化的学界的氛围,终于触发了党争。党争逐渐露出端倪的时期为退溪、高峰死后,当时栗谷还在世。起初,栗谷自命居中调停者,殚精竭虑欲平息党争,惜无实效,最后竟被捧为一派之领袖。

　　一开始分为东西的党派,随着岁月的流逝愈加繁衍,经历了多次分裂,党争也多枝多蔓,愈加升温。加上和政权有联系,竟到了不惜酿成杀戮惨剧的地步。性理学被利用为党争的武器,该是顺理成章的。因其主谋均为胸有文墨的知识分子,且党人都有着师承关系的瓜葛。由于这样那样的原因,以退溪为渊源的退溪学派(以地域划分为岭南学派),在党派上成为东人(后为南人),而继承栗谷学说的学脉(按地域划分则为畿湖学派)则被称为西人(后主要为老论)。

　　初期,看来并不看重性理学的名分,只是固守着学问的纯粹性或享受其自由。可是,到了后期两派都拿起了自己的武器,岭南学派是主理的理气观,畿湖学派则是主气的理气观。这可谓是党争之激化及学问的论争深化的结果。由此导致性理学的僵化是众所周知的。

　　下面,讲主理、主气论分立过程中显示出来的特征。当然,这里谈的不仅仅限于主理、主气论的分立,而是性理展开过程中表露的一般特征。

　　第一,以程朱学为中心的学风。

　　朝鲜朝的性理学彻底信奉程朱学。纵然在理论上已超过程朱学的水平,但还在努力遵循其轨道,不敢有丝毫越轨。特别是因为陷入党争之中,所以都以忠实于程朱路线当作自派的优点,只要捕捉对方脱离程朱的把柄,哪怕是一丝一毫,也斥之为"斯文乱贼"。因此也有酷评,说党争时代的性理学论争只不过是"党性之展示",根本无法评价学问。性理学固然是依靠程朱而得以立,但把程朱之论奉为金科玉律,这无疑是为学问设置圣坛,其结果只能是作茧自缚。它终究会导致僵化和官学化,从而堵塞了学问健康发展的道路。事实上,如果当时能对陆王系的心学以及佛教哲学给予应有的关注,拓宽范围,加深其深度,那么哲学的蕴蓄就一定会丰富得多。

第二,主体性研究的深化。

尽管朝鲜朝的性理学彻底地以程朱为中心,但不无学问之主体性。还在初期,栗谷就声称:"若朱子真以为理气互有发用,相对各出,则是朱子亦误也。何以为朱子乎?"(《栗谷全书》卷一○《答成浩原》)。表示纵令圣人再出世,也不能改变自己的观点。这不能不说是主体性之强烈表露。

朝鲜朝的性理学之所以受到超过程朱之水平、上了一个新台阶的评价,其决定性的因素之一,是因为有了这种学问的纯粹性和主体性之故。

第三,向礼学的发展。

16世纪以后性理学得以扎根,到了17世纪,在灿烂开花的同时,迎来礼学的兴起。这是必然的归宿,因为性理学的成熟,自然会引来人的行为的规范化、社会秩序的井然化,以及洗练的文化意识。尽管以性理学为基础的礼学的兴起,在党争时代异化为礼讼,经历了沦为政治工具的悲剧,但另一方面,它确实为确立健康的礼的理论做出了贡献。

第四,理尊气卑的倾向。

因认为理是至善纯一的、而气是清浊粹驳的理论得以确立,通常都认为理尊、气卑。主理的理气观不待说,连主气论也认为理是纯粹的,而气是兼有粹驳的,从而认定理是至善的,气是善恶混杂的。甚至,唯气论者也持同样的看法。只是在道德观念问题上,主理论者强调应弘扬理的至善,而主气论者则把重点放在应在善恶混杂中扬善抑恶。

第五，人本主义的弘扬。

儒学原本就立足于人本主义。尤其是在原始儒学中，孔孟之教诲，彻头彻尾是以人为中心，是以对人类的爱为基点的。被宋儒所确立的性理学也未脱离此轨道，朝鲜时代的性理学，特别是后期的性理学更是带有突出的人本主义的色彩。究其根源，理尊气卑的倾向也出自强调人性的纯粹性的意图，人物性同异论也表示出要证明人的优越的努力。

第六，重名分的思潮。

正名思想起着理学发展之轨道作用。所以，作为礼学理论基础的性理学就不能不带有名分观。若论名分，应从两个视角考察。其一是对个人的视角，另一个是对国家的视角。个人作为家族及社会之成员，有着因上下亲疏而产生的名分，也有在修身齐家治国平天下的过程中，因道理而产生的名分。国家则有历史性、道德性的大义名分。性理学的四端七情理气论，通过理与气的变化把握这种名分，并不断为其赋予新的意义。从个人角度来讲，名分的重视有时因其模式化的价值观，不时钻牛角尖；从国家的角度来说，过分执着道德性的结果不是产生慕华思想，就是犯了不能正确对付国际形势变动的错误。

以上诸特征，根据不同的历史状况，固然对时代精神的培育起过反作用，但是不可否认，也起过一些积极作用。

(二)主理论学脉的形成及系谱

退溪李滉因其天性温厚，学问精博，加之极力躲避宦路，藏身草野，笃实钻研为己之学，所以其门下弟子如云。其中不乏道学文章自成一家，死后被尊为一世师表者，金诚一（鹤峰，1538—1553）、柳成龙（西厓，1542—1607）、郑逑（寒冈，1543—1602），李桢（龟岩，1512—1571）、李德弘（艮斋，1541—1591）、赵穆（月川，1424—

1606)、黄俊良(锦溪,1517—1563)、禹性传(秋渊,1542—1593),郑惟一(文峰,1533—1576)等即为其中具代表性的学者。他们作为退门第一代,各立门户,广招门徒。

其中,鹤峰、西厓、寒冈三人尤出类拔萃,号称退门三杰,其门下弟子甚众。退门第二代主要为此三杰门下或在其影响下有所成就者,可他们在性理学方面,尚未形成一家之言。其间可说是穿凿、探讨、研究退溪学说的时期。第二代为张显光(旅轩,1554—1637)、郑经世(愚伏,1563—1633),张兴孝(敬堂,1564—1633),柳袗(修岩,1582—1635)、柳元之(拙斋,1598—1674)、许穆(眉叟,1595—1682)等。其中许穆授业于郑逑,在近畿地方起了传播退溪学说的作用。此后,私淑于他的李瀷(星湖,1681—1736)再将道传之于安鼎福(顺庵,1712—1791),培育了实学之花。

到了退门第三代,始有岭南学派这一地域性的称呼,其学说也以主理的理气说为宗旨。第三代为李榘(活斋,1613—1654)、李徽逸(存斋,1619—1672)、李玄逸(葛庵,1627—1704)、李栽(密庵,1657—1730)、李万敷(息出,1664—1732)、权相一(清台,1679—1760)等,其中李玄逸、李栽父子深得性理学之奥妙,为主理说的确立提出了明确的指标。

李玄逸作《栗谷李氏四端七情书辨》一文,反驳了栗谷的气发理乘说。这是对退溪理气互发说的宣扬和发明,至此才算对主气论发起了较为系统的攻击。玄相允在《朝鲜儒学史》第三节〈主理派的发达〉开头就说:

> 原来对退溪的互发说,退溪高弟赵月川、李艮斋、郑寒冈、柳西厓、金鹤峰等人,亦未对其是非有所议论,此后一段时间岭南地方也未出现可否的言论。他们可能以为,高峰已被退溪说服放弃了自己的学说主张,退溪学说并非是退溪一人之主张,而是以朱子学说为依据的,因而是正确的见解之故。后

来,栗谷反对互发说,栗谷学说风靡京畿地方,几乎全部的西人学者开始反对退溪学说。这使岭南地方也猛然奋起,为退溪说辩鲜,反驳栗谷说。……所以,攻击栗谷说、拥护退溪说,是退溪去世约一百年以后的事。首先起来大声疾呼的是李葛庵。葛庵认为:"四端公,七情私。公而无不善,故谓之理发,私或善或不善,故谓之气发。"理发气发有别,则当然。

接着引用葛庵所著《愁州管窥录》的一段说:

四端之发,公而无不善,达之天下,此其所以谓之理发也。至于七情,凡人之喜也是私喜,怒也是私怒,哀也是私哀,惧也是私惧,爱也是私爱,恶也是私恶,欲也是私欲。必克己私,然后方得公而善。是则七情之发,私而或不善,人人各异,此其所以谓之气发也,是皆义理之当然,更何致疑之有。(《葛庵集》卷一十九《愁州管窥录》)

葛庵又在《栗谷李氏论四端七情书辨》之〈序〉中说了这样的话:

目前栗谷的主张,在湖西、湖南一带广为流传,皆以为过去未曾有过理气互发之说,虽有记录,但没有传下来。栗谷致牛溪书给理带来了害处,因此敢逐条论辩之,以解当世之惑。

并列出十九条逐一加以反驳。栗谷致牛溪书中曾指出:

气发而理乘者,何谓也? 阴静阳动自尔也,非有使之者也。阳之动则理乘于动,非理动也。阴之静则理乘于静,非理静也。(《栗谷全书》卷十《答成浩原》)

上文为栗谷答牛溪书"答成浩原"中的一段,葛庵斥之曰:

夫理虽无为,而实为造化之枢纽,品汇之根柢。若如李氏之说,则此理只是虚空寂底物,不能为万化之原,而独阴阳气化,纵横颠倒,以行其造化也,不亦谬乎?(《葛庵集》卷十八杂著《栗谷李氏论四端七情书辨》)

为了替自己的学说找根据,他又引用朱子之说:

> 其(朱子)答郑子上书,曰"理有动静,故气有动静。若理无动静,气何自而有动静乎?"又有问"太极是兼动静而言?"曰"不是兼动静,太极有动静。"又勉斋黄氏(黄幹)推说动静所乘之机之义,曰"太极是理,阴阳是气,然理无形,而气有迹。气既有动静,则所载之理安得谓之无动静",凡此数说,发明理有动静之义。如此分晓,其与李氏所论"阴阳动静,其机自尔,非有使之者也。理乘于动静,非理自有动静"之说,果有相戾耶。(同上书)

然后下结论说:

> "由此观之,非但气有动静,理亦自有动静也。"(同上书)

葛庵发明的这种主理论,被其子密庵承继,构筑了更为坚实的理论基础。同时代的学者是上面提到的退门第三代人。岭南学派对主理论的发展,也是由密庵门下继承此脉。

李象靖(大山,1711~1781)是密庵的外孙,也是他的弟子,学问出众,门人众多,被誉为"小退溪"。他说:

> 夫理一而已矣。而其为说者不同,将何所适从哉?窃意天地间,只有理气之动静。理也者,所主以动静之妙也,气也者,所资以动静之具也。故据其所主之妙而言,则其所以能动能静,与动静之不失其序者,皆此理本然之妙也。以其所资之势而言,其动者即阳之开,静者即阴之阖,二者皆形而下者,而理特乘载其上,以主其发挥运用之妙耳。(《大山集》卷三十九《理气动静说》)

大山的弟子中以性理学著称的有:郑宗鲁(立斋,1738—1816)、南汉朝(损斋,1744—1810),李万运(默轩,1736年—?)等。后来损斋的弟子柳致明(定斋,1777—1861)进一步发展了主理说,被称为当代性理学者的代表,其同时代的学者有:李源祚(凝窝,

1792—1871)、李钟祥(定轩,1799—1870)等。定斋的门人有:金兴
洛(西山,1827—1899)、李敦禹(肯庵,1807—1884),同时代的张福
枢(西未轩,1815—1900)、李震相(寒洲,1818—1886)。西山、四未
轩的弟子曹兢燮(深斋,1873—1933)、寒洲的弟子郭钟锡(俛宇)
等,于朝鲜朝末继承了学统。寒洲是朝鲜时代性理学六大家之一。

　　除了在岭南继承和发展起来的这些主理论者外,还有一群受
退溪学说的影响出来积极支持的学者。这就是所谓的"近畿主理
学派"。他们主要活动在汉城及其附近地区。

　　丁时翰(愚潭,1625—1707)与李玄逸是同时代人,相互有学问
交流;李瀷(星湖,1681—1736)受退溪高徒郑述(寒冈)弟子许穆
(眉叟)的影响,在倡导实学的同时倾向于主理论;安鼎福(顺庵,
1712—1719)又继承了这一理论。顺庵的学统又由黄德吉(下卢,
1750—1827)、许传(性斋,1797—1886)、许熏(舫山,1836—1907)、
卢相稷(小讷,1855—1931,性斋门人)等人继承。对于主理学派,
不能无视这样一支粗脉。他们的发展也多种多样。

(三)主气论学脉之形成及系谱

　　栗谷李珥少年即为神童,早年学问就有大成。不仅潜心于性
理学,还因其进步的社会、政治思想,对现实改革表现出远见卓识。
可是,因多次士祸之余毒,政局僵化,士论纷纭,最终酿成党争。他
为朝廷尽力,终不得志,郁郁弃世。死时年仅49岁,门下弟子不
多,生命虽短暂却也轰轰烈烈,也培育出承继学脉的大学者。金长
生(沙溪,1548—1631)为其嫡传弟子。此外还有赵宪(重峰,
1544—1592)、徐渻(药峰,1558—1631)、黄慎(秋浦,1560—1617)、
郑晔(守梦,1563—1625)等人。

　　沙溪门下弟子众多,学运隆盛,后由其儿子金集(慎独斋,
1574—1672)所继承。授业于沙溪、慎独斋父子的人中,有宋浚吉
(同春,1606—1672)、宋时烈(尤庵,1607—1689)、李惟泰(草庐,

1607—1684），俞棨（市南，1607—1664）等代表性的学者。

由这些栗门第三代人形成了畿湖学派，并确立了主气的理气观。尤其是尤庵指出"理与气，本是混沦无间之物，故此气流行而成人物之时，理自然赋于物矣。"（《宋子大全》卷一百四十《与金直卿》）阐明了理气不相离的原则。他的下面一段话表明了其不偏于主理主气的任何一方，欲取严正的学问姿态的立场。

　　理气，只是一而二，二而一者也。有从理而言者，有从气而言者，有从源头而言者，有从流行而言者。盖谓理气混融无间，而理自理，气自气，又未尝夹杂。故其言理有动静者，从理之主气而言也。其言理无动静者，从气之运理而言也。其言有先后者，从理气源头而言也。其言无先后者，从理气流行而言也。（《宋子大全》附录卷十九《韩元震记述》）

但在有关理发问题上，他却彻底批判了退溪："退溪理发一句大误，理是无情无运用造作之物。理在气中，故气能运用作为，而理亦赋焉。"（《宋子大全》卷一百三十《朱子言论同异考》）

说到底，尤庵是支持栗谷的气发理乘一途说。于是反驳退溪的"心是理"，主张"心是气"。（《宋子大全》附录卷一五《语录》）

畿湖学派的下一代，主要由尤庵的门人所组成。有宋基厚（闻道斋，1621—1674），李端夏（畏斋，1625—1689），权尚夏（遂庵，1641—1721）、李喜朝（芝村，1655—1724）、宋奎濂（霁月堂，1630—1790）、郑澔（丈岩，1648—1736）等人。尤庵的嫡传弟子遂庵门下涌现出号称江门八学士的朝元震（南塘，1682—1751）、李柬（巍岩，1677—1727）、尹凤九（屏溪，1681—1767）、蔡之洪（凤岩，1683—1741）、李颐根（华岩）、玄尚壁（冠峰）、崔徵厚（梅峰）、成晚徵（秋潭）等许多学者。他们提出了所谓的湖洛是非，争论的中心是人物性同异论。

另外，还出现了理气折衷派，由任圣周（鹿门，1711—1788）、任靖周(云湖,1727—1796),任宪晦(全斋,1811—1876),田愚(艮斋,1841—1922)等人维系其脉。

三　人物性同异论与湖洛论争

(一)岭南学派论辩之发端

人与物之性相同还是相异,这种争论由来已久,但性理学奠基之初,尚未引起人们的关注。后来,随着性理学的研究愈加深入,范围日益扩大,对这个问题的探讨才开始。

首先,继承退溪性理学的岭南学者之间首次有了争论。为退溪学派主理的理气观奠定坚实基础的李玄逸(葛庵)三兄弟都是卓越的性理学者,徽逸(存斋,1619～1672)为葛庵之兄,嵩逸(恒斋,1631～1698)为其弟。

最先提出人物之性问题的,看来是小弟恒斋。他说:

以命言之,则谓元亨利贞;以性言之,则所谓五常之德也。是故在人在物者,虽有气禀之异,而理未尝不同也。(《恒斋续集》兼一《上葛庵兄》)

恒斋主张人物之性相同的相同论。对此,葛庵则提出反对意见:

此理堕在气质中,自有一性。则虽以最灵之人,不免随其气质,而有近仁近义之殊。况禽兽草木之性,梏于形气,而不能有以通贯乎全体,则理虽具足,而其所以为性,不能无偏全之异。"(《葛庵集》卷十七《与应中》)

这是改进了的人物性相异论。其兄存斋也持相异论之观点,说:

天即理也,阴阳五行即气也。气为之形而理赋予中。人得是气之秀,而理之在中者,粹然全具,物得是气之偏,而理

在是者,亦随而偏。此则人物之所以为殊也。(《存斋集》卷三《与应中》)

除了这三兄弟的讨论外,丁时翰(愚潭)也同其弟子李栻(畏斋,1659～1729)进行过探讨。愚潭主张人物性相异,而畏斋却坚持人物性俱同观点。这虽然是师徒之间的论辩,其治学态度非常真挚,气氛也很热烈。愚潭于 78 岁(1702)的垂暮之年,给弟子寄书《人物性同异辩后》,述怀道:

> 仆与敬叔,论人物性同异三四年来,面论书辩,不为不多,而未能相合。(《愚潭集》〈年谱〉七十八岁)

这场论辩最终也未能取得一致的意见。

(二)湖洛论争与分派

考察湖洛论争,首先要看其中心人物李柬(巍岩)与韩元震(南塘)之说。

巍岩主张人物性同论,他描述其发端说:"原来此说,本起《中庸》首章注'人物之生,各得其理,以为健顺五常之德'一句也。三五年来,首尾所争,本在此一句,而又其争端,却在各之一字。故愚又引《大学或问》,'人物之生,必得是理,以为健顺仁义礼智之性'一段。以见其此处,则无各字可争之端矣。"(《巍岩遗稿》卷一十二《五常辨》)

《中庸》首章曰"天命之谓性",朱子注曰"天以阴阳五行化生万物,以气为形,理亦赋焉。"又曰"于是人物之生,因各得其所赋之理,以为健顺五常德,所谓性也。"就因这里所用的一个"各"字,同门学子展开了讨论,竟长达三五年之久。

就朱子的这一句来说,性就是理,不管人或是物,其生之时,均要禀赋仁义礼智之德。不同者,只是人和物的气质而已,性是相同的。

> 《中庸》注健顺五常之德,先生以为唯人也尽得之,而物不

能尽得,或得其健,或得其顺,或得其仁,或得其义。故其言各得者,正指此或得之不齐者。愚恐此有微旨,而传之或不能无误欤。(《巍岩遗稿》卷六《上遂庵先生》)

这是他得知师遂庵(权尚夏)支持人物性异论,即支持南塘之说后,寄去的信函中的一段。他接着说:"各得云,盖理虽一原,而气则不齐。得二五之正且通者为人,偏具塞者为物,亦自然之势,而人得人理,物得物理,是所谓各得也。"(同上书)

接着,巍岩反驳南塘之说曰:

> 各得之中,谓有正偏通塞之不同,则可谓有人独尽得,而物则半得半不得。则其理得失,姑未暇论。(同上书)

可是南塘却坚持自己的主张说:

> 人则尽得五行之秀,故五常之德无不备,物则或得一气之秀,而不能尽得其秀,故虎狼之仁,蜂蚁之义之类,仅存其一德之明,而其余备则不能有也。(《南塘集·语类》)

> 人为最灵,而备有五常之德,禽兽则昏不能备,草木枯槁,则并与其各自觉者而亡。(《南塘集》卷八《与崔成仲别纸知辰条》)

只有人得水火金木土五行灵秀之气而生之,才能有仁义礼智信五常天赋之德,而物因为只得到一气之秀,只能存一德之明。譬如,虎狼间或有仁或有同情心,蜂蚁对蜂主或同类有义等等就是如此。可他认为草木或枯槁(无生物)是连自觉也没有。

对此,巍岩提出强烈的反论:

> 德昭(南塘的字)曰,"谓万物皆具天命之全体则可也,而之皆具五常之全德则不可。盖天命者超形而言,五常者因气质而名"云云。愚以为无论性命其名理,已千万大错矣。天下岂有天命而非五常,五常而非天命哉? 太极之有动静,是天命之流行也,元亨利贞,非天命全体乎? 况一阴一阳之道,未做

人未做物时,已具是四者,则五常之名,岂因气质而生哉?
(《巍岩遗稿》卷六《上遂庵先生》)

南塘又针锋相对道:

> 理体一也,而也以超形气而言者,有以因气质而名者,有
> 以杂气质而言者。超形气而言,则太极之称是也,而万物之理
> 同矣。因气质而名,则健顺五常之名是也,而人物之性不同
> 矣。杂气质而言,则善恶之性是也,而人人物物又不同矣。
> (《南塘集》卷十一《拟答李公举》)

据南塘之说,理之体可分三:超形气,因气质,杂气质是也。其
中超形气的即为太极,就是理;因气质、杂气质而言的就是性。理
为通、为同,而性为局、为异。所以说,人和物之性是相异的。我
(人)为全,物为偏;我为大,物为小;我为贵,物为贱(《南塘集》卷八
《与崔成仲别纸》壬辰条)。

两人的论争越来越升温,终于使许多人加入进来。笔者在序
论论辩之考察中(第三期——人物性同异论辩期)已对此内容有详
细的论及,此论争愈演愈烈,仿佛又回到东西党争之初。这也许是
因为时值性理学之隆盛期,全国各地已形成雄厚的学者层的关系。
且看对此论争的诸家之见如何。

> 按人物性偏全问题,其起源,先是自西溪朴世堂、农岩金
> 及遂庵季弟权尚游始。西溪则尝论朱子四书注释之误,著为
> 《思辨录》。其中以《中庸》天命之性章句(人物性同)为非,而
> 有所讥评。农岩亦怀疑此章句,肃宗四年(1678),以书质之尤
> 庵,农岩之意则以《孟子》生之为性章朱注为是。(《农岩集》卷
> 二〈上尤庵先生·中庸问目〉及《宋子大全》卷九十三〈答金仲和
> 书〉别纸)尤庵答殊书不详明,然通观其文集,则主异之处多。
> 权尚游则尝于朱子〈太极图说解〉中"浑然太极之全体,无不各
> 具备于一物之中"疑之。肃宗五年(1679)乃问朴玄石(世采)

曰:"太极与性非二物也。人物之性不能无偏全,则何以曰物各自具全体耶?"玄石答曰:"原天命流行之始,固无人物偏全之异,而逮形气之拘滞之后,又因物刚柔大小,而自致其理之不同,所以水只有水之性,火只有火之性,并非原初浑然太极之全体也。必欲强求太极全体于五行各具之中,殆无是理也云云。"尚游复质其疑,玄石所答又未莹。尚游以其问答质之遂庵。遂庵作说而答之。兼示玄石,略曰"语其理则无不全,论其性则有偏全。何者? 天赋之理则未尝不同,但人物之禀受有异矣……。万物之中一理通贯,各具有一太极也……。惟其气质之禀有万不同,故理寓于气者,亦不得不有万不齐。"(李丙焘《韩国儒学史略》第四章湖洛论争之一节)

李丙焘断定尤庵、农岩(金昌协,1651—1708)、玄石(朴世采,1631—1705)与遂庵均主张人物性有偏全,所以是相异论者。还有以江门湖儒之人物性的论辩,事实上起源于遂庵兄弟,后波及到南塘、巍岩。下面的主张也如此,表明其结果的深刻性。

可是,这湖洛两论虽经巍岩、南塘这两人的论辩暴露于世,但其由来可以上溯到此之前。即湖学始于权遂庵,由韩南塘继之,洛学则源于金农岩,为李陶庵所继承。无论如何,这种不同主张的两论广为宣传到世间,从此学者正如当年争论四七理气说一样,没有不论心性之辩,论心性之辩者又没有不加入两论之一方者。因此,两派各立门户,学者结党,论辩不已,互不相让,一时两论颇有一种党邑之感。(玄相允《朝鲜儒学史》第十一章《湖洛学派之分裂》第一节《湖洛分派之原因》)

这就是说,人物性同异论一时成为学界的中心课题,展开了热烈的讨论,随着岁月的流逝愈加升温,导致分裂。可是,进入19世纪后,这一论争就逐渐冷却,实学开始引起人们的关注。

四　理气折衷派的抬头和发展

(一)折衷论的抬头

随着性理学成为学术界关注的领域,士林得以形成;随着士林派在政界崭露头角,酿成了士祸;经历接二连三的士祸之后,儒士们开始躲进山林,于是性理学的深入研究才有了土壤。可是,由于士祸之余波及学问的过热气氛的作用,理气论辩很快分成主理、主气两大派,并随着党争的露骨化,被利用为其理论武器。尽管党争同理气问题紧紧胶着在一起,使两分现象愈演愈烈,但是也有几位学者固守着学问的纯粹性,竭力想摆脱党争的阴影。对此有贴切的评价:

　　　　前面已介绍过,李朝性理学在理气问题上分为退溪学说与栗谷学说两个系统,以南人中心的岭南学派遵奉退溪学说,变化发展成为主理派;西人以中心的畿湖学派则拥护栗谷学说,变化发展成为主气派。其中脱离自派,支持反对派学说的学者有之;将自派学说与反对派的学说折衷起来的学者亦有之。如岭南学派张旅轩、郑愚伏支持了栗谷的学说,畿湖学派中以朴南溪为首的林沧溪、拙修斋等诸学者大体上认同退溪的学说,实际上沧溪、赵拙修两氏对退溪、栗谷两说采取了折衷退溪、栗谷两学说,一方面承认栗谷学说的气发理乘之大原则,另一方面支持退溪学说主理之气的主张,这些也亦在前面论及过。(参照玄相允《朝鲜儒学史》第十三章《性理学之再燃》第五节《折衷派之消长》)

岭南学派的旅轩(张显光)、愚伏(郑经世)支持栗谷学说尚在主理、主气论分立之初,那时的理气观尚未与党争联系起来而达到尖锐化的程度,尚有多少通融的余地。畿湖学派的南溪(玄石,朴

世采)或沧溪(林泳,1649—1696)、拙修斋(赵圣期,1638—1689)等
人属于名符其实的理气折衷派。其中最值得重视的是农岩(金昌
协)的折衷说,现简要介绍其部分主张:

> 四端善一边,七情兼善恶,四端专言理,七情兼言气。栗
> 谷之说非不明白,而愚见不无少异者。所争只在兼言气一句
> 耳。盖七情虽实兼理气,而要以气为主,其善者气之能循理者
> 也,其不善者气之不循理者也,其为兼善恶如此而已。初不害
> 其为主气也。退溪有见于此,而此处极精微难言,故分析之
> 际,辄成二歧,而至其言"气发理乘,理发气随",则为名言之
> 差,不免有累于正知见矣。然其意思之精详致密,则后人亦不
> 可不察也。(《农岩续集》卷二《论退栗两先生四端七情说》)

农岩是静观斋李端相(1628—166?)的女婿、弟子,深受其学问
之影响。静观斋门下还有农岩之弟金昌翁(三渊,1653—1722)与
前面提到的沧溪、林泳等人,其子李喜朝(芝村,1655—1722 年)亦
授业于父亲。他们在政治上是老论的主流,学问上与宋时烈、宋浚
吉同为一脉。只是在理气观中接收了退溪说,这是特殊现象。也
许,这是他们维护学问的真挚态度。

(二)折衷论的发展

农岩金昌协的理气折衷论,由其弟金昌翁继承,其孙金元行
(渼湖,1702—1772)续其脉。渼湖的门人有黄胤锡(颐斋,1719—
1791)、朴胤源(近斋,1734—1799)等人,近斋的弟子为洪直弼(梅
山,1776—1852)。

吴熙尚(老洲,1763—1833)曾授业于其兄吴允尚(宁斋),宁斋
是渼湖之弟子。老洲赞同农岩的四端七情说,折衷退溪与栗谷之
说而自成一家。老洲的学统由俞莘焕(凤楼,1801—1876)、徐应淳
(绷堂,1824—1880)等人继承,他们在文学上的成就,超过性理学。

梅山洪直弼的门人是任宪晦(全斋)、全斋的门人是田愚(艮

斋），理气折衷论至艮斋达到顶峰。

> 艮斋之学出于任全斋（任宪晦），全斋之学出于洪梅山（直
> 弼），梅山之学出于朴近斋（胤源），近斋之学源于金渼湖（元
> 行），渼湖之学承之农岩、三渊，农岩、三渊之学，宗于宋尤庵，
> 尤庵乃栗谷之孙弟子。然则艮斋本乃洛下之人，其学系于栗
> 谷渊源，又受洛论系统也。艮斋学向之磎径门路盖如此。故
> 苟有异采于栗谷、尤庵之说，又有反对于洛论之宗旨者，皆斥
> 之甚力。例如，于华西（李恒老），斥其心理之说，乃著《雅言
> 辨》。又与华西门柳省斋（重教）往复辩论心理之说，殆费累万
> 言。与芦沙（奇正镇）斥其主理之说，著《猥笔辨》、《纳凉私议
> 辨》。至于遂庵（权尚夏）、南塘（韩元震），极斥其人物性异论
> 及未发气质之论，乃作《遂庵集记疑》、《瓘溪（遂庵之弟权尚
> 游）书记疑》、《南塘理气咏自注疑目》、《南塘上遂庵书疑目》等
> 书。"（参照李丙焘《韩国儒学史略》第三篇《朝鲜时代儒学》第
> 十四章《田艮斋及郭俛宇》一节）

艮斋尽其八十生平致力于折衷论之确立，集中精力著述，留下
了丰富的学术业绩。他又首创"性师心弟论"。

> 性师心弟四字，是仆所创。然六经累数十万言，无非发明
> 此理，可一以贯之。（《艮斋私稿》卷三十二杂著《性师心弟独
> 契语》）

五　唯气、唯理论与末期学界

（一）唯气论的论据

韩国的气哲学有前期的徐敬德（花潭，1489—1546）与后期的
任圣周（鹿门，1711—1788）为两大巨峰。两位学者的气哲学，其具
体内容多少有些差异，但认为"宇宙的本源为气"，"理于气之中，非

外又有理也"的所谓唯气论的立场却是一致的。鹿门的唯气说是主气论多年发展的结果及其蕴蓄的基础上建立的。他说：

> 万理万象也,五常五行也,健顺两仪也,太极元气也,皆即气而名之者也。今人每以理一分殊,认作理同气异,殊不知理之一,即夫气之一而见焉。苟非气之一,从何而知其理之必一乎？理一分殊者,主理而言,分字亦当属理。若主气而言,则曰气一分殊,亦无不可矣。(《鹿门集》卷十九杂著《鹿庐杂识》)

可见,鹿门认为宇宙之本质自身就是气。他也毫不犹豫地批判栗谷。

> 湛一清虚之气,非他也,乃天也。天岂有不在者乎？栗谷说终觉可疑。(同上书)

鹿门进而提出,应修正栗谷的学说。

> 栗谷先生于理气源的,深造独得,见得极明透,说得极玲珑。朱子以后殆未有臻斯理者也。独于气之本一处,犹或有未尽莹者。其曰理之源一而已,气之源亦一而已。又以道心为本然之气者,亦不可谓不讲究到此,而乃于理通气局之论,专以气归之万殊,又以为湛一清虚之气,多有不在,究其归终未免于二物之疑。岂未及致思议然欤？若使当时有以此论质之者,其必焕然而耳顺也,无疑矣,惜哉。(同上书)

鹿门对栗谷的理通气局说表现出强烈的不满。或称"粟翁理通气局一语,心常疑之"(同上书),试图做出自己的解释。

鹿门认为气之本性是湛一清虚的,因气之散聚,或分合、变化形成千差万别的现象。

> 盖气之本,则湛一而已,而分为阴阳,分为五行,升降飞扬感遇凝聚之际,自不能不千差万别。即张子所谓"游气纷扰合而成质,生人物之万殊者也",虽曰千差万别,而是气本体,根

于理而日生者,固未尝不浩然,而湛且一也。(《鹿门集》卷五
《与李伯讷》)

(二)唯理论的由来

深入研究和发展主理理气观的性理学者,从地域上看主要在
岭南活动,在党争上来说属于南人。当然,近畿或湖西地方的学者
中不是没有宣传主理论者,但实为罕见。出于追求学问的纯粹性
而倾向于退溪学者,宁愿以折衷派自居。因此,也有评论家极言,
党争时代的性理学,与其说是学问不如说党争的武器。尽管如此,
不可否认的事实是主理主气论因党色分成两派,各自固守其学问
的领域。以此为背景,史学家对主理论的发展,作了如下叙述:

前面已经提及,以岭南一带的南人学者为中心,掀起了反
驳栗谷学说,拥护退溪学说的运动。综合观察其运动发展过
程是这样:由葛庵(李玄逸)发端的拥护互发说的理论,传到密
庵(李栽)则表述为无须等待气的作用,理本身也基本上具备
了日用事为体用。传至大山(李象靖)则认为理不是单纯的无
为无力的静止体,而是靠本身就能发为运用的活物。再传至
定斋(柳致明)则指出理不仅有能动能静的神用,而且以自发
的动静生出阴阳五行之气,理还是宇宙之主体心的本体。将
这种发达的理的概念进一步扩充起来,断言"心即理",使主理
说达到登峰造极的是李寒洲(震相)的性理说。"(参照玄相允
《朝鲜儒学史》第十三章《性理学的再燃》第三节《主理派的发
达》四,李震相条)

主理论的系谱中已经论及,李震相的哲学确实已达到主理说
发展的顶峰,并为其门人郭钟锡(俛宇)所继承。

但是将主理说提高到一个新阶段,提出唯理论的学者,却不是
出在岭南,而是在湖南,他就是奇正镇(芦沙)。芦沙生于全罗道淳
昌,后移居长城芦山下,一生研究学问。他无导师,纯自学成才。

因此,他的学术成果的纯粹性得到承认,对性理学史的贡献也得到积极评价。

芦沙建立了彻底的主理论。通常主理论者都以理气对立为前提,主张理的优位及至理的能动,但他不是这样。

芦沙在理气说方面主张主理说,其主理说并没有停留在通常的主理派学者二元论的将理与气对立起来考虑的程度,而是将此提高到一元论的高度,不是把理气对立起来,而是把气的概念包含在理中。因此,他在主理派中独具异彩,达到了最高峰,被称为唯理论者。(参照上书,奇正镇条)

芦沙极大地提高了理的地位,说"理无对"。认为气不过是包含在理中而已,因此理气并非二物。因为气在理中,所以理气同等分立的根据也不存在了。理是绝对的。

理之尊无对,气何可与之对偶? 其阔无对,气亦理中事,乃此理流行之手脚。其于理本无对敌,非偶非敌,而对举之何哉。说本原,宜莫如孔子,孔子之说本原,宜莫如大易。言理时,必理以率气;说气时,便以明理,曰"一阴一阳之谓道",曰"太极生两仪"是也。十分停当,罔有渗漏,曷尝见一处对峙,而双举者乎? 形而上下,非对举乎? 曰此节眼在上下字,上下乃的对也。(《芦沙集》十二《猥笔》)

芦沙把气贬为"理中事"、"此理流行之手脚"。他还说:

今人才见理字,必觅气来作对偶。于是理之流行一大事,尽被气字带去。(同上书)

芦沙的不满即在此。世人见"理"字必加上"气",谓之理气。理之流行乃天地间的一大事,却让渺小的气夹杂其中,似乎是对举的对偶。因此,他明确规定:

气之发与行,实受命于理。命者为主,而受命为仆。仆任其劳,而主居其功,天之经,地之义。(同上书)

芦沙的唯理论,由他的门人郑载圭(老柏轩,1843—1911)及其孙奇宇万(松沙,1846—1927)继承。

(二)末期学界与卫正斥邪论

察韩末之性理学界,主理论以李震相为顶峰,下有其传人郭钟锡等人;主气论者有任宪晦,其门人田愚却标榜理气折衷论。奇正镇发展主理论,建立起唯理论,并传至郑载圭、奇宇万等,这一点已论及。尚未论及的就是李恒老(华西,1792—1868)的理尊气卑论及其学派,以及为芦沙的传人所倡导的卫正斥邪论。

众所周知,华西是主理论者,他还讲一步极力主张理尊。

> 天下之物,止有理与气两件事而已。然是二物也,相离不得,相杂不得。相离则理无注泊,气无主宰,理不足以为理,而气不足以为气矣。相杂则理有掩蔽,气有猖獗,理不得以为理,而气不得以为气矣。凡有一事一物,其合理气则一也。然则其所谓理气者,将如何分别,分别又将焉用也?欤曰,合理气则一也,其理为主,以气为主,则不同也。理为主、气为役,则理纯气正,万事治而天下安矣。气为主理为贰,则气强理隐,万事乱而天下危矣。(《华西集》卷二十五杂著《理气问答》)

> 盖理无气不行,气无理不生,则理气有则俱有,无则俱无,非相离之物也。但于动静流行之间,有理为主、气为主之别,而理之为主,正理也,顺势也,气之为主,悖理也,逆势也。是以有善恶邪正之判焉。(《华西集》卷一十二《答崔赞谦益铉》)

理尊而气卑。因此,若理为主宰,气受其役使,这是顺理而又顺势,则天下大治而太平。如反过来,气为主宰,这是悖理又逆势,天下就要乱,世界将处于困境。理本纯善,气兼有杂驳,如果理为主则万物能纯善,而气为主则可善可恶,其归宿就无可把握。

华西之理尊气卑说随即演化为卫正斥邪论。当时为西势东渐时期,王朝濒临衰亡之边缘。以西学与机械文明为先导,西洋势力正以破竹之势涌入朝鲜。不看情面也无所谓体面。有的只是殖民帝国之"力量"。不仅是社稷之危机,亦是思想、宗教之危机。面对这种情势,儒学者当然要提出卫正斥邪说。就是保卫正义,排除邪恶。正为我们、是儒学,邪为洋夷、是西学。

按华西讲,我为理,洋为气。我们追求纯善,西洋则为形气之奴隶,充满邪欲。我们(理)为主宰,役使西洋(气),万事就顺理成章,世界就会充满和平;然而西洋(气)为主宰,左右我们(理),万事就会乱,世界就会陷入一片混乱。就是这样的逻辑。

笔者曾把韩末的斥邪论分析为以下三种:一、理气论的斥邪论;二、人兽论的斥邪论;三、华夷论的斥邪论①。华西的斥邪论有其井然的理论体系。他说:

> 吾儒所谓事天之天,专以道理言也;洋人所谓事天之天,专以形气情欲言也。二者之不同,实分于此。(《华西集》卷二五杂著《西洋事天与吾儒事天相反辨》)

华西的这种思想,传予其门人金平默(重庵,1819～1888)、柳重教(省斋,1821～1893)、崔益铉(勉庵,1833～1906)、柳麟锡(毅庵,1842～1915)等人,成为韩末排外运动的精神支柱与确立民族主体性的理论背景,后来丧失国权之后又实践为独立运动。同时继承芦沙奇正镇之学脉的松沙奇宇万的卫正斥邪论,则在湖南发展成斥倭运动。无论在岭南还是在畿湖,儒学传统的卫正斥邪论重新以洋夷或岛夷(倭)为对象,而其斗争方法则有理论斗争、武力对抗或教育复国等几种。

---

① 参照韩国精神文化研究院《韩国伦理思想史》(《研究论丛》987 年第2 期)《朝鲜时代的伦理思想》Ⅲ《西学的流入与卫正斥邪论》。

六　结　论

性理学在其固定时期,就已产生了主理、主气的争论,随之呈现出尖锐对立的态势。这种现象越到朝鲜后期越为尖锐,还和党争有了相辅相成的关系。学问与政治联系起来,介入党派,当然是很不正常的现象,但反过来说,其为理论斗争服务的功能,又刺激了更加深入而广泛的研究。

对性理学来说,理气观牵连党争,只能说是"历史的讽刺"。堪称朝鲜朝儒学两大巨峰的退溪李滉与栗谷李珥分别提出可归类为主理、主气的主张;加之作为后辈的栗谷批评退溪之说的事实又被大事渲染;恰巧在他们这一代中萌发出党争之为两大派以至反目成仇;加上两人又地处岭南、畿湖,成为后来分为两大地域学派的契机……这种种事实,只能用历史的玩笑或讽刺来表述。这种事实,一而再,再而三地堆积起来,不顾两大巨人生前保持的先后辈深厚交谊,其身后的后学们却分为两派,一直处于尖锐的学问、政治的对立关系。

有些评论家将党争时代的性理学规定为政治的、学缘的污染,认为没有一点价值,但这种看法却未免失之偏颇。事实上标榜修己安人的儒学,历史上总是关注政治理念,对人的研究也是在这一角度上不断发展起来的。性理学究其根也是人学,既然是人学就不能脱离政治。只是要警戒学问被利用为政治斗争的工具,只能慨叹学问沦为政治侍女的悲剧。可是,虽然朝鲜后期理气观被分立为主理、主气,分为四色党派或岭南、畿湖,但并没有完全放弃学问的眼光。他们本身却认为分立、对立本身,是为拥护和保存学问的纯粹性,是为承继学术、家统,进一步深入研讨的需要。

针对分立与对立兴起了折衷论,也有人离开派别,纯粹从学问上虚心地接受先人的学说,有人敢于对老师提出质疑与批评。同时也应留意,党争时代涌理出许多硕学巨儒,性理学也得到丰富多彩而深入的发展。

不亚于折衷论的抬头,唯气、唯理论的出现及其发达可谓韩国哲学之一大收获,这也是摆在思想界面前值得深入研究的一大课题。

虽然分为党派、学派,呈现分立与对立,但一旦国难当头,思想界便立即发出统一的呼声,各自采取对应姿态。这就是卫正斥邪论。将我们定为正,侵略者为邪,果断地发起了保卫、排斥邪的运动。由于具有坚实的理论基础,所以富有说服力,得到有力的推行。它用实践表明,性理学并非纸上谈兵。因而,提倡东道西器论也被接纳为一种对策,成为卫正斥邪的新的突破口。

总之,回顾历史可以痛切地感到,19世纪为殖民帝国主义的时代,是武力更盛于哲学(思想)的年代。

(选自崔根德著《韩国儒学思想
研究》,学苑出版社1998年版)

崔根德,韩国著名学者,汉城大学教授,韩国儒教学会理事长,韩国儒教学术院院长儒学研究专家,代表著作为《韩国儒学思想研究》。

本文梳理了朝鲜后期性理学的发展脉络。崔根德从性理学之展开及脉络,主理主气论的分立与流派,人物性同异论与湖洛论争,理气折衷派的抬头和发展,唯气、唯理论与末期学界等五个发展过程论述了朝鲜后期性理学的发展历史,并对其中的每一发展时期的思想特色及代表学者进行了分析。作者指出,性理学在其古代时期,就已产生了主理、主气的争论,随之呈现出尖锐对立的态势。这种现象越到朝鲜后期越为尖锐,还和党争有了相辅相成的关系。对性理学来说,理气观牵连党争,只能说是"历史的讽刺"。堪称朝鲜儒学两大巨峰的退溪与粟谷分别提出可归类为主理、主气的主张,加之作为后辈的粟谷批评退溪之说的事实又被大事渲染,加之两人又地域不同,成为后来分为两大地域学派的原因。这种种事实,只能以历史的玩笑或讽刺来表述。以致其身后的后学们分为两派,一直处于尖锐的学问、政治的对立关系。作者不同意将党争时代的性理学规定为政治的、学缘的污染,认为此时的学者们并没有放弃学问的研究。党争时代涌现出许多硕学巨儒,性理学也得到丰富多彩而深入的发展。唯理、唯气论的出现精神发达可谓韩国哲学之一大收获,这也是摆在思想界面前值得深入研究的一大课题。作者还指出,回顾历史可以痛切地感到,19世纪为殖民帝国主义的时代,是武力更盛于哲学(思想)的时代。

近代儒学思想的展开

崔根德

一 绪 论

近代韩国儒学是在西学冲击及对其反应中迎来了实学。称作西学的四洋文明,早在 17 世纪初就通过中国中介开始接触,经过 100 年的交往后,进入 19 世纪时给我国思想界很大的冲击。

即使没有西学的影响,儒学内部事实上也有过变化的朕兆。朝鲜朝开国以来儒学作为国家统治理念一直主张至治主义,后来出现徐敬德(花潭,1489—1546)、李滉(退溪,1501—1570)、奇大升(高峰,1527—1572)、李珥(栗谷,1536—1584)等著名学者,给性理学的研究和展开带来了活力,接着礼学兴起,为儒学文物制度和秩序意识的确立提供了轨道。性理学的发展也必然导致形而上学观点上的不同意见,在礼学的展开和实践上的应用过程中,也不可避免地出现见解差异。加上经历多次士祸,士林之间出现对立和矛盾,发展成党争,自然就分裂为各个学派。最初是在性理学理气观上的差异出现了主理论者和主气论者两派,后来又出现折衷派,结果形成子岭南学派和畿湖学派。由于纯学术见解差异出现的党争激化为对抗,随着儒学自身出现了僵化和空论化的朕兆,很快出现许多反作用。

对这种末期弊端的反省中出现了实学。早在栗谷的思想中开始萌芽的实学,在儒学病理现象加深的情况下呼喊出新的声音。柳馨远(磻溪,1622—1673)、李瀷(星湖,1681—1763)、安鼎福(顺庵,1712—1791)、朴趾源(燕岩,1737—1805)、丁若镛(茶山,1762—1836)等学者,相继出来提倡实事求是之学。早在16世纪早期就出现的实学,进入17世纪时提出了明确的理论根据,到了18世纪完成了框架结构。这种实学确实给沉溺于官学深渊的朝鲜朝后期儒学带来了改革新风。尽管内部有许多改变现状的要求,但似乎还等待外部的强烈冲击,经历着长期不断的阵痛。最终还是由于西学这种积极而充满霸气的外风吹来,推动了大胆的革新活动。

儒学自我反省中兴起的实学,在与西学接触过程中使革新的努力具体化,提出了比较合理而科学的方案。其结果出现了与主张传统儒学保持距离的倾向,而且随着时代的发展这种倾向更加突出。

实学是对西学冲击的敏锐反应,虽然在大的方面没有摆脱儒学的框架,但在局部有过克服或脱离的试图。尽管实学对西学冲击反应的时代趋势在加剧,但以性理学作哲学中心课题的传统儒学并没有缓和其气势,其学者不断增多,理论体系在多歧化,理论深度更加强。在方法论上,也可感受到西欧哲学的影响,这种特殊的现象使人们感受到时代的变化。当然,对西方哲学的这种反应和变态,只有到了19世纪末才能从个别学者的记述中找到。

从根本上讲,儒学是修己安人之道、经世济民之学,因此对时代状况非常敏感。西欧列强借科学和物质文明、军舰和宗教的力量,削弱了东方老帝国中国的力量,有力地敲打着隐匿之国朝鲜紧闭的大门。国家被震动,儒学在愤慨,但真正的盗贼在近邻,日本迅速适应西欧帝国主义,赶在西欧列强之前以军舰撞开前门侵入。韩国的国基被推翻,民族正气被中断。此时此刻儒学不能袖手旁观,抱着刺骨之恨起来反抗。但又出现了几种不同的意见。有只局限在唤醒国王和当局者的主张,有拿起刀枪投入现实斗争打倒盗贼的主张,有清净自身辞世躲避的主张,有以完成教育后进任务为终结的主张,有以自杀表示抗议唤起全民警觉的主张等等。这些主张都提出了明大义的理论根据,并毫不犹豫地投入实践。这时儒学思想对待乱世的本领毫无遗漏地得到体现。

19世纪确实是国难当头的时代,是混乱的世纪,是黑暗和愤怒的历史。儒学以这个时代为背景,展开了自我反省,力图改变自己的面貌。

二 时代概况

(一)政治混乱和党争激化

1777年继位的正祖,从其祖文前王英祖那里继承了党争的余烬。这个时期的党争主要是以时派和僻派为中心展开斗争。英祖即位初期,虽然有老少论的尖锐对立,但他集中精力实行荡平策,多少取得安定的成果,建立了老少论联合的政权,取得暂时的效果。但在晚年,由庄献世子问题引起的政治动乱,形成了时派和僻派。在老论占优势的情况下,主要在老论内部围绕庄献世子分裂为时派和僻派,形成尖锐对立。同情和支持庄献世子势力属于时派,排除和威害庄献世子的势力属于僻派。庄献世子被其父王(英祖)杀害时僻派似乎得势,但英祖在位52年后到81岁时去世,世孙(庄献世子之子)继承王位,僻派当然就遭到政治上的报复。时派是正祖即位后以追从其时流而得其名,在正祖一代南北老少四色朋党只有名称,政治上表现为时派和僻派斗争的激化。不言而喻,一切政治动乱的震源都来自这两派的对立。

正祖有学问并具备道德良知,不是没有实行儒学至治主义善政的野心,而是因先代已经痼疾化了朋党弊病没能实现其欲望。他在强有力地推进荡平策的同时,大力推行文治,可称得上实现了太平盛世。对外来的西学,即对天主教会也比较宽容,没有实行血腥的迫害;对在野学者中掀起的实学新学风,也实行宽厚的政策.使它增加了光润。

正祖在位 24 年后升遐,纯祖即位是 1800 年 7 月,当时国王刚刚 14 岁。王室中最长者贞纯大妃金氏(英祖的继妃,纯祖的曾祖母)以垂帘厅名义代行王权,受正祖遗托金祖淳(知中枢府事)辅佐年幼的国王。

继正祖升遐之后贞纯大妃金氏执政,给朋党政局带来了重大转机。金大妃为英祖的继妃,与庄献子处在对立关系之中。她的本家亲戚金汉禄、金龟柱是僻派领袖,曾在打击庄献世子中起过决定性作用,正因为如此正祖继位后受到很大打击。金大妃当权,僻派受到很大鼓舞,他们想报复正祖时期受到的压制。正祖时代不仅老论中有时派、僻派的分裂,南人中也出现这种分裂,形成对立。以金大妃为背景的僻派,在各个党色中都有彻底清除时派的举动。这样,很快出现政局混乱的朕兆。

首先,金大妃对邪学下达禁令,开始禁压天主教。天主教主要在南人中流传,南人中也分信天主教的信西派和反对天主教的攻西派。信西派中崭露头角的人物有李承薰、李家焕、丁若镛等,可称为时派;攻西派中崭露头角的人物有洪义浩、睦万中等,属于僻派。

正祖的国葬刚结束,金大妃就下达禁压天主教的命令,逮捕天主教徒崔必恭、崔必悌及其叔伯兄弟,接着斩首丁若钟、李承薰、弘乐敏等。后来又出现黄嗣帛书事件,恐怖的血风腥雨不断。纯祖元年(1801)发生的迫害天主教事件史称"辛西邪狱",处刑、狱死的牺牲者达 300 余人。以金大妃为首的僻派,在迫害天主教时,把政敌时派人士也包括在其中,以各种嫌疑处死。政局处在恐怖和疑惑的漩涡,混乱情况不断加剧。

金大妃垂帘听政两年后,纯祖二年二月为幼王举行嘉礼,此时受前王遗托辅佐大政的金祖淳之女册封为王妃。曾受正祖信任的金祖淳是属于老论的时派人物,虽然僻派极力反对,但他克服了这个难关,终于成功地实现了册封。纯祖四年,幼王15岁时,结束金大妃的垂帘听政,次年金大妃升遐,政权转移到金祖淳之手。金祖淳是国家元老,又是国舅,他的得势为安东金氏势道政治打开了方便之门。政府的要职大部分有安东金氏家族担任,重要的国事都由金祖淳指挥决定。

在金氏势力的确立过程中,不可避免地出现激烈的暗斗,党争也不断爆发。纯祖六年,同是安东金氏的右议政金达淳被定为僻派赐死,僻派领袖金潢、金观柱、金龟柱等被撤职或追施逆律。

这种党争的激化、政局的混乱,使民生涂炭,国力消耗加重,最后导致走上亡国的下坡路。

(二)天主教的传入与邪狱

从利玛窦(1552~1610)开始在中国宣传的天主教,也逐渐敲打着以儒学为国教的朝鲜的大门。天主教引起赴中国使臣的好奇心,也得到随行学者、商人的好感,经过壬辰、丙子两大乱后开始具体与民众接触。壬辰倭乱时,倭寇小西行长的阵中葡萄牙神父谢斯彼得士在传教,被倭军俘虏的朝鲜人中也有许多人皈依天主教;丙子胡乱中作为人质被房去关押8年的昭显世子,在北京与天主教教主德国神父汤若望(1591~1666)有过密切的交往,回国时带回天主像、舆地球和有关天主教的书籍。世子回国后很快去逝,没能为天主教的传播做贡献,但其随行人员中有受感染的人。

另外,当时的知识分子中,有许多人对四方科学非常关心,也有出于对教理的学术好奇心和宗教探索欲,不断走上燕京之行。

尤其是许筠、李晔光、柳梦寅等的著作中反映出对天主教的浓厚兴趣，当代的巨儒、实学的先驱者星湖李瀷及其门人顺庵安卢鼎福、河滨慎后聃等也有关于天主教的著述。

此后，儒学者中以批判者或理解者自居并著书者增多，其中湛轩洪大容、燕岩朴趾源等实学的先驱者相继访问北京，在与天主教神父交往中加宽了对西方科学文明的理解。

当儒学者们把天主教作为学术探讨的对象或者作为批判对象研究时，一般民众则作为具体的宗教接受下来，使其势力不断扩散。在政治混乱、经济贫困的情况下，庶民百姓受尽折磨，但又无依无靠，已习惯受压迫和剥削。当他们接触天主教教理时，产生了仿佛见到新世界的错觉。天主教像水在干枯的土地上渗透，迅速在民众中传播开来。

肃宗时天主教已经在民间扎下了深深的根。异邦传教士经中国潜入，掀起了传道的热潮，从肃宗十二年（1686）的史料看，朝廷忧虑天主教在民间的盛行，曾议论过凡发现异邦人潜入即刻驱逐出境（《国朝宝鉴》肃宗十二年条）。史料还记载英祖三十四年（1758）前后，海西地方天主教相当繁盛："先朝（英祖朝）戊寅，海西地方有邪学，几乎家家人人，毁祠废祀，自海东而至于关东，其徒寔繁"（《正祖实录》十五年十一月丁丑条）。

朝廷对此非常惊慌，给各道观察使下达训令，采取措施严禁信仰天主教。

到了英祖末年，天主教已经渗透到朝鲜八道的每一个地方，其信徒已达数万，朝廷高官、儒学者中的信徒也在增多。进入正祖年代，有些学者甚至公开进行传教活动。李蘗、权哲身、权日身、李承薰、李家焕和丁若铨、丁若钟兄弟等就是这样的人，从四色党派看他们属于南人中的少壮派。肃宗以来南人得荡平策的恩德曾被朝廷登用，但失去信任的时间更长，受老论的压制长期远离政权。他们被排斥在政权之外,自然就全心搞学问,对经燕京流入的新思潮有敏感的反应。开始出于学问上的好奇心,后来终于陷入信仰,并毫无顾忌地走上了传道之路。茶山丁若镛对这个过程,做了如下说明:

> 臣于所谓西洋邪说,尝观其书矣.尝欣然悦慕矣,尝举而夸诸人矣。其于本源心术之地,盖尝如膏渍水染,根据枝叶而不自觉矣。(《王祖实录》二十一年六月庚寅,丁若镛上疏)
>
> 臣之得见是书,盖在弱冠之初,而此原有一种风气,有能说天文历象之家,农政水利之器,测量其推验之法者,流俗相传,指为该洽。臣方幼眇,窃独慕此,然其性力躁率,凡属艰深巧密之文,不能细心究索,故其糟粕影响,卒无所得,而及反缴绕于死生之说,倾向于克伐之诚,惶惑于离奇辨博之文,认作儒门别派,看作文垣,奇赏与人论谈,无所忌谭,见人诋排,疑其寡陋,原其本意,盖欲博异闻也。(同上书)

从茶山的告白中看出,埋头研究学问的新进学者,被西方科学知识和基督教哲学魅力吸引而倾倒,来不及深入思考就忙于穿凿,其结果走向信仰。这里很有兴趣的是,茶山"认作儒门别派"。当然这是向"理解和保护自己"的君王辩解,同时也可能是直率的告白,由此可以推测当时的少壮派儒学者学习西学的心态。他们的脑海装满了儒学,因此在接触西学时竭力察找与儒学相似之处。这可能是无意识,但在西学被当作邪说禁止的情况下,也可能是试图摆脱秘密研究西学的罪责意识。

正祖七年(1783),李承薰随任冬至使书状官的文宗(李东郁)去北京,在那里受洗礼,归来后正式进行传教活动。李承薰在北京停留四十余日,期间去天主教会南堂,拜见德格拉孟神文等耶稣会的传教士,学得教理后第二年(1784)受洗礼,带着许多圣画、默珠回国。李承薰从北京回来之后,就给李蘗、权哲身等洗礼,并把金范禹家定为礼拜场所,定期礼拜。这就是为最初洗礼者准备的最早的教会。随着他们传教活动的活泼展开,消息广泛传播,结果被政府刑曹发现。

当时任刑曹判书的金华镇虽然认识到事件的严重性.但考虑到受连累的都是士大夫家子弟少壮学者,对他们进行教育说服后给予释放,只是把自己的家提供为礼拜堂的金范禹处予流放。这一事件虽然没有扩大,得到稳妥地处理,但对社会的冲击很大。当年轻学者公然在太学(成场馆)讨论天主教并以邻近私家为根据地的事实暴露后,太学生李龙舒等发表斥邪通文,政府也下达强硬内容的禁令。可是右议政(后来的领议政)蔡济恭特别庞爱南人少壮派学者,认为天主教的天堂地狱说及其教理有惑世诬民的部分.但又说"其中好处,亦或有之"(《正祖实录》十八年八月壬辰条),因而主张取宽厚态度。在他看来,采取鼓励正气的方法击退邪气可能比无条件禁压更有效果。蔡济恭很受正祖的信任,因此他在世时(1799年作故)没有开展血腥的残酷肃清。

正祖十五年(1791)发生的珍山事件,给多少放松禁压的政府当局和注视这个情况的儒学界很大冲击。家住湖南珍山郡的士人尹持忠是天主教徒,他在办母亲丧事时没有按儒学之礼送葬,也没有接受亲戚的吊唁。他的表弟权尚然烧毁家中供奉的神主,废除了祭礼活动。这个事实传出后,属于南人中的攻西派人士起来给全国士林散发通文,上疏国王强烈要求禁压西教。他们在排斥西教的同时,猛烈攻击对西教取宽厚态度的蔡济恭。接着尹持忠、权尚然被处决,李承薰的平泽县监也被罢免。这就是历史上的辛亥邪狱。

对天主教的全面禁压,是蔡济恭作故、正祖升遐之后金大妃垂帘听政时开始的。正祖升遐后纯祖即位的那一年的11月,逮捕教徒崔必恭、崔必悌;第二年正月下达严禁邪学的禁令,并施行五家作统法。2月,权哲身、李家焕、丁若钟、丁若镛、李承薰、洪乐民等入狱,接着李承薰、洪乐民等遭酷刑。李家焕、权哲身等忍受不了拷问在狱中死去,丁若铨、丁若镛兄弟被流放,黄嗣永、李端源被处死。黄嗣永是因帛书事件处死,清人神父周父漠虽自首也被处死。这个事年,历史上称辛酉邪狱,1800年牺牲者达300余人。从此政府当局丝毫没有放松对天主教的禁压,天主教也没有退步以死亡相对抗。少壮学者最初出于纯粹的学问好奇心学西学时曾有过与儒学比较的讨论,但成为一般民众的信仰后遭到流血迫害时,感情上的对抗压倒了理沦的争论,导致了政治上的派别斗争。这时已经不是儒学和天主教的纯学术、宗教争论,已成为政权层次上的政治问题,意识到这是西欧列强威胁国家国防的问题。当时的执政者把西教的渗透看成对政治体制的威胁,这种认识是历史的事实,到处都可以找到有关的记录。

三 儒学的理论深化和学界矛盾

(一)性理学发展的脉络和矛盾

韩国儒学是以性理学为中心发展的。高丽末叶从中国传来称之为新儒学的程朱学,使儒学面目焕然一新,其关心的领域也收缩为性理学。因而儒学思想的展开,只能以性理学为主体。尤其到了近代,形成了性理学独此一家的学风,礼和伦理方面的理论体系只能在性理学基础上展开。

14世纪在元代传来的新儒学冲击下,高丽儒学界虽然曾以高度热情和诚意埋头于解读和穿凿,但又赶上王权交替时期,许多学究陷入政治风暴之中,曾有一段时期犹豫不决。新开国的朝鲜起用儒臣集团为政策起草者并标榜崇儒抑佛政策,但国初忙于创业无暇研究性理学。由于国家创建时期的生气勃勃气象和建立新政治秩序的需要,义理精神得到发扬,与此相适应的至治主义成为实现理想的轨道。

16 世纪之后,性理学开始在朝鲜扎根开花。随着国家体制的确立和文物的具备,社会进入安定时期。这时既得利益者和非既得利者之间产生了隔阂,已经占据地盘的集团和新升上来的集团之间也产生了矛盾。成宗时代完成典章制度的制定时,政治圈内开始出现勋旧派和士林派的暗斗,其结果酿成了血风腥雨的士祸。15 世纪是士林的受难时期。政治上的争斗总是带来士林的败走,他们无法抵挡老练勋旧派的谋术。败走的士林隐居深山埋头读书。性理学也终于扎下根,逐渐成长为大树。

徐敬德(花潭,1489—1546)、李彦迪(晦斋,1491—1553)、李滉(退溪,1501—1570)、金麟厚(河西,1510—1560)、奇大升(高峰,1527—1572)、李珥(栗谷,1536—1584)、成浑(牛溪 1535—1598)等是促使性理学萌芽成长的学者。

第一代先贤提倡的性理学,由于继承者中产生主理和主气分岐,出现了矛盾,终于牵扯到政治上的斗争,经历了党派斗争的沉浮。正如儒学的历史,性理学也经历了不断得到理论补充的过程,在这个过程中关于理和气的关系成为辩论的焦点,对它的研究也更加深化。

接受性理学的初期,由于埋头读书,来不及关心理气的区别或作用的不同。当深入研究时出现了分歧,在订正郑之云的《天命图说》过程中,四端七情成为讨论的中心课题,高峰对"四端发于理,七情发于气"提出异议。其结果退溪把这一提法整理为"四端理发而气随之,七情气发而理乘之"。但栗谷又重新提出这一问题,批判理发气随说,主张气发理乘说。栗谷提出的问题,使理发与否成为争论的焦点,对气发大家都没有异议,但对理发出现"是"与"否"的分歧,或者认为"理亦发"、"理亦动",或者认为"理使之发",固执

"理静"。动静中理为主,还是气为主的争论,如先有鸡蛋,还是先有鸡的争论,似乎毫无意义,也难下结论。但从形而上学的争论看并不是这样。因为这表现了以高度知性、深奥思索和严密逻辑,从根源上接近宇宙、人生诸问题的求知欲望。

总之,由于栗谷提出了问题,他的主张发展为主气的理气观;而退溪的学说被后学者继承,展开了主理的理气观。

首先考察主理、主气分立尖锐化的原因,然后再考察其特征。

分立的原因有:

第一,性理学发展的必然现象。随着性理学研究成为学术界的中心课题,研究成果也不断深化、多样化,其必然的结果出现了主理或主气的见解,同时出现了折衷论。

第二,随着党争的激化,性理学被滥用为理论武器,使主理、主气的分立更加尖锐化。

退溪与高峰、栗谷与牛溪等先儒,提出的问题和展开的争论,纯粹是探讨问题热情的产物。因此这种热烈的讨论,反映孜孜不倦地追求真理的热情。但随着世代的交替.陷入党争之中,加上感情的介入,当作反对政敌的武器,成为派别联系的纽带。

党争的萌芽可以在义理论高扬的朝鲜朝初期学术界气氛中看到,戊午、甲子、乙卯、乙巳等四次士祸充分地说明这种可能性。政界出现的这种流血惨祸,使学界矛盾不断激化,最终造成了党争。党争浮出水面的时期是退溪、高峰去世,栗谷还在世的时候。栗谷曾自任居中调停的角色并劳心焦思地竭尽其力,但没有取得实效,反而被其中的一派推崇为领袖。

最初分立的东、西两个党派,随着岁月的流去达到顶峰,分裂在加剧,党争也越来越多种多样。尤其是与政权相联系,造成了杀戮的惨剧。处在党争漩涡中的性理学,当作理论武器来利用成为不可避免的事。这里的主角都是脑子里装满墨水的知识分子,由于党人之间的各种缘由,从党派看以退溪理论为渊源的退溪学派(从地域上讲是岭南学派)属于东人(后来是南人);继承栗谷学说学派(从地域上讲是畿湖学派)属于西人(后来主要是老论)。

初期,还没有浸透性理学的名分,只是固守着学问上的纯粹性并享有讨论的自由;但到了后期,岭南学派和畿湖学派完全以主理的理气观和主气的理气观武装起来了。这是党争的激化和学术争论相互作用的结果。由此造成的性理学僵化,达到无可复加的程度。

其次是关于特征。当然这里并不局限在主理、主气的分立,而是指性理学发展过程中的一般特征。

第一,以程朱学为中心的学风,——朝鲜朝的性理学长期信奉程朱学。虽然在理论的层次上有可能超过了程朱的水平,但在理论上竭尽全力不脱离程朱的轨道。尤其是处在党争的漩涡之中,都想把忠于程朱路线当作自派的长处,一旦捕捉到对方脱离程朱轨道的机微就毫不犹豫地扣上"斯文乱贼"的帽子。有一种极端的理论,认为党争时代的性理学争论只不过是"党性展示"而已,但在学术上不好做这种评价。毫无疑问,性理学是程朱建立的学问,但把程朱的理论当作金科玉律来信奉,等于在学问上设定圣域,其结果只能是自己束缚自己。最终导致僵化和官学化,堵塞了发展的道路。实际上如果能关心陆王的心学或佛教哲学的异论,扩大范围,加深理解,就有可能建立更加圆满而深刻的哲学。

第二,主体性研究的深化。——朝鲜朝的性理学虽然彻底地以程朱学为中心,但并不是说没有学问上的主体性。在初期,栗谷曾指出:

朱子真以为理气互有发用,相对各出,则是朱子亦误也。何以为朱子乎?(《栗谷全书》卷—第 202 页)

栗谷甚至表示,圣人再现也不能改变自己的主张。这反映了他很强的学术主体性。

说朝鲜朝的性理学超过程朱的水平,主要根据是这种学问上的纯粹性和主体性。

第三,向礼学的发展。——性理学在16世纪开始定位,17世纪开出灿烂之花,与此同时礼学也得到振兴。这是必然的归结。随着性理学的充分展开,带来了人的行动规范化、社会秩序的整齐化和洗练的文化意识。以性理学为根底的礼学进入党争时代,产生了礼讼,成为政治手段,造成了悲剧。但另一方面、也为确立健全的礼理论做出了贡献。

第四,理尊气卑的倾向。——理至善纯一、气清浊粹驳的理论已固定化,大多数倾向于理尊气卑的认识。不言而喻,主理的理气观是这样认识的。就是主气论也认为,理纯粹、气兼粹驳,因此理至善、气善恶混在。就是唯气论在这个问题也持相同的见解。在道德观上,主理论强调应高扬理的至善,主气论则把重点放在强调善恶混之中应扬善抑恶。

第五,人本主义的宏扬。——儒学本来就立足于人本主义。尤其在原始儒学中、孔孟之教中彻头彻尾地贯穿着人为中心,完全以人类之爱为基础。宋儒定位的性理学,也没有摆脱这个基本。朝鲜时代的性理学,尤其是后期的性理学,更加突出了这个人本主义色彩。归根到底,理尊气卑的倾向,包含强调人性的纯粹性的意图。人物性同异论,也是证明人之优位的努力。

第六,重视名分的思潮。——正名思想起了礼学发展轨道的作用。因此作为理学理论基础的性理学,不可能不带有名分观。可从两种视角追踪名分论,一是个人的视角,一是国家的视角。个人作为家庭、社会的成员,从上下亲疏关系中得到的名分,也有修身齐家治国平天下过程中根据道理得到的名分。国家则有与历史性、道德性相连结的大义名分。性理学的四端七情论对这种名分,是从理和气的变化上理解,并不断附加新的意义。从个人来说,重视名分只是从固定的价值观寻求自己的合理性;从国家来说,只是执着于道德性,不是产生一种慕华思想,就是犯了不能正确对待国际形势变动的错误。

以上特征是根据历史状况由时代精神酿成的,它经常起逆反作用,但不能忘记也做了积极的贡献。

(二)性理学的思想深化过程

考察退溪李滉为顶点的主理论学脉,具有代表性的学者中,第一代为金诚一(鹤峰,1538—1553)、柳成龙(西厓,1542—1607)、郑逑(寒冈,1543—1620)、李祯(龟岩,1512—1571)、李德弘(艮斋,1541—1591)、赵穆(月川,1524—1606)、黄俊良(锦溪,1517—1563)、禹性传(秋渊,1542—1593)、郑惟一(文峰,1533—1576)、等。第二代为张显光(旅轩,1554—1637)、郑经进(愚伏,1563—1633)、张兴孝(敬堂,1564—1633)、柳袗(修岩,1582—1635)、柳元之(拙斋,1598—1674)、许穆(眉叟,1595—1682)等。其中许穆从师郑逑学退溪学,在近畿地方传播。后来李瀷(星湖,1681—1736)从师许穆并把学脉传给安鼎福(顺庵,1712—1791),这成为扩大实学领域的契机。

退溪的门下到了第三代,才以地域称为岭南学派,学术研究则以主理的理气说为主旨,并以此与近代儒学思想相连结。

李榘(浩斋,1613—1654)、李徽逸(存斋,1619—1672)、李玄逸(葛斋,1627—1704)、李栽(密庵,1657—1730)、李万敷(息山,1664—1732)、权相一(清台,1679—1760)等,尤其是其中的李玄逸、李栽父子,深入探讨性理学的奥义,为确立主理说提出了明确的指标。李玄逸写《栗谷李氏四端七情书辨》,批驳了栗谷的气发理乘说。他推崇并阐明退溪的理气互发说,开始系统地攻击主气论。玄相允在他的著作《朝鲜儒学史》中的第三节"主理派的发展"

序中是这样说的：

> 原来对退溪的互发说，退溪的高弟赵月川、李艮斋、郑寒冈、柳西厓、金鹤峰等人，亦未对其是非有所议论，此后一段时间岭南地方也未出现可否的言论。他们可能以为，高峰已被退溪说服放弃了自己的学说主张，退溪学说并非是退溪一人的主张，而是以朱子学说为依据，因而是正确的见解之故。后来栗谷反对互发说，栗谷学说风靡京畿地方，几乎全部的西人学者开始反对退溪学说。这使岭南地方也猛然奋起，为退溪说辩护，反驳栗谷说。……所以，攻击栗谷说、拥护退溪说，是退溪去逝约一百年以后的事。首先起来大声疾呼的是李葛庵。葛庵认为："四端公，七情私。公而无不善，故谓之理发。私或善或不善，故谓之气发。"理发气发有别，则当然。

玄相允还引用了葛庵著作《愁洲管窥录》的下面一段话：

> 四端之发，公而无不善，达之天下，此其所以谓之理发也。至于七情，凡人之喜也是私喜，怒也是私怒，哀也是私哀，惧也是私惧，爱也是私爱，恶也是私恶，欲也是私欲。必克己私，然后方得公而善。是则七情之发，私而或不善，人人各异，此其所以谓之气发也，是皆义理之当然，更何致疑之有。

葛庵在《栗谷李氏论四端七情书辨》的"序"中，谈到此文的要旨时指出："目前栗谷的主张，在湖西、湖南一带广为流传，皆以为过去未曾有过理气互发之说，虽有记录但没有传下来。栗谷给成牛溪的书，给理带来了害处。为此，敢逐条文论辨之，以解当世之疑惑"，并列出十九条。

栗谷致牛溪(成浑)的书中曾指出：

> 气发而理乘者，何谓也？阴静阳动，其机自尔，非有使之者也。阳之动则理乘于动，非理动也。阴之静则理乘于静，非理静也。(《栗谷全书》卷一)。

葛庵对这一段话,批驳说:

　　夫理虽无为,而实为造化之枢纽,品汇之根柢。若如李氏之说,则此理只是虚空寂底物,不能为万化之原,而独阴阳气化,纵横颠倒,以行其造化也,不亦谬乎。(《葛庵集》卷十八杂著《栗谷李氏论四端七情书辨》)

葛庵为了论证自说,还引用朱子给郑子上书,说:

　　其答郑子上书,曰:"理有动静,故气有动静。若理无动静,气何自而有动静乎?"又有问,"太极是兼动静而言?"曰:"不是兼动静,太极有动静。"又勉斋黄氏,推说动静者,所乘之机之义,曰"太极是理,阴阳是气,然理无形,而气有迹,气既有动静,则所载之理,安得谓之无动静"凡此数说,发明理有动静之义,如此分晓,其与李氏所论"阴阳动静,其机自尔,非有使之者也,理乘于动静,非理自有动静"之说,果不相戾耶。

然后下结论说:

　　由此观之,非但气有动静,理亦自有动静也。(同上书)

　　葛庵发明的这种主理论,被其子密庵继承,构筑了更加坚实的理论基础。同时代的学者是上面提到的退门第三代。岭南学派对主理论的发展,也是由密庵门下继承此脉。

　　李家靖(大山,1711~1781)是密庵的外孙,也是他的弟子,学问出众,门人众多,被誉为"小退溪"。他说:

　　夫理一而已矣。而其为说者不同,将何所适从哉。窃意天地间,只有理气之动静。理也者,所主以动静之妙也。气也者,所资以动静之具也。故据其所主之妙而言,则其所以能动能静,与动静之不失其序者,皆此理本然之妙也。认其所资之势而言,其动者即阳之开,静者即阴之阖,二者皆形而下者,而理特乘载其上,以主其发挥运用之妙耳。(《大山集》卷三十九〈理气动静说〉)

大山的弟子中,在研究性理上著称的有:郑宗鲁(立斋,1738—1816)、南汉朝(损斋,1744—1810)、李万运(默轩,1736—?)等。后来损斋的弟子柳致明(定斋,1777—1861)进一步发展了主理论,被称为当代性理学者的代表,其同时代的学者有:李源祚(凝窝,1792—1871)、李钟祥(定轩,1799—1884)等。定斋的门人有:金兴洛(西山,1827—1899)、李敦禹(肯庵,1807—1884),同时代的有:张福枢(四未轩,1815—1900)、李震相(寒洲,1818—1886)。西山、四未轩的弟子曹竞燮(深斋,1873—1933)、寒洲的弟子郭钟锡(俛宇,1846—1919)在朝鲜末期继承了学统。寒洲是朝鲜时代性理学六大家之一。

　　除了在岭南地方继承和发展起来的这些主理论者外,还有受退溪学说的影响出来积极支持的学者。这就是所谓的"近畿主理学派",他们主要活动在汉城及其附近地区。

　　丁时翰(愚潭,1625~1707)与李玄逸作为同时代的人,相互有学术交流,李瀷(星湖)受退溪高徒郑述(寒冈)弟子许穆(眉叟)的影响,在倡导实学的同时倾向于主理论;后来安鼎福(顺庵,1712~1791)又继承了这一理论。顺庵的学统由黄德吉(下卢,1750~1827)、许传(性斋,1797~1886)、许薰(舫山,1836~1907)、卢相稷(小讷,1855~1931)等人继承。对于主理学派,不能无视这一支粗脉,他们的发展也多种多样。

　　另一方面,以栗谷为导师的学统,逐渐坚定其主气论,继承这一学脉的大学者辈出。同时代意气相投的友人成浑带领了栗谷早逝(49岁)后的学界,金长生(沙溪,1548—1631)为栗谷的嫡传弟子,除此之外还有赵宪(重峰,1549—1631)、徐渻(药峰,1558—1631)、黄慎(秋浦,1560—1671)、郑晔(守梦,1563—1625)等人。

　　沙溪的门下弟子众多,学运隆盛,由其之子金集(慎独斋,1574—1656)继承。授业于沙溪、慎独斋父子的人中:宋浚吉(同春，1606—1672）、宋时烈（尤庵，1607—1689）、李惟泰（草芦，1607—1684）、俞棨（市南，1607—1664）等代表性的学者。

由这些栗谷门人第三代而形成了畿湖学派，并确立了主气的理气观。尤其尤庵指出"理与气，本是混沦无间之物，故此气流行而成人物之时，理自然赋于物矣"（《宋子大全》卷一百四十《与金直卿》），阐明了理气不相离的原则。他的下面一段话表明了其不偏于主理、主气的任何一方，欲取严正的学问姿态的立场。他说：

> 理气，只是正一而二，二而一者也。有从理而言者，有从气而言者，有从源头而言者，有从流行而言者。盖谓理气混融无间，而理自理，气自气，又未尝夹杂。故其言理有动静者，从理之主气而言也。其言理无动静者，从气之运理而言也。其言有先后者，从理气源头而言也。其言无先后者，从理气流行而言也。（《宋子大全》附录卷十九《韩元震注述》）

但在理发问题上，尤庵却彻底批判了退溪：

> 退溪理发一句大误，理是无情无运用造作之物。理在气中，故气能运用作为，而理亦赋焉。（《宋子大全》卷一百三十《朱子言论同异考》）

说到底，尤庵是支持栗谷的气发理乘一途说。于是反驳退溪的"心是理"，主张"心是气"。

畿湖学派的下一代，主要由尤庵的门人所组成。有宋基厚（闻道斋，1621—1674）、李端夏（畏斋，1625—1689）、权尚夏（遂庵，1641—1721）、李喜朝（芝村，1655—1724）、宋奎濂（霁月堂，1630—1709）、郑澔（丈岩 1648—1736）等人。尤庵的嫡传弟子遂庵门下涌现出号称江门八学士的：韩元震（南塘，1682—1751）、李柬（巍岩，1677—1727）、尹凤九（屏溪，1681—1767）、蔡之洪（凤岩，1683—1741）、李颐根（华岩）、玄尚壁（冠峰）、崔徵厚（梅峰）、成晚徵（秋潭）等许多学者。他们提出了所谓湖洛是非，争论的中心问题是人物性同异论。

另外,还出现了理气折衷派,由任圣周(鹿门,1711～1788)、任靖周(云湖,1727～1796)、任宪晦(全斋,1811～1876)、田愚(艮斋,1841～1922)等维系其脉。

(三)近代性理学发展的特征

进入 19 世纪,重要的学者有:丁若镛(茶山,1762—1836)、洪直弼(梅山,1776—1852)、柳致明(定斋,1777—1861)、金正喜(秋史,1789—1856)、奇正镇(芦抄,1798—1876)、李恒老(华西,1792—1888)、许传(性斋,1797—1886)、俞华焕(凤棲,1801—1895)、崔汉绮(惠岗,1803—1875)、任宪晦(鼓山,1811—1876)、张福枢(四未轩,1815—1900)、李震相(寒洲,1818—1886)、金千默(重庵,1819—1888)、柳重教(省斋,1821—1893)、徐应淳(絅堂,1824—1899)、崔益铉(勉庵,1833—1906)、安秉璇(渊斋,1836—1905)、田愚(艮斋,1841—1922)、柳麟锡(毅庵,1842—1915)、郑载圭(老柏轩,1843—1911)、郭钟锡(俛宇,1846—1919)、奇宇万(松沙,1846—1927)等。把这些人不加区别列在一起,是为了全面了解当时学界情况,使他们多种多样的思想一目了然。其中有主理、主气论者,也可以分为唯理、唯气论者及折衷派,有些人可称礼学者或实学者。

事实上,从性理学的思想发展看,可以把近代儒学的学术特征看成唯理、唯气论。可以说这是理气现在理论上的深化。同时也出现了试图调和两者的折衷论,这是这一时期学术蕴蓄的派生结果,也可能意味着成熟。

下面对折衷论和唯气、唯理论做简要说明。玄相云对折衷派的形成,作过这样的说明。他说:

> 李朝性理学在理气问题上,分为退溪学说和栗谷学说两个系统。以南人为中心的岭南学派尊奉退溪学说,变化发展

成为主理派；以西人为中心的畿湖学派拥护栗谷学说，变化发展成为主气派。其中脱离自派，支持反对派学说的学者有之；把自派学说与反对派学说折衷起来的学者亦有之。如岭南学派的张旅轩、郑愚伏支持了栗谷的学说，畿湖学派中以朴南溪为首的林沧溪、赵拙修斋等诸学者大体认同退溪的学说，其实沧溪、拙修两氏对退溪、栗谷两说采取了折衷的态度。畿湖学派中成为老论主流的金农岩折衷退溪、栗谷两学说，一方面承认栗谷学说的理发气乘之大原则，另一方面又支持退溪学说的主理主气这主张。（玄相云《朝鲜儒学史》十三章《性理学之再燃》第五节《折衷派之消长》）

岭南学派的旅轩（张显光）、愚伏（郑经世）支持栗谷学说在主理、主气分立之初，那时的理气观尚未与党争相联系起来达到尖锐化程度，还有通融的余地。畿湖学派的南溪（玄石、朴世采）或沧溪（林泳，1648—1696）、拙修斋（赵圣明，1638—1689），属于名符其实的理气折衷派。其中最值得重视的是农岩（金昌协）的折衷说，现简要介绍部分主张：

> 四端善一边，七情兼善恶。四端专言理，七情兼言气。栗谷之说，非不明白，而愚见不无少异者。所争只在兼言气一句耳。盖七情虽实兼理气，而要以气为主，其善者气之能循理者也，其不善者气之不循理者也，其为兼者恶如此而已。初不害其为主气也。退溪有见于此，而此处极其精微难言，故分析之际，辄成二歧，而至其言"气发理乘、理发气随"，则为名言之差，不免有累于正知见矣。然其意思之精详致密，则后人亦不可不察也。（《农岩续集》卷二《论退粟两先生四七情论》）

农岩是静观斋（李端相，1628～1669）的女媚、弟子，深受其学问之影响。静观斋门下还有农岩之弟金昌翕（三渊，1653～1772）及前面提到的沧溪、林泳等人，其子李善朝（芝寸，1655～1724）也受业于父亲。他们在政治上是老论的主流,在学问上与宋时烈、宋浚吉同为一脉。只是在理气观上接受了退溪说,这是特殊现象。也许,这是他们维护学问的真实态度。

农岩金昌协的理气折衷论,由其弟金昌翕继承,其孙金元行(渼湖,1702—1772)续其脉。渼湖的门人有黄胤锡(颐斋,1719—1791)、朴胤源(近斋,1784—1799)等人,近斋的弟子为洪直弼(梅山,1776—1852)。

吴熙尚(老洲,1763—1833)早年曾授业于兄吴允尚(宁斋),宁斋是渼湖的弟子。老洲赞同农岩的四端七情说,折衷退溪和栗谷学说自成一家。老洲的学统由俞莘焕(凤楼,1801—1859)、徐应谆(絧堂,1824—1880)等人继承,他在文学上的成就超过性理学。

梅山洪直弼的门人是任宪晦(鼓山,1811—1876),鼓山的门人是田愚(艮斋,1841—1922)。理气折衷沦至艮斋达到顶峰。

李丙焘指出:

> 艮斋之学出于任全斋(鼓山任宪晦),全斋之学出于洪梅山(直弼),梅山之学出于朴近斋(胤源),近斋之学源于金渼湖,渼湖之学承之农岩、三渊,农岩、三渊之学宗于宋尤庵,尤庵乃栗谷之孙弟子。然则艮斋本为洛下之人,其学系于栗谷渊源,又受洛论系统也。艮斋学问之蹊径门路盖如此。故苟有异彩于栗、尤之说,又有反对于洛论宗旨者,皆斥之甚力。例如于华西,斥其心理之说,乃著《雅言辨》。又与华门柳省斋(重教),往复辨论心理之说,殆费累万言。于芦沙斥其主理之说,著《猥笔辨》、《纳凉私议辨》。至于遂庵、南塘,极斥其人物性异及未发气质之论,乃作《遂庵集记疑》、《㼌溪(遂庵弟)书记疑》、《南塘理气咏自注疑目》、《南塘上遂庵书疑目》等书。(李丙焘著《韩国儒学史略》第316页)

艮斋尽其八十生平致力于折衷论之确立,集中精力著述,留下

了丰富的学术业绩。他首创"性师心弟"论:

> "性师心弟四字,是仆所创。然六经累数十万言,无非发明此理,可一以贯之。"(《艮斋私稿》卷三十二〈杂著〉《性师心弟独契语》)

其次,任圣周(鹿门,1711—1788)确立的唯气论,一直到近代也没有丝毫的修正,原原本本地继承下来了。

韩国的气哲学,早在徐敬德(花潭,1489—1546)时期,就确立了巩固的论据。因此,花潭和鹿门成为韩国气哲学的两大巨峰。两位学者虽然在具体内容上有一些理论差异,但在唯气论的立场上是一致的,都主张"宇宙本源处是气"、"理于气中内在,气之外别"之理。

鹿门的唯气论是在主气论长期发展成果的基础上建立起来的。他说:

> 万理万象也,五常五行也,健顺两仪也,太极元气也,皆即气而名之者也。今人每以理一分殊,认作理同气异,殊不知理之一,即夫气之一而见焉。苟非气之一,从何而知其理之必一乎。理一分殊者,主理而言,分字亦当属理;若主气而言,则四气一分殊,亦无不可矣。(《鹿门集》卷十九杂著《鹿庐杂识》)

由此可见,鹿门认为宇宙之本质自身就是气。他也毫不犹豫地批判栗谷:

> 湛一清虚之气,非他也,乃天也。天岂有不在者乎?栗谷说终觉可疑。(同上书)

鹿门进而提出,应修正栗谷的学说:

> 栗谷先生于理气源头,深造独得,见得极明透,说得极玲珑。朱子以后殆未臻斯理也。独于气之本一处,犹或有未尽莹者。其曰理之源一而已,气之源亦一而已。又以道心为本然之气者,亦不可谓不讲究到此,而乃于理通气局之论,专

以气归之万殊;又以为湛一清虚之气,多有不在。究其归终未免于二物之疑。岂未及致思而然欤。若使当时有以此论质之者,其必焕然而耳顺也,无疑矣。惜哉。(同上书)。

鹿门对栗谷的理通气局说也表示出强烈的不满。说"栗翁理通气局一语,心常疑之"(同上书),并试图按自己的想法解释。

鹿门认为理的本性是湛一清虚之气,此气之聚散、分合、变化形成千差万别的现象。

> 盖气之本,则湛一而已,而分为阴阳,分为五行,升降飞扬感遇凝聚之际,自不能不千差万别。即张子所谓:'游气纷扰合而气质,生人物之万殊者也'。虽曰千差万别,而是气本体,根于理而日生者,固未尝不浩然,而湛且一也。(《鹿门集》卷五《与李伯讷》)

另外,唯理论的出现有如下经纬:

深入研究和展开主理理气观的性理学者,从地域上看主要在岭南活动,从党争来说属于南人。当然,近畿或湖西地方的学者中也不是没有人宣传主理论者,但实为罕见。出于追求学问上的纯粹性而倾向于退溪学的学者,以折衷派自居。因此有评沦家极言,党争时代性理学与其说是学问不如说是党争的武器。尽管如此,不可否认的事实是,主理、主气论因党争分成两派,各自固守其学问的领域。以此为背景,史学家对主理论的发展,作了如下叙述:

> 以岭南一带的南人学者为中心,掀起了反驳栗谷学说、拥护退溪学说的运动。综合观察这个运动的发展过程是这样:由葛庵(李玄逸)发端的拥护互发说的理论,传到密庵(李栽)则表述为无须等待气的作用,理本身也基本上具备了日用事为的体用;传至大山(李象靖)则认为理不是单纯的无为无力的静止体,而是靠理本身能发为运用的活物。再传至定斋(柳致明)时指出,理中不仅有能动静的神用,而且以自发的动静

生出阴阳五行之气,理还是宇宙之主体心的主体。将这种发达的理的概念进一步扩充起来,断言'心即理,'使主理说达到登峰造极的是李寒洲(震相)的性理学。(玄相允著《朝鲜儒学史》第十一章第三节李震相条)

在谈到主理论系谱时已经论及,李震相的哲学确实已达到主理说发展的顶峰,并为其门人郭钟锡(俛宇,1846—1919)维承。

但是把主理说提高到一个新阶段,提出唯理论的学者,却不是出在岭南,而是出在湖南,他就是奇正镇(芦沙,1798—1876)。芦沙生于全罗道淳昌,后移居长城芦山下,一生埋头研究学问。他无导师,纯粹是自学成长。因此,他的学术成果的纯粹性得到承认,性理学史上的贡献也得到积极评价。

芦沙建立了彻底的主理论。通常主理论者都以理气对立为前提,主张理的优位乃至理的能动,但他不是这样。

> 芦沙在理气说方面主张主理说。其主理说没有停留在通常主理派学者那样,以二元论把理与气对立起来考虑,而是将此提高到一元论的高度,不是把理气对立起来,而是把气概念包含在理中。因此,他在主理派中独具异彩,达到了最高峰,被称为唯理论者。(玄相允著《朝鲜儒学史》第十三章第三节,奇正镇条)

芦沙极大地提高了理的地位,说"理无对",气只不过是包含在理中而已,因此理气并非二物。因为气在理中,所以理气同等分立的根据也不存在了,理是绝对的。

> 理之尊无对,气何可与之对偶;其阔无对,气亦理中事,乃此理流行之手脚。其于理本无对敌,非偶非敌,而对举之何哉。说本原,宜莫如孔子,孔子之说本原,宜莫如大易。言理时,必理以率气;说气时,便以明理。曰:"一阴一阳之谓道",曰"太极生两仪",是也。十分停当,罔有渗漏,曷尝凡一处对

峙,而双举者乎。形而上下,非对举乎。日此节眼在上下字,上下乃对也。(《芦沙集》卷十二《猥笔》)

芦沙把气贬为"理中事"、"理流行之手脚"。他还说:

> 今人才见理字,必觅气来作对偶。于是理之流行一大事,尽被气字带去。(同上书)

芦沙的不满就在此。世人见"理"字必加上"气"字,谓之理气。理之流行乃天地间的一大事,却让渺小的气夹杂其中,似乎是对举的对偶。因此,他明确规定:

> 气之发与行,实受命于理。命者为主,而受命为仆。仆任其势,而主居其功,天之经,地之义。(同上书)

芦沙的唯理论,由他的门人郑载圭(老柏轩,1843—1911)及其孙奇宇万(松沙,1846—1927)继承。

(四)实学理论的确立和传播

17世纪初,以朝鲜朝后期社会为背景,逐渐形成思路的实学,每个学者都各具特色,其思想体系难以概括。有以传统道学,即以性理学(朱子学)为基础,在不超越这个范围内主张改革的学者;有以被视为异端的阴阳学为根据,排除官学化、僵化了的性理学动向;有学习经中国传来的西学,彻底批判儒学的开化论者;有排斥政治、经济等各领域中的空理空淡,建立实事求是学风的主张。以利用厚生为重点,并为其真正实现建立理论体系和实践方针,逐渐成了实学的中心课题,因而对考证学、金石学也引起了重视。

进入19世纪,实学逐渐形成体系。

第一,在经典的解释上,大胆地批判程朱说,提出了自己学说。

把程朱学看成金科玉律的朝鲜朝时代,绝对不能容忍脱离程朱注释的经典解释,如果有人作出背离程朱说的解释,就立即定为斯文乱贼,遭严厉谴责,遭受苦难。但这些标榜革新的人们,果敢地打破这个戒律,排除程朱说,公开提出自己的解释。这是很大的

革新,体现了主体性。实学的先驱者李潓(星湖,1681—1763)在经学和性理学上形成一家,留下了很多著作。他说:

> 自章名之行于世,人尊之如日月,信之如四时,爱之如骨肉,畏之如铁钺,但不能究而得之,得而行之,不如日用菽水也。其何故也?比如家长老,整顿丛务,一齐无缺。群子弟,或恃而为重,全不理会。凡厥有事,辄曰吾父兄必有处也,诘之则无所发,此与违悖训合者,差等不同,其芒无所知则均也。故学必要致疑。不致疑,得亦不固。所谓疑者,非谓狐疑犹豫,无所决择也。(《星湖全书》《中庸疾书》后说)

研究学问时,提出疑问是学者的基本权利。但这种常识在当时是无法理解的。在这种情况下,李潓的这一段话,就像一颗炸弹。尽管表现形式上是稳健的,但包含着摆脱以往对经典的教条化解释的宣言。

丁若镛(茶山,1762—1836)也说:

> 嗟乎,今之学者,从如有七书大全,不知有十三经注疏。虽以春秋三礼之照耀天地,而不列乎七书之目,则废之而不讲,外之而不内,此诚斯文大患,世教之急务也。(《与犹堂全书》第一卷卷八《十三经策》)

所谓七书大全,指四书五经加上完备的程朱注释。

茶山并不完全否定朱子的功绩。他曾赞颂朱子"集大成以会通,大一统以重创",但也强烈主张有须重新解释的条款,说:

> 然其年代寝远,事实无征。虽以朱子之博古,犹未免存信而阙疑,始甲而终乙。(同上书)

> 仁义礼智之名出于人之行,并非存于心之玄理。天赋予人只是灵明,可仁义礼智也。若谓上天以仁义礼智,赋予人之本性,实非如此也。人如此,物何以共得正常之德。(同上书)

茶山这种解释与程朱之说有很大区别。程朱认为恻隐、善恶、辞让、是非等四端出自仁义礼智,这个本然之性是天赋。对经典的这种自由而主体性的解释,排斥了教条的束缚,强调了实证、合理的侧面。

第二,强调道器的相互补充和谐。

按《易经》,形而上谓之道,形而下谓之器。也就是说,道是本体,器是现象。在理气论上看,理是道,气是器。从文化理想看,道是理念,器是制度。

文化应具备理念的内容和制度形式,正如车的两轮,只有保持平衡才能稳定、前进。因此儒学强调"道器不相离"。

朝鲜朝的义理学或性理学是只侧重于道,即理念的学问,不关心制度、法律、经济等方面的问题,可能也无暇顾及。这时主张实学的人,异口同声强调理想和现实、理念义理和现实利害的和谐。

第三,对既成秩序的批判。

这是对既成秩序否定侧面的明确剔除。代表性的例子有,虚礼虚饰化了的伪善道德律,独占公器并虚张声势的两班阶级,玩弄空理空谈的学风等。

《北学议》的著者朴齐家(楚亭,1750—1815),在他的论著中主张,打破"四自欺"、"三自弊"。所谓"四自欺"是:国家自欺、士大夫自欺、功令自欺、习俗自欺。"自欺"指自己欺骗自己,"自弊"指自己造成的弊端。"三自弊"有:国法不涉及士大夫,不公平的科举与被权势者的戏弄,书院隐藏躲避兵役的逋丁和借口祭祀先贤违反禁酒法酿酒等。

第四,重视财利,奖励生产。以往性理学的道德观是"重义轻财"。这种道德观,必然向歧视劳动的思想发展,给社会带来了清闲阶层的增加。清闲良班阶层增加和劳动阶级减少,造成不劳而食者为贵、流汗劳动者为贱的现象,这种恶弊带来家庭贫困、社会害病、国家毁灭的结果。在这种社会状态下出现实学是必然的趋势。

琴章泰教授指出：

> 实学派在谈到国家的弊端时着重强调了贫困，认识到生财利是民生和国存的必需，因而积极主张生财论。正如丁若镛所说'民求利如水往低处流，追求财利是人为生存的自然要求'，对这个问题的肯定是实学派的基本前提，对生财利的积极肯定，是对士族非生产性生活的批判。李澟在批判忙于科举功夫、鄙视生业、平生不劳而食的士族时，把他们比喻为蠹；朴齐家主张发展农业，首先要淘汰儒者；丁若镛提出应让游手好闲之士去从事农工商。（琴章泰《对韩国实学派功利思想的考察》）

琴章泰在这篇文章中，对实学派的功利思想作了如下的结论：一、实学派拒绝已固定化了的形式上的道德规范，宣扬对有肉体的具体人的关心和爱护；二、实学派追求现实与理想的和谐，否定观念的义理论者的伪善和欺骗，提出了实效是真实性和正确性的根据；三、实学派追求公利思想的功效，要求从思想和思考的世界走向行动的世界。

实学者主张追求财利、提高生产、发展农商工，为此提出学习各种技术，学习技术中当然也包括吸收西洋文明。

实学派的这些主张发展为富国强兵策，这对以往的性理学来说是巨大的变革。尤其是，提出发展对外贸易（朴齐家的《北学议》等），主张吸收西洋技术（《东道西器论》的《嚆矢》）。这些爆炸式的宣言，虽然遭到为我政者的警戒和世人的敬畏，但逐渐被人们所熟悉。由于固陋儒者的强烈反驳，有时受到期辱，但形势向有利于他们的方向发展。尤其是像崔汉绮（惠冈，1803—1875）这样的人，隐居街巷80年，勤奋学习，不断熟悉新思潮，在试图为性理学建立科学方法论的同时，在天文、地理、农学、医学、数学、经济、法制等许多领域,探讨建立实证的、合理的理论体系。他在哲学思想上提出了新的问题,这是 19 世纪学术界的异彩。除此之外,许多学者借助多少宽松自由的气氛,为形成务实思想风气作出了贡献。

四　国难和儒学的对应

(一)卫正斥邪论的确立和传播

19 世纪,对韩国来说是激动、烦闷和自虐的时代。从西方吹来的风迅速形成暴风席卷过来,这个弱小的国家曾试图抵抗应战,但由于自我侮蔑陷入烦闷的病痛之中。

经 1866 年(丙寅)的血腥镇压后,天主教慢慢摆脱了政府的禁压令,经过两次洋人搔扰之后,人们对洋人的认识也逐渐发生了变化。

在斥邪论看来,天主教和洋夷是一伙,因此把他们都包括在内,加宽了排斥的方面。

辛亥年间的近一个世纪,西洋文明浸透的加速使人感到头昏目眩,但斥邪论的语调没有根本的变化,在他们看来,信奉天主的人是"沉溺于幽怪诞妄之说,而邪媚求福者"(《华西集》卷七《答金稚章》)。斥责天堂地狱说时指出:"盖有阳则有阴,有始则有终。生存死亡之说,分明如昼夜,虽三尺童子亦不可欺。今谓听我言者,死可还生,住进天堂;不随我言者,死后再生,必进地狱。此为虚荒之言,无天理也,自欺也。似彼有人之生杀与夺权,慢天侮圣之罪大也"。华西李恒老在《天堂地狱辨》中,指出天堂地狱说的三条罪状:"慢天悔圣一也,灭性殉欲二也,惑世诬民三也"(《华西集》卷二十五杂著《天堂地狱辨》)。

华西李恒老,生活在 1792 年(正祖十六年)到 1860 年(高宗五年)之间,可以说他的生涯是在 19 世纪度过的。他是德才兼备的儒学者,他的学说是韩国末期的高大山脉。他在性理学中属主理论者,在大义名分上主张华夷论,是卫正斥邪、倡义护国的代表人物。因此,华西学派的门下出现义兵运动的巨儒并非偶然。重庵金平默、省斋柳重教、勉庵崔益铉、毅庵柳麟锡,都是属于华西学派的人物。

下面以华西派为中心,简要介绍韩国末期的卫正斥邪论。

1. 理气论的斥邪论

华西把斥邪论和理气论联系起来,把西洋比作气,把吾儒(我国)比作理。先看华西的理气论。他说:

> 天下之物,只有理与气两件事而已。然是二物也,相离不得,相杂不得。相离则理无注泊,气无主宰,理不以为理,而气不足以为气矣。相杂则理有掩蔽,气有猖獗,理不得以为理,而气不得以为气矣。凡有一事一物,其合理气则一也。然则其所谓理气者,将如何分别? 分别又将焉用也欤? 曰合理气则一也,其理为主,以气为主,则不同也。理为主、气为役,则理纯气正,万事治而天下安矣。气为主、理而贰,则气强理隐,万事乱而天下危矣。(《华西集》卷二十五杂著《理气问答》)

琴章泰教授对华西的主张是这样评价的:

> 华西的理气论,在存在论上是理气二元论,在当为论上是理尊气卑说。这种理气论的真理观,是在西学和道学传统的矛盾中对道学的重新阐明,反映了当时时代状况和要求。(琴章泰《对韩国实学派功利思想的考察》)

在性理学,理纯善、气兼粹驳,理尊气卑成为主流。华西的立场与此相同,并与朱子的人心道心说一脉相承。

总之,华西理气论是这样展开的:无形之理备于万物的每一处,理无不纯善,理为主、役使气,一切事物都能顺利运行,全世界就能享有太平。有形之器,也备于万物的每一处,可清(善)可浊

(恶),气为主、理而贰,一切事物都逆理误导,全世界将陷入混乱之中。

华西的理尊气卑说与斥邪卫正论相联。

按华西的逻辑:我们是理,西洋是气。我们追求纯善,西洋受形气奴役充满邪欲。所以,我们(理)应成为主宰,役使西洋,那么万事就会顺利运行,全世界的和平就会到来。如果西洋(气)气为主宰压迫我们,万事就会逆转,全世界将陷入混乱。他说:

> 吾儒之所事者,上帝也;西洋之所事者,天主也。今当论所谓上帝指如何,彼所谓天主之误,言之亦可,不言亦可也。吾所谓上帝者,指大极之道也。大极之道何也? 至诚生生,上帝之心也;仁义礼智,上帝之性也;爱敬宜知,上帝之情也。夫子有亲,君臣有义,夫妇有别,长幼有序,朋友有信,上帝之伦也。有德则赏,赏有厚薄;有罪则罚,罚有轻重,是皆上帝之命也,非一毫人力所得而私也,是所谓理也……中国所称圣人,伏羲神农黄帝尧舜禹汤文武周公孔孟程朱也。释氏所称圣人,释迦如来也;老氏所谓圣人,老子也。西洋所称圣人,耶稣也。……将何以辨别,而定其真伪乎哉? 曰"否"。不然有界分于此,而人自不察耳。孔子曰:"君子上达,小人下达"。按上达,谓达于道德;下达,谓达于形气也。又曰"君子喻于利"……于义理一边,深知而笃好者,君子也;于形气一边,深知而笃好者,小人也。(《华西集》卷二十五杂著《上帝与天主相反辨》)

华西接着说:

> 虽无所能,而苟有其德,则天下之善,皆归焉。虽有所能,而苟无其德,则天下之恶,皆归焉。此乃形气道德之大界分也。(同上书)

华西认为,上帝是理,天主是气。吾儒谓之圣人,是按上帝之心思考,按上帝之言说话,按上帝之意行动,边种追求道德、义理的就是君子。西洋的天主或耶稣,是只追求形气的小人,带来天下所有的恶。他说:

> 吾儒所谓事天之天,专以道理言也;洋人所谓事天之天,专以形气情欲言也。二者之不同,实分于此。(《华西集》卷二十五杂著《西洋事天与吾儒事天相反辨》)

重庵金平默的《辟邪辩证记疑》,也持相同的观点。他说:

> 圣贤之灵明,原于性命之正,……彼之灵明,一于形气之私。(《重庵别集》卷五杂著《辟邪辩证记疑》)

同时,他们也承认来自气的一技一能。

2.人兽论的斥邪论

孟子早已指出:

> 人之有道也,饱食暖衣,逸居而无教,则近于兽。(《孟子·滕文公章句上》)

正因为如此,圣人出,教人伦道德。后来儒家就把那些"无知"、"无伦"的人统称为禽兽。按此思路,只能把洋夷或天主教徒看成禽兽。我们得圣人德化,从圣人之教,遵守人道,当然就是"人";但洋夷或天主教徒,未得圣人德化,不从圣人之教,只受形气支使,满足于情欲,只能是禽兽。金平默指出:

> 今夫洋俗,不拜国王,则是不君其君也;不拜父母,则是不亲其亲也;不信鬼神,则是不祖其祖也。无君亲,无祖先,禽兽之尤者也。(《重庵别集》卷五杂著《辟邪辩证记疑》)

就是在禽兽的世界里,蚂蚁或蜜蜂还诚心诚意侍奉其王,水獭知其根本(祖先)祭祀,鸟成长后反哺老母。禽兽的世界都如此,洋夷反而不知其理。他们只知礼拜天主,眼中无君无父。受天堂地狱说眩惑,日夜热衷于祈福,丝毫不想祭祀祖上和孝亲友爱。因此,他们是禽兽中的最劣的禽兽。金平默还说:

朱子曰"夷狄是人与禽兽间一物",此至言也。盖夷狄,虽是人形,然得天地偏气而生,不知夫子君臣夫妇兄弟师友之道。日用事物,只是形气,陪奉而已。与鸟之饮啄,兽之博噬,无异。岂可以人理信之哉。(同上书)

总之,金平默在论证,在人的层次上洋夷是不可信赖的。

金子默在《御洋论》中说,我们得中国明教,"能变东夷之风,得小华之名,此则人道也。若西洋之谓教,则禽兽之道也。"(《重庵集》卷三八《御洋论》)还说:"若夫洋匪之教,则明是禽兽之道,既是其本分,不害于生殖也。人类而弃人类之道,从禽兽之教,则是犹鱼出于陆,兽入于水,其不可晷刻生活,明矣。"

省斋柳重教所论与此大同小异,他说:

至于近日,洋夷之骋怪宇内,则又夷狄之降,而为禽兽者也。淫邪之极,而鬼魅者也。……盖洋夷诸国,在昧谷以西,累万里之地,极得天地之偏气,而小慧私智,有异于诸夷者。故其所行之反常悖正,尤有甚焉者。在天地则侮辱天地,汩陈五行杂糅人鬼,三罪具焉。在人道,别天灭绝彝伦,渎乱货色,众恶备焉。其所谓学而习之者,直巫觋辈,咀咒符水之类,而杂取佛家糟粕,以缘饰之耳。

3.华夷论的斥邪论

中华和夷狄的区分,原是中国自己为显示和维持政治文化的优越性而划定的名分。

当满族在中国大陆建立清帝国,16世纪以后西洋文明大量传来时,对中华夷狄的划定提出了异议。认为不应从地理上划分,应从道德的有无来划分。用这种观点看东洋和西洋就形成了这样的区分:道德义理的所生之地、遵奉之地东洋是华;禽兽之地西洋是夷。按此逻辑,仅就东洋来说,道德义理尚存的朝鲜就是华,受西洋文物并沾染异教的中国就是夷。

斥邪论者对中国的变法非常失望,断言只有我国有道,因而连中国也被看作夷狄。

重庵金平默坚定地展开这一逻辑,说:

> 春秋之法,一事犯狄道,则以狄待之,不少假借。据此则一事犯洋俗,一言右洋人,一念向洋徒,便是一分洋人。

在长期的历史上,我们曾以中国文物为范本,崇尚中国形成的文化。如果考虑这一情况,华西派的这一逻辑不能不说是意识上的大转变。尤其在当时想学习北学,即想学习中国的一部分实学派学者的这种主张,在开化思想形成阶段,具有强有力的说服力。

(二)斗争和自靖

对儒学来说,西学是来自外部的攻击,实学是来自内部的冲击。因此,对西学,在卫正斥邪的层次上强硬对应;对实学,根据对方情况强稳两面对待。但是到了十九世纪之后,形势有了急剧变化。不管是否出于本意,西学依托帝国主义列强,起了侵略的先导作用;实学的一部分似乎成为改革势力的专利,与现实政治相联系。

从西学的立场看,主流是纯粹的传教活动,只有极少数当了帝国主义侵略的走狗,他们只不过是似是而非的传教士。但就纯粹的传教活动而言,也带来了西欧的思考方式和文明制度。总而言之,必然是为列强殖民主义者顺利侵入起了铺路作用。

从实学的立场看,自己的主张和行动出于忧国衷情,正因为忧虑民族和国家的前途才提出了各种改革理论,并为其实践而努力。但其中的一部分被西学吸收,一部分变为现实政治上的改革势力,稳健部分在儒学的框架内代表了进步的声音。到了二十世纪中期才被称为实学,这时的实学派还分为许多种类。

面临这种时代的急速转变时期,儒学只能从安于体制的长眠状态中醒悟过来。这就是上面讲到过的卫正斥邪运动。这个运动分为两类,一类是理论斗争,另一类是政治斗争。当然也有理论斗争和政治斗争并行的部类,同时也有排除政治斗争只坚持理论斗争的人。只专心于理论斗争,可称之为自靖。所谓自靖,原来指士人遇乱世时不参与政治,只专心于为己之学(自我修养的学问),但韩国末期进入日本帝国主义的殖民地时代时,远离政治隐居在野埋头搞学问的士人,在理论上也毫无例外地彻底坚持了斥邪的逻辑。如果回避这种理论斗争,可以极言那就不是研究儒学。

　　站在政治斗争前列的是华西李恒老及其门人。芦沙奇正镇也如此。他们在汉城设疏厅(为选拔上疏文起草者而设的办公室),坚持反对政府接受西欧文明。高宗十七年(1880),修信使金弘集赴日进行外交活动归来时,曾与清国驻日公使馆官员交换意见,带回参赞黄遵宪写的《私拟朝鲜策略》小册子送国君。其内容是,在略述世界的形势的同时,提出韩、中、日、美四国应联合起来反对帝俄的南下政策。这一朝鲜策略的内容,在朝鲜朝野得到广泛传播,儒林也一齐站出来反对。其结果成为导火线,全国各地的上疏斗争不断出现,发展成万人疏。其中华西门人洪在鹤(1848～1881)的斥外疏,尖锐地指山了国政的混乱,毫无忌惮地抨击了当局者的失策和无能,掀起了风波。其结果他的过激表现成了问题,被推上了刑场。洪在鹤的牺牲,给儒林带来了不可形容的愤怒和冲击,促使斗争更加激烈。

　　与此相反,也有人认为士人的上疏斗争不妥当。第一,使君父如此不安是不忠。这种主张相当普遍。认为失政,其中包括容纳西势的政策在内是个别谄媚时势的奸臣推行的,绝不是君主的失误。按这种逻辑,与君主对立并加以攻击,就是不敬。这种议论随着后来义兵活动的展开,进一步扩散开来。虽然举兵本身是为对抗外势,但君主俨然在位,其结果不是对君主的武力斗争吗? 谁都曾怀疑可能造成不敬。第二,孔子教导"不在其位,不谋其政",轻举妄动不是儒学的道理。第三,国家混乱时士人应坐下来专心修道,为现实政治得失奔波是出于当官的野心,属于卑鄙行动。

　　围绕这一理论形成最尖锐对立的是,华西李恒老门徒和任宪晦(1811~1876)的门人。正如上述,华西派已高举卫正斥邪的旗帜,站在斥外疏的前列,不断地被流放或判刑,洪在鹤甚至被判死刑。与此相反,鼓山任宪晦成为老论学统的巨儒,众望所归,得任山林尊称。他隐居在野不进入官场,专心于修己之教育,从不谈论时政。他并非不斥邪、不斥外,也就是说,他虽然在理论上强烈反对而且建立了明晰的逻辑,但就是不参与现实。他早年曾与李恒老的高弟金平默一起,在洪直弼(梅山,1776~1852)门下共同学习,但金平默拜李恒老为师后,两人之间在性理学见解和时局观、处世观上出现了明显的分歧。任宪晦主张:"士应隐居静养其身,不可卷入政争之愚。孔子曰'不在其位,不谋其政'。朱子曰'身不出,言不出'"。华西学派的代言人金平默反驳说:"随时变易,以从道。"两个人的逻辑一直平行,随着岁月流去加大了距离。金平默的主张发展成义兵活动。任宪晦的逻辑由弟子田愚(艮斋 1841~1922)继承,深化为自靖。

五　结　论

　　韩国近代儒学,在思想上有这样几个特征:第一,作为核心的性理学,分主理和主气、唯理和唯气及人物性同论和性异论,还有折衷论,学者增多,理论在深化。第二,十九世纪曾被利用为政治斗争工具的礼学,开始形成体系。第三,随着党争的加深,学派和师承关系比学问上的所信显得更为重要。第四,逐渐理解西欧哲学,可感知它的影响。

　　可是王朝已出现夕阳西下的征候,政治混乱日益加剧,生民在贫穷中挣扎。

20世纪儒学研究大系

被称为西学的天主教,借混乱和贫穷之机,像燎原之火向民间扩散,受西欧文明影响的一部分知识分子,以西洋为样板提出了经济改革方案,并为其实践高呼庶政改革。

从儒学看,西学崇拜妄自尊大的唯一神,是以荒诞的天堂地狱说惑世诬民的夷狄之道。所谓的西洋科学,虽有新奇的一面,但带有违背先王之道的倾向。因而断言,受便利和合理的迷惑,危害人的本然善性。他们深刻地认识到西学是西欧外势的走狗,产生了应在维护体制和保卫国家安全层次上,阻挡西欧渗透的强烈使命感。在这种激昂的气氛下,与儒学本来的排斥异端结合发展成激烈的斥邪、斥外运动。在初期曾援引传统的排斥异端做理论根据,到了十九世纪逐渐形成体系使理论不断加深。李恒老及其门人、任宪晦及其学派奇正镇等人的卫正斥邪论,为此作出了贡献。

实学给胚胎于儒学自身的改革意识增添了说服力,引起学术界的重视,给政治界带来清新之风。但是保守派的大部分人士,墨守传统,不想承认这一新风,甚至以恐惧和怀疑的心理白眼相待。从纯粹的儒学看,实学的思想与"适时宜,随时变通"思想相一致。但是担心丧失既得权利的阶层和盲目的传统墨守主义者没有接受的雅量。其结果,把高呼改革的声音,称之为实学。

进入国难时期后,根据其相对应的态势,儒学明确地分为现实参与派和自靖派,他们对外势和外来宗教进行理论斗争和保持排斥态势上是相同的,但是在参与现实斗争和确立理论上的姿态有区别。参与现实斗争在国权丧失后形成义兵活动和义兵斗争,确立理论的斗争发展为非暴力抵抗和教育活动。

（选自崔根德著《韩国儒学思想
研究》,学苑出版社1998年版）

　　本文重点叙述了性理学发展的脉络和矛盾,指出了性理学发展过程中的一般特征:以程朱学为中心的学风、主体性研究的深化、向礼学的发展、理尊气卑的倾向、人本主义的宏扬、重视名分的思潮。崔根德强调,韩国近代儒学,在思想上有这样几个特征,第一,作为核心的性理学,分主理和主气、唯理和唯气及人物性同论和性异论,还有折衷论,学者在增多,理论在深化。第二,十九世纪曾被利用为政治斗争工具的礼学,开始形成体系。第三,随着党争的加深,学派和师承关系比学问上的所信显得更为重要。第四,逐渐理解西欧哲学,可感知它的影响。

栗谷的社会思想及经世论

崔根德

一　生平及时代背景

简而言之,所谓社会思想无非是一个人对社会抱有的想法,经世论则是对经世济民的议论,即政治思想。所以要论及一个人的社会思想及经世论,就不能离开他的生平及时代状况和社会现实。因为思想本身就是时代的产物。为了了解栗谷的社会思想和经世论,让我们先看看他的生平及时代状况。

栗谷生于朝鲜朝中宗三十一年(丙申,1536),卒于宣祖十七年(甲申,1584),享年49岁。他生活的年代为朝鲜朝开国后约150至200年间(朝鲜开国之年为1392年)。

史学家认为朝鲜朝自开国后,经过一百多年的创业期,到了第九代成宗(1470年即位)年间方始确立统治体系,在安定平和中进入了守成期。正如通常的国家一样,在完成统治体制后总要孕育矛盾及逆功能。尤其是朝鲜朝,在一派持久的歌舞升平中酝酿了上层统治阶级中的新旧冲突,及至第十代王燕君当朝时,这些问题已相当明显化了。开国以来培养的人才到此时相继涌现出来。成宗作为好学的君王,将儒学奉为治国要道,大胆地擢用了一批新进士,还致力于学术文化的振兴,令文臣编撰法典及《东国通鉴》、《东文选》、《五礼仪》等许多典籍。尽管文运如此兴盛,却在政治上出现停滞和矛盾的萌芽,享乐及颓废之风悄然蔓延全社会,终于导致了燕山君的失德、失政。

燕山君执政期间,接连发生了两起士祸。士祸顾名思义就是士林遭受的惨祸。以儒学思想及汉文学自成一家的儒士们,俨然成为中央政界及地方学术界的一股大势力,自然地成为勋戚及官僚层的对立面。因为有限的官位与层出不穷的人才之间的矛盾,熟悉经济民理论的儒士们治国平天下的野心在膨胀。特别是那些未能跻身中央政界的儒士们,在野专心研究学问,时而议论时政之得失,提出尖锐的意见。与带有进步倾向的新进士林相反,世禄之臣或自诩为阀阅戚臣的勋旧派,不能不带有保守的倾向。就这样,士林同勋旧派就非常自然地出现对立,随着矛盾的逐渐激化,两派便相互指责起来。士林指责勋旧派为垄断政治的贪婪的小人俗辈,勋旧派则把士林视为只会高谈阔论的轻薄的危险分子。

从成宗朝开始酝酿的两派之间的对立,到了燕山君四年(戊午,1498)终于发生了总爆发,因是在编撰史书过程中产生的惨祸,故称"史祸"。在此戊午史祸中,追随岭南士林之宗匠金宗直的许多儒士,或被害死,或被发配、杖刺,备受其祸。接着,燕山君十年(甲子,1504)以母妃尹氏废死为导火线引发了甲子士祸,金宏弼、尹弼商等多人惨遭处死之祸。

燕山君因暴政终于自招灭亡,中宗依仗朝臣的反正登上了王位。中宗在位达39年,其间也曾发动己卯士祸(1519),赐死赵光祖、金净、奇遵、金湜、韩忠等许多儒臣,还罢黜标榜儒学至治主义的金安国、金正国兄弟等士人。此后,仁宗仅在位八个月即升天,明宗即位,发生乙巳士祸(1545年),尹任、柳灌、柳仁淑、李辉、罗淑等惨遭死刑。

四位国王在位五十多年间,竟发生四次大狱,朝臣士林中无数

人惨遭其祸,或死或贬,或被发配,或被放逐乡里。其间,对立不断
激化,恩怨不断加深。以血还血的对立和以仇还仇的关系逐渐深
化为学缘、血缘,终于结成朋党,引发了党争。

栗谷恰恰生活在这样激荡的时代。在他出生前十六年,爆发
了惨酷之极的己卯士祸,令他崇仰不已的静庵赵光祖被赐死。10
岁时又发生震惊世界的乙巳士祸。栗谷初登朝廷是在明宗十九年
(甲子,1564),时年29岁。以明经科状元及第,一跃被授予户曹佐
郎。初仕就定为正六品。可称得上是优遇。也许是因为他是明经
科状元的缘故。翌年,成为司谏院正言,随后历任吏曹经郎等要职
和司宪府持平、弘文馆校理等闲职,开始活跃在士宦路上。

栗谷对士祸最初进言是在34岁那年,是他踏上宦路的第五
年。当然,这以前他也曾吐露所怀,并和同事一道上疏,议论时务
三事,但面对君王,与老大臣领议政,理直气壮地讨论,当以此次
为第一次。前两年,明宗殁,无后嗣,宣祖以16岁弱冠之年入承
大统。宣祖三年九月,栗谷撰写出《东湖问答》。此后,在某一日
的经筵上同领议政李浚庆发生了争议。现摘引《年谱》的记载如
下。

> 一日于经筵上语乙巳事(乙巳士祸)李相浚庆启曰:"卫社
> 之时,善士或有坐死者。"先生(栗谷)曰:"大臣之言,何可含糊
> 不明乎。卫社是伪勋也,当其得罪者,皆善士也。仁庙礼陟,
> 中庙嫡子,只有明庙而已。天命人心岂归于他人哉?而奸凶
> 乃敢贪天之功,斩伐士林,以录伪功,神人之愤久矣。今当圣
> 上新政之初,当削伪勋正名,以定国是,不可缓也。"李浚庆道:
> "此言则虽是矣,但先朝之事不可猝改。"先生曰:"不然,明庙
> 幼冲,虽未免奸凶之欺蔽,今则在天之灵,洞照其奸矣。虽曰
> 先朝之事,岂可不改乎?"(《栗谷全书》卷三十三附录一,乙巳
> 三年九月,《请削卫社伪勋以定国是条》)

　　乙巳士祸时,以除去士林之功(名分上是对明宗即位有功),封李芑、林百龄、郑顺朋、许磁和尹元衡等 29 人卫社功臣,而他们之所谓的功勋不过是伪功劳,应全部予以剥夺,这就是栗谷的主张。在君王面前,栗谷义正辞严地痛斥领相李浚庆暧昧模糊的态度。

　　尽管经历了四大士祸之打击,但这时的朝廷士类已恢复生气,多有官居要职者,当然得力于新政的气运,但这时李浚庆、李滉、许晔、朴淳、柳成龙、金诚一、禹性传、郑述、金宇颙、崔永庆、尹斗寿、尹根寿、宗翼弼、郑澈、赵宪以及栗谷等一代儒贤如繁星般进出官路,他们相互提携支持也是一大原因。

　　可是,正如上述,因四大士祸的余波,按学缘、血缘和地缘等系谱,已结成了根深蒂固的朋党,士林内部也萌发着种种对立和冲突。李浚庆作为元老儒臣领相深谙此等内情,欲从中调停,图谋和解,不料反遭误会,终于调任领中枢府事。宣祖五年(1572),李浚庆临终时,呈上《遗札四条》,其中这样说:"今人高谈大言,结为朋比,终必为国家难拔之患。"(李建昌著《党议通略·宣祖朝》)驳斥此《遗札》之内容者又是栗谷。"朝廷安有朋党,人之将死其言善,浚庆之死其言恶。"栗谷并非不知隐藏着的分裂和对立,但他相信这种对立早晚会被朝廷确立的纲纪和儒者的良知所解除,却也担心如果把这种事情表面化,必将导致其公开化的结果。

　　但是,李浚庆的预测与栗谷的担心不幸而言中,终于形成东西朋党,出现泥田斗狗之丑恶相。这时候的栗谷早已成为山林领袖,受众人推崇,他为调解党争煞费苦心。由于东西两党间猜疑、妒嫉、谋略太为严重,难以分清是非,调解便难上加难了。作为其调解之策,栗谷曾提出把纠纷的当事人沈义谦、金孝元放为外职的方案,也曾插手两派论争之中谋求使其缓解,但都收效甚微。《党议通略》记载道:"珥中立无所偏倚。或讥珥,天下安有两是两非? 珥曰,武王夷齐两是也,春秋之战两非也。"(同上书)于是他叹曰:"苟

有公眼人,久久观我所为,必能明我心。"(同上书)事实证明,中立
是不可能的。因其门人或友人中多为西人,他也被视为西人,因而
不时受到东人指责。使他身不由己地陷入党争之中,失望之余,数
次弃官回家。可是又不能有负国王之优遇及众人之期望,又历任
司谏院大司谏(宣祖七年,1574,39 岁)、司宪府大司宪(宣祖十四
年,1581,46 岁)、户曹判书、大提学以及吏曹判书(宣祖十五年,
1582,47 岁)、兵曹判书等要职,为抑制党争及政治的醇化而努力,
终于宣祖十七年(甲申,1584)以 49 岁的年纪与世长辞。

栗谷通过其暂短的一生,发明了圣学,证明了性理学,留下畅
达至治的学问和业绩,还顺应时代要求不断提出经世济民的方策。

如上所述,他所处的时代是不断涌现俊才、议论繁盛之时代,
同时也是甲论乙驳、党争之火燃起的开始。尽管持续了二百年的
歌舞升平进入成熟期,一方面学术文化在一味地讴歌太平盛世,但
另一方面上层统治阶级及士林知识分子为政治斗争奔忙。随着政
治的紊乱及纲纪的解弛,土地制度遭到破坏,税法赋役失去公平,
国家经济摇摇欲坠。加上长久的和平导致文弱,疆域以外的北胡
南倭虎视眈眈,无不磨刀霍霍。

栗谷对自己所处的时代状况有清楚的认识,正因为如此,他为
下一代制定了教授法与教材,为每个洞和里制定了公约,努力培养
自治能力;还为治民者确立了纲纪,提出了具体的德目。为重建已
走向衰败的经济,每当上疏时务之策,栗谷都要提出其要诀,竭力
唤起君王的关心;还为了建立自主的国防,极力主张"养兵十万"。
可是他如此渴盼的公眼人终究未见出现,随着生涯的终结,他的一
切都以无所作为而告终。他去世后八年,果然有南倭大肆入侵,国
家土崩瓦解,生民成为鱼肉。再过五十多年,又因北胡入侵,百姓
再一次惨遭涂炭。

二 社会思想

通常都称栗谷为天才型的人物。《党议通略》也称"儒臣李珥，以道学才猷领袖山林，上甚尊宠之。"（同上书）凡有栗谷的记载，几乎皆称之为"才操"者。据说他曾九度状元金榜题名，29 岁那年考取明经科，当唱榜毕游街时，街头小儿簇拥着他呼"九度状元公"。（《栗谷全书》卷三十三附录《年谱》甲子年条）他小时候即被誉为神童。学话时就开始认字，其 8 岁时所吟《化石亭》诗，以其逼真的诗意，开阔的想象以及犹如一幅东方画般的写实性而脍炙人口，流传至今。他是具有非凡才操的俊杰。

《年谱》告诉我们，栗谷不仅有诗才、学问出众，对人、对社会的意识也是非常早熟。栗谷 5 岁时，母亲病危。家人一时不知所措，只见栗谷小小年纪却走进祠堂，静静地祈祷。人们见状大吃一惊，轻轻地把他抱了出来。也是那一年，有一天突降暴雨，门前小溪泛滥起来，淹没了小石桥。这时，恰有一个人过河，只见那人用脚探找小石桥，晃晃悠悠几乎摔倒，情况非常危险。这时有许多人在围观，他们鼓掌嘲笑那人的窘态，只有小栗谷抱着柱子，一直为那人担心，直到那人安然过河，才长出了一口气。（参照上书庚子年条）孩提时代显露出来的这种敏感的社会意识，长大成人后当然是更加充实，更加成熟了。他 19 岁时曾入金刚山修佛教，这当是为了更好地观察人生和社会。他对兄弟及姻娅戚党也格外笃厚友爱，每当任外职时，就大力推行乡约，在朝廷一有机会就陈述时弊与救济策，这是一脉相承的栗谷社会意识之表露。

如上所述，栗谷生活的时代外观上虽是和平的年代，可内里却是积弊成灾满目疮痍的时代。那末，生活在这种时代，使他萌发这种社会意识的社会思想到底是什么样的呢？大体上可以概括为以下三点：

1. 社会在不断变动，而其主体是人。

栗谷称："伏以天下之事，不进则退；国家之势，不治则乱。进退治乱，固有其数，而其所以进退治乱者，实由于人。故人君当审治乱之机，勉其所以治，去其所以乱，期于必治而后已，不可安于少成，局于常规，悠悠泛泛，任其成败而已也。"（《栗谷全书》卷三《谏院陈时事疏》）

毋庸讳言，这种变易的思想来源于《易经》。《易经》称："变化者，进退之象也。"（《易经·系辞上传》）儒学也以变易的观点把握宇宙万象及人事百般。宇宙这个词本身就是空间与时间的合成。宇为上下四方（空间），宙则是往来古今（时间）。孔子在川上曰："逝者如斯夫，不舍昼夜。"（《论语·子罕》）孟子则说："天下之生久矣，一治一乱。"（《孟子·滕文公章句下》）以此证明时世在不断更替。从这种观点出发，栗谷将自己生活的社会看成属于"一乱"的时代。

自古立国既久，则法制渐弊，人心解弛，必有贤主作焉。修举废坠，改纪其政，然后国势复振，其命维新矣。不然则因循颓堕，以至于不可匡救，其状不难见矣。我朝立国几二百年，此是中衰之日，而多有权奸浊乱之祸。至于今日，如老人元气垂尽，不可复振，而幸有圣上出焉，此是将治将乱之机也。（《栗谷全书》卷三十《经筵日记》三今上十四年七月条）

根据将一个国家之历史的变动阶段视为创业、守成及更张的观点，他主张他所处的时代应实现更张，而更张须靠贤明的人君及明哲之大臣同心协力才能促成。（同上，卷二十五《圣学辑要》《为政》第四《识时务章》第四）这一点与他的主气论的性理学立场是相通的。他认为一个社会变易的主体是人，运势之流动也要乘人的活动这个势。在性理学上他主张理静、不能自发，只有气动理才能乘。这就是"气发而理乘之"。他在论及社会变易时，总是关注作为其主体的人之贤否,他持这种观点并非偶然。

2.制度应随社会的变动改革,法应时宜适当运用。

在栗谷看来,"时宜"就是随时变通也就是"随时变化"之意。栗谷如是说:"夫所谓时宜,随时变通,设法救民之谓也。程子论易曰,'知时识势,学易之大方也'。又曰,'随时变易,乃常道也'。盖法因时制,时变则法不同。"(《栗谷全书》卷五《万言封事》)因此说,政贵知时。法之所以不得不因时而变,固然是因为社会在不断变化,也是因为法久必生弊。也就是说它的逆功能会发生作用。《万言封事》还有下面一段文字:

> 群策无救发之实者,何谓也? 法久弊生,害归于民,设策矫弊,所以利民也。

这是说,随着社会的变化,法久弊生是必然之势,因此一定要动员群策,矫正弊端。《圣学辑要》也有同一脉络的主张:

> 所谓更张者,盛极中微,法久弊生,狃安因陋,百度废弛,日谬月误,将无以为国。则明君哲辅,慨然兴作,扶举纲维,唤醒昏惰,洗涤旧习,矫革宿弊,善继先王之遗志,焕新一代之规模,然后功光前烈,业垂后裔矣。(《栗谷全书》卷二十五《圣学辑要》上为政第四《识时务章》第四)

无论制度的改革或是法的运用,其主体只能是人。因为,栗谷大力主张应有贤明的君王和领导者。在专制君主时代,只有贤明的君主还不够,还要有贤明的大臣辅佐。栗谷作了这样的比喻:

> 譬如子孙,守先人之旧宅,年深材故,腐朽将颓,而非遇工师,不能修改,主厥家者,将不远千里,急求工师乎? 抑诿以不得工师,坐而视其倾圮乎? (同上书)

在他看来,改革旧习也与此相同。大凡人们沉浸入惰性之中,只安于旧制度,耽于眼前的无事安逸,而这往往会招致奇祸。他主张:"今日革一弊,明日又革一弊,要以至诚救民为务,以积弊尽革为

期。"(同上书卷三《陈弭灾五策札》)

3. 社会发展要通过社会正义与经济富强的和谐来实现。

纵观朝鲜朝500年,因大力提倡义理精神,过于强调尊重道学,因此重义轻财思想蔚成风潮,朝野上下普遍持有安贫的倾向。这当是盲目接受孔子的安贫乐道和孟子的重义轻利思想之故。孔子的安贫思想沉淀着排斥不义之富贵的意图,孟子的重义也旨在唤醒急于趋利而不惜杀人争夺的战国时代的人。孔子也好,孟子也好,均未留下赞美贫穷或只推崇仁义的言行,反而提倡均和论或恒心恒产论,强调发展经济的必要性,主张和谐的分配所得以及合理确保基本财产等等。

栗谷在这方面也有颇有说服力的远见卓识。他明确而直截了当地阐明了在社会发展中如何调节是非和利害,得中合宜应以什么为标准,揭示了社会正义之实虚和物质财富的地位。

> 窃谓道之不可并者,是与非也。事之不可俱者,利与害也。徒以利害为急,而不顾是非之所在,则乖于制事之义,徒以是非为意,而不究利害之所在,则乖于应变之权。然而权无定规,得中为贵,义无常制,合宜为贵。得中而合宜,则是与利在其中矣。苟可以便于国,利于民,则皆可为之事也。苟不能安其国,保其民,则皆不可为之事也。君子岂有难断之事乎?其或有事于此,是非不明,利害难辨,而疑于取拾,则亦在乎审其轻重缓急而已。重且急,则所当取者也,轻且缓,则所当舍者也。苟非达乎时措之宜者,乌能兴于此乎?(同上书《拾遗》卷五,杂著二,《时弊七条策》)

社会发展这个问题,在精神的层次上有正义(是)与不义(非),在物质的层次上有利益(利)与不利(害)。社会发展会有追求"理想"这一志向点,正义便是使这一志向点得以实现的行为标准,不义则是对此的反动,起反作用。两者不可并行是毫无疑问的。假如从物质上解释利害,即有利益与无利益的话,事实上这就是我们在日常行动中遇到的"事实"的两个方面。社会发展也同个人一样,现实要求在两个相互冲突的事象中选择。

栗谷如是说:假如只认为日常的利害、物质的利害是当务之急,不分是非即不分正义与非正义的话,这种裁断有悖于义理,也就是说它将导致价值观的混乱。所谓"制事之义"就是价值观之所在,也是最有价值的地方。与此相反,假如凡事都首先论正义和不义,一点不讲利与不利,这样就有悖于应变之权。面临事变,应有随机应变的智慧,如果没有这种柔软性,社会只能僵化。这里的"权"就是权衡,是指"随机应变"的通融。由于是权衡,所以没有事先预定的一定标准,但肯定是最善之处。

从价值观来说,最有价值的事情是合宜之事,随机应变时的最善之处就是得中之处。因此,社会发展中最可取的就是走"得中而合宜"之路,做到了这一点,自然而然就既体现了正义,又能得到利益。借用现代的解释,可以说是精神文明与物质文明的和谐发展。只有以健全的精神为基础,催开物质文明之花,才可以称为理想社会。

三 经 世 论

从《栗谷全书》收录的疏札、启、议、书或杂著,抽出经世论部分,可分为以下四个方面。当然,这些议论或主张的根底中沉淀着他们所生活的时代状况或其所持的社会思想。

1. 政治要知时宜,当事要务实功。

正如在社会思想一节中提到的,栗谷认为社会在不断变动。其主体是人,领导一个时代的指导者应以得中合宜为目标。因为,制度要随变化着的社会而变化,制度的运用也要时宜适当。因此说,为政的第一个条件是知时,政治家的必须条件是诚实性。栗谷说:"政贵知时,事要务实。为政而不知时宜,当事而不务实功,虽圣贤遇,治效不成矣。"(《栗谷全书》卷五疏札《万言封事》)这里所称的时宜就是"随时变通,设法救民之谓也"(同上书)。要拯救苦难之中的百姓,就要制定可依靠的法,制定法时不仅要参考沿用至今的法,而且要正确把握面临的实情,还要体现国家发展之意志。这里所说的法,不仅仅意味着法律,而且包括整个文化在内的制度。

同时,为政首先要有诚实性,有了诚实才能取得效果。栗谷在这一节强调的"实"有"果实"之意,就是做事时尽诚实是"果实",诚实地做事取得的效果也是"果实"。栗谷对实功作了这样的解释:"所谓实功者,做事有诚,不务空言之谓也。"(同上书)他还引用子思的"不诚无物",孟子的"至诚,未有不动者也",然后反问道:"真正有实功,焉能无实效乎?"只要播下精心之果,就能获得可观的果实。

正如在上面所说,栗谷认为自己所处的时代是面临更张的时代,并断言如不变通,就无法振兴国家。

> 我国祖宗,立法之初,固极周详,而年垂二百,时变事易,不无弊端,犹可变通。况后日谬规,汲汲改革,当如救焚拯溺者乎。(同上书)

可是,纵然知时宜而加以变通,若无实功便无治效。因此,栗谷向宣祖进言道:

> 今之治效靡臻,由无实功而所可忧者有七:上下无交孚之实,一可忧也;臣邻无任事之实,二可忧也;经筵无成就之实,三可忧也;招贤无收用之实,四可忧也;遇灾无应天之实,五可忧也;群策无救民之实,六可忧也;人心无向善之实,七可忧也。(同上书)

尽管可忧之事累累,但朝廷依然袖手旁观,漠不关心。就算经筵上时而议论,也只是即兴的临时方便。

栗谷终于向国王建议,新设经济司,这是宣祖十四年十月的事,栗谷时年46岁。

那日,风雨大作,昼如黑夜,雷电甚于夏日。国王大惊,聚集入侍的大臣,垂询对策,刚被任命为户曹判书的栗谷,就畅所欲言,向国王进言,"我朝立国几二百年,此是中衰之日,而多有权奸浊乱之祸,至于今日,如老人元气垂尽,不可复振"。"今者大小臣僚,皆自私其身,悠悠泛泛,无一留意于奉公者"。"至于革弊一事,凡经筵官所启初,非熟计深思而建白也。偶然陈述,虽或采施,终无实效。故自上益知,无人可与为治者,此固然矣。臣有妄计,请令大臣商议,设一经济司,使大臣领之,而择士类晓达时务留心国事者,与其选。凡有建白之言,皆下其司,商议定夺,以革弊政,则天心庶可回矣。今设使孔孟在左右,若无所施设,则何益之有。经济司之设,于闻见似若生疏,但如不是,则国事无可为,而渐至于卑下矣。"(见《上揭书》卷三十《经筵日记》三,十月条)

其要点是,经济司应:①以大臣级为首长;②选用士类中明时务,对国事应特别经纶者为成员;③其机能为搜集一切有关国策的建议,经充分讨论后用于主导改革。

可是,宣祖最终也没有采纳他的建议。大臣中亦无积极赞同者,有人甚至当面驳斥说:"儒生之弊,不读书尚空谈也。"

栗谷因为懂时宜,多次力主求实功,但终未被采纳。有人说,后日实学的兴起是由他开始的,这并非偶然。

2. 正人必先正己。

修己安人或修齐治平,都是儒家统治哲学之基本条件。栗谷在《万言封事》中谈到修己安人之纲目时说:

修己为纲者,其目有四:一曰奋圣志,期回三代之盛;二曰勉圣学,克尽诚正之功;三曰去偏私,以恢至公之量;四曰亲贤士,以资启沃之益。安民为纲者,其目有五:一曰开诚心,以得群下之情;二曰改贡案,以除暴敛之害;三曰崇节俭,以革奢侈之风;四曰变选上,以救公贱之苦;五曰改军政,以固内外之防。(同上书卷五疏札三《万言封事》)

他还向国王忠告:

> 夫所谓志大才疏,以败事绩者,不务修己,妄举难行之政,不度强弱,妄挑难御之敌之谓也。若其修己有实功,安民有实心,则可以求贤而其治,可以革弊而救时,此岂志大败事者乎?

(同上书)

3. 为政应以公论为本,并以此进行改革。

栗谷解释公论为"人心之所同然者",以为集公论即为国是。这同现代的概念并无差异,只是把国是看成"全体国民都以为正确的东西"。

> 国是之定,尤不可以口舌争也。人心之所同然者,谓之公论。公论之所在,谓之国是。国是者,一国之人,不谋而同是者也。非诱以利,非怵以威,而三尺童子,亦知其是者,此乃国是也。(同上书卷七疏札五《辞大司谏兼冻洗涤东西疏》)

由于"公论之发,出于国人",(同上书卷四疏札二《玉堂论乙巳伪勋札》)因此公论即为国家之元气。公论收敛,反映于政治,国家就能和平,顺利发展;公论纷嚷于街市,只能造成国家的混乱。最可怕的是没有公论,那样国家只能灭亡。为什么呢?那是因为为政者承受不了公论,厌恶公论,为防国民之口实行镇压,使得公论隐藏于地下之故,这样的国家没有不灭亡的。且看栗谷怎么说:

> 公论者有国之元气也,公论在于朝廷,则其国治;公论在于间巷,则其国乱。若上下俱无公论,则其国亡。何则?在上者不能主公论,而恶公论之在下者,防之口而治其罪,则其国

未有不亡者也。(同上书卷七疏札五《代白参赞仁杰疏》)

上面已经提到,栗谷将自己所处的时代看作是更张的时代,他在《玉堂陈时弊疏》中警告说:"百度废坏,邦本殄瘁,今若因循姑息,玩岁愒月,则国事日非,将不可为矣。"力主起用主持公论的士林在朝廷任职,以便根据公论,改革政治。(同上书卷三疏札一《玉堂陈时弊疏》)

4. 养民与教民并行。

孔子到卫国时曾大发感慨:"庶矣哉!"替他赶车的冉有问:"既庶矣,又何加焉?"曰:"富之。"又问:"既富矣,又何加焉?"曰:"教之。"(《论语·子路》)养民,即在经济上富裕之后,要教民。栗谷在《圣学辑要·明教章》中对这一问题作了这样的论述:

> 或问此则然矣,若心待人君躬行先致富庶,然后乃可设教,则躬行无日,当庶无期,无乃终无设教之日乎? 答曰:人君苟不知躬行,不务养民,则是坐而待亡,无策可救矣。尚何古教之可设乎? 若又必待人君成德,斯民富庶,然后乃欲设教,则此亦执一之论也。惟是人君,方立躬行之志,方发施仁之政,而渐次设教,则养与教,可以并行而相成矣。(《栗谷全书》卷二十五《圣学辑要·明教章第九》)

栗谷深刻了解当时的经济疲弊,于是在《安民章》中又力说养民之迫切性:

> 君依于国,国依于民。王者以民为天,民以食为天。民失所天,则国失所依,此不易之理也。

以此为前提,他继续说:

> 饥寒切身,礼义都丧,其视君上,如豺虎寇仇。而为君者,方且易而侮之,以为莫敢谁何。祸胎伏于冥冥之中,而不知为戒,一朝变起,虑外患生,所忽匹夫匹妇,皆为勍敌,然后虽欲悔之,已无及矣。(同上书《安民章》第八)

　　这是说,对于应先抓经济成长还是教育先行这个问题,还是应视时宜而定,当然并行是最理想的。

四　结　　论

　　毋庸置疑,栗谷的社会思想及经世论均来自儒学思想。可是,栗谷并不是拘泥于儒学理论框框的迂儒,而是拥有深厚的学问蕴蓄,对时代有敏锐的洞察力。他是一位有进取心的学者、经世家。从栗谷留下的论文和言论中可看出以下几点:①他通晓包括孔孟在内的所有儒学理论;②对此作了主体性的证明;③能用锐利的洞察力诊断自己所处的时代;④提出果断的处方;⑤时刻以面向未来的慧眼,表示坚定的改革意志。

　　栗谷将自己所处的时代视为更张期,指出无数的积弊,恳求君王及政府当权者自省和革新,可是最终未被采纳。不仅如此,他还身不由己地陷入开始形成的朋党的漩涡,没能避免悲惨命运。栗谷在经筵上提出的"养兵十万论"以及设经济司等建议,无疑是真知灼见。另外,辞去大司谏时呈上的《洗涤东西疏》等奏文有可能成为解除东西朋党的契机,但最终成为徒劳。假如栗谷的这种卓见和努力取得成果,在他去世八年后发生的壬辰之乱也许能避免。也许还能预防危害国家此后三百年的四色党争。

　　可以确认,即使是用现代的眼光来看,栗谷的社会思想及经世论,也是有许多可取之处的。

(选自崔根德著《韩国儒学思想
研究》,学苑出版社1998年版)

　　本文通过考察栗谷的生平时代,指出栗谷通过其短暂的一生,发明了圣学,证明了性理学,留下畅达至治的学问和业绩,还顺应时代要求不断提出经世济民的方案。作者将栗谷的经世论概括为几点:政治要知时宜,当事要务实功;正人必先正己;为政应以公论为本,并以此进行改革;养民与教民并行。崔根德强调,栗谷的社会思想与经世论均来自儒学思想,但是栗谷并非拘泥于儒学理论框框的迂儒,而是拥有深厚的学问蕴蓄,对时代有敏锐的洞察力。作者还对栗谷的特点作了独到论断:他通晓包括孔孟在内的所有儒学理论;对此作了主体性的证明;能用锐利的洞察力诊断自己所处的时代;提出果断的处方;时刻以面向未来的慧眼,表示坚定的改革意志。即使用现代的眼光来看,栗谷的社会思想及经世论,也是有许多可取之处的。

朴殷植的哲学思想

慎镛厦

一、 朴殷植哲学思想形成的背景

不屈的独立运动战士白岩朴殷植（1859—1925），是韩国近代史上具有代表性的爱国启蒙思想家及近代国史学的创立者。他的思想与同期的其他爱国启蒙思想家的不同之处，就在于他以阳明学为基础，主张"儒教求新"，并倡导"大同思想"。朴殷植在推广、普及自己观点的过程中，创立了韩国哲学史上具有研究价值的一种独立的哲学思想。

朴殷植青年时代做学问的经历，大致上可以分为三个阶段。

朴殷植17岁时在作私塾老师的父亲的影响下，接受了纯粹的正统派朱子学的教育，这段时期可以认为是他治学生涯的开端，也就是第一阶段。这段时期里，他笃信朱子学，每天早晨起来都向挂在自己房里的朱子像施礼，这一举动足见他醉心于朱子学的程度。这时正是他初涉学问研究的青少年时期，因此，他所接受的朱子学的教育对他产生了深远的影响。他开始作为正统派朱子学徒接受了相应的教育与训练，同时，作为一个性理学徒，他开始确定自己的研究方向。

朴殷植治学经历的第二阶段是他22岁（1880年）时，对茶山丁若镛实学思想的初步研究。那时，朴殷植拜访住在京畿道广州斗陵的丁若镛之弟子申耆永和丁观燮,向他们了解丁若镛所述的从政治与法律方面治理世事的学问。他24岁时,在京城亲眼目睹了壬午兵乱的经过,决心实现"治理国家,拯救百姓"的志向。他针对当时的时政,上书朝廷,力陈自己的主张,但因未被采纳而以失败告终。这件事正发生在他研究丁若镛治理世事学说之后,残酷的事实使他大失所望,于是他便回到家乡,一边安贫乐道地过着俭朴的生活,一边潜心研究学问。虽说他对茶山实学的研究中是蜻蜓点水,而且研究过程中遇到过挫折,但在当时社会条件不断变化的情况下,对于性理学徒朴殷植来说,对实学的研究使得在他的思想体系中,萌发了批判朱子学的幼芽。

　　第三阶段是他从24岁开始,在云庵朴文一的门下,正式深入系统地研究性理学的时期。在此期间,他还向朴文一的兄弟诚庵朴文五求教朱子学。朴文一是李朝末期"卫正斥邪派"的领导者华山李恒老的弟子。在1910年朝鲜完全沦为日本殖民地之前,朝廷曾为奎章阁成立后所涌现出的一批怀才不遇、壮志未酬的学者最后一次追封了"奎章阁提学"称号,朴文一便是那时与朴趾源、丁若镛、郑镰、成悌元、成运、安敏学、苏辉冕、金平默、徐起,俞莘焕等十一人一同被追封为"奎章阁提学"的一位著名学者。

　　朴殷植接受了朴文一的教导,并受到了很大的触动。回到家乡后,他在自己潜心研究性理学的同时,还召集学生,向他们传授这一学说。30岁时,他的性理学研究便已达到了很高境界。作为性理学者的朴殷植在西北地区乃至中央都已闻名遐迩。在黄海道和平安道,人们都称朴殷植为继17世纪关西地区名儒遁庵鲜于浃后的第一人,对他的儒学研究广为称颂。如果后来朴殷植不转向"开化自强派",而终生作"卫正斥邪派"的儒学者的话,那么,"因其声望聚集而来的儒学者必将独占一方"。

　　据朴殷植自己回顾,他是在40岁时对性理学及卫正斥邪思想产生怀疑,并开始关心新学问、新知识,同时开始认识到开化的重要性的。身为卫正斥邪派学者的朴殷植,经历了1890年的"东学运动"和"甲午革新",认识到单凭性理学并不能解决那一时期的民族问题和社会问题。他从1898年初春,也就是他40岁起,深受由独立协会倡导并已全面展开的"自主民权自强运动"的影响,开始了由"卫正斥邪派"性理学者向"开化自强派"思想家的转变。

到那时为止,朴殷植的全部学术研究都是以性理学为基础的,所以,这一转变也就意味着他要否定自己从前一直研究的所有学问。

朴殷植于1898年加入独立协会,成为协会会员。是年11月,在万民共同会中任文教部长。南宫檍、柳瑾、罗寿渊等创办独立协会的又一机关刊物《皇城新闻》后,朴殷植和张志渊一起成为该刊物的评论记者。这一时期,他虽苦心研究由中国传入的新书,提出以实行新教育为主的开化自强的主张,但并未撰写论文对儒教进行全面的批判。《谦谷文稿》和《学观新论》是他这一时期的著作。

1905年11月丧权辱国的《乙巳条约》的签订使朴殷植受到强烈的震撼。同时,也使他进一步转变为要求变法和开化自强的思想家。他对韩民族国权丧失的原因进行了深刻的反省,沉痛地意识到被动挨打的根源在于未能及早地培养挫败日本帝国主义侵略者嚣张气焰的力量。他并没有陷于失望之中,而是号召全民族从现在做起,奋发向上,励精图治,努力增强国家实力,在力讨国权的长期斗争中争取最后的胜利,从而赢得国家的独立。

朴殷植在这样的思想基础上,开始对自己的学术研究中早已根深蒂固的旧学问进行深入的批判,辛辣地抨击卫正斥邪思想,严励地批评笃信儒道的学者,极力主张只有吸收新学问才能解救处于危难之中的祖国。

他认为他一生挚爱的儒教不应当是站在帝王们的立场,无视民众的朱子学,主张用言简意赅的阳明学对其进行改革,使这与新时代的文化相适应,同时他还试图调动儒教文化中的积极因素,积极地投入到恢复国权的运动中去。

在这一时期,朴殷植通过研读中国清代学者梁启超宣传西欧思想的《饮冰室文集》及其他新书,积极地接受社会进化论启蒙思想及科学思想,对以李朝的丁若镛朴趾源为代表的实学者给予了高度评价,并要求国民们学习他们的学说,同时他也极力推崇并向民众介绍梁启超的思想,称其主张是拯救中国的良策。

至此,朴殷植为了解救自己的祖国和民族,形成了全面的爱国启蒙思想。在他的教育救国思想、实业救国思想、社会习惯改革思想及儒教改革思想中,都集中地体现了他独到的见解。

他的活动并不仅仅停留在思想研究上,为了恢复国家主权,他还积极地投身于爱国启蒙运动中。作为《大韩每日申报》、《皇城新闻》的评论记者,大韩自强会,新民会的创始会员,西友学会和西北学会的创立者,《西友》和《西北学会月报》的编辑,西北协成学校(五星学校的前身)的校长,国文研究会的研究员,光文会的顾问,他以高度的热情积极地献身于爱国启蒙运动之中。光这一时期他亲自指导并创办的学校就有 63 所。曾有人对日帝统治下朴殷植的这段活动给予了如下评价:"乙巳事件之后到庚戌合并的五、六年间,朴殷植一直在用其赤诚之心及锐利笔锋,热情地宣传国民思想,唤醒国民意识。"这种说法并不夸张。

这一时期朴殷植除著述了《王阳明实记》等著作外,还写了《儒教求新论》、《旧习改良论》、《物质改良论》、《大韩精神》、《能否自强的问答》、《务望兴学》、《不兴教育不得生存》等 100 多篇论文,这些作品大多数收入了《朴殷植全书》之中,尽管朴殷植在《大韩每日申报》和《皇城新闻》上发表了许多篇社论,但都因没有署名而未被收入《全书》,因而,这一时期朴殷植的作品除了一部分被收录之外,大部分作品都尚未为人所知,而且,已经失传了。

　　这里所简要介绍的朴殷植的哲学思想,也就是他在李朝末年爱国启蒙运动时期的儒教哲学。

二、国权丧失与儒林之弊端

　　李朝末期韩民族因所谓的《乙巳条约》而丧失了国家主权,国家正处在生死存亡的抉择关头,站在决定韩民族兴亡的十字路口的当时,对于朴殷植来说,恰是唤醒民众,分析国权丧失的原因,研究为恢复主权应如何采取行动的时刻。

　　朴殷植曾指出,为恢复国家主权,全民族都应发奋图强,增加国家实力。若要增强实力,就应努力发展能够发挥人民的才智、提高人民素质的教育实业,并应摈弃陋习,提倡新文化。而要实现这些目标的一个大前提,也就是全体韩国人都应反思的一个重要命题,那便是要对儒教和儒林——这一贯穿于韩国文化始终的核心内容进行深入的反省与考察。

　　据朴殷植所言,当时韩国丧失主权的原因与责任主要在于李朝时期儒教与儒林的弊端。李朝将儒教定为国教,将儒林们奉为当权者,而儒林们却难以担负起保卫国家、教化人民的责任。儒教的本质是美好的,在李朝初期儒林也曾一度成为国家的核心,百姓的师表。但近期来,儒教成了虚学,儒林们的腐化状况更加严重,儒教已无法做为百姓们的普通之教,加之儒林弊害至深,国家也被推向了衰亡之路。

　　朴殷植指出,天下万物不论大小,天长日久都会产生弊端,产生弊端则必须改革,如若不然,则必将灭亡。

　　朴殷植将当时儒林的弊端整理如下:

　　① 畿湖派、岭南派的派系之争日益激烈;

　　② 主理派与主气派的意见分歧逐日加剧；

　　③ 拘泥于陋习，不思求新；

　　④ 空论礼义；

　　⑤ 不求发展经济；

　　⑥ 只重视独善，不重视与人共善；

　　⑦ 不问国家之存亡，人民之安危；

　　⑧ 言为引先，不求新义；

　　⑨ 只重空谈，不讲实用；

　　⑩ 不思现代之新学问、新知识、新事物。

　　当时朴殷植对于儒教和儒林们的评价大致如下，他认为儒林们：

　　① 顽冥不化，固守陋习，不合时宜；

　　② 陷于自我陶醉，虽能独善其身，却不思国家百姓之安危；

　　③ 平生只研读古书，不求新理；

　　④ 傲慢地空谈义理，不思发展经济，已成为开明时代的一大障碍。

　　朴殷植对当时的儒林们进行了极为辛辣的批判。他将儒林们"崇尚华夏"的倾向称为"奴隶学问"，把他们所谓的"小中华思想"称为奴性，把儒林们以中国历史为中心的教育斥为"奴隶精神"、"奴隶思想"的教育。他批判当时儒林们"虚学"、"虚文"、"虚伪"的治学态度，主张"实事"、"实效"、"实功"。他指出当时弊端的核心是"崇尚华夏，不求实际之弊害"，对儒林们固守陋习的独断性进行了有力的抨击。

　　朴殷植所批判的儒林的学说，指的就是朱子学。他深刻地批判儒林和朱子学。指出，儒林们已成为韩国最强大的学派——朱子学的忠仆。他们违反自然规律，并将提出新学说的人视为乱臣贼子加以迫害，严重地束缚了人们的思想，剥夺了人们的自由。这样长此以往,人才不能辈出,人们的才智受到禁锢,相反,陋习却在逐渐形成。在全世界都快速进入开化时代的当时,儒林们仍固步自封,不思求新,最终终使国家遭受灭亡的灾难。正如陆象山所言:"戕害世人之学术,乃朱子学也。"

三、儒教的三大问题

朴殷植在他的《儒教求新论》中指出,儒教在其发展过程中,之所以逐渐衰退,产生弊端,是因为存在着以下三大问题。

第一,儒教学派完全站在帝王们的立场,而并非要把他们的思想向广大人民普及。朴殷植指出,从前孔子的"天下大同之义"和孟子的"民为重之说",都体现了向人民普及教义的精神,然而,孔子死后诸子百家散居各国,分别宣传他的学说,孟子提出"民为重",而荀子则强调"尊君权"。后来,孟子的学说未能得到广泛传播,而荀子的学说却被李斯采纳,在秦国得到推广,后来又传入汉朝,形成了"尊君权"学说。汉高祖曾是草莽之臣时便憎恶儒教的社稷,尊为皇帝后,汉高祖和历代帝王都提倡六经(即诗经、书经、礼记、易经、乐记、春秋),重用儒臣,名义上崇尚儒教的社稷,而实际上并非尊奉孔子,偏爱其教义,而是试图用儒生们的礼仪规则来提高自己的身价。

朴殷植还指出,因帝王们厚遇儒生,使得数千年间东方儒教学派在国家政权中常常高居要位,这种状况是其他学派无法比拟的。儒教学派的精神实质也是完全站在帝王等统治阶级的立场,从一开始,他们就没有想要努力将其教义在民众中普及,更没有试图发挥国民的才智,伸张民权的想法。儒林中的君子不过是把儒教作为笼络君心的第一法宝,儒林中的小人更只不过把儒教视为迎合帝王们心意的绝妙之计。

　　朴殷植认为应该开发民智,继而伸张民权。若想充分发挥儒教的功德,应努力推广孟子之学说,同时改革与完善这一学说,并将其向广大民众普及。他还指出:

　　"儒教精神若只存在于帝王将相之中,不向人民普及,便无法在世界范围内得到充分发展。孔子之徒弟,不宣传孟子之说,而只宣扬荀子观点,此为产生百姓大不幸之一大弊端。更何况如今正是开发民智,继而伸张民权的时代,若不改良求新,则无法将其发展。儒林们为了保住自己的利益与地位而常蹈痼习,不思变通。如果他们要真正成为孔门之忠臣,想要发扬孔教之功德,谋求民生之幸福的话,他们便会努力做到改良儒教,并向全社会普及孟子的学说了。"

　　第二,周游列国,却不寻求改变天下的主义。固执坚持"自己不去启发童蒙,却要童蒙启发自己"的主义。

　　朴殷植指出,孔子思易天下,释迦普度众生,基督舍身救民,其救世主义同出一辙。释迦之教义中兼有大乘法、小乘法,在哲人与百姓中同样得到普及。基督教的宣教范围也极为广泛,竭诚向五大洋、六大洲传播福音,基督不顾生命危险进入未开化地带,虽遭挫折,但其后继者继承其未竟事业,终于实现宣教目标。然而,与他们相反,儒教的教徒们并不遵循孔子周游列国、思易天下的主张,顽固地坚持"我不启发童蒙,而让童蒙启发我",紧闭房门,静待别人登门求教,不仅不能普及对民众的教化,自己也孤陋寡闻,不谙世事。

　　朴殷植以重峰赵宪一身携《击蒙要诀》,向小住在宾馆中的客人们宣讲教义这一事实为例,指出若要使得儒教功德得到发挥,如今的儒者也应怀有这种热忱之心,应掌握这种灵活方法。

　　第三,韩国的儒家们不愿接受简单直接的教义,反而崇尚支离破碎、不成体系的学问。

朴殷植指出,儒教的范围虽极为广泛,但只要了解其"根本"和"要点",便可以掌握它。然而,在韩国儒教历史的六百年间,全国儒者传授的儒教教义几乎都是朱子学,如果有人从与朱子学不同的角度建立学说的话,那么他就会被斥为"斯文乱贼",其学说也被视为异端邪说而遭排斥。朱子学虽无所不包,但因其有支离破碎难成体系的特征,许多人倾注一生心血从事研究,也未能有所领悟,这便是其又一大弊端。

他还说,当今时代是科学不断发展,生活节奏不断加快的时代,宣传儒学时,不向人们讲授简洁的教义,而只让人们学习条理不清、难成体系的学说的话,长此以往,青年们便会因其晦涩而感困难,因其复杂而感厌倦,从而不再研习儒教。这对儒学界而言,的确是一个不可忽视的问题。

朴殷植指出,在同是沿承孔孟学说这一点上,朱子学和阳明学是相似的,但他认为,若要在新的时期继承和发扬儒教传统,那么就应用教义简明扼要的阳明学代替朱子学,并将其推广、普及。

朴殷植明察了儒教和儒林的弊端,呼吁改革与发展儒教。他之所以要这样做,主要有以下几个理由。

第一,在人们的观念中,长期以来与儒教一同沿承下来的风俗与行为规范早已根深蒂固,这些固有的东西不可能一朝一夕就完全废止和转变,只有对其中陈腐的东西加以改革,同时保存先进的东西,才能利用它们来促进道德与伦理的完善。

第二,儒教的本质是好的,如果将其弊端和浅薄之见加以改革和摈弃,使之向适应时代潮流的方向发展,达到事物本质与运用的有机统一,同时让其在形式与内容上做到完整与和谐,那么,将对谋求国家的强盛、人民的幸福发挥积极作用。

第三,改革儒教,发扬儒教的优良传统,将会阻止儒林的亲日化倾向,对恢复国家主权大有裨益。

由此看来,朴殷植是在对阳明学深入研究的过程中,寻找到了克服朱子学这些弊端和问题的方法。

四、以阳明学为基础,开创儒教求新之路

朴殷植认为只有改革儒教,才能迎接新的时代,只有谋求革命,儒教才能继续生存。他还指出,改革儒教不仅有助于恢复大韩帝国的主权,对于亚洲及全人类的发展也将发挥巨大作用。

朴殷植将其所提倡的儒教改革喻为马丁·路德的宗教改革。他指出,如果考察西方的基督教,就会发现,在旧教时代,欧洲的发展相对停滞不前,是一个暗无天日的世界。马丁·路德以其勇气与热情毅然实行宗教改革,使得欧洲能够开创现代的新文明。因而东亚的儒教界也有必要实行果断有力而又切实有效的宗教改革,开创大韩和东亚的新文明。儒教改革不仅有利于大韩帝国恢复主权,也将引导整个东亚及南亚走向光明。他指出,19世纪、20世纪是西方文明发达、主导世界的时代,21世纪、22世纪将是东方文明高度发展、主导世界的时代,为迎接这一时代的到来,儒教改革势在必行。

朴殷植指出,在当时大韩帝国儒者们的观念之中,一提到改革或求新,便会被理解为事变,这是一种错误的想法。世上万物天长日久必会产生弊端,产生弊端就一定要改革,如果产生弊端仍不思改革求新的话,那么最终只能走向灭亡。他还说,当时大韩帝国的儒者们都将所说的"求新"视为怪谈,而事实上,"新"这个字是孔孟之道本来就有的"光明"的哲学。

朴殷植认为儒教哲学以儒教求新为背景,其核心是孟子"民为贵"和"性本善"思想及王守仁(王阳明)的阳明学(特别是致良知说)。他认为二者都可归结为阳明学。之所以这样说是因为他认

为王阳明所说的"良知",即指"性无不善,知无不良";"致良知说"是对孟子性善说最全面的发展。正如他所言,"据吾所见,王先生之良知说与孟子之性善道同矣,性无不善,知无不良。"

基于以上想法,他从阳明学出发,极力主张儒教求新。他反复强调以阳明学为基础,实行儒教求新的理由还有以下几点:

第一,人们的精力与时间都是有限的,当前又是学术发展日益复杂的时代,因而与晦涩难懂的朱子学相比,教义简易直观的阳明学更易为人们所接受。

第二,韩国长期以来一直把朱子学做为唯一的学说,为使其勃勃生机不致匮乏,士气不致低落,文化不致衰败,必须要变革这一学说,这也是大势所趋。由此看来,采用阳明学更适应时代发展的需要。

第三,长期以来,社会的教育、政治体制极为衰败,社会风尚也日渐恶化,各种异教邪说竞相出现,并各执一词,剑拔弩张。在这种情况下,普通民众难以正确地把持方向,而阳明学却恰恰能够起到集中反映民众意志,使教育界蓬勃发展的作用。

第四,当前世界,许多国家在学术界都取得了长足发展,然而,这些学说都有一个共同的特点,那就是极端强调物质文明,忽略道德教育。天德王道之学本是人类和平的根本,而天下的教育形势却恰恰与之相反,因此,这一时期只有依据阳明学的良知之说,才能真正明示道德规范,号召人们讲求人道主义,呼吁仁人志士为百姓谋幸福。

朴殷植认为阳明学的优点主要在于:①教义简明扼要,切合实际。②致良知说是直指人们的内心深处,使人超凡脱俗、渐入圣境的学说。③掌握知行合一学说,便能够准确地省察细微的心理变化,在处理问题时也会具有果敢的判断力。基于这些优点,阳明学对于培养气节,开创事业具有极大的功效。也正因为如此,只要一有机会,朴殷植就向人们宣传普及阳明学。

朴殷植对阳明学给予了高度评价,指出在儒教哲学的发展过程中,阳明学的出现,是"斯文革命中开天辟地之大光明。"

当然,朴殷植批判自己从小就深入学习的大乘朱子学,发掘阳明学的长处,提倡儒教求新,其理由不仅有以上四点,除此之外,他还指出阳明学有以下几个优点。①认为朱子学最为重视的礼论不过是虚饰,是党争与纷乱的开始,认为礼论已走到了穷途末路。②阳明学的教育方法与那个时代的儿童教育方法相似,重视诗歌教育,让人们自觉地知事明理。③阳明学是儒教发展史上的新学问,与朴殷植当时对新学问的摄取相一致。

对于这一问题,我们不能只局限了解这些。朴殷植在那一时期极力强调运用阳明学实现儒教求新的目的。这其中固然有学术上的理由,而另一方面,他试图利用儒教哲学及文化传统来恢复国家主权,完成这一民族大业,这种具有高度实践性的思维意识也不容忽视。阳明学是强调"良知"和"知行合一"的哲学。由于日帝的侵犯,韩民权丧失了国家主权,正处在生命攸关的抉择关头。在当时,人们即便没有接受朱子学那种繁琐的说教,只要尚有一点良知,便都可以认识到恢复主权是全民族共同的任务。在争取民族主权的斗争中,迫切要求切实做到"知行合一"。朴殷植为了实现这一民族大业竭尽赤诚,并为此而创立自己独到的哲学,可以说,正是如此,我们才能够真正领略其作为大思想家的非凡与伟大之处。

五、对阳明学的重新解释

朴殷植在依据阳明学,提倡儒教求新的过程中,首先从一种独特的角度对阳明学进行了重新解释,他关于这一论题的代表作,是

1910 年刊行的《王阳明实记》。

朴殷植在《王阳明实记》中指出,阳明学的要点在"致良知"这一概念中得以集中体现。所谓"良知",包含以下六方面内容。即

良知
① 自然明觉之知
② 纯一无伪之知
③ 流行不息之知
④ 泛应不滞之知
⑤ 圣愚无间之知
⑥ 天人合一之知

朴殷植对"良知"的这六种分类是他的独创,在阳明学史上,也具有重大意义。

首先,"自然明觉之知",是朴殷植对王阳明"心即理"学说的解释,他指出所谓"自然明觉之知"是人们"本心的自觉",是自然而然的反应和觉悟。所说的"良知",亦是指"自觉且明确地认识人类至善本性之知。"

与此同时,朴殷植还明确地指出,这里所说的"本心的自觉"与禅教中"本心的自觉"不同。其不同点首先是禅教彻底强调本心,忽略事物义理,而阳明学则将人们的本心与事物的理致合而为一;其次,禅教的"净智"把空寂作为本质,而阳明学的"良知"则把天理作为本质。

第二,"纯一无伪之知"是指"纯正之知","完全没有伪饰的纯粹之知",也就是把"格物致知"的"格"解释为"纯正",或"正"。

朱子学对格物致知的解释,基本是指"即物穷理",朴殷植将阳明学的"格物致知"解释为纯正的、至真至正的"致良知"。对朴殷植而言,"格物"与"致知"是同一的,也就是获得"纯粹无之知。"

第三,"流行不息之知"。这是朴殷植对王阳明"知行合一"这一观点的能动化,实践化的结果,是指"在无尽的运动过程中变化

不息之知"。

王阳明指出"知而不行，只是未知"，特别强调"知行合一"。他还将彻悟"良知"的方法分为"从知解而得"、"从静中而得"、"从人事磨练而得"三种。朴殷植将"知行合一"动态化，强调应努力去获得不断运动变化、永不停滞的动态之知。因此，在王阳明的三种方法中，他对彻悟本心之良知的方法最为重视，提倡"事上磨练"，意即从世事磨练之中获得真知。

第四，朴殷植强调良知的随机应变及其变动性，认为"泛应不滞之知"是"完全适应事物变化的不停滞之知"。他接受了西欧的社会进化论思想，认为天地变化无穷，知识变化无尽，故应因时制宜。王阳明没有强调"良知"的"变动"，而朴殷植却对"良知"随机应变的变动性极为重视。

朴殷植对于良知的"流行不息之知"和"泛应不滞之知"的解释，体现了他的诠释"良知"时的动态主义性及对"变动"与"变化"的高度强调，这也是朴殷植哲学的显著特征。他能以发展的眼光解释阳明学和儒学，这也恰恰体现了他自觉地适应时代变化的思想。他强调阳明学改革新儒教，指出由于万事万物不停地运动变化，随机应变便显得更为重要。这些观点的提出，都体现了他对良知动态性的重视。

第五，朴殷植特别强调阳明学所具有的民主要素。他认为古往今来，对于圣贤和凡人来说，良知都是相同的。他在举例说明良知对于圣人和凡人来说都是一致时曾慨叹道："呜呼，此其所谓良知者，无闻于圣愚，而天下古今之所同也乎。"

朴殷植指出，庶民若能培养和感悟本心的良知，并据此采取行动，那么即使不像朱子学者那样劳心费神长期诵读"经史书"，并论辩事理，也会成为圣贤。由此可以看出，他是接受了孟子"民为重"之说，并用其来解释"良知"的。

第六，朴殷植强调"天地人万物一体之仁"，用"天人合一之知"解释良知。在这里，他所强调的"普遍之仁"的思想得以充分而直接地体现。他论述道"吾所见王先生之学说，获取本心良知，做到万物同体，故可谓乎仁也。"朱子学《大学》将"亲民"解释为"改变百姓"，即"新民"；而阳明学则直接按照"亲民"二字，解释为"与百姓亲近"，这样看来，阳明学的这种解释更具普遍意义，并与阳明学所具备的普遍的民主主义要素相关联。他在阐明"天人合一之道"的出处之后写道"王阳明生前首创致良知说，将知行合一之教义付诸实践，此乃吾东洋道学界与天人合一之道相继创立之渊源。"

朴殷植提出的"圣愚无间之知"和"天人合一之知"，强调了"万物同体之仁"和人们道德与本质上的平等，同时也体现了阳明学中"天下为公"和"天下一家"的大同思想。

朴殷植对于"良知"的以上六种解释，在韩国阳明学史乃至东亚全体的阳明学史上，都具有划时代的业绩和很高的研究价值。

朴殷植在他临终前的绝笔中，指出"良知"因"灵明"而产生，"灵明"因"净洁"而存在，"净洁"则获于"定静"。对于"良知"，他有以下一段论述："良知之本能者，灵明也，灵明之原质者，净洁也。孰若无良知，则终将因物欲而失其人生本明。如若常拂拭之，洗涤之，则其净洁可存，光明自在也。洁明在躬，其知如神也。即良知因灵明而产生，灵明因净洁而存，净洁固定静而得。"

朴殷植视"良知"为人类"心"的"主人"，认为人具备良知恰如天空拥有太阳，人心因为拥有良知而更为重要了。

朴殷植将阳明学重视的"心"分为"原质、本能、真正、本体、能力"五种，并指出它们分别具有以下特征。

也就是说，具有良知的"心"的原质能够接受道德教育和行善的教诲，空灵明亮而不阴晦，清洁明净而无瑕疵。具有良知的"心"真情正直而不阿曲，刚毅且不屈从。具有良知的"心"的能力是可以鉴别是非,反应极为敏捷。

$$
心的 \begin{cases}
① 原质:虚灵不昧,洁明无瑕 \\
② 本能:真实无伪,独立不倚 \\
③ 真正:正直不阿,刚毅不屈 \\
④ 本体:公平正大,广博周遍 \\
⑤ 能力:是非鉴别,感应神捷
\end{cases}
$$

朴殷植在他的哲学中,对王阳明"心即理"中"心"的内容,在本质和性格上做了深入的分析,并对其做了详细且独到的解释。

另外,朴殷植将王阳明"致良知"中的"致"解释为"学习",将"学习"解释为"行"。因此,对朴殷植而言,"致良知"即是通过学习做到知行合一。虽说"知行合一"是众人皆晓的阳明学的特征,但只有朴殷植做出了"致＝学习＝行"的解释,他也曾用"正心功夫"这一词表达过这一主张。

王阳明也曾说过"学习"这一词,并把其作为感悟良知的三种方法之一。但朴殷植却认为"致＝学习＝行",把"学习"作为"致"的全部。这种"学习"并非只从书本中学习,而是指做到知行合一,依靠事上磨练而获知识。他这样写道:"王学将'致良知'三字视为其精髓,良知即为本质,致即为学习,故了解'本质即学习'、'学习即本质'这一道理,方可做到知行合一,才可完成世事磨练。若将所有'致'字理解为'学习',则可见王学之真谛,若王学只将良知做为其本质,试问,为何定要添一'致'字,为何定要强调'知行合一';所倡'事上磨练'又有何必要?"

朴殷植认为阳明学核心概念"致良知"中的"良知"即是本体,"致"即是学习,学习和本体不可分离,学习即是本体,本体即是学习,这是对"知行合一"与"事上磨练"的最佳诠释。他认为若将"致"解释为"学习",便可领会到阳明学的真谛。

朴殷植将"致"和"良知"放在同样重要的位置上进行解释。认为如果阳明学只重视本质，即只重视"良知"，那么"致良知"的"致"字便没有写的必要。只写作"良知"就足够的话，那么"知行合一"、"事上磨练"等也就没有提出的必要了。他认为王阳明所说的"知行合一"是把"致"和"良知"的作用同等看待。在王阳明的警句"知而不行，只是未知"中，"知行合一"的核心内容得以充分体现。

朴殷植将"致"解释为学习，即与实践合一的学习。这种通过实践而不断进行的"事上磨练"的学习也就是"行"。此即"致＝工夫＝行"这一观点。他这样解释时，"致良知"也便是"知行合一"。

朴殷植所强调的这一"知行合一论"，是符合当时的历史情况的。他在写给张志渊的信中也强调指出这一"知行合一论"与西方哲学家苏格拉底、康德、贝克雷及索克拉蒂斯、笛卡尔、培根等的学说一致。

朴殷植对阳明学所做的以上解释并非要排斥当时的西方哲学，而恰恰反映了他积极接受西方哲学学说，并将其溶于自己哲学体系这一事实。

朴殷植对阳明学所做的新解释的显著特征之一，就是将阳明学与其所强调的"开发民智，伸张民权"有机地结合到了一起。他指出当前时代是伸张民权的时代。他还将这一看法从哲学的角度与卢梭的思想相联系。他谈到"尽管百年前西方诸国政治、宗教压制至深至烈，卢梭仍不惮千难万苦而做民约论，并成为革命之导火索"。认为是由于卢梭的作用，民权哲学才得以充分发展。朴殷植指出，在阳明学中，作为当时新思潮的民权思想和平等思想体现得最明显。在儒教求新的过程中，他也试图为阳明学做出更符合自己的时代、更民主的解释。

朴殷植对阳明学所作的重新解释中所体现出的又一明显特征是将受西欧社会学进化论的影响而形成的社会进化论的概念与阳明学进行了有机的结合。在这一方面他接受了斯宾塞和基得的社会进化论思想。他在良知的内容中设定了"流行不息之知"和"泛应不滞之知"的概念,特别强调随机应变。与此同时,他还大胆地将这种变动解释为进化的变动。他提出由于世界在变化,而且这种变化无止境,因而良知的应变也如天地之变一样无穷。故天下万事万物之处理都应因时制宜。他一再强调阳明学的观点是万事万物自产生之日起,都应适应世界的变化,顺应时代的发展。据此,我们可以领悟到朴殷植思想中进化论思想与阳明学的有机结合。

然而,更值得我们注意的是,朴殷植对阳明学的新解释与其实践意识的紧密结合。他对阳明学的新解释与他当时参与并领导的李朝末期的爱国启蒙运动,特别是教育救国运动密切相关。他对于"良知"和"心"的解释,被新的救国运动所接受,并用来解释具体的关于"心"和"良知"的问题。他依据阳明学所做的"致=学习=行"的解释,在当时,也成为新教育必须与国权恢复运动相结合这一观点的理论基础。

从以上这些方面来看,朴殷植对阳明学的新解释,可以看作是他市民爱国启蒙思想的重要一环,同时,在学术上也是对阳明学市民哲学的发展。

六、大同思想

朴殷植在对阳明学重新解释的基础上又前进了一步,他以救世主义作为其实践目标,发展大同思想,创设了大同教。

大同思想源于《礼记》的《礼运篇》。孔子作《春秋》时曾这样阐述"大同之治":"大同之行,天下为公,选贤与能,讲信修睦,不独新其亲,不独者其子,货不必藏于己也,力不必书于己也。"在《春秋》中,还将世事的变迁分为①据乱世,②小康世,③大同世这三个阶段。

朴殷植的大同思想是以孔子的"大同思想"及自己对阳明学的解释为基本出发点的内在内容上接受李珥的"大同论",外在内容深受康有为的"大同思想"之影响而形成。

李朝末期,西欧的社会进化论和个人权利论在思想界处于支配地位。此时,朴殷植能够站在批判吸收的立场上,采取独特的取舍选择态度,在接受西欧思想的同时,还能更进一步提出大同思想的主张。

社会进化论包括①竞争原理,②帝国主义强权论,③进化原理,④个人主义论等要素。朴殷植在接受西欧社会进化论思想的过程中,只全盘接受了其中的进化原理,并试图用帝国主义原理和与帝国主义原理相对峙的民族自强论对其他要素加以修订。他认为社会进化论中的竞争原理可作为国家间的竞争原理加以吸收,但他反对在同一社会内部同胞之间使用这一竞争原理。他认为即使有时难免要应用这一原理,但将来必须加以克服。

他认为,国民社会应该用大同的原理而不是用竞争的原理加以管理。与竞争相比,更应依靠协作和大同来治理社会。在国际社会中,虽说外部竞争的原理占支配地位,弱肉强食,优胜劣汰被奉为公理,但将来一定要克服这一倾向,以形成大同社会。

由此可见,朴殷植的大同思想具有运用东方的哲学传统克服西欧社会进化论不足的特点。

虽然朴殷植全盘接受作为国民权利思想的自由民权论,自己也自觉地成为自由民权者,但他并不接受个人主义,强烈反对个人权利思想,极力排斥利己主义和私利。他强调不论何时,公共利益都比个人利益更为重要。

由此可见,朴殷植的大同思想又具有运用东方的哲学传统克服西欧个人主义思想的特点。

朴殷植认为,其大同思想比当时占支配地位的国家主义(或民族主义)及个人权利更为先进。这一观点也体现了他的理想主义思想。同时他又指出,对当时的现实而言,他所提倡的大同思想将有助于更加有效地、具有独创性地发展"国家主义"和"个人权利思想"。

朴殷植的大同思想深受康有为大同思想的影响,并与之有着共同的出发点,但二者有很大的区别。那就是,康有为的大同思想具有组织性空想主义的特征,而朴殷植的大同思想则具有现实性主义的特征。下面将对朴殷植大同思想的特征作一简要概括:

第一,他的大同思想中,主张公德和公利主义。朴殷植认为,私德和私利是首先考虑自身和自家,先强调"修身齐家",而后才顾及国家和社会;而公德、公利主义恰恰与此相反,认为只有先念及公德和公利,才能确保国家和社会的利益,也只有国家和社会的利益得到保障,自身和自家才能得以保全,也就是说,首先应把为国家和社会献身视为一种美德。

朴殷植不仅提出了公德、公利主义这一具有一般性特点的理论,同时,他还号召韩国人投身于恢复国权的运动中,并针对当时具体情况,主张培养部分韩国人所欠缺的公德性。

第二,在他的大同思想上,主张救世主义的大乘法。他指出,由于当时的各种学说及教育都只对获得个人的荣华富贵的小乘法有所偏重,缺乏远大的公共思想,因而根本问题不能得到解决。他认为将来的学术研究及教育都应依据大同思想的大乘法,以国家、民族、社会为根本,创立赈世济民的公共原理。

他这一观点的含义也就是要批判李朝末期新教育运动和西欧教育哲学所体现的小乘法,提倡依据大乘主义,发展能够拯救因日帝的侵略而丧失国权的大韩民族和因列强的暴虐而生灵涂炭的人类的新学说和新教育。

第三，他的大同思想，主张"尊我国主义"，批判儒教界由来已久的尊华主义。朴殷植指出，大同思想首先应成为尊崇大韩思想，若因为孔子生于中国就尊崇中华，并创立尊华的教义，那么，孔子若诞生于韩国，岂不应将韩国像华夏一样尊崇。他继而提倡韩民族的民族主体性及对自己祖国的崇仰。

这一主张反映了他的大同思想虽植根于孔子的儒教，但否定儒子们的尊华主义，吸收与融合了当时韩国的民族主义的特征。

第四，在他的大同思想中，主张爱国的"知行合一"。他指出，当时的一般人士尽管口中常念及要热爱祖国，发展教育，振兴产业，但若不承担爱国的义务，那么，所说的这些都只是一纸空谈。他立足于阳明学"知行合一"思想，指出对于求索救国之路的人来说，走爱国的知行合一之路是他们唯一的选择。

由以上论述可以看出，他的大同思想也就是为恢复国权而进行的爱国运动的实践思想。

第五，在他的大同思想中，强调"万物一体之仁"。他指出，虽然所有人都具有"万物一体之仁"，但人们却因形体之私和物欲之弊而产生隔阂，因物我的计较与彼此的利害而争斗。这样久而久之，不仅天赋的良知丧失殆尽，人类也相互戕害；更有甚者，会同族为敌，骨肉相残。而如果人们能以与生俱来的良知之明作为引路之灯，克服私欲和物欲的弊害，恢复本心，那么天下所有人都将同返"仁义"之境，共享太平之乐。

这一观点体现了他提倡大同思想的目的，是要依据阳明学的"致良知"和普遍的"仁义"道德教育，追求人类共同的福乐。

第六，在他的大同思想中，主张"世界和平主义"。他指出，世界历史处于不断的变化之中，虽然现在人类处在分裂竞争、弱肉强食的时代，但将来必会迎来联合和平的时代。大同思想极力主张实现全世界人类的大同和平。他认为如果全人类联合和平的时代能够到来,那么他所提倡的大同思想也将得到长足发展。

由以上可以看出,他的大同思想虽吸收了西欧社会进化论的进化主义思想,但极力克服了进化主义把竞争论、优胜劣汰、弱肉强食等视为公理的具有帝国主义特征的理论。

综合以上论述,我们可以观察到,朴殷植的大同思想显然比康有为的理想主义更加现实。从本质上看,他的大同思想是以儒教为背景的李朝末期市民爱国启蒙思想的形态之一。

朴殷植以阳明学和大同思想为基础,在李朝末年创立了新的宗教——大同教。

大同教的创立虽以实现其远大的大同思想为目的,但在当时日帝欲将儒教界人士拉到亲日派一边的情况下,大同教更紧迫的任务是要粉碎日帝的这一政治野心。

李朝末年,日帝成为韩国社会的上层统治阶级。为了使墨守成规却又拥有强大势力的儒教界人士成为亲日派,伊藤博文拿出22万元资金,以李完用、赵重应为中心,并推举申箕善等人,于1908年1月组织了所谓的"大东学会"。大东学会表面上打着"弘扬儒教"的旗号,还发行了《大东学会报》,实质上是要引导儒子们走上亲日化的道路,以使无数儒子成为亲日分子,并使他们对恢复国权运动表现出冷漠情绪。

朴殷植等人把这一情况看作是韩国儒教界的一大危机,欲与之对抗,1909年9月11日,以朴殷植、张志渊、李范圭、李胤钟、元泳仪、李秉绍、赵琬九、申夏均、金源极等为代表的儒学者,创立了大同教。

大同教置日帝统监府的各种迫害而不顾,以朴殷植所提出的对阳明学的新解释及大同思想为基本教义,在初期的布教活动中取得了成功。对粉碎日帝欲将儒教界亲日化的政治野心,引导儒生们进入爱国启蒙运动的队伍中来作出了相当大的贡献。但随着1910年8月日帝将韩国归为其殖民地,大同教也被强行解散。大同教运动只进行了一年,便遭受到了挫折。

朴殷植为了从事独立运动,1911年4月流亡到了中国,因而国内以他为中心的儒救改革运动便完全中断。朴殷植在中国从事独立运动的同时,写了《韩国痛史》(1915年)《韩国独立运动血史》(1920年)等许多使"国魂"得以永生的历史书籍,成为韩国独立运动的重要组成部分。他还创设了"近代国史学"。他所强调的"国魂"与其哲学的核心"阳明学之心"有着密切关系。

(选自韩国哲学会编《韩国哲学史》下册,
中国社会科学文献出版社1996年版)

　　慎镛厦(1937—　　　),韩国学者,汉城大学社会科教授、人文学院院长,撰有《韩国哲学史》中的《民族抵抗时期的哲学思想》等论著。

　　本文是《韩国哲学史》(下)中的一章,论述了朝鲜民族抵抗时代的爱国启蒙思想家朴殷植的哲学思想。通过介绍朴殷植的著作《儒教求新论》和《王阳明实记》,指出朴殷植在对阳明学的深入研究过程中,寻找到了克服朱子学弊端和问题的方法。他以阳明学为基础,开创儒教求新之路。作者还分析了朴殷植对阳明学的重新解释及其所体现出的特征。朴殷植在对阳明学重新解释的基础上又前进了一步,他以救世主义为其实践目标,发展了大同思想,创设了大同教。作者强调,朴殷植的思想与同期的其他爱国启蒙思想家的不同之处,就在于他以阳明学为基础,主张"儒教求新",并倡导"大同思想"。朴殷植在推广、普及自己观点的过程中,创立了韩国历史上具有研究价值的一种独立的哲学思想。

20世纪儒学研究大系

再论"性善"和"性即理"的道德命题

李东熙

一、序　　言

　　中国古代对人的理解是对"人性"的探讨开始的。但是与其把人性只看作一个事实即人的自然事实,倒是把它同如何理解人性这样的道德的实践问题相联系起来看待的。孟子在这一作为人的自然事实的人性中,将道德部分看作是善的,并同应如何发挥的方法即道德修养问题联系起来进行了探讨。

　　与孟子同时并与他观点不同的告子,采取了把人性看作是人的自然事实的自然主义的立场。孟子的性善说不是从天,而是从人的内部,即人的主体寻找人的道德的根源这一点上,试图在哲学上打下人本主义儒学的理念基础。它在强调人性的普遍性,树立中世的人之平等论上具有意义。但是,因为它视如同人的欲望这样的消极的人之自然本性而不顾,所以,在说明人的恶时则成为不完全的理论。因此,到了宋理学之哲学阶段的新儒学,为了弥补孟子的不足而提出了"气质之性"。

　　孟子拟从人性中寻找道德的实现根据而排除人的欲望,只强调性善。因此,可以说孟子的性善说在立论上是不充分的。但是,从另一方面说,他的性善论只有同有必要扩充人的善的本性这样的扩充论一起分析才能加以理解,而且,从伦理学上看其立论的形式乃是作为"价值判断"充满了言者的主观信念的"劝诱性"意思是说道德的命题(价值立论)与事实命题不同,教人向善,即表现劝诱的发言者(立论者)的主观信念。(参见金泰吉《伦理学》321页汉城:博英社1978)因此,只有考虑到这一点才能充分理解立论的宗旨。当然,孟子性善说的重要根据可以说在天的内在性和合目的性,也即因为是天的内在的性而不能不善。

　　孟子在论"性"与"善"时认为,虽然"耳目之感官"要求快乐是属于人性的,但此快乐对象的获得与否不少是由命运决定的,因此,君子明知这个原属于性而不说它是"性",而且,仁义礼智的实现或由圣人王道的天下统治,有很多命运的因素,故虽说它属于"命",但从本质上看,仁义礼智的德内在于人性,其实现既使受命运左右也不能称其为命。

　　性与命原来是天赋予的,因而虽在根本上一致,但在现实上很多时候两者不容而对立。最早明确认识这种性与命的对立的是孟子。因此,要认识孟子的性善说就要很好地理解孟子的这种性与善的辩证的对立关系。由此,才能明确认识他坚持强调排除人的自然事实的欲望的理由,和如此立论的伦理学命题(立论)的性格及命题所表示的意义局限,进而很好地理解原始儒家对人的解释的长处和局限。

　　性理学家中继承孟子性善说的是朱子。但是,如果说孟子采取了心性未分的立场,朱子的形而上学立场将心,性,情三分,从而为人的存在论根据的性打下了存在论基础,而使人的道德性根据先验地扩大了。但另一方面由于那个形而上学说法,孟子确立道德主体的宗旨反而相对减退了,但朱子认为道德实践的转机在心而提出"心统性情"说,用已发未发说论心的修养问题。已发未发说精密地考察了心的现象,并将"敬"与"察识","致知"作为此时的修养方法。这在实践上是值得注目的。

朱子性论的核心是"性即理",这与孟子的"性善"立论逻辑相同,而且二者都作为道德命题具有"劝诱"的性质。在这里可如实见到东洋道德命题所具有的性格。

为论述起见,先通过孟子对告子的批判考察其性善说的本质;其次,通过荀子对孟子性善说的批判,明确孟子的立论宗旨;再后,以心、性、情概念为中心,比较孟子的心性论和朱子的心性论,明确二者的立场;最后,比较孟子的"性善"命题和"性即理"的命题,考察其异同点。

二、孟子性善说的本义

如所周知,孟子以"四端"为性的内容,即孟子如下说:

> 先王有不忍人之心,斯有不忍人之政矣。以不忍人之心,行不忍人之政,治天下可运之掌上。

> 所以谓人皆有不忍人之心者:今天乍见孺子将入于井,皆有怵惕恻隐之心,非所以内交于孺子之父母也,非所以要誉于乡党朋友也,非恶其声而然也。

> 由是观之,无恻隐之心,非人也;无羞恶之心,非人也;无辞让之心,非人也;无是非之心,非人也。恻隐之心,仁之端也;羞恶之心,义之端也;辞让之心,礼之端也;是非之心,智之端也。

> 凡有四端于我者,知皆扩而充之矣。若火之始然,泉之始达。苟能充之,足以保四海,苟不充之,不足以事父母。(《孟子·公孙丑上》)

这里虽未言性,但说四端是性的内容则是明确的。孟子又换而言之:

> 恻隐之心,仁也;羞恶之心,义也;恭敬之心,礼也;是非之

心,智也。仁义礼智,非由外铄我也,我固有之也,弗思耳矣。
(《孟子·告子上》)

在孟子看来恻隐、羞恶、辞让、是非之心正成为仁、义、礼、智,
即好像是认为仁、义、礼、智这样的完善的美德是由生得的性所具
有的。但严格地说这不能说是正确的表现形式。按孟子的想法,
如果扩充四端,就可以由仁、义、礼、智完成为四德,所以,四德作为
性而具有。而孟子的方法是强调像恻隐之心,羞恶之心这样的所
谓道德心发露的一面而导出作为本体的德。因此,孟子的心不是
像宋代性理学那样的与性显然是有区别的心,而是具有概括的"道
德心"的意义。孟子的着眼点在于道德心的现象上。所以,他强调
"扩充"这种道德心,并作为修养方法提出"求放心"、"知言"、"养
气"(《孟子·公孙丑上》)等。由此看来,四端之心是指"向善的好的
素质","善的可能性"。由于具有这样的素质,所以依照原来,也就
是说它按原有的发挥,善的实现就是可能的。总之,孟子的善是在
善的素质是天生的这样的意义上的"性善"。

在孟子看来,因为性是善的,所以恶的根源并不在性。恶的根
源在于失去了"本心"。失去本心的原因很多,诸如怠慢为保存本
心而做的努力,欲望大,基于五官感觉的欲望受外物所左右等。但
是如果说这样的多欲或五官的欲望,外物的诱惑是失去本心的原
因,那么,"欲望"就当然应是和本心不一样的东西。事实上孟子区
分了成为欲望之根源的耳目等五官和具有思考能力的"心"的器
官。这样他认为,由于五官不具有思考能力,而使欲望受外物左
右,基于此他不承认心上的性,并将耳目等作为分离于性的形式导
出了性善。但孟子关于"欲望"和"性"的思考有很微妙之处。他
说:

形色也,天性也,惟圣人然后可以践形也。(《孟子·尽心
上》)

口之于味也，目之于色也，耳之于声也，鼻之于臭也，四肢
之于安佚也，性也有命焉，君子不谓性也。仁之于父子也，义
之于君臣也，礼之于宾主也，智之于贤者也，圣人之于天道也，
命也，有性焉，君子不谓命也。(《孟子·尽心下》)

这两章的意思虽有一些不太明确的地方，但大体可以这样理
解：即第一个引文是说："人的身体和基于此的色欲是天(先天的)
赋予的性，但只有成人才能正确的具有身体。"下一个引文是说：
"口、眼、耳、鼻和手足喜好的味色声臭或舒服的欲望是性，只是因
为有天命(天的道德命令)这样的东西，所以君子并不把它作为性。
换言之，就是说因为有不按天命抑制欲望就不行的一面，所以，君
子并不以为欲望是生理上的性而加以放任。而且，父子的仁，君臣
的义，主客间的礼，贤者的智，圣人的天道虽都是由天命成立的，但
因为人具有性的一面，君子并不把它只作为天命。也就是说，认为
仁义礼智或天道作为性是固有的，并为实现它而努力。"

当然，五官的"欲望"也是"性"。虽是性而不说是性有相当大
的困难，因为欲望跟恶有联系的一面，所以，如果将欲望囊括到性
中，那么就不能将性说成是善的。这么一来孟子最终将欲望从性
中排除出去而只把四端，良知，良能，良心等被称为"善的根源"的
部分看作是性并构筑了性善论。

但是，另一方面，在孟子的当时就有不能用道德的概念解释性
的说法。这个说法，将性看作是"天生的本有"，即规定为"生"的意
思。此说是孟子的论敌告子(史书不详)的说法，是说性乃价值中
立如同白纸状态。他对性作了如下解释：

性，犹杞柳也；义，犹杯圈也。以人性为仁义，犹以杞柳为
杯圈。(《孟子·告子上》)

性，犹湍水也。决诸东方则东流，决诸西方则西流。人性
之无分于善不善也，犹水之无分于东西也。(《孟子·告子上》)

又说：

　　生之为性。(《孟子·告子上》)

在他看来，人天生的本有性中无善无恶。他说：

　　食色,性也。仁,内也,非外也,义,外也,非内也。(《孟子·告子上》)

上文"食色,性也"表示告子认为天生的本性食色之欲是性的重要部分。于是,他认为这种欲望是人的自然事实,故不能规定为善或恶。如此他认为天生的本有之性既不是善也不是恶。

上文"仁内义外"主张爱情内在于人而道德却不是内在于人的。这种"道德外在论"与性既非善也非恶的思维方式有联系,也就是说告子的仁,不是善恶的仁而是以自己为中心向外散发的"自然之情",故与食色之欲没有什么不同,义作为道德的对象总是在我之外,从外部制约我,故不承认作为道德性的义的内在。

总之,告子认为善恶是后天的,生得的性作为白纸并不具有向何处去的倾向性,而且认为道德的根据作为人自己生得的性并不是内在的。

然而,孟子虽然讲了很多性善的主张,但对为什么性善并没有做充分的论证。在这个意义上可以说孟子的性善说在客观上是不充分的。由于孟子首先是站在孔子以来的"道德主义"的立场上关心人的修养和社会,政治的伦理化,所以虽然性善说在客观上是不充分的,但通过它孟子的信念却强有力地表现出来了。在与告子的论争中驳斥告子将性比喻为杞柳,说:"率天下之人而祸仁义者,必子之言夫!"(《孟子·告子上》)在道德实践者的立场上是不能容忍像告子那样的旁观者的立场的,故将他指目为道德的破坏者。

由此看来,孟子的性善说是反映了"道德实践主体"的主观意图,也即信念的"道德立谕",因此,在伦理学上看,具有"价值命题"的性质。

20世纪儒学研究大系

三、荀子的性恶说

与孟子的性善说相对抗而提出的是荀子的"性恶说"。《荀子》的"性恶篇"很精密。他这样说：

> 人之性恶，其善者伪也。今人之性，生而有好利焉，顺是，故争夺生，而辞让亡焉。生而有疾恶焉，顺是故残贼生，而忠信亡焉。生而有耳目之欲，有好声色焉，顺是，故淫乱生，而礼仪文理亡焉。然则从人之性，顺人之情，必出于争夺合于犯分乱理，而归于暴。故必将有师法之化，礼仪之道然后，出于辞让，合于文理而归于治。用此观之，然则，人之性恶明矣，其善者伪也。

在此，荀子所说的"伪"即后天的矫正（教育、学问、修养），人的性虽本恶，但通过"伪"产生善。他首先对"性""善""恶"等进行了概念规定。在他看来，"性"是与"伪"相反的概念。性，不是人生来就有而努力所能获得的，"伪"是努力的结果获得的。他又认为"善"是"正理平治"，"恶"是"偏险悖乱"此言作为荀子善与恶的定义而有名。"正理平治"是指很好地得到治理而处于安定的状态，"偏险悖乱"是指倾斜而处于混乱的状态。再详细说"正理平治"，就是四字平列同意，是中正，条理，平静，治定的综合之义，指人与人之间的关系圆满。"偏险悖乱"也同样是四字平列同意，是偏颇，危险，悖戾，扰乱的综合意思，指人与人之间的矛盾冲突状态。(参照《荀子·性恶》)结果，善是"合于文理而归于治"，恶是"合于犯分乱理"。

因此，人的性不加伪就不能正理平治而导致偏险悖乱，也就是说人的性恶，只有加伪才能正理平治，即得到所谓善的结果。

荀子在上边认为最重要的是"礼"，即"礼仪"（社会规范）。如果，放任人的性，人世就要陷入混乱，所以，为了防止它，圣人制定礼仪让人们遵守。

但问题是具有恶性的人如何行伪而善呢？在荀子看来，人们行善是因为性恶。他认为："夫狭愿广，贫愿富，今人之性，固无礼仪，故强学而求有之也。"(《荀子·性恶》)

然而，制定礼仪的圣人的性与常人的性是不是相同？荀子断言圣人、常人、恶人、君子、小人，性皆同。对圣人和常人的性的差别荀子未作详细的说明。虽有"圣人积思虑，习伪故以生礼仪，而起法度"(《荀子·性恶》)等话，但这只是说圣人从化性、"积思虑"中开始圣人的"化性起伪"工作，并没有说明圣人的"性"与"伪"的关系。

据荀子，实际上没有成为圣人的人是因为没有学习礼仪的努力，但每个人都有成为圣人的可能性。即"途之人也，皆有可以知仁义法正之质，皆有可以能仁义法正之具"(《荀子·性恶》)。那么，举荀子的这一点也可以说"人的性是善的"。这里的"仁义法正"虽说是圣人的"伪"之产物，但能说知它的"质"与"能力"不是性吗？如果说不是，按照荀子的性的定义就陷入逻辑矛盾。尽管如此，荀子的性恶论将它从性中排除出去而建立性恶论。这里有性恶论的不彻底之处。

下面比较荀子的性恶说与孟子的性善说。两个人都共同认为人的感官欲望是恶的根源。于是，荀子当然地把这一欲望现实地看待而将性说成是恶的。孟子承认欲望是性的同时故意将它排除在性外。对孟子所说的"心"荀子也认为它是与求利的欲望，恨人的感情等恶相关的要素并把它包括在性中。但是，孟子却无视这些。如即使是同样的"恶"之情，孟子也将羞恶，恶恶一边的情看作是性。这样，孟子特别重视心的思考能力。不仅孟子，荀子也很重视心。只是孟子是在道德性的方面强调心的机能，而荀子则是在知识性的方面强调心的机能上的差异，而且将与仁义礼智之美德有关联的四端或良知良能等作为性的内容。

相反荀子却不考虑这些。一方面荀子认为人具有知行仁义或规范的素质。在此,即使不能说孟子的"良知良能"与荀子的对仁义规范"知的素质和行的能力"是完全相同的东西,也可以看作是很相似的东西。只是荀子并没有把它当作是性。这样看来,可以说对人生下来就具有的素质是什么的看法,荀子和孟子几乎没有差别,两个人都只是举其中的相异的一面为性罢了。即因为孟子只举性的善的一面说性是善的,荀子只举恶的一面说性是恶的,所以,性善说与性恶说作为学说采取了正相反的形式。但两者的差异并没有像形式上所见到的那样大。

"善"与"恶"的概念,在孟子那里并没有明确的说明而是采取了一般的常识性的用法。但是,荀子所说的"正理平治,偏险悖乱"是他的独自想法,与孟子善恶的意义分明是不同的。然而,把正理平治,偏险悖乱的状态作为当然的结果而来的心或行为,孟子也会各以善恶来理解,所以,两者差别不会那么甚。荀子使用"善恶"用语时也有在常识性的意义上使用的例子,故两者对善恶的思考不应视为差别很大。两者性善说的决定性的差异在于以何为性的具体内容上。

四、孟子的心、性未分和朱子的心、性、情三分

孟子把"心""性"两个概念看作是道德性的内在本体。孟子有时用"情"和"才"的概念。比如,孟子说:"乃若其情,则可以为善矣,乃所谓善也。若夫为不善,非才之罪也。"(《孟子·告子上》)这里说的情和才,事实上是指性而言的,是为赋予性的"实质"或性的"良能"的动态意义而写才字的。故在孟子这里心、性、情才是同一的。如果说性是指"道德本体"的话,那么,心就成为指"道德本心"的具体作用,所以,实际上心性是一。

孟子的情,具有"情实"的意义,不具有固有概念。所以,"情"在孟子这里指心性。才也是一样。才指来自性的本体"行善的能力",这就是心的能力,性的能力。

程伊川说"仁是爱,爱是情"(《二程全书》18)而区分"性"与"情",朱子继承伊川的学说规定性是"理",情是"气",才是"气禀"。伊川又把"心"说成是实际活动的"心气的心"。这与孟子的"本心"意义不同,即这里的心乃不是理的形而上学的东西。朱子对此心的关心也继承了伊川。

朱子说:"仁是性,恻隐是情。所谓性,只是那仁义礼智四者而已。四件无不善,发出来则有不善。"(《朱子语类》59。以下《朱子语类》略为《语类》,数字表示卷)又说,"情是性之发"(同上),"恻隐、羞恶是心也,能恻隐、羞恶者,才也"(同上)。因此,朱子融合孟子的"发于性"之说和伊川的"气禀说",而使情与才在他的心性论中成为一个独特的用语。

朱子虽然如此基于孟子的心性论展开了自己的学说,但由于受伊川心性论的影响采取了与孟子不同的分析态度。依次分析朱子的心、性、情说如下:

朱子说性"性即理"(《语类》5),"生之理谓性"(同上),"性则纯是善底"(同上),"性是天生成许多道理"(同上)等,又在《中庸集注》中说:"命犹令也,性即理也。天以阴阳五行化生万物,气以成形,而理也赋焉。"由此可见,性被规定为是一理,天之生成的道理,散在成性的"形而上学之实在",它"纯善",即绝对善而成为"道德心之根据"。

朱子说心:"灵处只是心,不是性,性只是理。"(《语类》5)"心也,气之精爽也","所觉者心之理,能觉者气之灵"(同上),"性犹太极也,心犹阴阳也,所谓一而二,二而一也。"(同上)正如同太极与阴阳不可离一样。性与心的关系也一样。朱子的这种心性二分的逻辑与理气二分的逻辑有密切的关系。朱子的这种心不是孟子的心。孟子的心作为实体的道德心是心性未分的心,即在孟子这里心就是性。

朱子说情:"性是心之理,情是性之动。心是性情之主。"(同上)第一句说性非心而为心之理;第二句说虽是情之动,但根源是性,固是性之动,第三句说心乃性情之"主"而此时的"主"的意义是"主管"的意思,不是"主体"的意思。因此,朱子的重点在性不在心。

朱子又说:"性对情言,心对性情言。合如此是性,动处是情,主宰是心。"(同上)此时,第一句明确表示相对地看心、性、情;第二句"合如此"的意思是"本来如此",即先天如此。性无动,"动处是情","主宰是心"的"主宰"也就是"主管"的意思。

朱子又说"旧看五峰说,只将心对性说,一个情字都无下落。后来看横渠心统性情之说,乃知此语大有功,始寻得个情字着落,与孟子说一般。孟子言:恻隐之心,仁之端也。仁,性也;恻隐,情也,此时情上见得心。又言:仁义礼智根于心,此时性上见得心。盖心便是包得那性情。性是体,情是用,心字只是一个字母,故性情皆从心。"(同上)

前文是对胡五峰的批判,五峰对举心性,用心显现性。因此,心成为统摄情的东西使情成为"人心之本情"而不像朱子所说情并非不具有自己的位置。这是对朱子的心性情三分的逻辑进行的批判。下文是对横渠"心统性情"的自己的看法。用朱子心性情三分的逻辑看,心"统摄","包括"性情,统摄,包括是在性情的结构上看的,如在心性的机能上看就成为"主宰"、"管理"的意思。

朱子依据三分法的分析说明,作为存在论说明在突出作为理的性上有其重要用意。但是,性情的关系用这种存在论的分析,其结构虽然能得到说明,然而,对心的"现实态"的说明,即对说明孟子式的道德主体的发现是不够的。在此,朱子为了更好地说明心的作用,拿来了横渠的"心统性情"理论,因为它能很好地说明三者的机能作用。但是,在朱子那里因为性是理,所以,在这种存在论的心性规定中从道德方面看是相当静态的存在。因为,它成为心气相随的一个标准(蔡仁厚《宋明理学'南宋篇'》192 页台北:学生书局,民国69 年)。

因此,朱子所说的这种性格的"性"是与孟子"心性未分"的道德性"主体的"性是不同的。孟子作为天人合一之道体的人的道德主体,不是存在论的规定所能充分得到说明的,反而因所谓存在根据的形而上的性格容易观念化。由此,朱子的观点与孟子的原义走向了不同(同上 200 页)。

对从孟子到朱子更走向了分析性的这一点,我们应该把它看作思想展开的本质特征,从中可见一定的思想发展。

五、孟子的性善和朱子的性即理

朱子性即理的命题是最能表现朱子学性格的语言,也因此与阳明的"心则理"相比较。正如前所述,朱子论性与气时说"未有此气,已有此性"(《语类》4),论理气时说"且如万一山河大地都陷了,毕竟此理却只在这里"(《语类》1)。这种性与理的观念是形而上的实在,朱子如此构筑了形而上的世界。朱子运用心性情三分的逻辑也与此有联系。

"性即理"的命题原来是程伊川的。伊川说:"性即理也,……天下之理,原其所自,未有不善。"(《二程全书》22)又说:"性无不善,而有不善者,才也。性即是理,理则自尧舜至于途人,一也。"(同书 19)朱子认为此伊川之说乃是独创,投掷不破的真理,而且,伊川的这一"性即理"句经千万世也为圣论之根本(《语类》93)。

朱子说:"性即理也。在心唤做性,在事唤做理。"(《语类》5)据朱子此言,性即内在于心之理。此理不论在心上还是在现象界的物上都是同一的理,从中可见朱子形而上学体系之性论的特性。此时的性即理当然是存在论上的规定。但朱子和伊川强调性无不善,即善。那么,此命题和孟子的性善命题如何作比较呢?

朱子批评告子或佛教的性说不懂"本然之性",他说告子的"生之谓性"或佛教的"作用是性"都指气质之性(《语类》59),但佛教的性并不是像朱子所评论的那样是单纯的心,而是彻底磨练心而达到了理的心,其活生生的心的作用谓之性。只是佛教并不把性看作是形而上学实体的立场与朱子不同。告子也同样没有把性看作是形而上学的东西。朱子的批判当然是在性即理的立场上作出的。朱子批判陆象山的时候也同样利用了对告子的批判方法。陆象山死后,朱子去问丧哭之:"可惜死了告子。"(《语类》卷124)

朱子批判孟子的性说:"孟子说性善,但说得本原处,下面却不曾说得气质之性。"(《语类》4)"孟子只论性,不知论气,便不全备"(同书59)。孟子没有像朱子那样在分析心性情时将性仔细分析成形而上学实体是事实,但孟子也知道恶的根源在于天生的欲望,并在此基础上用"性善"来表明自己的道德立场和信念的(参照前二节)。

换言之,孟子的五官之欲也是性,但是性而不言性有其微妙之处,其微妙之处正是孟子性论的特性。即"欲望"虽是生理性的,但如果将它包括在性中就不能说性是善的。这样看来,孟子在欲中排除性而只把四端、良知、良能、良心等称为善的根源的东西看成是性并认为是"性善"。因此,孟子接而言之应"扩充"善,强调"求放心"、"养气"、"知言"等修养方法(参照前二节)。朱子或伊川批判的正是孟子的这些对恶的要素,即对欲望的客观说明不充分的地方。

但是,孟子并不是要通过客观考察建立性的学说,而是首先具有要建立孔子以来的道德主义信念和为此而进行自我修养及社会改造的道德使命,孟子对杨墨的"辟异端",和向当时的诸侯主张"仁政"、"民本"的政治思想等都很好的说明这些。他对当时人性论争的论敌告子曾从感情上加以攻击(参照前第二节)。因此,他的"性善"命题明确地表现出道德(伦理)命题所具有的所谓"劝诱性"性格。

朱子的"性即理"虽也是分析的,存在性的命题,但既然是道德的命题,那么能全然没有这种劝诱的性格吗? 当然性善说运用了善的概念而这个命题代替善运用了理的概念,用"事实命题"来表现,但"性即理"最终表达了"人之本性天之所命,纯善,应很好发挥此善"的道德说教。故朱子说"性则纯是善底"(《语类》5)。从根本上说,性理学的存在论或宇宙论是人基于反思的立场将理气转换为善恶的概念来使用的,从这一事实也可以看出性理学命题所具有的道德性性格。

而且,即使朱子同等看待理气,但从他的形而上学性格,人优越的性理学体系来看,朱子不能不认为本然之性比气质之性处于价值优位。山井湧的《宋明哲学中的,"性即理"与"心即理"》(《明清思想史研究》97 页,东京大学出版会,1980),对此问题作了探讨,认为"性即理"的命题是以无视气质之性侧面的形式建立起来的。这种立论方式已在孟子的"性善"立论中见到,比较两者,其立论方式相似。山井说"性即理"是心性论的一个学说;又说阳明学在整体上未能形成心性论而使"心即理"具有"教训、教导"的说教性格;陆象山、王阳明不是理论家而首先是具有信念或悟,并且在理论上加以说明的态度,所以,"心即理"并不是"心等于理"的意思(同上,103 页)。正如他所说,虽说"心即理"比"性即理"更倾向于孟子,但如果考虑性理学的基本立场是人论本位,那么,可以说朱子的"性即理"也没有多大差别。

总之,可以说朱子的这一命题是孟子"性善"的又一个表现形式,即代替"善"使用了"理"的概念,只是反映了通过与道佛的斗争而成立的宋代性理学的思想倾向(形而上学),孟子性善立论的宗旨丝毫也没有消失。这里就有朱子性论继承的一面和发展的一面。

六 结 语

孟子的心是道德的心,不是宋代性理学所说的区分心性的那样的心。孟子的性善严格的说善的素质是天生的,孟子将欲望从性中排除出去,只把四端、良知、良能、良心等"向善的根源"看成是性而说是"性善"。告子认为善恶是后天附加上去的名字,生得的性是白纸状态不能称之为善恶,即告子把性看作是"生"。

荀子把性理解为人生来就自然具有的东西而设置"伪"的概念,并认为后天的努力与功夫都是"伪"。他认为人因性恶而追求善,求善就是伪,而伪的内容就是学习圣人制定的礼行之。但他没有言及制定这些礼(也称仁义法正)的圣人之性和常人之性的差别。荀子也说人都有认识和行此"仁义法正"的素质和能力。由此可知荀子是将这些素质和能力从性中排除出去而说"性恶"的。

虽然孟子和荀子都把官能性的欲望看作是恶的根源这一点是共同的,但是,荀子把这一欲望看作是性的实体而主张性恶,孟子则承认欲望是性的同时故意将它从性中排出而主张性善。对天生的素质是什么的看法,两者的观察是相似的,只是强调其中的相异点各自为性。因此,性善性恶并没有像立场的形式那样在内容上也有那么大的差异。最终来讲两者只是立论宗旨上的差异,孟子是从人的内部也即德的"先验性"寻求人的道德的根据,荀子的着重点则是作为社会之人的"社会化"上。

宋代性理学在继承了孟子性善说的同时,将孟子的欲望部分称之为人的"气质",拟以恶的根源转归到气质的方法补完性善说。朱子也同样,他的性善说的核心"性即理"同孟子的"性善"宗旨一致。朱子的心性说作为对老,佛的对抗比起孟子的性说展开得很是分析性的,但那里照样有继承儒教道德主义的目的。因此,两者作为同样宗旨的"道德立论",具有"劝诱"的性质。

在今天的立场上看很好地表现了儒教立场的是孟子的性善和朱子的性即理,我们可以举出如下问题:

孟子只是一心思考如何匡正邪恶社会的实践问题,并没有提出恶是什么的理论的形而上学问题。这是因为儒家思想作为自然法思想对恶持有乐观的信念。荀子也是在假设恶的根源是先天的前提下,探讨了后天教化之必要的实践问题而没有对恶的问题本身作理论研究。因此,孟子和荀子的性说对如何解决今天社会的恶的问题是不够的。金炯孝《孟子和荀子的哲学思想》1622页汉城:三知院,1990)

孟子的性善是讲天的内在的性,故不能不善。此时的性与其说是相对的善倒是更具有规定性与天的绝对善的意义。因此孟子的性善应与他的"天命说"一起看,他的性说没有从理论上探讨恶的问题也与这种宗教观(天命观)有联系。把恶看作是"存在的缺陷"的儒家思想的渊源也在于此。所以,持有这种"乐观的天命观"的儒家思想对道德的人的不幸或人间社会的恶的问题没有什么对策。把恶看作是存在缺陷的见解正和 Saint Augustinus 的神学相对照(金炯孝前揭书 1718 页)。

宋代性理学以为在性论上完善气质论就可以解决问题而拿孟子的性善说构筑中世的"绝对论的伦理说"。宋代性理学在人之本性实现的"天理人欲"的关系上并没有将"绝对善和绝对恶"对立起来,而是把天理和人欲理解为"相互拉锯"关系,如此没有把人欲规定为绝对的恶是它进步的地方。但性理学在整体上是人的本性绝对善的所谓绝对论的伦理说,故是"禁欲"的,最终陷入"形式的礼法主义"。溯其渊源实可以说在于孟子。

（选自《国际性理学研究》创刊
号韩国程朱学会2000年发行）

李东熙,韩国学者,大邱启明大学教授。

本文探讨了程朱理学对孟子性善论的继承关系,指出,朱子性论的核心是"性即理",这与孟子的"性善"立论逻辑相同,而且二者都作为道德命题具有"劝诱"的性质,这也是东洋道德命题所具有的性格。文章先分析了孟子性善说的本质,又分析了孟子的心、性未分和朱子的心、性、情三分,强调朱子的"性即理"是孟子"性善"的又一表现形式,即代替"善"使用了"理"的概念,只是反映了通过与道佛的斗争而成立的宋代性理学的思想倾向(形而上学),孟子性善的宗旨丝毫也没有消失,这里就有朱子性论继承的一面和发展的一面。

孔孟的仁和程朱的仁说

赵骏河

一、绪　言

当今世界,是一个我们不得不直面危机的时代。世界的每个角落,到处都在接连不断地出现气温异常或天灾地变的恶劣现象。空气,水质,土壤等被污染,逐渐深刻的是连人类的生存都受到了威胁。再有比这更严重的是,由于伦理道德性的丧失,人们轻视人的存在并且加害于人,甚至连子弑其父之类的事件也接二连三地发生了。

这都是由于只是把大自然当作征服对象的现代人错误的世界观、宇宙观,以及以物质为主、以金钱万能的错误的价值观造成的。

我想,即将到来的 21 世纪,应该是一个为阻挡地球村的破灭,要求倡导向致中和的正确的世界观和以人为中心的道德的价值观方向尽快转变的时代。

过去的 20 世纪,是一个由西洋的学术、思想、哲学、宗教、文化支配世界的世纪。因而,东洋的东西受到重大打击以至处于损伤状态,就连我们东洋人自己,也是只要一听到是我们东洋的传统,就无条件地加以蔑视,甚至于认为在一天之内将我们的传统统统地破坏清算干净,才是走向文明发展之路的人,渐渐地也越来越多了起来。所以,连我们的传统到底是什么也不清楚,只要是西洋的东西,即便是它的短处也是无限憧憬,无条件吸收。这样的结果就必然导致,当今世界不得不直面危机四伏的局面。其实这期间,连西洋的学者们都意识到了西洋学的局限性,他们不光是开始借鉴东洋的学术、思想、哲学、宗教、文化,甚至认为 21 世纪将是东洋的时代。

　　然而,我们的传统思想和文化的核心到底是什么呢? 对于这个问题,当然会有各种各样的回答。就我个人认为:东洋传统思想之核心,其实就是儒家思想。所谓儒家思想,即是指从尧、舜、禹、汤、文、武、周公延续流传下来的传统思想,先由孔子实现了集大成,再经由曾子、子思、孟子传承下来。自孟子以后,该传统没能传下去,反遭断绝。然而,千余年后,竟有河南程氏两夫子又将孟子之后已断绝的儒家正统传统思想继承了下来,这不能不说他们实在是劳苦功高!

　　此后,河南程氏两夫子之学统再由朱子集大成。后人将孔子、孟子的儒学称为原始儒学,而将程子、朱子的儒学叫做新儒学。并且,将程子、朱子之学统最纯粹地继承下来的人,我想要数我们韩国的李退溪和栗谷先生了。

　　孔子创立儒学,乃时代的要求。当时正处春秋时代末期,周朝的王法已渐渐垮台,臣弑其君,子弑其父的事例层出不穷的混乱时期,孔子将尧、舜、禹、文、武、周公之传统思想集大成后,便创立了儒学。孟子又将阐明孔子的思想并使之发展,视作自身的使命,也是由于当时处于战国时代,天下变得更加混乱,而孟子坚信,只要是阐明推广孔子的儒学,就能找到救济现世之路,同时也是一条可以传给后世之路的缘故。事实上,如果历史上没有过孔子,古代先王们璀璨的思想及文化,将永远消失得无影无踪。另外若是没有过孟子,那么就很难将孔子伟大的儒学,准确地流传于后世了。

　　这以后,二程子再次将孔子、孟子之儒学继承下来并创立了新儒学,也是顺应了时代的要求。后汉明帝时代,从印度传来的佛教,于唐代已经达到极盛时期,同时在佛教的刺激下重新兴起的道教,于倡导老庄思想的同时,实际上已立脚于民间信仰并在民间层逐渐达到了极盛。当时的学者们,都被佛教和道教的形而上学之虚荒的理论,弄得很眩惑。也就是说,佛教与道教的思想和理论在当时的时代,的确是风靡一时。

因而,二程子跟其他儒家经传相比,更倾向于以形而上学之性理说为中心,进而促使宋代的性理学得以形成。朱子则在此基础上,完成了宋代的性理学。当然,程、朱学大量收容了佛教和道教的思想与学说,因而有人为此批判它为外儒内佛、道。然而,只看到程子和朱子对当时社会风靡一时的佛教及道教之学说、理论、思想进行一部分的收容和援用,便认为他们的学说不是儒学的观点,显然是错误的。因为当时佛教及道教的学术、思想、理论等,不仅仅在学术界,就是在一般社会上,也已经是一种通用的理论,程子和朱子也就自然而然地会使用当时学术界风靡一时的佛教和道教的理论与术语。此外,与孔子、孟子的儒学致力于伦理道德之实践相比,程子和朱子的儒学,则将力点更多地置于理论性以及形而上学方面。他们还力图克服当时盛行一时的佛教和道教的思想与学说之影响,并使新儒学最终得以实现。

当时,如果程子和朱子不能重新定义新儒学的话,那么孔子、孟子之儒学也就不能准确地传与后世。单从这点来看,程子和朱子的功劳,不能不说是极大的。

过去的 20 世纪,西洋的学术、思想、宗教、文化在全世界风靡一时。当然,它所作出的贡献是肯定的,然而其弊害也不少。举几个例子来说,它们将自然作为征服的对象而树立的自然观、宇宙观,进而在征服自然的过程中,给予人类的许多贡献都是事实,然而过分地对自然征服的结局,就是不负责任地破坏生态平衡,最后连人类的生存都受到威胁。它们独善的宗教观,导致各种势力的形成,其贡献也不是没有，但也使世界到处喷射着凄惨的战争的鲜血。它们的以物质为主的科学万能、金钱万能之思潮，使科学发展，物质丰富，其功不可没，然而，结果也将人类不是作为目的而是作为手段并使之颠落。

从这个视角来看，由孔、孟、程、朱之学问和思想中，寻找我们的致中和，天地位焉，万物育焉，实现自然与人之造化的宇宙观，以及不是把人作为手段而是作为目的尊重人的价值观，掀起一个可以引导时代进程的新儒学的时机已经到来。

当今时代，西洋的学术、思想、宗教、文化虽然已经支配着整个世界，然而其弊害也已达到了极点。就在这个时候，尽管我们包容着一切西洋的学术、思想、宗教、文化，但是可以克服其弊害之现代新儒学的形成，也成为了时代的要求。我个人认为，这也是我们学者们的一项任务。

在这样的前提下，今天，我们于二程子的墓域，在新建成的石桌、香炉和石碑前，行告由祭。之后，中韩两国的多位学者和专家们聚集一堂，专就程子和朱子的学问及思想，进行深刻地研究和讨论，我想这就更具有了深刻的现实意义。我们期待着本次聚会能获得较多的成果。

作为韩国性理学会的代表，我本人在此谨向劳苦功高的各位中国学者、专家以及政府官员们表示深深的感谢！

孔子、孟子、程子、朱子的思想中，其一贯的核心是什么？我认为，孔、孟、程、朱思想贯穿始终的就是仁。因此，在这里我想就孔子、孟子、程子、朱子的仁说，作一简要的考察。

孔子的仁，即向颜渊教授的，以克己复礼之对自己内在的自我完成之路，以及向樊迟教授的，以爱人对外的，即以对他人的爱，亲亲而仁民，仁民而爱物之强调爱的实践之路。孟子的仁，则以恻隐、羞恶、辞让、是非之"四端"，一边证明仁、义、礼、智四德之内在性，一边强调扩充"四端",并一边以性善说说明仁的内在性,又一边强调政治中的仁政。而程子一边继承了孟子的仁之内在说,一边又企图在天地之生生不已的大德中寻找仁,以仁之理提示公,以仁之施用注解恕和爱,并力图在仁中设立天地万物之一体说。再有,朱子则以心之德,爱之礼注解仁。仁即是:人在出生的时候带着本性而来的,作为内在德性之仁,以及爱的作为理致之仁,并以天地的生物之心和人的爱人利物之心来说明仁。首先,让我们来考察一下孔子的仁。

二、孔子的仁

然而,"仁"到底是什么呢? 对于这种询问,回答起来不能说是容易的事。孔子对向他问"仁"的弟子,对于"仁"的观念,无论从理论上还是在分析中,都没有说明过。弟子们只是各自将其可能实践范围内的实践中的仁,即只是对实行仁的方法,说明了一下而已。因为《论语》的五十八章中,涉及到"仁"字的只出现了 105 次。而且,对于问"仁"的弟子,孔子的对答几乎没有同样的。

"仁"这个字本身,当然在孔子以前就已开始使用。从殷墟出土的甲骨文使用了"仁"字,金文中也有,《诗经》或《书经》之类的古经中也使用过"仁"字。其含意大体上都为亲爱,慈爱等,即是爱的意思。

把"仁"当作一种学说,将之作为最高准则来使用的,还是以孔子为先。在儒家的经传十三经里,"仁"字出现了 445 次。然而,大部分还是从孔子以后才开始使用的。

孔子的"仁"说,可以看作是将自尧、舜传下来的先王之道,使之归一于仁之大道。以《论语》为中心,试着分析一下如此仁之意义,大体上可以从两个方面来说明:一个是向内的克己的方向,另一个是向外的爱人的方向。这里所谓的向内之克己的方向，就是指对自己的东西，即自己克服自身的欲望、欲心，以自己内在的反省的方式，朝着自觉的道德、哲学、宗教的自我完成之方向，最终抵达内圣之路。那么，所谓向外的爱人的方向，则是指对他人的东西，即在人与人的关系中实现爱之路。也就是孝敬父母、恭敬上面的人，爱护下面的人，进而推及到治理国家、平定天下之伦理道德，以及政治之治人的方向，也可称作外王之路。

向内的克己之方向，即作为个人内在修养之克己以及作为自我反省之自觉，进而可以走上达成天与人、物与我互为一体境之路。仲弓问仁时，孔子说道："走出门外，对遇见的每一个人，都以尊贵的客人相待吧！"颜渊问仁时，孔子又说道："自己克服自身的欲心，回归到礼的话，便成仁。"当颜渊问起具体条目时，他回答道："不是礼的话不要看，不是礼的话不要听，不是礼的话别说话，不是礼的话连动也别动！"。这些都是从个人内在的修养方面来说明仁的，即惟有克服自身的欲求、欲望，使身心的所有活动都与礼相适应时，才能搞清楚仁到底是什么。

另外，仁之向外的方向。仁在孔子以前相传就有亲爱和爱人的意义。这与《论语》中"孝与弟，为行仁之根本"一样，从孝敬父母、恭敬长辈的家庭伦理开始，以恭敬、礼让、宽容他人的社会伦理，进而实施诸如"广泛地施与恩惠，救济大众"，"自己要站起来的话，也帮别人站起来；自己要通达的话，也让别人通达"等人类之爱，并最终抵达实现齐家、治国、平天下的方向。这里的仁称为爱人。再有，唐朝韩愈也说过博爱即是仁。然而，即便是这样，它跟像墨子的"将别人的身体看作自己的身体，把别人的家人视为自己的家人"之兼爱，或是基督教的"右边的脸挨打后再把左边的脸送上去"，以及，"像爱自己的身体一样，爱你身边的人吧"等如此这般无条件的博爱相比，是不一样。

　　虽说把"仁"解释为爱人或博爱,实际上指的是"亲爱亲人因而对人民仁政,对人民行仁因而爱惜物"之爱。另外,"敬养自家的老人,从而推广到敬养别人家的老人;爱护自家的小孩,从而推广到爱护别人家的小孩"。再有,"根据亲近的程度,亲近地对待亲人之次序,以及按照贤能的程度,尊崇贤人之差等,即所谓从礼中产生的",即具有次序及差等的仁爱。所以,即使把仁称作爱人或博爱,它与宗教的博爱或兼爱,相互间还是不同的。

　　如果万一只讲博爱,对待别人的父母跟对待自己的父母一模一样的话,那将是自己父母的不幸。若是对怨仇和恩惠一样对待的话,便会产生不公平。这样一来,并不是说只爱自己的家人,而疏忽别人的家人。人,当然对一切生物,甚至对非生物,也都应该爱惜。这里所说的,只是强调必须有亲亲尊贤之等次的意思。这点也可以说是儒家的"仁"所具有的特征。

　　以上是从对自己、对他人的两个方向来考察"仁"的。即所谓人,也具有个人性和社会性两个方面,其根本的原理就是可称作仁的东西。换句话说,完成自身之人格修养,成为一个完美无缺的人。在对人关系中,也是爱所有的人,但这种爱是有次等的爱,进而可以爱惜一切事物,这其实就是"仁",从而人也是更像人的人。

三、孟子的仁

　　孟子认为,人的本性为善,其善之本性的内容即是:仁、义、礼、智。而仁、义、礼、智的本性,与外物连接时又是以"四端"的情感表现出来的。只要是人,谁都有恻隐、羞恶、辞让、是非等"四端"。因而,孟子说道:"没有怜悯同情之心,不是人;没有羞耻憎恶之心,不是人;没有恭敬辞让之心,不是人;没有是非之心,不是人。怜悯同情之心是仁的开端,羞耻憎恶之心是义的开端,恭敬辞让之心是礼的开端,是非之心是智的开端"。所有的人,作为其本性之仁、义、礼、智的"四德",都是先天就已具有的。这"四德",通过情感表现出来的时候,是以恻隐、羞恶、辞让、是非之"四端"出现的。所以说这"四端",是谁都具有的本性。因此,孟子说道:"还要人抱着的幼儿,没有不知道爱他的父母的,等他长大了,没有不知道尊敬他的兄长的;亲爱父母,是仁;尊敬兄长,是义。"幼儿即使没有受过教育,由于其内在的德性,也都自然地可以行仁、义、礼、智。由此,孟子又说:"人所不待学习就会的,那是良能;所不待思考就知道的,那是良知。"由于良知、良能的存在,使"四端"之扩充也成为了可能。

人能成为像样的人之根据,就是本性,即仁、义、礼、智之"四德"。然而,这"四德"又是以"四端"表现出来的。由此,这"四端",即成为告诉人们该做点什么,该怎样生活之义务的基准。因而,孟子又说:"人有四端,就犹如人有四肢。拥有四端却道自己不能行仁义之人,那是自欺欺人者;说自己的君主不能行仁义的人,那是害自己君主的人。"由于人之本性里边,早已具有仁、义、礼、智"四德",所以不管是谁只要是想做,就一定能行仁义。再有,行礼义也是可行的。孟子的"仁"和"礼",于外在的规范以前,即是已经存有的内在的天赋和德性。由于有作为内在德性的仁和礼,因而外在的仁和礼也是可行的。如果作为内在德性的仁和礼不存在的话,那么外在的仁和礼也就不能实行。那并不是否定外在的仁和礼,由先王制作的经礼三百和曲礼三百等外在规范,之所以可实施,正是由于有我们本性里边作为内在德性的仁和礼的缘故。这作为内在德性的仁和礼,又是以"四端"的恻隐之心或辞让之心的形式表现出来的。然而,恻隐之心或辞让之心,对于我们来说,都是本性里固有的东西。因而,孟子说道:"怜悯同情之心,人人都有;羞耻憎恶之心,人人都有;恭敬之心,人人都有;是非之心,人人都有。怜悯同情之心,就是仁;羞耻憎恶之心,就是义;恭敬之心,就是礼;是非之心,就是智。"

仁、义、礼、智,不是由外面来修饰我的,而是我本身固有的,只是人们不好好思索罢了。所以说:"'探求就能得到,舍弃就会失掉'。人与人之间,有相差一倍、五倍甚至无数倍的,这是因为不能都充分发挥自己资质的缘故。"

其实,恻隐、羞恶、恭敬、是非之本体,正是仁、义、礼、智。而仁、义、礼、智又是先天之本性所固有的。人之所以变恶,是因为他对作为本性发现之"四端",既不能思考,又不能探求其扩充的缘故。因而扩充"四端",认识到必须发掘本性里的仁、义、礼、智的时候,仁便成为了"四端"之根据。

四、程子的仁说

孔子是从实践方面来强调仁的;孟子则强调作为内在的德性之仁,说明了作为道德实践之根据。然而,孟子之后几乎没有什么学者能准确地理解"仁"之含意。唐朝的韩愈虽说过:博爱之谓仁,并以博爱来注解仁。可是,此见解有问题。因为,博爱只是"仁"的一部分而已,不能代表全部。并且,所谓"仁",即是性,属于理。所谓"爱",即是情,属于气。所以说,仁和爱是不可分的关系,若将仁仅以博爱来注解的话,显然是不足的。

然而,直到宋朝的程子,才开始有了能准确理解孔、孟之仁的人。与当时的学风相适应,并进行了注解的,就是程子的"仁"说。当然,跟孔、孟的仁说相比,程朱的仁说主要是从理论上说明了仁的概念,这也是顺应了当时的学风。由后汉明帝导入的佛教,和受之影响而重新掀起的作为民俗宗教的道教,在唐朝已形成极盛时期。在它们相互影响下构筑起来的形而上学之空虚及虚荒的理论,在那个时代是很风行的。也正是在这个时候,出现了宋学。

宋代,有周濂溪从儒学的经传中抽出形而上学之理论,编纂了

《太极图说》和《通书》。当然,它还有许多不太纯粹的一面。然而,程子在新儒学形成过程中,将孔、孟的仁说作了一些适宜的补充,并站在这个立场上将仁说进行了展开。

程子说道:"天地之大德即是生,天下絪蕴,万物化醇,生出性。万物生之意义最可观,这里的'元即是善之长',亦所谓仁也。"又说:"于寂静中观察万物,一切皆有春意,切其脉,最可体验其仁。"此外,"若观察雏鸡的话,你便可在此看到仁"。也就是说,春天万物复苏,鸡蛋以新的生命体——雏鸡的形式出现,因而就可从其中发现"仁"。再有,"自古以来,能绝对理解仁之含意的人不曾有过。一定要将它和道与五常分别开来。若只是兼体的话,往往可能只有四个而已。另外,若以身体来比喻,仁即是头,而其它四端则是手足。虽然,在《周易》中称元为善之长,但也是必须通过四德而言的"。即强调,仁为五常(仁、义、礼、智、信)之首,且兼通四德(义、礼、智、信)。还有,"仁之道,例如只道一个公字,而公只是仁之理,还不能马上将公唤作仁"。另外,"公以人之亲身实践而成为仁。只是行公的话,则事物与我相互兼照。因而,若行仁,则能宽恕,则能爱。宽恕即为仁之施与,爱则是仁之所用"。在说明仁与公之关系的同时,又看到:人如能公正、公平的话,那么别人的错误也能宽恕,甚至可以去爱别人了。恕与爱正是用来说明仁之施用的。这便是人之私情、私欲。人若陷入私曲的话,就是想要行仁,也是不可能的。由此,可看出对"公"的强调。

此外,"人的一只脚或腿因病却不知痛痒,则谓之不仁。人之不仁也是如此。大凡人们都不知道自身拥有仁道,一旦知道的话,便由此成仁"。再有,"学者应该知道,仁之本体实际上在我们自己的身体中,重要的是义礼需要栽培,求经传之义也是栽培的意思"。因而强调仁道之内在固有性。还有,"仁者浑然与万物同体,义礼智信皆是仁。懂得此理致的话,只是以诚和敬存之而已""若能至极

仁,则天地为一身,而天地之间万物又可看作是四肢百体。大凡是
人,哪有不爱自己的四肢百体的?圣人,亦即至极仁的人,独能珍藏
这种心而已。早已支离多端,又怎么能自外面求得呢?因而,这可
能是近处取譬喻吧!这也正是孔子向子贡教授的行仁之方法。医
书中把手足麻痹叫做四体不仁,那是因为疾痛与他的心连接不到一
起的缘故。手足是我们身体的一部分,若不能一起承担疾痛的话,
不是不仁又是什么呢?在世上心残忍,不知道恩惠的人,其自暴自
弃的情境,也跟这差不多"。此外,"因仁者以天地万物为一体,没有
不是我的东西。如果对天地万物都像对自己的身体一样看待的话,
哪有做不成的事呢?若不能有诸自身的话,那么与万物之距离又何
止千万呢"?由此看来,所谓"仁"者,即是对天地万物都如同对自己
的身体一样去看待并去爱的人。

以上我们探讨了程子之"仁"说,即是作为天地事物之心的仁,
以及随着人由出生而带来的先天之本性中内在的仁。在此,我们将
两者连接起来共同论述,提示出了公,论说了仁兼有四德,体验仁
道,论述了物我一体之境地中的东西等。

五、朱子的仁说

朱子继承并发展了孔子、孟子、程子之仁说,他将"仁"定义为心
之德,并以爱之礼规定之。朱子说道:"天地以生万物为心,人物之
生,又各自得其天地之心并当作自己的心。因而,这又叫做心之德。
虽其总摄、贯通无所不备,然一言以蔽之,不过就是仁而已。大凡天
地之心,其德有四:即元、亨、利、贞。而元又无所不统摄,其运行起
来,则为春、夏、秋、冬之序。而春生之气又无所不通。因此,人的心
也有四德,即仁、义、礼、智。然没有仁不包括的,其发用起来,则为
爱、恭、宜、别之情。而恻隐之心又无所不贯通。故而天地之心,又

称作乾元、坤元。对四德之体不用——列举也足矣。论人心之奥秘,所谓仁即人心也。亦即四德之体用,不必——列举也都如此。大凡仁之道,乃天地生物之心,即物而在。情即使未发,而此体已具备;若情已发,则其用无穷。若真能体而存之,则众善之根源以及百行之根本,莫不在此。这也正是孔门之教育,之所以必使学者汲汲于求仁之缘故。孔子说过:'克己复礼为仁。'即是说人若能克服自身的私而回归天理的话,那么此心之体便无所不在,而此心之用也就则无所不行了。孔子又说:'居处恭,执事敬,与人忠',则是存此心也。孔子再道:'事亲孝,事兄弟,及物恕',亦即行此心也。孔子还说:'求仁,得仁'。即辞让国家,逃避而走;谏其伐君,因饿而死。也只是为了不失去此心。"又道:"'杀身成仁。'欲求甚于生,恶甚于死,只是为了不害乎此心。那么,此心到底为何心呢? 在天地之间,则为快然生物之心;在人则为温然爱人利物之心。此心又包括四德,贯通四端。"由此可见,程子学说在此基础上又向上进了一层。对此有人问道:"程子之所谓'爱即情,仁为性,不能将爱说成是仁',难道此话说错了吗?"对此疑问,朱子回答道:"不是那样。程子这样说不过是以爱之发来定义仁而已。而我如此论述,也只是为了用爱之理来定义仁。大凡是情、是性,虽然分域不同,但其脉络通达,各有所属之派。在判断的时候,又怎么能说它们之间不相干呢? 现在这位学者只记住了程子的话,却不探求其含意,于是作出判断,我想脱离爱来说仁是不对的。特别是,在论述的过程中,那位学者加进去了自己的意见,却反而说跟程子的学说不一样,是不是搞错了?"当时的学者们对程子的真正意思不能绝对地理解,只是抓住他的一些话,就企图将仁和爱看作是完全没有关系的两样东西,想必是已成了一种病态。其实,仁是十分强调爱之理的。

　　又有人问道:"程子说了许多没用的仁。如:'不是所有的爱皆是仁。万物与我为一,是仁之体也。'又如:'爱非仁也,而只是将心中有的知觉来解释仁'等等。现在你这么说,不就意味着程子的话都是错的吗?"对此,朱子答道:"程子只是在说'物我为一者'的时候,可以见到'仁之无不爱'的说法。而非仁之所以为体之真也。他说的'心有知觉者可以见仁之包乎智矣',而非仁之所以得名之实也。"由此可以看出:朱子对于程子之仁说,在抓住可能出现误解的观点的同时,又对此作出了补充说明。并且,朱子又对"仁者,是否为天地生物之心"的质疑,回答道:"天地之心只是生而已,万物都是在生之瞬间才有此物的。譬如草木之萌芽、枝叶、条干,皆是方生有之。人与物之所以生生不息,正是由于生之缘故。当终于不能生的时候,便会因干枯而死。这就是一个对仁之体进行的通论。"即生生不息,在其生之中论仁之体。再有,"仁也者,天地所以生物之心而人物之所得以为心者也。唯其得夫天地生物之心以为心,是以未发之前四德就已经具有。说仁义礼智而仁无不统摄,已发之际,出现四端。又道恻隐、羞恶、辞逊、是非,而恻隐之心无所不通。此仁之体用所以涵育浑全周流贯彻,专一心之妙而为众善之长也"。

此外,又有人问起"仁者,心之德,爱之理"这个问题。朱子回答道:"所谓'仁者,心之德',犹言润者水之德,燥者火之德,'爱之理',犹言木之根,水之源一样。"接下来又道:"说仁者,爱之理的时候,理是根爱是苗。仁之爱,如糖之甜,醋之酸,爱即是那滋味。"他再说道:"仁是根,爱是苗,却不可将苗唤作根,然而这个苗却定是从那根上来的。"又说:"爱是恻隐,恻隐是情,其理智可称作仁。说心之德时,德只是爱;谓之心之德,却是爱之本柄。"然后又说:"心之德,是统说;而爱之理,则是就仁义礼智上的分说。如义便是宜之理,礼便是别之理,智便是知之理。只要是理解、弄懂了爱之理的意思,那么就即可理解心之德的含意。"最后,他说道:"爱虽是情,爱之理是仁也。仁者爱之理,爱者仁之事,仁者爱之体,爱者仁之用。"

　　由以上的探讨过程,可找到孔子、孟子、程子、朱子之仁说的关联性。

六、结　　论

　　20 世纪由于错误的西洋思想之弊害,使当今世界不得不直面危机。由此,我们可以说,21 世纪于东洋思想中寻求活路的时机已经到来。

　　东洋璀璨的精神文明之精髓,正是儒家思想,即由尧、舜、禹、汤、文、武、周公延续和相传下来的传统思想,再经由孔子集大成后得以完成。

　　经由孔子完成的儒家思想,经过其弟子曾子,又由子思、孟子将其传承下来。孟子以后却没能接着传递下去。然而在过去了千余年之后,又有河南的程明道、程伊川两夫子,重新使孟子之传统得以继承,后再由朱子实现了将新儒学集大成。

　　当今世界,尽管在西洋思想风靡全球的今天,我们还是要努力再创造更适应时代要求的新儒学。从这点来看,我想我们的责任无比重大。

　　然而,当我们试图寻找孔、孟、程、朱思想之一贯核心时,其实那就是仁。孔子以内在的自我完成以及外在的爱的实践来教授仁;孟子则强调本性里内在的仁性之发现;而程子要人们到生生不已的天地大德中去寻找仁,以公实现仁,并揭示出物我一致的境地。朱子呢,则以心之德、爱之理来注解仁。

　　孔子、孟子、程子、朱子之核心思想,即是仁。仁作为东洋传统思想之核心,在过去的两千余年期间,它不仅仅在提高东洋人生活质量方面建立过伟大的功绩,而且我深信它还将为现在以及未来人类的生存与发展揭示出一条希望之路。这一点既是分明也是必要的。

（选自杨晓塘主编《程朱思想新论》，人民出版社1999年版）

赵骏河，韩国著名学者，同德女大教授，韩国程朱学会会长。著述丰厚，主要论文有：《对中国传统伦理的现代理解》、《二程之新儒家思想研究》、《论孔孟的思想与21世纪》等。

本文探讨了程朱理学对孔孟仁学的继承关系指出，经由孔子完成的儒家思想，经过其弟子曾子，又由子思、孟子将其传承下来。孟子以后却没能接着传递下去。然而在过去了千余年之后，又有河南二程重新使孟子之传统得以继承，后再由朱子实现了将新儒学集大成。孔、孟、程、朱思想之一贯核心，就是仁。孔子以内在的自我完成以及外在的爱的实践来教授仁；孟子则强调本性里内在的仁性之发现；而程子要人们到生生不已的天地大德中去寻找仁，以公实现仁，并揭示出物我一致的境地。朱子则以心之德、爱之理来注解仁。仁作为东洋传统思想之核心，将为现在以及未来人类的生存与发展揭示出一条希望之路。

20世纪儒学研究大系

二程子之新儒学思想研究

赵骏河

一、绪　　言

当今世界科学技术文明迅速提高,经济增长飞速发展,世界各国的竞争日益激烈,在这样的经济形势下,我们越来越面临着危机。现在世界到处出现气温异常,天灾地变等现象十有发生,空气,水质,土壤等环境污染愈来愈严重,已经威胁着人类的生存。还有更为严重的是人类社会伦理道德沦丧,轻视爱,践踏爱,甚至于出现"子弑其父"骇人听闻的人间悲剧。这一切都是由现代人持有错误的把自然当作征服对象的世界观、宇宙观,及物质第一,黄金万能的价值观所导致的。

为避免21世纪地球村的毁灭,我们必须转变以往错误观念,确立"致中和"的正确世界观,及以人类为中心的道德价值观,这种世界观、价值观的树立是迫在眉睫的时代要求。

过去了的20世纪,是西方学术、思想、哲学、宗教、文化占据世界主宰地位的时代,因而东方的学术、思想、哲学、宗教、文化就遭到了巨大的打击,被打得体无完肤,遍体鳞伤。现在我们东洋人自己都无条件的蔑视东洋传统的东西,甚至于越来越多的人认为,我们传统的东西被彻底破坏,清算,才是走向文明发展的唯一出路。长期以来,有些人甚至不知道我们的传统是什么,盲目崇洋媚外,只要是西方的，哪怕是糟粕也无条件的憧憬并吸收下来，这样的结果必然导致当今世界危机的到来。如今西洋的一些学者也认识到了"西洋学"的局限性，而把注意力开始转向东方的学术、思想、哲学、宗教、文化，并且认为21世纪是东方主导世界的时代。

那么，我们的传统思想及文化的核心究竟是什么呢？对于这一问题，当然是智者见智，仁者见仁。依我看来，东洋传统思想的核心是儒家思想。儒家思想是由尧、舜、禹、汤、文、武、周公传承下来的，由孔子收集整理而成。后由曾子、子思、孟子继续传承下来，孟子以后，其思想体系没能传承而中断。千余年后，河南程氏两夫子又把孟子以后中断了正统的儒家传统思想重新继承下来。

河南程氏两夫子的学说（学术思想）主要是依据了朱子的思想。后代人因而称孔子孟子的儒学为原始儒学，而称程子朱子的儒学为新儒学。真正完全精确地继承程子朱子学说的是韩国的退溪—栗谷。

孔子始创儒学是时代的要求。春秋末期，周朝王法渐弱，社会处在"臣弑其君"。"子弑其父"的混乱时期。在这种情况下，孔子集尧、舜、禹、汤、文、武、周公等传统思想之大成，创始了儒学。孟子当时之所以把阐明并发展孔子思想为己任，是因为战国时代，天下比起前代更为混乱。他认为在当时的历史条件下，只有阐明孔子的儒学，才是解救当时混乱状态的唯一出路，也只有这样才能代代相传。事实上，假如没有孔子，那么古代先王灿烂的思想及文化，就可能永远销声匿迹了。同样假如没有孟子，那么孔子杰出的儒学思想就不可能在后世得以完整无损的流传至今。

二程子继续继承孔子孟子的儒学思想并创立新儒学，这亦是顺应了时代的具体要求。后汉明帝时期从印度传来的佛教，到唐代已处极盛时期。受佛教影响而兴起的道教，标榜老庄思想，在民间信仰上立足了脚跟，从而在民间中广为流传。旧连当时的学者们，也为佛教、道教这样一种形而上学的，荒诞无稽的理论所迷惑，因而佛教和道教的思想及理论，在当时风靡一时。

二程子不是以儒家的经传，而是以形而上学的性理说为中心，吸收当时盛行的诸多思想，创始了宋代性理学。

当然，正因二程子吸收了很多佛家道家思想及学说，确实也有一些人批判二程子的学说是外儒内佛道。

但是我们如果因为程子收容、吸取、援用了当时风靡社会的佛家、道家的学说、理论、思想的一部分，而认为程子学说不是儒学，那是错误的。因为当时佛教和道教的学术、思想、理论等，不仅在学界，而且在一般社会也广为应用，程子只不过是把当时风靡学界的佛教和道教的理论及述语中适宜的部分恰到好处的采用了而已。另外，孔子孟子之儒学偏重于伦理道德的实践，而程子的儒学却更注重于理论方面，形而上学方面。这一崭新的，新儒学学说的出现，克服了当时盛极一时的佛教道教思想及学说的不足之处。

如果当时程子没有能够创始新儒学，那么孔子孟子儒学在后世就不可能完整无损的流传下来，这样一想，程子的功勋之大是不可否认的。当然，二程子创立新儒学有其时代的背景及思想背景，但是我们应该承认二程子创始的新儒学思想具有独创性。

当今西方的思想和哲学风靡世界的情形，与二程子当时创始新儒学时的背景有很多相似之处。本人准备在探讨新儒学创始的时代背景及思想背景的同时，研究二程子的生涯及著作，然后研究构成新儒学核心的天理论和性论，最后研究从孔、孟传承到程子的仁说。

二、二程子创始新儒学的背景

1. 时代背景

二程子是指程明道(名:颢)和程伊川(名:颐)二兄弟。程颢(1032—1085),程颐(1033—1107)是亲兄弟。兄程颢俗称大程;弟程颐俗称小程,合称二程,后代人尊称其为二程子。二程子是继承孔孟儒学,在北宋时期,创立新儒学的著名理学家、政治家、教育家。二程子创始新儒学,引起了儒学史上一次重大的变革,具有非常重要的历史地位。他们在中国哲学、经学、政治、伦理、教育、宗教、文学等各个领域都具有极其深远的影响。

这种影响的产生与二程子生活的时代也有密切的关系。那时正是社会制度、政治思想、价值观等发生巨大变革的时代。

庆历3年(1043)范仲淹被宋仁宗任用为参知政事而实行改革,历史家称其为庆历新政。其改革的主要内容有十项:1)明黜陟 2)抑侥幸 3)精贡举 4)择长官 5)均公田 6)厚农桑 7)修武备 8)减徭役 9)覃恩信 10)重命令。范仲淹的十项改革方案由仁宗皇帝向全国颁布。其中"厚农桑","减徭役"等减轻农民负担,促进生产等效果虽然没有奏效,官制改革因侵犯了当时官僚和地主们的利益,遭到了这些人的强烈攻击和毁谤,所以没多久范仲淹就被驱除官职。庆历新政以失败而告终。

庆历新政失败后,士大夫阶层纷纷提出改革案。司马光、文彦博、程颢、程颐、苏轼、苏辙等纷纷从各种角度提出了改革的方案。

其后,熙宁2年(1069)神宗起用王安石作参知政事,从而开始了王安石变法,我们称之为熙宁变法。熙宁变法的具体内容是:富国的均输法、青苗法、免役法和强兵的将兵法、保甲法。除此之外,还实施了从科举到教育领域的一系列改革,从而对社会产生了极大的影响。王安石变法以富国强兵为宗旨,的确取得了一定的成果。但是它加重农民负担,更偏重于顾及大地主利益,因此在实施变法过程中也确实有诸多问题。元丰8年(1085),神宗驾崩以后,新法即被废除。

神宗驾崩后,不到 10 岁的哲宗皇帝即位,高太后听政,年号为元祐。司马光作政丞,新法全部废除,王安石一派受到排挤,新实行的法称其为"元祐更化"。

王安石新法废除后,原来主张施行这一新法的人们支离破碎,四分五裂。分裂为以程颢为首的"洛党";以苏轼为首的"蜀党";以刘挚为首的"朔党"三个集团,他们相互攻击,进行党派之争,后来程颢受到了蜀党的攻击。

哲宗亲政,年号为绍圣,他主张继承神宗时代的新法,因而称之为"绍圣绍述"。哲宗起用新党人物,逐渐回复新法,而排斥反对党人物。

其后徽宗即位,年号为崇宁,他继承神宗,选用新法派人物蔡京等,以"新法"之名大规模地排挤反对党人物司马光、文彦博、苏轼、程颐等数百余人,称其为"元祐党人",而所谓蔡京之流以"变法运动"为名,恣意妄为,倒行逆施,最终导致了北宋的灭亡。

2. 思想背景

下面我们准备分析二程子重新创始性理学的社会、思想、文化背景。

宋王朝建立当时,社会上盛行唐五代时期颓废的社会风气,人们祈求神灵降福人间,信奉宗教信仰,天下到处蔓延着荒诞虚无的理论,人们不讲伦理纲常。人文价值观极为混乱。

当时的思想家们纷纷认为应该遵循唐代韩愈,批判佛教、道教,提倡儒学的"道统"理论。可以称为性理学先驱者的宋初三先生(胡瑗,孙复,石介)中的孙复和石介先生把排斥佛教和道教作为自己当仁不让的任务。孙复批判佛教和道教中宣扬的死生、祸福、因果、报应、虚无之说。认为佛教和道教不可能与儒学一起相提并论。认为三旗对峙,这种怪现象是不可容忍的。主张必须一并予以攻击。《孙明复先生小集》《儒辱》:"汉魏而下,则又甚焉,佛老之徒,横于中国,彼以死生祸福虚无报应为事……于是其教与儒齐驱并驾,峙而为三。吁! 可怪也。"此外,他重视唐代韩愈,批判佛教,赞扬儒学的道统论说:"吾之道乃尧、舜、禹、汤、文、武、周公、孔子之道也。乃孟轲、荀卿、扬雄、王通、韩愈之道矣。"《孙明复先生小集》《信道堂记》:"吾之所为道者,尧舜禹汤文武周公孔之道也,孟轲荀卿扬雄王通韩愈之道也。"孔孟以后,在儒家的道统上增加了荀卿、扬雄、王统、韩愈之道。

石介继承孙复继续攻击佛教和道教。他认为"佛老以妖妄怪诞之教坏乱之,……吾学圣人之道,有攻我圣人之道者,吾不可不反攻彼也"。《徂徕石先生文集》卷5《怪说》下:"佛老以妖妄怪诞之教壤乱之,……吾学圣人之道,有攻我圣人之道者,吾不可不反攻彼也。"同时他还在儒家的道统上增加了尧舜以前的伏羲、神农、黄帝等六位古代圣人。

欧阳修也批判了佛教和道教,认为佛教和道教是以"混蒙虚无为道"《居士外集》:"以混蒙虚无为道。",并规劝世人实践儒家的"圣人之道"。

李觏是从富国强兵的角度来批判佛教和道教的。他认为"佛教和道教存,则其害有十;佛教和道教去,则其利亦有十"《李觏集》卷16《富国策》第五:"缁褐黄存则其害有十,缁褐黄去则其利有十。",并历数佛教和道教对富国强兵之害十项内容,强烈地抨击了佛教和道教。

王安石也从治理社会的角度上批判了道教和老子的"虚无空谈"《王文公文集》卷27《老子》:"废礼乐刑政于天下,而坐求其无之为用也,则亦近于愚矣。"

苏轼和苏辙的蜀学,虽然以"三教合一"为其特色,但即便是他们,在伦理思想上,还是强调儒学的"仁义礼智"和"君臣父子"的道德原则《奕城后集》卷10《历代论·梁武帝》:"蔑君臣,废父子,而以行道于世,其废必有不可胜言者。"。

从以上的分析中,我们不难看出,复兴儒学,理正伦理纲常,正是当时社会的普遍要求。同时,在当时对儒家经传的注释及解释,已经从汉代考证学逐渐转化为"义理之学"。

但是,当时社会上也曾掀起了对经传持疑心态度的风潮。比如,刘敞写作《七经小传》,打破了汉唐代注释的桎梏,按照自己的理解对经传进行解释;欧阳修写作《易童子问》,认为《周易》中的《系辞》不是孔子之作,写作《问进士策三首》提出《周礼》的真伪问题;苏轼、苏辙亦不相信《周礼》对《书经》提出质疑;李觏写作《常语》和《礼论》;司马光写作《疑孟》对孟子进行批评;晁说之则排斥攻击《诗序》等,一时间出现了对经传提出质疑,各述己见之现象。

当时还掀起了儒、佛、道三教融合为一的风潮。唐宋代的李翱、柳宗元、苏轼三父子等人,都是主张三教融合为一的知名人物。

正是在这样的历史条件下,二程子创始了新儒学。

三、二程子的生涯及著作

1. 生涯
1)家系

宋代性理学的创始人程颢(1032—1085)和程颐(1033—1107)出生于北宋中期。程氏先祖乔伯是周朝的大司马,在程(现今陕西省咸阳东)之地受封,得程氏之姓。二程之五代以上在中山博野(现今河北省定州市)安居,二程之高祖程羽作兵部侍郎,在当时首府开封居住。但曾祖程希振作员外郎,过世后在伊川(现今河南省伊川县)举行葬礼,后举家乔迁伊川。祖父程遹被皇帝赏赐受封为吏部尚书。二程父亲程珦(1006—1090),字伯温,历任黄陂县尉、大理寺丞、知虔州兴国县、知龚州、国子博士、知汉州、太中大夫等职,世人皆称之为"清白之吏"。

2）程颢的生涯

程颢，字伯淳，号明道。宋仁宗明道元年（1032）出生，宋神宗元丰八年（1085）逝世，享年 54 岁。程颢是在其父任地黄陂出生，自小随其父任地的变迁而逐渐成长，受到了严格的家庭教育。庆历 6 年15 岁（1046）时，父亲（程珦）在虔州兴国县任职期间与安南军司理参军周敦颐（字茂叔；号濂溪 1017—1073）甚好，使程颢、程颐兄弟拜周敦颐为师学习《周子全书》卷 20《周敦颐年谱》："程珦令二子事师之。"。但二程子对这一事实从来没有承认，仅有程颐曰"先生（程颢）十五六岁时，曾听汝南周茂叔论道"《二程集》卷 11《明道先生行状》："先生为学，自十五六时，闻汝南周茂叔论道。"，但是没有直接拜师学习的记录。但我们可以肯定他们受到了周茂叔思想影响。他们听周茂叔论道的时间大约是一年。

嘉祐 2 年（1057）26 岁时，曾考中进士，此时张载（字子厚，号横渠 1020—1077）也一同考中。这个时期程颢兄弟和张载曾互相探讨学术问题。

嘉祐 3 年（1058）27 岁时，始作京兆府鄠县主簿，治平元年（1064）32 岁时，作泽州晋城县令。他以"视民如伤"的宗旨执政，政绩辉煌。后作秘书省著作佐郎、太子中允、监察御使等职。他对王安石的新法持批判的态度，屡次上疏，表白自己的见解，但神宗始终没有采纳他的意见。熙宁 4 年（1071）40 岁时，在地方继续为官，作签书镇宁军节度判官，政绩显著。第二年返回洛阳，奉养老父，培养弟子。这时期千里之遥其弟子纷至沓来。此时他还与邵雍（字尧夫，谥号康节，1011—1077）常相交往共同探讨学术问题。

熙宁 9 年程灏（1076）45 岁时，张载被任命为同知太常礼院。张载在抵达开封府时路过洛阳，遇程颢兄弟探讨了学术问题。这年邵雍别世，程颢作《邵尧夫先生墓志铭》。此年，张载衣锦还乡抵关中时途经洛阳又与程颢兄弟共同探讨学术问题,人们称之为"洛阳议论"。这年 12 月张载在往关中的路途中离开人世,程颢作《哭张子厚先生》文。

元丰元年(1078)47 岁时,作知扶沟县。这个时期在其门下还有有名的:谢良佐,吕大临,游酢等弟子。他后来放弃知扶沟县,在颍昌(现今河南省许昌市)定居,奉养老父。这时期首席弟子杨时返回南方故里,程颢称其为"吾道南矣"。

元丰 8 年 54 岁(1085)时,神宗驾崩,哲宗即位。6 月被任命为宗正寺丞,但未能赴任,6 月 15 日别世。

3)程颐的生涯

程颐,字正叔,号伊川。宋仁宗明道 2 年(1033)出生,宋徽宗大观元年(1107)逝世,享年 75。

程颐与兄一样在父亲的任地黄陂县出生,随父任地的迁移而逐渐成长。母侯氏喜读书,博古通今,严格教育二程兄弟。庆历 6 年,14 岁(1046)时,与兄程颢一起,听道于周敦颐约 1 年。

嘉祐元年(1056)24 岁时,与兄跟随父亲往首府开封,进太学。这时主管太学的是宋初三先生中的胡瑗。胡瑗以《颜子所好何学论》来考验诸生,程颐以此题目写出了有名的论文。然后,遇张载与之交流道学。

嘉祐 4 年(1059)27 岁时,参加科举考试落榜,从此再未应试。到哲宗即位(1084)时为止,一直以处士身分进行讲学,培养弟子。

熙宁 4 年(1071)与兄一道,返回洛阳奉养老父。这以后长期在洛阳讲学,培养了很多弟子。

熙宁 9 年(1076),张载往开封府就任以及数月后放弃官职返回故里,路途中都曾在洛阳与程颐兄弟共同探讨很多学术问题,其内容收录在《程氏遗书》中。

元丰 3 年(1080)到关中讲学,其内容收录在《程氏遗书》的《入关语录》之中。

元丰8年(1085)兄程颢别世,作《明道先生行状》及墓表,高度赞扬他是孟子以后千余年间,继承绝学,发扬光大圣人之道的杰出人物。

哲宗即位后,受司马光举荐,程颐由布衣之民入朝为官,任职崇宁殿说书职。自从担任哲宗的讲官后,每次进讲,容貌庄重并以师道自居。这时期程颐门人云聚其下,但是开始疏远程颐的也渐渐多起来。当时因受到享誉全国的文人苏轼、苏辙等蜀党的攻击,程颐大约有一年的光景免去说书职,而在西京国子监讲学。

元祐8年(1093)哲宗亲政,开始起用新党人物,排挤原来反对新法的人物。程颐也在绍圣4年(1097)被贬谪涪州(现今四川省涪陵)编管(接受地方官的管制)。这时期程颐撰著了有名的《伊川易传》。

第二年,程颐从涪州回洛阳复官,有罗从彦、尹焞、谢良佐等诸多弟子来寻找老师。

崇宁元年(1102)再次排斥旧党,程颐重新卸任。这时期,曾树起过元祐奸党之碑,程颐也列入其中。第二年程颐上疏,因谗言诬告,认为是诽谤朝廷,上疏内容受到了监司的审察。元祐党人的弟子们也受到株连,任鄢陵县尉的程颐之子程端彦也被罢职。从此以后,程颐的晚年一直过着穷困潦倒的生活。

大观元年(1107)9月17日程颐75岁别世。因惧怕自己被怀疑是元祐党人,前来吊丧的人很少。

宋代六君子指的是康节邵雍(1011—1077)、濂溪周敦颐(1017—1073)、横渠张载(1020—1077)、明道程颢(1032—1085)、伊川程颐(1033—1107)、晦庵朱熹(1133—1200)。

2. 著作

程颢、程颐的著作有《遗书》、《外书》、《文集》、《易传》、《经说》、

《粹言》六种。其具体内容如下：

1)《遗书》

《遗书》有《河南程氏遗书》、《二程遗书》、《程氏遗书》、《河南遗书》等，共有 25 卷。

《遗书》是二程弟子们记载其师言行的语录。二程子每召集弟子进行讲学活动，其弟子们都将当时相互问答的内容各自记录下来，所以其内容有不同的版本。这些版本在南宋广为流传。后来由朱子(名熹，1133—1200)全部收集整理起来，乾道 4 年(1168)编纂为 25 篇。《遗书》25 篇，其内容分为 3 部分。第一部分从卷 1 到卷 10，主要记载二程子言行。是由二程子的弟子李吁、吕大临、谢良佐、游酢、苏昞等人记录下来的。在这部分里，明道先生的语录标明"明"字，伊川先生的语录注上"正"字。第二部分是从卷 11 到卷 14，是明道先生的语录部分，由其弟子刘绚记录。第三部分是从卷 15 到卷 25，是伊川先生的语录部分，由其弟子刘安节、杨迪、周孚先、张绎、唐棣、鲍若雨、畅大隐及关中学者记录。

《遗书》从整体来说包括：宋代已出刊的单行本；《外书》《文集》《经说》合称《程氏四书》。明清以来，在此基础上增添《易传》和《粹言》，以后出版并称之为《二程全书》。

2)《外书》

《外书》又称为《河南程氏外书》或《二程外书》共有 12 卷。《外书》是遗书的补编，也可以说是遗编。朱子在整理遗书时，因有疏漏部分，遗书出版 5 年以后，也就是乾道 9 年(1173)，朱子重新编定为 12 篇，并称其为《外书》。《外书》里收录的文章是由朱光庭、陈渊、李参、冯理、罗从彦、胡安国、游酢、王苹、时紫芝等弟子及后学者们收录的，其文章也有一些内容难以分辨是由二程子中哪一位所作。

3)《文集》

《文集》又称为《河南程氏文集》、《二程文集》、《程氏文集》等。

《文集》收录了二程子的诗文及杂著等,最初的版本是由程颐之子程端中撰写序文。程端中之侄程颐在程颐过世 5 年后在政和 2 年(1112)出版发行,后来根据不同的版本分为 12 卷本、13 卷本等各不相同的版本。这些版本逐渐流传于世。后来朱子批评胡安国版本对原文有些内容有所删改,删除了一些文字,改换了一些叙述的顺序。当时社会上虽然有朱子修改的版本出世,但到了元代,朱子改正本已销声匿迹,全无踪影。

4)《经说》

《经说》又称为《河南程氏经说》、《程氏经说》、《河南经说》等。《经说》是二程子对儒家经典的部分内容进行解说的部分,大部分是程颐所作。《经说》在宋代其刻本由 7 卷(《系辞》1 卷,《书》1 卷,《诗》2 卷,《春秋》1 卷,《论语》1 卷,改正《大学》1 卷组成。宋代《经说》已有单独本,还有《程氏四书》和合刊本。明代版本则由 8 卷(《诗解》2 卷合并为 1 卷,《孟子解》1 卷和《中庸解》1 卷合并)组成,明清时代收录在《二程全书》里。

5)《易传》

《易传》又称为《周易程氏传》、《周易程传》、《易程传》、《伊川易传》、《程氏易传》。《易传》是元符 2 年(1099)程颐在涪州作编管之职时完成的书籍,是程颐注释并解释《易经》及《易传》之书,宋代已以单行本出刊。南宋时华山的皇甫斌用《伊川先生易传》之名出刊,并恳请朱子提写撰文。朱子在淳熙 6 年(1179)写了《书伊川先生易传版本后》。《东都事略》里说有 6 卷,《宋史艺文志》里说有 9 卷,但明清代版本的《二程全书》里只有 4 卷。

6)《粹言》

《粹言》亦称《河南程氏粹言》、《二程粹言》。《粹言》是把二程子的语录加以修饰、使其格言化之书,以语录的形式记录了二程子的言行。此书由二程最得意的弟子杨时编成,后来张栻又重新编辑使其涣然一新,乾道 2 年(1166)编为 10 篇。张栻曰:"杨时者,乃得二程子心传之妙之高弟子也。"因此,这部书是了解二程子思想的重要文献。《粹言》里收录的大部分内容是由程颐撰写,但其中也有程颢撰写的内容。《粹言》在宋元时代已有单行本出刊,明清以来在二程全书里收录为 2 卷 10 篇。

综上所述,二程子的六种著作在宋代已广为流传,其版本也多种多样。明清时代收集了上面所说的六种书籍,并用《二程全书》或《河南程氏全书》之名出刊发行。明代成化 12 年(1476)有张瓒刻本,明代万历时有徐必达刻本,清代康熙时有吕留良刻本,清代同治 10 年(1871)有徐宗瀛刻本,清代光绪 18 年(1892)有贺瑞麟刊本,民国 25 年(1936)有上海中华书局缩印的四部备要本,1981 年有中华书局校勘出刊的《二程集》等。

四、二程子的哲学思想

1. 天理论

二程子的哲学思想是二程性理学的核心理论,是二程学术思想中占据非常重要地位的部分。二程哲学思想从开创了宋明代学术思想的角度来看,在中国哲学发展史上占据着极为重要的位置。"理"作为二程思想的核心,其在哲学上属于非常重要的范畴。尤其是二程子创立了"天理论"哲学体系,对后世有极其深刻的影响。

天理论的提出在确立"宋代性理学"中具有重要的意义。当然"理"字在二程子以前就已使用。"理"有条理、规律、伦理、道德及宇宙本体等多种意思。其中条理和规律之义,诸家共通使用,而采纳伦理道德之义的只有儒家,只是儒家学说里,并不把其作为"宇宙本体论"来使用而已。把他作为"宇宙本体论"来使用的是佛教哲学,其理论也比较精巧,并带有明显的思辨色彩。在佛教里,"理"并不作为"仁义道德"之义来用。

二程子在其后提出了"天理论",把"理"作为哲学的最高范畴,建立了连接天人关系,连接自然与社会关系的体系,其理论达到了相当高的水平。

"天即理"(《遗书》卷11:"天者理也。")之命题和"天即万物之祖"(《易传》卷1《乾卦》:"天者万物之祖。")的命题就是说它是宇宙万物的主宰,作为最终根源的"天"就是"理",因此,"理"就意味着是"宇宙本体"。

程颐说:"上天之事,既不能听其声,也不能嗅其味,但其'体'称为'易',其'理'称为道。"(《粹言》卷2:"上天之载,无声无臭之可闻,其体则谓之易,其理则谓之道。")因而"理"就是"道","天"就是"理"。

二程子一向并称"天与理",认为"天理是宇宙万物存在依据"。认为"天理不过是一种道理而已"(《遗书》卷2"天理云者,这一个道理"),还认为"万物最终也不过是天理而已"(同上书:"万物皆只是天理。"),天理本来就是"圆满自足的"存在,同时包含着宇宙万物。理与物的关系是先有"理"后有"物",有"理"之处必有"物"。"实有是理,故实有是物"(《经说》卷8《中庸解》:"实有是理,故实有是物。"),把天理看作是物质世界之上的万物的主宰。

二程子的天理思想即使说是受到了已往思想的影响,但是把"天理"看作是最高范畴,把"天理"上升到"宇宙本体"高度的宋代性理学之思潮,正是从二程子开始的。程颢说:"吾之学问虽有所受,'天理'二字却是自家体贴而得。"(《外书》卷12:"吾学虽有所受,天理二字却是自家体贴出来。")这是符合历史事实的。

二程子曰:"天之所以为天,本何为哉?苍苍焉耳矣。其所以名之曰天,盖自然之理也。"(《粹言》卷2)程颐曰:"天理生生,相续不息,无为故也。使竭智巧而为之,未有能不息也。"(《粹言》卷2)又曰:"莫之为而为,莫之致而致,便是天理。"(《遗书》卷18)也就是说

天理是自然的,"无为的"。指出:天没有意志,人间的意志不能左右
生生不息,变化无穷的天理。

程颐曰:"天地之道,万物之理,唯至顺而已,大人所以先天后天
而不违者,亦顺乎理而已。"(《易传》卷 2)认为天地万物的自然规律
是能够顺应的。二程子的天理、自然、无为的思想是合理的,在这个
天理之中也包含着人类社会的道德规范。

上面因谈到了无为、自然,或许有人认为那是吸取了老子的思
想(蔡方鹿著《程颢程颐与中国文化》页 70),实际上无为和自然这两
个文字虽同,但真正的内容却是不一样的。

2.性论

二程子在中国哲学史上最先提出了"由理论性"之说,提倡"性
即理"。程颐认为"性即理也。所谓理,性是也"(《遗书》卷 22 上),把
"性"和"理"看作是同样的东西。又曰:"性即是理,理即自尧舜至于
途人一也。"《遗书》卷 18:"性即是理,理即自尧舜至于途人一也。"还
说"受于天谓之性"《粹言》卷 2:"受于天之谓性"。性即是理,也就
是说正如天赋予人和物的一样,人和物也接受了天的自然本性。但
"自理言之谓之天,自禀受言之谓之性"(《遗书》卷 22 上)。天既是
理,则人、物禀受天理的就是性。但是即使人、物禀受于天谓之性,
也惟独人才具有仁义礼智等的道德性。这是二程子哲学范畴的重
要内容。

二程子提出:"仁义礼智信五者性也。仁者全体,四者四支。仁
体也,义宜也,礼别也,智知也,信实也。"(《遗书》卷 2 上)认为人间的
本性是"仁义礼智信",称为五常。仁是统括"义礼智信"的全体。但
是程颐认为"性之中仅有仁、义、礼、智四项而已。……性之中有四
端,没有信,因有不信之人方有信。"(《遗书》卷 18)强调仁、义、礼、
智、信五常之中,作为四端的前四项是构成性的基本内容。

程颐说:"君子所以异于禽兽者,以有仁义之性也。苟纵其心而

不知反，则亦禽兽而已。"(《遗书》卷25："君子所以异于禽兽者，以有仁义之性也。苟纵其心而不知反，则亦禽兽而已。")人之所以能区别于禽兽是因为有仁义之本性，人因一时的疏忽而丧失了本性，就与禽兽一般无二。君子因为具备了仁义之本性，所以与禽兽以及万物不同。程颐认为人之所以为人，其根据就是仁义之本性。

程颐认为："性字不可一概论。生之谓性止训所禀受也。天命之谓性，此言性之理也。今人言天性柔缓，天性强急，俗言天性，皆生来如此，此训所禀受也。若性之理也则无不善，曰天者，自然之理也。"(《遗书》卷24)这里明确地把"性"分为"天命之性"和"禀受之性"。其"天命之性"就是"性之理"，亦称"义理之性"。"天命之性"作为"性之本"称为"本源之性"；禀受之性是"生之谓性"，这是从人、物的天命禀受而来的"性"。这正是"天命之性"在人、物中的具体体现。

天命之性正是从天的角度来看的，人和万物合在一起而具备"天命之性"，这就是说人和物是没有分别的。但从万物禀受的角度来看，人和物是有差异的。这是因为事物各有不同，其禀受也各有不同。这就像人之性与牛之性、马之性不同一样。

二程子指出了"天命之性"和"禀受之性"的不同点。他们把"性"区分为"天命之性"和"禀受之性"，试图解决"性的一般性"和"性的具体性"之间的关系。即"性的一般性"指的是"天命之性"，归结为"性之理"，把"性的具体性"称为"禀受之性"，归结为"各自不同的事物"。这与张载分为"天地之性"和"气质之性"之见解彼此相关(蔡方鹿著《程颢程颐与中国文化》页95)。

3. 仁说

1)孔、孟之仁说

什么是仁？对这一问题的回答是很难用一句话来简单概括的。孔子在弟子们对"仁"提出问题时，从来没有把"仁"的概念简单地从

"论理"的角度,"分析"的角度来加以解释并说明。而是希望弟子们都能在各自的实践范围内寻找。"实践之仁",也就是说,只是在怎样才能实践仁的方法上加以说明而已。《论语》58章中虽有105字涉及"仁"字,但对询问"仁"之义的诸多弟子不可能作出完全相同的回答。

"仁"这个字,实际上在孔子以前就已使用了。在殷墟出土的甲骨文里就有"仁"(商承祚著《殷墟文字类编》),金文里也有(容庚著《金文续编》),《诗经》、《书经》等古经里也使用"仁"字,但其意思大体上是"亲爱,慈爱"等关于"爱"的词语。"仁"字作为一种学说而成立,并且作为最高准则来用,是从孔子开始的。作为儒家经传,《十三经》里使用的"仁"字有445处(《大学》10,《中庸》6,《论语》105,《孟子》151,《易经》10,《书经》5,《诗经》2,《周礼》1,《礼记》124,《左传》34,《公羊传》4,《穀梁传》8,《尔雅》1,《仪礼》和《孝经》中没有),但是大部分是在孔子以后使用的。"孔子之仁"说成是从尧、舜相传过来,然后把"先王之道"归依到"仁之大道"上来了,也是比较恰当的说法。

这样的"仁",其意义若依《论语》为中心来分析,大体上有两个方面:一方面是面向自我的"克己";另一方面是对外的"爱人"。在这里所说的面向自我的"克己"主要是针对自己,强调克服自身的欲望、欲心,进行内心世界的自我反省,变成自觉的道德行为,思想境界具有哲学性、宗教性,向不断自我完善的方向发展,这就是走向"内圣"之路。对外的"爱人"指的是如何对待他人,这是通向人人相爱的希望之路。孝敬父母,尊敬师长,体恤下人。推而广之,治国平天下时讲究伦理道德,治理国民时讲究明政,这一切都可以说是"外王"之路。面向自我的"克己"因是个人内在修养问题,因而可以说"克己",是自我反省的"自觉";推而广之,可以说是通向"天、人、物、我",合为一体境界的光明之路。

　　仲弓在问"何为仁"时,孔子曰:"出门如见大宾。"(《论语·颜渊》:"仲弓问仁,子曰出门如见大宾。")颜渊问何为仁时,答曰:"克己复礼为仁。"(《论语·颜渊》) 对详问其具体条目的颜渊,答曰:"非礼勿看,非礼勿听,非礼勿言,非礼勿动。"(同上)这些都是从个人的内在修养方面来说明"仁"的。这里阐明了克服小我的欲求、欲望,自身的所有内心活动都符合礼的要求时,才能称其为仁。

　　"对外之仁"是孔子以前就传来的"亲爱"或者是"爱人"之义。这正与《论语》里所提的"孝弟也者,其为仁之本与"(《论语·学而》:"孝弟也者,其为仁之本与。")一样,孝敬父母,恭敬老人,从讲究家庭伦理开始,推广到对他人恭敬、礼让、宽大、容恕,形成这样一种社会伦理规范,也就是"夫仁者,己欲立而立人,己欲达而达人"(《论语·雍也》:"夫仁者,己欲立而立人,己欲达而达人,能近取譬,可谓仁之方也已。"),这是达到人类充满爱的"齐家""治国""平天下"的唯一方向。但是这里所说的"仁"是"爱人"(《论语·颜渊》:"樊迟问仁,子曰爱人。"),唐代韩愈所说的"仁"是"博爱",而墨子所说的"视人身若其身,视人家若其家"(《墨子·兼爱》上:"视人身若其身,视人家若其家。")是"兼爱",这与基督教"打右颊,送左颊"(《马太福音》5章 39 节),爱邻居若自身(《加拉迪亚书》5章 14 节)的无条件"博爱"是截然不同的。

　　我们即使说"仁"是"爱人"或者说是"博爱",也指的是"亲亲而仁民,仁民而爱物"(《孟子·尽心》上)以及"老吾老,以及人之老;幼吾幼,以及人之幼"(《孟子·梁惠王》上:"老吾老,以及人之老;幼吾幼,以及人之幼。"),还有"亲亲之杀,尊贤之等,礼所生也"(《中庸》十章:"亲亲之杀,尊贤之等,礼所生也。")。这里所说的是有次序有等差的"仁爱",所以我们即使说"仁"是"爱人"或者说是"博爱",但它与其他宗教里所说的"博爱"及"兼爱"是截然不同的。

　　我们主张博爱,但如果对待他人之父母宛若对待自己的父母,那么自己的父母将是不幸的。冤仇和恩惠同等对待,那也是不公平的。这并不意味着我们只爱自己的家族,疏忽别人的家族。人当然要爱所有的生物及无生物,只是说要有亲亲、尊贤的等次差别。这也正是儒家之仁所具有的独到之处。

综上所述,我们对于"仁",从对待自己和对待他人两个方面作了探讨。也就是说,人类包含有"个人性"、"社会性"两个方面,而其根本的原理就是"仁"。换句话说,就是完成自身的人格,作完整无缺之人。在对人关系上,即便是爱人类所有的人,也应有等次。在这样的基础上推而广之,爱所有事物,这才是人之仁也。

孟子认为"人之初,性本善",其善之本性的内容是仁、义、礼、智。这仁、义、礼、智在与外物接触时则显示为四端之情。人都不可能没有恻隐、羞恶、辞让、是非这"四端",所以孟子说:"无恻隐之心非人也,无羞恶之心非人也,无辞让之心非人也,无是非之心非人也。恻隐之心人之端,羞恶之心义之端,辞让之心礼之端,是非之心知之端。"说的是,所有的人其本性当中,旧有仁、义、礼、智四德,这是与生俱来的,这"四德"通过"情"时,表现为恻隐、羞恶、辞让、是非"四端",这四端也是与生俱来的。所以孟子曰:"孩提之童,无不知爱其亲也,及其长也,无不知敬其兄也。亲亲仁也,敬长义也。"(《孟子·公孙丑上》)也就是说,幼儿不经过教育,也可以根据内在的德性来兼备仁、义、礼、智。所以孟子说:"人之所以不学而能者,其良能也;所不虑而知者,其良知也"(《孟子·尽心上》)。也就是说,依据良知、良能也能推而广之实施"四端"。

人之所以为真正的人,其根本就在于"本性",也就仁、义、礼、智"四德",但这"四德"具体表现为"四端",因而这"四端"也就成了人应该做什么、应该怎样做的当仁不让的基准。所以孟子说:"人之有是四端也,尤其有四体也,有是四端而谓不自能者,自贼者也;谓其君不能,贼其君者也。"因为人本性之中已有仁、义、礼、智"四德"所在,所以只要你想做,就自然而然能做到"仁义",也能做到"礼"。也就是说,孟子认为"仁""礼"在作为外在的规范以前,首先是内在的、天赋的德性。这就是说,依据内在的、德性的"仁"和"礼",执行外在的"仁"和"礼"。如果没有内在的、德性的"仁"和"礼"也就不可能执行外在的"仁"和"礼",但这并不意味着否定外在的"仁"和"礼"。根据先王制定的"礼经三百"和"曲经三千",它能够行施外在的规范,其依据是因为在我本性之中,就有内在的德性之礼与仁,这内在德性之仁和礼,表现为四端的恻隐之心及辞让之心。但这种恻隐之心和辞让之心是我自身固有的,所以孟子说:"恻隐之心人皆有之,羞恶之心人皆有之,恭敬之心人皆有之,是非之心人皆有之。恻隐之心仁也,羞恶之心义也,恭敬之心礼也,是非之心智也。仁义礼智非由外物皆我也,我固有之也,非思耳矣。故曰求则得之,舍则失之,或相倍徒而无算者,不能尽其才者也。"(《孟子·告子上》)这就是说,恻隐、羞恶、恭敬、是非的本体就是仁、义、礼、智。这种仁、义、礼、智是与生俱来的,但人变恶的原因是没能从天生的"四端"基础上继续思索,继续扩充。所以说,我们讲扩充四端,发展内在的仁义礼智时,仁就是四端内在的根据。

2)二程子之仁说

孔子强调"仁"之实践的一面,孟子强调内在德性之仁,从道德实践的根据角度来说明仁。但从孟子以后能够正确理解"仁"之义的学者几乎是没有的。唐代韩愈认为"爱之谓仁",把仁解释为博爱,但是其见解是有问题的。博爱只是仁的一部分,不可能是全部。另外,仁即性,属于理;爱即情,属于气,仁与爱密不可分,所以把"仁"解释为博爱有其不当之处。

但是宋代程子出现以后,才有可能对孔孟之仁形成正确的理解,并且恰到好处地正确解释了当时的学风,这个学说就是程子的"仁说"。当然,与孔孟之仁说相比,程子的仁说更加偏重于从理论上、概念角度上对仁说进行解释,这主要是当时的学风所致。

后汉明帝时佛教走向中国, 在其影响下作为民俗宗教的道教,在唐代已处极盛时期。佛教和道教在相互影响下形成了形而上学的、空虚荒无的理论体系,在其风靡一时的时候产生了宋学。

宋代周濂溪从儒学的经传里,理出形而上学的理论部分,编撰了《太极图说》和《通书》等,但还不够完善。

而程子在新儒学形成的过程中, 在适当补充孔孟仁说的立场上进一步发展了仁说。程子曰:"天地之德曰生,天地姻韫,万物化醇,生之为性,万物之生意最可观,此元者善之长也,斯所谓仁也。"(《性理大典》三十五,《性理》七,《仁》)又曰:"观物于静中,皆有春意,切脉最可体仁。"(同上)又曰:"观鸡雏最可观仁"(同上),春天万物复苏,从鸡蛋里孵出新的生命过程中,在其脉搏中我们能寻觅出仁。他又指出:"自古不曾有人解仁字之义,须是道与他分别出五常,若只是兼体,却只有四也,且譬一身,仁头也,其他四端手足也。至如易难言元者善之长,然亦须通四德以言之。"从而把"仁"作为五常(仁义礼智信)之首,强调其兼统着四德(义礼智信)。又曰:"仁之道,要之消道一公字。公只是仁之理,不可将公便唤做仁。"又曰:"公而以人体之故为仁,只为公则物我兼照。故仁所以能恕,所以能爱。恕则仁之施,爱则仁之用也。"这里说明了仁和公的关系,人只要能够做到公正、公平,就能饶恕别人的错误,也能充分地去爱别人。恕和爱正是说明在施行"仁"。人如果陷于私情、私欲、私曲里,那么即使想"仁"也是不可能的,所以才强调"公"。

另外又曰:"人之一肢病不知痛痒,谓之不仁。人之不仁亦独是也, 盖不知仁道之在己也。知仁道之在己而由之,乃仁也。"还有"学者识得人体实有诸己,只要义理栽培。如求经义,皆栽培之义"。这里强调了仁道的内在固有性,就是说,要栽培并扩充固有的仁道。

又曰:"仁者浑然与物同体。义理智信皆仁也,识得此理以诚敬存之而已。"（上同）"至仁则天地为一身，而天地之间品物万形为四肢百体，夫人岂有视四肢白体而不爱者哉！圣人仁之至也，独能体是心而已，曷当支离多端而求之自外乎？故能近取譬者，仲尼所以示子贡以为仁之方也。医书有以手足风顽，谓之四体不仁，谓其疾痛不以累其心故也。夫手足在我而疾痛不与焉，非不仁而何？世之忍心无恩者，其自弃亦若是而已。"又曰："仁者以天地万物为一体，莫非我也。如其皆我，何所不尽？不能有诸己，则其与天地万物岂持相去千万而已哉？"从而说明"仁者"把天地万物都当作自己的身体一样倍加厚爱。

综上所述，可以得知：程子的仁说是综合作为天地生物之心的仁以及与生俱来的、人本性中就有的内在的仁。这种仁说提出了公，论证了仁兼有四德，论述了吸取仁德，达到物我一体的境地。从上面我们可以推知孔子孟子程子仁说的关联性。

五、结　　语

20 世纪，因西方错误思想的严重侵蚀，如今我们正面临着严重的精神危机。21 世纪，我们只能从东方思想中寻找其出路。

东方灿烂的精神文明其精髓就是儒家思想。这种思想是尧、舜、禹、汤、文、武、周公相传而来的传统思想，经过孔子集大成而形成的理论。孔子的儒家思想经由其弟子曾子再由子思、孟子相传下来。但孟子以后再没有能传承下来。后来经过一千多年以后，在河南之地，到了程明道、程伊川两夫子以后才得以继承孟子的传统并创始了新儒学。

在西洋思想风靡全球的今天，我们正是根据时代的要求，从对新儒学赋予新的内容的角度上，重新研究探讨了二程子创始新儒学的过程。

二程子创始新儒学的核心：一是具有独到之处的天理论和性论，二是继承并发展了孔孟之仁说。孔子之仁包括内在的自我完善，以及外在的"爱的实践"；孟子则强调了发现本性的，内在的仁性；二程子是在生生不已的天地之中的大德之间寻觅仁，以公来实现仁，达到物我为一的神圣境地。

当今世界，若想适应时代的具体要求，重新整理新儒学，就必须在分析孔、孟、程、朱的传统思想及哲学体系基础上，进一步继承并发展其理论，并进一步创新。

（选自《国际性理学研究》创刊号，韩国程朱学会2000年发行）

本文根据时代的要求，从对新儒学赋予新内容的角度上，重新探讨了二程子创始新儒学的过程，指出了二程子创始新儒学的核心：一是具有独到之处的儒家理论和性论，二是继承并发展了孔孟之仁说，孔子之仁包括内在的自我完善，以及外在的"爱的实践"；孟子则强调了发现本性的内在的仁性；二程子是在生生不已的天地之中的大德之间寻觅仁，以公来实现仁，达到物我为一的神圣境地。文章强调，当今世界，若想适应时代的具体要求，重新整理新儒学，就必须在分析孔、孟、程、朱的传统思想及哲学体系基础上，进一步继承并发展其理论，并进一步创新。

对中国传统伦理的现代理解

赵骏河

一、绪　言

　　人出生后,在一生活动中,从大的方面看无非有三种关系:人与神(天),人与人,人与物质(地)。人与神的关系属于宗教的领域,人与物质的关系属于科学技术的范围,而人与人的关系则属于伦理道德的范畴。在古代原始社会,人们对能够左右人的生、死、祸、福的神极为敬畏,因此宗教仪式非常重要。但近代科学技术的出现使人们产生了乐观的想法,即人们相信科学技术的发展自然而然地会造就人间乐园,因此出现了科学至上主义或物质万能思想,进而拜金主义思潮风靡全球。然而对科学技术发达寄与厚望的人们却屡屡失望。

　　进入 20 世纪,高度发达的机械文明使人们征服了自然,同时也使人类处于自我毁灭的危险境地。

　　另外,在大规模的产业社会中需要分工细致的机械式的社会组织,在这种社会中生活的人们,就像一部庞大的机器上的零件一样,当破旧磨损老化时便被新的零部件取而代之,人被当作具有某种机械功能可被任意替换的附属品对待。那么,人间幸福究竟在何处?

　　笔者认为,宗教、科学都是为人服务的,即宗教并非是为神而存在而是为人而存在,忽视人的作用,违背伦理道德的宗教,我们称之为邪教或似是而非的宗教。科学也一样,如果它给人们带来不幸的话也不会被人们所接受,当然并不是说科学技术使人们不幸而是指人们没有把它用于正道。所以,人如何才能成为真正的人是非常重要的,如果不首先处理好协调人际关系的伦理道德问题,宗教也好科学也好,对人们来说都没有真正的意义。

三国时代以后,主导韩民族风俗理念、伦理道德的传统思想是儒家思想,它不仅在过去占据统治地位而且直到现在仍然对人们的思考方式和生活习惯以极大的影响,排除儒家思想就无法论述传统思想或传统道德。那么成为我们传统伦理思想主轴的儒家伦理思想到底是怎么一回事呢? 让我们来分析一下。

二、传统伦理的基本问题

1. 天

从《诗经》和《书经》中可以考察古人对天的认识。第一,人的生命是天所赋予的,故其寿命取决于天《诗经·大雅·荡》、《书经·甘誓》、《书经·盘庚》。第二,天为人类制订了永恒不变的、公正合理的、被称作彝《诗经·大雅·荡·蒸民》、《书经·洪范》、极(《书经·洪范》)、则(《诗经·大雅·荡·蒸民》)、(叙或秩(《书经·皋陶谟》))的道德法则。第三,这种道德法则是天的命令《书经·皋陶谟》、《诗经·小雅·节南山·小宛》,必须顺从。第四,天负责监督检查人类遵守道德法则的情况《诗经·大雅·文王·皇矣》、《书经·高宗肜日》。第五,顺天命则免灾得福《诗经·鲁颂·閟宫》、《诗经·小雅·鹿鸣·天保》,违天命则遭难受罚《书经·康诰》、《书经·皋陶谟》。第六,帝王替天行道,行使赏罚权力(《书经·皋陶谟》),黎民百姓皆为天之后代,帝王乃天之长子(《书经·召诰》),又称天子,因众人归顺而称其为王。第七,天在立王时,先选一能担当此任者(《书经·多方》),赐与神灵宝物作为护身符(《书经·洪范》)。前王向天荐举后王,天若满意则被承认。第八,帝王违背天道时上天警告之,若不能改正则由新王惩罚之(《书经·汤誓》)。第九,天意来自民意(《书经·皋陶谟》),上天体察民情(《书经·召诰》)。第十,人死升天,圣贤之人位于天帝附近《书经·召诰》、《诗经·大雅·文王》。

可以看出《诗经》《书经》中所指的天具有神性,这与耶稣教中把上帝看作是无所不知、无所不能、无所不在的造物主的观点极为相似"(梁启超《国史研究·三代宗教礼学》)。但应注意的是,此处所说的天是指始祖自天而来,并非就是造物主。孔子所言的天与《诗经》《书经》中把天描写成具有超人性质的神不一样,一向尊重传统的孔子并不是完全排斥了《诗经》《书经》中的天的观点,不过是加以改造而已。

据《论语》中记载,孔子在经过匡时,匡人误把孔子当作阳虎欲杀之,孔子泰然曰:"文王既没,文不在兹乎?天之将丧斯文也,后死者不得与于斯文也。天之未丧斯文也,匡人其如予何?(《论语·子罕》)。另有记载,宋国司马桓魋欲害孔子,危急时刻孔子泰然处之,曰:"天生德于予,桓魋其如予何。"(《论语·述而》)孔子坚信天命的面貌跃然纸上。孔子在回顾自己的一生时说:"吾十有五而志于学,三十而立,四十而不惑,五十而知天命,六十而耳顺,七十而从心所欲不逾矩。"(《论语·为政》)这里所说的"五十而知天命"是指个人能够自觉地认识理解上天所赋予自己的本性,即孔子已经达到了把体现个人修养的人格与反映内在道德律的天命融为一体的境地。因此说儒家的天观不仅包括了《诗经》《书经》中所说的传统的超自然属性,同时也包括了人固有的内在属性,这是儒家思想的基本问题。

2. 性

何谓性与何谓人的问题密不可分,因为此处所言的性是指人的本性。孔子认为"性相近,习相远"(《论语·阳货》)、"此所谓性,兼气质而言者也"(同上,朱子注)、"此言气质之性,非言性之本也"(同上,程子注),即这里强调的是习惯教育的重要性,并不是指人性的本质。

子思在《中庸》中写道:"天命之谓性,率性之谓道,修道之谓教"(《中庸章句》第一章)。这里简明扼要地指出了人的本质属性与天的关系,即人的本性是在出生时由上天赋予的,人性就是天命,性与天合二为一。

《中庸》里所言"天命之谓性"的内涵中虽然有人的本性是纯真无邪的意思,但直到孟子才明确指出了人之初性本善,并且以尧舜为例证明人性善的观点(《孟子·滕文公上》),即由于人的本性善良,所以任何人只要经过努力,都可以成为尧舜式的圣人,但这里所说的善并不是纯粹善的概念(《东塾读书记》卷三),而是如清朝陈澧所指出的那样,人的本性中都具有善的素质,只有把这些素质不断扩充,发扬光大才可以成为尧舜式的圣人。也就是说,应该看到人的本性中具备这种先天性的道德根据,但并不是说不管何人不经过努力也可以自然而然地变成圣人。

孟子认为人的本性就是仁、义、礼、智,人有恻隐之心、羞恶之心、辞让之心和是非之心,这说明人性里包含着仁、义、礼、智。对可怜的人产生恻隐之心,这是仁之端绪;做错事有羞恶之感,这是义之端绪;对长者谦让是礼之端绪;区分是非是智之端绪(《孟子·公孙丑上》)。上述四端,人皆有之,否则便不能称其为人(《孟子·公孙丑上》)。

上天赋予人的本性就是仁、义、礼、智之理,也就是人们行动中所表现出来的恻隐、羞恶、辞让、是非之气。理本身虽然看不见摸不着,但通过气所反映的理之端绪能够被我们所认识。因此可以说,天理是通过恻隐、羞恶、辞让、是非之心转化为气对外作用的。

当我们论述人性善时自然要涉及到恶起源于何处的问题,孟子认为恶来自于性以外的物欲。他说："牛山之木尝美矣,以其郊于大国也。斧斤伐之可以为美乎?是其日夜之所息,雨露之所润,非无萌蘖之生焉,牛羊又从而牧之,是以若彼濯濯也,人见其濯濯也,以为未尝有材焉,此之山之性也哉?虽有存乎人者,岂无仁义之心哉?其所以放其良心者,亦犹斧斤之于木也,旦旦而伐之可以为美乎?——是岂人之性也哉?"(《孟子·告子上》)即恶并非起源于性本身,而是由于人心不正,欲望不当产生的。

与孟子的性善说相对立,同为儒家的荀子则主张性恶说。"人之性恶,其善者伪也"。(《荀子·性恶》)"不可学,不可事而在人者,谓之性,可学而能,可事而成之在人者,谓之伪,是性伪之分也"。(《荀子·性恶》)"若夫目好色,耳好声,口好味,心好利,骨体肤理好愉佚,是皆生于人之情性者也,感而自然,不待事而后生之者也。"(《荀子·性恶》)作为肉体本能的欲望称作性,所以是恶的,而"礼义者,圣人之所生也,人之所学而能也,所事而成也。"(《荀子·性恶》)圣人制作传授的礼义需经过人的努力去遵守,故称其为善。应该注意的是,孟子并未把生理的本能称做性,而是把道德的本能叫做性,而荀子则是把生理的本能称做性,并未言及道德的本能问题。因此说孟子的性善说与荀子的性恶说并不是相互对立的,由于他们所言的性字的意义不同,故善恶的概念也不一样。

朱子把性说分为本然之性和气质之性,规定本然之性为善,气质之性适宜恰当时为善,偏斜不当时为恶。

儒教是以修己、治人为目的,故不能不论及人之本性的问题。除了孟子、荀子的性说之外,还有告子的无善恶说(《孟子·告子》),汉朝扬雄的善恶混合说(《法言·修身》),唐朝韩愈的上中下三品说等皆归结为朱子说(《朱子语类》)。

3.仁

何谓仁实际上是何谓人的问题,因为"仁者人也"(《中庸章句》

22章)。孔子学说的精髓一言以蔽之:仁。

《论语》中使用"仁"字的地方有58段共105字,孔子把仁作为实践中的指导原理并使之贯穿于诸道德中。当然仁字在孔子以前就被使用过,殷墟出土的甲骨文中就使用仁字了(商承祚著《殷墟文字类编》),金文中也有仁字(容庚著《金文续编》),在《诗经》《书经》等古经中虽然使用仁字,但只是把它当作亲爱、慈爱来理解,把仁作为一种学说的最高准则是始于孔子。儒家经传十三经中使用仁字的地方多达445处,(《大学》10字,《中庸》6,《论语》105,《孟子》151,《易经》10,《书经》5,《诗经》2,《周礼》1,《礼记》124,《左传》34,《公羊传》4,《穀梁传》8,《尔雅》,《仪礼》与《孝经》无字),其中大部分是在孔子以后使用的。

孔子的仁说是把自尧舜以来相传下来的先王之道归结为仁之道,以《论语》为中心来分析仁的意义大致可分为两个方面:对内克己,对外爱人。即首先是对自己而言,个人要克服自身的欲望、欲心,通过自我反省达到内心神圣,实现自觉的道德要求,进而使天与人、物与我一体化。其次是对他人而言,用爱的准则处理与人的关系,孝顺父母,尊敬长者,爱护晚辈,近而达到治理国家,平定天下的伦理道德要求,实践外王之道。

《论语》中记载,"仲弓问仁,子曰出门如见大宾"(《论语·颜渊》),"颜渊问仁,子曰克己复礼为仁,一日克己复礼,天下归仁焉"(《论语·颜渊》)当颜渊问及具体内容时,孔子回答非礼勿视,非礼勿听,非礼勿言,非礼勿动。这里指明了在个人修养方面,只有当自己克制了私欲,所有言行符合礼的规范时才算达到了仁的要求。

孔子以前所言的仁大致是亲爱或爱人的意思,而《论语》中写到:"孝悌也者其为仁之本与。"(《论语·学而》)从孝顺父母,尊敬长辈的家庭伦理开始,树立尊重他人,互相谦让,宽恕别人的社会伦理道德。"夫仁者,己欲立而立人,己欲达而达人,能近取譬,可谓仁之方也已。"(《论语·雍也》)普施恩惠,普渡众生,达到齐家、治国、平天下的目的。应注意的是,此处的仁虽然是爱人,(《论语·颜渊》)或者如韩愈所说是博爱的意思,但与墨子的兼爱思想"视人身若其身,视人家若其家"(《墨子·兼爱》)和基督教的"打你右脸时把左脸也伸出来"(《新约·马太福音》第 5 章,39 节)及"惜邻如惜身"(《新约》),的无条件的博爱并不完全一样。"亲亲而仁民,仁民而爱物"(《孟子·尽心上》),"老吾老,以及人之老,幼吾幼,以及人之幼"(《孟子·梁惠王》),"亲亲之杀,尊贤之等,礼所生也"(《中庸》10 章)。即儒家所说的仁是讲究次序和差别的仁爱,故与其他宗教中主张的博爱或兼爱不尽相同,当然这里并不是只热爱自己的家族而怠慢别人家族的意思,而是说要热爱一切,包括生物和非生物,只不过是讲究亲亲尊贤的等级次序而已。

以上通过对自己与对他人的两个侧面分析了仁的意义。人的概念也有个体性与社会性两个方面,人在这两个方面中生存发展,所表现出来的根本原理就是一个字:仁。

4.礼

礼是人们在生活中所应遵守的仪式。

以上在分析仁的意思时提到克己复礼,天下归仁,儒家所言仁者爱人与其它宗教的博爱或兼爱的区别之处在于讲究亲亲之杀和尊贤之等的所谓礼,仁之所以成为仁就是因为讲究礼仪,礼节。

礼的字意如拙文所言(拙稿《礼的渊源之考察》80 页),礼虽然是从人与神的关系中派生出来的,但在现实生活中若没有礼仪规范,人们一天也不能生存,(《论语·季氏》)"道德仁义,非礼不成"(《论语·曲礼》),即礼是人们的行为规范。

以儒家经典著作十三经为例,使用礼字多达 2036 字(《诗经》9,《书经》18,《易经》9,《周礼》200,《仪礼》170,《礼记》823,《左传》521,《公羊传》55,《穀梁传》66,《尔雅》2,《孝经》6,《孟子》68,《论语》75

字),与仁字相比礼字的使用率更高,而且在孔子以前就被广为使用。

随着社会规范的逐渐扩大,自然要求制订与之相适应的各种法规,"礼仪三百,威仪三千"(《中庸》),"经礼三百,曲礼三千"(《礼记·礼器》),因而礼仪制度是十分必要的。当然礼的形式随着时代的变迁而变化,废弃旧的礼节制定新的礼法是一种自然的趋势。尽管礼的形式发生了变化但其根本原理并未改变,即万变不离其宗。在千变万化的世界上,即使礼仪制度也随时代而变化,但作为礼的基本精神是恒定不变的。

春秋战国时期,列国权贵大权在握,恣意横行(《论语·八佾》),周礼实际上是徒具虚名,除了一些形式之外其精神本质早已无影无踪。孔子立志复兴古礼,为寻夏礼,他前往杞国,可作为凭证的文献不足,他又去宋国寻找殷礼,依然是资料不充分(《论语·八佾》注),孔子虽想寻找周礼,可在幽王、厉王时代就已失传,孔子回到鲁国,尽管还能看到一部分周礼,但实际上只是僭礼而已,周礼的本质的内容也已被抛弃,故孔子叹息:"礼云,礼云。玉帛云乎哉?"(《论语·阳货》)强调礼不应是像玉帛似的礼物仅存其形式,而应作为纯粹的性情表现其诚意和恭敬。

孔子时代,人们只注重礼的表面繁文形式,所以当其弟子林放问及礼之本质时,孔子称赞说:"大哉问,礼与其奢也宁俭,丧与其易也宁戚。"(《论语·八佾》)子路引申了孔子的话,强调在举行丧礼时,悲哀之心重于形式,在举行祭礼时,诚敬之心重于形式(《礼记·檀弓》)。在当时社会形式虚文盛行,精神本质抛弃的情况下,孔子强调注重礼的本质决不意味着不需要礼的形式。礼若无形式只有本质就不能称其为礼。在仁义礼智信五德中,唯有礼是讲究形式的。因此,敬若不符合礼式就称为野,恭若不符合礼式就称为给,(《礼记·仲尼燕居》)即恭敬为礼之本,若不符合形式规范就不能称为礼。

当然礼如过分文饰则本末倒置,因此,既不过分又无不及,达到形式与本质的协调一致是理想的礼,故礼就是合适、适宜的意思(《礼记·仲尼燕居》)。朱子也说:"礼贵得中",(《论语·八佾》朱子注)"礼时为大,顺次之,体次之,宜次之,称次之"(《礼记·礼器》)。

综上所述,所谓礼就是人们纯粹的诚意、恭敬之情通过恰当的修饰和必要的讲究,使形式与本质达到完美、协调、统一。

三、五 伦

五伦是人类社会中应该遵守的永恒不变的秩序,或者说是在诸多正确的道理中最重要的五种人际关系,即父子有亲,君臣有义,夫妇有别,长幼有序,朋友有信(《孟子·腾文公上》)。

自尧舜以来,迄今为止,五伦是东方传统伦理的核心,但有时人们对五伦的解释并不完全正确。有人认为五伦是过去以血缘为中心的农耕社会中形成的伦理道德,因此不适应于当今科学技术发达,人员往来频繁的文明社会;也有人主张五伦是封建诸侯国家为维护家长式的权威统治,束缚女性自由的不平等的旧的伦理道德,故与平等民主主义时代相违背;还有人评论说帝国主义时代,统治者为了维持、巩固政权,剥削劳苦大众,打着五伦的幌子迫使人们盲从,从而使当权者的横征暴敛合理化,因此主张要早日抛弃这种封建社会和帝国主义的残渣余孽。

那么五伦究竟是何时、根据谁的意志制订的? 其内容如何? 它为什么能在具有五千年历史的东方社会中成为传统伦理道德的核心呢?

"孔子曰大哉尧之为君,惟天为大,惟尧则之,荡荡乎民无能名焉"(《孟子·腾文公上》)。在中国历史上最伟大的圣君尧帝时,舜摄政,"慎徽五典,五典克从"(《书经·舜典》)。舜帝成为天子对其臣下契说:"百姓不亲,五品不逊,汝作司徒,敬敷五教,在宽。"(《书经·舜典》)这就是说五伦最初是根据东夷族人舜的要求教育百姓的,孟子说后稷教百姓从事农活,栽种五谷养育自己,"人之有道也,饱食暖衣,逸居而无教,则近于禽兽,圣人有忧之,使契为司徒,教以人伦,父子有亲,君臣有义,夫妇有别,长幼有序,朋友有信。"(《孟子·腾文公上》)《书经》中也写到:"天叙有典,敕我五典,五惇哉。"(《书经·皋陶谟》)五伦也称五典或五教,是人们出生时由上天赋予的伦叙并非人为制造的,最初是从舜帝开始教授给百姓的。

下面按顺序一一分析五伦的真正含义。

1.父子有亲

父子有亲是指父母与子女之间应该亲近、亲密的意思。

人出生后首先形成的人际关系就是个人与父母的关系,没有父母就没有自身也就不能成长,故父母与子女的关系被称为天伦,位于五伦之首。父母与子女血肉一体,气脉相通,是其它任何关系都无法与之相比的亲情关系。本来就是一种亲密的关系为什么要强调父子有亲呢? 即使不说也是一种天然的血亲关系,何必如此强调而且又把它作为五伦之首来看待呢? 人们在一生中经常因一些区区小事意见不同产生对立,或者因蝇头小利使本来很亲密或应该亲密的父母与子女之间的关系出现裂痕甚至反目为仇,冷眼相对,所以为使父母与子女间在任何情况下都保持亲密感而提出父子有亲。这里并不是说无中生有,硬要规定某种框框,而是说要将这种天伦之亲保持下去。

哪怕是世上最坏的人,若他是自己的父母的话,作为子女来说不能将他抛弃掉,反之亦然,这是父母与子女之间天然的亲密关系。汉字尽管有五万字之多,但除了亲字之外,还没有其它的字能够更恰当、准确地描绘父母与子女的关系,因此,在父母与子女的关系上,亲是至高无上的命题,不管在任何情况下,父母与子女之间都应该亲密无间,此所谓父子有亲也。

《论语》中写到:"叶公语孔子曰,吾党有直躬者,其父攘羊,而子证之,孔子曰吾党之直者异于是,父为子隐,子为父隐,直在其中矣。"(《论语·子路》)在孔子看来,父子互相为对方保密既符合天理又是人之常情,正直也在其中,故在父子关系方面血亲至上。

另据《孟子》〈尽心〉中记载:"桃应问曰,舜为天子,皋陶为士,瞽瞍杀人则如之何? 孟子曰,执之而已矣。然则舜不禁与? 曰夫舜恶得而禁之? 夫有所受之也,然则舜如之何? 曰舜视弃天下,犹弃敝蹝也,窃负而逃,遵海滨而处,终身欣然乐而忘天下。"(《孟子·尽心上》)法官皋陶秉公执法,舜为其父着想,抛弃了天下的荣华富贵,皆因父子有亲使然。

不论时代怎么变迁,制度如何变化,在父子关系上,没有能比亲情更加宝贵的东西了,因此为了维持、保存这种亲密之情,父母要热爱子女,子女要尊敬、孝顺父母。

父母的责任是热爱子女,子女的责任是孝顺父母,即使父母对子女说不爱你或者程度上多少有些差异,但实际上仍然是热爱所有的子女。然而子女尽管想对父母尽心尽孝,实际上也很难完全做到,这是因为爱是对弱者,是自上而下的事情,因而比较容易,而对上尽孝则是件困难之事,故圣人们强调的是孝。

孝是子女尊敬、热爱父母,即子女对父母的热爱、恭敬协调一致为孝。

《孝经》中说:"不爱其亲,而爱他人者,谓之悖德;不敬其亲,而敬他人者,谓之悖礼。"(《孝经·圣治》)这是因为子女从父母处所得到的恩惠是其它任何东西都无法比拟的,此恩不报乃最大的忘恩负义和背信。哪怕父母疏忽了自己的职责,对子女热爱、关心不够,哪怕子女竭尽全力孝敬父母,但实际上仍然难以报答父母的养育之恩,与从父母那里所得的恩惠相比,充其量不过是万分之一已,因此并没有什么不平等可言。

2.君臣有义

君臣有义就是指君主与臣下之间要讲义。人们一生当中,最重要的是父母与子女之间的关系,其次就是君臣之间的关系,因此君臣有义是五伦中第二位的重要问题。在解释五伦时,有人试图把君臣有义放在首位,这是不对的,五伦的顺序不能变动。

君臣二字仅从字面意义上理解的话是属于过去封建社会、帝国主义时代的产物,不符合当今民主主义时代的要求。可是对今天而言,所谓君是指国家的领导者,臣是指被领导者,因而君臣有义实际上意味着领导者与被领导者之间要讲义,故总统也好,公务员也好,领导者与被领导者要按义行事。如果说父子有亲是家庭关系的最高准则的话,那么君臣有义就是领导者与被领导者之间的最高准则,假如某个领导不义的话就不能继续被推戴为领导,假如某个部下不义的话就应当给以适当的处分,这皆因义为最高准则之缘故。对个人而言,即使是与我关系密切、私交很深的部下或公务员,若其不义也要解职,即使是让我享受了很多恩惠的领导,若其不义也要直言相告,如不采纳则可采取革命的手段,在这里,君臣之间决不能徇私情,唯有义才是最高的行为准则,君臣有义就是这个意思。当然此处不仅仅是指国家最高领导人与被领导者之间,而是说社会上所有的领导与被领导者之间都应如此。这是因为在社会生活中只有义才是处理领导与被领导关系的最高准则。

在过去日本殖民地时期,曾把君臣有义唯我所用地加以歪曲,强调绝对忠诚于天皇,以至于时至今日仍有许多受过那种教育的人不能正确认识和理解五伦,当然这不过是狡猾的日本人为了实现自己的野心而玩弄的歪曲五伦的鬼把戏而已。即使把君臣有义的君臣二字理解为过去旧社会的君臣,君与臣之间要按义行使也是一种双边互惠的平等伦理关系。尽管有人主张"君虽不义,臣当尽忠"的不平等观点，但并不能把君臣有义解释为不平等的伦理关系。何况君臣一词当广义地被理解为领导与被领导者时，所谓君臣有义则是说指导者与被指导者都要按义行事。这种伦理关系不仅现在需要，将来也仍然需要。为使君臣有义，则应"君使臣以礼，臣事君以忠"（《论语·八佾》）。

当今社会，不义之人不能当领导已成为全球改革的共同趋势。

3.夫妇有别

所谓夫妇有别是指丈夫与夫人之间应该有所区别的意思。人们在一生当中遇到的第三个重要问题就是男女关系问题，因此也称男女有别。

丈夫与妻子在一起共同生活中应有所区别的意思是指丈夫与妻子要分别遵守各自所应遵守的伦理道德。从而承担各自不同的义务，这就是所谓有别的意思。有人把夫妇有别或男女有别理解为男女之间的差别，也有人认为这是过去封建社会男尊女卑思想中反映出来的男性为束缚压制女性而制订的封建社会的残渣陋习，应该予以纠正。如果知道此处男女有别是指男女应分别按照自己的本分行事的话，那么就不会认为这是男女不平等的伦理道德了。

男性不管是生理上还是精神上都是刚强有力、朝气蓬勃，而女性则是温顺谨慎、细腻美丽，所谓男女按自己的本分行事就是说男人要像个男人样，发挥男性的特点，意气风发，斗志昂扬；女人要像个女人样，发挥女性的特征，温文尔雅，细致谦和。因此自古以来就对儿童实行符合男女特点的分类教育。（《礼记·内则》）男性若违背了男性的特点生活必然是痛苦，反之，女性亦然。故男女都要按照各自的特点，遵守各自的本分，组成和睦的家庭，有严父慈母的教育，子女就能形成良好健全的人格。

《中庸》中写到："君子之道，造端乎夫妇。"（《中庸》12章）朱子解释为："夫妇，人伦之至亲至密者也。人之所为，皆有不可以告其父兄,而实以告其妻者,人事之至近,而道行乎其间。"(《中庸》12章,朱子注)另《礼记》中说:"亲亲,尊尊,长长,男女有别,人道之大者也。"(《礼记·丧服小记》)即夫妇问题是重大的社会问题,君子之道产生于此。

现在世人都在为家庭问题而苦闷,大家庭逐渐趋于缩小化,离婚现象蔓延全球,中南美离婚率已高达80%,美国也已达70%,在此情况下,我们应该保持男女有别的伦理传统,维护爱情的纯洁性,遵守各自的本分和道德秩序,组成令世人羡慕的幸福家庭,即使夫妇相爱,也应该互相尊重对方的人格,相敬如宾遵守各自所应遵守的道德规范,只有这样,才能爱情长存,青春常在。所以说夫妇有别是至高无上的命题和准则。

4.长幼有序

所谓长幼有序是指年长者与年幼者之间应该有规范,讲秩序。人们一生中面临的第四个重要问题就是不同年龄阶层的关系问题,这种关系起始于兄弟间的关系规范,推而广之,则意味着在全社会不同年龄阶层中重视秩序,讲究规范。

今天,有人批判长幼有序,说这是不合理的规范,主张应按能力和业绩的大小享受不同的待遇,不能依年龄大小给予不同待遇,认为即使对方年龄大,而我仅仅是由于年龄小就非要特别尊敬对方的必要性是不存在的。笔者认为这是仅适用于自然界的适者生存的理论,若照搬到人类社会,则会出现许多问题。若兄欺负弟弱小,长者藐视幼者无力,青年蔑视老年衰老,这与动物界的强者生存观点并无两样。

兄爱护弟,弟尊敬兄,以敬己兄之心敬人之兄,以爱己弟之心爱人之弟,以敬己长辈之情敬人之长辈,这样讲究秩序,遵守规范,长幼间便可和睦相处,友好往来。

近来有人认为传统的东西已没有价值,唯有新的东西才有价值,所以"代沟"日益扩大,科学技术属于物质文明范畴,伦理道德属于精神文明领域,因科学技术发达而抛弃传统精神和文化的做法是不可取的。当今社会,物质万能主义盛行,价值观颠倒,世风每况愈下。孟子曾曰:"天下有达尊者三。爵一德一齿一,朝廷莫如爵,乡党莫如齿,辅世长民莫如德"。(《孟子·公孙丑下》)强调要尊敬长者。

为实现代际沟通、融和,把传统精神文化传给下一代,长幼有序在今天仍具有重要的现实意义。

5.朋友有信

所谓朋友有信是指朋友之间要讲究信义。人们在一生当中面临的第一个重要问题就是同仁、同僚间的关系问题。年龄相仿、地位相当的朋友间的伦理道德是信义和信赖。要想建立相互信任的平等的朋友关系,首先要讲究善和仁,与人为善才可信赖,否则便无信任感。所以朋友之道是责善,也就是要克服不善的方面向善的方面转化,曾子曰:"以友辅仁"(《论语·颜渊》),主张朋友通过相互切磋琢磨,使自己达到仁的境界。正如荀子所言:"蓬生麻中,不扶自直。"(《荀子·劝学》)如果朋友都讲仁义、行善的话,即使有个别不善之人,在这种环境中也会慢慢变好的。曾子有言:"吾日三省吾身"(《论语·学而》),其中之一就是与朋友交往中是否有不讲信义之处。所以说在年龄、资历相似的同仁之间要建立相互理解和支持的朋友关系,信义是最高的准则。

四、结束语

现代科学技术日益发达,科学至上主义,物质万能主义四处泛滥,人役于物的现象比比皆是,因此我们不能不认真思考:什么是人生的真正价值? 人间幸福究竟在何处? 笔者认为,当务之急是搞清传统伦理道德的真谛并使之发扬光大,同时向青年一代揭示人生价值的标准。

东方传统伦理道德的基本问题是有关天的问题,天的概念在《诗经》《书经》中带有古代宗教色彩。到了孔子时代揭示了天的内在性,认为人性乃天命,把天与人连为一体,所谓堂堂正正,光明正大地生活就是要遵天命,实现人的本性。人之所以成为人,重要的一条就是讲究仁。所谓仁是指自身人格完善并热爱他人。仁实现之日就是世界和平到来之时,此所谓人间天堂也。要实现仁就要讲究礼,而礼是要把诚敬之意与谦让的形式协调一致起来。建立在上述指导思想之上的五伦,是处理人际关系的最高行为准则。

人们出生后首先面临的是父母与子女的关系,其后依次为领导与被领导的关系、男女关系、长幼关系和同辈人之间的关系,人在一生中所遇到的各种关系无非就是以上五种关系。衡量这五种关系的最高标准是亲、义、别、序、信,这是传统伦理的核心问题。在今天争取自由、崇尚平等、尊重人格、解放人性的民主社会中,如何继承传统伦理道德是我们面临的重要课题。笔者认为,为了解除现代人的苦闷,避免道德沦丧的唯一可行的办法是重振传统伦理道德。

（选自国际儒学联合会学术委员会编《儒学与道德建设》,首都师范大学出版社1999年版）

本文探讨了儒学现代化的问题,指出,现代科学技术日益发达,科学至上主义、物质万能主义四处泛滥,人役于物的现象比比皆是。有必要向青年人揭示人生价值的标准。东方传统伦理道德的基本问题是有关天的问题。孔子时代揭示了天的内在性,认为人性乃天命,把天与人连为一体,人光明正大地生活就是要遵天命,实现人的本性。人之所以为人,重要的一条就是讲究仁。所谓仁是指自身人格完善并热爱他人。仁实现之日就是世界和平到来之时,即所谓人间天堂也。要实现仁就是讲究礼,而礼是要把诚敬之意与谦让的形式协调一致起来。建立在上述指导思想之上的五伦,是处理人际关系的最高行为准则。作者强调,为了解除现代人的苦闷,避免道德沦丧,唯一可行的办法是重振传统伦理道德。这种立足现实,转化传统,改造过时了的儒学伦理,颇有儒学现代化的价值取向。

儒教与国家政治

高柄翊

[提要]儒教是比任何一个宗教或思想更具有跟国家政治有关联的持续性理念体系。儒教的本质是政治哲学、政治思想。以儒教的理念和价值观作为支配原理的国家，即明清的中国、朝鲜王朝的韩国、德川幕府的日本及阮朝的越南，是儒教国家。儒教国家是以德治为标榜的高度理念志向的国家。其基本责务是使百姓丰衣足食，保护遭外敌侵入和天灾地殃的国民。为了实现德治，君主和官僚是政治家，也是教育家，要在修养自身和教化百姓两方面努力，最终达到提高国民道德性和安定统治的目的。儒教国家既强调教化和道德，也包容法家的严刑主义。儒教国家的君主被置于道德政治的法执中，因受到约束而无法乱用专制权。儒教国家的官僚体系是一种比传统时代的别样国家要好，且可以跟近代官僚制度相比的制度。儒教自朱子以来有新的发展，被称之为朱子学、程朱学、宋学或性理学，成为明清和朝鲜时代占支配地位的思想体系。朝鲜王朝对性理学的信奉尤甚，以致排除功利、压抑工商，阻碍了国家的发展。在未来产业技术后续社会中，性理学价值观的相当部分对新病理、病弊起补完剂和治疗剂的作用。

一、绪　　言

儒教比支配社会和历史上的其他任何一个宗教思想或理念体

系,是对政治具有深厚关心的一种教说。儒教之教自从孔子的行迹及教说开始起,自那以后的发展过程,一切的一切都可以视为完成人间关系和政治秩序为目的。并且主张个人修养跟道德心的向上也要为坚立政治秩序上,可以说儒教之本质就是政治哲学,也是政治思想。

这与其他宗教一比较的话,就会更明显的。道家思想及其以后的道教思想里其基本观念是政治要尽量减低人为的干预和统制,另外在佛教立场,认为位于前生跟死后世界的现世是过渡期,只是持相对意义的时期,可以在现世中对政治发生关心是件很困难的事。还有跟佛教同样的指向彼岸世界的印度教也对政治没有关心。同时,在现世生活里,只强调跟神交接的伊斯兰教和基督教也是一样,政治对他们是没有什么吸引力的。

在儒教思想起支配作用的一些国家所展开的政治思想跟政治制度当然都不能一致。儒教的政治思想本身也随着时代而变迁。汉代以后的儒教虽以国家的指导理念而登场,其实在政治运营方面受到主张遵守严格的法和刑的法家思想之影响较大。以后两千年来在儒教国家的政治运营上到底哪一面是儒家思想,哪一面是法家制度,很难分明出其境界。而且所处的时代,按各国的情况不同,有不同的发展,像东亚细亚的中国、韩国、日本、越南都各有不同的表现,这一点也是不能疏忽的。

虽如此,仍有以儒教思想为共同支配理念而起作用的时期。就像明、清时代的中国,朝鲜王朝时代的韩国,德川幕府时代的日本,及阮朝时代的越南,都无法否认在政治运营上有过相当程度的共通现象。

二、德治的标榜

儒教国家和其他地域的古代国家们有所不同,我们要注意到其国家政治合理的要素倒是很多。那是因为儒教政治没有宗教咒术,超自然的要素,少有对来世跟天上世界的关心,只求实现儒教的理想世界,而重点在于在现实世界中求得国利民福方面。

儒教国家的君主不认为自己是拥有神权的存者。中国的天子虽以为是受"天命"的人,但在他的道德政治上有重大缺陷的时候,持有撤回天命可以失去帝位为前提。还有视国家为支配君主世袭的家产,就是所谓家产制国家理论并不适合儒教国家。当然新王朝的创始者或其功臣们会误觉国家全部就像新获得的自己资产一样以致做出错误的行动,这种行为不是正统儒教思想所容忍的。西洋社会科学家中有认为中国是世袭家产制国家的见解,这根本就不符合。

从来没有以强兵征伐外国,图谋扩张人口跟领土,建立国家为目的。对北方游牧民族国家来说,曾有过如此类的运营国家方法。在儒教政治上没有名分的侵略是无法正当化的。虽如此,而发展经济来提高国民消费生活,为政府最重要职责的功利的国家观念也是找不到的。当然使百姓丰衣足食,当外敌侵入时或有天灾地殃时保护百姓是政治的职责,但那决不就是国家的理想目标。那个是要更高一等的目标。那就是具现尧舜圣王政治,就是像"三代之治"一样的道德政治。国家的所有统治行为和行政制度要具道德,主力于施行道德上,要把它综合成一句话的话,那就是实行"德治"的意思。

为了实践德治,第一,君主一定要是一位有德的人,还有君主一定要始终一贯的来修德。其次一点就是在制度上也要有为君主可以修德的保证。不管在哪个国家里,虽然都认为君主是有德而且知识渊博,判断力很快并有勇气的人,可是没有像儒教国家那样强调君主的有德要超过其他能力的。

君主下属官吏的有德也是儒教国家所强调的,他们自己本身不仅以为要具有德望,并且要求本身能教化百姓,做一个教育者。关于他们技能跟强调德治,将在下一章论之。

在儒教国家里教化百姓的作用一直是不断的实行着。不仅长官们直接训导,就是帝王也成为直接教化的先锋。此时在教化内容上不但强调君主和对国家的忠诚,而且也把重点放在孝道、友爱、长上尊敬、乡里亲睦、勤勉等等的一般道德伦理上。在学校和家庭里的教育也同样是对知识跟技术的重视不如重视道德观念。儒教国家政府机构不但认为可以教化百姓,教育百姓,更认为负有引导百姓走向正道的价值观的责任。儒教跟道教、佛教所以不同,就是国家要担当教化百姓,在以德治主义为标准的基础上有如此的来教化民众。

虽以某种方向或目标做为标榜,但在实际上还是有点差异的。例如明清时代的中国,朝鲜王朝时代的韩国,还有德川时代的日本,他们施行儒教政治理念,是不是国家和社会因此到底实践了德治,百姓们也是否因此实践了儒教道德? 很难下定论说一定比其时代以前或其他国家更使国家和社会实现了道德。但是,因为持续的一再强调或注入道德价值观念的关系,至少百姓们违背道德规范时会感觉到踌躇心和恐怖心理。相信这种的外部作用也对保持儒教秩序帮了很大的忙。

强调儒教德治,结果给我们带来了政治上的平衡和安定,这一点是无法否认的。反抗跟叛乱原本就不是正人所为,所以一直是被禁忌的,再加上社会身分或地位受朱子学的差别观念的熏染。此种情况在制度上也已固定化,所以即使对现状有所不满,也只有放弃,结果也对安定助了一臂。另外一面是君主跟官僚、士大夫间组成一种牵制和平衡的作用,当其中一者做出过分滥用权力的时候,可以以性理学的伦理跟义理名分的理念相互牵制而得到平衡。当然在明清时代也有过不少内乱。在明初的胡惟庸之乱和随而发生的大规模刑杀;清初虽有过三藩之乱,这也只是为了巩固王朝地位和权力而平乱;明末17世纪的"三案"也是宫廷内的权力搏斗。不过,明代15世纪中叶有过邓茂七的农民叛乱,清末18世纪末发生白莲教徒之乱,19世纪虽发生过大规模的太平天国之乱,但是除了跟外族作战以外,明清的王朝大体来说还可以说是维持了平安。朝鲜王朝也有同样情况,16世纪末的壬辰倭乱,17世纪初的丙子胡乱,如此遭到致命于死地的外侵,可是在近代化以前仍没有遭遇到大的内乱,因而能使一个王室存续五个世纪,且达到平衡和安定。

儒教伦理的强调对牵制专制主义有帮助的一点,我们也不能疏略。在西洋从近世纪初开始,认为亚细亚的古老国家是专制主义体制的国家,特别是孟德斯鸠(Montesquieu),他评中国政治说,中国是国民被卷入恐怖权力中而转落为奴隶的专制国家。当然在启蒙主义时代,跟伏尔泰(F. M. de Voltaire)一起极口赞扬孔子和儒教政治的例子也有过,但是他们是意图借此间接的批判自国的绝对主义体制而夸大称赞,不能看为是一般的评价。哲学家黑格尔(G. W. h. Hegel),社会思想家马克思(K. Marx),社会科学家韦伯(M. Weber)也在基本上持有这样否定的见解。

对儒教国家的另外一个误会是国土跟国家全体是国君所有,宫中和政府没有划好分明的界线,君主拥有绝对专制权力的见解。其实儒教理念跟按儒教理念而确立制度的时代,已不可能出现专制君主了。秦始皇的专制权力不是儒家思想,而是法家思想,秦朝的专制政治是汉代采择儒教为支配理念以前的现象。以儒教的德治主义做榜样的国家里,根本说不到君主的专制权,只能享受到被制约的帝权、王权。对内要符应身为帝王要修德的要求。对外要接受周围儒臣们为具现儒教理念的各种怂恿和牵制。在某一方面来看,君主乃是逃脱不出属下所布的儒教理念之范围的俘虏。

三、官僚制度和科举

在中国很早以前就有了官僚组织的体制，直到近代没有间断过。这种持续性在其他国家几乎很难发现。从秦汉帝国以来，官僚体系和官吏采用方式虽有点改变，但基本上由中央政府任命的官人们组成的组织担当帝国行政的这一点是没有改变的。

在官吏采用方式上有对君主有所功劳的，有被别人推荐为有能力，有德行的，有父祖官职世袭的，有参加国家施行的竞争考试合格的。但自从隋唐代确立科举制度以来，到清末一千三百年此悠长的时间里一贯的施行科举，在政治行政制度上被认为是世界上最长寿的一个制度。

科举制早在高丽王朝时已导入。在朝鲜王朝时已全面施行，是一个维持了千年之久的重要制度。越南的情况也一样，也已很早导入了科举制，在高丽导入百余年后就已经开始施行了此制度，直到20世纪（1915）最晚的时期。韩国跟越南都不用中国语，用自己的语言，到了近世各各都有了独自的文字。可是官吏采用跟竞争考试上仍依据儒学和汉文的能力来分高低，而且这种制度在两国里都维持了千年之久。此一实事可以说是惊世的。日本也一样，在德川时代把儒教思想尊崇为政治和社会理念，也开始有了官僚制度，但没有采用科举制。幕府将军的统制下有二百个左右的藩，都是武士阶级为官吏。这些人都是对藩主有个别忠诚的家臣，基本上是世袭的位子，没有任期，也没有调职，没有私人的土地和基盘，只依藩主所赐的俸禄为生。若有一天被罢免，就成为浪人的身分。

这一点跟中国、韩国、越南传统时代的官吏们，根本上的身分就不同。他们通过了学问、知识、时务、诗文能力竞争考试。他们听命于中央政府,可以在全国任何一个地方就任,按照官职决定任期,也会被调职。而且他们可以用国家给他的俸禄在自己的家乡买家产安老。

中国、韩国的传统官僚体制大体来说合理性和公共性、开放性较高。君主和权力者不可以用私人的关系恣意来采录官吏,须通过已预定的手续就是公开的竞争考试(科举制)才可以被录取,这一点有谁能说是不合理,不是开放的呢?除了科举制以外,依时代的流传被整理好的有机的官制和官僚组织,又是无法比较的。对案件的报告、议论、决定、施行及事后记录的极周密的行政过程,广泛且详细的法令体系,对个个官吏们的业绩评价,已编织好的人事管理等,在制度上真的可以称为是伟大的制度。当然在现在的立场看来,地方官吏可以同时拥有行政权和司法权,虽是一个缺点,但这一点是传统时代的普遍现象。像中国和韩国等儒教国家的官僚体系跟官僚组织所持有的合理性、公共性、开放性、组织性来看,比起其他国家那传统的官僚制,不但觉得没有落后感,倒可以说是相当接近于近代的官僚制度。

儒家国家的官吏们在实现道德政治上站在极重要且中心的地位上。官吏们从开始准备科举考试的时候起,要精通熟读儒教经典,更要精通明经科,还要把握住面临百姓们的时务,也要多知道历史先例和先贤们的行绩。当就任官职以后,要苦心修养,准备对付实践道德政治时所须的要领。

不过虽然在道德上一直倡导指导理念,这种抽象的理想目标实际只玩在口头禅上。科举制的采用在理念志向的政治上倒有不太适当的一面,虽本来是为实现德治的政治为目的而设置的制度,但以竞争为主的科举制倒与政治和理念渐渐疏远,官吏们对君主的忠诚和追求理念的德治之心,在某一方面倒远不如指向专门化的官吏之路。长时间以来对科举制的各种批判一直不停的发生,其中有指责合格者们的德行及理念的未洽,并由此主张倒不如回到汉代贤良推荐制的意见也不少。

只是朝鲜王朝时代不管科举制的施行,官吏们沉迷于比此更理念志向的风气中。在朝鲜王朝官吏中,因创出王朝权力立功而得到官位的功臣们,还有因是皇上的亲家而成为官吏的戚臣们,当然为了永霸王朝而卖力。可是在科举考试本身上,朝鲜比中国更彻底的适用性理学的名分论。从应试资格开始就有差别的排除再嫁女的儿子和庶孽的子孙们,甚至于连工人和商人也不能参加考试。这一点在中国是看不到的。特别是跟中国商人们让子孙求学去参加科举是完全不同的。在举办科举考试本身上,实行临时科举的事实可以说官吏采用的合理性和开放性是在慢慢腐败下去。在朝鲜王朝时期,每隔三年就举办年试,再加上为纪念王室的喜庆之事等又举行多次临时科举,按此来说临时试比年试多。合格人的总数也是临时试比较多。临时科举当然没有预定,公布期间也很短。所以只有住在首都附近的人,才应试。因此特定地域的一部分人更有利于走上官路。

朝鲜朝的官吏们深醉于性理学的价值观念。他们以这种价值观为思考和生活的信条。为了准备科举考试,他们要精通对他们来说是非常难的外文(汉文)。他们的汉文程度甚至于并不差于中国学者,教材也完全取材于朱子学之书。他们虽然随着官职的调动,可以迁职到京城或是他省,可是他们都跟自己老家有密切的纽带关系;有朝一日辞职了,他们可以马上回乡。他们在职的时候跟故乡的前辈士林们有紧密的联系,所以现职官吏们可以说就是遗乡士林们和学派的在官代言人。

官职当然是有任期的,可随君主或当路人的恣意,常常被调职、升职、免职。一年移动几次那是很平常的事。所以官吏们根本没有习得对官职的专门见识的机会。官僚下面有所谓"衙前"的省城世袭职之吏。行政实务方面其实都是吏来掌管,官只是把握案件的大体,做决断即可。可能是对实状的理解不足,在职又短的关系,官僚们很难具有对业务做献身服务之意欲,只是留下一篇诗文而去。

朝鲜王朝的官僚们自认为是学者、文人。他们大部分都留下个人文集。可以刊行文集的意思,首先虽然要欣赏本人的学识和文章力,还要子孙们的孝诚和有对家门荣誉的欲望,并可以负担刊印时所需要的巨费才可以。朝鲜时代印行的大部分个人文集,是用汉文写的。这与明清时代的中国人口比例来看,是更多的。可是在这些文集中几乎没有记述本人在官时所经历的、听到的、所下过工夫的业绩等文章。官职生活对他一生来说,应该是最重要的事,可是在诗文中很难找到其事实的痕迹。

考上状元及第,是一件非常光宗耀祖的事,可是对埋头自己的职责、业务,做到敬业、乐业——除了非常高而重要的职责——好像并没有那么重要。这是因为官僚本身处于中央执权势力和老家自己背后势力范围内的士林们中间,常引起政治斗争,常被调职、降职、罢免、处罚。所以他们经常面临辞职。文集里收录些经常可以看到的古典美丽辞句的辞职愿,这只是夸本人不迷恋官职的气风。事实上,按照官职经过好多次的辞职愿才得到允许的也有,还有已经下了乡了,仍下诏书赴任。结果经过一再谢绝才得免的例子也很多,在此可以看到士林的气风和王权的温和性。

作官扬名于世,这是人人都想求的事,但是官职本身是跟污染有连关,又有危险伴在身边。所以做官的人无不一时一刻关心着一身上的安全和辞职的时期。施行道德政治虽是官僚们的责务,可是因性理学的上下秩序观念和官职的政治关联性倒让官僚们把在官活动本身不视为重。

四、儒教伦理的发展及民众的过程

儒教自从明清时代以来,其教说广而深的渗透于民间。继蒙古族的元朝而建立汉族王朝的明太祖洪武帝,他年轻时虽生长于跟儒教毫无关系的环境中,可是当他成为君主,他意图更强化及普及儒教文化和儒教伦理来强化明朝的正统性,而带来中央集权的统治体制上之安定性,因此很热心的一再考虑朱子学的学问跟民众的儒教伦理。他即位后在全国州县大增学校(社学),给予学生(生员)们科举考试的应试资格,更支给他们生活费,且免除徭役的负担,把生员们提高为一个特权的知识人阶层。因此生员地位提高起来了,生员之数也越来越多,朱子学也渐渐发展起来了。在明末,生员数至50万,到了清末约达100万名,遭到落榜的生员们只好在初级学校当教师来维持生活,随着数字的增加,地位逐渐下降,很多人从事杂工,但仍有很多是提高儒教的价值观跟文解力的工作。

明太祖热心地以儒教伦理教化民众,给后世也留下了很大的影响。太祖直接发布"圣谕六言"即"六谕"(这就是六个德目即"孝顺父母,尊敬长上,和睦乡里,教训子孙,各安生理,勿行非违")注入百姓们。在此只强调了对父母的"孝",虽没有直接言及对君主的"忠",但儒教的家族乡村伦理包括三纲(君、父、夫)的关系,间接地也强调了忠诚。此六谕以《教民榜文》的书名流转于各地。特别是太祖制定乡村的自治组织——里甲制(以110户为基准),命令全国编组。其主要目的虽应是徭役的有效赋课,但在聚会时一定要里长朗读且解释六谕,故也是一个有助于儒教教化的组织。

君主的教化作业在清代也很盛。清朝的君主们跟蒙古族的元朝君主不同,开始就自称是保护中国式文化的人,一模一样的努力沿袭明朝君主们对儒教教化的努力。清王朝建立后(1652)马上施行明的六谕。康熙皇帝不止于此,他敷衍六谕做出 16 条的"圣谕"颁布天下,要世人讲读(1670),其子雍正帝注解刊行《圣谕广训》公布天下,随后乾隆也做过这类的努力。清朝君主们因自己本身不是汉族的关系,看起来更因此而努力去尊重儒教。还有清代的时候,设立了很多各级的学校和塾堂,这也都是为了普及儒教伦理的。

明的六谕在清代为《六谕衍义》,然后传到琉球,再传到日本,在德川幕府里把原文标上日本式训点刊行,再命学者室鸠巢用日文解释名为《六谕衍义大意》而出版。此书送到全国各藩,命令用于四民教化,如此六谕对日本百姓们的儒教教化也有相当大的影响。

当然,经权力体制上开始施行的这种教化工程会带来多大的效果,是需要多次检讨的。大体来看,明清时代的儒教学问和伦理道德比起前朝的教化范围更广,也已浸透到中国南方各社会阶层中了。

五、士大夫的义理名分尊重

儒教虽从孔子时代起也重视和强调仁、义、礼教导为君子必守之道,但到了朱子学,此种伦理道德和义理名分及礼义凡节跟人间本性与宇宙原理相结合,更发展到体系化。在伦理道德的根本上强调三纲五伦,在义理名分上强调人间行动原理原则为基本,找到分明的名分,再行合此的行动。在礼义凡节方面要在家庭里规定冠婚丧祭仪式,再强调按照遵守。

在义理名分的遵守中,对接受朱子性理学的后世知识层发生了很大的影响。义理名分在人的行动上,要分明认清准据的理致跟理由，然后再实行实践，才是其本质，也才是具有分明的理念跟强大意识的行动。一般的道德伦理、礼义凡节没有如此的理念与意识，在结果或外见上在某一程度内是可以遵守的，可是义理名分是不同的。另外一点义理名分虽是透视人间性理、社会构成、宇宙运行之一般原理和原则的行动指针，可是按行为者所处的家族、社会、国家的差异，可以个别地特殊地起适用作用。所以义理名分的准据，是具有强烈的意识性和现实的个别性。因此也拥有强烈的呼诉力和实践力。

强调义理名分，是在政治上实现正义政治，纠弹敢做不正政治的意思。不过明代对儒教伦理的普及比前代虽广，这在数值上是无法证明的。话说在明朝中期，杨继盛（椒山）上疏纠弹严嵩（首辅）的专制横暴，始终不肯与其求合，结果被处刑。在他留给家人的遗书里写着嘱咐家人一定要守住儒家道德，此事流布一般家族里被视为家训，到了清代翻成满洲语出版流传到各地。这也是一个儒教道德观念普及于世的例子。进一步说，对不义士大夫的纠弹和民众的集团抗议，一起展开是空前稀有之事。明末以东林书院为中心的东林党，强调朱子学的义理，讲学时让一般庶民参与，对政治方面批判不义。有一次批判宦官魏忠贤的专制恐怖政治时，在苏州的一位关联者被捕。因此愤慨的民众展开示威（开读之变），就是要守住义理名分气风的一个例子。到了清代受到满族的征服支配的汉族士大夫们不能明目张胆地推讲义理名分，陷入协和跟谛念，追求原理跟原则的风气比明代衰退了很多。

六、朝鲜王朝对程朱学的倾倒

正与此相反，从朝鲜王朝创建以来，导入程朱学，经过王朝全时期，都以其为指导国家社会和个人生活的理念。性理学在学问上也得到很大的发展，展开了周密的探索和热烈的争论。研读儒教经典《四书》、《五经》是当然的事，对程朱学的著述研究也相当有造就。像如此的古典汉文书籍，虽为外国语，可是知识分子仍是刻苦耐劳地去领悟。学问上的关心并不单纯地停止在研究古典上，而已深入了哲学问题里。在性理学的立场上，学者们热心地探索透视人间、自然、宇宙的原理和存在。对于人性和物性，人间的感情和认识，乃至构成自然和宇宙，诸如此类的基本问题已展开思辨性的探求，像四端七情论、理气争论，人心道心争论等以著述和书信互相交换。对程朱学对思辨哲学的探究，在朝鲜王朝时期可以说韩国比中国更盛。只是有一点：虽然展开活泼且有毅力的争论，但都属朱子学范围内的争论，因为朱子学一边倒的风气太盛，对若有一点越过其范围的论议，就被称为"斯文乱贼"，是绝对不能容许的。当时一直是维持着这种硬直的风潮，而朱子学也在此风潮中展开。

朝鲜时代的程朱学不仅在学问上，且对朝鲜政治上也有极大的影响。在朱子学各部面中，尤其尊重义理跟名分这一点，对朝鲜朝的士大夫们的社会行动和政治参与，起了很大的作用。儒家排斥物质上不正当的利益和对社会现实的无原则之妥协，做到宁肯有损失也不肯协合，奉守义理，彻底遵守名分的观念已深入士大夫的社会全面。能够担当扶持这种价值观的人，当然第一是君主和其官僚们。所以借经筵对君主注入道德政治，借谏言制度对违背德治的忠告可以不断的上疏。还有对官僚们上下级间有不断的教养作用和牵制作用，并有怂恿他们的作用，使他们实行道德政治。并且设各种监察机关——包括朝鲜朝特殊的暗行御使——使官僚们无法做出越公道的事。

七、士林对义理名分的执著

可是在朝鲜时代以性理学的义理和名分为天下公道,而最能宣扬此公道,且要实践其公道的人,既不是君主,也不是官僚,而是被称为"士林"的儒教文化担当者们。对士林很难下定义,因为他们没有组成某种明显的团体或组织或是某阶层。

士林当然是具备儒教的教养,熟通汉文经典,也明了儒教礼节的人。略知儒教教养的成人、老人在乡村或地区活动的人泛称"儒林",士林比此概念稍窄。士林是指在儒林中共有某种教养生活态度气质的部类:要略通诗文,读过相当期间的书,可是并不一定要有田地财产,倒对清贫为傲然,可是大部分是中小地主。也不以有无考上科举、有无官职为基准来区分。其基准是本人以修己治人为根本哲学,坚守节义和志操,过清廉生活,持有重道义轻功利的姿态跟气质的人。这种气质又称为"士"。这种人大部分是在家乡的私学或书院等地念书考上初中级科举考试,没有官职住在家乡或辞官回到家乡住的人,也称为"山林"。在中央称士林,成均馆集贤殿艺文馆任文翰职的人较多。

人们不只是单纯的学者或文人,他们成为一方面宣扬道义和公道的实现,一方面是批评与评论现实政治的先导者。对于他们所批判的理论,以王权为背景,在朝廷已打好权力基础的既成权力者——就是参加建立王朝的功臣或跟王室有血缘关系的贵族官僚们——大部分反击士林,跟他们发生冲突的时候很多。对朝廷,或对于中央政界的争论焦点事案的意见不合,为此守旧势力的勋旧派和新进士类的士林派常常起冲突。在十五六世纪当中发生过几次大刑杀的争政和悲惨的士祸。士林们宁愿牺牲自己也不愿被摧毁风气。重视性理学的义理与名分的士林之风气在那以后也一直

20世纪儒学研究大系

继续保持下来;继承前期金宗直或赵光祖领师们气节的真正士林意识,直到朝鲜朝末期也没有衰颓。在末期对异教或外势的侵犯所起的"卫正斥邪"运动或"义兵"活动中也呈现了那种传统。

但是因为对义理跟名分过分的强调和执著,而往往失去均衡且统合判断的时候很多。失去本来的意味和精神,只对枝叶的形式和外见具更大的关心。尤其问题跟个人的利害有关系,在争夺政治势力上展开的时候,牵强附会地主张,感情用事的情况相当多。在中国明代世宗嘉靖帝(1521 — 1566)即位时,因生父母尊号问题以致意见不合,为了此"大礼之议"历时三年半的激论使朝廷混乱,发生数百名的官僚们下狱或左迁的事。还有明代对革新政治和财政再建有功的最大宰相张居正(1525—1582)死后,也因为名分上的问题受到惩罚。那就是父亲去世的时候回老家守丧三年,仍遂行大学士职所谓"夺情起复"之事和神宗婚礼时脱下丧服穿上礼服参席的事,这两件事当然是经君主的允许和恩惠所做的,可是受到周围人的议论指责,结果谥号被夺,家产被没收,家族被贬谪到边方。

如此的例子在朝鲜时代更多。成宗时(1469—1494),崔溥出差到济州道,遭到父丧,为了奔丧回航时遇到台风,漂流在东支那海,结果漂到明土,被误认为倭寇,受到很多苦。他虽在异地,可是寸时没有脱过丧服。甚至于被押送到北京谒见皇帝时,也固执地穿着丧服。回国后遵成宗的命令留在京城,要他记述稀贵的旅程和途中所闻所见,结果 8 天后才能回乡奔丧。可是问题在于虽王命难违,但怎么能在奔丧前安然无事地写文章迎接亲友,这就是大错。虽得到成宗的信任,可是在弘文馆的就职仍被拒绝。张居正和崔溥都同样得到帝王们的努力庇护,他们一样在以违背义理名分为罪的儒臣们前面无能抵抗。

到了朝鲜初期这种情况更加严重。不管是哪种政策或事件,士林们一定要经过性理学之义理名分论的过滤后，得到同意才能接受，这种风气很盛，因此发生理论解释上和适用上的异见，渐渐分派，出现朋党。这些朋党们互相为了争执学问异论上的见解差异，政治上或权力斗争上的冲突达到极高点，结果引起了多次大规模的士祸。虽经历过如此的士祸，16 世纪以后，士林们的存在和对道义名分的执著之风仍不低头。朝鲜朝后期孝宗(1649—1659)去世后，其母后赵大妃应穿哪种丧服才对的问题，更加上宗法问题及王位继承问题，混在一起，发展到重大的性理学理念上问题争论（所谓"礼讼"）。意味不大的枝叶末端问题，在当时被士林当成天下重大事。南人退溪学派跟西人栗谷学派之间的争论一直拖了20 年，直到把属于另一端的官僚完全扫除才告一段落。

在明清时代的中国和朝鲜时代的韩国，这种儒教的伦理跟价值观已深蔓延于民众之间。同时尊重朱子学的义理名分之风气，在明朝和朝鲜也相当盛行。其中在朝鲜王朝程朱学一边倒的思潮，比在任何一个地方都要强烈。不论在政治、经济、社会、文化中，儒教中对义理名分的理念尊重程度达到了极点。把这个国家政治的一个理念坚持为理想目标，做为国民精神上的支柱，对知识层来说，可以集中对理念的学习和理念的研磨活动，有提高教学的作用。可是对一个理念，过分排斥他方地来信奉，缺少伸缩性的话，官僚们或知识层就只会埋头于形式，而忘记现实性和整体。结果对国家政治活动的发展反而有很多的反作用。

八、再评价与再生

近年来因西方势力的进出发生了很多变化，其中对儒教的评价为最大的变化。佛教或道教并没有受到什么特别的评价变化。可是儒教呢，昨天还是支配社会的理念，如今被西方压倒为现实的最大罪人。这其实是内部上升的批判，而不是来自外部的指责。

进入20世纪，在中国，陈独秀、吴虞、鲁迅等知识人、文化人们对儒教加以猛烈的批判，说是奴隶屈从的封建道德，"吃人的礼教"，提倡舍弃旧儒教道德，导入西方民主主义（德先生）和科学（赛先生）促求习得。接触西方文明的韩国、日本，虽不像中国有过鲜明的批判运动，儒教传统迟延了东亚国家发展的批判意识已一般化了。第二次世界大战后，在所谓"近代化"议论中，后进国家们如何能摆脱传统性的价值观，进入产业国家，成为主要论议。此时在中国起了所谓文化大革命的巨风，一时举起"批林批孔"运动，毁谤孔子及其思想，打上是代办奴隶所有阶级的利害之烙印。

一个世纪以来，儒教的理念和制度受到否定评价之东亚细亚诸国，内里人际关系的伦理道德，外表上的祭祀、葬礼等礼仪，仍被人遵守保持。尤其在韩国，儒教传统最顽强地被保存下来，儒林跟乡校在全国的组织，仍照样活动。因为儒教在政治上是促进国民统合最方便的理念，民国初期袁世凯政府曾尝试孔子祭典和推行尊崇孔子运动（1914），国民党政府以儒教道德的四个德目"礼、义、廉、耻"展开新生活运动（1934），计划以儒教为中心来统合国民，后因中日战争没能得以实现。

并不是为了政治上的目的而意图利用儒教，为了在文化史的展望上，再评价宣扬包括儒教的中国传统文化，张君劢和唐君毅等共同出版了《中华文化宣言》（1958，香港），虽被人注目，但没能展开宣言以上的活动。其后1970年，对儒教肯定的评价忽然抬起头来，就是东亚细亚诸国达到急速的经济发展，政治经济学者们结果为了寻找其发展要因，在共通点上推论且主张儒教是其要因。此问题在本学术会上，其他发表者将会有所论述，故本人省略议论，只想说一句本人的意见：此推论是不对的。

儒教在国家政治上对政治发展有贡献的一面，也有阻碍的一面,此功过不能是恒久的,我们不能忽略它随着时代而变化的一点。秦汉以来,很长时间儒教理念对国家政治有过很大作用,使政治理念、法令体系、官职制度、官僚组织、行政节次、民意传达等等有了很大发展。假如举明清时期为例,当时的国家政治不比世界任何一个地方差。到这个时期止,是儒教起肯定作用的时期。

可是进入明清时代以后,朱子学形态的儒教失去伸缩性,变为硬直状态,失去了可以接受新发展的力量。假如黄宗羲(1610—1695)的《明夷待访录》中有了民主政治思想和改革案,不被封锁为禁书,有一个可以公开议论的环境的话,政治上一定有很大的发展。朝鲜王朝初期,因导入程朱学,其理念成为精神上的支柱,随之政治上也非常活跃,但到了后期失去了尊重义理名分的本来精神,脱不了末端的执著偏狭性,结果很难达到政治发展。比方说,前半期的中宗时期(1505—1544)新进气锐的言官们明目张胆地批判以义理名分保守贵戚的风气很盛,若这种风气容许继续到后期的话,定可以减轻好多政治和社会的硬直与停滞。

儒教的理念与体制中有很多的特性,但一般来说,其短点或缺陷的指摘大体如下:

第一,对个人的权利及尊严性的理解不足——重视家族、家门和国家等所属团体远超于个人,坚持个人的自我主张会被人看做不当的事,谦虚被称赞为至高的美德。

第二,家长制的家庭——强调对长上者无条件的服从,孝道尤为重要,兄弟、夫妇、男女的区别严格。

第三,庇护阶层和上下秩序的差别——在社会里无法逃脱士、农、工、商的区别,文武的差别,职业的贵贱观。

第四,过分地重视义理名分——对原则太过于执著,因此对现实和利害关系过分轻视,结果导出不好的结果。认为功利主义是一个羞耻的想法。

第五,对商工的轻视——阻碍经济、产业技术发展的一个重大的错误观念。

第六,对自然的顺从——对征服、破坏自然的反感和恐惧。物质浪费、环境破坏也是一个罪过。同性爱是自然倒错,因为人间的身体也是自然,所以脏器移植贩卖是不可想象的事。

上面所述的,虽不一定跟政治有关联,但是从广义来看,不能说跟政治没有关系。儒教就是因为上面所说的那种否定的诸特性,使儒教国家无法发展,而落在人家手里过殖民地的生活,要不然就是后进国。对过去三四世纪的中国和韩国,这种说法,我认为很恰当。

但是以后的半世纪或是一世纪以后,上面所说的"缺点"是否仍然是缺点,是否会变成治疗时代病弊的优点呢。像现在的产业社会里,各种病弊已经很严重,产业后续社会不用说会更厉害的。在几世纪前封建的人际关系中形成的儒教道德观,相信也许会成为有用的补充剂、治疗剂。只是到了那个时候,不必挂着儒教的名牌,会以更普遍的、更适合时代的思想进入技术时代的人间内面,定居下来。

（选自国际儒学联合会编《国际儒学研究》第1辑,人民出版社1995年版）

高柄翊,韩国学者,汉城大学校长,主要从事儒学研究。

本文探讨了儒学与政治的关系,指出,儒教比任何一个宗教或思想更具有跟国家政治有关联的持续性理念体系。儒教的本质是政治哲学、政治思想。儒教国家是以德治为标榜的高度理念志向的国家。其基本责务是使百姓丰衣足食,保护遭外敌侵入和天灾地歉的国民。为了实现德治,君主和官僚既是政治家,也是教育家,要在修养自身和教化百姓两方面努力,最终达到提高国民道德性和安定统治的目的。儒教国家既强调教化和道德,也包容法家的严刑主义。儒教国家的君主被置于道德政治的执法中,因受到约束而无法乱用专制权。儒教自朱子以来有新的发展,被称之为朱子学、程朱学、宋学或性理学,性理学的信奉尤甚,以致排除功利、压抑工商,阻碍了国家的发展。在未来产业技术后续社会中,性理学家价值观的相当部分对新病理、病弊起补充剂和治疗剂的作用。

"儒法之分与合"在中国政治史的教训

——并论"中华法系"的传统及其特征:"礼本刑辅"

金忠烈

一、周秦时代的儒法关系

　　殷周之际,虽无诸家之名,推其要义而溯之,则儒法两家,已在殷末,各开其源,积极参与现世政教。一般认为,周之克殷,是唯赖文王之德之纯。但,究其实,不仅文德,加上吕谋始能成功。则周之得国,是在中国政治史上,第一次儒法合作之所致。厥后,文王之德,垂为儒家政教之典范;吕尚之谋,沿为法家经政之准据。自此儒法两家,同道异趣,时合时分,时争时辅,主导了中国历史演变的主流。

　　西周之开国,周公把其立国精神,资始于文德,根植于鲁;吕尚之武功,分封于齐,使各竞尚其趣。是为儒法两家,第一次的分化,而隐然形成"崇文轻武"的观念的形态,并予"逆取顺守"的历史教训。西周三百年是以伦理为基的封建时代,儒家政治理想,礼乐刑政,典章制度的雏形,大体形成于此时,周王室以此统摄天下,可谓中国政治接近理想的时代。

　　但,历史上决无不乱亡的朝代,又无一定不变的制度。西周之衰,礼治王政,自失其效而诸侯纷起,天下大乱。当此危机,代周王室而扶植天下秩序者,乃是齐桓公之霸政。齐桓公乃是吕尚之绪,可言是为第一次儒法位置的颠倒,也是为法家第一次的抬上。但,此时之儒法关系,还是儒主法副,相兼而互辅,尚无纷争可言。

经东周而至春秋末,郑子产之出,铸刑鼎,作丘赋,大大地改革政制,封建贵族政治,于是乎动摇,真正的法治,开始奠定了基础。不过西周以来的礼治及民本思想,依然成为政治的基本理念。因此春秋末期的儒法关系,尚在相待保合之中。其实纯粹的法家政治,可辅儒之短,而决无敌对的冰炭因素,即如管仲、子产,后人虽以他们归属于法家,但,孔子不忘管仲匡天下的恩功,为子产泣曰:"古之遗爱",无处发见儒法对争的迹象。

儒法之真正纷争,是自战国开始。不过,在此我们应予注意的,是排斥儒家的法家,不是提倡法治的纯粹法家,而是为军(君)国主义服务的变相法家:法家异军,掌握战国政局,唯求富强,以群国为至上,则与纯粹法家,应该予以区别。

真正的法家,是包有如尹文子之"万事皆归于一,百度皆准于法",管子之"君臣上下贵贱,皆从法","不可为一人枉其法"之大公无私的精神者。其执法之谨严,公平如水,精确如称者,则与德(礼)治,相去不远。可以相通,有何对立相争之理? 所以在战国,排斥儒家而专横天下者,决不是真正的法家,而吾人把它叫做:以力治术治为尚的"军国主义法家"。

其实,在战国,较近纯粹的法家,也在被排斥之列,如商鞅、吴起等,虽主张变法新政,不为唯求富强的三晋所容,而施行于秦楚,大见成功,但终于被私法者处死(在某些地方,商鞅、吴起是较近于纯粹法家)。因此战国时代,凡是阿主虐民的法家,一概归属之于法家,是不公平的。我们应该知道,战国法家中,亦有被排斥的一派,他们比儒道诸家,更是冤枉。而以后再与儒家带来保合的法家,乃是它们的余绪,而不是战国法家。

战国将终,有慧明的思想家,为唤起"逆取顺守"的历史教训,又为准备统一天下后之政治理念,写出《吕氏春秋》、《大学》等书,集成儒、道、墨诸家的政治理想于一炉。但,不幸,天下由暴秦统一后,不见采纳,唯继战国法家之力治,变本加厉,敌对一切,以天下为私有,苛政不到十五年而亡,竟成历史上最短命的朝代,而贻笑天下,是为"秦鉴"。"秦鉴"在中国政治史上,给予后世的教训至大。厥中最要者,乃为儒法之合,可以成事得国,儒法之分(争),必定带来丧亡天下。受此教育,汉代以后的政治,逐渐走上"儒法相待相辅"之路。

二、儒家本位的汉唐法律基调

中国哲学的通性,则在"现世间主义"。虽有超越偏向,如道家、佛家,但其究竟,终于还原现世,决不超绝。儒法两家,更有强烈的入世精神者。他们肯定吾人所寄托的此世间,为所有可能存在中之最良存在。以此确信,人类可能设想的种种高尚理念,及其至善价值,唯在此世,唯依政治,可以追求,可以实现。因而他们很淡泊寄望来世,憧憬彼岸的宗教兴趣。

儒法两家,在其以人生为本,以治平天下为任的目的,则为一致。但其实现方法,颇有不同。儒家感受性善之为天赋,透过率性、修道、教化的工夫,大成人性之后,列于三材之中位,参赞天地化育,开物成务,予以创进道德王国;法家检证历史事实,看取现实人生的自私自利。认定人性之自然为恶,其善则人为。因此"起性化伪"矫正人性之自然(恶),以达到治理平正的"善"之后,组织社会,建设文明,予以实现"戡天役物"的"人之道"。

对于儒法两家方法之不同,不必以二分对立的方法,断定何方为可为否,因为人生实际,尤其在社会群众里面的生活表现,确有善恶之两面。则儒家之启发善性;法家之矫正恶性,各有对治的功能,而不可偏废。其实儒法之对立拮抗,其根本原因,即在各执人生的一面,而不排斥他见,强持自见并予以贬下对方之故。其实,人生行为,既有善恶两面,则兼具儒法启矫之两种方法,始可谓之通全大方。

周秦以前,尤其在战国时代,儒法两家,和合少而对争多,而其所带来的后果是很惨酷的。秦亡之后,人们逐渐悟得,儒法合则成事成国,儒法分则丧亡天下的历史教训。有此认识之后,汉代政治,虽有袭用秦法,表扬黄老,独尊儒家等偏依不中的跛行,但大体上,谋求扬弃诸家之对争,而走入儒法互辅相成之大道。这种趋势,是从汉武帝重用董仲舒的"天人三策"之后始为明显。

详看儒法两家在战国之对争,其责任应该专由法家来负,因为在儒家如孔孟,他们虽有贬轻法家刑治之言说,但决没有否定法刑之存在机能。孔子说:"道之以政,齐之以刑,民免而无耻;道之以德,齐之以礼,有耻且格"。这是承认法治刑治在政治上的有效措施,只是说不如德治礼治之亲切与理想。我们很寄望建设德治礼治的升平之世;更是期待无为之治的和平时代。但这个世界还没有达到理想境界,而天下尚在纷乱之中,则这些所望,只是一理想,而不能不用刑政来对治现题。所以孔子也说:"听讼吾犹人也,必也使无讼乎。"既已有讼,则孔子也不能避开听讼,但不止此,必定设法达成没有讼事的社会,是为执政者应有的努力及其使命。

孟子在某些方面,激烈批评法家的霸道刑治。但他通观历史而说:"一治一乱",承认构成社会的阶层,有不义不正,则不能无有匡正乱世之药方;格正不义,放伐无道的强制措施。所以他说:"徒善不足以为政,徒法不能以自行",就是仁政王道,刑治霸道,共为治世教民的必要方法,如废一方,政教俱减效能。墨子也说:"制五刑而不用,所以为至治"。这是肯定刑制之必要,但以制备而无所施用为理想而已。

如上,儒家本非排斥法家刑治,而容纳其为德治礼治未成时之辅助机能。这种儒法互可相补的思想基调,以汉武帝为起点,走上先则"法律儒家化",后则"儒学法律化"之路。陶希圣先生说:"中国法系,是两大系统合成的。其一是汉律系统,其二是唐律系统,前者是法家的法,后者是儒家的法,前者通行了七百六十五年,后者一千四百三十年,中华文化,尤其是家族制度与伦理规范,所赖以延长与持久,法的功能之伟大不难想见的。"

在此吾人试述"法律儒家化""儒学法律化"的过程,则是汉初最先提出的儒家政制是贾谊的"治安策"。但那时汉廷方重黄老而未见采用,不过他所引起的影响则不少。到了董仲舒之"天人三策",由武帝重用之后,"律不能解决,或用律有疑问之时,春秋决事及以经断狱之例,渐见通行"。这是用儒家的观念形态或经典要义,来批导法家律典的开始。换言之,是为"法律儒家化"的转换。降至后汉,经今古文学并合讲习而为通儒的马融、郑玄等儒家大师出。遍注群经,尤精于三礼,而精通三礼的儒士。以礼释法律者十余家,字数千万言。则儒家之礼与法家之律,在学理上,则成一脉贯通,在施用上,是相辅效力。而臻于儒礼法律相为保合的地步,这种儒法保合的形态,再降至永嘉乱后的六朝,更为紧密。自东晋至陈,虽有删增,仍循汉律系统。但北方自魏至周齐,修补律典,皆由儒士,参与工作。尤其周太祖,制定律令,多用周礼,亦由儒士掌事。即说,北齐律典是儒士据礼制定者。可见是"法律儒家化"的阶段,进一步转入"儒学法律化"的地步。

隋统一中国后其律典之定,亦袭北齐律。再至大唐,就开新格,大修贞观律与永徽律。是皆为"儒学法律化"的产物,而这种唐律系统,则完全是儒家之法。自此,律与礼的位置颠倒而形成律沉入于礼的状态,而一直传至宋明清。"儒家的法,支配中国社会组

织与社会秩序,凡一千四百三十年之久。"到此定立一个大的基本
原则,那就是中国法律的基本精神及其理论基调,"礼主刑辅"。

通观中国正史上的"刑法志",我们就知道,其所敷定的基调,
便以"礼本刑辅""明刑弼教"为纲领。汉书"刑法志",开宗明义就
说:"制礼以崇敬,作刑以明威。"这种礼刑互辅相成的信心,传至
晋、隋、唐、宋,成为诸刑法志的基调而一贯相承。陈顾远先生说:
"中国历史上法虽有变,但有一中心势力未变也。质言之,每一变
动均与儒家有其关系。"瞿同祖先生也说:"古代中国法律,不能不
说,全为儒家的伦理思想和礼教所支配",这就是所谓"中华法系"
的传统与特征。

三、中华法系的哲学基调——"礼本刑辅"

中国文化发祥于黄河中域。此地四季分明,平坦肥沃,而适于
农耕,农耕是在一定空间的土壤上,顺应大自然的气候变化,生产
谷食等物,以供人类生活基本所需——衣、食、住的一种"天人合
作"的谋生方式。中国哲学的独特基调——"有限乾坤,无穷生机"
的宇宙观,就在这种农耕生活的长久经验中,孕育出来的。

中国先哲,观感体得的宇宙,是由天地四方所围住的有限空
间。但此空间虽是有限,在其存在功能上看,他是自具一切,而不
需依他的自在单位,是一种功能完备的整全构造,且把功能完备,
构造整全的宇宙,化为具体,当看亲切可验的对象者,乃为"天地自
然"。这天地自然,他遵一定不改的常轨而运转,守万变不易的定
理而变化,而自成绝对秩序。天地藏万物,万物顺天地(自然),安
住于整全构造,适应于绝对秩序。就是随天地的轮转而变化通机;
乘四时之推移而生长收藏。变化循环,终而复始,继起生生,酿成
时间生命的永恒体系。

中国先哲"观法造理"的方法,长于综合而短于分析。盖统观一切为整体;融摄万法为妙用。因而对于造物惟一概念,论而不议;又对本体、现象、能生、所产等名词,相即不割,以此合同天地万物而再看宇宙,则宇宙是天覆地载物成的一大生机,一切万有无不含有生命(万物有生论),由此看天地之变化生成,其内涵即为万有生命的生意流形。他们完成各己生命(各正性命),以进于宇宙全体生命的大汇合。因此,中国的宇宙,不只是惰性物质的机械秩序,乃是普遍生命共流相成的生机广场。

如此,中国哲学重视生命,以宇宙为生机,万物为生意,所以对于空间构造,只止安住不求解开。但,对于时间流变,则异常积极,全副慧命,贯注到底。而体得天长地久之道,大生广生之德化成天下之命,以此设定人文精神及其理想,有此成就,竟把中国哲学的限界(弱点)——"有限空间"化为"无穷生机",予能克服因有限空间而可受的精神束缚,以及因而可有的注定命运之消极人生。

某种文化类型(人生观在内),是为某种宇宙观的写照,中国的宇宙观,即是全整构造,完备功能的最良存在,则吾人何必求他,另觅超世?故中国人生,很容易驯致自然,安住现世,而"现世间主义"于以成文化基础,并把天地之道,自然之理,当作一切存在的宗极,比宗教更为信奉。中国的时间观,即是无穷生机,开展永恒的未来,使万有生命,乘循环换代之功,各正生命继善成性,则生命虽说有限,可以生殖而求永生,人世虽说艰苦,可信历史而解脱。进而感受天命,自任为天地之大成者。人为了遂行代天行道的使命,人必先具得。知天之性与通物之情,此"性"与"情",是中国人生观的主体,具备它能位天地之中,且并列三材,裁成万物,以任天下经营。

一般地说,中国人生,透过"尽性"工夫,直承天地生物之心与自然之道;又透过"明情"工夫,际通万物众生各具之功能及其意态,天地之心与自然之道,吾人合言之曰"理"。万物众生,藏在宇内,数千万年,循环生成,生生不息,故虽是微物草兽,无不生具最灵妙的生存"本能",万有以它适应天地变化,营为生存,其灵妙本能为何? 吾人换言之曰:"性与情",要言之,天地有天地之理与心而轮转不息,生成不已;人生有人生;性与情,而参赞天地化育,以创进文化。

在此吾人很冒昧把天地之理与心与人生之性与情,相配合而曰"性理与心情"再约曰"性与情"。"性与情"是在中国哲学名言中之原始意象,"情"字可以概括一切生命的活态动力,"性"字又可以契合天经地义的思力,而如无备此两则概念,天地自落寂寞,人的生命就萎缩不堪了。所以人要经营天下,创造文化,则不能不立此情与理的概念体系,并予以兼备情理,衡情度理,以期"情理圆融"。中庸所谓"喜怒哀乐之未发谓之中,发而皆中节谓之和,致中和,天地位焉,万物育焉"就是中国先哲体得宇宙真际的要妙,也是由之以设定人类生存之道的大原。

中国先哲对天地自然不存忧疑,因为天地自然运行本身,就是中庸、中和、时中,天地自然本身常致中和状态,因而天地可位焉,万物可育焉,在某些方面看,天地的运行,自然的变化,是为维持宇宙本身的均衡调和而进行的,换言之,天地如无其本身的运行,大自然界就无法造出"致中和"的状态。所以吾人可说:宇宙之所以存在,他本身即是中庸,并且透过运行,天地可以维持致中和,进而使万有,在"保合太和"之中,"利贞"而"咸宁"。

但,人类的生存广场——现世间本身,自与天地自然的致中和相反——难致中庸中和,更难致时中,因此圣哲们所忧患的是人,而不是天。而其解决人类忧患的要方——人道,即根据天道而设。董仲舒所谓"道之大原出于天"即是这个意思。再说,人世如不致中和,则社会不安定,难以正位,社会纪纲懈弛,人世秩序,无以维持,以生存以及事业,就难营为。因此人道需要致中和,而其致中和的方法,则自体会天道或探究得来,这就是"道德"的根本原则,也就是"法刑"的穷极准据。要言,这"致中和"的宇宙人生观,就是"中华法系"的哲学基调。

在此对于"道德"暂置不论。唯对法律而言,法律在人间社会,所以需要,以及所以依赖的功能,就是把不致中和的社会,使之为致中和,维持秩序,以供万物众生各利贞而咸宁的太和世界。但,天地自然万物与人生,究竟有别,要之,天地自然万物,就是无为自然,另无目的可言。但,人世事业不同,国家有国家的理念目的,人生有人生各自的生活意志,社会就是这种全体与个人的不同利害汇合所成,而又难免冲突相伤的纷纭世界,因而有的重视国家全体而要求个体人生的牺牲;有的主张个人生命之为尊严,人民不为国家而存在,国家应为人民而存在,而不承认国家至上,这两种见解的代言者,可以说是儒家与法家,时重全体国家度,时伸个体生权,颇难维持保合衡平。

大体上言,法家与一部墨家,偏重全体国家秩序而提出"万事百度,皆准依于一","尚同义一"等,划一规制性的法理,尤其是法家其所按出的治方总是对准现实,故重视"时中"原理,而以"因事(时)制宜"为权度,如专就现实而说,"因事(时)制宜"是再无其他的好方。但,事(时)不是定形,更不是绝对,则其后续来的事事为不一同的事事,则其所制之宜,不一定是对事事皆宜,而一连串地改新,谋求时宜的法制,合时的宜法。因此认为现成的法制绝不是至善至理,还不是"中庸""中和",在此为了讲究一方要正视现题,又在一方要敷开长久之道,终于把法律概念,扩大之而包括礼教风尚,这是"中华法系"之所以"礼本刑辅"为特征的存意。

四、道德与法律的关系问题在今天

从汉代开始形成的中华法系的传统及其特征——"礼法相辅，教刑并施"的理论，一设定之后，中国各朝代的法典，总由儒学之士所撰定。结果，儒家的"道德礼教与民情风尚"，无不渗透法律制度（尤其唐律，可说完全是儒家之法）。不止如是，在其执行法律的官吏，亦以具有儒学素养的人来充任，而儒家的"经义礼范"就成为解释法典，审理事案的究竟准据。如此，儒家的礼教与法家的刑治，实际上汇合在一个体系而并存，这种制度之传久成惯，就导致"中华法系"的传统，并予以造成一种"道德法律混淆不清"的特征。而这种非儒非法的状态，传至19世纪之末，一接触西欧法系，就受"法无独立"、"落后不备"的批评，而引起变法运动。

中华法系与西欧法系的立法基调之所以不同，则在如何看人，如何规定人在社会上的位相。在于西欧法律，其大前提是人在法律之前是一往平等，又看其定义，他们的法律，是只以实证法（严格意味的法律）为内容而不把伦理道德包含在内。尤其重视个人权利，而以生存权为立法根据。这种特性在中华法系内不能说是全无，但不以此为立法根本。在中华法系，个人不是与他绝缘的孤立系统（独存），而是历史文化人伦等一切相际关系上的存在，结果被看作是副次存在。要言之，在中华法系上，个人与法律的存在，其基本单位为家庭（历史文化，社会）而不是个人。

个人不是孤立的个体，在家庭，他是父母的儿女、兄弟、妻子关系的存在。推而广之在社会上，是君臣、师生、长幼、友朋等关系上的存在。因有此种特征的原因，中华法系特别对权利自由等概念，就不深加考虑。而自然难以退斥忽视轻视人权及自由的批评。因此，中华法系，力求学习西欧法系的重点——"个人的权利及自由"

概念,而西欧法系改革与逐渐占领东方现代法的中心,在传统上"民刑不分"的中华法系,在其民法方面,就面临了迫切的改革,引起不少纠葛。

继承"中华法系"传统的国家社会所考验的纠葛,一言以蔽之曰传统与现代的摩擦,是因为在东方社会其伦理道德的传统仍占支配社会风尚的重要功能,而发挥其与法律同等的机能。反而现代人民的价值观念及其生活形态,不仅唾弃传统的道德规范,更是忽视现代法律的规制,在事实,社会的变迁太快,应时的法律措施跟不上,这就是人在传统观念形态与现实生活习惯中不但不兼顾,反而故意回避的放肆现象——要之这种传统与现代在法律上的不相干状态究其要因,即在于数千年的历史文化所形成的"活的法律"与国家面对现实而制定的"实证法"不相契合的问题。

西欧的法律理论支配中华法系的近百年,是逐渐排除东方的道德伦理,把人生的全部活动唯依实证法来裁断的趋势。——唯法主义的盛行(这在中国历史上看,汉代以后的法家,逐渐没入儒家,及至唐律,完全被儒家剥夺尽致的法家之法,开始抬头而力求独立的情形一样)。近百年东方学习西方的物质文明,建设产业社会,在此一连的追随过程上,模仿或输入西方先进法律的全副,是在所难免,但问题是唯法主义的西欧法系,与礼本刑辅的中华法系,在进行交替或接洽中竟露呈青黄不接的空况,这就是以往受中华法系影响的国家地域,在今天所遭遇的普遍现象。

近百年来,东方接受西方文物,概以"全般西化论"为前锋,斥中国文化为无灵魂,竟以摧坏一切传统为法西方现代化的捷径。这种时尚,尤在政制法度,更为现实的当题,而中华法系,被置于大予改革之列。厥中,当然有亟待改新者,但也不无可存而作新旧之际的援用,后者便是传统礼教与活法。照理言,"国家制定的法律——实证法,必须同一般社会的活法一致,或以活法为根据,始能有效"。但，西化派人，过信西方法律之理论及其权威，可以支配一切，而忽视传统礼教活法之效能，漫把它们踢出法度之外，造唯依实证法管治一切的唯法主义社会。

重视实证法，唯法能治的现代法（学习西方法系而成者），在初则颇挥威力，制裁有道。但这是隐然中获得传统礼教活法，仍有发挥扶植社会人心而可能的。以后，所谓旧的时代过去，信守传统礼教的人，越稀少，就呈露现代法的限界越大。因为传统礼教不但被律界见弃，尤受教育界忽视，竟把它看作学问知识之外事。如此一来，就断去礼教在扶植人心上的重要机能。而唯依实证法唯法能治的现代法，独自负起社会人心之安宁，结果越近现在，人类社会逐渐增加无所不为、作恶无耻的歹徒，到目前人世，普遍发生，人性堕落、治安不在的非人世状态。

究其原因，其中最要者，乃是传统礼教与现代教育的断绝，因而现代法律就不能得到礼教活法：根本上的助力之故。"大学"曰："物有本末，事有终始，知所先后，则近道矣。"何谓本末？本是人心，末是人行，本是礼教，末是法律，再说本是心理动机，末是行为结果。何谓终始？治其本曰先，理其末曰后，原道为始，事象为终。现世上的一切事象是由天道自然的役事而使然，我们只能看到现成结果——"终"，不能看究其事象来源的原道——"始"，而只重结果之终，未曾开心原道。我们如先把握原道之始而以疏导正路，则可以获得的好的结果——"终"。但是，人总是只对结果之善重视而忽视原因。原因之始为一，而结果之终为多，原始之一是易简，而结果之终多是繁杂。不就易简方法而只求对处繁杂是何等的愚笨。易曰"慎始要终"，就是如先善治其始，则自然获得好的结果——终，这就很明显地教训我们，何先何后的治事要领。所以说"知所先后近道"的"道"一言而概之曰"以简御繁""以一制万"的治事要领。

近代人生的一切追求,其方法总偏重结果,而以对处现成事为能事。结果,问题重重虽费尽人智人力,问题更为复杂增多,这种现象在法律治安问题上,更为明显。

要之,唯法主义不能治安现世人生的很多问题,更不能根治问题的根本,则不能不复兴中华法系的传统特征——礼本刑辅。我的结论,是我们迎接 21 世纪,如要准备解决法律问题,总先把"法"意义扩大,道德礼教就是扶植社会人心之本,而法律刑治,只不过对治现成问题,使归至善境界的一种辅助方法。

(选自国际儒学联合会编《国际儒学研究》
第3辑,中国社会科学出版社1997年版)

　　本文探讨了中国传统的"礼本刑辅"之礼法关系,指出,在中国思想史上儒法两家,同道异趣,时分时合,时争时辅,主导了中国历史演变的主流。现代唯法主义不能治安现世人生的很多问题,更不能根治问题的根本,则不能不复兴中华法系的传统特征——礼本刑辅。作者强调,迎接 21 世纪,如要准备解决法律问题,总先把"法"意义扩大,道德礼教就是扶植社会人心之本,而法律刑治,只不过治现成问题,使归至善境界的一种辅助方法。

20世纪儒学研究大系

新儒教与接受开化思想

——以中国、韩国的变法自强思想为中心

申一澈

一

在中国近代思想史的发展过程中,从夷务走向接受西学的洋务运动,其出发点是新儒教与接受开化思想。本文试以中国和韩国变法自强思想的形成为中心,考察这一主题。

西欧列强通过鸦片战争侵略中国,使中国危如累卵,中国最初的开化努力是从洋务运动开始的。洋务运动的后期代表人物张之洞,面临国难危险局面时,为了保全中国文明传统,在"保教"(保存儒教)、"保种"(保存种族)、"保国"(保存国家)的大前提下,从思想上整理了非常有限的接受西学的开化策。

张之洞的开化论,试图固守以东道西器论为基础的儒教原则,根据体用的逻辑,主张"中体西用论"。也就是说,如果能按原本坚守儒教的圣道和三纲五伦的道理,就可以大胆地接受西洋的机械、技术、兵器等。这种接受西学的理论是,既要固守"中学"的价值,又为强兵接受西洋的新技术,建设近代工业。这种主张,其结果以清日战争的败北,暴露了它的局限性。

康有为、梁启超、谭嗣同等提出的变法自强论,正是从批判这一洋务运动出发的。

清日战争的败北,并不仅仅是战争的失败。这一败北给中国

儒教知识分子很大冲击。并不是洋务运动的失败刺痛了传统文化的心脏部位，带来了沉痛的挫折感。从中华主义文化圈看，败于华外之民夷狄日本的事实，甚至找不到说明或认识这一俨然事件的理论和思想。既然不能用以往支配东亚国际世界的中华主义普遍秩序解释，那么只能用以力量解决胜败的生存竞争、优胜劣败、弱肉强食的冷酷社会进化论法则来解释了。即，不得不承认新的天演论秩序，这也许是世界观的转变。

新儒教的传统发生如此的世界观转变，向新现实妥协接受开化思想的事实，是一次巨大的文明转换。强烈要求变法，改变曾长期支配东亚的礼秩序之根本"法"，成为世界历史发展的趋势。

在这种情况下，曾为变法建立框架的开化思想巨人康有为，提出了"孔教改制"和"大同"思想。公羊学方法与清代考证学，给康有为提供了协调传统和开化的方法论基础。康有为的公羊学立场，是顺应自由地解释《春秋》风气，适应开化思想，重新解释儒教古典的基础。尤其是其"微言大义"方法，为古典的现代解释，开辟了道路。魏源的新文学立场与古文学相比，更加尊重今文学、重视前汉经学的"简明"。从简明中探求微言大义的方法，对康有为的影响很大。这是适应新时代现实，以自由的眼光理解经书的经书解释学。

尤其是康有为把公羊学的三世说，解释成通向儒教理想国社会的进步历史观，理念化为据乱、升平、太平的三世说。这种"三世"进步历史观，成为开化思想的历史哲学基础，指出了传统社会走向文明开化新时代的道路。康有为为维新变法准备的开化思想，建立在自由地解释以往经典的微言大义基础之上。他的学术著作《新学伪经考》和《孔子改制考》，改造旧的朱子学儒学，更生孔子教导，为开化了的新世界国家提供了指导思想。

　　康有为在批判地继承已失败的洋务运动时,保存了中体西用论的基本框架。他的"中体",即中国传统思想,与洋务运动时的既成儒教不同,是适合开化时代的现代化儒教。康有为主张的公羊学,是以"易"的变通说和进步论的公羊说为哲学根据,把富国强兵、建设近代的新中国当成了变法运动的目标。

　　如果说洋务运动的"用",仅是吸收西洋机械、技术、军事等坚舰利炮主义的自强;那么变法运动首先是变革"法",即变革政治和制度。既要西"用",又要开化革除儒教之外的"体"。对于中国传统思想来说,反而是强化儒教为国教,这是一种变通中体西用的自强主义。

　　洋务运动中的自强主义曾主要侧重于强兵,但因清日战争的败北遭到惨败。因而中国的儒学知识分子在探求经济富强之路时,主张政治改革、建立立宪君主制,并为凝聚中国人心特别关心动员国民精神。这相当于西洋历史上的绝对主义时代,可与强化绝对君主的君主权建立独立的主权国家、鼓吹民族主义的国家宗教形成对这个国家的"我国意识"相比较。

　　康有为通过西欧列强的鸦片战争等的侵略和清日战争的败北,意识到中国处在严重的文明危机之中,他虽然在探求变化自强的开化策,但绝不同意连耶稣教都要吸收的全盘接受西学之主张。变法自强派康有为在任何时候都坚持"中体",接受西学仅仅是开化的策略,因此发起了"孔教"的国教化运动。康有为的19世纪90年代著作《新学伪经考》(1891)、《孔子改制考》(1898)二书,为变法改革运动奠定了学问基础。这两部论著,均是摘录诸书编成的集子,他借这些文献证明自己所论。按梁启超的评价,如果把《新学伪经考》比做席卷世界的"台风",那么《孔子改制考》和《大同书》二书则是"火山大喷火"(梁启超:《清代学术概论》,台湾商务印书馆,第129页)。

《新学伪经考》中，"新学"指前汉末刘歆为王莽新王朝伪造的古文经学。《新学伪经考》，批判了刘歆对真经的篡改，提倡伪造前的今文经学真经，借以阐明孔子的真精神。正如基督教的路德等宗教改革者主张返回耶稣原始基督教的真正教义那样，批判了后来形成的教理形式（高田淳：《孔子教与西欧康有为》，《中国的近代和儒教》）。其结果在论证刘歆、郑玄以来两千年的经学及 25 朝所有的礼乐制度，都是根据伪经制造出来的虚假东西。康有为为迎接开化的新时代，重新解释了经学，宣布至今为止的所有经学都建立在伪经基础之上。这一爆炸性的宣言，成为完成否定古文经学，重新解释孔子教导的根据。

在我国也可以找到这种改革学问的方法。民族史学者丹齐申采浩，证明过去一千年来事大主义史观所支配的所谓的"正史"金富轼撰《三国史记》是一种伪书，树立了自治论的民族自立的韩国史形象（申采浩：《朝鲜历史上一千年来第一事件》，《朝鲜历史研究》，汉城研究社 1946 年。申一澈：《申采浩的历史思想研究》，高丽大学出版社，第 143—152 页）。但是，《新学伪经考》对韩末民族自主的国史形象的树立有多大的影响，现在还很难找到证据。

《新学伪经考》是清代考证学的最终产物，其成果就是形成了康有为的变法自强思想。通过《新学伪经考》的考证，康有为否定了两千年来对儒教的解释；他的第二部著作《孔子改制考》，尊孔子为儒教的创立者（参照闵斗基：《康有为的改革运动（1899）和孔教》，《中国近代改革运动的研究》，一朝阁 1985）。《孔子改制考》，不仅认为孔子是创立儒教的教主，而且还认为六经是为孔子改制所作。孔子作为儒教的无位之祖，是以教化治天下的素王。在这里值得注意的是，康有为想把孔子摆在天主教的教皇地位。

在这里还可以看出，康有为在西洋军事和西学侵入中国的当时,阐明孔子为万世的教主,是为对抗西教,起了反对西教侵入的作用。事实上,康有为认为西欧的强大是以基督教为后盾的,因此试图创立与基督教相对应的"孔子教",使其成为开化文明的主体。对这一点,梁启超在其《清代学术概论》中指出,康有为创立孔子教,是"误认欧洲之尊景教为治强之本,故恒侪孔子于基督"(梁启超:《清代学术概论》,台湾商务印书馆,第130—131页)。

在梁启超看来,康有为的"改制"与何休等公羊学派的"改制"有不同,指出:"有为所谓改制者,则一种政治革命、社会改造的意味也。"(同上书,第130页)。他认为康有为是以张三世的据乱、升平、太平三世说进步史观,正当化了"维新变法"的政治改革方案(同上)。

《孔子改制考》摆脱了视孔子为祖述者(删述者)的传统的既往通论,主张把孔子看成孔教的创教者或宗教性孔教的教主。所以说,在康有为的新孔子形象中已加进了宗教的"神秘性",使之成为宗教的教主或"教皇"(同上书,第131页)。有人甚至认为,孔子制作六经是"为后世,即为今世接受民主和议会制而创教"(闵斗基:《康有为的改革运动(1898)与孔教》,《中国近代改革运动研究》,一潮阁,1985,第299页)。变法论主张的政治制度是召开立宪国会,在保全君主权的前提下实施民主制度,实际上就是实行立宪君主制。

康有为建立孔子教的儒教改革信念,还表现在1899年1月18日维新变法失败后,还继续上书奏文请愿立孔子教为国教。奏文曰:"请尊孔圣为国教,立教部教会,以孔子纪年,而废淫祀古习。"(《康南海先生遗著汇刊》,蒋贵麟主编,第27—32页)

康有为虽然主张改革、接受西学,但还是以"中体"、"东道"为精神文明的中心,尤其是想通过宗教改革保留改革的孔子教。他奏文指出:"民心无所归,则必有施敬所。"(同上书,第28页)他试图利用基督教西洋文明的道理,新立孔教为国教,废除多神的淫祀,实现一元化的宗教统一。康有为为了以孔子为中心实现一元化的思想统一,大胆地提出重新编写中国思想史,说这是"武断"也并非过言。"今尤通变之时矣,臣窃考孔子实为中国之教主,而非谓学行高远之圣者也。昔周末之大乱,诸子并与,皆创新教。孔子应天受命,以主人伦,集成三代之史,选定六经之义"(同上书,第30页)。康有为站在今文学立场上,不是把孔子看成单纯的祖述者,而是把他看成"改制的教主",认为其教中寄托了周代之后王朝的改制。康有为按西洋基督教模式,主张"设立教部,令行省立教会讲生,令民间有庙,皆专祀孔子以配天,并行孔子纪年,以崇国教"(同上书,第31页)。

这就是说,要把儒教改为与基督教相同形态的宗教,教义虽以孔子教导和六经为内容,但其形式则与基督教教会制度相同。这种接受西学的变法主张是急进的设想,因而受到当时学界的许多攻击。从这个意义上讲,正如梁启超所指出的,康有为曾以"儒教的马丁·路德"自居。

康有为的弟子梁启超,也是参加维新变法的变法论思想家,他虽然对儒教持"保教"立场,但在儒教的改革上并不一定与老师康有为相同。梁启超虽然在变法思想框架内,继承了老师的思想基调,根据公羊三世说采取了儒教的"保教"和变法的"保国"方略,但也指出了老师保存孔教的弊端,在孔教对应基督教的宗教改革、实现儒教的国教化上存在明显的见解差异(梁启超:《保教非所以尊孔论》,《饮冰室文集》(5)。参考琴章泰:《梁启超的孔教非宗教论和宗教观的转换》,《韩国近代儒教思想》,第147—151页。

梁启超虽然也致力于儒教的现代化,以现代方式重新解释儒教,但指出不应模仿正在衰退的西欧基督教,进而强调中国的国民性中没有接受基督教的基础,坚持了反基督教的立场。他指出"基督教与吾国民性不近,故其影响甚微"(梁启超:《清代学术概论》,

第 168 页）。

梁启超认为宗教是"主导国民脑质的药料",深刻地认识到宗教的必要性。他虽然不同意康有为的孔教国教化,但积极参与了儒教的现代化进程。梁启超在 1893 年发表的《论支那宗教改革》中,指出"南海先生所发明者,则孔子之教矣"(梁启超:《论支那宗教改革》,《饮冰室文集》(上),第 5 页)。并把康有为的孔子观归纳为六大主义:进化主义,非保守主义;平等主义,非专制主义;兼善主义,非独善主义;强立主义,非文弱主义;转包主义(无碍主义),非单狭主义;重魂主义,非爱身主义(同上书,第 6 页)。

也就是说,可以用以上的六大主义诠释现代化的儒教,即诠释孔子的教导为:根据三世说,按据乱世——升平世——太平世方向进化,走向新的文明世界;扬弃君权主义,建设尊重民权的平等社会;保持与佛教济度众生相通的仁慈之心;摆脱文弱,拥护平等和强立的自强精神;怀有远大抱负的大同思想及重魂主义。梁启超认为荀子派继承的"小康"曾支配两千年来的中国历史,因此强调今后应复活孔子教导走向"大同"(同上书,第 147 页)

二

韩国的近代思想史在迎接开港、开国的接受西学时期,分裂为国粹的伟正斥邪派和标榜开化自修中接受西学的开化派等两大潮流。1900 年,继独立协会运动之后,在韩末开化运动中起先导作用的新进儒学知性人朴殷植、张志渊、申采浩等,从清末变法自强思想中得到灵感,建立大韩帝国时期的自强主义思想,成为"爱国启蒙"的先锋。

在韩末开化思想和近代民族主义的思想基调形成过程中,中国变法派,尤其是梁启超及其论著《饮冰室文集》的影响非常大。

在 1910 年日帝强占韩国前的 10 年间,大韩帝国时期的思想界里,出现了与追求日本明治维新型开化而失败的金玉均等人的甲申开化运动不同的思想,这种思想似乎以清末中国近代化为模型,以变法自强主义为当时韩国开化的思想的主宗。

我国的自强派知性人,不是通过日本的,而是通过清末的变法思想,形成了开化思想。这里除了他们是熟悉汉学的儒教知识分子的原因之外,他们还要抵抗日本军国主义,因而从"保教""保国"的观点出发,探索接受西学的道路。

尤其在福泽渝吉的脱亚论正在兴盛的开化时期,日本有东亚难脱论的图谋,即要背叛自己的传统东亚文化观。这种日本的开化类型不可能成为我国儒教知识分子开化思想的范型。席卷韩国开化时期的两种潮流中,以日本明治维新型为开化志向的潮流与亲日派相联系;1907 年新民会运动以来的自强主义开化自修潮流,日本强占时亡命海外,在中国和俄领地区建立了独立运动的基地(参考慎庸夏:《关于新民会的研究》,《韩国学报》)。

曾经是我国海外独立运动主流之一的"新民会",其"新民"的会名本身,都可能是受梁启超"新民说"的影响①。

新民会的主要组织者、韩国独立运动的最高领导者之一的安昌浩先生,视梁启超的《饮冰室文集》为指导爱国救国运动的教科

① 新民会运动的外部团体学友会会歌中,"自强"成为四大德目之一,从这一点可以看出变法自强思想影响,尤其是梁启超的影响很深。

书,他不仅自己爱读而且广泛劝告爱国志士和国民阅读①。

　　1909 年 4 月,《岭南教育杂志》第一号刊登《支那梁启超新民说》,可见梁氏已成为指导层和一般知识分子关心的焦点(见于李钟《新民说》)。从韩国特有的视角分析,接受清末变法运动的开化思想,侧重点不在中国洋务派"西用"的机械、技术、军事等,而在于集中摸索"保国"的思想方略,为建设新国家确立近代民主主义方向。

　　因此,韩国在接受开化思想时,对儒教改新的"保教"的关心是次要的,这只不过是以"保国"为主的手段而已。但是,我国儒教知识分子在面临开化和西化时共有的开化观是,按物质文明是西洋、精神文明是东洋的等式,在精神方面主张保持传统的儒教价值观。

　　韩末的儒学者、民族舆论的中坚张志渊著《朝鲜儒教渊源》(张志渊:《朝鲜儒教渊源》,汇东书馆 1922 年)。他在批判儒教的开化时期初,整理了独立于中华主义儒教秩序的韩国独自的儒教发展史。这项工作,是为实现儒教的韩国化、建立民族自主的儒教,而进行思想方面的主体化努力。

　　张志渊明确"韩国儒教"概念的意图是,从中华主义的普遍性出发走向近代民族自主意识,是从思想上实现"民族我"主体化。

---

　　①　《岛山安昌浩》《岛山纪念事业会刊》第 139 页:有一次一位南方的朋友来访,问为国做事不知干什么好。这时,岛山(安昌浩)先生回答:"做国事不需要很大的勇气,有一本梁启超著《饮冰室》,你先买几本,送给三南地方的著名学者阅读。读这些书,有所觉悟,国家就会好。"朱耀翰编《安岛山一书》(三中堂)第 87 页:"汉文科的教科书,有五经,但以梁启超的《饮冰室文集》为主。在主讲老师汉学者 K 氏缺席时,他自己代讲这个课。他的解释比 K 氏更为彻底,使人们赞叹不已。"

尤其在这本书里推论,"然则朝鲜,虽谓之儒教宗主之邦,可矣"①。
从这里可以看出,他对儒教韩国化的执着追求。张志渊于 1909 年
与朴殷植共同创立大同教的阶段,曾受康有为的"孔教"思想和梁
启超《论支那宗教改革》的影响(琴章泰:《张志渊的儒教改革思想
与大同教》,《韩国近代儒教思想》,汉城大学出版社 1993,第 166—
169 页)。

　　韩末儒学者朴殷植是一位爱国烈士,历任上海独立运动时期
的大韩民国临时政府大总统。朴殷植认为,国家虽然可能灭亡,但
只要保全"国魂",将来还可以光复。他这种民族独立信念,不能说
与主张儒教改革的"保教"论无关。

　　朴殷植在《韩国痛史》(朴殷植:《韩国痛史》自亨,1914)中,提
出了"国教与国史不亡,其国不亡"的国族保存论,并以此展开了保
存民族的"保国"论。这种以中体西用论的礼用论为基础的保国
论,认为国家之"礼"是国教和国史。

　　他在《兴学说》中,根据变法自强的逻辑,强调"为保国安民可
接受西学,但其精神则应以传统为本"。中国变法派的"保国"论,
在我国的朴殷植那里成为保存国教的"国魂所存"论,保存国魂还
被广泛地解释为保存国史等的民族传统精神。在他那里,"国魂"
包括国教、国语、国文、国史,国教不仅指儒教,而且还指我国的全
部宗教史,包括了"檀君神教"、"高丽王朝和朝鲜王朝的儒佛二
教"、"世宗大王的国文之教",甚至还包括了"法国天主教"、"美国
耶稣教"及天道教。

　　朴殷植的"国魂"论的民族主义思想,正如 1908 年发表的《儒

------

　　①　张志渊:《朝鲜儒教渊源》第 1 页,张氏的朝鲜儒教宗祖的推论是,檀
君末年箕子来朝鲜传八条之教,教化我民族,孔子在赞《易》时说,"箕子明
夷"。所谓"明夷",就是道在东方明,这个东方就是指朝鲜。

教求新论》(《西北学会月报》1909 年第 10 号)所表明,是建立在变法自强和阳明学开化思想的基础之上。他为儒教的宗教改革,把康有为的大同思想和阳明学的知行合一说嫁接在一起,探索了儒教求新的民众化目标。

朴殷植关于儒教求新的提案,指出了如下三大课题:第一,儒教派的精神,只在帝王方面,缺乏普及人民社会的精神;第二,儒学派没有改变天下的改革社会之意;第三,我韩儒家不入简易直切的法门,只从事支离汗漫的工夫(同上)。

他的儒教求新论的三个课题认为,应把以君主为主更新为以人民为中心,摆脱消极的封闭性、积极开展像基督教那样的布教活动,摆脱烦琐的朱子学学风,振作阳明学"简易直切的学风"。

朴殷植在谈到儒教流于帝王中心时,认为其原因是只追求"尊君权"之义,不普及"孔子的大同主义和孟子的民为重学说"。他大体上采用了梁启超在《论支那宗教改革》中提出的以大同、小康识别学风的方法。即,认为孔子死殁后诸子或微言或传大义,孟子发明了民为重的民本主义,荀卿(荀子)提出了尊君权主义。后来孟子的学说没有人继承,只有荀子之徒繁盛;到了秦朝李斯迎合贪图权势的秦始皇,献策尊君权之义,行愚民的专制政治。朴殷植在指出儒教的历史弊端时说,儒教尚没能成为为民主义,原因在于至今还迎合尊君权的专制政治(同上)。

朴殷植为儒教求新,主张进行西欧马丁·路德式的宗教改革,期望出现儒教的马丁·路德。他说,"观西洋教界,罗马旧教时代是欧洲黑暗天地。如果无马丁·路德的大胆和热血的改良求新,欧洲日月至今还可能处在黑暗之中。"(同上)

除此之外,朴殷植在摸索儒教求新和开化思想时,还曾关心墨子的救世主义。谭嗣同的"仁学",曾阐明墨翟任侠气质和"摩顶放踵"的殉教精神和兼爱主义。对照起来看,朴殷植对救世主义的关心,并没有停留在保守儒教,而在于追求大同救世思想中的真精神。这关系到他创立大同教。

三

如果说中国和韩国的开化思想对西欧思想是主体性的接受,那么它还有两大方向。其一是,模仿西欧文明中的基督教式的宗教改革,期待出现"儒教的路德";其二是,通过严复的天然论接受社会进化论的进步世界观,形成自强主义。虽然翻译、接受了西欧社会进化论的进化思想,但还不是直接的引进,而是在传统的框架内强调"自强",致力于主体性的接受。

清末的严复(1854—1921)在英国留学期间,接触到斯宾塞和赫胥黎的社会进化论,体会到这才是真正的宇宙发展法则,认为天演的公例是"物竞"(生存竞争)和"天择"(自然淘汰)。严复在清日战争后发表的警世论文《原强》(1898)中,深刻地体会到西洋富强的道理在进化论的天演论,确认了世界发展的根本道理是优胜劣汰、生存竞争、适者生存。在天津《直报》最先发展的论文《原强》中,他例举进化论者达尔文和斯宾塞的学说,说明物竞和天择不仅是支配动植物界的法则,也是支配人类社会的法则(见《侯官严氏丛书》,文海出版社,第 115 页)。

《原强》还言及达尔文的《物种的起源》(物种探原)和牛顿的物理学(格致天算)。《原强》认为,进化论的根本原理是物竞和天择,物竞为"物争自存也",天择为"存其宜种也"(同上书,第 116 页)。他在介绍斯宾塞的社会学时,说明了国家间生存竞争的胜败原因与民度水准的关系。社会进步的水准表现在提高"民力"、"民智"、"民德"。为了实现国家的富强,提高"民力",就应禁止吸鸦片和缠足;提高"民智",就应废除科举,讲论西学;提高"民德",就应劝奖设置议会。另外,严复在谈到"民德"时,还说过与设立议会相比较而言,更为根本的是以儒教精神为中国富强的精神基础。

按严复的说法,清日战争败北表露出的中国衰弱,其原因在于还在受传统世界观的束缚,没有认识到优胜劣败、弱肉强食社会进化论是"天演的公例"。现在应该正视中国积弱的原因,克服一治一乱循环论的停滞史观,接受进化论的世界观。这就是严复对历史的新认识。

严复1898年出版的《天演论》是翻译赫胥黎的《进化与伦理》。这一译著不是赫胥黎著作的直译,是中文的意译,带有改作的特点,反映了严复的思想。

对当时成为中国和韩国流行语的"天演"、"物竞"、"天择",《天演论》的"察变第一"做了这样的概括:"虽然天运变矣,而有不变者行乎其中,不变惟何? 是名天演。以天演为体,而其用二,曰物竞,曰天择。"(赫胥黎著,严复译:《天演论》,台湾商务印书馆人人文库本第2页)称大自然的不变原理为"天演",并按体用论,称天演为体,其用则是物竞和天择。这就是说,严复发现了可代替《易》的另一新"易",如果从《易》中找相对应的句子,那就是"自强不息",说明这一思想就是自强论。自强论中的天,已经不是《易》的循环论的天,倒像张三世进化论的天,这区别于过去的复古史观。

因此可以说,"天演"这一概念,是用进化论填补了相当于中国之"天"的世界观,使中国的传统和西洋近代的进步联系起来了。这种自强与变法的结合形成了变法自强主义的开化思想。

他的天演论是人类社会的进化理论,值得重视的是,重点在于对物竞的理解。他认为生存竞争的竞争单位不是个人,而是"国群",即国家和社会。当然,富强的主体也是国家。在严复那里,把天演论运用到东亚国际关系时,就否定了夷务思想中的中华主义事大秩序,中国这个国家单位的富强就成为奋斗的目标。把这种国家平等论运用到东亚国际社会,就为韩国摆脱"天下"、形成独立民族国家的民族主义观念开辟了道路。天演论重新描绘的新国际社会,不再是中华主义"天下"的秩序,而是近代列国竞争时代民族主义国家之间的力的竞争关系。

1896 年参加老师康有为变法运动的梁启超,对生物进化论也有所了解,但言及天演论时,把物竞、天择表述为天下公例,由此可见是受了严复的影响。梁启超在上海创刊《时务报》时见到了严复,然而在《天演论》正式出版(1898 年)前阅读了其草稿(丁文江、赵来田:《梁启超年谱长编》,上海人民出版社 1983 年版第 56 页。手代木有儿:《清末的进化论、历史观》,渡部治雄编《文化中的历史意识》6 第 213 页,角川书店)。

天演论思想对韩末韩国的影响,可能主要是梁启超的《饮冰室文集》,其中《新民说》及"天下公例"的社会进行论世界观的影响尤甚。1909 年在我国翻译并得到部分介绍的梁启超《新民说》叙论(梁启超:《支那梁启超新民说》第 39 页),也言及天演论。当时的我国汉学者儒教知识分子,在见到这个译文之前就已知道有天演论思想。

"此百十国中,其能屹然强立,有左右世界之力,将来可在天演界战胜者,有几何? 曰四五而已"。这种新民说,在梁启超 1897 年读到《天演论》原稿之后的《说群》中也有过议论。在《天演论》的影响下,他认为由人们组成的群展开"物竞",群力强者灭弱者,并按此次序发展。这就是群单位的"递代递嬗之理"。梁启超 1902 年发表的《新民说》和其中的《论国家思想》,谈到天演论的国际世界时,强调了由新民建设新国家的"保国"策。

"保国"计策中最重要的是这个时期的变法自强派发现了"以往东亚文化圈中缺少的'国家'和'国家观念'"。到 19 世纪末为止,东亚政治体系中未曾有过像西欧近代民族国家那样的"国家"

概念,因而缺少"国家思想"。如果没有"国家",就没有爱国的对象,就无法鼓吹爱国心。王朝时代对皇室或君主、朝廷的忠诚,与近代民族主义时代的爱国是不同的。

过去在中华主义"礼"的名分秩序中,曾有过天子的"天下"及其处在事大关系的"国"。当然这个"国",并不是建立在国家平等论基础上的近代国家过去东亚国际关系。是按"礼"的上下、主从名分排列的秩序,不存在近代国际关系上处在竞争关系中的国家平等的列国。严复的天演论和变法自强派思想家,看到了旧礼的国际秩序解体,才注意到代替它的主权国家单位"国家"的存在。

原来的修身、齐家、治国、平天下儒教理念,其前提是基于朱子学身、家、国、天下自然法规的阶层存在论。在这个儒教社会存在体系中,虽然也有"家"和"国",但是缺少近代主权国家的"国家"观念。事实上,能在传统的东亚世界,指出国家平等关系中的自强主体是"国家",说这是变法自强派的新发现也并非言过其辞。

尤其是,梁启超《新民说》中的《论国家思想》,指出中国至今为止缺少"国家思想",这具有重要意义。他说:"吾推其所以然之故,厥有二论,一曰知有天下,而不知有国家;二曰知有一己,而不知有国家。"(梁启超:《论国家思想》,《新民说》,《饮冰室文集》(上)第86 页)

按梁启超的说法,中国在开化之前只有"部民",当人的文明开化"能自布政治"时才能称谓国民(同上书,第 82 页)。他指出:"人群之初级也。有部民而无国民,由部民而进为国民,此文野所由分也。"(同上)

梁启超《论国家思想》中提出的"国民"概念,为韩国大韩自强会启蒙"国家思想"及其爱国心提供了牢固的思想基石。

四

20世纪初的大韩帝国时期,曾起指导作用的知识分子朴殷植、张志渊、申采浩等是儒教式读书人,为开辟我国的开化自修之路,提倡了自强主义。我国的儒教知识分子,在接受变法自强思想时,比中国更加关心国家单位的"自强",致力于"国家思想"的爱国启蒙,建立了近代爱国主义思想的基础,确保了独立于中华事大圈的思想据点。

到1910年的大约10年间,在我国的思想界中,"天演的公例"、"物竞"、"天择"等也成为流行语。随着自强思想迅速发展,于1906年成立了大韩自强会。张志渊在社论《自强主义》中,对自强做了这样的阐述:"盖闻易经乾健之义,曰自强不息。自强之义诚大矣哉。若使人人能解自强之义,讲求自强之术,奚患乎国权之不挽回、国力不发达。"也就是说,他以自强做恢复国权的方略。

他在《团体然后民族可保》中,用进化论的适者生存逻辑,解释了"自强":"夫优胜劣败,即天演界之公理也。劣者、昧者、孤立者、自弱者,不得不摧败灭绝,而让于优者、明者、团合者、自强者之胜利矣,此天择自然之淘汰结果也。"(见《大韩自强会报》第5号第7页)也就是说,在天演界区别优劣最后取决于"团体结合"成为国家,只有这时才可能达到"民族可保",即实现"保种"。他的"国家"概念,不是指中华主义天下组成部分的"国",而是"团体结合"成的民族国家。张志渊的自强主义理念,认为若缺少团合之意和团合之力,只是一个野蛮部落而已。这一主张的逻辑,正好相当于梁启超的"部民"。

张志渊强调指出,为"保种"的团合,最为重要的是"国家思想"。他认为"国家思想"与家族结合的公共观念有区别,知道把公益摆在私益之前。张志渊在同一个社论《团体然后民族可保》中说:"盖我韩人,自古以来,乏爱国之思想,欠公共观念,不知国民当行之义务。故外国人论韩国民之性质,曰韩国自古以来为家族结合,故家族发达也。是以韩人,总皆家族观念支配,共国家观念绝少。未见有爱国心者,又未见有何等公共设备与公共机关。即公共观念,由乎国家思想而发出者。素无国家之思想,故所以无公共之观念者也。"(同上)指出了缺少基于公共观念的"国家思想"是我韩人的病态。

以张志渊为首的韩末自强主义者认为,只有超越家族结合,培育国家思想和公共观念,才能涵养爱国心。这就搞清了我韩的"国魂"及"大韩精神"、"祖国精神"的意义,明确了爱国心的对象是新"国家"形象。

正如张志渊或朴殷植在社论中反复强调,自强之本是与建立富强的自强国家、发展殖业和教育,既要实现产业化、又要启蒙爱国心。即建立富强的主权国家。

朴殷植关于大韩自强会的目的,是这样说的:"其主旨目的是,振兴一般国民教育以发展殖产,个个以自强思想培养自强的实力,最其要点是以大韩精神灌输二千万兄弟之脑髓,则足也。"(朴殷植:《大韩精神》)由此可见,他在讲自强求时,与产业化相比,更加强调通过教育武装"大韩精神"。

据此,可以把大韩自强会的理念和方策,简要概括如下:

(A) 天演的公例:优胜劣汰,适者生存

物竞:生存竞争

天择:自然淘汰

(B) 自强之术——"国家思想"的形成

殖产:产业化

教育:大韩精神,爱国心启蒙——国史观的形成正如以上图式所见,韩民族的自强之路是,建立作为主权国家的民族国家做自强的主体,以"国家精神"启蒙爱国心,涵养祖国精神。为了这种"国家精神"和祖国精神的教育,要建立民族自主的国史观,不要过去的事大史观。

在建立近代民族主义国史观中起主要作用的申采浩,通过《读史新论》等国史研究,树立了自强主义韩国史形象,成为我国民族史学的元祖。

申采浩的《读史新论》认为,正如由这一个国家的历史创造这一民族的国家观念,应以国史教育确保自强主义"国家思想"的形成。按这种民族史观,国史是爱国心的源泉。他说:"国家的历史是民族消长盛衰状态的阅叙。舍民族则无国史,舍历史则民族之国家观念则不大。"(申采浩:《读史新论》,《丹齐申采浩全集》(上)第467页)

申采浩的国史观,一扫金富轼事大思想为基础的《三国史记》以来的事大主义历史观,建立了韩民族的民族自强的民族主义历史观。从此我国的国史观摆脱了中国史上的附庸地位,开始重新整理建国始祖檀君以来独自的民族史。申采浩的国史观,是在与事大主义史学的斗争中,树立了韩民族自主的民族史形象。

申采浩在他的著作《韩国上古史》的叙说中指出"历史是我与非我的斗争",这是他的民族史观的纲领性宣言。他说:"何谓历史?人类历史是我与非我的斗争,在时间上发展和空间上扩大的心之活动状态的记录。"(申采浩:《朝鲜上古史总论》,《丹齐申采浩全集》(上)第31页)申采浩关于历史观的这　宣言中的"我与非我斗争"的逻辑,其根据是当时韩国主体性接受的天演论世界观,因而把历史看成是对"物竞"的心态记录,即看成对生存竞争的心态记录,这就是自强主义唯心史观的定位。

在申采浩的民族主义历史观中,民族和国家是历史的基本单位、是历史展开的主体。值得注意的是,在接受开化思想时,自强主义建立的"国家思想"、"国史观",成为近代民族主义运动的主流。

申采浩的社论《身、家、国观念的变迁》中,像梁启超那样指出,东亚文化圈虽有家和国,但缺少"国家";并预见开化的新时代"国家观念"支配的国家秩序即将到来。他说:"人类进化的状态,大略不出此身、家、国,第一期只有身的观念,第二期只有家的观念,第三期是家、国两观念的交递线,至第四期国家观念大炽。"(申采浩:《身、家、国观念的变迁》,《大韩每日申报》,此文为无署名社论,笔者推定为申采浩之作)

由此可见,申采浩也承认儒教理念的修身、齐家、治国、平天下这一东亚文化圈的社会阶层存在论,指出其基础是身—家—国—天下的观念,并以新儒教社会进化论对此做了重新解释。他以此类推,认为开化了的新时代是"国家观念"的时代。但是值得注意的是,他认为即使是未来历史的最后阶段也不是"天下"观念支配的时期。

韩国自强主义者理解的世界史形象,已经不是中华主义的"天下"秩序,代替它的是根据天演论对列国竞争的新国际世界的展望。

五、结　论

本论稿围绕新儒教和接受开化思想这一主题,概观了变法自强主义在中国和韩国是如何展开的。

中国在接受西学的过程中,继洋务派之后的变法派曾苦恼于如何解决传统与西欧化的矛盾这一文明问题。尤其是,在接受西欧文物制度的同时,如何在前进中保持自己的精神文化传统。由

于他们摸索了主体性开化思想的接受方式,引起了我们对这一主
题的关心。另外,韩中两国间围绕这一主题开展的思想交流,其中
最为深入的也是变法自强思想,因此对我们有论究的价值。

　　本论稿主要考察了中国近代思想史上,康有为主唱的"孔子
教"中的儒教宗教改革、严复《天演论》中的进化论世界观及梁启超
《新民说》中的近代"国家思想",即考察了以民族主义为中心的新
儒教和接受开化思想问题。

　　这三种思想给韩末自强主义的形成带来了很深的灵感,主要
是为韩国近代国家观和自强主义历史观提供了思想基础。值得注
意的是虽然同属于变法自强思想的大框架内,但中国和韩国面临
的历史现实不同,其表现形式也有不同。这个时期的韩国儒教知
识分子,不是追求日本明治维新型,而是追求清末变法自强派型的
近代化,这也是值得我们注意的。

　　较之这些问题更为根本的洞察是,在西欧化的开化过程中,想
通过宗教改革,坚持和恢复传统。这使我们回想起结构主义者的
如下说法:即某一社会虽然引进了外来的意识形态,但这个社会的
深层次结构不容易发生变化。在东亚儒教文化圈里,儒教价值观
的结构伴随着汉字,已长久地存活下来了,相信将来也会存活下去
的。

　　我们再也不能返回到启蒙主义的合理主义梦想"与传统断绝"
的错误。文化有容易受外来意识形态感染的一面,也有以历史和
传统为根底的相对不变的自生秩序。对这一点的承认,不能有任
何吝啬。真正的历史辩证法是,传统在被否定的同时重新被肯定,
并在现实中复活动作。

　　最后想引用中韩儒教思想交流史上的一首诗来结束此文。这
是梁启超对我国巨儒李退溪先生《圣学十图》的赞诗。我想在这里
引用这首诗是非常有意义的事。

巍巍李夫子,继开一古今;

十图传理诀,百世诏人心。

云谷琴书润,涟溪风月寻;

声教三百载,万国乃同钦。①

（选自国际儒学联合会编《国际儒学研究》
第 3 辑,中国社会科学出版社 1997 年版）

　　本文探讨了儒学对东亚地区变法自强的影响,围绕新儒教和接受开化思想这一主题,概观了变法自强主义在中国和韩国是如何展开的。其文主要考察了中国近代思想史上康有为主张的"孔子教"中的儒教宗教改革、严复《天演论》中的进化论世界观及梁启超《新民说》中的近代"国家思想",即考察了以民族主义为中心的新儒教和接受开化思想问题。这三种思想为韩国近代国家观和自强主义历史观提供了思想基础。这时期的韩国儒教知识分子,不是追求日本明治维新型,而是追求清末变法自强派型的近代化,这也是值得我们注意的。

---

　　① 　1926 年顷,中国尚德女子大学刊在刊行《圣学十图》时,梁启超在十图末尾写下了这首赞诗。

现代新儒学的哲学意义及其问题：

与西方不同的儒家式现代化是否可能

宋荣培

一

今年(1993)《时代》(*Time*)周刊曾多次登载以中国文化尤其儒家思想为主题的文章,尤其最近一期(1993.6.4)的文章,就儒家文化圈的亚洲国家愈益富裕,信心十足,而谈到这些亚洲国家有别于西方自由主义的现代化模式,即儒家模式现代化的特点,然而从历史上看,19世纪以来传统的儒家社会,忍受着西欧列强的急剧的武力侵略,它们在过去的一个半世纪以来所追求的,却只是西欧人所规定的"现代化"的道路。根据旨在从根本上变革资本主义的马克思的观点,兴起于西欧文明的资本主义的发展,是人类社会发展的普遍性典范,在这种高度发展的历史典范面前,落后的、"非欧洲式"的其它文明,即"半文明、半野蛮"的亚洲社会的命运,要么被"强制"编入并适应欧洲资产阶级文明社会之中,要么被历史所淘汰,二者必居其一(宋荣培:《儒家传统和中国革命》,汉城哲学和现实社,1992,页383—384)。

可是,且不说继承儒家传统文化的日本,亚洲其它国家和地区(如新加坡、台湾、香港、韩国等)在70年代以来的急剧的经济增长和产业发展,引起在海外活动的中国学者,开始就儒家传统同急剧的经济增长之间的关系,即"传统"(tradition)与"现代化"(modern-ization)之间的关系,以及"儒家式资本主义"等问题展开讨论,由此,现代"新儒学"的讨论正式兴起,其浪潮愈益高涨起来。

　　主导现代新儒学的学者主要是活动在美国的华裔哲学家,历史学者(杜维明、余英时等),他们对当时美国和西欧学界的动向有比较透彻的理解。杜维明认识到亚思贝尔斯(K. Jaspers)于40年代所提出的关于世界文明的"轴心时代"(Achsenzeit)的新观点的意义已被人们所关注。于是,开始专门研究起儒家思想的现代意义(杜维明:《儒家传统的现代转化》,《编序》,页11,北京,1992)。亚思贝尔斯将人类文明分为以色列—希腊、印度、中国三大文明,其渊源可追溯到公元前7世纪到公元前3世纪。他特别地把这个时代命名为人类共同文明的"轴心"时代,并认为现代世界的文明并非只局限于欧洲文明,它不是绝对的范本,此外还有印度、中国文明的影响,从而打开了文化相对主义的视野。

　　余英时在他引人瞩目的《从价值体系看中国文化的现代意义》(1984)一文中指出,他是从70年代以来引起欧美学者注意的法国启蒙主义时代历史哲学家维柯(G. B. Vico, 1668—1744)和18世纪德国历史哲学家赫尔德(T. G. Herder, 1744—1803)提出的"多元文化"论受到很大的启发的(余英时:《内在超越之路》,页3,北京,1992)。根据他们所讲的"多元文化"论,"每一民族都有其自己的独特文化",由于它们"绝非出于一源","尤不能以欧洲文化为衡量其它文化的普遍准则"。赫尔德并且强调,"中国文化的形成与中国人的民族性有关,其它民族如果处于中国古代的地理和气候的环境中,则不一定会创造出中国文化"(同上)。

　　于是,70年代在欧美学术界重新提起的文化多元论,使中国的新儒家受到很大的鼓舞。他们以此为契机,批判并克服由西方中心、西方本位文化发展史观刻画出的"现代化=西欧化"的观点,研究别具一格的、体现儒家传统文化特点的(与"西欧式现代化"相区别的)"儒家式现代化"的内涵。

笔者拟就"与西欧不同的儒家式现代化是否可能"这一问题进行探讨。第一,要研讨我们应如何看待"现代化"这一复杂的现象,并简要阐明所谓属于儒学发展第三阶段的现代新儒家(杜维明、余英时等)是按照什么样的脉络提出"现代化"的,即"现代新儒家对现代化问题的认识";第二,拟研讨杜维明、余英时等所提示的与西欧价值观的核心"外在超越"(亦即上帝,Gott)相区别的宋明以来性理学的"内在超越"观(即天理意识)的现代意义;第三,拟介绍站在现代社会的立场上正面否定宋明以来新儒学的观念性的理论架构,进而批判新儒学的核心理论(杨国枢、门罗等),以及对那些批判儒家的观点持很慎重态度的墨子刻(Thomas A. Metzger)教授的"引人注目的"论说。最后,于结论部分批判地论及"产业化"或"现代化"以及"新的现代世界"中"儒学价值理想"之现实意义。众所周知,"新的现代世界"已经突破了"东方文化的樊篱",它伴随着"产业化"、"现代化"的急剧变动过程。总之,本文将对新儒家提出的与西欧不同的"儒学模式的现代化"这一新方案之现实性予以冷静的省察。

二

什么是"现代化"? 对这个问题,到目前为此,学者之间没有一致的见解。经济学家认为,人均收入须达一万美元以上;在社会学者看来,须实现大规模的城市化,高度的产业化及合理的行政管理体制;在政治学家心目中是实现充分的民主,此外还应具有相当发达的国力,保障个人意愿的强有力的国家行政,充分的思想交流,不同文化体制间的人们的合理的相互理解,旨在共同发展的文化,信息的开放等等。

为了有助于对现代化的多种现象取得比较整体的理解,笔者想简要介绍刘国强(Lau Kwok-Keung)的提案①。把他与"现代化"有关的社会、经济、文化诸情况分为三个方面。

第一,试图将现代化的诸多现象区分为外表性现象和内在性现象,以理解现代化、产业化、城市化、民主化、普及教育、快速通讯系统等方面的成就如何,是理解现代化的外在性的接近方法。还有一种方法是,表现在对现世物质生活执著追求的世俗性欲望的态度,对工具的合理性的追求,开放性、冒险性精神,人人都有的一般性的成就欲等方面为特征的市民的心理状态、道德性的价值观念,这些是属于理解现代化的内在性接近方法。

第二,把现代化看成"决定性"的历史发展,还是"非决定性"的历史发展,这体现了对人类历史发展所采取的两种相互对立的观点。根据传统的马克思主义的唯物史观,"生产方式"的发展是非人格性的历史必然,因此,现代化是社会发展带有普遍性意义的必然的现象,即使时间上有快慢之差,资本主义的生产方式即现代化,不管哪种社会必然会出现。人们的主观意志和有意识的努力虽然是实现现代化的重要因素,但不是决定的因素。现代化的实现是由该社会社会生产力本身的发展而决定的客观必然和社会趋势。而人的主观意志和有意识的努力只不过是赋予客观生产发展变化之中的次要的现象。

相反,主张历史的非决定论立场的马克斯·韦伯(Max Weber)强调改造自然和实现产业化的人的意志和有意识的努力,他对为

---

① 　Lao Kwok-Keung, "An Interpretation of Virtues and Their Relevance to China's Modernization", in: *Confucianism and the Modernization of China*, by, S. Krieger/R. Trauzettel(ed.), Mainz, 1991, 页 216—217。

什么资本主义生产方式的产生只在西欧而不在其它地方的问题，力图用经济活动同支撑它的宗教的伦理意识间的关系来解释。按韦伯的观点，欧洲资本主义的生产方式，归根结底是新教(尤其是卡尔宾派)履行"上帝的命令"的透彻的职业意识以及意欲将"上帝的意志"化为人间现实的基督徒的紧张心理导致的清廉、勤劳和简朴所造就的。大体随从韦伯路线的斯沃茨(Benjamin Schwarz)，就连"为了实现诸多目的，有体系、有组织地，并按照主体意图使用人类的能量，能够将人类的物理的、社会的环境合理地调节的"(同上书，页216)。人类的意识和行为，也包括到"现代化"的范畴。韦伯和斯沃茨的见解是将现代化看成非决定论的典型例子。

第三，把现代化理解为"价值志向性"，还是与道德价值无关的"价值中立性"而产生的对立观点。把现代化理解为历史发展的普遍性和必然性，理解为马克思那种单纯的"不可避免的历史发展的过程"(同上书，页217)，不以人们的主观意志为转移，传统社会必然被吸收到现代社会中去。与此相反，若把现代化看成"价值志向性"，它不可能是单纯的"工具理性的扩大再生产"，它应是人类向往"更美好的生活"(the betterment of mankind)的变化过程(同上)。"传统"和"现代化"的对立不可能是"绝对的"，为了更好的、富有特色的、高质量的生活，"传统"不应该无条件地被废除，而是应该扬弃，传统中的有价值的部分应保存到"现代化"之中，并得以发扬。

看待现代化的角度如此不同并对立，而站在非马克思主义立场的现代新儒家，力图将现代化理解为非决定性及价值志向性，并注意到以下事实。他们发现，近代以来以西欧为主导的现代化毕竟是在希腊文化和基督教文化相交融的框架里发展起来的。希腊人是在人类的"理性"(reason)中寻找价值的根源的。但他们又认为，赋予人类以理性是有限度的，再努力也只能徘徊在一定范围之内,宇宙万物是从哪里开始又怎样产生的? 使人类成为人类的人的存在根源是什么,人类应当追求的最终的价值到底以什么为根据? 按照希腊人的思维,对这一问题作出正确回答,依靠生活在世俗的人类的"不完全"的理性是不可能的。这只能通过"对存在的外在超越",即全知全能和无所不在的"基督教的上帝"得到启示。

从中世纪直至现代以前为止,这种基督教上帝的"启示性理性"(revealed reason)和人类"理性"是可以调和在一起的。这种神学体系在托马斯·阿奎那思那里集大成了。到那时为止,哲学(人类理性)是神学(启示性理性)的侍女。西洋人把基督教的上帝所规定的道德法则奉为"自然法"(Natural laws),并绝对信奉和遵从它。到那时为止,基督教的信仰和人类理性之间还度着蜜月。

西洋的近代发端于文艺复兴和思想启蒙,从而将这种神学世界"世俗化"(Säkularisierung)。350 余年前的培根(F. Bacon,1561—1626)提出"知识就是力量"的口号,对科学抱有两种梦想:其一是用科学的力量来征服宇宙(世界,World);其次是通过科学知识以认识宇宙(世界)的真面目(余英时:《内在超越之路》,页29)。与其说科学,不如说是征服和支配自然的科学技术(Technik),即随着人类工具理性力量的增大,上帝所启示的自然法(Natural laws)不再是支配道德行为的具有绝对的终极意义的道德上的金科玉律,它已经降格为与道德行为无关的"自然的规律"(laws of Nature)(同上书,页 14)。

用以束缚人类的那种道德性的理想价值的绳索没有了,因技术的发达而形成了近代新型的人类关系,在这种新型的关系中人们变得更加理性,他们再也不需要基于某种道德而降临的"外在超越者",即基督教的上帝了,在这里,只有个人主义和功利主义无情地驱使着人类社会,人类的生活环境受制于人类所制造的工具理性的暴力。在西欧,个人主义和功利主义非同寻常地结合起来,用于人类和解的纯粹的道德凝聚力削弱了,以至于在欧美社会人类自律的自信力被瓦解了。而且,法律诉讼和荒唐的非人性的罪恶泛滥成灾,在悲观论者的眼里,充满物质上的享乐主义和政治上的形式主义的西欧式现代化,并非"人类的带有普遍意义的历史发展的真面貌",由于它无法启示更为理想的光明的未来,人们只能去克服它。在这样的背景下,响起了人类的文明再也不能被西欧本位的现代化拖着走的反省的呼声①。

西欧社会现代化的道路归根结底是从"轴心时代"的希腊—基督教文明的轨道中"突破"出来的。"其本质上是属于西欧的"。和这种西欧文化不同的现代新儒学认为,儒家文化圈里的现代化不能盲目地重蹈西欧现代化之覆辙。其呼声越来越大,因为现代新儒家眼里的现代化之路,正像在前面简略地观察的那样,绝非像立足欧洲文明本位所看到的是"决定论的"和"价值中立性的",而是最大限度地强调人类的意志、意识和人类自身的努力,是以"为更加美好的生活而改革社会"为目标的。

三

牟宗三教授早就将儒学的发展分为以下三期。从先秦孔孟、荀子到汉初董仲舒(公元前180—前115)为第一期。宋明(10—17世纪)时代为第二期,现代新儒学为第三期。属于第三期并最为活跃的算是哈佛大学的杜维明教授。他是针对列文森(J. R. Levenson)教授三部曲《儒教中国及其现代命运》(*Confu-cian China and its Modern Fate*, *Univ. Cali-fornia Press*, 1965)一书中断定儒家

---

① 对这个问题参看日籍美国学者 Francis Fukuyama, *The End of History and the Last Man*, *New York*(*The Free Press*), 1992。

思想业已死亡而发,树起再建现代新儒学的旗帜的。据列文森讲,"儒家思想在产生它并需要它的社会开始瓦解之后,成为一片阴影,只栖息在一些人的心底,它在人们的心目中已无关痛痒,只是像一件古董一样被珍爱着"(杜维明:《儒家传统的现代化》,《编序》,页 3—4)。

对这种结论性宣言,杜维明说,这是列文森混淆"儒家传统"和"儒家中国"所造成的(杜维明:《儒学第三期发展的前景问题》,台北联经出版事业公司,1989,页 298)。据杜维明的解释,"儒家传统"是悠久的,并且具有永恒的价值,因此,即使"儒家的中国"解体了,也不可能被消灭。据杜维明说,"儒家传统"或曰"儒学"的核心是每个人通过自我反省,启发、陶冶和完成自身的人格,实现人本主义的理想的。按传统的说法,在于实现"内圣"。实现儒家的理想的社会政治,并不是从"外王"寻找,而是在人内心的道德完善,即在内圣中寻找。在这一点上,杜维明继承了唐君毅、牟宗三的立场,同时又发展了自己的理论。

杜维明说,宋明时期(即第二期)的儒学已经超越中国版图,带动了东亚(韩国、日本、越南等)文化(尤其是教育和政治方面),那么,现代(即第三期)儒学发展的意义,要在儒家思想对现代社会的作用和价值中去寻找。据他说,20 世纪的产业社会所面临的根本问题,在于因道德上的真理意识淡化所引起的人的问题。直到现代以前,在西欧传统中,成为人的道德规范的保证者并存在于人类社会之外的"超越性的存在",即基督教上帝的权威性,经现代启蒙时期的世俗化过程,变得急剧下降,也就是说他们丧失了道德上的精神支柱。

那么,从现在开始,20—21 世纪人类的根本问题,在于每个人从他现实存在的环境中出发,实现彻底的自我反省(即追求儒学所说的"内圣"),即实现"自我超越"。据杜维明讲,这里的"自我超越"，并非西洋基督教式的跨越现实的超离，而是在现实中摆脱自身的局限，扩大和发展自己，提高自己，并不断地加以突破，是"超越而内在"的人生。于是他极力表白，20世纪人类通过自我反省的新的人文主义的基本精神，就体现在儒学精神给"现代世界"所提示的超越而内在的人本主义精神之中。这就是杜维明强调的新儒学对"现代世界"或"现代化"所特有的意义和价值。

我们常常认为，西欧的现代化使人们摆脱了对基督教的世界观，即超越性存在的"启示性理性"（revealed reason）的盲目信仰，使"人类理性"得以解放，强调人类自身的自律而又主体的"合理的行为"，西欧之现代化正是以这种彻底的启蒙主义的"世俗化"过程为必需条件的。但中国宋明以来的新儒学已经经过了彻底世俗化的过程。

事实上，据马克斯·韦伯说，所有宗教都各自设立一个"必然而又当然的理想彼世"，并与相应的"此世"中所有不合理的事实对立起来，造成一种"对立的紧张状态"，可是，韦伯所把握的儒家精神是容忍"顺应此世之秩序与世俗"的，因此，儒家文化无法保证人们"紧张"而又彻底的"职业意识"。韦伯是从这方面找到在儒家文化内不能发生现代资本主义的决定性理由的。

跟韦伯持有共同的解释框架的余英时的见解恰恰相反，他认为宋明以来的新儒学设定了他们的理想世界即严格的"天理"世界，并用此世的"人欲"世界与之极端的对立起来，因此，儒家精神的本质特征并非对现实之适应，而是根据他们所确信的宇宙万物内在的秩序（即道或天理），将现实中"不合理的东西"加以改造。宋明新儒学认为无限变化的万物存在的根据，要从万物中固有的内理去寻找，因而是典型的基于"内在超越"的哲学世界观。换言之，新儒学的志向在于根据内在超越，按照天理，将"天下无道"有意识地改造成"天下有道"，是深深扎根于现实中的改造现实的哲学。因此，余英时认为新儒学并不额外需要西欧式的世俗化过程。

余英时极力主张，由于这些宋明以来的新儒学家们坚信兼通于自然界的天与人类世界的人的普遍而又定型的存在论的道德秩序天理，因而他们能够坚持"诚实"而又"正直"、"勤俭"而又执著的有道德的生活态度。可以说，他们处在各自不同的社会位置，能够竭尽全力完成社会赋予自己的责任和义务。

总之，在中国即使如此容忍类似西方新教徒一样的紧张的"职业伦理"、"诚实性"、"勤俭性"等说法，但其核心问题的本质在于中国毕竟没有产生出现代资本主义。事实上，具有儒家传统的亚洲社会（如日本、新加坡、台湾、韩国、香港等）的资本主义经营方式都是从西方学来的，而不是在该社会内部通过每个社会成员自身的伦理意识自发发展出来的。可是据余英时讲，儒家的伦理意识一旦促成保障资本主义经营体制的适当的经济基础和社会政治制度，可以与移自西洋的资本主义体制很好地融洽起来。

简言之，杜维明、余英时对其所揭示的中国儒学传统尤其是宋明以来新儒学的评价，强调其思想虽然是家长制的、等级分明秩序俨然的旧式东亚社会的产物，可是其核心归根结底是在每个人的内心世界中存在的"先验的道德性"，即基于"内在超越"而存在的普遍的"道德的自律"。另外，这些现代的新儒家，认为只有每个具体的个人的这种出自"内在超越"的道德性形而上学的儒家精神，才能真正有效地消化从西洋移植的资本主义生产方式。所以，他们正在探讨避免像西洋那样陷入极端的个人主义泥坑，保证个人的自律和全社会之间的平衡的，即从本质上更加符合崭新的现代化方案的"儒家式现代化"理论。

四

19 世纪以来,我们在凶猛的西势东渐的过程中,在西洋文明武力的威慑与冲击面前,目睹了儒家文明的挫折。在西方文明冲击下,尤其五四运动(1919)以来逐渐走向正规的自发的现代化之路,所提出的口号带有西洋启蒙主义特色的"民主"和"科学",这条道路是在对儒家式前现代中国社会的猛烈的批判中摸索出来的。现代新儒家试图从宋明儒学思想的核心,极力阐明个人主义道德意识的普遍性及其哲学含意的进步性。自 20 世纪初(尤其五四运动)以来,也出现过与那些试图通过导入西欧现代的价值观而追求"新中国建设"的反传统的自由主义者(如陈独秀、吴虞、鲁迅等)持不同立场的新儒家(如梁启超、梁漱溟、熊十力等)。即使到了现代(20 世纪 20 年代以来),他们一直在解释儒家传统,想从中摸索中国的现代化发展之路,现代新儒家与他们之间,有很大的鸿沟。事实上,在欧化的反传统的自由主义者的眼里,那种试图从宋明儒学的著作中引出"现代性"的瓜葛的所谓现代新儒家的努力,不过是一种对"历史的歪曲"或徒劳的"浪漫意图"①。

台湾的社会心理学家杨国枢在其具有实证资料的著作《中国人的蜕变》(1988)② 中,谈到最近 20 年间因急剧的经济增长和产

---

① Thomas A. Metzger, "Confucian Thought and the Modern Chinese Quest for Moral Autonomy", in:Silke/Trauzettel(ed.), *Confucianism and the Modernization of China* ,同上书页 273。

② 笔者没读到杨国枢的那本书,只参照了墨子刻(T. Metzger)对该书之内容的介绍。请看上书页 271—273,以及他对它的注解 16,载上书页 302—303。

业化,在台湾成长起来的"成年层"的个人主义道德倾向。这些引导台湾产业化和经济发展的成年层的这种"个人主义的"道德倾向,事实上是与"儒家的传统价值体系相冲突"的,可解释为西欧式的产业化的结果。

他说,"现代以前的农业社会将集体置于个人之上,而现代产业化强调个人",这样分成两类之后,他将前现代的农业社会的特征举出"集体主义"、"家族主义"、"(上下有别的)等级秩序"、"划一性","社会(阶层)的僵化"等,而产业社会的特征举为"个人主义"、"非人道的制度"、"平等关系"、"多元主义和多样性"、"社会(阶层)的流动性"等。按杨国枢的观点,在产业化过程中伴随这种心理的、社会的现象,其结局是理所当然的。因而如今台湾、香港等地区中的新型中国人与过去儒家社会的中国人判若两人。传统儒家文化的价值体系不单单局限于以追求"个人主义"的新的价值体系为"用"的水准,已达到文化本"体"蜕变的边缘(墨子刻(Metzger)前书,页272)。

当然,强调儒家的普遍的现代特征的现代新儒家认为,新型中国人虽有个人主义倾向,但毕竟沉浸在"道德自律性",因而会将杨国枢的批判、分析反驳为没有站在哲学角度上把传统儒家的价值观念的含意如实地分析出来。可是对这种反驳,杨国枢可能会答辩道,他的任务是分析"实际存在于日常人之中的道德现象",而抽象的哲学观念的分析不属于他的研究课题。

事实上,强调宋明儒学的"现代性"和"普遍性",并试图把它解说为"儒家式现代化"的现代新儒学家们(杜维明、余英时等),只把强调人的"道德自律性"的宋明儒学的人文精神加以"演绎地"解释,并把它提示为能通用到"现代世界"的"价值评价的标准框架"。这种做法明明不是"经验性的"研究方法(同上书,页273)。门罗

20世纪儒学研究大系

(Donald Munro)教授① 正面否定现代儒家高度评价的所谓强调个人的"道德自律性"的宋明传统儒学。门罗认为,按照儒家思想,首先要考虑其整体脉络,据它把握"什么是切实的行为礼规"之后,才容忍"个人"对"切实的行为和不切实的行为"的"自由选择"。因此,保持总体框架是首要的,而个人的自律性选择是次要的,并且"自律的人的概念没什么重要意义的"(参看上书,页273)。事实上,儒家们所想的世界或宇宙的秩序是上下差别分明的家长式的秩序体系。在这样的秩序体系之中,道德、智力上优秀的少数出类拔萃的士人,占居比较高的位置,指导和监督多数愚昧的一般大众;而大众们必须屈居低下的位置,尊敬和保护他们,受他们的保护和指导。这样,展开着上下分明的不平等的人际关系的框架。按照传统批判者的主张,在传统社会,对儒家士人的要求,首先在于维持这种等级秩序本身,在维持这种体系的前提下,才能次要地谈及士人们的道德自律问题。

如上所述,围绕传统的儒家思想,墨子刻将尖锐冲突的两种立场归纳为对何谓儒家思想之核心这一问题所做的不同回答。传统儒学批判者认为儒学之思想核心在于维护等级分明的家长制;而现代新儒家则认为儒学之核心是鼓励文人应具有高超的道德修养和道德自律性。二者孰是孰非?问题在于应该对此进行彻底的验证(参看上书,页274—276)。

儒家思想正像近代以前的西洋的政治思想一样,分明是为了维持一个社会,具有牵制社会成员间的多种角色的"作用",这些作用之间,将上下差别严格的等级关系视作社会的理想,并且,儒家

────────

① 对这一点,墨子刻提到门罗(D. Munro)教授的以下两本书:*The Concept of Man in Ancient China*(1969)与 *The Concept of Man in Contemporary China*(1977)。参看墨子刻前书页273。

思想正像近代以前的西洋,把"君主制,世袭制贵族的特权,男女差别"等与西洋近代自由主义相抵触的观点当做理所当然的东西(参看上书,页291)。前近代性的儒家思想已在《论语》、《孟子》、《荀子》等文献中得到陈述。儒家思想所说的这种特权阶层的权威,究其源泉,按墨子刻的说法有如下三种:一、个人修炼的高超的道德性,二、他从国家得到的官职,三、自然的年龄(参看上书,页279)。

　　另外,儒家思想的理想的价值观存在于这种等级社会秩序(hierarchy)中,它将一个体所能享受的权威的等级顺序的制定的基础,归功于每个个人自律地积累起来的道德性。简言之,不管在任何情况下,儒家思想最终要追求"绝对的道德价值的实现",按马克斯·韦伯的说法是"信念伦理"(Gesin-nungsethik)的代表性例子(参看上书,页286)。

　　因此,孟子将基于道德上的地位秩序来安排座次称作"天爵"(老天爷赋予的爵位),将政治制度方面所赋予的官职位次称作"人爵"(人为的爵位),不但说到基于道德性的权威的绝对性,还说到现实中不道德的权威,将它除掉也是正当的(参看上书,页278)。从基本以个人自律的道德而形成位次为理想的儒家思想的立场上看,他们所处的社会最迫切的问题,在于克服取自现实政治的位次和来自理想道德的位次之间的矛盾和背谬。

　　墨子刻将儒家对权威的观念分为三种范畴,并认为不能只用其中的一个下结论:一、社会的位次应完全以道德权威为基础,二、道德权威完全可以抵抗非道德权威,并把他加以改善(甚至除掉),三、即使道德上有问题的权威人物,因维持等级秩序的重要性,仍然(至少要从表面上)要对他表示尊敬(参看上书,页286)。

　　按儒家理想的历史观,第一个立场曾在远古三代由理想的有道德的君主实现过。第二个立场尤其在孟子那里反映得最突出。第三个立场与第二个立场相比显得妥协性很大,是孔子所采取的态度。对儒家的个人主义性的道德自律性原则持怀疑态度的儒家批判论者们尤其钻研第三种立场,认为与其说强调个人的道德自律性,不如说维持体制在儒家思想中居首要意义。

还有,门罗教授认为,韦伯所说的作为"信念伦理"特点强调的儒家思想的道德自律,只不过是对有道德权威的人物的"榜样的模仿"(model emulation)而已。因此,门罗主张,儒家思想虽然强调个人的道德自律性,但在这一点上它的道德自律性的意义被相当程度地淡化了(参看上书,页288)。

对门罗的这种批判,墨子刻反驳道:若属于第一的情况,圣贤君子所统治的成为可能,百姓当然应把他当做模范学习(可是实际历史中这种理想是不可能实现的)。另外,第二与第三的情况是不道德的人掌握权威的,并没有可学的榜样,不值一谈(同上)。墨子刻又说,在第三种情形下,孔子在朝廷对不道德的君主表示出有礼节的尊敬的态度,与其说抛弃了自己的道德自律性而向等级权威屈从了,倒不如理解为(一方面)向君主显示出有道德的人的活生生的样子,(另一方面)表示出他接受天命的虔诚的姿态,和想要以此改换政治风气的他的(深深的)道德自律性的态度(同上,页278)。总之,儒家思想将社会的等级秩序当做当然的天理接受的事实与每个个人的道德自律性的原理是决不冲突的(同上,页291)。

在这里,墨子刻特别注意到因"产业化"和"经济发展"(即现代化)在中国形成的个人主义及与此相关的传统儒家精神的影响。因为他决不容忍"产业化"="个人主义的形成"这一等式。因为若成立这个等式,则应是日本社会的"个人主义的模式"几乎等于"美国社会的个人主义的模式"。而且,他认为,现代化是"经济发展的影响"同当时社会的传统的"固有的文化模式的影响"相交融而形成的作品。与这一理论相关,他说亚思贝尔斯(K. Jaspers)早就提

出的世界文明的"轴心时代"的概念带有非常重要而切实的意义
(同上,页 299)。

别拉(R. N. Bellah)及其同僚在他们的《心中的习惯》(Habits
of Heart)这本书中,认为"现代美国的个人主义扎根于西欧轴心时
代的传统即犹太—基督教及希腊—罗马的传统"(同上)。若说现
代的美国在文化方面还扎根于"西欧文明的过去的轴心时代",那
么惟独中国的现代化能完全同其过去的"轴心时代"分离出来,而
只是追求西欧式的现代化吗?墨子刻表示了这样的怀疑(同上)。

他说,在过去文明的"轴心时代"产生的"基督教或儒教的文化
路线"在"产业化之后也将仍然"对该社会"继续加以影响"(同上,
页 300)。当然,传统文化和现代化之间,分明是有着连续性和不
连续性两个侧面。儒家中国在现代化的过程中,一、通过辛亥革命
(1911)将专制君主制改为民主制度;二、因为原儒家的价值理想是
要求通过个人的道德自发性的等级秩序的确立,在传统的中国世
袭贵族的特权已不成其为问题,并且这种影响在现代中国很容易
消除;三、男女差别像近代以前的西洋一样,到了现代才改造了这
种传统的想法(同上)。

墨子刻解释道:若在儒家式现代化中还有需要修改的部分,那
只是将"自我"和"集体"的关系加以调整。不像过去那样按等级秩
序,而是按适应现代民主制度(同上,页 301)。儒家思想从根本上
说是强调自我的道德自律性的,因此现代新儒家所追求的"道德自
律性"从根本上看,是儒家传统的表现(参看上书,页 300)。

按墨子刻说,与儒家式现代化相关,还有到目前为止中国学者
所没有注意到的真正的问题,那就是中国文明的轴心时代以来所
改进的中国文化固有特点的世界观,即"乐观的现世观"(同上,页
300—301)。传统的儒学家确信他们所要求的基于道德的那一种
理想的道德政治已在过去的"三代"曾经实现过,因此,与传统的西

洋观念不同,认为"完美的社会正义"就在现实中可以得到实现。他们有这种很强的"乐观的现实论"(同上,页289)

按墨子刻的观点,儒家思想有着很强的"乐观的现实论",这种"乐观的现实论"中存在着具有不同文化传统的西洋人所难以接受的如下两种假想:一、实现对社会成员所有人"完全正当的价值评价"及基于它的"富贵、权力及品位的完全公正的分配"是政治的最终目标;二、认为只要作好内省,人们就能认识"绝对普遍而又客观的道德法则"的"认识论的乐观论"(epistemological optimism)(同上,页292)。

在现实中"完全实现正义"这一儒家思想的理想性信念,在基督教—西洋传统的西欧人观点看,是个毫无希望的乌托邦式的妄想,因此,韦伯认为,梦想实现"绝对的理想价值"这种极端的"信念伦理"(Gesinnungsethik),实际上只能刺激对现实政治的无用而又无理的批判,只能导致混乱。因此,韦伯奉劝区分事物的目的和有效地实现此目的的手段(工具),摸索出其工具的合理性,追求事情结果之确实责任的责任伦理(Verantwor-tungsethik),并把它作为政治伦理[李种守编著:《马克斯·韦伯的学问和思想》,汉城(Hangil Press),1985,页186—190]。

在现实中,中国人的认识论的乐观论相信能够探明绝对的道德真理,结果为社会的指导者造成了这样的可能:只有他们才能认识"公共的善"(the public good),并把这种主观信念扩大标榜为绝对真理。因此,归根结底有可能产生权威主义的独裁政府,切断向民主主义的发展(参看墨子刻前书,页291—299)。存在于儒家文化的这种"乐观的现实论"和"认识论的乐观论"若引导不好,不能排除对儒家式现代化起到副作用的可能性。

五

　　我们从立足于非马克思主义角度的现代新儒家的现代文明中的文化相对主义侧面出发,看到所谓儒家文化圈内的现代化决不可能是"西欧式现代化",而是"儒家式现代化"的问题。他们把儒家思想的核心看作是"个人的道德自律性",认为儒家思想的存在论的根据是与西洋的"外在超越"不同的现实的"内在超越"。墨子刻重申儒家思想的重心并不在"维持上下差别的等级秩序",从而进一步展开论述了"儒家式现代化"的可能性。

　　现代化终究不是抽象的观念,是在具体的文化现场中,从"过去的文化传统"向新的文化的一种蜕变,因此不可能是整齐划一的完全相同的模式。问题在于为治愈领先发展起来的"西欧式现代化"进入20世纪后期以后出现的各种弊病,现代新儒家们开始探索"儒家式现代化"的模式。

　　即使认为宋明以来传统的儒家思想着重强调"个人道德的自律性",并以此顺着韦伯的说明方式,在儒家社会内部寻找出"紧张而透彻的伦理意识"、"勤勉"、"节约"、"尊重学习"、"集体凝聚力"等推动现代化的充分的精神伦理要素,笔者认为,这只不过是认为在儒家思想和儒家社会内部,也能找到与过去16—17世纪发展启蒙主义思潮以来推动西洋社会的社会活动性的要素相对应的东西,从而确认其主体性自信感和自觉意识而已。

　　另外,虽然与西欧的东西有相当的区别,"儒家式现代化"在其初期发展阶段,一定会反映出多种多样的特征。可是,随着世界市场一体化的速度随通讯和流通手段技术的革新得到惊人的发展,儒家文化圈和西欧文化圈几乎共处于同一个生活世界。因此,笔者认为这种不同质的特征决不会显出"不变的"本质性差异。文化这个东西并不是抽象的孤立不变的凝固的结晶体，而是在具体的生活现场，通过人们不断的相互接触和对话变化的"流动性现场的临时性结晶体"。因此，笔者认为，儒家式现代化和西洋式现代化的问题并非谁代替谁的"非此即彼"的问题。

归根结底，"儒家式现代化"必然与"西欧式现代化"交流和通融，继续发展前进，不可能想象它能从目前"西欧式现代化"之弊病中获得完全的免疫。由马克斯·韦伯早已提出并由法兰克福学派再次认定，近代以后西欧一方面继续不断地追求的劳动过程的无限的合理化，另一方面却仍面临着"脱离神秘化"（Entzauberung，Max Weber）过程的深化，或"因工具理性的扩大再生产而生活世界之殖民地化"（Kolonisierung der Lebenswelt, J. Habermas）的"反人本主义的不合理性"。

但是，在这种结构性的现代文明的根本性危机面前，宋明以来的儒学所提示的"道德理想主义"和肯定现实的"内在超越"意识，究竟"怎样"和"多大程度"地解决现代文明的结构性问题，笔者不能不表示怀疑。正像韦伯早已指出过的那样，西欧资本主义社会实际上是追求了"工具"特征很强的"责任伦理"，而不是谋求绝对道德价值的"信念伦理"。结果同时具备了：一、科学技术急剧增长的"确保合理性"的长处；二、终究脱离伦理性的"工具文明的支配性"，即"结构上的不合理性"这两种问题。

即使这样，即使可以将这种现代文明的弊病归咎于工具性特征很强的"责任伦理"的过分追求，作为治疗这种"现代文明的不合理性"的对策，能够采用现代新儒家们提出的"儒家式现代化"吗？因追求极端的道德理想价值而被韦伯早已否定过的"基于信念伦理的现代化"果真能与韦伯的想法相反，成为更加实质性的对策吗？对这个问题，笔者不能不三思。

总之，与西方模式不同的儒学模式的现代化是否可能？对这个问题,笔者的看法是:与其对"西欧式"和"儒家式"的现代化作"非此即彼的提案式"的对峙性的"理论钻研",倒不如致力于实现一种真正现实主义的、东西合璧的,"理论与实践的结合",即努力将现代社会的基本矛盾计较性、工具性科学技术扩大再生产与"人本主义道德性"这一对立的双方合二为一,这才是更加切实的问题。

(选自《传统文化与现代化》1995 年第 2 期)

宋荣培,韩国学者,汉城大学哲学系教授,主要从事儒学研究,著有《儒家传统和中国革命》等著作。

本文探讨了现代新儒家的儒学模式的现代化问题,通过研讨如何看待"现代化"及"现代新儒家对现代化问题的认识",对新儒家提出的与西欧不同的"儒学模式的现代化"这一新方案之现实性予以冷静的省察。最后提出了自己的看法:与其对"西欧式"和"儒家式"的现代化作"非此即彼的提案式"的对峙性的"理论钻研",倒不如致力于实现一种真正现实主义的、东西合璧的"理论与实践的结合",即努力将现代社会的基本矛盾,工具性的科学技术"扩大再生产"与"人本主义道德性"这一对立的双方合二为一,这才是更加切实的问题。

后现代宗教状况与儒教

金圣基

一、前　言

　　"宗教多元主义"与"世俗化"的概念已经成为宗教界的时代象征语,在这种时代背景下,"宗教之间的对话"也逐渐被强调,据 P. Berger 甚至认为"宗教间对话,是各宗教为活下去而不得不所面临的。"宗教间的对话再也不是想做就成而不想做就可以避开的,它是现象,更确切地说是被评价为一个新的宗教现象,Cantwell Smith 也对宗教多元主义的"宗教史"的意义说:

　　　　我们深层次地看待人类宗教史,那么就像过去的政治史或经济史那样,在今世纪进行着纪念碑式的转换,出现佛教徒,印度教徒,还有其他宗教信徒们的生机勃勃的宗教定向的事实,证明不仅在他们特定的传统历史中,而是在人类宗教性的全历史中出现着新的局面,基督教不过是其中的一部分。①对宗教多元主义的这种新的认识是"没有惟一的道路(There

　　①　Wilfred Cantwell Smith, *The Faith of Other Men* (New York: Harper and Row, 1962), pp. 119—120.

is no one and only way）"的具体的例①，形上学理论上的"多元主义"，其重点在于把所有存在最终还元时，可以分成多数的独立存在或要素，就是说意味着最终的实在为多数，在宗教领域中，这种新的多元主义，说明任何宗教中没有可以判断对其他宗教的价值优势的理论性的或形上学的根据。

在这里，我们有必要查看一下，"没有惟一道路"为基础的宗教多元主义的成立背景。

在基督教神学界，一般认为宗教多元主义的开始是 1960 年后期，然而这种倾向在近代以后，在文明转换期的精神性气氛中所成熟着，其"文明史"的背景中的几条：第一，实现地球化的同时，人类将会遇到深层次的活的其他宗教。因交通通讯手段和媒体的发达的情报化社会实现，对他宗教经典和传统的更深层次的理解和对原经典的翻译解读能力的扩大，成熟的不同宗教人之间的活生生的体验之交流的增加；第二，人类对历史的自觉的普遍化，以历史性存在的人类的历史性，使人类更清楚地自觉到人类所有精神遗产与传统的历史性的相对性与特殊性的意义，于是提出特定宗教的宗教经典和教理体系，宗教机构的组织与权威体系，神学理论与宗教仪礼的象征体系，也在历史的相对性中不被除外等②。

这种对他宗教的理解与觉醒的必要性，在基督教的角度看待时，因世俗化与人道主义（humanism）之争而虚弱的今日的基督教神学为搞活自身的宗教经验，也为了给现代人的人生意义，也有必要对其他宗教洞察的观察，并且，以东方宗教立场而言，对应基督

---

①　Wilfred Cantwell Smith, *The Faith of Other Men*（New York: Harper and Row, 1962）, p.21.

②　金敬宰：《宗教多元论的诠释学的照明》，《哲学与现实》1992 年夏，页 19。

教积极宣教活动,以防御性的态度来对应基督教宣教士们的攻击性的文化政策,强调东洋思想的优越性,就这样,东西方因相互的必要,面临着相互理解的必要性。

然而,笔者想注意一下,儒教与基督教之间逐渐增加的对话的必要性与其意义,其实,比基督教与佛教、基督教与印度教的对话忽视了的儒教与基督教的对话,儒教在以儒、佛、仙为根的我们祖宗的精神世界中所占的比重与意义是不可忽视的,还有,历史上看,最初接触基督教的人也是儒教人。从以上几点来看,比任何宗教间的对话还要迫切。并且,儒、基督教的接触才是真正代表东亚传统与西方传统的接触。我们肯定接受韩国基督教人没能摆脱殖民地基督教人像的批评,那么我们为改变"殖民地基督教人"的面貌,也强调对话必要性①。

然而,尽管如此,好像是儒教与基督教之间,持续着毫无关心的状态,有相当数的韩国人和多数的基督教人说,在韩国该扫除封建主义儒教的残余,就是说,儒教在虚礼、分派主义、事大主义、男尊女卑等,在韩国现社会所发现的负面的要素,有历史性的责任。

那么,他们所排击的儒教是什么呢? 如果,儒教只意味着"退婴的理念,空虚的读书,界层关系的支配,不顾未来,只顾过去的社会秩序"②,那么,儒教是不符合现代社会的,应该被排击,然而,儒教同时也受到"人类尊严性,道德上能伟大,甚至能达到圣人的境界的可能性,重视与他人的关系,对实在的解释及对超越的开放性

---

① 李恩仙:《儒教与基督教,其遇见的必要性与意义》,《神学思想》82号,1993年秋,页221。

② Hans Küng and Julia Ching, *Christianity and Chinese Religions* (N. Y: Double day, 1989). p. 90.

的自我形上学发现"等肯定的评价①。从这一点看,儒教的意义还存在,而且基督教人不可忽视,不可避免,因此韩国基督教人只能自称是"有儒教背景和价值观的基督教人",这意味着韩国的基督教人,因为是基督教人的同时,又是韩国人,所以不可能与支配韩国过去500年的儒教的文化遗产无关。

在宗教多元社会,也在别的角度议论着注视儒教的必要性。在一个社会里,只因于有对等势力两个宗教共存的事实,有引起社会分歧的可能,世界宗教分歧就是个例子,在韩国,有对等势力的佛教和基督教,肯定有社会分歧的可能,尽管如此,在韩国,还不存在深刻的分歧,吉熙星指出其理由说:

其理由是:第一,因为我们社会是共同语言的单一民族,民族同一性可以排击或弱化宗教间的分歧,也就是说,在我们社会,相同文化传统的民族整体性,比任何宗教的整体性还要强,第二,我们有必要注意,儒教传统在我们社会所占的位置与作用,宗教整体性与民族整体性不完全一样的主要原因是,实际上儒教支配着韩国人的行动规范和价值观。民族整体性深深地根源在儒教的传统中,起着韩国社会统合性作用的是在社会方面或精神方面也是儒教的价值体系,作为韩国人,不管是什么教徒,谁都受到儒教传统的影响,多少程度上可以说是儒教信者,韩国的耶稣教人是儒教性耶稣教人,韩国的佛教人是儒教性的佛教人,可以说儒教起着综合佛教与耶稣教之差的共同分母或缓冲地带作用。②

---

①　Hans Küng and Julia Ching, *Christianity and Chinese Religions* (N.Y: Double day, 1989).P.90

②　吉熙星:《宗教多元世界里信仰》,《后现代社会与宗教》,汉城:民音社,1994,页18。

吉熙星主张,要注视作为民族同一性球心点的儒教的位置与作用,要重视宗教多元社会中的儒教的价值体系。

从以上几个例子中,可以确认,有在宗教社会,对没有像基督教、佛教、印度教受关心的儒教应该更积极地表明对自身的作用与时代意义的立场的必要性,还有,笔者的基本观点是,在现代西方宗教面临危机状况下,如何提出儒家的代案?

二、看待宗教多元主义立场

宗教多元主义希望的宗教间的真正对话的必要性,有相当的说服力,但是,看来有必要对几个根本问题重新探讨。

尽管是认真的讨论对话的必要性,反而给对话的成功带来怀疑之感,这看来是起因于基督教的"神论"与"基督论"。P. Knitter 把对别宗教既存的基督教的立场,分类成如下;第一,保守的福音主义型:真正的宗教只有一个,他就是基督教。第二,基督教主类型,只有耶稣才能拯救。第三,天主教型:道路多,但规范为一个。第四,神中心型:至中心有很多的途径①。

从他的立场看,是宗教的多元状况引起了对"传统基督论"的新理解的必要性,就是说相信把耶稣为救世主,看作是绝对普遍的信仰,这是在宗教的多元状况中,使宗教间不可能进行对话主要原因,于是他支持第四型,神中心型。

反对宗教多元主义的 J. Hick 也举出,排他主义和包容主义,他所反对的排他主义(exclusivism)是支持特定宗教的排他性的主张,包容主义(inclusivism)的立场是,最终被某特定宗教所包容,从

---

① Paul F. Knitter. No Other Name? (New York, Orbis Books, 1985), chap. 2.

这种立场来说,他主张从耶稣中心转换成神中心类型。

笔者评价,神中心型对话的立场,还没有完全摆脱基督教传统的象征体系,因此,很有可能成为真正对话的绊脚石。

这神中心型可指出几个问题,首先是有不象征神的概念的宗教(佛教),所以,耶稣教受到他可以部分让步,但不能脱离基督教传统的神中心象征体系的批评,这是连1500年前的基督教论的分歧也没能打破,就想与他宗教进行对话,这不是真正的对话态度。

在这里,再明确一下宗教多元主义的成立背景,指出神中心论型所含的问题。

1960年后期,具体地开始的宗教多元主义的背景里有"宗教的世俗化",就是说宗教多元主义是在现代世俗化过程中不可拒否的历史邀请,现代社会的特征是把所有宗教的神圣性的相对化。H. Cox定义"世俗化是从支配人类理性和语言的宗教,或者是从形上学中解放人类的","世俗化是从对世界宗教与类似的宗教的理解中解放出世界的,是打开所有闭塞的世界观的,是打破超自然的神话与象征的。"①宗教社会想把世俗化的不同见解整理分类,Gerharz提示其定义,第一,宗教根据的丧失,第二,宗教表现的变化,第三,宗教的社会统制能力的丧失②。

世俗化从R. Bultmann的"圣书的非神话化论"。D. Bonhoeffer的"基督教的非宗教化"以及"基督教的非宗教的解释"等中,可以看出其先驱性"世俗化前兆"。60年代以后,他们的业绩续到"神的死亡神学","宗教的世俗化神学"给西欧宗教思想及文化带来冲击。

我们观察世俗化的过程,不能轻易放过以下几点,第一,就像D. Bonhoeffer和J. A. T. Robinson等看到有神论的末日被宣言。

---

① H. Cox, The Secular City. p. 8.
② 李元奎:《宗教的世俗化》,大韩基督教出版社,1987年,页30。

第二,要求基督教的超越概念的崩溃与神学的革命,他们共同要求基督教的神概念、耶稣和礼拜、祈祷和伦理等传统概念的否定与新的解释,即"神学的革命"。接着,Robinson 宣告"有神论的末日"来提示新神概念,他所反对的传统概念的神是什么呢? 是神在这世界"之外"、"之上"的"基督教应该是超自然主义吗?"的提问,主张"之上的上帝"、"之外的上帝"等传统概念是没有意义的,他还说D. Bonhoeffer 看到的传统的神即"作业假设神"、"宗教的神"、"万病统治的神"等应该消失。

结论是 Robinson 说超越就在近处在此世界,超越的认识只能在"人与人"之间才能感觉到,换言之只能在帮助他人,爱护他人时才能感觉到真正的超越,应该在我们的生涯中追求真正的超越的深渊,如上所知,如果世俗化是现代宗教多元论诞生的宗教背景。那么,可以对神中心主义的对话的基本态度作出评价,就是说应该重新研究上述的神中心主义的基本对话态度,如果耶稣中心的思考成宗教间对话的障碍物,那么,神中心的思考,在神不存在的时代,不是把神放在我们思考的中心的吗?

他们为克服耶稣中心神学的排他主义,强调以终极实在的神的超越性,但是,他们的神中心型,可以通用在属于惟一神论传统的犹太教、基督教、伊斯兰教,但是,像佛教、道教、新儒教,对这些没有超越的人格神的宗教传统,缺乏说服力。进一步说,他们的神论没能超出形上学的界限,在近代后期的世界观,很难以适当的神学性来对应。

那么,我们讲的宗教间对话的焦点是什么呢? 儒教的立场不得不关注基督教以后的宗教状况,即后现代宗教状况。

三、现代宗教变用论和儒家的角度

从上述中提出，在儒教立场对待世俗化与宗教多元主义的角度，连排他主义、包容主义、神中心主义也不能认为是真正对话的基本态度。

在这里，反而以宗教社会学者们的"宗教变用论"来寻求新宗教运动的方向，对于多元化的社会宗教的变用，Thomas Luckmann、Briam Wilson、Peter Berger 等宗教社会学者们，各自表示他们的意见，简单看一下他们的意见。

宗教世俗化的分歧，在神学界 1960 年达到顶点，其后影响其他神学，至今在宗教社会学界中，成为最重要的主题之一，中牧弘允对世俗化分歧的意见大体分为"宗教衰退论"和"宗教不灭论"。宗教衰退论的代表可举是 B. Wilson[1]，宗教不灭论的代表可说是 T. Luckmann[2]。宗教不灭论立场的 T. Luckmann 的意见是宗教为人间社会所必然的，尽管外表可变化，但宗教性继续存在。可以知道，在这一点上，T. Luckmann 以像 P. Berger、R. Bellah 等，把人类宗教性先验性作为基础。然而，不是 T. Luckmann 承认现代宗教就可以担当起像以前一样的宗教形态和公共统合的作用。他也指出，既成宗教规定这世界时，因丧失独立权，注意急迫变形，它们再也不能以宗教的绝对的类型来存在；还有，指出宗教的传统主体的意义在减少；接着，下这样的结论，宗教在现代社会中，变成一个"周边性的现

---

① 参看，Bryan Wilson, *Contemporary Transformations of Religion*，（London, Oxford Uni. Press1976）.

② 参看，Thomas Luckmann, *The Invisible Religion*（New York. Macmilan, 1967）.

象"。他在这里提问:此宗教的世俗化时代的意义是什么？支配现代文化的支配价值是什么？还有,把这种提问看作是探讨世俗化导致的意义的首先课题,他说明着现代社会的宗教变化,把宗教问题的"私有化"性格,即个人性的宗教性,规定为现代新登台的"看不见的宗教(Invisible Religion)",这就是回答。于是,他强调人的自律性,自己意识的过程,移动的精神等的发达,是现代社会新宗教多元主义的支配性的动机。此外,现代人的"性"和"家族主义"也成为主要宗教的主题,还有"与他人的和谐"、"适应"、"对所有人的公正的待遇"、"协力"等,亦对现代的"自律"的个人可算是重要的宗教性主题。

T. Luckmann 虽然是宗教不灭论的立场,但是表明传统意义的宗教主题在弱化,强调在现代社会宗教最突出的变化是个人的宗教性,即"看不见的宗教"形态来作用。

与此相反,B. Wilson 诊断为"宗教的衰退是决定性的",以此站在宗教衰退论的立场,他论着现代宗教的变形,把问题集中在两个点上,就是说世俗化的问题,与传统基督教信仰的衰退,还有宗教主义与新宗教的兴起①。

在这里,我们有必要注意他的"宗教贸易论",他说"今天世界达成奇妙的贸易均衡,基督教教会继续往第三世界国家派传道师对应多种活泼开展的宗教性来说教,以此来发展世俗化过程。另外,从这些第三国家进口,Guru. Mantra,咒术,救世主,……现今在第三国家,有人想通过所谓介绍改新教伦理的教派,得到拯救,相反西欧的年轻人想逃出改神教伦理来得到拯救。"②

实际上,在第三国家有西欧的教派,多样的宗教活动,相反在西欧,开展着因印度,冥想,yoga,krishna,bakabad gita 等新的东方

---

①   B. Wilson,同上书,chap. 1
②   B. Wilson, 同上书, p. 125.

宗教运动盛行,我们应该注意看,B. Wilson 的世俗化理论,把宗教衰退既定事实的,同时世俗化的结果,即在宗教衰退的西欧状况里,东方宗教的意义是什么呢?

那么,西欧面临的现代宗教的状况,在儒家立场该怎样把握?

本人想把西欧宗教界(现代基督教神学)思想概括如下,第一,传统基督教概念的有神论的动摇,第二,传统基督教的超自然、超越概念的崩溃,第三,传统基督教和西欧宗教学为主诸"宗教"观念的崩溃。

总之,20 年代以后,西欧神学者和宗教学者们直视这种宗教状况,为重新解释传统的宗教、神、超越的观念,尽全力。R. Bultmann 的"圣书的非神话化",D. Bonhoeffeur 的"基督教的非宗教化",P. Tillich 的"有神论的终末"及"终极关怀",A. J. T. Robinson 的"神学的革命",H. Cox 的"世俗都市",Altizer 的"神的死亡神学",M. Buber 的"你和我",过程神学的"神概念的变化",T. Luckmann 的"看不见的宗教",P. Berger 的"宗教的归纳性对案"等,数不清的热心而多样的努力。这一切,在东方角度来看,是在"搞错的具体性的错误(The fallacy of misplaced concretness)"中的问题。那么,对现代宗教的世俗化倾向,儒家又是如何表示自己立场呢? 于是,在儒家的立场,可提出下列的问题。

第一,有必要重新诠释儒家及周易的超越的神观念。

第二,有必要重新诠释儒家及周易的超越概念。

第三,应该重新诠释儒家的人间观。

在本文中,却想分析第二个课题。

对丧失超越和世俗化为起因的宗教多元主义,P. Berger 提示"超越的归纳性对案"来寻找新的突破口,以对西欧宗教界的"超越的崩溃"回答来介绍 P. Berger 的理论。

P. Berger 认为,现代性使宗教逢着到危机的状况,这危机不全是因世俗化的,更重要的是因为是"多元化"的①。所有宗教传统丧失权威,对其的对案可举三种,第一,重新确认宗教传统的权威的演绎信仰,第二,世俗化传统的还原性信仰,第三,再发现并且回复传统中的经验的归纳性信仰②。归纳性信仰指从人类经验开始的宗教性思考过程,相反,"演绎信仰"是从假设(神命令启示的假设)中开始。简单说,归纳性信仰是从人类经验走到对神的陈述,演绎的信仰是从神的陈述到人类的经验的解释。P. Berger 认为,其中第三代案,即"归纳性超越"接近才是最终适当,对其意义宣言:"我们为了找出超越的信号,与所有传统对决……还有想比"启示"更强调"发现"③。

虽然他不完全摆脱基督教宗教传统,但是,在他的现代社会理解以多元化为基础的现代,把握成普遍化时代和现代的宗教状况以改神教的困境为前提,从中可知,不只是希望基督教的传统复原,还有不能放过,他的对案把基督教和印度教的交流放在念头,从而可知,他的"归纳的信仰"在与东方宗教的交流而来的新出口,他的试图为了克服在今天西欧宗教界面对的课题。

在现代宗教,重要的不是正确理论而是正行,这种指出也是"归纳的代案"的一种例子。

举以上讨论,回顾一下我们东方思想的特性,"不是形上学的存在论而是就探寻人生道路的求道方面,可以说其焦点放在救世论。"这说明东方超越的意义在于不断开创自己超越之路,我想主张自己超越的境界带着归纳的特征,这又以最现代的意义超越走近我们。

---

① 　P. Berger, 徐洸善译,《异端的时代》,汉城:文学与知性社,1981 年,页 6。
② 　同上书, 页 7。
③ 　P. Berger,《现代社会与神》大韩基督教书会,1987 年,页 96。

四、周易解释上的适用

(一) 周易中的俗化过程:超越概念的脱超越论的转换过程

周易是以卦、卦辞和爻、爻辞组成的经部分和解释它的传——"十翼"来组成的,这"十翼"部分又称为"易传"。

先从易经是为占筮书的事实讨论,占筮、算卦的行为是易经的原初的目的和效能,从占筮为是把握神的意思中可知,已经在周易中超越的神的存在被象征着。这时与西欧传统有神论的超越的一者、第一原因、人格神等的观念互相接近其内含,这种神观念的特征是至高的创造者同时主宰者的观念。

表示周易原初神观念可举帝、天、神。易经卦爻辞出现几次外表上带人格神意义的帝、天观念,例如,〈大有·上九〉爻辞的"自天祐之,吉无不利",还有〈益·六二〉爻辞的"王用享于帝,吉"等。

认为是周易的卦爻辞源自于甲骨文,其中出现很多这种性格的词,出现在甲骨文的"帝"是有强大权威的人格、主宰神,他的范围:(1)风、云、雷、雨,(2)农耕与收获,(3)都市建设,(4)战争,(5)人间世吉凶,(6)君主的吉凶等①。

还有,已表明祖上神、自然神,虽然威势有差,但都具有神的权威,西周时期的史料可举周公的书经和诗经,这种资料中出现的人格天是原始信仰的至高主宰者作用。

《书经·酒诰》:"惟天降命,肇我民,惟元祀"。

《书经·大诰》:"天勤毖我民,哀于四方民"。

由上文可知,周初的经典里说明天主管人的吉凶祸福。

① 胡厚宣,《殷卜辞中上帝和王帝》,《历史研究》第九、十期(1959年).页24—25。

　　殷周代信仰的帝神,称为皇皇后帝、皇天上帝、天帝、惟皇上帝、上帝或皇天、浩天、苍天、上天等,他们共同点是:人格神又带着主宰者的性格。

　　但是,春秋末百姓受到许多变乱之病苦,对天的信仰渐渐减少。这种对天的怀疑的情景在《诗经》中的“变雅”诗,可以发现,这种诗大概是厉王后期到东周的诗,西周时对担负着社会统合作用的天的信仰,在后期周王们丧德,百姓的不满达到高潮,结果连对天命思想也有不信和怀疑的态度,“怨天诗”也是反映这种历史背景的。可以解释在这种思想下天信仰的动摇,已在至高权威和主宰的天神的地位中脱离的过程。人的智慧的逐渐发达使人类对自己行为更加负责,结果产生子产的“天道远,人道迩”的信念。对天的信仰渐渐以天道及道的观念所代替,丧失天的人格的意志的性格。天信仰的非人格化表现出中国哲学中的帝、天观念与超越的超自然的神观念不同发展方向。在此后,天带着人间存在的形上学的根源观念或宇宙论中天地并列的自然的意义。

　　在上面,我们把周易的经部分的出发点以“圣和俗”的二分法为事由,这时超越的形态也把神与人的关系以二分法来分,其与西欧的超越以二分法为基础是同样的,但是,西周末和东周初,经历着时代混乱,超越根据的神与天帝逐渐让出位,走上俗化的命运。

（二）周易,新的超越的出发:天地—空间的再认识

　　在周易,与西欧二分法不同的超越的出发点还是在“天地Paradigm”中可寻,应该认为从“天”与“上帝”的 Paradigm 转换成“天地”的 Paradigm,具有很大的意义。继孔子后到战国时代(部分是汉朝),在儒家天的意识使用于天地的例子增多,可以指出,在易传的天观念中最突出的变化是“天”以“地”的相对概念来使用,就是说天不是意味着主宰的人格神,而是意味着天地宇宙。

　　天尊地卑,乾坤定矣。(《系辞上》第 1 章)

是故天生神物,圣人则之,天地变化,圣人效之。(《系辞上》第 11 章)

天地定位,山泽通气。(《说卦》第 3 章)

就这样,在易传中,天和地以相对概念来使用。然而,天与地与"乾"与"坤"的概念相结合成定为周易的两个范畴,这意味着以前的二分法的天帝等上帝的概念,向宇宙自然的本体论性的转换。

总之,先秦儒家的《中庸》和《易传》与以前的人格的意义的神概念离开,与地成相对概念,以解释宇宙的两个主要范畴,我们在这里可懂得天地进展成脱二分法,这时才能跨过西欧脱圣化主要原因的人格神的意义,成为天地自然概念,神、人、自然成为一体的契机已准备。

(三)天地的再圣化,它的第一步:变化一时间的再认识

查阅了一下《易传》与《中庸》发展儒家,把天地自然收容为哲学的主要范畴,那么有必要对他们如何把握天地的本质性意义进一步了解,在为他们提出的新的自然,也像近代以来的西欧机械论的世界观。那么,东西方的区分是没有意义的。再回头看,在西欧,自然的神秘和伟大、神圣等由惟一神的象征,丧失神圣,变成为人的征服的对象。在西欧自然的脱圣化,先在自然之上设定神这超越的存在而引起的,近代以后这神的地位所动摇。自然界也被认为是征服的对象,转落于奴隶状态。在这里,自然的脱圣化被加速。

如果天地只不过是这种物理性,气化论性的自然,换句话说儒家的天地概念,也与近代西欧的自然观一样,落到无目的性、无意义性的虚无主义,天地毫无意义的,这问题是东西方看待自然观与人类观的分歧点。

那么,在儒家,接受天地的意义,天地以哲学的思维的两个范畴等场的意义是什么?

《易传》里要表现的天地属性放在自然的变化。

《易传》在天地变化之道中导出其原理,观察天地的变化的现象,综合其变化原理的就是周易,其最重要的理论以物极必反的原理来概括,日出日落,月圆月缺,盈虚消息,有终则有始等变化原理成为其基本原理,系辞传中最好反应这物极必反原理的就是"易穷则变,变则通,通则久",宣言这天地的变化就是周易的道(一阴一阳之谓道)。

总之,天地把变化作为其属性,接受变化作为属性的天地,意味着什么呢? 大概意味着超越和现实、超越和内在,或是宗教学中所说的圣俗二分法的流动可能性。打破圣俗二分法,会成为拒绝固定价值的一切,这可能是六爻的各爻持有的意义。各爻以重视时间关系的圣俗的流动性为前提,这就意味着重视空间和时间变化的意义。

(四) 新的超越的意义:向始原的回归—其永恒的生命的神秘

天地作为认识世界的出发点的他们如何把握天地原理?

周易的思维留给主要的启示,在周易上,天地乾坤之所以为超越的是什么? 其宣言是"易简",但具略天下的一切原理,世界如前所同,但由易经思维再认识世界是如前不同的,易简,非权威性地在我们的近方发现天地的原理。

> 乾以易知,坤以简能,易则易知,简则易从,易知则有亲,易从则有功,有亲则可久,有功则可大……易简而天下之理得矣。(《系辞上传》第1章)

易的《系辞》传中反复强调下列句"一阴一阳之谓道、继之者善也,成之者性也",在这里,人类掌握与天地之道成一体的地点,这就是天地之本质与人类是一个,在周易天地本质共有于中庸之内容。

> 天地之大德曰生。(《周易·系辞》)

生生之谓易。(同上)

天地之道,可一言而尽也,其为物不贰,则其生物不测,天地之道,博也厚也高也明也悠也久也,今夫昭昭之多,及其无穷也,日月星辰系焉,万物覆焉;今夫地,一撮土之多,及其广厚,载华岳而不重,振河海而不泄,万物载焉;今夫山,一卷石之多,及其广大,草木生之,禽兽居之,宝藏与焉;今夫水,一勺之多,及其不测,鼋鼍蛟龙鱼鳖,生焉,货财殖焉。(《中庸》26章)

乾卦中"自强不息",坤卦中"坤厚载物"看作是天地的基本的德,乾以"大生"坤以"广生"掌握着天地生命的神秘的能力,《周易》与《中庸》在自然中发现生命的"神秘"。在《易传》中"生生之谓易""天地之大德曰生"来表示,在《中庸》中"生物不测"来表示,从自然中发现神秘是在儒家。没把自然只看作是物理性的对象和智慧,就是说天地万物都有它的意义就是在于"生生不已"和"生物不测",这是万物有生命力,这些生命都有"各得其所"的形态存在,这些生命的创造就是天地之所以为天地的根本原因。儒家的智慧就是在于从人格性的主宰性神主导阶段,最适当地重新解释在自然中发现新的超越的意义。

《周易》中的宇宙是道德性善的活动样态,又是美的领域,还有他们发现的宇宙的神秘,仍然是宇宙秩序的"神妙"或其神妙的"不可测性"。

阴阳不测之谓神。(《系辞上传》第5章)

神无方而易无体。(《系辞上传》第4章)

神也者,妙万物而为言者也。(《说卦传》第6章)

易无思也,无为也,寂然不动,感而遂通天下之故,非天下之至神,其孰能与于此。(《系辞上传》第10章)

总之,指原始的天帝观念转成"神妙"或"不可测性"的意义,无实体,神妙的大自然运行法则而已。

（五）超越的主体转换："存在"的超越到"自我"的超越

周易和儒家的神观念转换不是停止在此,人格、主宰性观念到不可测的神妙,又重新形容在人的内在德性的最高境地的"神"概念：

> 子曰,知几其神乎? 君子上交不谄,下交不渎,其知几乎!
> 神而明之,存乎其人(《系辞上传》第 12 章)

终于,神明的主体转换到人,神与神明已不表示外在神的领域或超越的世界,而其表示形容人类的完成和到达,"神明的主体"转换到人类。

从上述可知,周易儒家的超越的本质没把重点放在超越论的存在论,在这里人类已不是单纯的受命者,而是"自我"超越的主体。儒家的出发点打开"自我的无限境地",于是其超越的完成责任也在于人类。

> 民咸用之,谓之神。(《系辞上传》第 11 章)
> 变而通之而尽利。
> 鼓之舞之以尽神(《系辞上传》第 12 章)

万物生命的和谐的保障,鼓励人到达神的境地,这就是周易的神人关系的意义最终到达的智慧。这时候已经民与神不是二分的。

在周易中,评价超越的领域神妙不测,那么,到达超越的过程也带有新的意义,其达到的过程接近于"归纳性超越"的模型。

周易中人发现创造价值,还到达完成的道路的过程,是神明主体的人来完成的。分析《易传》,其第一活动以对万物的主体的观测活动来达成,即人通过"观"、"见"、"感"、"通"的活动,观察万物的现象(《系辞下》第 2 章)。这在"穷理尽性,以至于命"中也可以出现,"穷理"是探求万物的神妙的道理,"尽性"是所有生命体本性的实现,终于到达命的阶段。那么,穷理,尽性,至命阶段表示,个人观察和体会宇宙运行原理,然后参与自身修德,天地化育的全过程。

还有,"精义,入神,以致用也"表现周易的自我完成之路,这里精义、穷理的方法提示"观见,察微,知几"等和"极深研机"、"知微知彰"、"知柔知刚"等。

在周易,强调使人懂得自然的道理,进到神明境地,其特征是其出发点是从自己开始。

从上述中,周易的超越可观察其归纳性特点。

周易使超越的意义再也不是外在的、彼岸的,神的概念转成容易亲近超越的概念,此时,神的超越的意义转换成人内在的超越概念,这才人在宇宙中实现真正超越意义主体,于是人通过归纳性"穷理""精义",成为与天地合一的境界,在这里 64 卦 384 爻是每时刻回顾自己宇宙万物的基本原理。

在此,使真正的超越的意义放到日常的生活,每时刻的生命当中,本文想主张,这是最具有"超越"的现代意义。

五、结　　论

通过上文分析,探讨在今日超越的真正意义,并且试图从儒家立场提出,后现代真正宗教的代案。由上文,看到今天西欧的超越的崩溃过程,可以判断人格神和超越的、主宰者的神观念,有限作为这时代适当的超越的意义。周易的思维,亦经过春秋战国时代物神和价值观的崩溃,实现脱魔术化、脱咒术化的最明智的出发点。

那么,天或神经过俗化过程所留下的思考方向是哪呢? 他们在自然中重新找出其意义。尽管,神或天的意义经过俗化过程,丧失原始的意义,但他们有智慧在自然与生命当中找出超越的意义,宗教学中,前者称为"俗化"过程,后者为"再圣化"过程。周易的思考提示最成功的超越的新可能性也是这一点,就是说经历谁也不能拒绝的合理化的过程,于在其中重新找出超越的信号,提示可以说服的理论结构,把世俗化稳定在位,又让自然的意义充满超越,这就是直观地把握充满生命的宇宙的神秘。认为周易的思维通过再圣化的过程,有意味地再解释自然的变化,再编成超过西欧意义的时间观和空间观的限界的可变性、流动性结构,儒家与易经哲学从存在的超越,成功地定础重视"过程"与"变化"的超越的模型。

在"过程"与"变化"中圣与俗不是二分法来分离,而是转换成以统合性、互补性关系为基本的流动关系,此存在强调过程,使完全不同的角度看待生活。于是,人在每时每刻的变化中追求时中的道。

如果,我们把自然本身看作圣的世界,从中生活的我们的生涯看作圣的世界,生活的每瞬间看作是要实现圣的世界。那么,这才是回复被物资社会所夺去了的圣性的道路。

现在我们可以下结论,由资本主义和其因果论的合理性,被夺取的自然的神圣性,儒家哲学中可以找出新思维模型。儒家思想可以重建其时间、空间的生命性,我想这种自然观与时空观可以贡献21世纪新宗教之向度。

（选自国际儒学联合会编《纪念孔子诞辰2550周年国际学术讨论会论文集》,国际文化出版公司2000年版）

本文从"宗教多元主义"与"世俗化"的时代要求出发,在现代西方宗教面临危机状况下,探讨在今日超越的真正意义,并且试图从儒家立场提出后现代真正宗教的代案。作者分析了今天西欧的超越的崩溃过程;周易的思考提示最成功的超越的新可能性；儒家与易经哲学从存在的超越，成功地定出重视"过程"与"变化"的超越模型。作者得出结论：由资本主义和其因果论的合理性，被夺取的自然的神圣性，儒家哲学中可以找出新思维模型；儒家思想可以重建其时间、空间的生命性；这种自然观与时空观可以贡献21世纪新宗教之向度。

自由权利抑或儒家的德

李承焕

一、德抑或权利

我们生活在一个热衷权利的时代。不仅在商业组织和工会，而且在学校和邻街区，我们常听到：

这是我的权利，不是我的责任。

这是我的权利，不是我的义务。

这是我的权利，不是我种下的后果。

这是我的权利，等我自私的生活方式不再坚持了，再谈我的责任、义务，处理我行为的后果吧①。

很少有人对这种态度表示惊奇。在一个自由民主的社会中，这种态度正为我们的日常生活所接受。在哲学领域，我们听到有人断言没有权利就不可能谈道德哲学——"不以权利为基础的道德理论是不可能接受的"②。如果考察当代社会伦理学的模式，我们可以看出人们对权利和诉讼的热衷。道德问题的被提出、争论和解决，是惟一地通过一个近乎法律专门术语的"权利"来进行的。权利是在我

① 罗杰·C·帕尔姆：《权利》，《决策》1990年5月，页22。

② J.K.麦奇：《能否存在以权利为基础的道德理论?》，《权利理论》，杰雷米·沃尔伦编，牛津大学出版社，1984，页176。

们的时代作为这样一个绝对通行的道德用语,不仅被用来处理人与人之间的问题,而且被用来处理人与非人对象之间的问题。正如理查德·莫尔根(Richard Morgan)最近一本书中的标题所表述的那样:我们生活于"权利产业社会"① 中。我无意于轻视或削弱权利对于我们道德生活的意义。在本文中我想讨论的是权利的过分使用所具有的危害,即在某些不适宜的条件下,个人顽固的权利要求可能导致"行错的权利"② 或者"极坏的权利麻木"③。

与自由主义者以权利为基础的道德论相比,儒家提出的是截然不同的道德论。这种以德行为基础的道德,强调的不是合法的主张和自己权利要求,而是关爱和仁义。儒家道德的理想不是成为自由的人,而是成为高尚的人(君子)。与自由主义者认为权利先于善行不同④,儒家首先考虑的是成为有道德的人,而不是要求合法权利的人。

儒学认为,自由权利要求不利于维护社会和谐。在儒家伦理体系中被认为最重要的不是程序上的公正或个人的权利,而是做个"仁"者。儒家的理想社会不是一个人人都要求个人利益的集团,而是由与别的社会成员保持着和谐关系的有德者组成的社会。因此儒家强调:德行先于权利,实质的正义先于程序上的公正,共同的善先于合理的个人利益。总之,儒家的核心不是一种自律的道德,而是一种和谐的道德;不是一种重权利所有的个人主义,而

① 理查德·莫尔根:《致残美国:当今时代的"权利产业社会"》,(纽约)基础丛书出版社,1984。

② 见杰雷米·沃尔伦《行错的权利》,《伦理学》第 92 期(1981)。

③ 见米歇尔·J·麦尔《尊严、权利与自我控制》,《伦理学》第 99 期(1989),页525。

④ 见约翰·罗尔斯《权利优先与善的概念》,《哲学与公众事务》第 17 期(1998)。

是一种重有机联系的整体主义。

　　以权利为基础的道德和儒学的以德行为基础的道德都具有极端性。如孔子所见，谦虚与仁慈的德对于维持与其他社会成员的和谐关系极其重要。但正如费伯格(Feinberg)指出的，"在适当的情况下不要求自己的权利，就是作为怯弱，或是愚蠢的人的权利。"①另一方面，正如自由主义者所见，拥有权利是好的，因为它使我们"作为人而站立"②。但是，在某些不适当的情况下，坚持权利并不一定能使我们"作为人而站立"，反而使我们成为冷酷无情的"权利疯子"。在某些情形下，要求权利并没有显示要求者的尊严，"反而暴露出人对于被他视为可怕地麻木且相互冲突的世界的不可抑制的狂怒"③。

　　另一方面，在应当维护权利时也从不维护自己权利的人在道德上显得萎缩；而太执意地坚持自己权利的人，在某些时，又显得道德麻木。"从不坚持自己权利的人是奴性的人，但从不放弃任何权利，从不宽囿别人的义务，或者只要有拒绝的权利就不再作别的善事的人，是冷酷无情的道德机器。"④

　　这两种极端的关于道德的观点能否协调一致呢？儒家的以德行为基础的道德观能否与个人权利协调统一呢？或者说，儒学能不能在保持德的本质内容的前提下，把个人权利纳入自己的伦理

---

　　①　乔尔·费伯格：《权利的性质和价值》，《价值咨询》1970年第4期，页252。又见《生物伦理学和人的权利》，埃尔西·L·布兰德曼和贝特拉姆·布兰德曼编，美国大学出版社，1986，页27。

　　②　(同上。)

　　③　见米歇尔·J·麦尔：《尊严、权利与自我控制》，《伦理学》第99期，(1989)，页525。

　　④　乔尔·费伯格：《再谈权利的性质和价值》，《生物伦理学与人的权利》，页32。

学体系？反过来说，以权利为基础的道德能不能既把公共道德纳入到其伦理体系，又不失去其保护功能，如保护个人自治和不受专制干涉的自由？

二、自由抑或公益

在当代韩国，以权利为基础的道德与以德行为基础的道德之间的争论可以追溯到更深的渊源——对于自由和公益的不同的侧重是西方自由主义和韩国儒家的各自出发点。

自由主义是一种把自由看作为其他价值的根源的道德学说或政治学说。自由主义者主张一切（道德的或政治的）价值和原则都来源于自由这一终极源泉。由此自由至上的前提出发，自由主义者主张不干涉原则。谁都不该做无端干涉别人的事；反之，只要不干涉别人，任何事情都可以做。对于自由主义者，法律（刑法）的目的仅仅在于防止个人互相侵害。道德的目的仅仅在于通过最大限度地保证不受干涉来获得更多的行为和选择自由，仅此而已。

自由主义者把各种相互对立的生活方式都同样认为是善的。只要不危害别人，只要不侵犯别人的权利，他可以随心所欲，想做什么就做什么，想怎么生活就怎么生活。宽容对于自由主义是首要的德行。自由主义者不主张推行一种措施来倡导一种生活方式而压制另一种。惟一被他们视为道德的行为就是不干涉或不侵害。自由主义缺少的是道德生活的理想。

在自由主义者看来，自由在我们这纷芸的社会里无疑是重要的德行，因为它带给我们更多的选择和更少的干涉。然而，更多的选择和更少的干涉是否必然带来真正意义的自由呢？儒家认为并非如此（即，更多的选择和更少的干涉并不一定组成真正自由）。儒学认为，即使一个人的选择完全不受限制，他仍然可能觉得不自由,除非他能克服内在压抑——即低层欲望或物质欲望。儒家认为要获得真正的自由,最重要的是克己、自我修养和自我实现。儒家劝导要注重自我,而不是外在环境。比如射箭,如果偏离靶心,我们不应该在风或箭上找原因,而应该向自身找原因。孔子说:

> 射,有似乎君子,失诸正鹄,反求诸其身。(《中庸》,第十四章)。

儒家认为真正的自由并不能通过扩大选择权来获得,而是通过自发地(同时有意识地)把社会规范内在化而克服低层欲望来获得。孔子说:

> 七十而从心所欲,不逾矩。(《论语·为政》)。

总之,孔子认为只有在行动上自发遵守自己认为值得遵守的社会规范,才能得到真正的自由。

与自由主义者对个人权利的强调不同,居于儒家社群主义核心地位的是德——即为增加全体社会成员的共同利益所必须的品质。在儒家看来,自由主义者的自由观是不足的,因为它缺乏有道德的生活理想,只是一种消极意义上的自由。如果孔子生活在我们这个年代,会赞成米歇尔·桑德尔(Michael Sandel)的观点,认为自由主义者的自由观是"浅显的"和"缺乏本质内容的"[1];也会同意麦金太尔(Maclntyre)的观点,认为自由本身由于缺乏"个性"和"社会的一体性"或未能体现于具体的叙述历史中[2]。

儒家道德是积极的道德。它的作用在于诱导一种应达到的品性、一种应形成的个性和应建立的社会目标。

---

[1] 米歇尔·桑德尔:《自由主义与公正的局限》,剑桥大学出版社,1982,页175。

[2] 见阿拉斯泰尔·麦金太尔《德之后》,(巴黎)圣母院大学出版社,1984,详见第六章《启蒙运动失败导致的几个后果》。

　　然而,自由主义者怀疑儒家主张的自由能否有效地应付"极权威胁"①。自由主义者担心的是艾赛亚·伯林(Isaiah Berlin)所说的"可怕的非人格化"。它借"真我"的名义,为了国家、民族、阶级或历史进程本身等超个人的集合实体的利益,压制人的实际欲望②。艾赛亚·伯林(Isaiah Berlin)认为,这些自我实现的政治理论,忽视人或社会的实际欲望,威胁、压制、迫害他们,正是借真实自我的名义,靠着大家都相信人的真正目标必须与自由相一致——即他的真实然而模糊的自我的自由选择③。

　　一方面,自由主义者反对儒家自我实现的自由观,认为虽然自我实现对于培养可敬的品德和理想的人格很重要,但如果存在压制或迫害,自我实现即使可能,也是十分困难的。具有道德生活理想是人类高层次的善;但如果没有选择和机遇它是很有限的。固守先前的传统和已有的价值是有利于社会团结;但如果不进行严格的重新检验和选择,它将会是盲目的。做有德行的人和与他人维持和谐的关系,对于社会生活是重要的;但盲目地服从,忽略对既定角色、先前传统和已有价值的重新检验,却是危险的。

　　另一方面,儒家反对自由主义者强调个人自由,认为即使权利是防止不公正的干涉和粗暴专制的有效手段,但在某些情形下它还是会变更的(如对待家庭中的亲人或社会上濒临绝境的穷人)。认识到我们享有知道拥有哪些权利是一方面,但更重要的是认识到我们应在什么时候和对谁行使这些权利。儒家认为自由人需要

---

　　①　"极权威胁"语出查尔斯·泰勒。见《消极自由的缺陷》,《哲学与人类科学》,剑桥大学出版社,1985,页215。

　　②　见艾赛亚·伯林爵士《两种自由观念》,《政治哲学》,安东尼·昆顿编,牛津大学出版社,1967,页151～152。

　　③　同上。

有高尚的人格和有道德的生活理想作为权利行使的前提条件。

德需要保护和批判的重新检验,而权利需要节制和自我约束。儒家的社会共有主义能够条理分明地把个人权利引进到自己的道德体系中吗? 反之,自由主义能够在其伦理体系中容纳社会公共德吗?

三、超越消极自由

消极自由涉及的是这样一个问题:"在大多道德范围内,是不是应允许个人的行为不受他人(或国家)干涉而做他所想做的事?"根据这种对自由的理解,自由就意味着不受干涉地追求自己的利益。自由主义试图通过不侵犯别人合法利益的方式扩大个人的选择范围。因此,根据自由主义,只要不危害别人或侵犯别人的权利,人们可以做任何想做的事情。但是,消极自由主义者所理解的自由是最低限度的自由。它不激励人们追求有道德的生活,不注重德、人格和共同社会。它不能从道德理由上解释帮助陷于危险的人的行为;甚至,在某些不适当的情况下,它准许个人有行错事的权利。如果不干涉是达到自由的惟一条件,那么酗酒者和吸毒者可以说是自由的,因为没有人干涉他们的利益和权利。但是从儒家的观点来看,他们意志软弱,内心压抑,满怀痛苦的欲望,因此并不自由。

儒家的自由概念包含有克己和自我实现的含义。它来源于人的自主欲望。儒家提倡积极自由①,希望自己的生活和行为取决于高层次自我,而不是低层次自我。按照儒家自我实现的自由观,仅仅没有

———————

① 关于这一点,谢幼伟对儒家的自由解释得很清楚,他指出,"儒学伦理学所维护的自由是行善的自由或选择什么是善的自由。它是伦理问题上的选择自由。"见谢幼伟《个人在中国伦理学中的地位》,《中国人的精神——中国哲学和文化要义》,查尔斯·A·穆尔编,夏威夷大学出版社,1967,页310。

外界束缚并不构成自由的充分条件,处于剧烈欲望冲突之中的个人,即使被保证完全充分的选择权利,也是不自由的。因此,儒家认为要获得真正的自由,重要的是要克服欲望冲突,也就是做到自我节制、自我管理和进行欲望的价值衡量。孟子说:

> 养心莫善于寡欲。其为人也寡欲,虽有不存焉者,寡矣。
> 其为人也多欲,虽有存焉者,寡矣。(《孟子·尽心下》)

孟子认为妨碍人达到自由的最重要的因素不在外界,而在内心。儒家认为,消极自由的扩大(如通过不干涉获得选择权),不能消除欲望冲突。要消除欲望冲突,需要的是对核心意义的把握,即对目标、动机、欲望的一种优先次序,也就是对高低、贵贱、善恶、完损等价值的自觉。自我实现的可能程度取决于欲望冲突的价值排列,即“欲望值级”。这种欲望价值排列使各种欲望各归其级。个人根据自己(或自己的品行)认定相应的欲望级别,如果自我的这一级欲望得到满足,自我也就得到了实现①。

　　自我克服或自我节制是表现德的先决条件。一个人如果克服自私的欲望而出于高层次的利他愿望去行动,他就做到了仁;如果克服自身苟且偷安的欲望而按照自己认为值得追求的愿望去行动,他就做到了勇气。从这个角度讲,德是人们在施行各种善行的自由(指没有内在束缚)活动中所表现的高尚品行。因此,在儒家看来,欲望冲突的自我克服和品行的培养自然而然地使人达到自由。孔子说:

> 视其所以,观其所由,察其所安,人焉瘦哉? 人焉瘦哉?
> (《论语·为政》)

　　品行包容了所有用以辨别判断一个人的各方面特质的内容:善、恶、习性、经验、欲望、目的等等。它的意义就在于它是这样一个整体,

---

　　① 关于自我节制与自由有一篇很好的文章,见安德雷斯·埃什特,《品行、德与自由》,《哲学杂志》第 57 期(1982)。

其中的特质与家庭、友谊、邻居关系、学校等社会内容密不可分①。

有德行的人比没有德行的人更自由,因为他能超离自己的欲望值级去行动而没有挫败感和内心冲突。孔子所说的"七十而从心所欲,不逾矩"(《论语·为政》),显示出他达到了这种自我节制和自我实现意义上的自由。

像儒家所主张的 ,自我节制是获得真正的自由的重要条件。但是如果只把内在因素看作自由制约,那么一个被囚在狱的修养的囚犯该算是自由的了。但实际上他不是。自由主义者强调制约自由的外在因素,而儒家强调制约自由的内在因素。自我克服或自我节制对于培养树立可敬的品行和理想的人格十分重要。但在存在压制和迫害的条件下,这却是十分困难的(即使不是不可能);反之自由的选择和尽量少的干涉对于维持舒适的生活和保证个人安全十分重要。但是,如果不对相互冲突的欲望进行价值衡量,人们就可能成为欲望的奴隶。没有自我节制的自由选择是空洞的;没有充分选择的自我节制是盲目的。

通过自由主义者和传统儒家关于自由概念的相互批判,摆在我们面前的就不只是在消极自由和积极自由之间简单选择其一的问题,而是如何使二者互相借鉴、互相补充。完全的自由既包括最充分的选择权,也包括最充分的自我实现。自由主主者需要进行自我克服和品行培养。儒家需要选择和在行动上得到保护和权利。

四、超越最低道德

自由主义可以理解为一种从道德或政治角度修辞的权利学

---

① 见克拉克·E·科奇伦《社会浅论:社会共有论者及其批判》,《政汉学习》,第 32 期(1989),页 433。

说。权利保证了个人的自主领域和基本利益,因此享有权利是好的。享有权利使我们能得到"作为人而站立"①,"鼓励侵权行为的受害者(或承受者)愤怒反抗,并采取强硬的立场"②。权利语言提供我们"修改或创立(法律)条例的可能性"③。

权利起着保护人的自主领域和隐私权益的作用。但是,在某些不适当的情形下,权利降低了我们的眼睛于道德的敏感性。在某些情况下,谈论权利并没使人作为人而站立,"它反而暴露出人对于被他视为可怕地麻木且相互冲突的世界的不可抑制的狂怒"④。过分执意于自己权利的人,在某些情况下,显得"易怒、过敏、爆炸、容易因小事生气的、容易埋怨的"⑤,J.L·麦奇(J. L. Mackie)说:"为义务而义务是可笑的,但为权利而权利却不可笑"⑥。如果为权利而权利不可笑,那么任何时候都可以坚持或要求自己的权利。麦奇观点的错误在于它仅仅关注最基本的道德条件,而忽视这样一种可能性(或是必然性),即在某些情况下,权利可能为了其他的道德原因而放弃、屈从或牺牲。

---

① 乔尔·费伯格:《权利的性质和价值》,《生物伦理学和人的权利——健康顾问手册》,埃尔西·L·布兰德曼和贝特拉姆·布兰德曼编,美国大学出版社,1986,页27。
② 理查德·布兰德特:《道德权利概念》,《哲学杂志》(1983),页45。
③ 小斯图亚特·M·布朗:《不可剥夺的权利》,《哲学评论》(1955),页202。
④ 见米歇尔·J·麦尔《尊严、权利与自我控制》,《伦理学》第99期(1989),页325。
⑤ 简·纳弗逊:《评费伯格的〈权利的性质和价值〉》",《价值咨询》第4期(1970),页259。
⑥ J·K·麦奇:《能否存在以权利为基础的道德理论?》,《权利理论》,米雷米·沃尔伦编,牛津大学出版社,1984,页171。

　　与儒家道德相比,以权利为基础的道德是最低限度的道德。因为它把道德教化局限于人类经验的狭少区域。另外也因为它对执行人的道德素质要求很低,从不像儒家道德那样对他们提出要求①。

　　以权利为基础的道德仅仅把斯蒂文·哈德逊(Stephen Hudson)所说的"道德条件"——权利、义务、责任等看作是道德的②。这些基本道德条件都具有一系列共同特征。那就是:不论是权利还是义务,它们都是必须的、要求的、被迫的、强制的。从这个意义上说,以权利为中心的道德是一种"外在道德"③,它把道德解释为一种制约机制,而缺乏个人修养的内涵。

　　权利及相关义务的概念,用道德责任模式分类时,包括三类行为:(1)义务或强制的、必须的行为;(2)既不强制也不禁止的允许行为;(3)禁止的行为④。从权利角度考虑的道德(即:道德义务、

----

　　①　大卫·罗顿和埃德曼·平科夫斯通过区分法规伦理学和性格伦理学,批评现代以法规为导向的伦理学为"道德至低主义"。见大卫·罗顿《道德至低主义和道德品质的培养》,《中西部哲学研究》,彼得·A·弗伦奇编,(巴黎)圣母院大学出版社,1988,第13期,页180~195;埃德蒙·L·平科夫斯《困惑与德》,堪萨斯大学出版社,1986,页41~47。

　　②　见斯蒂文·哈德逊《重德》,《澳洲哲学杂志》第59卷第2号(1981),页190~192。

　　③　"外在道德"语出安东尼奥·库阿。库阿把荀子的道德概念认为是"外在道德",与孟子的"内在道德"相对。他认为,内在道德强调激励机制、生活方式和理想人格的概念,而外在道德仅仅强调作为约束机制或外部强制的狭义上的道德。我认为库阿关于内在道德和外在道德的区分也可用于说明儒家以德为基础的道德与自由主义者以权利为基础的道德的区别。见安东尼奥·库阿《道德与人性》,《东方哲学与西方哲学》第32卷第3号(1982),页279~294。

　　④　见J·O·危姆森《圣人与英雄》,《道德哲学随笔》,A·I·梅尔顿编,华盛顿大学出版社,1958,页198~216。

道德中心、道德禁忌)是最低道德,因为它不可能考虑按其他标准的分类类型,而这些类型也是人类活动中重要的一部分,如责任以外的和可奖励的行为①。例如,权利不要求仁;它没有像强制人们履行规定的与权利相应义务的那样,为行仁义提供一个道德原因。罗杰·艾姆斯(Roger Ames)指出:

> 人们把权利作为实现人类尊严的方式而加以歌颂无疑是夸大其辞了,除非我们所谓的人类尊严仅指最起码的可能存在。用人类权利来衡量社会中可能的生活质量就像用最低的健康标准作为普通指标来衡量餐馆质量一样。②

按照儒学,道德问题的范围如此广泛多样(又广又杂),以致于权利理论所涉及的那个狭窄分支范围不能包括重要的人类活动的所有内容。与以权利为基础的道德不同,儒家以德行为基础的道德是最大限度的道德。因为人类活动中没有什么不具有道德意义,道德状况是每个人整个的生命。以权利为基础的道德仅包括道德行为的最小范围(即:权利,允许,错误),而儒家道德则把最大限度的人类活动作为自我修养的范围。

儒家道德建议和主张的是,我们不应只满足于达到最基本的道德要求。儒家认为,有很多活动虽然不是责任或义务,但从道德上讲是值得去做的——也就是说如果一个人希望自己和他的社会繁荣发展,他就会渴望去做这些活动。用哈德逊(Hudson)的话来

---

① 见乔瑟夫·拉兹《自由道德》,(牛津)克莱伦登出版社,1986,页195～197。

② 罗杰·艾姆斯:"作为权利的礼仪:儒家的一种选择",《人的权利和世界宗教》,列洛伊·S·儒勒编,(巴黎)圣母院大学出版社,1988,页13。

说,这类活动可叫做"道德智慧劝导"①。儒家认为一切人类活动无不具有道德意义②。儒家承认的道德的整体范围比道德基本条件要宽。儒学作为一种道德的德,强调克己、自我修养、自我实现的重要性。孔子说:

> 道之以政,齐之以刑,民免而无耻。道之以德,齐之以礼,有耻且格。(《论语·为政》)

如果孔子生活在现今热衷权利的时代,他会说"齐之以权利则无耻。"羞耻感是一种失去自尊的情感。高贵地行使权利是以高尚的道德品质为前提的。埃利奥特·多伊彻(Eilot Deutsch)认为,道德行为的完成不只在于达到对错界限所要求的基本道德。他这样写道:

> 正如同艺术作品,有些行为比别的行为内容丰富……当我看其他人的时候,不仅看到体形、身体、肤色、外貌,更重要的是看到他们内在具有的不同品质。同样当我看一件行为发生时,看到的不仅是一件用平铺直叙的缺乏思想术语描述的无意识的行为,更是一种表达、体现和显示了审美趣味和品行的行为。③

区分了道德基本条件和道德智慧劝导之后,我们并不要在这

---

① 见斯蒂文·哈德逊《重德》,《澳洲哲学杂志》第59卷第2号(1981),页13。

② 儒学的道德范围不仅包括义务劳动和高尚行为,还包括那些在现代伦理学中已是非道德的行为。如,从儒家的角度,六艺,即礼、乐、射、御、书、数,不仅被看作是爱好或娱乐,而且是建立和培养个人品行的训练方法,见杜维明《孟子学说中人的思想》,《儒家思想新论:创造性转变的自我》纽约州立大学出版社,1985,页96~100。

③ 埃利奥特·多伊彻:《人格、创造性和自由》,夏威夷大学出版社,1982,页129~130。

两种显然不同的道德行为范围中简单选择其一。在重建的儒学中,这两种不同范围的道德被理解为相互借鉴、相互吸引的关系,而不是不相容的或排他的。

权利是必不可少的,因为它们保证了人类利益和道德范围的基本界限,保证人们能自由选择和行为。权利是人类繁荣发展的最基本的条件。而且,权利意识对于高尚的德性也是必要的,只有与应得之物、应得的权利和赏罚等概念相对立,高尚的德行才获得其意义①。

但是,权利却不足以产生有道德的生活或培养理想人格。"懂得了人享有权利……并不足以使人具备可称道的品行,因为他可能是一个道德上自私的伪君子,从不愿意施舍、宽恕或牺牲。"②基本道德条件所需要补充的就是重视品质、德行和意义——德的价值衡量。

五、走向权利与德的协调

极端自由主义者主张的权利的道德与社群主义者主张的德的道德,这种二元划分太过武断——没有注意到人的利益、欲望、动机和目的多样性。一个在敌对情况下极力坚持自己应有权利的人,在其他场合可能会是一个充满爱心的慷慨的人。反过来,虽然

---

①　如佛伯格认为的"只有先存在被普遍接受的关于权利、义务的法规,弃权和奖励才能作为其对立面而存在。没有在先的按照现权相应的法规进行的借贷偿还活动,免除债务显然是不可能的。"乔尔·费伯格:《再谈权利的性质和价值》,《生物伦理学与人的权利》,埃尔西·布兰德曼和贝特拉姆·布兰德曼编,美国大学出版社,1986,页33。

②　同上。

在某些关系中谈论权利不一定适合;但在其他竞争或敌对的条件下,谈论权利可能是显示人的尊严和自重的有效方式。

例如,在相爱的夫妻关系中,说"我有跟你睡觉的权利"或"你有与我做爱的义务"① 是不合适的。反之,如果我们要求那些受大金融联合公司剥削的韩国工人"爱那些咒骂你们的工人",也是期望太高。

经过合理重建的"后儒学",既不同于极端自由主义者(或称消极自由主义者)不容纳权利、义务以外的其他道德因素,也不同于极端社群主义者只强调承受和德;他们同时注重权利和德,既要求权利也作一定让步,既坚持自我利益也倡导仁义的德。按照合理重建的后儒学的道德理想,一个不讲仁义、友谊和惠谢的社会是不愉快的、无生活意义的;同时,不尊重和保护自我决定、自我管理、自我发展的道德自由的社会则是道德败坏、不可忍受的。

通过自由主义和儒家对权利与德关系的相互批判,我们要做的不是在权利或德之间简单选择,而是要使权利(作为道德基本条件)和德(作为道德智慧劝导)协调统一。最低道德的权利本质和最高道德的德理想结合成一个统一的道德体系,将使我们对人类发展的认识更深刻、更广泛。

(池俊镐译)

(选自国际儒学联合会编《国际儒学研究》
第5辑,中国社会科学出版社1998年版)

---

① 约翰·哈德威格列举了许多关于权利的谈话例子,比如,一个结婚37年忠诚如一的丈夫,临死时对他的妻子说:"我问心无愧,海伦,我总是尊重你的权利。"那么,妻子的整个婚姻将化为乌有。约翰·哈德威格:《妇女应当有权利意识吗?》,《伦理学》第94期(1984),页443。

　　本文探讨了当代社会的自由权力与传统儒家的德之间的关系,认为,我们生活在一个热衷于权利的时代。儒家的核心不是一种自律的道德,而是一种和谐的道德;不是一种重权利所有的个人主义,而是一种重有机联系的整体主义。以权利为基础的道德和儒学的以德行为基础的道德都具有极端性。在当代韩国,以权利为基础的道德与以德行为基础的道德之间的争论可以追溯到更深的渊源——对于自由和公益的不同的侧重是西方自由主义和韩国儒家的各自出发点。作者强调,经过合理重建的"后儒学",同时注重权利和德,认为,一个不讲仁义、友谊和惠谢的社会是不愉快的、无生活意义的;同时,不尊重和保护自我决定、自我管理、自我发展的道德自由的社会则是道德败坏、不可忍受的。作者指出,通过自由主义和儒家对权利与德关系的相互批判,我们要做的不是在权利或德之间简单选择,而是要使权利和德协调统一。

20世纪儒学研究大系

儒学与二十一世纪

李基东

一、现代文明之诸问题

现今,支配着世界之时代思潮是文艺复兴后在欧洲所出现的近代合理主义的精神。近来,以近代合理主义为基础的欧洲文化是由科学技术之发达及产业革命,使之发达日新又新。这样结果,使之成为世界文化之根底。

一般而言,人是由身、心两种因素而形成的。然而,欧洲之近代合理主义文化以身体为根本,肯定肉体的欲求,并且其崇向可以充足身体欲求的物质价值。这种文化就是以肉体欲求和物质价值为根本的文化。所以,在肉体欲求和物质价值被压迫的中世纪,这种文化是非常适宜于人们的。

人类的身体要具备衣、食、住等物质的条件才能活下去。所以,如果以人类的肉体为根本的因素来着想,对人类最重要的是衣、食、住等物质条件,其次重要的是治病的医术。因此,在文艺复兴以后的欧洲,可以改善衣、食、住等生活条件的产业、技术、科学方面已达到了辉煌的成就。尤其像医学等诸方面的成就高度发展,结果人类可以过着丰衣足食的生活。

可是,将人类的肉体因素看做最根本的合理主义文化,亦包含着许多的问题。

第一，人类的生活转落为肤浅。从人类的肉体因素来看，人类具有分辨于他人的因素。再以衣、食、住等观点来看，物质是与别人不能共有之物，所以人们为生活的需要，为把物质争取归己不能不与别人相互竞争。为不能败给人家，只维持着紧张的状态。并且人类的肉体会渐渐老病，亦会老而致于死亡。再说，如果以人类的肉体因素为本质的思维，人生经过扩大痛苦的过程走向绝望状态而终于转落到肤浅。

第二，产生破坏环境与开发武器问题。科学技术和产业开发使地球重要的资源急速地消耗。都市化和工业化使自然环境破坏及污染。再者武器的开发惊人的突飞猛进。致使最初是给予人类希望的许多优惠的科学技术，结果是产生给人类带来灭亡的危机。虽然新生产手段最初给人类带来许多肯定的利益，后来给人类带来了许多丧失人的尊严的弊病。这时，人已只不过是生产手段或商品化的对象。

第三，漫延着虚无主义和快乐主义。以人类之肉体的因素为主的看法，就认为人类只不过是为了争取衣、食、住等生存条件，展开互相竞争。由此为了保持生存，人类必须要制定禁止相斗的规则和法律，亦不能不遵守其规则和法律。由此，产生强烈的伦理意识之发展。然而，大量生产的结果，如果已保障了充裕的物质生活，则对伦理观念逐渐弱化。在这种情况下，以人类看作为肉体存在的观点造成将人陷入虚无主义。因为，这种观念认为人类的肉体是经过一段时间就会消灭的空虚的存在。就虚无主义观点而言，守规则或不守规则，守法或不守法，享用富贵或不能享用富贵，在短时虽有差异，但根本上是以空虚感为基本的思想。得到当前能解决生存欲求的人们，在长期来看，为自己不能发现真正的人生价值，结果掉入伦理的虚无主义。到此地步，伦理的行为纲领已经被放弃。可是人们本身所具有的所谓食欲、色欲等生理欲求尚未消失,反而更自然会产生生理上冲动。这时,已经掉入伦理虚无主义的人们,不能找出抑止它的当位性,于是趋向快乐主义。人们趋向快乐主义,而形成酒中毒、吸毒品等恶习而普遍形成怠工。如此,社会渐渐开始混乱。人类社会得以维持秩序的基本是在这个社会生活着的人们的伦理意识。所以,这种伦理意识被破坏,致使这个社会被破坏灭亡。

今日,以人类之肉体因素为存在本质的思考类型所含着的各种弊病,已经都表面化了。将人类以肉体存在、物质价值来评论,则人类转落到肤浅的地步。物质的象征的钱,已成为人生的目的。人类变成了钱的奴隶,变成赚钱的工具。为了钱不顾一切地使用各种方法、手段争取。尤其是破坏环境,已到了危险的水平。大气层的破坏,由地球暖室现象产生气温上升,酸性雨造成生命体及土壤的破坏,由原子电厂放射污染,核武器的开发与核战造成的环境污染等,明显地扰乱了人类及其他有机体的生存条件,并且渐渐感知到威胁着生命体的生存的环境变化,对现代人们膨胀了伦理的怀疑主义。人们不再以道德的思考以及判断为自己行动根据。溺于娱乐、赌博、酒中毒、淫行、麻药等情欲,以此作为非正常的生活的人渐为增多。出现如此的现象,可说人类社会已走向绝望之路了。这种弊病会导致人类文化的破坏,人类社会会走向末日的。如果许多人们若能先觉来找对策克服它,他们应先问罪现代文明所造成的弊病的根源。若如此,他们就知道其原因在于欧洲文艺复兴后所出现的思考类型,即以人之肉体因素作为存在的本质。如此的话,近代合理主义思考类型得以自觉,并且人们能自觉到精神世界比肉体因素更重要。由此可以强调人的精神思维的重要性。

注重人的内面精神价值的既存宗教有基督教、佛教、儒教等。基督教是以信仰、佛教是以觉悟、儒教是以教育为实现真理的方法。可是都有其长短处。通过信仰的基督教,对笃实之信仰人,提供快速的效果为其长处。但对没有信心的人,没有合理的说服力为其短处。通过觉悟要达到真理的佛教,对觉悟能力强的人可为非常方便的手段,但缺乏客观和确实性,对钝觉的人其方法亦不很理想是其短处。可是通过学习的儒教,以学习的对象已包括客观及确实性,虽然不能达到信仰、觉悟的人,但只要肯学习,就能达到目的为其长处。但要有学校、教师、长时间的学习是其短处。

可是,如果我们要克服合理主义的界限,应先据合理的长处,但是还要能够超越合理主义的短处。就以冬天到夏天的自然现象来看,冬天并不能马上成为夏天。由凛冽的冬天开始,慢慢走向夏天。思潮也是如此。思想不是急剧而突显出来的,是以已有的思想为根本,在缓缓克服的过程中而得来的。

由此观之,现代文明的界限,是以合理为根本的精神主义才可能克服。最符合于这种理想的思想就是儒教思想。现代文明要有学校、教师、长时间的学习,可以充分补充其短处。这就是 21 世纪我们所期待的儒教思想之作用与意义。

二、孔子思想

孔子是春秋时代人。春秋时代是周朝礼制已没落,还没有正确地立下价值观,是一个混乱的过渡时期。个人追求个人的物质价值,而国家在全力富国强兵。在这种情况下,孔子对当时的社会及人们的生活方式感到不满,于是他酝酿了理想社会及理想生活方式的关心,才知道这就是尧舜时代的生活方式。由此,孔子开始以了解尧舜时代的生活方式为目标。孔子为了得到尧舜之路,采取日新又新而达到的明确的方法。

尧舜思想的特征是中庸思想。中庸思想包括相反的两个因素,追求和谐的统合思想。其实是把当时东部族的宗教思想和西部族的合理主义文化混合而成的和谐思想,即有人的精神和肉体因素互相无有忽略的和谐论理。若追求肉体因素虽然提高了现实条件,但疏离精神因素,以丧失尊严性成为肤浅。若追求精神因素虽然人生提高高尚、深奥的侧面,但丧失了肉体因素而缺乏现实性成为空虚。所以精神及肉体因素,不能忽略其一,必须要双全。使其融合而成,如此才高尚现实,又不空虚也不肤浅,才能达到圆满的人生。人的肉体因素与别人可分别的独特的存在,所以为完成肉体的生存,必须要守本分。但是,人的精神因素与别人不能分别的同一存在。由此,为了完成精神方面的生存,要与他人成为一体,把他人的生存当作自己的生存。为了把精神因素及肉体因素合而为一,一方面要与他有为一的同质感,一方面也要与他有别的独特性的生存方式,这真不是一件容易的事。孔子因领悟了这个道理,首先为充足肉体物质因素之生,先学习现实的诸条件,然后再进一步投入学习精神的条件之内容。这就是所谓"下学而上达"。

肉体生理的生存要具有食、衣、住等物质条件才能维持,为使物质生活满足,须与他人互相竞争,结果这种生存方式并不能满足人的基本生理欲求,因而寻出不须斗争的生存原理。这个原理可寻于尧舜之生存方式,可称之为礼。这个礼并不是尧舜自己制定而是后世的人整理尧舜时代的生存方式而产生的。由此,后来孔子所学习的优先目标是"礼"。

然而,礼的内容复杂多歧。为领悟礼的内容,先要了解礼的基本精神,此即为五伦。礼比喻为一棵树中小枝叶及叶子,五伦是这个树的五个大枝叶。所谓五伦意味着人际关系中最基本的五个人伦范畴,这表示人际关系并不是互相无有关系的存在,而是其总括起来根源是一个树干。五伦称为五达道,这是由人之本性所发显的自然发生的属性。将领悟礼和五伦为学习的起跑点的孔子思想,自然转移到人的"性"。性是人类心里所存在的心的本质,也是整个人类所共同存在的,所以,心既是个体的存在也是全体的存在。为表现性的合体性,就称为天命。所以认识了性就是真正了解天命。孔子十五岁时开始学礼,到五十而知天命了。

　　眼看不见的树根就是看得见的树木的本质,详细观察而发现到看不见的心的本质,就认识此即为所以维持看得见的肉体生理的本质。分别长出的竹子,细察它的本质,其实根是连结在一块的根,这表示竹子本质上同一体,认为人类心的本质的性亦如此,那人类的本质也是一个的。所以了解天命,即了解别人和我,在本质上是一个,爱人如爱己,所谓仁。

　　如此即明白,精神和肉体因素由中庸统合,在此所谓中庸归结于仁与礼的调和。男做男的事,女做女的事,父做父的事,儿做儿的事,老师做老师的事,学生做学生的事,我们先自觉整个人都是一体,然后再发挥爱人如爱己的仁的精神,然后各个人可以达成仁与礼的和谐。如果没有仁的精神就认为只肉体生理因素就是代表自己整体,因此,男不能是女,女不能是男,父不能是儿,儿不能是父,老师不能是学生,学生不能是老师,如此会感到不满,对自己所负的使命不能忠实,亦不能达成和谐关系。

　　明白了天命,再可实践天命的话,人们以全体和谐的生存方式为基本,而可营为个体的独特之人生。那么,其内容如何?

　　第一,不会为自己的欲望争取、竞争,这样能生活安适,并且可以保持健康的生活。

　　第二,爱人者人恒爱之,敬人者人恒敬之,由此,人互相敬爱,结果凡事都有成功的希望。

　　第三,对生死观念,为全体而牺牲自己的为他精神,若如此,则世上没有不快乐之事。

第四,看来是悲剧的世界,而改变为极乐,比喻鹿被狮子捕食,看来是一场悲剧,但以全体来看,鹿生产子孙过多,若不被捕食,则发生粮食不足的现象,狮子捕食鹿,就是救活鹿的理由。所以说,虽然就个体立场而言是悲剧,但以全体观点来看,就是理想境界。

孔子认识了天命,由此体现爱人如爱己的道理,再萌发了爱人如爱己的志愿。并且,孔子靠学问达到知天命的境界,引导众人的方法也必须要依靠学问。可是因为学习的方法必须通过学校训导学生,没有其他的方法,由此,由教育的方法不能完全救济大众。所以,他为了克服这种现象,就宁愿加入政治,利用政治的导具,培养导师,设立学校,使人们有机会学习学问。

孔子当时是失败了。没有得到诸侯的响应,这是失败的最大原因。所以孔子末年,为救济人民而开始著作很多书籍,专念培养学生。

三、孟子思想

孟子继承了孔子的思想,同样把救济人们当作自己的目标。可是当时流行的学说是杨朱与墨翟学说。杨朱主张极端的为我主义,墨翟主张极端的为他主义。他们各自提出自家理论,并且他们不顾使用何种手段,极力实践自己的主张,所以发生各式各样的弊病。他们思想的共同点就是把人类存在的本质看作为肉体生理因素。如果追随杨朱和墨翟的思想,可能在一时间肉体上得到充足,但是若以这种思想生活,会招来深刻的结果。人类紧张和痛苦,终于以绝望结束之,所以会导致肤浅。

因此,为了救济人民,先要论驳、排斥杨朱和墨翟学说,然后必须要宣扬精神内面生活的真正意义和内容。孟子认为:"杨墨之道不息,孔子之道不著,是邪说诬民,充塞仁义也。仁义充塞,则率兽食人,人将相食。吾为此惧,闲先圣之道,距杨墨,放淫辞,邪说者不得作……能言距杨墨者，圣人之徒也。"(《孟子·滕文公下》)由此可知，孟子把排斥杨朱和墨翟的责任，作为自己的使命。因为杨朱和墨翟的思想，阻害了孔孟所强调的实践仁义的精神生活。

孟子又认为："仁，人心也；义，人路也。舍其路而弗由，放其心而不知求，哀哉！人有鸡犬放，则知求之；有放心而不知求。学问之道无它，求其放心而已矣。"(《孟子·告子上》)由此可知，孟子表示对不追求精神价值的人是可悲的，亦主张领悟精神价值的过程才是学问之路。孟子提示了领悟、实现精神生活是真正的人生，是幸福的人生。孟子为了引导精神生活，利用积极的方法，提示出其具体内容："所以谓人皆有不忍人之心者，今人乍见孺子将入于井，皆有怵惕恻隐之心——非所以内交于孺子之父母也，非所以要誉于乡党朋友也，非恶其声而然也。由是观之，无恻隐之心，非人也；无羞恶之心、非人也；无辞让之心，非人也；无是非之心，非人也。恻隐之心，仁之端也；羞恶之心，义之端也；辞让之心，礼之端也；是非之心，智之端也。"(《孟子·公孙丑上》)由此可见，所有的人们共同都含有心的本质就是仁义礼智。所以可认知这种仁义礼智的端绪，就是其所发显的恻隐之心、羞恶之心、辞让之心、是非之心之四端。即，仁义礼智就成为性的涵义，四端成为所以认知性的间接资料。反省自己的心，把欲念由四端来填满，这就是实现了仁义礼智的性，亦是成为实践了天命。

按照孟子的这种说明，孔子所提示的精神内面生活的价值，会把握其具体内容，以实践履行。这可说是孟子的伟业。

四、结　　语

今日，现代文明所呈现的弊病的根源基因于西方近代合理主义精神，其特征为特别注重人类的物质生理因素。所以克服这种弊病的方法,一方面是接受合理主义精神的优点,亦同时需要补充精神因素的本质和价值。于此最恰当的思想就是孔子的中庸思想。

可是孔子的中庸思想,只是针对着精神和物质生活的和谐,没把精神生存的内容具体提示。然而,继承孔子思想的孟子,为了克服当时所流行的杨朱和墨翟的思想所显露的弊病,具体说明了人的精神内面价值和内容。因此,利用孔子的思想,要克服现代文明显露的弊病,必须以孟子的思想来补充。

孔孟的思想虽具有治愈现代文明弊病的可能性,但这并不是自然而成的。今日的人类,应了解其思想,适应于今日,才有可能。所以,在 21 世纪里,攻读儒学的人,责任和时代意义非常重大。读儒家思想的人,沉潜于孔孟之思想,以先觉悟其深意,然后以中庸思想为根基,摄取各宗教、西方哲学和科学思想,而再导出来可成就大和谐的新思想,然后才可以治疗现代文明的弊病。其新精神包括爱人如爱己的仁义礼智的精神,也尊重别人的立场和诸思想之价值观,使其融为一体。届时,现代文明之弊病才能治愈。

唐朝末叶,儒学停滞,谁也不看重儒学之时期,李翱写了《复性书》,把老庄思想及佛教思想融摄、创造,而提示新儒学理论,因而儒教才能复兴。今日儒家人应要创造出新的《复性书》,来对付 21世纪才是。

(选自丁冠之主编《孟子研究论
文集》,山东大学出版社1997年)

　　本文探讨了儒学在未来社会的价值。作者指出,现代文明的问题包括:人类的生活转落为肤浅,产生破坏环境与开发武器的问题,漫延着虚无主义和快乐主义。孔子认识了天命,由此体现爱人如爱己的道理,再萌发了爱人如爱己的志愿。孟子继承了孔子的思想,同样把救济人民当作自己的目标,他反省自己的心,把欲念由四端来填满,这就是实现了仁义礼智的性,亦是成为实践了天命。孔孟的思想具有治愈现代文明弊病的可能性,但这并不是自然而成的。传统儒家思想应摄取各宗教、西方哲学和科学思想,而再导出可成就大和谐的新思想,然后才可以治疗现代文明的弊病。其新精神包括爱人如爱己的仁义礼智的精神,也要尊重别人的立场和诸思想之价值观,使其融为一体。届时,现代文明之弊病才能治愈。

论著目录索引

著 作

张志渊　朝鲜儒教渊源　汇东书馆1922年刊本

玄相允　朝鲜儒学史　1949年(出版社不详)

车相辕　儒家思想史　章苑社1960年

韩国哲学会编　韩国哲学研究　东明出版社1971年

　　　　韩国哲学史(上、中、下)　中国社会科学出版社1996年

柳承国　韩国儒学史　台湾商务印书馆1989年

崔根德　韩国儒学思想研究　学苑出版社1998年

金日坤　儒教文化圈的伦理秩序与经济:儒教文化与现代化　中国人民大学出版社1991

黄秉泰　儒学与现代化——中韩日儒学比较研究　社会科学文献出版社1995年

金敬琢编　中国哲学思想史　耕文社1960年

　　　　中国哲学概论　泛学图书1979年

李相殷　儒学与东洋文化　泛学图书1976年

黄元九　中国思想的源流　延世大出版部1976年

宋恒龙　中国哲学之特质　同和出版公社1983年

李康洙、李东三　中国哲学概论　韩国放送通讯大学1986年

宋锡球、李栗谷　台北东大图书公司1993年

安炳周　儒教民本思想(大东文化研究丛书4)　成均馆大学出版部版

《书经》的政治思想（新译三经 2《书经》所收）　玄岩社
1967 年

论语（世界大思想 4）　徽文出版社 1974 年

安炳周等著　儒学原论　成均馆大学校出版部

正义哲学（对话新书 1）　对话出版社版

韩国思想家 12 人　玄岩社

论语（共译）（首善教养新书 25）　成均馆大学校出版部
1984 年

孟子（共译）（新译四书 3）　玄岩社 1965 年

荀子（三省版　世界思想全集 47）　三省出版社 1977 年

李家源　论语新译　通文社 1956 年

四书五经　一志社 1971 年

周易　平凡社 1976 年

论语孟子　东亚文化社 1976 年

退溪诗译注　正音社 1987 年

退溪学及其系谱研究　退溪学研究院 1989 年

退溪全书（1、2）　退溪学研究院 1991 年

郑钟复　中国中庸思想之现代的照明研究　清州大 1989 年

黄义东　栗谷哲学研究　（出版情况不详）

韩国哲学思想研究会编　现代中国的模索——文化传统和现代化
以及文化热　1992 年

裴永东　明末清初思想　民音社 1992 年

李鸿镇　中国经学史　同和出版社 1984 年

尹丝淳　韩国儒学思想论　汉城悦音社 1986 年

韩国性理学与实学　汉城悦音社 1987 年

郑齐斗的阳明学研究　（出版情况不详）

孔子思想之发见　民音社 1992 年

李丙焘　韩国儒学史略　（出版情况不详）

琴章泰　儒教近百年史　（出版情况不详）

朴殷植　王阳明实记　（出版情况不详）

金吉焕　韩国阳明学研究　（出版情况不详）

刘明钟　韩国的阳明学　（出版情况不详）

尹南汉　朝鲜时代阳明学研究　（出版情况不详）

金吉洛　韩国阳明学之展开　（出版情况不详）

车柱环译　孟子　明文堂1972年

　　　　　孔子　三省文化文库1975年

洪瓒裕译　论语　儒道会1982年发行

李建昌　读易随记(一卷)　民国七年(1918)铅印明美堂集本

金时俊　毛诗研究　瑞麟出版社1981年

李明淑　诗经中描写的福思想研究　西江大学哲学宗教研究所
1984年

南宫铉　朱熹之文学观研究　江原大学教育研究所1984年

金英美　诗经赋比兴研究　淑明女子大学中文研究所1984年

金洪奎　朝鲜后期之诗经论及诗意识　高丽大学民族文化研究所
1979年

崔雄等　韩国古典诗学史　弘益社1979年

卢仁淑　朱子家礼与韩国之礼学　人民文学出版社2000年

宋荣培　儒家传统和中国革命　汉城哲学和现实社1992年

论　　文

朴殷植　儒教求新论　《西北学会月报》第10期,1909年

吴锡源　退溪圣学考——《圣学十图》及其它　《退溪学在儒学中
的地位——第十一届退溪学国际学术会议论文集》中国
人民大学出版社1993年

现代社会与儒教的功用　1997年孔教学院庆回归大典
《孔子思想与廿一世纪国际学术研讨会论文集》

儒家的士林意识　《尚虚安炳周教授停年纪念论文集1
东洋哲学》，该文集刊行委员会1998年发行

李家源　儒家思想和韩国文学　《韩国思想大系》1973年

曰若稽古孔子　中国孔子基金会、新加坡东亚哲学研究
所编《儒学国际学术讨论会论文集》，齐鲁书社1989年

退溪诗歌研究　《退溪学研究》1972年

退溪先生的文学　《退溪学报》1976年

李氏朝鲜第三期汉诗歌　《退溪学研究》第8辑，1994年

赵骏河　浅析孟子与荀子的人性论　《孟子研究》第1辑，韩国孟
子学会1997年7月

对中国传统伦理的现代理解　国际儒学联合会学术委员
会编《儒学与道德建设》，首都师范大学出版社1999年；
国际儒学联合会编《国际儒学研究》第二辑，中国社会科
学出版社1996年

论孔孟的思想与21世纪　1997年孔教学院庆回归大典
《孔子思想与廿一世纪国际学术研讨会论文集》

祭祀的意义及现代的价值　《尚虚安炳周教授停年纪念
论文集1东洋哲学》，该文集刊行委员会1998年发行

性理学中的诚与敬的意义　《汉学研究》第一集，中国和
平出版社1996年

孔孟的仁和程朱的仁学　杨晓塘主编《程朱思想新论》，
人民出版社1999年

传统的人性教育与孟子的人性论　《孟子研究》第2辑，
韩国孟子学会1999年

孟子思想之现代的再照明　《孟子研究》第2辑，韩国孟

子学会

刘明钟　气哲学的二种类型　阎德纯主编《汉学研究》第一集,中国和平出版社 1996 年

洛学与高丽的孔孟儒学　《程朱思想新论》,人民出版社 1999 年

张载的"太虚即气论"　《国际性理学研究》创刊号韩国程朱学会 2000 年发行

退溪学的周遍论　《退溪学在儒学中的地位——第十一届退溪学国际学术会议论文集》,中国人民大学出版社 1993 年

孟子之王道的民主思想　《孟子研究》第 1 辑,韩国孟子学会 1997 年 7 月

孟子之生涯　《孟子研究》第 2 辑,韩国孟子学会 1999 年

尹丝淳　儒教对韩国传统文化的影响　《儒学国际学术讨论会论文集》,齐鲁书社 1989 年

退溪之人观　《退溪学在儒学中的地位——第十一届退溪学国际学术会议论文集》,中国人民大学出版社 1993 年

崔根德　儒学的人世观　《韩国儒学思想研究》,学苑出版社 1998 年

儒学与文学　《韩国儒学思想研究》,学苑出版社 1998 年

儒学与教育　《韩国儒学思想研究》,学苑出版社 1998 年

儒学与性　《韩国儒学思想研究》,学苑出版社 1998 年

儒学是宗教吗?　《韩国儒学思想研究》,学苑出版社 1998 年

儒学伦理与社会思想　《韩国儒学思想研究》,学苑出版社 1998 年

韩民族关于"天"的思想 《韩国儒学思想研究》,学苑出版社 1998 年

儒生的本质与形成 《韩国儒学思想研究》,学苑出版社 1998 年

韩国文化与儒学 《韩国儒学思想研究》,学苑出版社 1998 年

传统社会家庭与儒学 《韩国儒学思想研究》,学苑出版社 1998 年

祖先崇拜与仪礼 《韩国儒学思想研究》,学苑出版社 1998 年

关于死亡的思想 《韩国儒学思想研究》,学苑出版社 1998 年

丽末鲜初朱子家礼的流传与展望过程 《国际性理学研究》创刊号,韩国程朱学会 2000 年发行

孔子的心性学 《韩国儒学思想研究》,学苑出版社 1998 年

元代儒学与高丽 《韩国儒学思想研究》,学苑出版社 1998 年

性理学理维的结构 《韩国儒学思想研究》,学苑出版社 1998 年

韩国性理学的道统和圃隐 《韩国儒学思想研究》,学苑出版社 1998 年

论理学史上的论辩 《韩国儒学思想研究》,学苑出版社 1998 年

高峰的性理学 《韩国儒学思想研究》,学苑出版社 1998 年

朝鲜后期思想史研究 《韩国儒学思想研究》,学苑出版

社 1998 年

近代儒学思想的展开　《韩国儒学思想研究》,学苑出版社 1998 年

朝鲜时代的伦理思想　《韩国儒学思想研究》,学苑出版社 1998 年

退溪的经世思想　《韩国儒学思想研究》,学苑出版社 1998 年

退溪思想的诗照明　《韩国儒学思想研究》,学苑出版社 1998 年

退溪的礼学思想及其礼学史上的地位　《韩国儒学思想研究》,学苑出版社 1998 年

栗谷的社会思想和经世论　《韩国儒学思想研究》,学苑出版社 1998 年

西柳成龙的经世思想　《韩国儒学思想研究》,学苑出版社 1998 年

尤庵的经学思想　《韩国儒学思想研究》,学苑出版社 1998 年

儒学的静坐　《韩国儒学思想研究》,学苑出版社 1998 年
河西金麟厚在儒学史上的地位　《韩国儒学思想研究》,学苑出版社 1998 年

儒学与未来社会　《韩国儒学思想研究》,学苑出版社 1998 年

柳仁熙　孟子与新儒学——从朱子看孟子《孟子研究》第 1 辑,韩国孟子学会 1997 年 7 月

知言、养气与力学关系论　《孟子研究》第 1 辑,韩国孟子学会 1997 年 7 月

展望程朱理学与东亚细亚哲学的前景——"理气决是二

物"与"理先气后"的现代意义 《程朱思想新论》,人民出版社 1999 年

儒学与东亚的近代化——对"理一分殊"的再认识及东亚的共同精神 阎德纯主编《汉学研究》第一集,中国和平出版社 1996 年

金益洙 朱子易学的接收与退溪易学的形成 《汉学研究》第一集,中国和平出版社 1996 年

孟子的伦理思想与现代社会 《孟子研究》第 1 辑,韩国孟子学会 1997 年 7 月

朱子易学的接受与退溪易学的形成 《孟子研究》第 1 辑,韩国孟子学会 1997 年 7 月发行

在韩国伊川易学思想之展开 《程朱思想新论》,人民出版社 1999 年

朱子易学思想与韩国易学 《国际性理学研究》创刊号,韩国程朱学会 2000 年

裴相贤 《朱子家礼》及其在韩国的实践 《汉学研究》第一集,中国和平出版社 1996 年

理学上儒佛关系和韩中排佛论考 《国际性理学研究》创刊号,韩国程朱学会 2000 年

韩国程朱理学之成立与其展开 《程朱思想新论》,人民出版社 1999 年

沈佑燮 中庸价值观之现代意义——以朱子注释为中心 《汉学研究》第一集,中国和平出版社 1996 年

金弼洙 程颐的义理易之我见 《汉学研究》第一集,中国和平出版社 1996 年

在对《周易》解释的变迁史中程子《易传》之意义 《程朱思想新论》,人民出版社 1999 年

20世纪儒学研究大系

　　　　　孟子七篇的编者的问题　《孟子研究》第 1 辑,韩国孟子
　　　　　学会 1997 年 7 月

郑花顺　宋学对朝鲜王朝乐学之影响——论世宗时代旧乐之厘正
　　　　　《汉学研究》第一集,中国和平出版社 1996 年

郑相峰　析论朱子"心体流行"说——中和旧说与新说之比较
　　　　　《汉学研究》第一集,中国和平出版社 1996 年

李贞馥　高丽末期儒学考辨——牧隐诗中表现出的性理学之受容
　　　　　《汉学研究》第一集,中国和平出版社 1996 年

李在龙　朝鲜朝时代传统规范观的哲学基础——性理学的本体论
　　　　　与礼规范　国际儒学联合会编《国际儒学研究》第四辑,
　　　　　中国社会科学出版社 1998 年

梁承武　程颐的心性论　《尚虚安炳周教授停年纪念论文集 1 东
　　　　　洋哲学》,文集刊行委员会 1998 年

金丁镇　韩民族的精气和主体意识　《尚虚安炳周教授停年纪念
　　　　　论文集 1 东洋哲学》1998 年

郑奎薰　韩国新宗教的特征及相互影响关系　《尚虚安炳周教授
　　　　　停年纪念论文集 1 东洋哲学》1998 年

尹用男　朱子的职分论及职业伦理　《尚虚安炳周教授停年纪念
　　　　　论文集 1 东洋哲学》1998 年

安银洙　张载与程颐的气化论　《尚虚安炳周教授停年纪念论文
　　　　　集 1 东洋哲学》1998 年

金周昌　王弼与程颐的体用论比较　《程朱思想新论》,人民出版
　　　　　社 1999 年

李宣徇　庄子和程颢的生命理境比较　《程朱思想新论》,人民出
　　　　　版社 1999 年

赵壮衍　伊川之易学和理学的相关性　《程朱思想新论》,人民出
　　　　　版社 1999 年

李东熙　再论"性善"和"性即理"的道德命题　《国际性理学研究》
　　　　创刊号,韩国程朱学会 2000 年
　　　　孟子的性善与朱子之性即理　《孟子研究》第 1 辑,韩国
　　　　孟子学会 1997 年 7 月

崔福熙　朱熹与佛教　《国际性理学研究》创刊号,韩国程朱学会
　　　　2000 年

金恒洙　朱子学之韩国的收容　《国际性理学研究》创刊号,韩国
　　　　程朱学会 2000 年

金吉洛　阳明学与道家思想　《尚虚安炳周教授停年纪念论文集
　　　　1 东洋哲学》,1998 年
　　　　儒学与 21 世纪家庭伦理　《儒学与 21 世纪——纪念孔
　　　　子诞辰 2545 周年暨国际儒学讨论会会议论文集》,华夏
　　　　出版社 1996 年

金吉洛、金世贞　二十一世纪儒学的作用"以阴阳的万物一体说为
　　　　中心"　1997 年孔教学院庆回归大典《孔子思想与廿一
　　　　世纪国际学术研讨会论文集》

韩睿嫄　韩国阳明学研究的历史和课题　国际儒学联合会编《国
　　　　际儒学研究》第四辑,中国社会科学出版社 1998 年

金泰泳　退溪义理学的特征之背景　《退溪学在儒学中的地
　　　　位——第十一届退溪学国际学术会议论文集》,中国人民
　　　　大学出版社 1993 年

李楠永　退溪的治人哲学与实践　《退溪学在儒学中的地位——
　　　　第十一届退溪学国际学术会议论文集》,中国人民大学出
　　　　版社 1993 年

琴章泰　退溪的天概念与天人关系论　《退溪学在儒学中的地位
　　　　——第十一届退溪学国际学术会议论文集》,中国人民大
　　　　学出版社 1993 年

退溪李的心概念及修养论　《尚虚安炳周教授停年纪念论文集 1 东洋哲学》,1998 年

张志渊的儒教改革思想与大同教材　《韩国近代儒教思想》,汉城大学出版社 1993 年

金裕赫　退溪实行论的探究方法小考　《退溪学在儒学中的地位——第十一届退溪学国际学术会议论文集》,中国人民大学出版社 1993 年

宋锡球　退溪与栗谷的人道心说比较　《退溪学在儒学中的地位——第十一届退溪学国际学术会议论文集》,中国人民大学出版社 1993 年

朴洋子　退溪之《西铭》观管见　《退溪学在儒学中的地位——第十一届退溪学国际学术会议论文集》,中国人民大学出版社 1993 年

李光虎　《自省录》中的退溪道学　《退溪学在儒学中的地位——第十一届退溪学国际学术会议论文集》,中国人民大学出版社 1993 年

许卷洙　退溪先生的《南行录》研究　《退溪学在儒学中的地位——第十一届退溪学国际学术会议论文集》,中国人民大学出版社 1993 年

宋载邵　退溪诗所表现的“自然”　《退溪学在儒学中的地位——第十一届退溪学国际学术会议论文集》,中国人民大学出版社 1993 年版

李海英　霞谷与郑齐斗之中庸理解　《退溪学》第五辑,安东大学校,退溪学研究所 1993 年

退溪之心论　《退溪学》第五辑,安东大学校,退溪学研究所 1993 年

退溪理发之意味论的考察　《退溪学》第五辑,东大学校,

退溪学研究所 1993 年

李孝杰　述语论理与华严宗性理学的思维之差异　《退溪学》第五辑,1993 年

李润和　宋儒与退溪之理学的历史观　《退溪学》第五辑,安东大学校退溪学研究所 1993 年

金泰雁　"正心"之诗学　《退溪学》第五辑,安东大学校退溪学研究所 1993 年

安秉杰　退溪学团的形成与学问的特征　《退溪学》第五辑,安东大学校退溪学研究所 1993 年

李钟虎　退溪学团之读书论　《退溪学》第五辑,安东大学校,退溪学研究所 1993 年

朝鲜中期安东处士层与爱民尤国读　《退溪学》第八辑,1996 年

17—18 世纪葛庵学派诸贤之散文创作　《退溪学》第九辑,1997 年

洪瑀钦　李退溪之"三自精神"与 21 世纪之韩国家庭教育——以《退溪先生言行通录》为中心　《儒学与 21 世纪——纪念孔子诞辰 2545 周年暨国际儒学讨论会会议论文集》,华夏出版社 1996 年

李东薰　退溪先生所作"乡立约条"之现代性的意义　《儒学与 21 世纪——纪念孔子诞辰 2545 周年暨国际儒学讨论会会议论文集》,华夏出版社 1996 年

金光淳　退溪文学中所体现的修养之现代性的照明　《儒学与 21 世纪——纪念孔子诞辰 2545 周年暨国际儒学讨论会会议论文集》,华夏出版社 1996 年

安炳周　诗书天命政治思想与孔子的尚古主义　成均馆大学校大学院,1961 年

自然哲学与处生哲学　《东洋哲学》,成均馆大学校东洋哲学科 1961 年

孟子疾书(解题)　《国学资料》16,藏书阁 1974 年

王廷相的气哲学　《闵泰植博士古稀纪念——儒教学论丛》,1972 年

产业社会与儒教的人间观　《人文科学》第 5 辑,成均馆大学校人文科学研究所 1976 年

明清时代的气哲学　《儒学研究》第 6 辑,成均馆大学校儒学科 1976 年

政治的侧面与忠孝思想　《退溪学报》第 15 辑,1977 年

仁学(解题)　《新东亚》1《中国古典 100 选》,1980 年

天道策与栗谷哲学的气重视的要素　栗谷思想研究院 1978 年

孟子(题解)　《新东亚》1《中国古典 100 选》,1980 年

儒教民本思想的现代的意义　《东洋哲学研究》第 7 辑,东洋哲学研究会 1986 年

现代社会与儒教　《退溪学报》第 68 辑,1990 年

韩国的现代化与儒教　《儒教思想研究》第 4、5 合辑,1992 年

孔子的根本思想与现代　《卞廷焕博士华甲纪念——韩国学论丛》,1992 年

论语(解题)　《新东亚》1《中国文学 100 选》,1968 年

四书集注(解题)　《新东亚》1《中国文学 100 选》,1968 年

四书的成立与《四书集注》的意义　《李家源博士六秩纪念论丛》,学图书 1977 年

三纲五伦之现代的受容　《淡水》2,淡水会 1992 年

孔子的政治说　《孔子思想的发见——本原儒学与新实

学》,民音社 1992 年

韩国的现代化与儒教　《汉字文字圈的历史与未来》,日本大修馆 1992 年

德治思想之现代的应用　《新实学的探究》1993 年

退溪心学的两个特点　《退溪学在儒学中的地位——第十一届退溪学国际学术会议论文集》,中国人民大学出版社 1993 年

社会发展与儒学的课题　《亚文》第 1 辑,中国社会科学出版社 1996 年

儒学在现代社会的意义　《儒教思想研究》8 辑,儒教学会 1996 年

韩国的儒教思想研究现况与方向　《儒教学研究》1,儒教学术院 1997 年

儒教的人间观　高大开校 80 周年纪念国际学术会议论文集《现代社会与传统伦理》,高大民族文化研究所 1986 年

《明夷待访》之公利的民本思想　《大东文化研究》第 21 辑,成大大东文化研究院 1986 年

德治主义与民本思想　《儒教思想研究》3,1988 年

儒教的自然观与人间观　《退溪学报》第 75、76 合辑,1993 年

孔繁教授的"儒教的未来"　东亚日报《孔子思想与 21 世纪》,1994 年

韩国社会与儒教文化再论　《韩国学论集》27 辑,汉阳大学校韩国学研究所 1995 年

材与不材之间　《韩中哲学》创刊号,韩中哲学会 1995 年

福祉社会的孝　《儒教学研究》1,儒教学术院 1997 年

20 世纪儒学研究大系

儒教的自然观及人间观　《尚虚安炳周教授停年纪念论文集 2 东洋哲学》,1998 年

关于关雎篇　《第一届诗经国际学术研讨会论文集》,河北大学出版社 1994 年

《诗经》的表现方法——比喻　《第二届诗经国际学术研讨会论文集》,语文出版社 1996 年

申泰焕　儒教思想与经济发展　中国中日关系史学会编《东方文化与现代化》,时事出版社 1992 年

黄义东　栗谷李珥的人间观　《尚虚安炳周教授停年纪念论文集 1 东洋哲学》,1998 年

金容杰　李珥的人间社会观　《尚虚安炳周教授停年纪念论文集 1 东洋哲学》,1998 年

郑振锡　实学派的先进哲学思想　《外国学术资料》1962 年第 3 期

丁茶山及其哲学思想　《哲学译丛》　1963 年第 4 期

尹天根　韩中儒学的参加报告　《退溪学》第五辑,安东大学校退溪学研究所 1993 年

朱昇泽　朝鲜中期道学派与词章派之对立样相　《退溪学》第八辑,安东大学校退溪学研究所 1996 年

金泰雁　石溪李时明之思想与文学　《退溪学》第九辑,安东大学校退溪学研究所 1997 年

金洛真　旅轩张显光的自然观　《退溪学》第九辑,1997 年

崔炳圭　儒家“中和之美”之艺术观　《退溪学》第九辑,1997 年

刘哲浩　周海门之有无一体的本体观　《尚虚安炳周教授停年纪念论文集 1 东洋哲学》,1998 年

金日焕　崔承老的批判意识及儒教政治思想　《尚虚安炳周教授停年纪念论文集 1 东洋哲学》1998 年

纪念论文集 1 东洋哲学》,1998 年

金仁圭　洪大容人间观之样相　《尚虚安炳周教授停年纪念论文集 1 东洋哲学》,1998 年

李贤九　惠岗崔英绮的人间观　《尚虚安炳周教授停年纪念论文集 1 东洋哲学》,1998 年

金明昊　19 世纪朝鲜实学的发展和献斋朴珪寿　《尚虚安炳周教授停年纪念论文集 1 东洋哲学》,1998 年

金容杰　星湖李瀷的哲学思想　《尚虚安炳周教授停年纪念论文集 1 东洋哲学》,1998 年

李箎衡　茶山丁若镛的经学　《尚虚安炳周教授停年纪念论文集 1 东洋哲学》,1998 年

郑允炯　茶山的井田制论　《尚虚安炳周教授停年纪念论文集 1 东洋哲学》,1998 年

崔英辰　《周易》"十翼"之神的观念　《尚虚安炳周教授停年纪念论文集 1 东洋哲学》,1998 年

赵贤淑　荀子思想　《尚虚安炳周教授停年纪念论文集 1 东洋哲学》,1998 年

李尚祐　孔子艺术思想新探　吴兆路、金伯主编《中国学研究》(第一辑),中国古籍出版社 1997 年

李明洙　《孟子》之伦理思想及人间论　《孟子研究》第 1 辑,韩国孟子学会 1997 年 7 月

文柄道　孟子之礼、智小考　《孟子研究》第 1 辑,韩国孟子学会 1997 年 7 月

孔锡英　孟子之教育思想研究　《孟子研究》第 2 辑,韩国孟子学会 1999 年

沈昌暖　孟子的伦理观与现代社会　《孟子研究》第 2 辑,韩国孟子学会 1999 年

崔秉詰　孟子哲学之自然摄理与政治体制变动　《尚虚安炳周教授停年纪念论文集 2 东洋哲学》,1998 年

洪赞裕　论《论语》的先进篇　《儒道》第二卷第二号,1970 年
　　　　儒教是否宗教?　《儒道》第一卷第一号,1967 年
　　　　吾道是以一贯之　《儒道》第二卷第三号,1970 年

宋昌基　《论语》试论新释　韩国诗经学会编《诗经研究》创刊号,1999 年 8 月
　　　　当代韩国诗经研究概况　《第一届诗经国际学术研讨会论文集》,河北大学出版社 1994 年
　　　　古代中韩政治风谣比较　《第二届诗经国际学术研讨会论文集》,语文出版社 1996 年
　　　　四方风题诗比风含义　《第三届诗经国际学术研讨会论文集》,天马图书有限公司 1998 年

任昌淳　《周易浅见录》简介　《书志学报》第 7 集,1992 年

丁范镇　《春香传》里所表现的儒家思想　《儒学国际学术讨论会论文集》,齐鲁书社 1989 年

林亨锡　帛书易传《缪和》篇的思想　朱伯崑主编《国际易学研究》,华夏出版社 1998 年

高柄翊　传统时代东亚的忠义主义　国际儒学联合会编《国际儒学研究》第四辑,中国社会科学出版社 1998 年

李相殷　《乐记》之人间艺术与自然观　《尚虚安炳周教授停年纪念论文集 2 东洋哲学》,1998 年

金东敏　王充的人间理解　《尚虚安炳周教授停年纪念论文集 2 东洋哲学》,1998 年

权正颜　周敦颐思想的世界人间化与及人间世界化　《尚虚安炳周教授停年纪念论文集 2 东洋哲学》,1998 年

金德均　李贽哲学思想的自然与人间《尚虚安炳周教授停年纪念

论文集 2 东洋哲学》,1998 年

李哲承　王夫之哲学思想的"天道"与"人道"　《尚虚安炳周教授停年纪念论文集 2 东洋哲学》,1998 年

林玉均　戴震哲学的自然与人间　《尚虚安炳周教授停年纪念论文集 2 东洋哲学》,1998 年

安秉杰　经传的人间实践　《尚虚安炳周教授停年纪念论文集 2 东洋哲学》,1998 年

车柱环　卫风初三篇试论　《亚细亚研究》4,号 1959 年

钟嵘诗品校证　《亚细亚研究》6 号、7 号,1960 年

胡适博士及其生涯　《思想界》1962 年 5 月

钟嵘诗品古诗条释　《中国学报》1 辑,1963 年

丁若镛的一半儿　《李相伯博士回甲纪念论丛》,1964 年

刘勰钟嵘二家的诗观　《东亚文化》8 号,1968 年

崔滋的诗评　《东亚文化》9 号,1970 年

钟嵘的班婕妤好评诗　《儒学论丛》1972 年

戴复古的论诗十节　《东洋学》5 号,1975 年

丁若镛的《诗经讲义》　《第二届中国域外汉籍国际学术会议论文集》,1989 年

金周汉　朝鲜《青丘永言》与中国《诗经》　《第二届诗经国际学术研讨会论文集》,语文出版社 1996 年

眉叟许穆先生诗说研究　《第二届诗经国际学术研讨会论文集》,语文出版社 1996 年

金时易　自濡轩李万白之《鲁颂论》分析　《第三届诗经国际学术研讨会论文集》,天马图书有限公司 1998 年

白承锡　李澳及其《诗经疾书》《第三届诗经国际学术研讨会论文集》,天马图书有限公司 1998 年

吴万钟　《郑风·羔裘》"舍命不渝"　《第三届诗经国际学术研讨会

　　　　　论文集》,天马图书有限公司 1998 年

安秉均　"雎鸠"考　《第三届诗经国际学术研讨会论文集》,天马
　　　　　图书有限公司 1998 年
　　　　　关雎诗性格考察——从观察雎鸠和象征性说起　韩国诗
　　　　　经学会编《诗经研究》创刊号,1999 年 8 月

李宇正　关于《诗经》农事诗的几个问题　《第三届诗经国际学术
　　　　　研讨会论文集》,天马图书有限公司 1998 年

文铃兰　《诗·七月》篇考析　韩国诗经学会编《诗经研究》创刊号

金基喆　朝鲜丁茶山对诗序问题之看法　《第三届诗经国际学术
　　　　　研讨会论文集》,天马图书有限公司 1998 年
　　　　　《诗经》里表现的古代中国人之心声　韩国诗经学会编
　　　　　《诗经研究》创刊号,1999 年 8 月

李相贤　诗书籍在韩国出版经过　韩国诗经学会编《诗经研究》创
　　　　　刊号,1999 年 8 月

李康范　郑玄《毛诗郑笺》释例在诗经学上的贡献　韩国诗经学会
　　　　　编《诗经研究》创刊号

金炅钟　《诗经》历代兴说考　韩国诗经学会编《诗经研究》创刊号

金钟善　《中庸》中所引《诗》及其内涵　韩国诗经学会编《诗经研
　　　　　究》创刊号

金泰范　《诗经》所表现的天帝·天命观　韩国诗经学会编《诗经研
　　　　　究》创刊号

卢顺点　探讨李元燮韩译《诗经》　韩国诗经学会编《诗经研究》创
　　　　　刊号

金学主　诗经行役诗考　《渊坡车相辕博士颂寿纪念论文集》,
　　　　　1971 年

金时俊　诗经渊源考　《中国学报》14 辑,1973 年

李　滽　诗经之文学的价值　《人文科学研究》8 编,诚信女大

1985 年

黄泰运 　诗经之诗行构成及反复技巧 　《忠北大学论文集》26 辑

李炳汉 　诗经孔学考(上) 　《亚细亚研究》10 卷 1 号,1987 年

宋荣培 　现代新儒学的哲学意义及其问题:与西方不同的儒家式
　　　　现代化是否可能 　《传统文化与现代化》1995 年第 2 期

沈佑燮 　儒学价值观之现代意义——以中庸思想为中心 　中国孔
　　　　子基金会编《儒学与 21 世纪——纪念孔子诞辰 2545 周
　　　　年暨国际儒学讨论会会议论文集》,华夏出版社 1996 年

赵永植 　未来千年人类社会大构想 　《21 世纪社会伦理道德论文
　　　　集》,山东友谊出版社 1997 年

崔英辰 　生态界之危机与韩国儒学之心性说 　1997 年孔教学院
　　　　庆回归大典《孔子思想与廿一世纪国际学术研讨会论文
　　　　集》

吴钟逸 　儒学与二十一世纪文化 　1997 年孔教学院庆回归大典
　　　　《孔子思想与廿一世纪国际学术研讨会论文集》